westermann

Sebastian Exner, Gerd Kolb, Heinz-Ulrich Spengler

Wirtschafts- und Sozialkunde

Medizinische, Zahnmedizinische,
Tiermedizinische Fachangestellte

7. Auflage

Bestellnummer 22272

Die in diesem Produkt gemachten Angaben zu Unternehmen (Namen, Internet- und E-Mail-Adressen, Handelsregistereintragungen, Bankverbindungen, Steuer-, Telefon- und Faxnummern und alle weiteren Angaben) sind i. d. R. fiktiv, d. h., sie stehen in keinem Zusammenhang mit einem real existierenden Unternehmen in der dargestellten oder einer ähnlichen Form. Dies gilt auch für alle Kunden, Lieferanten und sonstigen Geschäftspartner der Unternehmen wie z. B. Kreditinstitute, Versicherungsunternehmen und andere Dienstleistungsunternehmen. Ausschließlich zum Zwecke der Authentizität werden die Namen real existierender Unternehmen und z. B. im Fall von Kreditinstituten auch deren IBANs und BICs verwendet.

Zusatzmaterialien zu Wirtschafts- und Sozialkunde

Für Lehrerinnen und Lehrer

BiBox westermann inkl. E-Book

Lehrerlizenz BiBox Dauerlizenz: 978-3-427-22284-2
Kollegiumslizenz BiBox Dauerlizenz: 978-3-427-85208-7
Kollegiumslizenz BiBox Schuljahr: 978-3-427-87657-1

Für Schülerinnen und Schüler

BiBox westermann inkl. E-Book

Schülerlizenz BiBox Schuljahr: 978-3-427-22287-3
BiBox Klassensatz PrintPlus: 978-3-427-81664-5

westermann GRUPPE

www.westermann.de

Druck und Bindung: Westermann Druck GmbH, Georg-Westermann-Allee 66, 38104 Braunschweig

ISBN 978-3-427-**22272**-9

VORWORT

Dieses Lern- und Lehrbuch für Wirtschafts- und Sozialkunde ist für Auszubildende in den Gesundheitsberufen Medizinische, Zahnmedizinische und Tiermedizinische Fachangestellte konzipiert.

Es deckt die kaufmännischen Inhalte der einzelnen Lernfelder der Rahmenlehrpläne aller drei Gesundheitsberufe vollständig ab. Aktuelle Änderungen und neue Inhalte wurden eingearbeitet, der Aufgabenteil am jeweiligen Kapitelende erweitert. So vermittelt dieses Buch den Schülerinnen und Schülern in allen drei Ausbildungsberufen das wirtschaftliche Grundwissen in systematischer Darstellung und bildet damit die Grundlage für einen handlungsorientierten Unterricht. Am Anfang der Hauptkapitel findet sich eine Übersicht über die folgenden Inhalte, Unterkapitel werden mit einer praxisnahen Situation eingeleitet.

Zur besseren Orientierung ist im Inhaltsverzeichnis jedem Kapitel eine Übersicht vorangestellt, aus der ersichtlich wird, in welchem Lernfeld die dargestellten Lerninhalte bei den einzelnen Ausbildungsberufen zu finden sind.

Grafische Darstellungen, Schaubilder und Karikaturen sowie vielfältige Beispiele im Textteil erleichtern die Bearbeitung der Lerninhalte. Darüber hinaus können sie als Grundlage für weitergehende Fragestellungen und Diskussionen dienen. Zahlreiche Exkurse ermöglichen einen Einblick in verwandte Themenbereiche. Zur Unterstützung des Eigenstudiums, wie es in den Rahmenlehrplänen von den Auszubildenden erwartet wird, sind etliche Verweise auf Internetadressen enthalten. Ein umfangreiches Inhalts- und Sachwortverzeichnis erleichtert den Umgang mit diesem Buch.

Gelegenheit zur Überprüfung, Anwendung und ersten Vertiefung des Gelernten bieten die ausführlichen Aufgabenblöcke am Ende einer Themeneinheit, die auch zur Vorbereitung auf Klassenarbeiten und Prüfungen verwendet werden können. In einem Glossar an jedem Kapitelende werden wichtige Begriffe kurz und knapp weiterführend erläutert. Das Lehrbuch kann durch diese Neugestaltungen noch intensiver im Unterricht eingesetzt werden.

Dieses Buch ist so aufgebaut, dass

- ein selbstständiges Erarbeiten des Lernstoffes möglich ist,
- die Aufgaben am Ende jedes Abschnittes mithilfe der Informationen im vorangegangenen Text gelöst werden können und
- detaillierte Kenntnisse in den Bereichen vermittelt werden, die für die Zwischen- und Abschlussprüfungen in den einzelnen Berufen besonders wichtig sind.

Unterstützt wird das Lern- und Lehrbuch durch ein handlungsorientiertes Arbeitsheft, das umfassende Übungen zu den Lernfeldern beinhaltet und nicht zuletzt auch auf den in den Prüfungsordnungen stark aufgewerteten praktischen Teil der Abschlussprüfung vorbereitet.

Wir wünschen Ihnen ein erfolgreiches Arbeiten mit diesem Buch und hoffen, dass Sie es gerne und oft verwenden. Über Anregungen, aber auch kritische Anmerkungen freuen wir uns.

Die Verfasser Sebastian Exner,
Gerd Kolb, Heinz-Ulrich Spengler

INHALTSVERZEICHNIS

Patienten empfangen und begleiten 142

Medizinische Fachangestellte:	Lernfeld 2	Lernfeld 6	
Zahnmedizinische Fachangestellte:	Lernfeld 1 und 2	Lernfeld 3	Lernfeld 13
Tiermedizinische Fachangestellte:	Lernfeld 2	Lernfeld 8	Lernfeld 11

Praxisabläufe organisieren 317

Medizinische Fachangestellte:	Lernfeld 7	Lernfeld 11	Lernfeld 12
Zahnmedizinische Fachangestellte:	Lernfeld 2 und 3	Lernfeld 6	Lernfeld 13
Tiermedizinische Fachangestellte:	Lernfeld 1	Lernfeld 8	Lernfeld 12

Berufliche Perspektiven entwickeln 389

Medizinische Fachangestellte:	Lernfeld 12	
Zahnmedizinische Fachangestellte:	Lernfeld 1	Lernfeld 13
Tiermedizinische Fachangestellte:	Lernfeld 1	Lernfeld 12

SICH IN BERUF UND GESUNDHEITSWESEN ORIENTIEREN

DEFINITION DES BEGRIFFES „GESUNDHEIT“

- Körperliches Wohlbefinden
- Seelisches Wohlbefinden
- Soziales Wohlbefinden

↓

GESUNDHEITSPFLEGE

- Körperhygiene
- Ernährung
- Sport
- Soziale Kontakte

↓

GESUNDHEITSSCHUTZ

- Arbeitsschutzgesetze
- Röntgenverordnung
- Straßenverkehrsordnung
- und andere

↓

KURATIVE MEDIZIN

- Diagnostik
- Therapie
- Rehabilitation

↓

AUFBAU DES GESUNDHEITSWESENS

- Öffentliches Gesundheitswesen
- Ambulante Krankenversorgung
- Stationäre Krankenversorgung

↓

SARS-COV-2-PANDEMIE

- Einschränkung der Grundrechte
- Bevölkerungsschutzgesetze 1–3
- Kompetenzen und Aufgaben staatlicher Organe in der Pandemie
- Notzulassung von Impfstoffen

↓

BERUFSORGANISATIONEN IM GESUNDHEITSWESEN

- Ärztliche Berufe
  - Kammern
  - Kassenärztliche Vereinigungen
  - Interessenvertretungen der Ärzte
- Nichtärztliche Berufe
  - Berufsverbände
  - Gewerkschaften

1 GESUNDHEITSWESEN

Situation:

Das Gesundheitswesen in Deutschland ist in einen privaten und einen öffentlichen Bereich unterteilt. Für Letzteren ist der Staat verantwortlich. Seine Aufgaben sind es, die Gesundheit der Bevölkerung zu schützen und dazu geeignete Maßnahmen zu ergreifen. Als Reaktionen auf die „Corona-Pandemie" wurden unter anderem folgende Maßnahmen beschlossen: Meldung von Infektionen an das Gesundheitsamt, Quarantäne, Schließung von Schulen und Kitas, Schließung von Gaststätten, Hotels und Fitness-Studios, Maskenpflicht, Kontaktverbote, Kontakteinschränkungen und Mindestabstand sowie Impfungen.

Klären Sie, wer diese Maßnahmen jeweils angeordnet hat und welche gesetzlichen Grundlagen dafür existieren.

1.1 Was ist Gesundheit?

Im Leben der Menschen nimmt das Thema Gesundheit eine zentrale Stelle ein. Dies belegen unter anderem Aussprüche wie:

- Gesundheit ist nicht alles – aber ohne Gesundheit ist alles nichts.
- Gesundheit ist das höchste Gut auf Erden.
- Lieber arm und gesund als reich und krank.
- Alles Gute – vor allem Gesundheit und ein langes Leben.
- Junge oder Mädchen? – Hauptsache gesund!

Aus diesen Formulierungen geht aber lediglich hervor, dass Gesundheit eine herausragende Stellung einnimmt. Was genau aber unter Gesundheit zu verstehen ist, wird daraus nicht deutlich. Die Weltgesundheitsorganisation **WHO** (World Health Organization) hat den Begriff „Gesundheit" wie folgt definiert: **„Gesundheit ist der Zustand vollkommenen körperlichen, seelischen und sozialen Wohlbefindens."**

Diese Definition umfasst demnach **drei Aspekte** des menschlichen Seins:

- Die **körperliche** Situation: Sie stellt auf das physische (organische) Wohlbefinden des Menschen ab.
- Die **seelische** Situation: Sie stellt auf das psychische Wohlbefinden des Menschen ab.
- Die **soziale** Situation: Sie stellt auf die Beziehungen des Menschen zu seiner Umwelt ab.

Bemerkenswert an dieser Definition ist zunächst, dass sie streng **subjektiv** ist: Sie bezieht den Begriff „Gesundheit" ausschließlich auf das **persönliche Wohlbefinden** jedes Menschen und nicht auf irgendwelche objektiv messbaren Werte. Genauso bemerkenswert ist aber, dass sie auch die **soziale Situation** mit einbezieht. Sie berücksichtigt, dass jeder Mensch in bestimmte gesellschaftliche Rahmenbedingungen eingebunden ist, die sich auf seine Gesundheit auswirken.

Für das Gesundheitssystem eines jeden Landes ergibt sich daraus, dass es nicht ausreicht, lediglich schon aufgetretene Erkrankungen zu diagnostizieren und zu heilen. Genauso wichtig ist es auch, der Entstehung von Krankheiten bestmöglich vorzubeugen (Prophylaxe).

Gesundheitspflege
liegt in der persönlichen Verantwortung,
z. B. durch
- gesunde Ernährung,
- ausreichende Bewegung,
- maßvollen Konsum von Genussmitteln.

Gesundheitsschutz
liegt in der Verantwortung des Staates,
z. B. durch
- Arbeitsschutzgesetze,
- Umweltschutzgesetze,
- Infektionsschutzgesetze.

Kurative Medizin
liegt in der Verantwortung der Mediziner,
z. B. durch
- Diagnose,
- Therapie,
- Rehabilitation.

1. Gesundheit in Deutschland

Das **Gesundheitswesen** eines Staates wird definiert als die „Gesamtheit aller Einrichtungen zur Durchführung der medizinischen Betreuung auf den Gebieten der Prävention, Diagnostik, Therapie und Rehabilitation".

Das Gebiet der Prävention erstreckt sich auf die Bereiche **Gesundheitspflege** und **Gesundheitsschutz,** während die Gebiete Diagnostik, Therapie und Rehabilitation dem Bereich der **kurativen Medizin** zuzuordnen sind. Was der einzelne Mensch zum Erhalt seiner Gesundheit tun kann, bezeichnet man als **Gesundheitspflege.** Sie liegt somit weitgehend in eigener Verantwortung und umfasst die Bereiche Körperhygiene, gesunde Ernährung, körperliche Betätigung und soziale Kontakte zu anderen Menschen. Für den Bereich **Gesundheitsschutz** ist weitestgehend der Staat zuständig. In Artikel 2 Absatz 2 des Grundgesetzes heißt es: „Jeder hat das Recht auf Leben und körperliche Unversehrtheit."

Daraus ergibt sich für den Staat die Pflicht, durch entsprechende Gesetze den Schutz der Gesundheit seiner Bürger bestmöglich zu garantieren. Dieser Verpflichtung kommt er u. a. durch zahlreiche Arbeitsschutzgesetze nach. Besonders zu nennen wären hier das Jugendarbeitsschutzgesetz, das Mutterschutzgesetz und die Röntgenverordnung. Aber auch viele andere Gesetze bzw. Verordnungen sollen dem Gesundheitsschutz dienen, wie z.B. Umweltschutzgesetze, die Trinkwasserverordnung oder die Straßenverkehrsordnung. Der gesamte Bereich der **kurativen Medizin** fällt in die Zuständigkeit von Medizinerinnen und Medizinern. Der Begriff „kurativ" stammt von dem lateinischen Verb „curare" ab, was so viel wie „Sorge tragen" oder „pflegen" heißt. „Medizin" leitet sich aus dem lateinischen „ars medica" ab, was „die Kunst des Heilens" bedeutet. Bis etwa Mitte des 19. Jahrhunderts war der Arztberuf noch im wahrsten Sinne des Wortes eine Kunst. Der Heilerfolg hing noch ganz unmittelbar von der Person des oder der Heilkundigen ab. Bei Diagnose und Therapie mussten sie sich fast ausschließlich auf ihre Erfahrung und Intuition verlassen. Dies hat sich inzwischen entscheidend geändert: Mittlerweile können Ärztinnen und Ärzte bei ihrer Arbeit zunehmend auf die Unterstützung durch technische Diagnose- und Therapiemöglichkeiten zurückgreifen.

2. Gesundheitsschutz

„Rehabilitation" bedeutet im medizinischen Bereich die weitestgehende Wiederherstellung der Gesundheit eines Menschen. Sie fällt nicht nur in die Zuständigkeit von Ärztinnen und Ärzten. Hier sind auch Fachkräfte aus anderen Bereichen beteiligt, zum Beispiel aus Physiotherapie und Ernährung.

Exkurs

Gesundheitsschutz in der Praxis

Tätigkeit	Schutzvorschrift
Generell für alle Tätigkeiten	Vorschriften der Berufsgenossenschaft
Röntgen	Röntgenverordnung • Röntgenkurs • Dosimeter • Schutzkleidung
Laborarbeiten	Hygieneplan • Handschuhe • Desinfektionsmittel • Einmalhandtücher
Auszubildende	Jugendarbeitsschutz-/Berufsbildungsgesetz • Nachuntersuchung • Es sind nur Tätigkeiten erlaubt, die den körperlichen Kräften angemessen sind.

ÜBUNGSAUFGABEN

1. Laut WHO ist Gesundheit der Zustand des vollkommenen
   - körperlichen
   - seelischen und
   - sozialen Wohlbefindens.

   Sammeln Sie für jeden Bereich drei Beispiele, die sich positiv auf die Gesundheit auswirken.
2. Erstellen Sie eine Übersicht, die den Zusammenhang zwischen folgenden Begriffen darstellt und die jeweils zuständigen Personen bzw. Institutionen auflistet:
   a) Prävention
   b) Gesundheitspflege
   c) Gesundheitsschutz
3. Ordnen Sie die folgenden Maßnahmen
   - Verordnung von zehn Massagen
   - Anamnese eines Neupatienten
   - EKG schreiben
   - Lungenfunktionstest
   - Überweisung zur Physiotherapie
   - Verband anlegen
   - Rezept

   den folgenden Begriffen zu:
   a) Kurative Medizin
   b) Diagnostik
   c) Therapie
   d) Rehabilitation

1.2 Aufbau des Gesundheitswesens

Öffentliches Gesundheitswesen

„Der Begriff Öffentliches Gesundheitswesen umfasst die Gesamtheit aller Einrichtungen, Organisationen, Gremien und Personen, die sich mit der Aufrechterhaltung der Gesundheit der Bevölkerung, sowie der Prophylaxe, Diagnose und Therapie von Erkrankungen beschäftigt."

Quelle: https://flexikon.doccheck.com/de/%C3%96ffentliches_Gesundheitswesen [22.04.2022]

Daraus ergibt sich, dass „der Staat" für den Aufbau und die Organisation des Öffentlichen Gesundheitswesens verantwortlich ist. Erste Ansätze eines Öffentlichen Gesundheitswesens sind in Deutschland zur Zeit der Pestepidemien im 14. Jahrhundert entstanden. Ärzte wurden beauftragt, zusätzlich zu ihrer Tätigkeit als Arzt („medicus") noch hoheitliche Aufgaben als sogenannter „Physikus" zu übernehmen. Damit fungierten sie de facto als erste kommunale Gesundheitsämter. Sie waren insbesondere für die hygienischen Bedingungen in den Städten, die Gesundheitsvorsorge der Bevölkerung und die Aufsicht über die Apotheken und medizinisches Hilfspersonal verantwortlich. Zu diesem zählten von da an auch die vorher selbstständigen Hebammen. Ab 1491 wurde in der „Ulmer Hebammenordnung“ festgelegt, dass Hebammen ihre Zulassung erst nach Prüfung ihrer theoretischen und praktischen Kenntnisse durch einen Arzt erlangen.

Im Nationalsozialismus wurden die kommunalen Gesundheitsämter 1935 in staatliche Gesundheitsämter transformiert. Hintergrund war die Ideologie der Nationalsozialisten, einen „gesunden Volkskörper“ zu schaffen. Dazu mussten diese staatlichen Gesundheitsämter Menschen mit einer geistigen oder körperlichen Behinderung identifizieren und melden. Sehr viele dieser Menschen wurden daraufhin zwangssterilisiert und schließlich ab 1940 auch getötet (Euthanasie).

Diese verbrecherischen Folgen vereinheitlichter staatlicher Gesundheitsämter sollten mit der Gründung der Bundesrepublik Deutschland 1949 unbedingt vermieden werden. Daher war es oberstes Gebot, kommunale Gesundheitsämter zu gründen. In Deutschland gibt es gegenwärtig für fast jeden der 400 Landkreise und kreisfreien Städte ein eigenes Gesundheitsamt (einige sind für mehrere Landkreise zuständig).
Mit Ausbruch der SARS-Cov-2-Pandemie sahen sich die kommunalen Gesundheitsämter schlagartig mit völlig neuen Aufgaben konfrontiert. Sie mussten z.B. Infektionen dokumentieren, Infektionswege und Kontaktketten nachverfolgen und Quarantänemaßnahmen überprüfen. Diesen Aufgaben waren sie weder personell noch technisch noch fachlich gewachsen. Zusätzlich machte sich negativ bemerkbar, dass viele Kommunen bei Kürzungen im Gesundheitsbereich in der Vergangenheit nur zu oft zuerst bei ihren Gesundheitsämtern angesetzt hatten. Angesichts der Pandemie wurden sie 2020 und 2021 allerdings in allen genannten Bereichen massiv „aufgerüstet“.

Mit Beginn der SARS-Cov-2-Pandemie wurden innerhalb von zehn Tagen elementare Grundrechte der Bürgerinnen und Bürger in einem bisher absolut undenkbaren Umfang eingeschränkt bzw. vollkommen außer Kraft gesetzt. Einige Einschränkungen galten deutschlandweit. Andere galten nur in einzelnen Bundesländern, Landkreisen oder gar Städten.

Dies war möglich, da die Bundesrepublik Deutschland föderal organisiert ist. Das bedeutet, dass das Staatswesen von „unten nach oben“ aufgebaut ist. Die unterste Ebene bilden die Städte bzw. Gemeinden, darüber kommen die Landkreise, darüber folgen die Bundesländer und als oberste Ebene gibt es die Bundesebene. Großstädte, wie z.B. Berlin, Hamburg und München, sind so genannte „kreisfreie Städte“. Sie gehören also keinem Landkreis an, sondern sind sowohl Gemeinde als auch Kreis in einem.

Konkret heißt das, dass Entscheidungen jeder Stadt auch nur für diese Stadt gelten. Ebenso verhält es sich mit Entscheidungen, die einzelne Landkreise oder die Bundesländer beschließen. Auch diese gelten ausschließlich für den entsprechenden Landkreis oder das jeweilige Bundesland. Entscheidungen der Bundesregierung (z.B. auf Empfehlungen der ihr unterstellten Institute, wie z.B. des Robert-Koch-Instituts) gelten folgerichtig für ganz Deutschland.

Ausgang war die historische Pressekonferenz von Frau Merkel, Herrn Spahn und Herrn Wiehler vom 11.03.2020. Diese drei Personen vertraten die oberste, also die Bundesebene: Frau Merkel als Bundeskanzlerin, Herr Spahn als der zuständige Bundesgesundheitsminister und Herr Wiehler als Leiter des Robert-Koch-Instituts (RKI), welches der Bundesregierung direkt unterstellt ist.

Das Robert Koch-Institut erfasst die aktuelle Lage, bewertet alle vorliegenden Informationen und schätzt das Gesundheitsrisiko für die Bevölkerung ein. Selbstständige Entscheidungen darf es aber nicht treffen. Seine Einschätzungen dienen der Bundesregierung allerdings als wichtige Entscheidungshilfe.

Das Gleiche gilt für alle weiteren Bundesinstitute. Die in diesem Zusammenhang zwei Wichtigsten sind:

- das Paul-Ehrlich-Institut (PEI), das u.a. für die Prüfung und Zulassung von Impfstoffen zuständig ist und
- das Bundesinstitut für Arzneimittel und Medizinprodukte (BfArM).

Die Informationen zu den weiteren Bundesinstituten entnehmen Sie bitte dem Schaubild auf Seite 20.

Die ersten Maßnahmen im März 2020 waren die Schließung von Schulen und Kitas, die Sperrung von Spielplätzen und Schließung von Geschäften, Fitnessstudios, Clubs etc.

Gesetzliche Grundlage war das erste „Gesetz zum Schutz der Bevölkerung bei einer epidemischen Lage von nationaler Tragweite“, in Kraft getreten am 27. März 2020 (Erstes Bevölkerungsschutzgesetz).

Mit Änderungen des Infektionsschutzgesetzes vom 23. Mai 2020 und 18. November 2020 wurde präzisiert, unter welchen Bedingungen und Voraussetzungen Schutzmaßnahmen gegen die Ausbreitung von COVID-19 ergriffen werden können (Zweites und Drittes Bevölkerungsschutzgesetz). Diese Gesetzesänderungen bezüglich der Corona-Schutzmaßnahmen durften nur beschlossen werden, weil der Bundestag eine „epidemische Lage von nationaler Tragweite" feststellte. Alle Maßnahmen müssen begründet, verhältnismäßig und zeitlich befristet sein.

Das Gesetz sieht außerdem vor, dass Maßnahmen, die Grundrechtseinschränkungen beinhalten, an Inzidenzen (also die Zahl der Neuinfektionen je 100.000 Einwohner in sieben Tagen) gebunden werden. Besonders schwere Einschränkungen von Grundrechten – wie Versammlungsfreiheit, Freiheit zur Religionsausübung, Ausgangsbeschränkungen und Zugangsverbote zu Pflegeeinrichtungen – sind an besondere Voraussetzungen gebunden, beispielsweise daran, dass andere Maßnahmen nicht geholfen haben.

Die Städte entscheiden hierbei u. a. über Sperrungen von Spielplätzen. Die Schließungen von einzelnen Schulen entscheidet das jeweilige Stadt- bzw. Kreisgesundheitsamt. Im oben genannten Beispiel des Saarlands kann eine Landesregierung aber auch gleich die Schließung aller Schulen ihres Bundeslandes anordnen.

Auch für die Schließung von Einkaufszentren, Geschäften oder Fitnessstudios sind formal die Bundesländer zuständig. So kann die Bundesregierung zwar einen bundesweiten

„Lockdown“ beschließen, für die detaillierte Umsetzung sind jedoch die Bundesländer zuständig. Das Gleiche gilt bei allen die Schulen betreffenden Maßnahmen; die Kultusministerien der Bundesländer stimmen sich zwar ab (oder versuchen es zumindest), aber jedes Bundesland entscheidet letztendlich souverän, was dort geschieht oder halt auch nicht geschieht.

Nachdem „Corona-Impfstoffe“ entwickelt waren, durften sie in Deutschland erst nach dem folgenden Verfahren eingesetzt werden:

Voraussetzung war die Zulassung durch die Europäische Kommission, die sich wiederum auf eine Empfehlung der Europäischen Arzneimittel-Agentur (EMA) stützte. Daraufhin entschied in Deutschland das Bundesministerium für Gesundheit (BMG), welche Impfstoffe für welche Personengruppen zugelassen werden. Dabei stützte sich das BMG auf die Empfehlung der STIKO (Ständige Impfkommission). Sie ist ein unabhängiges Expertengremium, dessen Tätigkeit vom RKI koordiniert wird.

Im Regelfall ist aber das Paul-Ehrlich-Institut (PEI) für die Zulassung von Impfstoffen zuständig. Vom Antrag bis zur endgültigen Zulassung eines Impfstoffes vergehen oft zehn oder mehr Jahre. Im Falle der Impfstoffe gegen das Corona-Virus wäre es allerdings unverantwortlich gewesen, so lange zu warten. Im Rahmen einer Nutzen-Risiko-Abwägung entschied man sich deshalb für eine Notfallzulassung durch das BMG.

Für die Durchführung der Impfungen waren die Bundesländer zuständig. Hierzu erstellten sie zahlreiche Impfzentren, verteilt auf die Landkreise bzw. kreisfreien Städte.

Ambulante und stationäre Krankenversorgung

Bei der ambulanten Krankenversorgung verlässt der Patient oder die Patientin die Praxis normalerweise noch am selben Tag bzw. spätestens einen Tag später. Bei der stationären Krankenversorgung verbleiben Erkrankte im Normalfall mehrere Tage in der Einrichtung (vgl. Abb. 3).

Zahnärztinnen und Zahnärzte stellen die zahlenmäßig zweitstärkste Personengruppe im Bereich der ambulanten Krankenversorgung dar. Auch bei ihnen ist, wenn auch bei Weitem nicht so breit gefächert wie bei den Ärztinnen und Ärzten, eine zunehmende Spezialisierung festzustellen.

Apotheken sind für die Versorgung der Bevölkerung mit Medikamenten zuständig. Ihre Hauptaufgabe besteht in der Ausgabe von verschreibungspflichtigen Medikamenten, die sie nur gegen Vorlage eines ärztlichen Rezepts ausgeben dürfen. Seit 01.01.2022 müssen Vertragsärzte/Vertragsärztinnen für gesetzlich Versicherte Rezepte als elektronisches Rezept ausstellen. Der Verkauf von nicht verschreibungspflichtigen Medikamenten, wie z. B. Hustensaft, Kosmetika oder Hygieneartikeln, nimmt allerdings einen zunehmend breiteren Raum ein.

Öffentliches Gesundheitswesen
- Bundesebene
- Länderebene
- Stadt-/Kreisebene

Ambulante Krankenversorgung (s. Exkurs, Seite 21)
- Einzelpraxis
- Praxisgemeinschaft
- Apparategemeinschaft
- Berufsausübungsgemeinschaft (früher: Gemeinschaftspraxis)
- Medizinisches Versorgungszentrum
- Praxisklinik

Stationäre Krankenversorgung
- Akutkrankenhäuser
- Fachkrankenhäuser
- Sonderkrankenhäuser

Stationäre Krankenversorgung im zahnmedizinischen Bereich
- Fachkliniken, z. B. für:
  - Mund-, Kiefer- und Gesichtschirurgie
  - Parodontologie
  - Kieferorthopädie
  - Zahnärztliche Prothetik

3. Aufbau des Gesundheitswesens

Ministerium für Gesundheit/Ministerium für Arbeit und Soziales

Bundesebene

Robert-Koch-Institut
Ständige Impfkomission (Stiko) - angegliedert an das RKI

- Erkennung, Verhütung und Bekämpfung von Krankheiten
- Epidemiologische Untersuchungen
- Forschung über HIV-Infektionen
- Risikoerfassung und Bewertung von gentechnisch veränderten Organismen und Produkten

Paul-Ehrlich-Institut

- Prüfung und Zulassung von Impfstoffen
- Forschung auf den Gebieten der Impfstoffe

Bundesinstitut für Arzneimittel und Medizinprodukte (BfArM)

- Zulassung von Fertigarzeimitteln für Menschen
- Registrierung von homöopathischen Arzneimitteln für Menschen

Bundesamt für Stahlenschutz

- Strahlenschutzregister für Berufstätige
- Untersuchung von sonstigen Strahlenbelastungen, z. B.Handys

Bernhard-Nocht-Institut für Tropenmedizin

- Diagnostik und Beratung für Ärzte
- Reiseberatung

Bundesinstitut für Risikobewertung (BfR)

- Analyse gesundheitlicher Risiken
- Wissenschaftliche Beratung der Bundesregierung

Bundesamt für Verbraucherschutz und Lebensmittelsicherheit (BVL)

- Risikomanagement bei gefährlichen Lebensmitteln
- Europäisches Schnellwarnsystem vor gefährlichen Lebens- und Futtermitteln Deutsches Institut für medizinische Dokumentation und Information (DIMD)

Friedrich-Loeffler-Institut (FLI)

- Erforschung und Bekämpfung von Virusinfektionen bei landwirtschaftlichen Nutztieren
- Forschung im Bereich Immunologie, Epidemiologie und bakterielle Infektionen und Zoonosen sowie molekulare Pathogenese

Bundeszentrale für gesundheitliche Aufklärung (BzgA)

- Gesundheitserziehung und -aufklärung der Bevölkerung
- Deutsches Institut für medizinische Dokumentation und Information (DIMI)

Landesebene

Zuständige Landesministerien (z. B. Sozialministerium) einschließlich der Medizinaluntersuchungsämter

Ihre Hauptaufgaben sind:

Aufsicht über das öffentliche Gesundheitswesen und die jeweiligen Kammern

Organisation des Rettungsdienstes

Entscheidung über Lohnfortzahlung bei Quarantäne (SARS-Cov-2) von ungeimpften Personen

Regelt Lohnfortzahlungen für Arbeitnehmer:innen bei verordneter Quarantäne

Ausarbeitung des Kurortgesetzes

Stadt-/Kreisebene

Großstädte haben eigene Stadtgesundheitsämter, wohingegen Landkreise ein Kreisgesundheitsamt haben. Ihre Zuständigkeit wird in hoheitliche und fürsorgliche Aufgaben unterteilt. In keinem Fall dürfen sie Patienten ambulant oder stationär behandeln.

Hoheitliche Aufgaben

- Aufsicht über alle in ihrem Bereich im Gesundheitswesen tätigen Personen
- Seuchenbekämpfung (hierzu müssen alle nach dem Bundesinfektionsschutzgesetz meldepflichtigen Krankheiten dem Gesundheitsamt gemeldet werden)

Fürsorgliche Aufgaben

- Kinder- und jugendärztlicher und zahnärztlicher Dienst (Mütterberatung, Einschulungsuntersuchungen und Impfungen der Schulkinder)
- Erwachsenenfürsorge (u. a. Beratung und Betreuung von Suchtkrankheiten, Überwachung der registrierten Prostituierten)
- Gesundheitserziehung der Bevölkerung

Amt für Arbeitsschutz

Seine Zuständigkeit ist u. a. in folgenden Fällen gegeben:

- Beratung bei Fragen des Arbeits- und Unfallschutzes
- Überwachung der Betriebe hinsichtlich der Einhaltung von Unfallverhütungs- und Hygienevorschriften sowie von Arbeits- und Umweltschutzgesetzen

Die staatlichen Veterinärämter

Sie sind u. a. zuständig für:

- Überwachung des Verkehrs mit Lebens- und Genussmitteln und allen sonstigen Bedarfsgegenständen hinsichtlich ihrer Gefahren für die Bevölkerung

Heilpraktiker und **Heilpraktikerinnen** haben kein Medizinstudium absolviert, tragen aber zur ambulanten Krankenversorgung einen nennenswerten Teil bei. Insbesondere Menschen, die der traditionellen klinischen Medizin grundsätzlich kritisch gegenüberstehen, und Menschen, die von Ärztinnen oder Ärzten nicht geheilt werden konnten, suchen bei ihnen Hilfe.

Tierärzte und **Tierärztinnen** sind für die medizinische Behandlung erkrankter Tiere zuständig. Eine Spezialisierung findet bei ihnen hauptsächlich in der Ausrichtung auf Klein- oder Großtierpraxen statt.

Eine **stationäre Behandlung** findet in Krankenhäusern statt. Sie ist immer dann erforderlich, wenn die Möglichkeiten der ambulanten Krankenversorgung erschöpft sind. Krankenhäuser werden nach zwei Merkmalen unterschieden (vgl. Abb. 4).

Exkurs

Organisationsformen der Arztpraxen

Einzelpraxis	• Ein Arzt oder eine Ärztin, eine Praxis
Praxisgemeinschaft	• Mehrere Ärzte/Ärztinnen in einer Praxis • Jede(r) hat „eigene“ Patienten. • Getrennte Abrechnung
Apparategemeinschaft	• Jeder Arzt/jede Ärztin hat eine eigene Praxis. • Gemeinsame Nutzung von Geräten.
Berufsausübungsgemeinschaft	• Mehrere Ärzte/Ärztinnen in einer Praxis • Jeder Arzt/jede Ärztin kann alle Patient:innen behandeln. • Gemeinsame Abrechnung
Praxisklinik	• Patient:innen verbleiben nach ambulanter Operation noch in der Praxis, ggf. auch über Nacht.
Medizinisches Versorgungszentrum (MVZ)	• Vertragsärzte und angestellte Ärzte/Ärztinnen verschiedener Fachrichtungen arbeiten in einem MVZ unter einem Dach. • Gemeinsame Abrechnung

Hinsichtlich der **Art der behandlungsbedürftigen Erkrankung** unterscheidet man zwischen Akut-, Fach- und Sonderkrankenhäusern.

- **Akutkrankenhäuser** sind das, was man landläufig als Krankenhaus bezeichnet. In ihnen wird eine breite Palette von Erkrankungen diagnostiziert und behandelt, die voraussichtlich innerhalb einer absehbaren Zeit geheilt bzw. gelindert werden können.

- **Fachkrankenhäuser** sind dann zuständig, wenn Erkrankungen die Behandlung durch Spezialisten/Spezialistinnen erfordern, wie z. B. in Herzzentren oder HNO-Kliniken.
- **Sonderkrankenhäuser** nehmen Patientinnen und Patienten stationär auf, deren Erkrankung häufig eine längere Behandlung bzw. Pflege erfordert. Die wichtigsten sind hierbei:
  - **Kurkliniken:** Sie dienen sowohl Menschen zur Erholung nach einer schweren Erkrankung bzw. Operation als auch zur Vorbeugung einer drohenden Krankheit.
  - **Rehabilitationskliniken:** Sie versorgen vor allem Menschen, die infolge eines Unfalls oder einer schweren Erkrankung in ihrer körperlichen Funktionstüchtigkeit beeinträchtigt sind. Ziel ist es, diese weitgehend wiederherzustellen und eine Wiedereingliederung in ihren Beruf und ihr bisheriges Leben zu erreichen.
  - **Psychiatrische Krankenhäuser:** Hier werden Menschen behandelt, die aufgrund einer psychischen Erkrankung der Behandlung bzw. Betreuung bedürfen. Es ist hier besonders schwierig zu entscheiden, ab wann ein Mensch lediglich der Betreuung bedarf, die auch ambulant stattfinden kann, und ab wann stationär behandelt werden muss.

Als **Träger bzw. Trägerin eines Krankenhauses** wird bezeichnet, wer das Krankenhaus betreibt, wer also für dessen Finanzierung, Organisation und Leitung verantwortlich ist. Man unterscheidet zwischen öffentlichen, gemeinnützigen und privaten Krankenhäusern.

- **Öffentliche Krankenhäuser.** Hier ist der Staat der Träger. Dabei kann eine Stadt, ein Landkreis, ein Bundesland oder die Bundesrepublik Deutschland Träger sein.

BEISPIEL

Städtisches Krankenhaus Dresden-Neustadt

- **Gemeinnützige Krankenhäuser:** Träger sind Organisationen, die dem Allgemeinwohl dienen. Sie sind überwiegend von Menschen gegründet worden, die eine gemeinsame weltanschauliche oder religiöse Richtung vertreten. Sie wollen ihre Krankenhäuser so weit wie möglich unabhängig von staatlichen Einflüssen betreiben. Ihr wichtigstes Anliegen ist daher nicht eine Gewinnerzielung, sondern vordringlich eine Krankenversorgung unter eigener Regie.

BEISPIEL

Rot-Kreuz-Krankenhaus

- **Privatkliniken** werden von privaten Krankenhausträgern getragen, z. B. von Privatpersonen oder gewerblichen Unternehmen mit einer Konzession nach der Gewerbeordnung oder von Krankenhausketten. Neben der Krankenversorgung spielt auch die Gewinnerzielung eine ganz entscheidende Rolle.

BEISPIEL

Privatklinik Dr. Dr. med. Costa Viela, Asklepioskliniken, Rhön-Klinikum-AG

Von der Bettenzahl halten die Krankenhäuser in öffentlicher Hand gegenwärtig ca. 45 %, die gemeinnützigen 35 % und die privaten 20 % der Betten bereit.

ÜBUNGSAUFGABEN

1. In welche drei Ebenen gliedert sich das öffentliche Gesundheitswesen?
2. Ordnen Sie Institutionen der jeweiligen Ebene zu:
   a) Robert-Koch-Institut (RKI)
   b) Kreisgesundheitsamt
   c) staatliche Veterinärämter
   d) Bundesinstitut für Arzneimittel und Medizinprodukte (BfArM)
   e) Friedrich-Löffler-Institut (FLI)
   f) Bundeszentrale für gesundheitliche Aufklärung (BzgA)
   g) Organisation der Rettungsdienste
   h) Aufsicht über Arzt-, Zahnarzt- und Tierarztpraxen
3. Erstellen Sie eine Übersicht, in der die von Melanie, Tülin und Andrea angesprochenen Fragen hinsichtlich der Aufgaben und Zuständigkeiten dargestellt werden.

Melanie: „Also, ich komme überhaupt noch nicht klar, obwohl ich schon drei Wochen in der Praxis bin. Mit der Ärztekammer, die meinen Ausbildungsvertrag absegnen muss, das ist ja noch okay, aber heute erzählt mir meine Kollegin, dass wir nach dem Infektionsschutzgesetz eine Geschlechtskrankheit, die wir bei einem Patienten feststellen, dem örtlichen Gesundheitsamt melden müssen, allerdings anonym."

Tülin: „Ach, da geht's mir nicht viel anders. Die eine Kollegin erzählt mir, dass unser Röntgengerät vom Amt für Arbeitsschutz kontrolliert wird, mein Chef erklärt mir, dass unser Röntgengerät ganz harmlos sei, weil die Strahlenbelastung aller Mitarbeitenden weit unter dem vom Bundesamt für Strahlenschutz empfohlenen jährlichen Grenzwert liege."

Andrea: „Selbst bei Tieren herrscht ein genauso großer Wirrwar. Für die Zulassung von Tierarzneimitteln ist das Bundesamt für Verbraucherschutz und Lebensmittelsicherheit (BVL) zuständig und nicht wie bei Medikamenten für Menschen das Bundesinstitut für Arzneimittel und Medizinprodukte (BfArM), aber für Impfstoffe wiederum ist sowohl für Tiere als auch für Menschen das Bundesinstitut für Impfstoffe und biomedizinische Arzneimittel (Paul-Ehrlich-Institut) zuständig."

Tülin: „Und dann sind da ja noch die ganzen Aufklärungskampagnen, wie z. B. „Gib AIDS keine Chance". Die macht doch auch jemand! Ich glaube, da steht so 'ne komische Abkürzung, „BzgA", drunter."

Melanie: „Stichwort Aufklärung! Wir haben unsere Klassenlehrerin nach den Prüfungen gefragt, aber die hat nur gemeint, das Sozialministerium müsste die neue Prüfungsordnung erst noch genehmigen. Ich frag mich, was die damit zu tun haben."

Andrea: „Ja, aber ich wollte gerade noch erzählen, dass die bei uns den Handel mit gestohlenen Hunden aufgedeckt haben. Da haben sich welche als Tierschutzverein ausgegeben und gestohlene Hunde verkauft. Das hat unser Veterinäramt aufgedeckt. Die haben aber bestimmt noch anderes zu tun."

Tülin: „Jedenfalls sollen wir unseren Patienten sagen, dass das Bundesinstitut für Risikobewertung (BfR) fluoridhaltige Zahnpasta empfiehlt, weil in unserem Trinkwasser zu wenig Fluor enthalten ist. Aber ich glaube, wir müssen das mit den ganzen Ministerien, Ämtern und Instituten mal systematisch angehen."

4. Erklären Sie die Unterschiede zwischen Einzelpraxis, Praxisgemeinschaft und Berufsausübungsgemeinschaft.
5. Nennen Sie jeweils drei Merkmale, durch die sich Akut- und Fachkrankenhäuser unterscheiden.
6. Welches Sonderkrankenhaus ist zuständig?
   a) Erholung nach einer Nierentransplantation
   b) Umgang mit einem Rollstuhl nach einem Unfall
   c) Behandlung einer schweren Depression
   d) Sprechen lernen nach einem Schlaganfall
   e) Vorbeugung eines drohenden Herzinfarktes
   f) Behandlung nach einem Selbstmordversuch

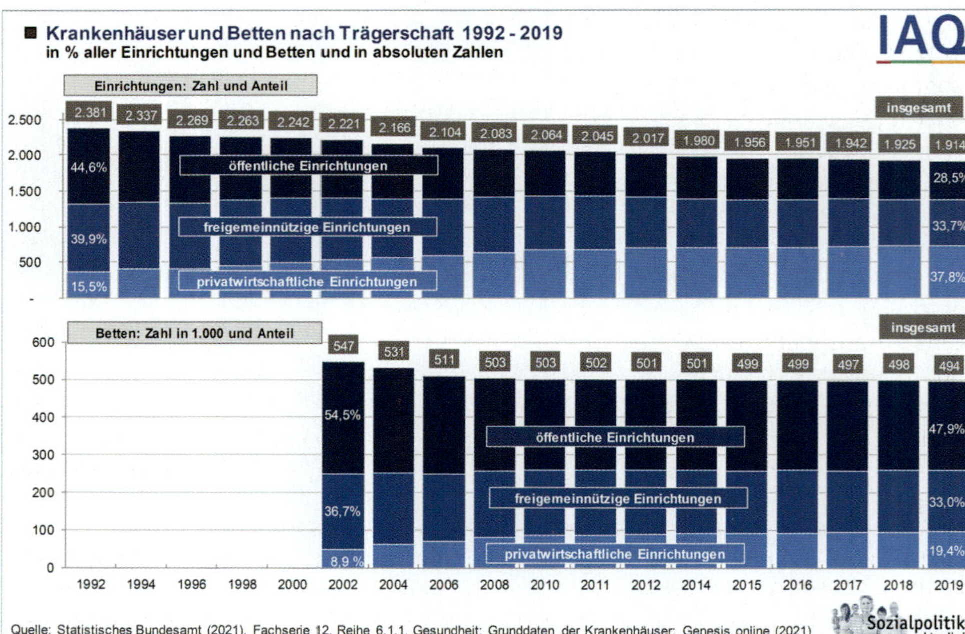

4. Unterscheidungsmerkmale der Krankenhäuser

1.3 Berufe des Gesundheitswesens

Arzt/Ärztin

Die Ausbildung zum Arzt oder zur Ärztin umfasst ein 6-jähriges Studium an einer Universität oder gleichgestellten Hochschule. Das letzte Jahr wird in Form einer zusammenhängenden praktischen Ausbildung (Praktisches Jahr) in Krankenanstalten absolviert. Danach kann ein Antrag auf Erteilung der **Approbation** (lat.: approbare = anerkennen) gestellt werden. Durch diese Approbation erhalten die Ärztin bzw. der Arzt die Genehmigung zur Ausübung des ärztlichen Berufs.

> **Bundesärzteordnung § 2a**
>
> Die Berufsbezeichnung „Arzt“ oder „Ärztin“ darf nur führen, wer als Arzt approbiert oder nach § 2 Abs. 2, 3 oder 4 zur Ausübung des ärztlichen Berufs befugt ist.

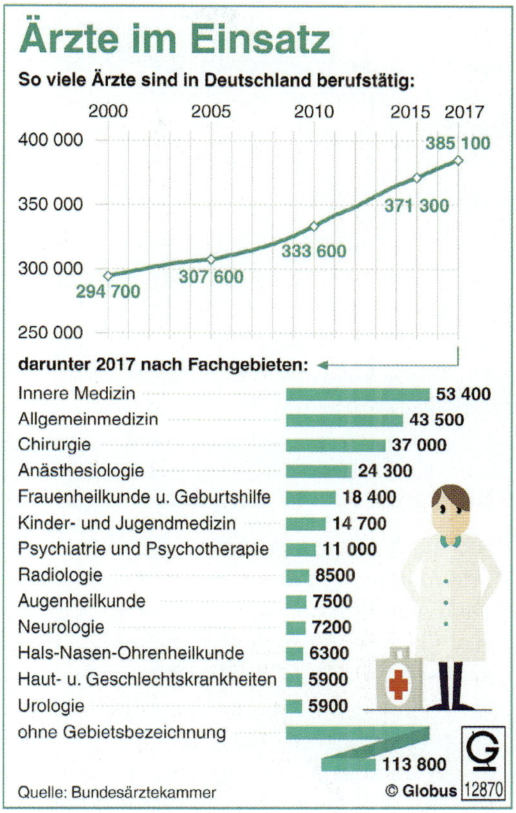

5. Ärzte in Deutschland

Nach erlangter Approbation kann z. B. eine Tätigkeit im Krankenhaus, im öffentlichen Gesundheitsdienst, in der Forschung oder in betriebsärztlichen Diensten ausgeübt werden. Ärztinnen und Ärzte können sich aber auch niederlassen, also eine eigene Praxis eröffnen. Allerdings darf die ärztliche Tätigkeit dann nur als Privatleistung erfolgen. Daher wird meist vor der Niederlassung eine ärztliche Weiterbildung absolviert. Sie bildet neben einem weiteren Einführungslehrgang die Grundlage für den Antrag auf **Zulassung als Vertragsarzt/Vertragsärztin** (früher: Kassenarzt).

Nach Erhalt der Zulassung ist der Arzt bzw. die Ärztin berechtigt und verpflichtet, Mitglieder der gesetzlichen Krankenkassen zu behandeln und die entsprechenden Leistungen über die Kassenärztliche Vereinigung abzurechnen. Allerdings wird eine Zulassung als Vertragsarzt oder Vertragsärztin nur noch dann erteilt, wenn im Zulassungsgebiet nicht bereits eine Überversorgung mit Arztpraxen der jeweiligen Fachrichtung besteht.

Die **Aufgaben von Ärztinnen und Ärzten** beschreibt die Bundesärzteordnung mit dem Satz:
„Der Arzt dient der Gesundheit des einzelnen Menschen und des gesamten Volkes.“ Die Erhaltung oder Wiederherstellung der Gesundheit des Patienten ist also oberstes Ziel. In den Berufsordnungen der Landesärztekammern werden die einzelnen Berufspflichten genau beschrieben. Aufklärungspflicht, Schweigepflicht und die Verpflichtung zur Führung

ärztlicher Aufzeichnungen gehören dazu. Auch dürfen Ärzte und Ärztinnen keine Werbung für ihre Praxis betreiben und sie müssen regelmäßig an Fortbildungen teilnehmen.

Die Tätigkeit des Arztes bzw. der Ärztin (auch in der Zahn- und Tiermedizin) ist den **freien Berufen** zuzuordnen. Dies bedeutet, dass diese Arbeit eigenverantwortlich und selbstständig erbracht wird. Ärztinnen und Ärzte sind dabei allerdings an die ärztlichen Berufspflichten gebunden. Diagnose- und Therapiemaßnahmen müssen von ihnen selbst erstellt werden. Bei der Ausführung können Aufgaben nur in bestimmtem Umfang übertragen werden.

Für die **Promotion** (lat.: promotio = befördern) muss eine umfangreiche Doktorarbeit über ein medizinisches Thema geschrieben und bei einer Universität eingereicht werden. Nach erfolgreicher Ablegung einer zusätzlichen mündlichen Prüfung verleiht die Universität dann den akademischen Titel „Dr. med." (Doktor/Doktorin der Medizin). Zahnärzten und Zahnärztinnen wird der Titel „Dr. med. dent." verliehen, Tierärzte und Tierärztinnen dürfen dann den Titel „Dr. med. vet." tragen.

Exkurs

Nicht jeder Arzt ist ein Doktor – und nicht jeder Doktor ist ein Arzt!

Um als Arzt bzw. Ärztin zu arbeiten, wird lediglich die Approbation benötigt
Der Volksmund hat nicht immer recht: Die einfache Formel „Arzt = Doktor" trifft nur dann zu, wenn der Arzt nach seiner Approbation eine Dissertation (Doktorarbeit) geschrieben hat. Dies ist aber nicht nötig, um als Arzt oder Ärztin tätig zu sein. Wer keine Dissertation geschrieben hat, darf sich allerdings lediglich „Arzt für ..." oder „Ärztin für ..." nennen, nicht aber „Dr. med.".
Entgegen früherer Praxis, als fast alle Ärztinnen und Ärzte durch eine Dissertation auch den Titel „Dr." erlangten, verzichten heute viele nach dem Abschluss des Studiums auf eine Dissertation. Als Gründe werden oft die damit verbundenen Einnahmeausfälle während der Doktorarbeit sowie Zeitmangel und fehlende Themen für wissenschaftliche Arbeiten genannt.
Auch Absolventen und Absolventinnen anderer akademischer Studiengänge, wie z. B. Jura oder Philosophie, können Dissertationen in ihrem Fach schreiben und sich danach „Dr." nennen.

Medizinische Fachangestellte (MFA)
Sie unterstützen den Arzt oder die Ärztin unmittelbar bei allen in der Praxis anfallenden Tätigkeiten. Zu ihren Arbeitsbereichen gehört darüber hinaus noch das Praxismanagement. Die Medizinischen Fachangestellten sind über die Terminvergabe, den Empfang und die Verabschiedung für die Patientinnen und Patienten die ersten und letzten Kontaktpersonen in der Praxis.

„Medizinische Fachangestellte üben ihre Arbeit im Team aus und haben unmittelbaren Kontakt zum Patienten. Sie begreifen den Menschen als psychische und physische Einheit und stellen ihr eigenes Handeln darauf ab. Für ihre Tätigkeit in der Behandlungsassistenz sowie der Betriebsorganisation und -verwaltung benötigen sie daher neben medizinischen und ökonomischen Fachkenntnissen eine hohe Sozial-, Personal-, Team- und Kommunikationskompetenz." (Rahmenlehrplan, berufsbezogene Vorbemerkungen)

Entsprechend dem breit gefächerten Tätigkeitsfeld gibt es für die MFA viele berufliche Weiterbildungsmöglichkeiten.

Fortbildungsmöglichkeiten für MFA

Zwei Arten der Fortbildung:

1. Aufstiegsfortbildung:
   - Fachwirt/Fachwirtin zur ambulanten und medizinischen Versorgung
   - Betriebswirt/Betriebswirtin für Management im Gesundheitswesen
2. Erweiterung des Fachwissens

Andere Kurse werden in verschiedenen Modulen und Formen angeboten, je nach Ärztekammer. Möglich sind z. B.:

- Strahlenschutzkurse
- Fachzertifikat Impfberatung
- Fachzertifikat Ernährungsberatung
- Fachzertifikat Praxismanagement
- Ambulantes Operieren
- Diabetesberatung
- Onkologie
- Notfallmedizin

6. Fortbildungsmöglichkeiten für MFA

Zahnarzt/Zahnärztin

Laut Angabe der Bundeszahnärztekammer gab es 2020 knapp 50 000 niedergelassene **Zahnärztinnen und Zahnärzte**, die in Deutschland bei der zahnmedizinischen Versorgung der Bevölkerung mitwirken. Ihre Aufgabe ist die Vorbeugung, Erkennung und Behandlung von Zahn-, Mund- und Kieferkrankheiten. Eingeschlossen sind chirurgische Maßnahmen, der Ersatz fehlender Gebissteile (**Prothetik**) und die Behandlung von Gebissfehlentwicklungen (**Kieferorthopädie**).

Das Studium der Zahnmedizin erfolgt wie bei den Ärzten und Ärztinnen an einer wissenschaftlichen Hochschule und dauert mindestens fünf Jahre. Es besteht aus einer theoretischen und einer praktischen Ausbildung in der Zahnheilkunde und weiteren medizinischen Fächern. Nach Abschluss der zahnärztlichen Prüfung wird die **Approbation** als Zahnarzt oder Zahnärztin erteilt. Danach ist die Niederlassung in einer freien Praxis möglich. Zur Behandlung von Kassenpatientinnen und -patienten benötigt der Zahnarzt bzw. die Zahnärztin jedoch die Zulassung als **Vertragszahnarzt/-ärztin**, die von der Kassenzahnärztlichen Vereinigung (KZV) nach einer zweijährigen Vorbereitungszeit erteilt werden kann.

Weiterbildungsmöglichkeiten bestehen in bestimmten Fachgebieten der Zahnheilkunde. Nach einer Zusatzausbildung können **Gebietsbezeichnungen** für Kieferorthopädie, Oralchirurgie oder für das öffentliche Gesundheitswesen erworben werden.

Gebietsbezeichnungen für Zahnärzte/Zahnärztinnen
Facharzt/Fachärztin für:

- Kieferorthopädie
- Oralchirurgie
- Öffentliches Gesundheitswesen
- Paradontologie
- Kinderstomatologie

7. Fachzahnarztbezeichnungen

Zahnmedizinische Fachangestellte (ZFA)

Für die ZFA gilt das Gleiche wie für die MFA, nur sind sie in einer zahnärztlichen Praxis tätig. „Für ihre Tätigkeit in der Behandlungsassistenz und der Prophylaxe einerseits sowie der Praxisorganisation und -verwaltung andererseits benötigen sie daher neben medizinischen und ökonomischen Fachkenntnissen eine hohe Sozialkompetenz, die sie befähigt, einfühlsam mit den Patienten umzugehen, um zum Aufbau eines dauerhaften Vertrauensverhältnisses beizutragen." (Rahmenlehrplan, berufsbezogene Vorbemerkungen)

Bundesweit einheitlich gibt es vier berufliche Weiterbildungsangebote, die einen beruflichen Aufstieg, verbunden mit einem höheren Gehalt, gewährleisten.

Fortbildungsmöglichkeiten für ZFA

- Zahnmedizinische/r Fachassistent/in (ZMF)
- Zahnmedizinische/r Prophylaxeassistent/in (ZMP)
- Zahnmedizinische/r Verwaltungsassistent/in (ZMV)
- Dentalhygieniker/in (DH)

8. Fortbildungsmöglichkeiten ZFA

Eine aktuelle Übersicht der zahnärztlichen Fachgebiete ist unter der Internetadresse: https://www.deutscher-zahnarzt-service.de/blog/die-beliebtesten-fachgebiete-in-der-zahnmedizin zu finden.

Tierarzt/Tierärztin

§ 1 Berufsordnung beschreibt die Aufgaben der Tierärztin bzw. des Tierarztes: „(§ 1) Der Tierarzt ist berufen, Leiden und Krankheiten der Tiere zu verhüten, zu lindern und zu heilen, zur Erhaltung und Entwicklung eines leistungsfähigen Tierbestandes beizutragen, den Menschen vor Gefahren und Schädigungen durch Tierkrankheiten sowie durch Lebensmittel und Erzeugnisse tierischer Herkunft zu schützen und auf eine Steigerung der Güte von Lebensmitteln tierischer Herkunft hinzuwirken; damit dient er zugleich der menschlichen Gesundheit. Der Tierarzt ist der berufene Beschützer der Tiere."

Die Approbation als Tierarzt/Tierärztin wird nach mindestens fünfeinhalbjährigem Studium der Tiermedizin (Veterinärmedizin) erteilt. Im Jahr 2020 sind laut Angaben der Bundestierärztekammer gut 32 000 Tierärzte/Tierärztinnen in verschiedenen Berufsbereichen tätig. Davon ca. 12 000 in einer eigenen Tierarztpraxis. Ungefähr 20 000 Tierärzte/Tierärztinnen sind als Praxisassistenten, angestellte oder beamtete Tiermediziner im öffentlichen Dienst bzw. in Industrie und Forschung tätig.

Nach entsprechender Weiterbildungszeit können verschiedene Fachtierarztbezeichnungen erlangt werden, so z. B. Fachtierarzt/-ärztin für Kleintiere, Pferde, Chirurgie oder für Zoo-, Gehege- und Wildtiere.

Exkurs

Dispensierrecht

Grundsätzlich dürfen Medikamente nur von Apothekerinnen und Apothekern hergestellt, gelagert oder abgegeben werden. Hiervon gibt es jedoch zwei Ausnahmen:

1. Ärzte und Ärztinnen dürfen sogenannte Medikamentenmuster, die sie von der Pharmaindustrie erhalten, an Patientinnen und Patienten weitergeben.
2. Tierärztinnen Tierärzte sind ebenfalls berechtigt, Medikamente herzustellen, zu lagern oder an Tierhalter und Tierhalterinnen abzugeben. Dabei haben Tierarzt und Tierärztin eine Aufklärungspflicht gegenüber ihren Klient:innen hinsichtlich der Anwendungsweise (Dosis und Dauer der Verabreichung sowie die Erläuterung eventueller Nebenwirkungen).
   Auch dürfen Teilmengen von Medikamenten abgegeben werden, die aber so gekennzeichnet sein müssen, dass der Name des Medikaments, der Hersteller und möglichst auch die Anwendungsweise enthalten sind.

Tiermedizinische Fachangestellte (TFA)

Sie sind ebenfalls für die Praxisorganisation, Terminplanung und -vergabe zuständig sowie für alle in der Praxis anfallenden Arbeiten. Neben dem unmittelbaren Kontakt zum Tierarzt oder zur Tierärztin kommunizieren sie auch mit den Tierhalterinnen und Tierhaltern (Klient:innen). Darüber hinaus müssen sie sich auf die besondere Situation der zu behandelnden Tiere einstellen.

Für TFA bestehen ebenfalls viele Möglichkeiten der beruflichen Weiterbildung. Weitere Informationen finden Sie auch auf den Homepages der Landestierärztekammern.

BEISPIEL

Eine gute Tiermedizinische Fachangestellte ist freundlich, aber bestimmt und weiß sowohl auf das Tier als auch auf dessen Halter einzugehen. Sie kann mit manchmal wehrhaften Tieren umgehen, scheut sich nicht vor Reinigungsarbeiten und weiß auch, dass Tiere manchmal eingeschläfert werden müssen und Tierhalter und Tierhalterinnen getröstet. (Berufsbild der Tiermedizinischen Fachangestellten)

Fortbildungsmöglichkeiten für TFA
Zwei Arten der Fortbildung:
1. Aufstiegsfortbildung:
- Betriebswirt/Betriebswirtin für Management im Gesundheitswesen
- Hundefachwirt/-fachwirtin

2. Erweiterung des Fachwissens:
- Vornehmen von Injektionen
- Röntgenkurse
- Parasitologie
- Praxismanagement und Verwaltung
- OP-Assistenz, Narkoseüberwachung und Intensiv-Tierpflege
- Praxis- und Käfighygiene
- Notfallkurse
- Zahnbehandlungen beim Tier
- Anästhesie und Monitoring
- Fortbildungen zur Behandlung von speziellen Tiergruppen (z. B. Reptilien, Vögel usw.)

9. Fortbildungsmöglichkeiten TFA

Nichtärztliche Berufe im Gesundheitswesen
- Heilpraktikerin/Heilpraktiker
- Physiotherapeutin/Physiotherapeut
- Logopädin/Logopäde
- Med. Masseurin/Med. Masseur
- Altenpflegerin/Altenpfleger
- Medizinisch-technische/r Assistent/in (MTA)
- Veterinärmedizinische/r Assistent/in (VMA)
- Diätassistentin/Diätassistent
- Hebamme/Entbindungspfleger

10. Nichtärztliche Berufe im Gesundheitswesen

1.4 Leistungsangebot der Praxen

Ärztliche Praxen müssen ihr Leistungsangebot auf die Erwartungen ihrer Patientinnen und Patienten bzw. Klienten/Klientinnen abstimmen, um wirtschaftlich überleben zu können. Nur zufriedene Menschen werden die Praxis erneut aufsuchen. Einmal „verlorene“ Patienten/Klienten wieder zurückzugewinnen, ist sehr schwer. Folglich müssen sich Ärzte und Ärztinnen zunächst einen Überblick darüber verschaffen, welche Erwartungen Patientinnen/Patienten bzw. Klientinnen/Klienten an die Praxis und das medizinische Personal haben. die Praxis haben.

Erwartungen der Patient:inen/Klient:innen

Menschen, die eine Arzt-, Zahnarzt- oder Tierarztpraxis aufsuchen, tun dies in aller Regel aus folgender Motivation:

- Sie (oder ihr Tier) leiden an einer Krankheit oder an Schmerzen.
- Sie kommen zu Vorsorge- bzw. Kontrolluntersuchungen.
- Sie kommen zu Impfungen.

Daraus ergeben sich folgende **Erwartungen:**

- Heilung bzw. Linderung ihrer Krankheit bzw. ihrer Schmerzen. Tierhalter haben diese Erwartungen in Bezug auf ihre Tiere.
- Präsentation der Praxis im Internet zur Erstinformation
- Genügend Zeit für die Probleme der Patientin/des Patienten
- Bestmögliche Beratung und Behandlung
- Freundlichkeit des Arztes/der Ärztin und des Praxispersonals
- Sachkompetenz und Motivation des gesamten Praxisteams
- Gepflegtes äußeres Erscheinungsbild der Praxisräume sowie des Praxisteams
- Eindeutig geregelte Zuständigkeiten und Verantwortungsbereiche
- Angemessene Wartezeiten

Wie können Praxen diesen Erwartungen gerecht werden?

Zunächst einmal gilt es, Patientinnen und Patienten auf sich aufmerksam zu machen. Neben der Mund-zu-Mund-Propaganda geschieht dies zunehmend über das Internet. Eine Präsentation im Internet auf einer eigenen **Homepage** verstößt ausdrücklich nicht gegen das berufsrechtliche Werbeverbot.

Nach dem Telemediengesetz (TMG) müssen ärztliche Praxen auf ihrer Website allerdings gewisse Mindestanforderungen erfüllen:

- Die Identität des Homepage-Betreibers muss erkennbar sein.
- Eine Kontaktaufnahme muss möglich sein (Telefon, Fax oder E-Mail).
- Die zuständige Kammer muss angegeben sein.
- Die genaue Berufsbezeichnung muss angegeben sein.
- Die Berufsordnung muss einsehbar sein (z. B. über einen Link).
- Es muss ein Impressum vorhanden sein.

Weiter ist die Datenschutzgrundverordnung (DS-GVO), das Heilmittelwerbegesetz (HWG) und das Gesetz gegen den unlauteren Wettbewerb (UWG) zu beachten. Zusätzlich zu diesen gesetzlichen Mindestanforderungen nutzen ärztliche Praxen ihre Homepages für weitere Informationen, z. B.:

- Allgemeine Informationen über die Praxis
- Vorstellung des Praxisteams
- Leistungsangebot der Praxis
- Lage- und Anfahrtsplan
- Links

Hierbei müssen sie neben dem ärztlichen Standesrecht in Form der (Muster-)Berufsordnung für deutsche Ärztinnen und Ärzte insbesondere das Heilmittelwerbegesetz (HWG, letzte Änderung 2016) und das Gesetz gegen den unlauteren Wettbewerb (UWG) beachten.

Unter anderem dürfen Arztpraxen mit Dankes- und Empfehlungsschreiben auf Arztbewertungsportalen hinweisen. Beispiele für mögliche Internetpräsentationen von Praxen finden Sie auf der Seite 33 (vgl. Abb. 11).

Doch letztlich entscheidend ist der erste direkte Kontakt von Praxis und Patient:in/Klient:in. „Für den ersten Eindruck gibt es keine zweite Chance!“, lautet ein Sprichwort. Dementsprechend ist die Erscheinung der Praxis ganz entscheidend für jede weitere Einschätzung Positiv wirkende Aspekte sind:

Erscheinungsbild der Praxis

Äußeres Erscheinungsbild der Praxis

- Gepflegter Eingangsbereich
- Aufgeräumter, ordentlicher Empfangsbereich
- Großzügiges Wartezimmer
- Gepflegtes Inventar
- Helle, freundliche Farben
- Wasserspender
- Aktuelle Zeitschriften

Erscheinungsbild des Praxisteams

- Einheitliche Kleidung
- Gepflegtes Äußeres
- Namensschilder (ggf. mit Status)

Weiterhin sind noch die Aspekte wichtig, die für den reibungslosen Ablauf in einer Praxis sorgen. Sie werden unter dem Oberbegriff „Praxismanagement“ zusammengefasst werden. Dazu gehören insbesondere:

1. **Aufgabenverteilung/Stellenbeschreibung**
   - Was ist zu erledigen?
   - Wer ist wofür zuständig?
   - Wer trägt die Verantwortung?
2. **Personaleinsatz**
   - Werden die medizinischen Fachkräfte entsprechend ihren Qualifikationen eingesetzt, sodass weder Über- noch Unterforderungen entstehen?
   - Ist ausreichend Personal vorhanden?
   - Wie können Notfälle berücksichtigt werden?
   - Wie ist die Vertretung bei Krankheit bzw. Urlaub geregelt?
3. **Personalführung**
   - Wann und in welchen Zeitabständen finden Teambesprechungen statt?
   - Wie werden Konflikte gelöst?

- Finden Mitarbeitergespräche zwischen Vorgesetzten und einzelnen Angestellten statt? Werden die Mitarbeitenden darin über die Leistungsbeurteilung durch ihre Vorgesetzten informiert?

4. **Fort- und Weiterbildung**

- Wird in der Praxis auf Fortbildungsveranstaltungen hingewiesen?
- Welche Fortbildungsangebote nehmen die Praxismitarbeitenden wahr?
- Welche Weiterbildungen haben die Ärzte/Ärztinnen in der Praxis wahrgenommen?
- Welche Weiterbildungen haben die Fachangestellten erfolgreich besucht?

Weiterbildungsmöglichkeiten in ausgewählten Gebieten (FA = Facharzt/Fachärztin)	Leistungsspektrum Arzt/Ärztin (Gynäkologie)	Leistungsspektrum Zahnarzt/Zahnärztin
• Gebiet Chirurgie, FA für: – Allgemeine Chirurgie – Gefäßchirurgie – Herzchirurgie – Kinderchirurgie – Orthopädie- und Unfallchirurgie – Plastische und Ästhetische Chirurgie – Thoraxchirurgie – Viszeralchirurgie • Gebiet Innere Medizin, FA für: – Angiologie – Endokrinologie und Diabetologie – Gastroenterologie – Hämatologie und Onkologie – Kardiologie – Rheumatologie	**Startseite** **Praxisteam** **Lage- und Anfahrtsplan** **Leistungsspektrum** • Empfängnisverhütung • Schwangerenbetreuung • Krebsvorsorge • Dysplasie-Beratung • Onkologie-/Tumornachsorge • Wechseljahre • Sterilitätssprechstunde • Teenager-Sprechstunde • Impfungen **Ambulantes Operieren** **Individuelle Gesundheitsleistungen (IGeL)** **Kontakt** **Links** **Impressum**	**Home** **Praxis** **Leistungsspektrum** • Ästhetik • Parodontologie • Zahnerhaltung • Zahnersatz • Schmerzfreie Behandlung • Funktionsstörungen **Anfahrt** **Links** **Kontakt** **Impressum**

11. Ausgewählte Facharztbezeichnungen und Beipiele für Leistungsspektren auf der Homepage

ÜBUNGSAUFGABEN

1. a) Erklären Sie den Begriff „Approbation".
   b) Welche Ausbildung müssen Ärzte/Ärztinnen bzw. Zahnärzte/Zahnärztinnen nach dem Abitur absolviert haben, um die Approbation zu erhalten?
   c) Wodurch erlangen Mediziner:innen den Titel „Dr."?
2. Wodurch unterscheidet sich der Vertragsarzt von einer Privatärztin hinsichtlich der
   a) Pflicht zur Behandlung von Patient:innen,
   b) der Wahl des Ortes, wo er/sie sich niederlässt,
   c) der Abrechnung?
3. Erstellen Sie eine Übersicht für Ihre Berufsgruppe hinsichtlich der nötigen
   a) fachlichen und
   b) sozialen Kompetenzen.
4. Erstellen Sie eine Übersicht der für Ihre Berufsgruppe möglichen beruflichen Weiterbildungsangebote.
5. a) Wer ist grundsätzlich nur berechtigt, Medikamente herzustellen und zu verkaufen?
   b) Welche Ausnahmen sind möglich?
   c) Wie wird dieses Recht bezeichnet?
6. Stellen Sie in Kleingruppen zusammen, welche Erwartungen Ihre Patient:innen bzw. Klient:innen an Ihre Praxis und das Praxisteam haben.
7. a) Welche Gesetze müssen Angehörige ärztlicher Berufe bei der Gestaltung ihrer Homepage beachten?
   b) Erarbeiten Sie in Kleingruppen weitere Inhalte, die Sie für die Präsentation auf der Homepage einer Arzt-, Zahnarzt- bzw. Tierarztpraxis für sinnvoll halten.

1.5 Berufsorganisationen

1.5.1 Interessenvertretung der Ärztinnen und Ärzte

Die Ärzteschaft hat ebenso wie die Angestellten in den Gesundheitsberufen (vgl. Abb. 15) ihre eigene Interessenvertretung. Dabei unterscheidet man die verschiedenen Organisationen nach ihren jeweiligen Zielen (vgl. Abb. 12, 13 und 14).

Der **Hartmannbund,** in dem Vertreter aller ärztlichen Richtungen Mitglieder sind, stellt die älteste ärztliche Interessenvertretung dar. Sie wurde nach ihrem Gründer benannt. Ihre Aufgabe bestand zur Gründungszeit darin, die wirtschaftlichen Interessen der Ärzte gegenüber den neu entstandenen Krankenversicherungen (1883) zu vertreten. Bis 1931 nahm der Hartmannbund die Aufgaben der kassenärztlichen Vereinigung wahr. Heute vertritt der Hartmannbund vor allem die Interessen der niedergelassenen Ärztinnen und Ärzte gegenüber der Kassenärztlichen Vereinigung und der Öffentlichkeit.

Der **Marburger Bund** dagegen nimmt vorrangig die Interessen der angestellten und beamteten Ärztinnen und Ärzte wahr. Dabei tritt er auch als Tarifvertragspartei gegenüber der Arbeitgeberseite auf.

Allen berufspolitischen Verbänden ist gemeinsam, dass die wirtschaftliche Sicherung des Arztberufs im Vordergrund ihrer Tätigkeit steht.

Bei den **fachspezifischen Verbänden** steht sowohl das wirtschaftliche Interesse der speziellen Gruppe als auch die inhaltliche Auseinandersetzung und Weiterbildung im jeweiligen Fachbereich im Vordergrund. Sie fördern daneben auch den Erfahrungsaustausch und die wissenschaftliche Auseinandersetzung über die verschiedenen Behandlungsmethoden und -erfolge.

Die **wissenschaftlichen Fachgesellschaften** sehen in erster Linie ihre Aufgabe in der Veröffentlichung neuer Erkenntnisse und der wissenschaftlichen Auseinandersetzung über neue Behandlungsmethoden oder -erfolge. Um eine intensive Diskussion zu ermöglichen, veranstalten sie Kongresse mit meist internationaler Beteiligung.

Die verschiedenen Interessenverbände sind nicht allein auf die Humanmedizin beschränkt. Ähnliche Vereinigungen gibt es für die Zahn- und Tiermedizin. Allerdings ist der Bekanntheitsgrad dieser Vereinigungen in der Bevölkerung nicht so hoch.

Allen Berufsgruppen gemeinsam ist, dass sie die Sicherung und Interessenvertretung der jeweiligen Berufsgruppe als Hauptaufgabe sehen.

ÜBUNGSAUFGABEN

1. Unterscheiden Sie die verschiedenen Interessenvertretungen der Ärztinnen und Ärzte.
2. Welche Aufgaben haben sie?
3. Erkundigen Sie sich bei Ihren Ausbildenden, welchen Interessenvertretungen sie angehören.

Wirtschaftliche/berufspolitische Verbände
- Hartmannbund
- Deutscher Hausärzteverband e. V.
- Marburger Bund
- Verein demokratischer Ärztinnen und Ärzte
- Verband deutscher Zahnärzte
- Bundesverband der praktizierenden Tierärzte e. V.

Fachspezifische Verbände
- Berufsverband der Chirurgen
- Berufsverband der Internisten
- Berufsverband der praktischen Ärzte und Ärzte für Allgemeinmedizin

Wissenschaftliche Fachgesellschaften
- Deutsche Gesellschaft für Chirurgie
- Deutsche Gesellschaft für Innere Medizin
- Deutsche Gesellschaft für Thorax-, Herz- und Gefäßchirurgie

12. Interessenvertretungen der Ärzteschaft

Deutscher Hausärzteverband: Hausärztliche Leistungen müssen in GOÄ endlich angemessen abgebildet werden

(Berlin) – Vor dem Hintergrund der aktuell laufenden Verhandlungen zur Novellierung der Gebührenordnung für Ärzte (GOÄ) bekräftigt der Deutsche Hausärzteverband seine Forderung, spezifische hausärztliche Leistungen in der GOÄ adäquat abzubilden. „Es muss unbedingt sichergestellt werden, dass die komplexen Leistungen, die Hausärzte beispielsweise bei der Behandlung von multimorbiden Patienten erbringen, in der GOÄ endlich angemessen dargestellt werden", sagte Ulrich Weigeldt, Bundesvorsitzender des Deutschen Hausärzteverbandes. Dies sei nicht ausschließlich über Gesprächsziffern möglich.

(Pressemitteilung des Deutschen Hausärzteverandes e. V., Berlin, 29.02.2016)

13. Interessenwahrnehmung durch den Deutschen Hausärzteverband e. V.

Antibiotika-Diskussion: Dringend mehr Sachverstand nötig

„Das Thema Resistenzentwicklung rein emotional anzugehen, bringt weder eine Lösung für die Veterinärmedizin noch für den Humanbereich", sagte Dr. Rainer Schneichel, Vizepräsident der Landestierärztekammer Rheinland-Pfalz und Vizepräsident des Bundesverbandes Praktizierender Tierärzte (bpt), anlässlich der Podiumsdiskussion zum Thema „Wie viel ist genug? Antibiotika in der Tierproduktion". [...]

Der Tierarzt wehrte sich gegen den Vorwurf des BUND, dass man in der Tierhaltung Antibiotika systematisch einsetze. [...]

(Bundesverband praktizierender Tierärzte e. V., Pressemeldung. 06.10.2015, unter: https://www.raiffeisen.com/news/artikel/antibiotika-diskussion-dringend-mehr-sachverstand-noetig-30240656 [29.03.2022])

14. Interessenwahrnehmung durch den Bundesverband praktizierender Tierärzte e. V.

1.5.2 Gewerkschaften und Berufsverbände

Die Interessen der Fachangestellten und der Auszubildenden werden von den verschiedenen Gewerkschaften und Berufsverbänden vertreten. Die Arbeit der verschiedenen Organisationen unterteilt sich in **allgemeine Aufgaben** und **mitgliederbezogene Aufgaben.**

Allgemeine Aufgaben

Hierunter fallen:

- Mitwirkung bei Tarifverhandlungen, d. h., Gewerkschaften/Berufsverbände handeln mit der Arbeitgeberseite den Mantel- und Gehaltstarifvertrag aus.
- Ideelle Förderung des Berufs, d. h., sie fördern das Ansehen des Berufs in der Öffentlichkeit.

- Anhörung bei Gesetzen und Verordnungen, d. h., sie arbeiten bei der Erstellung oder Änderung von Gesetzen (z. B. Berufsbildungsgesetz) oder Verordnungen (z. B. Prüfungsordnung) mit.
- Mitarbeit in Berufsbildungs- und Prüfungsausschüssen, d. h., sie sind als Arbeitnehmervertretung in diesen Ausschüssen tätig.

Mitgliederbezogene Aufgaben

Hierunter versteht man die Leistungen der Gewerkschaft oder des Berufsverbandes, die das einzelne Mitglied erhalten kann:

- Kostenlose Rechtsberatung bei allen Fragen des Arbeits- und Sozialrechts, d. h., sie beraten ihre Mitglieder bei Auseinandersetzungen mit dem Arbeitgeber/der Arbeitgeberin oder mit den Sozialversicherungen.
- Kostenloser Rechtsschutz bei Arbeitsgerichtsverhandlungen, d. h., sie stellen für das Mitglied einen Rechtsbeistand bei Prozessen vor dem Arbeitsgericht.
- Oft kostenlose Schulungs- und Weiterbildungsangebote, d. h., sie veranstalten Seminare und Schulungsveranstaltungen im jeweiligen Beruf.
- Finanzielle Unterstützung bei Streiks und Aussperrungen, d. h., die Gewerkschaft zahlt im Falle eines Streiks einen Teil des ausgefallenen Gehalts an ihre Mitglieder. Der Betrag richtet sich dabei nach der Höhe des Beitrags.

Welche Möglichkeiten zur Durchsetzung der Arbeitnehmerinteressen eine Gewerkschaft oder ein Berufsverband hat, ist von der Mitgliederzahl und den in der jeweiligen Berufsgruppe vertretenen Gewerkschaftsmitgliedern abhängig. So ist der Organisationsgrad (Anteil der Gewerkschaftsmitglieder an der Gesamtzahl der Fachangestellten) in den Gesundheitsberufen sehr gering (weniger als 5 %). Dies führt u. a. dazu, dass Verbesserungen bei Arbeitsbedingungen (z. B. günstigere Arbeitszeiten) schwerer durchsetzbar sind als in Bereichen mit hohem Organisationsgrad.

Zwei Gewerkschaften oder Organisationen (geordnet nach den Mitgliederzahlen)
ver.di – Vereinte Dienstleistungsgewerkschaft
Bundesvorstand
Paula-Thiede-Ufer 10
10179 Berlin
www.verdi.de

Verband medizinischer Fachberufe e.V.
Gesundheitscampus Süd 33
44801 Bochum
www.vmf-online.de

15. Gewerkschaften und Berufsverbände

ÜBUNGSAUFGABEN

1. Welche allgemeinen Aufgaben haben Gewerkschaften und Berufsverbände?
2. Welche ihrer Aufgaben sind mitgliederbezogen?
3. Suchen Sie Gründe, weshalb so wenige Beschäftigte im Gesundheitswesen in einer Gewerkschaft oder einem Berufsverband Mitglied sind.
4. Recherchieren Sie, welche Vorteile es für Sie persönlich hätte und welche Kosten damit verbunden wären, wenn Sie Mitglied in einer für Sie zuständigen Gewerkschaft bzw. einem Berufsverband werden würden.

FALLBEISPIEL

Klara hat bei Dr. Kaiser einen Ausbildungsvertrag als Zahnmedizinische Fachangestellte abgeschlossen. Bereits in den ersten Monaten der Ausbildung stellt Dr. Kaiser fest, dass sich Klara bei der Terminvergabe und den sonstigen Verwaltungsarbeiten sehr geschickt anstellt und eine schnelle Auffassungsgabe hat. Bei der Assistenz am Behandlungsstuhl dagegen hat sie größere Schwierigkeiten und ihr unterlaufen auch kleinere Fehler. Deshalb setzt Dr. Kaiser sie nur im Verwaltungsbereich ein. Klara ist jedoch der Meinung, dass zu einer ordnungsgemäßen Ausbildung auch der zahnmedizinische Teil zählt. Deshalb bittet sie Dr. Kaiser, wieder vermehrt bei der Assistenz eingesetzt zu werden. Dr. Kaiser lehnt die Bitte mit der Begründung ab, dass sie inzwischen an der Anmeldung unentbehrlich geworden sei.
Klara überlegt, bei wem sie Rat und Unterstützung finden könnte.

1.5.3 Kammern und KV/KZV

Die Kammern

Die **Landeskammern** sind **Körperschaften des öffentlichen Rechts,** d.h., der Staat hat ihnen bestimmte Aufgaben übertragen. Damit sie diese bewältigen können, gibt es, abhängig von der Größe des Kammerbereichs, die Bezirkskammern bzw. **Bezirksstellen/-verbände** als Untergliederungen. Die **Bundeskammern** stellen nur Arbeitsgemeinschaften der Landeskammern dar (vgl. Abb. 16). Bei den Tierärztinnen und Tierärzten übernimmt die Bundestierärztekammer e.V., ein Zusammenschluss aller Landestierärztekammern und der tierärztlichen Berufsverbände, die berufspolitische Vertretung und Fortbildung auf Bundesebene.

Mit der Approbation werden alle Ärzte und Ärztinnen **Pflichtmitglieder** in der für ihr Niederlassungsgebiet zuständigen Landeskammer.

16. Aufbau der Kammernorganisation

Zu den Tätigkeiten der Landeskammer zählen u. a. folgende Einzelaufgaben (vgl. Abb. 17):

- Erstellung der **Berufsordnung.** Sie regelt die Rechte und Pflichten der Ärztin/des Arztes gegenüber den Patient:innen und Berufsangehörigen.
- Überwachung der **Einhaltung der Berufspflichten.** Hierzu zählt die Bearbeitung von Beschwerden über Ärzte/Ärztinnen durch Patient:innen ebenso wie die Kontrolle des Werbeverbots für ärztliche Kliniken und Praxen.
- Durch die Erstellung der **Weiterbildungsordnung** regelt die Kammer Art, Umfang und Dauer der Weiterbildung (Gebietsärzte, Schwerpunkte und Zusatzbezeichnungen).
- Bei der **beruflichen Fortbildung** legt die Kammer die Art und den Umfang der Fortbildung ihrer Mitglieder fest. Sie kann dadurch auch die Mitglieder zu einer Fortbildung verpflichten.
- Die **Schlichtung von Streitigkeiten** zwischen den Kammerangehörigen oder zwischen Patient:innen und Ärzten/Ärztinnen gehört ebenfalls zu den Aufgaben. Auch soll die Kammer bei Unstimmigkeiten während der Ausbildung zwischen Ausbildenden und Auszubildenden vermitteln.
- Die **Überwachung der Ausbildung** erfolgt ebenfalls durch die Kammer. Dabei wird besonderer Wert auf die Einhaltung der Vorschriften zum Berufsbildungs- und Jugendarbeitsschutzgesetz, der Röntgenverordnung und der Arbeitszeitordnung gelegt.
- Die Organisation und Durchführung der **Abschluss- und Zwischenprüfungen**

Eine Vertretung ihrer Mitglieder vor Gericht gehört nicht zu den Aufgaben der Kammern.

1. Erlass der Berufsordnung
2. Überwachung der Einhaltung der Berufspflichten
3. Überwachung der beruflichen Fortbildung
4. Förderung der Fortbildung
5. Schlichtung von Streitigkeiten zwischen Berufsangehörigen
6. Gutachtertätigkeit bei Streitigkeiten
7. Förderung des Berufsstandes
8. Mitarbeit bei Gesetzen und Verordnungen
9. Unterstützung des öffentlichen Gesundheitswesens
10. Überwachung der Ausbildung
11. Durchführung von Prüfungen
12. Errichtung von Fürsorge- und Versorgungseinrichtungen für Kammerangehörige

17. Aufgaben der Kammern

Die Kassenärztliche und Kassenzahnärztliche Vereinigung (KV bzw. KZV)
Die Abrechnung der ärztlichen, zahnärztlichen und tierärztlichen Leistung kann direkt mit Patient/Patientin bzw. Tierhalterin erfolgen. Dazu werden häufig private Verrechnungsstellen eingeschaltet. Der größere Teil der Patienten gehört jedoch den gesetzlichen Krankenversicherungen an. Hier erfolgt die Abrechnung der Honorare nicht direkt über den Patienten oder die Patientin, sondern durch die **KV** bzw. **KZV.**

1. Sicherstellung der ärztlichen/zahnärztlichen Versorgung der Bevölkerung
2. Organisation des Notfalldienstes innerhalb des jeweiligen Bezirks
3. Interessenvertretung der Kassenärzte und -ärztinnen gegenüber den Krankenkassen
4. Mithilfe bei der Durchführung der Abrechnung der Arzt- bzw. Zahnarztpraxen
5. Verteilung der Honorare der Krankenkasse an die Ärzte/Ärztinnen bzw. Zahnärzte/Zahnärztinnen
6. Überwachung der Wirtschaftlichkeit bei der Erbringung von ärztlichen/zahnärztlichen Leistungen
7. Fortbildung der Kassenärztinnen/-ärzte bzw. Kassenzahnärztinnen/ärzte

18. Die wichtigsten Aufgaben der KV und KZV

Sie sind ebenfalls **Körperschaften des öffentlichen Rechts.** Als Kassenarzt/Kassenärztin bzw. Kassenzahnarzt/-ärztin wird man zum **Pflichtmitglied.** Da tierärztliche Praxen ausschließlich direkt mit den Tierhalter:innen in Form einer Privatliquidation abrechnen, gibt es bei ihnen keine KV. Im Einzelnen lassen sich die Aufgaben der KV bzw. KZV wie folgt darstellen:

- Sie müssen die ärztliche/zahnärztliche Versorgung sicherstellen. Folglich müssen sie darauf achten, dass in jeder Region Deutschlands genügend Ärzte bzw. Ärztinnen,

Fachärzte bzw. Fachärztinnen sowie Zahnärzte oder Zahnärztinnen vorhanden sind. Um dies zu erreichen, können sie bei Überversorgung einer Region einen vorübergehenden Zulassungsstopp verhängen.

BEISPIEL

In der Stadt Frankfurt am Main gibt es bereits viele internistische Praxen. Die KV kann einen Zulassungsstopp verfügen, sodass ein Internist oder eine Internistin, die eine neue Praxis eröffnen wollen, dann ins Umland abwandern müssen, bis wieder ein Gleichgewicht hergestellt ist.

- Sie organisieren den ärztlichen/zahnärztlichen Notdienst. Dies bedeutet, dass nachts und am Wochenende immer eine Notfallversorgung gewährleistet ist.
- Die KV bzw. KZV handelt die (zahn)ärztlichen Honorare mit den Krankenkassen aus. Dabei wird für jede erbrachte und abrechnungsfähige Leistung ein bestimmter Punktwert festgelegt, der dann einem bestimmten Betrag in Euro entspricht (Gebührenordnung).
- Die Abrechnung der erbrachten Leistungen der Ärzte/Ärztinnen und Zahnärzte/Zahnärztinnen mit den Krankenkassen erfolgt über die KV bzw. KZV.
- Sie errechnen den Euro-Wert pro Punkt und **verteilen** die Arzthonorare entsprechend.
- Sie überwachen die **Wirtschaftlichkeit** der Praxen, d. h., sie können bei überdurchschnittlicher Abrechnung bestimmter Leistungen einen Praxisbetreiber zum Gespräch vorladen. Gegebenenfalls kann die Abrechnung gekürzt oder die Rückzahlung zu viel gezahlter Honorare verlangt werden (Regressforderung gegen Arzt/Ärztin).
- Die KV bzw. die KZV veranstaltet im Rahmen ihrer Tätigkeit Fortbildungsveranstaltungen. Sie kann ihre Mitglieder zur Teilnahme verpflichten. Die geschieht vor allem bei Änderungen oder Neueinführungen von Abrechnungsvorschriften oder -verfahren.

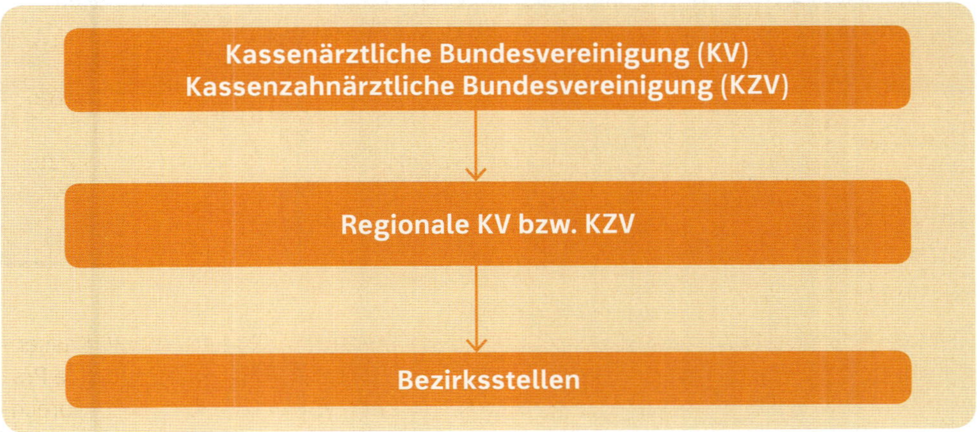

19. Aufbau der KV und KZV

ÜBUNGSAUFGABEN

1. In welchen Verbänden bzw. wissenschaftlichen Fachgesellschaften könnten die folgenden Ärzte/Ärztinnen Mitglied sein?
   a) Dr. med. Reiter, niedergelassene Ärztin, Fachärztin für Innere Medizin
   b) Dr. med. Günay, angestellter Arzt im Krankenhaus, Facharzt für Chirurgie
   c) Dr. med. vet. Lore Hartmann, eigene Praxis für Klein- und Haustiere
   d) Dr. med. dent. Claudio Mancini, eigene Praxis
2. Welche Funktion übernimmt der Verband medizinischer Fachberufe e. V. in den folgenden Situationen?
   a) Die Landestierärztekammer möchte die Prüfungsordnung für TFA verändern.
   b) Hatice möchte eine Weiterbildungsveranstaltung zum Thema: „Konfliktmanagement in der Arztpraxis" besuchen.
   c) Verena möchte auf Arbeitnehmerseite Mitglied im Prüfungsausschuss für ZFA werden.
   d) Nina erhält eine Abmahnung, die sie unangebracht findet. Ihr Arbeitgeber nimmt diese jedoch nicht zurück.
   e) Es wird ein neuer Gehaltstarifvertrag für MFA verhandelt.
3. Stellen Sie in einer Tabelle die Gründe zusammen, die für bzw. gegen eine Mitgliedschaft in einer Arbeitnehmerorganisation sprechen.
4. Die Ärzte-, Zahnärzte- und Tierärztekammern sind „Körperschaften des öffentlichen Rechts".
   a) Wer wäre für sämtliche mit der Berufsausbildung verbundenen Aufgaben zuständig, wenn es diese Kammern nicht gäbe?
   b) Welchen Vorteil hat es, dass es die jeweiligen Kammern gibt?
5. Stellen Sie in einer Tabelle die Aufgaben der für Sie zuständigen Kammer und der KV bzw. KZV gegenüber.
   a) Welche Vorteile bietet die KV bzw. KZV ihren Mitgliedern?
   b) Welche Pflichten und Risiken sind für Ärzte/Ärztinnen bzw. Zahnärzte/Zahnärztinnen mit der Mitgliedschaft bei der KV bzw. KZV verbunden?

Glossar

Akutkrankenhäuser	Sie behandeln eine breite Palette von Krankheiten.
Ambulante Krankenversorgung	Versorgung in einer Arztpraxis; Dauer von einigen Minuten bis maximal einer Übernachtung
Approbation	staatliche Zulassung als Arzt/Ärztin, Zahnarzt/Zahnärztin oder Tierarzt/Tierärztin
Dispensierrecht	Recht von Tierärzten und Tierärztinnen, Medikamente selbst herstellen zu dürfen; Recht von Ärztinnen und Ärzten, erhaltene Medikamentenmuster an Patient:innen weitergeben zu dürfen
Fachkrankenhäuser	Sie sind auf bestimmte Erkrankungen spezialisiert.
Gemeinnützige Krankenhäuser	Träger sind Organisationen, die eine gemeinsame weltanschauliche oder religiöse Überzeugung teilen
Gesundheitspflege	Sie umfasst körperliche Hygiene, gesunde Ernährung, Sport und soziale Kontakte.
Gesundheitsschutz	staatliche Maßnahmen, um Bürgerinnen und Bürger bestmöglich vor gesundheitlichen Schäden zu schützen
Körperschaften des öffentlichen Rechts	Organisationen, denen der Staat Aufgaben übertragen hat, z. B. Ärzte-, Zahnärzte- und Tierärztekammern
Kurative Medizin	„Heilende Medizin"; Heilen von Krankheiten
Öffentliche Krankenhäuser	Träger ist der Staat; Städte, Bundesländer oder die Bundesrepublik Deutschland.
Privatkliniken	Träger sind entweder eine oder mehrere Privatpersonen.
Promotion	Erlangung des Titels „Dr." durch eine sogenannte „Doktorarbeit"; die Zusatzbezeichnungen „Dr. med.", „Dr. med. dent." und „Dr. med. vet." weisen auf das jeweilige medizinische Fachgebiet hin.
Rehabilitation	weitestgehende Wiederherstellung der Gesundheit
Sars-Cov-2-Pandemie	Das Infektionsschutzgesetz wurde dafür um die Bevölkerungsschutzgesetze 1–3 ergänzt
Sonderkrankenhäuser	Sie sind für einen längerfristigen Aufenthalt eingerichtet. Arten: Kurkliniken, Rehabilitationskliniken, psychiatrische Kliniken
Stationäre Krankenversorgung	Patienten verbleiben mehrere Tage in der Einrichtung.
WHO	„World Health Organization"; Weltgesundheitsorganisation

2 AUSBILDUNGSVERTRAG

Situation:

Wenn alte Freundinnen sich treffen ...

Ayse: „Hallo Sandra, toll dich wieder mal zu treffen!“

Sandra: „Ach, früher war ich ja auch öfter hier, aber seit Beginn meiner Ausbildung bin ich abends doch manchmal ganz schön geschlaucht.“

Ayse: „Na ja, ist sicher schon eine Umstellung. Aber sag mal, irgendwie siehst du auch echt niedergeschlagen aus.“

Sandra: „Hm, na ja, ich bin froh, endlich eine Ausbildungsstelle gefunden zu haben, aber heute gab es schon den ersten Knatsch in der Praxis. Meine ältere Kollegin verlangt jetzt, dass ich für die Frühstückspause öfter mal in den Supermarkt nebenan zum Einkaufen gehe. Außerdem lässt sie mich oft alleine am Empfang mit dem Argument, ich sei ja schon vier Wochen da und müsse wissen, wie alles funktioniere. Und abends muss ich oft länger bleiben und die Post fertigmachen, die ich dann auch noch schön zum Einwerfen mitnehmen darf!“

Ayse: „Wie hört man oft? Lehrjahre sind keine Herrenjahre!“

Sandra: „Genau wie meine Eltern. Die sagen auch, das wäre doch nicht so schlimm, bei ihnen wäre das ähnlich gewesen, da muss man durch und außerdem könnte mir gekündigt werden, wenn ich mich nicht einfüge.“

Ayse: „Ja, ja. Nur weil‘s früher vielleicht so war und man sich alles gefallen lassen musste, sollen wir das heute auch? Nee, null Bock! Und wofür gibt es denn Gesetze, die heute alles genau regeln?„

Sandra: „So isses. Ich informiere mich jetzt, was wo geregelt ist und schreib mir das mal auf. Und dann spreche ich das in der Praxis ganz ruhig an, vielleicht finden wir ja gemeinsam eine Lösung ohne den großen Ärger.“

Ayse: „Genauso machst du es. Und jetzt gehen wir noch gemeinsam einen Kaffee trinken, zu dem dich deine alte Freundin einlädt.“

1. Besprechen Sie die Thematik in Ihrer Klasse, halten Sie fest, welche Probleme im Rahmen der Ausbildung bisher bei Ihren Mitschülerinnen oder Mitschülern aufgetreten sind und ob bzw. wie eine Lösung erreicht werden konnte.
2. In welchen Gesetzesregelungen oder vertraglichen Festlegungen findet Sandra Informationen, die zur Lösung ihrer Probleme beitragen können? Wie sehen die Regelungen dort aus?
3. Welche Institutionen könnten bei der Problemlösung hilfreich sein, wie kann man Kontakte finden?
4. Ist die Sorge der Eltern vor einer Kündigung gerechtfertigt? Stellen Sie die Kündigungsregelungen während der Ausbildung zusammen.

2.1 Duales System der Berufsausbildung

Jahr für Jahr bietet die Berufsausbildung im dualen System für über 500 000 Schulabgänger die Möglichkeit, einen Ausbildungsberuf zu erlernen und damit einen direkten Einstieg ins Berufsleben zu erreichen. Etwa 30 000 Auszubildende entscheiden sich für eine Ausbildung als Fachangestellte im medizinischen Bereich, davon ca. 16 000 als Medizinische Fachangestellte und 13 000 als Zahnmedizinische Fachangestellte. Knapp 3 000 möchten Tiermedizinische Fachangestellte werden.

Die Berufsausbildung erfolgt nach dem **Prinzip der dualen Ausbildung (duales System)**. Mit einer umfassenden Ausbildung im Betrieb und parallel dazu in der Berufsschule soll eine optimale Lernsituation gewährleistet werden. Die Einbindung in die Praxis mit der unmittelbaren Vermittlung der berufsspezifischen Fertigkeiten und Kenntnisse und die begleitende Schulausbildung in der Berufsschule, die das theoretische Praxiswissen und zusätzlich allgemeinbildende Inhalte vermittelt, tragen in hohem Maße dazu bei, berufliche Handlungsfähigkeit zu erlangen und damit das angestrebte Berufsziel zu erreichen.

Die schulischen Inhalte der Berufsausbildung richten sich nach den jeweiligen **Rahmenlehrplänen** der einzelnen Bundesländer, die auf einem bundeseinheitlichen Rahmenlehrplan basieren. Schulischer Rahmenlehrplan und die jeweilige berufsbezogene Ausbildungsverordnung für die betriebliche Ausbildung sind aufeinander abgestimmt. Der Berufsschulunterricht wird nach dem Lernfeld-Konzept durchgeführt. Lernfelder beschreiben zusammengehörende Einheiten zu Themengebieten, denen berufliche Handlungsabläufe zugrunde liegen, wie sie die Auszubildenden während ihrer Ausbildungszeit kennenlernen. Durch ein hohes Maß an Handlungsorientierung soll der Auszubildende zur selbstständigen Planung, Durchführung und Beurteilung praxisbezogener Arbeitsaufgaben befähigt werden.

2.2 Ausbildungsverordnung

Der praxisbezogene Teil der Berufsausbildung wird durch die jeweilige **Ausbildungsverordnung** festgelegt. Diese bundeseinheitliche Rechtsverordnung mit Gesetzeswirkung legt fest, dass sowohl eine breite berufliche Grundbildung als auch die notwendigen Fertigkeiten und Kenntnisse zur Ausübung einer qualifizierten Berufstätigkeit durch Berufserfahrung vermittelt werden müssen. Durch die bundesweite Gültigkeit wird erreicht, dass eine Ausbildung, z. B. in Nordrhein-Westfalen, nach den gleichen Grundlagen wie etwa in Hessen oder Sachsen abläuft.

Die Ausbildungsverordnung enthält

- die Bezeichnung des Ausbildungsberufs,
- die Ausbildungsdauer (in der Regel drei Jahre),
- das Ausbildungsberufsbild, in dem die notwendigen Fertigkeiten und Kenntnisse verzeichnet sind,
- den Ausbildungsrahmenplan mit einer sachlichen und zeitlichen Gliederung der Berufsausbildung,
- die Prüfungsanforderungen.

Die im Ausbildungsberufsbild nur stichwortartig festgelegten Ausbildungsschwerpunkte werden im **Ausbildungsrahmenplan** durch die Formulierung einzelner Lernziele inhaltlich genauer und ausführlicher beschrieben sowie durch zeitliche Rahmenrichtwerte gegliedert. Diese Festlegungen im Ausbildungsrahmenplan sind für die ausbildende Praxis verbindlich.

Zur Umsetzung der im Ausbildungsrahmenplan genannten Ziele ist es Aufgabe der jeweiligen Ausbildungspraxis, die sachlichen und zeitlichen Vorgaben durch die Erstellung eines individuellen praxisbezogenen **Ausbildungsplans** umzusetzen. Zu Beginn der Ausbildung ist dabei zu überlegen, wie und zu welchem Zeitpunkt die Inhalte vermittelt werden sollen, wobei eine Aufteilung für die Zeit bis zur Zwischenprüfung und die Zeit danach erfolgen kann. Aufgrund dieser Planungen wird dann unter Abstimmung auf die konkrete organisatorische und personelle Praxissituation ein schriftlicher Ausbildungsplan für die einzelnen Auszubildenden erstellt. Dabei sollen auch die persönlichen Voraussetzungen der Auszubildenden, wie z. B. Vorbildung oder individuelle Lernfähigkeit, Berücksichtigung finden. Der Ausbildungsplan bildet so die Grundlage für eine Überprüfung, ob die Auszubildenden die zu einem bestimmten Zeitpunkt geplanten Lernziele bereits erreicht haben.

Das duale Ausbildungssystem im Vergleich	
Vorteile	**Nachteile**
• Reale Praxiserfahrung, keine Simulation anhand von Modellen • Motivationsförderung durch hohen Realitätsbezug • Unmittelbarer Kontakt zu Patient:innen/Klient:innen • Förderung der Kommunikationsfähigkeit durch vielfältige Personenkontakte • Verbesserte Arbeitsmarktchancen durch positive Fremdbeurteilung Dritter (Zeugnisse)	• Unterschiedliche Qualität der Ausbildung durch Abhängigkeit von Betriebsgröße, Ausstattung, Spezialisierung der Praxis • Abhängigkeit von den sachlichen und pädagogischen Fähigkeiten der Ausbildenden • Abstimmungsprobleme und Überschneidungen zwischen schulischer und betrieblicher Ausbildung sind möglich

20. Duales Ausbildungssystem – Vor- und Nachteile

Begleitend zum Ausbildungsablauf schreibt die Ausbildungsverordnung (mit Ausnahme der ab 01.08.2022 gültigen Verordnung für zahnmedizinische Auszubildende) die Erstellung schriftlicher **Ausbildungsnachweise** durch die Auszubildenden vor. Diesen muss zu entnehmen sein, was konkret in der Praxis gelernt wurde und ob die Ausbildungsziele erreicht worden sind. Die vermittelten Kenntnisse und Fertigkeiten sind zeitlich gegliedert, schriftlich oder elektronisch zu erfassen. Hierzu ist es den Auszubildenden zu ermöglichen, die Nachweise während der Ausbildungszeit zu erstellen. Sie müssen den Ausbildenden vorgelegt und von diesen unterschrieben werden. Die Ausbildungsnachweise müssen später bei der Anmeldung zur Abschlussprüfung der Kammer vorgelegt werden. Sie können auch als Beweismittel für einen ordnungsgemäßen Ausbildungsablauf herangezogen werden, wenn es zu Streitigkeiten wegen unzureichender Ausbildung kommt. Da für die zahnmedizinischen Auszubildenden mit Ausbildungsbeginn nach dem 01.08.2022 die dauerhafte Führung eines Ausbildungsnachweises nicht mehr vorgeschrieben ist entfällt damit auch die Vorlage bei der Prüfungsanmeldung.

Vor dem Ende des zweiten Ausbildungsjahres, etwa eineinhalb Jahre nach Ausbildungsbeginn, ist zur Ermittlung des Ausbildungsstandes bei medizinischen und tiermedizinischen Auszubildenden eine schriftliche **Zwischenprüfung** durchzuführen, in der praxisbezogene Aufgaben zu bearbeiten sind. Sie wird von der zuständigen Kammer organisiert und dauert maximal zwei Stunden. Ihr Ergebnis soll Hinweise darauf geben, ob ein ausreichender Ausbildungsstand vorliegt oder ob Defizite in der Ausbildung zu erkennen sind, die bis zur Abschlussprüfung behoben werden müssen. Außerdem ist die Teilnahme an der Zwischenprüfung eine weitere Zulassungsvoraussetzung zur Abschlussprüfung. Die Ergebnisse der Zwischenprüfung gehen jedoch nicht in die Abschlussprüfung ein; durchfallen kann hier also niemand. Diese Regelung gilt nicht im Rahmen einer Ausbildung zur zahnmedizinischen Fachangestellten ab 01.08.2022. Hier findet anstatt einer Zwischenprüfung gegen Ende des zweiten Ausbildungsjahres bereits der erste Teil der Abschlussprüfung statt. Die Prüfungsteile „Durchführung von Hygienemaßnahmen und Aufbereitung von Medizinprodukten“ sowie „Empfangen und Aufnehmen von Patientinnen und Patienten“ sind in 2 × 60 Minuten schriftlich zu bearbeiten. Die dabei erzielten Ergebnisse gehen mit insgesamt 35 % in die Abschlussprüfung ein.

Die **Abschlussprüfung** steht am Ende der Ausbildung. Eine zeitlich vorgezogene Zulassung ist bei entsprechend guter Benotung und Beurteilung möglich. Grundsätzlich erstreckt sich die Prüfung auf die im Ausbildungsrahmenplan und den jeweiligen Prüfungsordnungen aufgeführten Fertigkeiten und Kenntnisse sowie den in der Berufsschule vermittelten Lehrstoff. Die Prüfung besteht aus einem **schriftlichen Teil**, der in mehrere Teilgebiete unterteilt ist. Praxisbezogene Fälle und Aufgaben aus den Bereichen Behandlungsassistenz einschließlich Abrechnung, Betriebs-/Praxisorganisation und -verwaltung sowie Wirtschafts- und Sozialkunde sind dabei zu bearbeiten. Für die zahnmedizinischen Auszubildenden findet hier der zweite Teil der schriftlichen Prüfung statt. Organisation, Verwaltung und Abrechnung sowie Wirtschafts- und Sozialkunde stehen dabei im Vordergrund. Im **praktischen Prüfungsteil** ist eine umfangreiche praxisnahe Aufgabe in maximal 30 Minuten zu bearbeiten. Die zugehörigen entsprechenden Arbeitsabläufe sind zu planen und durchzuführen. Der personen- und sachgerechte Umgang mit Patienten/Patientinnen und Medizinprodukten, die Assistenz bei Diagnose- und Therapiemaßnahmen einschließlich Dokumentation und Abrechnung bilden den Rahmen dieses Prüfungsabschnitts. Mit einem anschließenden fallbezogenen Fachgespräch wird die praktische Prüfung abgeschlossen. Mangelhafte schriftliche Leistungen in bestimmten Prüfungsbereichen können durch eine mündliche Ergänzungsprüfung verbessert werden, wenn dadurch die Prüfung bestanden werden kann.

Ausbildungsvertrag aus früherer Zeit (Auszüge)

- *Die Lehrzeit beträgt vier Jahre. Für die Ausbildung ist ein Lehrgeld zu zahlen. Wenn du vor der Zeit abgehst, aus welchem Grund auch immer, dann ist mindestens die Hälfte dieses Lehrgeldes verfallen.*
- *Fluchen und der Gebrauch unsittlicher Worte sind verboten, der private Umgang darf nicht zwielichtig sein. Kirchengehen ist nicht zu versäumen.*
- *Gehorsamkeit und Ehrerbietung gegen den Lehrherrn, dessen Gattin und Kindern sowie gegenüber Vorgesetzten und anderen Mitarbeitern sind selbstverständlich, ebenso Bescheidenheit und Ehrlichkeit.*
- *Einfache, saubere Kleidung ist vorgeschrieben. In der Winterszeit wird gewünscht, dass täglich Brennmaterial für die Raumheizung mitgebracht wird.*
- *Privates Reden während der Bürostunden ist verboten. Gegessen werden darf von 12:30 Uhr bis 13:00 Uhr, die Arbeit ist jedoch dabei nicht einzustellen.*
- *Die Arbeitszeit beginnt um 7:00 Uhr und endet um 18:30 Uhr. Liegt noch Arbeit an, so sind unaufgefordert unentgeltliche Überstunden zu leisten.*
- *Bei Krankheit wird kein Lohn gezahlt. Ferien gibt es nur in dringenden Fällen.*
- *Denke daran, dass du deinem Lehrherrn Dank für die Ausbildung schuldest, und verhalte dich entsprechend.*

2.3 Berufsbildungsgesetz

Die betriebliche Berufsausbildung in der Bundesrepublik Deutschland wird durch das **Berufsbildungsgesetz** (BBiG) geregelt. Es schafft die Bedingungen dafür, dass Auszubildende in einem staatlich anerkannten Ausbildungsberuf eine qualifizierte Ausbildung auf einheitlicher Grundlage erhalten. Das BBiG regelt den Inhalt der Ausbildungsverhältnisse und legt deren Beginn und Ende fest. Es bestimmt, wer ausbilden darf, wer die Ausbildung überwacht und wie das Prüfungswesen zu organisieren ist. Weitere Paragrafen regeln die Besonderheiten einzelner Wirtschafts- und Berufszweige. Umfassend kann man sich durch die Broschüre „Ausbildung und Beruf" informieren, die beim Bundesministerium für Bildung und Forschung über www.bmbf.de angefordert oder heruntergeladen werden kann.

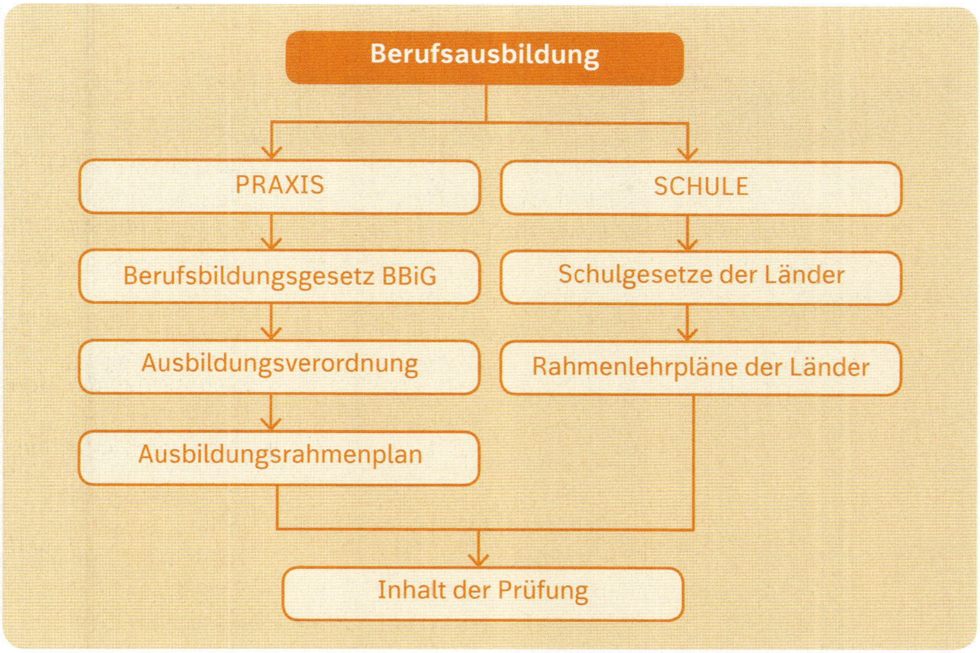

21. Rechtliche Grundlagen der Berufsausbildung

2.4 Abschluss und Inhalt des Ausbildungsvertrags

Zur Durchführung einer Berufsausbildung muss ein spezieller **Ausbildungsvertrag** abgeschlossen werden. Durch den Abschluss eines solchen Vertrags übernehmen die Vertragsparteien – auf der einen Seite der/die Ausbildende, also Arzt oder Ärztin, auf der anderen Seite die/der Auszubildende – vielfältige gesetzliche Verpflichtungen. Ausbilden darf nur, wer persönlich und fachlich dazu geeignet ist und wessen Praxis nach Art und Einrichtung für die Berufsausbildung infrage kommt.

Der Ausbildungsvertrag wird zunächst formlos durch eine Einigung zwischen den Vertragsparteien abgeschlossen. Die wesentlichen Inhalte müssen danach jedoch unverzüglich, auf jeden Fall aber vor dem tatsächlichen Ausbildungsbeginn, einzeln schriftlich niedergelegt werden. Meist wird hierzu ein Vordruck der jeweils zuständigen Kammer verwendet. Ist die/der Auszubildende minderjährig (unter 18 Jahren), müssen die gesetzlichen Vertreter, in der Regel die Eltern als Erziehungsberechtigte, den Vertrag mit unterschreiben. Werden Inhalte in den Vertrag aufgenommen, die nicht den gesetzlichen Grundlagen entsprechen, so sind diese ungültig.

	Zwischenprüfung bei MFA und TFA	Abschlussprüfung
Grund	Ermittlung des Ausbildungsstandes nach ca. 18 Monaten Ausbildungszeit	Feststellung der fachlichen Fertigkeiten, Kenntnisse und Fähigkeiten am Ende der Ausbildungszeit
Ablauf und Inhalt	Schriftliche Bearbeitung praxisbezogener Aufgaben, meist in programmierter Form, u. a. aus den Bereichen: – Arbeits- und Praxishygiene – Schutz vor Infektionskrankheiten – Untersuchungen und Behandlungen vorbereiten – Verwaltungsarbeiten/EDV	2 Prüfungsabschnitte → Schriftliche Prüfung (programmierte/offene Fragen) – Medizin/Behandlungsassistenz – Betriebsorganisation und Verwaltung – Wirtschafts- und Sozialkunde → Praktische Prüfung Komplexe, fallbezogene Prüfungsaufgabe, die aus Planung und Durchführung einer Präsentation mit Fachgespräch besteht
Ergebnis	Bescheinigung über Teilnahme und Darstellung der Ergebnisse, Auskunft über den Leistungsstand. Kein „Durchfallen“ möglich.	Prüfungsergebnis mit Benotungen. Bei Nichtbestehen zweimalige Wiederholung möglich.

22. Prüfungen im Rahmen der Berufsausbildung

Nach Unterzeichnung des Ausbildungsvertrags wird dieser an die zuständige Kammer übersandt, die die Einhaltung der gesetzlichen Vorschriften kontrolliert und den Vertrag unter einer laufenden Nummer in das Verzeichnis der Berufsausbildungsverhältnisse einträgt. Nach Rücksendung erhalten Ausbildende und Auszubildende jeweils eine Vertragsausfertigung.

BEISPIEL

Carolin hat lange nach einer Ausbildungsstelle gesucht. Dr. Kuhl bietet ihr einen Ausbildungsplatz an, will aber nur die Hälfte der tariflichen Ausbildungsvergütung zahlen. Carolin sieht keine andere Chance und unterschreibt eine entsprechende Zusatzvereinbarung. Bald nach Beginn der Ausbildung erfährt sie davon, dass nach dem Berufsbildungsgesetz eine angemessene Vergütung zu zahlen ist. Sie fordert daraufhin von Dr. Kuhl eine Nachzahlung der bisher zu wenig gezahlten Ausbildungsvergütung.

Die **Mindestinhalte eines Ausbildungsvertrags** sind in § 11 des BBiG festgelegt. Weitere Vertragsinhalte können jedoch hinzugefügt werden, sofern sie die Auszubildenden nicht benachteiligen und die gesetzlichen Bestimmungen nicht umgehen. So sind durch eine zusätzliche schriftliche Vereinbarung abweichende Regelungen z. B. bei der täglichen Arbeitszeit oder der Arbeit am Samstag möglich (§ 21a Jugendarbeitsschutzgesetz).

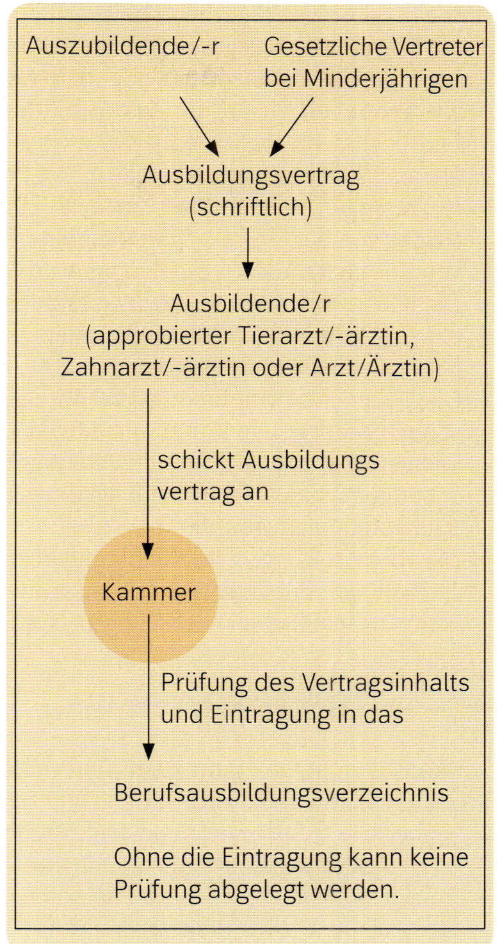

23. Abschluss des Berufsausbildungsvertrags

- Zunächst muss der **Ausbildungsberuf** ausdrücklich genannt werden (Beispiel: Zahnmedizinische Fachangestellte). Die jeweilige Ausbildungsverordnung gibt einen Überblick über den Ablauf der Ausbildung und wird Grundlage des Vertrags.
- **Beginn und Dauer der Berufsausbildung** sind genau anzugeben. Verkürzungen der grundsätzlichen Ausbildungsdauer sind in besonderen Fällen möglich. Insbesondere bei entsprechender schulischer Vorbildung (z. B. Abitur) oder bei vorheriger Berufserfahrung im Ausbildungsbereich können Auszubildende und Ausbildende im Einvernehmen mit der Kammer eine Verkürzung vereinbaren. Auch eine Teilzeit-Berufsausbildung kann einvernehmlich vereinbart werden, maximal bis zur Hälfte der täglichen/wöchentlichen Arbeitszeit. Dies bedeutet aber auch gleichzeitig eine entsprechende Verlängerung der Gesamtausbildungszeit bei verminderter Ausbildungsvergütung.
- Sind Maßnahmen außerhalb der Ausbildungspraxis vorgesehen, z. B. überbetriebliche Ausbildungsabschnitte, so sind diese aufzuführen.

- Die regelmäßige tägliche **Arbeitszeit** entspricht meist den tarifvertraglich vereinbarten Regelungen des jeweiligen Manteltarifvertrags, sie kann sich aber auch nach dem Jugendarbeitsschutzgesetz oder dem Arbeitszeitgesetz richten.
- Die **Probezeit** zu Beginn des Ausbildungsverhältnisses beträgt mindestens einen und höchstens vier Monate. Zweck der Probezeit ist es, dass sowohl Ausbildende als auch Auszubildende in dieser Zeit Gelegenheit haben, die Eignung für den Beruf festzustellen. Während der Probezeit ist daher eine **Auflösung des Ausbildungsvertrages** von beiden Vertragsparteien durch tägliche, **fristlose Kündung** ohne Angabe von Gründen möglich. Die Kündigung muss schriftlich erfolgen (vgl. Seite 55).
- Die Zahlung und Höhe der **Ausbildungsvergütung** richtet sich in der Regel nach dem jeweiligen Tarifvertrag. Sie muss jährlich ansteigen. Die gesetzlich festgelegte Mindest-Ausbildungsvergütung darf nicht unterschritten werden.
- Die Dauer des **Urlaubs** muss bei Minderjährigen mindestens den im Jugendarbeitsschutzgesetz genannten Urlaubstagen entsprechen. Ansonsten regeln auch hier die Tarifverträge bzw. das Bundesurlaubsgesetz die Urlaubsansprüche. Bei kurzer Beschäftigungsdauer (z. B. im Einstellungsjahr) ist der Urlaub anteilig für jeden Beschäftigungsmonat zu gewähren.
- Die Voraussetzungen zur **Kündigung** des Ausbildungsverhältnisses und ein Hinweis auf Tarifverträge oder sonstige auf das Ausbildungsverhältnis anzuwendende Regelungen (z. B. Form des schriftlichen Ausbildungsnachweises) schließen die Vertragsbestimmungen ab.

ÜBUNGSAUFGABEN

1. Was versteht man unter dem „Prinzip der dualen Berufsausbildung?
2. Nennen Sie jeweils zwei Vorteile und Nachteile der dualen Berufsausbildung.
3. Geben Sie in Stichworten an, welche Inhalte die Ausbildungsverordnung enthält.
4. Wie unterscheiden sich Ausbildungsverordnung und Ausbildungsrahmenplan?
5. In einem Zusatz zum Ausbildungsvertrag mit Frau Schulz wird vereinbart: „Die Ausbildungsdauer beträgt dreieinhalb Jahre. Die Auszubildende besucht in der Berufsschule nur den Fachkunde- und Laborunterricht. Es werden nur Ausbildungsinhalte vermittelt, die in der Praxis vorkommen." Prüfen Sie, ob diese Regelungen gültig sind.
6. Welche Bedeutung hat die Zwischenprüfung?
7. a) Welches Gesetz regelt die betriebliche Berufsausbildung?
   b) Beschreiben Sie drei Regelungen dieses Gesetzes.
8. Am Ende des Vorstellungsgespräches sagt der Arzt zur Bewerberin: „Sie können am 1. August bei mir Ihre Ausbildung beginnen. Einen schriftlichen Vertrag brauchen wir nicht zu schließen, da wir ja jetzt bereits alle Einzelheiten geklärt haben."
   a) Ist durch diese Zusage ein Ausbildungsvertrag zustande gekommen?
   b) Ersetzt diese Zusage den schriftlichen Ausbildungsvertrag?
9. Welche Regelungen gibt es für die Probezeit der Auszubildenden?
10. Nennen Sie eine Besonderheit bezüglich der Höhe der Ausbildungsvergütung.
11. Stellen Sie den Ablauf der Abschlussprüfung im Rahmen Ihrer Berufsausbildung dar.
12. Im Ausbildungsvertrag sind 28 Arbeitstage als Jahresurlaub angegeben. Das Ausbildungsverhältnis beginnt am 01.08. im 1. Jahr und endet zum 30.06. im dritten Jahr. Wie viele Urlaubstage stehen der Auszubildenden im 1. und 3. Ausbildungsjahr zu?

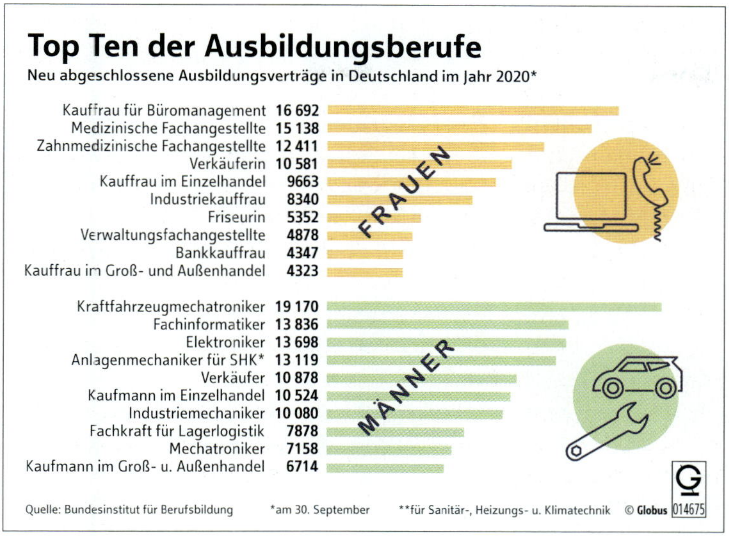

2.5 Rechte und Pflichten während der Berufsausbildung

Im Berufsbildungsgesetz (BBiG) sind die wesentlichen Grundlagen der Berufsbildung festgeschrieben. Hierzu gehört auch die Beschreibung der Rechte und Pflichten von Auszubildenden und Ausbildenden; aus den Rechten der Auszubildenden ergeben sich die Pflichten der Ausbildenden und umgekehrt.

Pflichten der Auszubildenden

- **Lern- und Dienstleistungspflicht:** Die Auszubildenden müssen sich bemühen, die für die Ausbildung notwendigen praktischen und theoretischen Kenntnisse und Fertigkeiten zu erwerben.
- **Befolgung von Weisungen:** Weisungen, die der Ausbildung dienen, sind zu befolgen.
- **Beachtung der Ordnung der Ausbildungsstelle:** Hierzu gehören u. a. die Einhaltung von Unfallverhütungsvorschriften, Hygienemaßnahmen und die Beachtung der Praxisordnung.
- **Sorgfaltspflicht:** Die übertragenen Aufgaben müssen sorgfältig ausgeführt werden und das Praxisinventar ist pfleglich zu behandeln.
- **Schweigepflicht:** Es dürfen keine Informationen über Praxisvorgänge und Patient:innen an Außenstehende weitergegeben werden (vgl. Seite 192 f.).
- **Teilnahmepflicht an Ausbildungsmaßnahmen:** Hierzu zählt der regelmäßige Berufsschulbesuch, aber auch die Teilnahme an praxisinternen und überbetrieblichen Ausbildungsangeboten.

§ 13
Verhalten während der Berufsausbildung

Auszubildende haben sich zu bemühen, die berufliche Handlungsfähigkeit zu erwerben, die zum Erreichen des Ausbildungsziels erforderlich ist. Sie sind insbesondere verpflichtet,
1. die ihnen im Rahmen ihrer Berufsausbildung aufgetragenen Aufgaben sorgfältig auszuführen,
2. an Ausbildungsmaßnahmen teilzunehmen, für die sie nach § 15 freigestellt werden,
3. den Weisungen zu folgen, die ihnen im Rahmen der Berufsausbildung von Ausbildenden, von Ausbildern oder Ausbilderinnen oder von anderen weisungsberechtigten Personen erteilt werden,
4. die für die Ausbildungsstätte geltende Ordnung zu beachten,
5. Werkzeug, Maschinen und sonstige Einrichtungen pfleglich zu behandeln,
6. über Betriebs- und Geschäftsgeheimnisse Stillschweigen zu wahren,
7. einen schriftlichen oder elektronischen Ausbildungsnachweis zu führen.

§ 14
Berufsausbildung

(1) Ausbildende haben
1. dafür zu sorgen, dass den Auszubildenden die berufliche Handlungsfähigkeit vermittelt wird, die zum Erreichen des Ausbildungsziels erforderlich ist, und die Berufsausbildung in einer durch ihren Zweck gebotenen Form planmäßig, zeitlich und sachlich gegliedert so durchzuführen, dass das Ausbildungsziel in der vorgesehenen Ausbildungszeit erreicht werden kann,
2. selbst auszubilden oder einen Ausbilder oder eine Ausbilderin ausdrücklich damit zu beauftragen,
3. Auszubildenden kostenlos die Ausbildungsmittel, insbesondere Werkzeuge und Werkstoffe zur Verfügung zu stellen, die zur Berufsausbildung und zum Ablegen von Zwischen- und Abschlussprüfungen, auch soweit solche nach Beendigung des Berufsausbildungsverhältnisses stattfinden, erforderlich sind,
4. Auszubildende zum Besuch der Berufsschule anzuhalten,
5. dafür zu sorgen, dass Auszubildende charakterlich gefördert sowie sittlich und körperlich nicht gefährdet werden.

(2) Ausbildende haben Auszubildende zum Führen der Ausbildungsnachweise nach § 13 Satz 2 Nummer 7 anzuhalten und diese regelmäßig durchzusehen. Den Auszubildenden ist Gelegenheit zu geben, den Ausbildungsnachweis am Arbeitsplatz zu führen.

(3) Auszubildenden dürfen nur Aufgaben übertragen werden, die dem Ausbildungszweck dienen und ihren körperlichen Kräften angemessen sind.

24. Auszüge aus dem Berufsbildungsgesetz

Pflichten des Ausbilders

- **Ausbildungspflicht:** Ausbildende müssen selbst ausbilden oder geeignete Personen ausdrücklich mit der Berufsausbildung beauftragen. Es ist dafür zu sorgen, dass Auszubildenden alle Kenntnisse und Fähigkeiten vermittelt werden, die zum Erreichen des Ausbildungsziels notwendig sind.

- **Bereitstellung der Ausbildungsmittel:** Arbeitsmittel, wie z. B. Kittel , Schutzkleidung oder betriebliche Fachliteratur, sind von Ausbildenden kostenlos zur Verfügung zu stellen.
- **Freistellung:** Die Auszubildenden müssen zum Besuch der Berufsschule und für Prüfungen freigestellt werden. Dies gilt auch für den letzten Arbeitstag, der der schriftlichen Abschlussprüfung vorausgeht.
- **Übertragung ausbildungsbezogener Arbeiten:** Tätigkeiten, die nicht der Ausbildung dienen, wie regelmäßige Praxisreinigung, Schneebeseitigung oder Babysitting, sind nicht zulässig.
- **Schriftliche Ausbildungsnachweise:** Ausbildende müssen Auszubildende zur regelmäßigen Führung der Ausbildungsnachweise anhalten, die notwendige Zeit für die Eintragungen gewähren sowie die Nachweise regelmäßig durchsehen und unterschreiben (entfällt bei zahnmedizinischen Auszubildenden ab 01.08.2022).
- **Fürsorgepflicht:** Die Arbeitsbedingungen müssen den körperlichen Kräften der Auszubildenden angemessen sein und eine gesundheitliche Gefährdung ausschließen.
- **Vergütungspflicht:** Es ist eine vertraglich vereinbarte Ausbildungsvergütung zu zahlen.
- **Ausstellung eines Zeugnisses:** Bei Beendigung des Ausbildungsverhältnisses ist ein Ausbildungszeugnis auszustellen.

2.6 Beendigung des Ausbildungsverhältnisses

Das Ende des Ausbildungsverhältnisses tritt automatisch ein, wenn

- die vertraglich festgelegte Ausbildungszeit abgelaufen ist oder
- die Ausbildung durch eine bestandene Abschlussprüfung vor dem vereinbarten Datum des Ausbildungsendes abgeschlossen wird.

Wurde z.B. die Prüfung am 10.07. bestanden, als Ausbildungsende ist im Vertrag aber der 31.07. eingetragen, dann ist das Ausbildungsende der 10.07. Nach der Probezeit (vgl. Seite 52) ist eine vorzeitige Beendigung des Ausbildungsverhältnisses nur noch unter bestimmten Voraussetzungen wirksam:

- Ausbildende und Auszubildende schließen einen **Aufhebungsvertrag,** in dem eine Löschung des Ausbildungsverhältnisses in beiderseitigem Einvernehmen vereinbart wird.
- Die oder der Auszubildende möchte in eine fachlich andere Berufsausbildung wechseln oder aber die Berufsausbildung ganz aufgeben. In diesem Fall muss eine **Kündigungsfrist von vier Wochen** eingehalten werden.

BEISPIEL

Franziska hat eine Ausbildung zur Medizinischen Fachangestellten begonnen. Überraschend ergibt sich die Gelegenheit, ihrem ursprünglichen Berufswunsch entsprechend eine Ausbildung zur Kauffrau im Gesundheitswesen zu beginnen. Marlene möchte anstatt einer Ausbildung nun eine Fachoberschule besuchen und hat im Nachrückverfahren einen Platz bekommen.

- Aus **wichtigem Grund** kann eine Ausbildung sofort, also ohne Einhaltung einer Kündigungsfrist, aufgelöst werden. Dies ist immer dann möglich, wenn es entweder dem/der Ausbildenden oder dem/der Auszubildenden nicht mehr weiter zuzumuten ist, die Ausbildung fortzusetzen. Diebstahl, Körperverletzung, sexuelle Belästigung, Verweigerung der Ausbildungsvergütung oder Bruch der Schweigepflicht können z. B. Gründe für eine fristlose Kündigung sein. Der Kündigungsgrund darf aber nicht länger als 14 Tage zurückliegen.
  Auch weniger schwerwiegende Verstöße können im Wiederholungsfalle Gründe für eine vorzeitige Auflösung sein, wenn zuvor **Abmahnungen** erfolgt sind (z. B. bei Verspätungen, Arbeitsverweigerungen). Darin muss das Vergehen beschrieben und Besserung gefordert werden sowie der Hinweis folgen, dass im Wiederholungsfall die Kündigung ausgesprochen wird (vgl. Abb. 27).

Beendigung des Ausbildungsverhältnisses

Fristlose Kündigung (durch Auszubildende oder Ausbildungspraxis)
- Während der Probezeit (1.–4. Ausbildungsmonat)
- Aus wichtigem Grund (bei schwerwiegenden Verstößen)

Kündigung mit 4-Wochen-Kündigungsfrist (durch Auszubildende)
- Wechsel in eine andere Berufsausbildung
- Aufgabe der Berufsausbildung (z. B. wegen Schulbesuchs/Aufnahme eines Studiums)

Beendigung in beiderseitigem Einvernehmen
- Aufhebungsvertrag

Auflösung der Ausbildungspraxis
(Bei Übernahme Weiterführung des Ausbildungsverhältnisses)

25. Auflösung Ausbildungsverhältnis

Bei einer vorzeitigen Beendigung des Ausbildungsverhältnisses aus wichtigem Grund besteht die Möglichkeit, Schadenersatz von der Person zu verlangen, die die fristlose Kündigung verursacht hat.

Eine Kündigung muss immer **schriftlich** und mit der entsprechenden Begründung erfolgen. Bei Minderjährigen ist die Kenntnisnahme und Zustimmung der Erziehungsberechtigten erforderlich. Da eine Kündigung dem Empfänger bzw. der Empfängerin zugegangen sein muss, ist auf einen entsprechenden Nachweis zu achten. Eine Übergabe unter Zeugen oder eine postalische Zustellung mit Empfangsbestätigung ist deshalb empfehlenswert.

Besteht eine Auszubildende oder ein Auszubildender die Abschlussprüfung nicht, so kann das Ausbildungsverhältnis auf Wunsch bis zum nächsten möglichen Prüfungstermin verlängert werden, höchstens aber um ein Jahr.

Abmahnung

Sehr geehrte Frau Kaiser,

wie mir Ihre Klassenlehrerin Frau Hofer heute mitgeteilt hat, haben Sie erneut drei Berufsschultage unentschuldigt gefehlt, obwohl Sie bei den letzten Fehlzeiten Besserung angekündigt hatten.

Ich fordere Sie heute auf, die Pflicht zum regelmäßigen Besuch der Berufsschule einzuhalten. Sollten erneut unentschuldigte Fehlzeiten auftreten, werde ich das Ausbildungsverhältnis mit Ihnen fristlos beenden.

Hochachtungsvoll	Zur Kenntnis genommen
Dr. Heribert Lupus	*Alice Kaiser*
Dr. Heribert Lupus	Alice Kaiser

26. Beispiel für eine Abmahnung

ÜBUNGSAUFGABEN

1. Die Auszubildende Elke M. ist eine ausgezeichnete Bürokraft. Deshalb assistiert sie Frau Dr. Marks nur selten bei der Zahnbehandlung. Damit ist Elke auch einverstanden. Wie beurteilen Sie die Situation?
2. a) Gilt die Schweigepflicht auch für die Auszubildenden?
   b) Bilden Sie zwei Beispiele zur Schweigepflicht.
3. Die Auszubildende Klara Z. muss regelmäßig wöchentlich fünf Überstunden machen. Sie kündigt deswegen fristlos. Beurteilen Sie, ob die Kündigung wirksam ist.
4. Nennen Sie jeweils drei Pflichten der Auszubildenden und der Ausbildenden.
5. Was versteht man unter einer „Abmahnung"?
6. Als die Auszubildende Selina zum dritten Mal eine Karteikarte falsch einsortiert hat, erklärt der Zahnarzt: „Jetzt reicht es. Ich kündige Ihnen fristlos, gehen Sie!" Beurteilen Sie, ob dies eine rechtswirksame Kündigung ist.
7. Nach Bestehen der Abschlussprüfung fängt Jana in einer anderen Praxis an, obwohl ihre bisherige Chefin der Meinung ist, sie hätte zunächst bei ihr kündigen müssen. Wie ist die Rechtslage?

8. Im Ausbildungsvertrag ist als Ausbildungsende der 31.07. des dritten Ausbildungsjahres vereinbart. Die Auszubildende Tanja hat ihre Abschlussprüfung am 12.07. bestanden. Wann endet die Ausbildung?
9. Aus Altersgründen übergibt der Zahnarzt Dr. Engels die Praxis an seine Nachfolgerin Dr. Marx. Diese möchte Personal einsparen und erklärt das Ausbildungsverhältnis mit Regina Wolf als beendet. Wie beurteilen Sie dieses Vorgehen?
10. Die Auszubildende Alma will ihren Ausbildungsvertrag aufgrund verschiedener Vorfälle fristlos kündigen. Sie schreibt eine entsprechende Kündigung und legt diese am Abend auf den Schreibtisch der ausbildenden Ärztin. Diese behauptet später, keine Kündigung erhalten zu haben. Ist die Kündigung trotzdem gültig?

3 BESONDERE ARBEITSSCHUTZBESTIMMUNGEN (SCHUTZGESETZE)

Situation:

1. Welche gesetzlichen Vorschriften gelten für Schwangere nach dem Mutterschutzgesetz? Listen Sie die Vorschriften in Stichworten auf.
2. Überlegen Sie für Ihre Ausbildungspraxis, bei welchen Tätigkeiten die Vorschriften des Mutterschutzgesetzes greifen könnten und welche Maßnahmen dann einzuleiten wären.
3. Eine schwangere Kollegin überlegt, ob sie nach der Geburt in Elternzeit gehen wird. Fassen Sie zusammen, welche Möglichkeiten dafür gesetzlich beansprucht werden könnten.

Durch vielfältige gesetzliche Vorschriften hat der Staat Regelungen geschaffen, die in die Gestaltung und den Ablauf eines Ausbildungs- oder Arbeitsverhältnisses eingreifen. Das Arbeitsrecht ist allerdings nicht in einem einheitlichen Arbeitsgesetzbuch zusammengefasst, stattdessen regeln zahlreiche besondere Gesetze und Verordnungen die Rechtsbeziehungen zwischen Arbeitnehmer:in und Arbeitgeber:in. Das **Arbeitnehmerschutzrecht** fasst Gesetzesvorschriften für Beschäftigte zusammen, die aufgrund ihres Alters oder ihrer augenblicklichen bzw. bleibenden körperlichen oder geistigen Verfassung besonders vor Überforderung geschützt werden sollen. Jugendarbeitsschutzgesetz, Mutterschutzgesetz oder auch das Schwerbehindertengesetz sind hier insbesondere zu nennen. Die Überwachung der Einhaltung dieser Vorschriften erfolgt in der Regel durch die Gewerbeaufsichtsämter/Ämter für Arbeitsschutz und Sicherheitstechnik. Bei Verstößen sind Bußgelder vorgesehen, in besonders schweren Fällen können auch hohe Geld- oder Haftstrafen angeordnet werden.

3.1 Jugendarbeitsschutzgesetz

Noch vor ca. 200 Jahren war Kinderarbeit in Deutschland nichts Besonderes. Selbst für Fünf- oder Sechsjährige betrug die tägliche Arbeitszeit bis zu elf Stunden, meist unter heute unvorstellbaren Arbeitsbedingungen. Erst 1839 wurde eine Beschäftigung von Kindern unter neun Jahren in Fabriken oder Bergwerken verboten – nicht jedoch allein aus humanitären Gründen, sondern weil das Militär auf den schlechten Gesundheitszustand der Soldaten hingewiesen hatte. Mit Beginn des 20. Jahrhunderts wurde der Jugendarbeitsschutz durch umfangreiche gesetzliche Regelungen fest verankert. Seit 1976 wird mit dem **Jugendarbeitsschutzgesetz (JArbSchG)** der zentrale Gedanke umgesetzt, dass eine vor gesundheitlichen Schäden und Unfallgefahren geschützte Kindheit und Jugend die Voraussetzung einer gesunden körperlichen und geistig-seelischen Entwicklung ist.

Für **Jugendliche zwischen 15 und 18 Jahren** gilt das Jugendarbeitsschutzgesetz. Wer noch nicht 15 Jahre alt ist, zählt vor dem Gesetz als Kind und darf in Deutschland nicht als ständige/r Arbeitnehmer/in beschäftigt werden. Da das Jugendarbeitsschutzgesetz einen Schutz vor Überforderung bieten soll, darf die wöchentliche Arbeitszeit **40 Stunden** nicht überschreiten. Die tägliche Arbeitszeit beträgt acht Stunden, kann aber in bestimmten Ausnahmefällen auf achteinhalb oder neun Stunden erhöht werden (z. B. durch tarifvertragliche Regelungen, vgl. Abb. 29). Darüber hinausgehende Überstunden sind nicht zulässig.

Als **Arbeitszeit** gilt die tägliche Beschäftigung vom Arbeitsbeginn bis zum -ende ohne die Pausen. **Schichtzeit** dagegen ist die tägliche Arbeitszeit unter Einbeziehung der Ruhepausen. Zehn Stunden dürfen dabei nicht überschritten werden.

BEISPIEL

Mandy beginnt in der Praxis um 08:00 Uhr. Nach einer 20-minütigen Frühstückspause um 10:00 Uhr arbeitet sie weiter bis 12:30 Uhr. Mittagspause bis 14:30 Uhr. Anschließend mit einer Kaffeepause von 20 Minuten geht es bis zur Praxisschließung um 18:30 Uhr. Obwohl Mandy ihre zulässige tägliche Arbeitszeit nicht überschreitet, ist für sie bereits um 18:00 Uhr Arbeitsende, denn die zulässige Schichtzeit von zehn Stunden ist erreicht (08:00–18:00 Uhr).

Auszubildende sind zum Besuch der **Berufsschule** freizustellen. Die Berufsschulzeit wird auf die Arbeitszeit angerechnet, an einem von zwei Schultagen mit mehr als fünf Unterrichtsstunden als ganzer Arbeitstag (durchschnittliche tägliche Arbeitszeit), ansonsten mit der tatsächlichen Schulzeit. Freistellung muss auch für die Wegezeit von Betrieb zur Schule und zurück erfolgen und für verbindliche Schulveranstaltungen, z. B. berufsbezogene Studienfahrten. Beginnt der Unterricht **vor 09:00 Uhr,** so ist eine vorherige Beschäftigung in der Praxis nicht gestattet.

Dieses Beschäftigungsverbot vor der Berufsschule ist ausnahmsweise auch für über 18 Jahre alte Personen anzuwenden, wenn sie berufsschulpflichtig sind.

Als **Ruhepause** gilt nur eine Arbeitsunterbrechung von mindestens 15 Minuten. Bei einer Arbeitszeit von viereinhalb bis sechs Stunden muss die Pause 30 Minuten, bei mehr als sechs Stunden 60 Minuten betragen. Zwischen Arbeitsende und Arbeitsbeginn müssen mindestens 12 Stunden Freizeit liegen.

Das **Wochenende** soll grundsätzlich arbeitsfrei bleiben. Zulässig ist eine Beschäftigung der Jugendlichen am Wochenende nur, wenn es sich um den **ärztlichen Notfalldienst** handelt. Dabei sollen jedoch zwei Samstage und mindestens zwei Sonntage im Monat frei bleiben. Bei Wochenendarbeit steht Jugendlichen die Freistellung an einem anderen Wochenarbeitstag als Ausgleich zu. Es muss jeweils ein ganzer Arbeitstag freigegeben werden, egal, wie lange Jugendliche am Wochenendtag tatsächlich gearbeitet haben.

Zeit	Stunden
Wochenarbeitszeit	40 Stunden
– Berufsschultage • Montag (langer Berufsschultag) 08:00–13:00 Uhr • Mittwoch 13:15–17:15 Uhr	 8 Stunden 4 Stunden
= verbleibende Praxisarbeitszeit	28 Stunden

Die verbleibenden 28 Arbeitsstunden können jetzt auf die Tage Dienstag, Mittwochvormittag, Donnerstag und Freitag verteilt werden.

27 Beispiel einer Arbeitszeitberechnung nach JArbschG

Der **Urlaub** soll in den Berufsschulferien genommen werden. Ist dies ausnahmsweise nicht möglich, muss für jeden Tag des Berufsschulbesuchs ein zusätzlicher Urlaubstag gewährt werden, unabhängig von der tatsächlichen Unterrichtszeit.

BEISPIEL

Der 17-jährige Elmo hat außerhalb der Schulferien eine Woche Urlaub. Dafür will die Praxis ihm fünf Urlaubstage abziehen. Da Elmo aber in dieser Woche zweimal die Berufsschule besucht hat, dürfen ihm tatsächlich nur drei Urlaubstage angerechnet werden.

Nach dem JArbSchG beträgt der Urlaub nach Alter gestaffelt zwischen 25 und 30 Werktagen, wobei als Werktag auch der Samstag zu rechnen ist. Günstigere Regelungen mit mehr Urlaubstagen, so z. B. teilweise in den Tarifverträgen vorgesehen, haben je nach Vereinbarung im Ausbildungsvertrag Vorrang.

Zur **Teilnahme an der Prüfung** oder an überbetrieblichen Ausbildungsmaßnahmen sowie am Arbeitstag vor der schriftlichen Prüfung sind die Jugendlichen (und auch die volljährigen Auszubildenden) freizustellen.

Bevor Jugendliche eine Berufsausbildung beginnen können, muss eine **ärztliche Untersuchung** erfolgen. Die Bescheinigung hierüber ist den Ausbildenden vorzulegen. Innerhalb eines Jahres hat eine Nachuntersuchung zu erfolgen. Wenn der Nachweis darüber nicht innerhalb von 14 Monaten vorliegt, dürfen Auszubildende nicht weiter beschäftigt werden.

Abweichende Regelungen für die Beschäftigung Jugendlicher aufgrund eines Tarifvertrags oder einer schriftlichen Zusatzvereinbarung zwischen dem Arbeitgeber und dem Jugendlichen (§ 21a JArbSchG)

- Die Arbeitszeit kann bis neun Stunden täglich, 44 Wochenstunden und fünfeinhalb Wochentage verlängert werden, wenn ein Ausgleich innerhalb von zwei Monaten erfolgt.
- Die Schichtzeit (Arbeitszeit einschließlich der Pausen) darf auf täglich elf Stunden verlängert werden.
- Jugendliche dürfen auch samstags beschäftigt werden, wenn stattdessen eine Freistellung an einem anderen Werktag derselben Woche erfolgt.
- Bei einer Beschäftigung am Wochenende, die vier Stunden nicht übersteigt, muss als Ausgleich kein ganzer Arbeitstag gewährt werden. Es genügt ein freier Vor- oder Nachmittag an einem anderen Arbeitstag derselben oder der folgenden Woche.

28. Abweichende Regelung im JArbSchG

ÜBUNGSAUFGABEN

1. Für welchen Personenkreis gilt das Jugendarbeitsschutzgesetz?
2. Wie lange ist die wöchentliche bzw. tägliche Arbeitszeit bei Jugendlichen?
3. Wie wird die Schulzeit auf die Arbeitszeit angerechnet?
4. Wie lang müssen die Pausen sein und wann müssen diese genommen werden?
5. Muss eine jugendliche Auszubildende am ärztlichen Notdienst teilnehmen?
6. Wann bzw. innerhalb welcher Frist hat die ärztliche Untersuchung zu erfolgen?
7. Aufgrund mehrerer Krankheitsfälle in der Praxis bittet Tierarzt Dr. Klein seine 17-jährige Auszubildende Maritta, in den kommenden zwei Wochen an drei Tagen die Arbeitszeit auf 10 Stunden zu erhöhen. Sie erhält dafür eine zusätzliche Vergütung. Muss die Auszubildende dieser Bitte zustimmen?
8. Maritta (siehe Aufgabe 7) hat folgende Berufsschulzeiten:
   Montag 8.00 Uhr–12.30 Uhr (5 Unterrichtsstunden)
   Donnerstag 8:45 Uhr–14:15 Uhr (6 Unterrichtsstunden).
   Donnerstags soll sie von 7:30 Uhr bis 8:15 Uhr bei Laborarbeiten mithelfen.
   a) Welche Freistellung ergibt sich für die Berufsschultage?
   b) Wie beurteilen Sie die Teilnahme an den Laborarbeiten?

3.2 Mutterschutzgesetz

Die besonderen Schutzvorschriften bei Schwangerschaft und nach der Geburt des Kindes haben einen hohen Stellenwert im Rahmen der Arbeitsschutzbestimmungen. Bereits im Grundgesetz ist festgeschrieben: „Jede Mutter hat Anspruch auf den Schutz und die Fürsorge der Gemeinschaft." (Art. 6 Abs. 4 GG). Durch die Einzelregelungen des **Mutterschutzgesetzes (MuSchG)** soll sichergestellt werden, dass eine Gesundheitsgefährdung und Benachteiligung während der Schwangerschaft, nach der Entbindung und in der Stillzeit nicht erfolgt. Das Mutterschutzgesetz gilt für alle Frauen, die in einem Arbeits- oder Ausbildungsverhältnis stehen, auch während der Probezeit, bei Teilzeitarbeit oder geringfügiger Beschäftigung („Minijob"). Unter bestimmten Bedingungen sind auch Schülerinnen und Studentinnen in das MuSchG mit einbezogen.

Gesetzlicher Mutterschutz (MuSchG)			
Gefahrenschutz	**Arbeitsplatzschutz**	**Finanzielle Absicherung**	**Sonstige Leistungen**
• Schwangerengerechte Gestaltung des Arbeitsplatzes • Arbeitszeitbeschränkungen • Keine Arbeiten, die die Gesundheit von Mutter und Kind beeinträchtigen • Freistellung von der Beschäftigung bei Gefährdung am Arbeitsplatz • Schutzfrist vor und nach der Geburt	• Besonderer Kündigungsschutz während der Schwangerschaft und bis zu vier Monate nach der Entbindung • Kündigung nur bei besonders schwerwiegenden Verstößen möglich • Kündigung in Ausnahmefällen nur mit Zustimmung der staatlichen Aufsichtsstelle	• Weiterzahlung des Arbeitsentgelts bei einem Beschäftigungsverbot • Mutterschaftsgeld während der Schutzfrist vor und nach der Geburt	• Ärztliche Betreuung und Versorgung • Hebammenhilfe • Stationäre Entbindung • Häusliche Pflege nach der Geburt • Freistellungszeit zum Stillen bis zu 12 Monate nach der Geburt

29. Mutterschutzvorschriften

Sobald Gewissheit über eine Schwangerschaft und den voraussichtlichen Entbindungstermin besteht, sollte der Arbeitgeber bzw. die Arbeitgeberin hierüber **unterrichtet** werden. Denn alle Schutzvorschriften gelten erst ab dem Zeitpunkt der Mitteilung. Auf Verlangen und Kosten des Arbeitgebers oder der Arbeitgeberin ist ein ärztliches Attest als Nachweis der Schwangerschaft vorzulegen. Die Praxisleitung ist verpflichtet, umgehend das zuständige Amt für Arbeitsschutz und Sicherheitstechnik/Gewerbeaufsichtsamt über die Schwangerschaft zu informieren. Dieses überwacht die Einhaltung der Mutterschutzvorschriften und ist beratend tätig.

Während der Schwangerschaft und bis zu vier Monate nach der Entbindung ist eine **Kündigung** von Arbeitgeberseite unzulässig, wenn die Schwangerschaft dort bekannt war. Der viermonatige Kündigungsschutz gilt auch für Frauen, die nach der 12. Schwangerschaftswoche eine Fehlgeburt hatten. Eine Kündigung wird **rückwirkend** noch unwirksam, wenn innerhalb von 14 Tagen nach Kündigungszugang eine Schwangerschaft festgestellt und dem Arbeitgeber bzw. der Arbeitgeberin unverzüglich mitgeteilt wird, z. B. weil bei der Beschäftigten erst in dieser Zeit die Schwangerschaft diagnostiziert wurde. Kein Kündigungsschutz besteht allerdings bei Arbeitsverhältnissen, die von vornherein befristet abgeschlossen wurden. Hier endet die Beschäftigungsverpflichtung mit dem Auslaufen des Vertrags.

BEISPIEL

Das Ausbildungsende der schwangeren Michaela ist im Ausbildungsvertrag auf den 31.07. festgelegt. Ihr voraussichtlicher Entbindungstermin ist der 04.10. Michaela hat keinen Rechtsanspruch auf Weiterbeschäftigung über den 31.07. hinaus.

Während der Schwangerschaft besteht ein erhöhter **Gesundheitsschutz.** Der Arbeitgeber bzw. die Arbeitgeberin hat die Verpflichtung, den Arbeitsplatz so zu gestalten und einzurichten, dass die Schwangere keiner Gefährdung unterliegt. So muss bei ständig stehenden oder sitzenden Tätigkeiten die Möglichkeit zu kurzen Arbeitsunterbrechungen vorhanden sein. Darüber hinaus gelten weitere **Beschäftigungsbeschränkungen bzw. -verbote:**

- Bis auf wenige Ausnahmen verboten sind Sonn- und Feiertagsarbeit, Nachtarbeit zwischen 20:00/22:00 Uhr und 6:00 Uhr sowie tägliche oder wöchentliche Mehrarbeit, z. B. mehr als achteinhalb Stunden pro Tag (bei Minderjährigen max. 8 Stunden/Tag). Bei gemeinsamer Zustimmung durch die Schwangere und den Arbeitgeber bzw. die Arbeitgeberin sind aber in bestimmtem Rahmen Ausnahmen möglich.
- Verboten sind schwere körperliche Arbeiten, bei denen regelmäßige Lasten über 5 kg bzw. gelegentlich mehr als 10 kg Gewicht bewegt werden müssen (z. B. Hochheben auf den Behandlungstisch).
- Nicht erlaubt sind Tätigkeiten in Bereichen, bei denen eine erhöhte Unfall-, Verletzungs- oder Infektionsgefahr besteht (z. B. Abräumen oder Reinigung gebrauchter ärztlicher oder zahnärztlicher Instrumente, Festhalten von Tieren).
- Jeder Kontakt mit möglicherweise infektiösem Material, wie z. B. Blut und sonstigen Sekreten, kontaminierten Instrumenten oder Abfällen muss unterbleiben.
- Verboten sind Tätigkeiten, von denen gesundheitsschädliche Einwirkungen ausgehen können. Röntgentätigkeit bzw. Umgang mit Gefahrenstoffen (z. B. Narkosegase, Desinfektionsmittel) sind deshalb verboten bzw. stark eingeschränkt. Außerdem muss die Gefahr, an einer Berufskrankheit zu erkranken, ausgeschlossen sein.

Diese Beschäftigungsverbote können dazu führen, dass die Schwangere nicht mehr an ihrem bisherigen Arbeitsplatz eingesetzt werden kann. Medizinische und Zahnmedizinische Fachangestellte dürfen z. B. während einer Schwangerschaft nicht mehr beschäftigt werden im Rahmen einer „Stuhlassistenz“, bei Wundversorgungen oder Operationen, Laboruntersuchungen von infektiösem Material oder beim Röntgen. Für die Tiermedizinische Fachangestellte ist insbesondere ein direkter Umgang mit kranken Tieren und der Aufenthalt an Orten mit einer Gefährdung durch tierische Abwehrreaktionen (Beißen, Treten) verboten. Der Arbeitgeber bzw. die Arbeitgeberin ist in diesen Fällen berechtigt, der Fachangestellten einen anderen, ungefährlichen Arbeitsplatz zuzuweisen. Dies ist – insbesondere in kleineren Praxen – in vielen Fällen jedoch keine realistische Alternative, denn oft werden es die räumlichen oder personellen Möglichkeiten nicht zulassen, einen Arbeitsplatz entsprechend dieser Verbote und Einschränkungen einzurichten. Fehlt ein solch ungefährlicher Arbeitsplatz, dann muss die Schwangere oder Stillende unter Fortzahlung ihres bisherigen Arbeitsentgelts von der Arbeit **freigestellt** werden. Auszubildende oder Fachangestellte dürfen dann also nicht mehr in der Praxis arbeiten und erhalten weiterhin ihre bisherige Vergütung. Dem Arbeitgeber bzw. der Arbeitgeberin werden diese Aufwendungen allerdings von der Krankenkasse in Form einer Ausgleichszahlung zurückerstattet, wenn die Praxis weniger als 20 Beschäftigte hat.

Sechs Wochen vor dem voraussichtlichen Geburtstermin und **acht Wochen nach** der Geburt besteht eine **Mutterschutzfrist,** in der die Schwangere bzw. Mutter von der Arbeit freigestellt ist. Auf deren ausdrücklichen Wunsch ist jedoch eine Beschäftigung bis zum Geburtstermin zulässig. Bei einer Mehrlings- oder ärztlich bestätigten **Frühgeburt** (z. B. Geburt vor der 37. Schwangerschaftswoche oder bei einem geringen Geburtsgewicht des Kindes) beträgt die Schutzfrist nach der Geburt zwölf Wochen. Auf Wunsch der Mutter gilt die Schutzfrist von zwölf Wochen auch nach der Geburt eines Kindes mit Behinderung. Bei einer Geburt vor dem errechneten Termin wird die nicht genutzte Schutzfrist vor der Geburt an die Mutterschutzfrist nach der Geburt angehängt.

BEISPIEL

Als Geburtstermin war der 15. Oktober errechnet worden. Das Kind kommt jedoch bereits am 4. Oktober zur Welt, also elf Tage vor dem vorausberechneten Termin. Die Schutzfrist nach der Geburt beträgt jetzt die regulären acht Wochen bis zum 29. November und verlängert sich zusätzlich um elf Tage bis zum 10. Dezember.

Eine Beschäftigung während der Schutzfrist **nach** der Geburt ist generell untersagt. Lediglich bei einer Fehl- oder Totgeburt können Frauen auf ihren ausdrücklichen Wunsch hin und nach entsprechender ärztlicher Genehmigung wieder zur Arbeit gehen. Stillende Mütter haben während der Arbeitszeit Anspruch auf bezahlte Stillpausen bis zum Ende des ersten Lebensjahres ihres Kindes.

Berechnung des Mutterschaftsgeldes

1. Netto-Ausbildungsvergütung z. B. April 600,00 EUR
   davon zahlt die Krankenkasse
   pro Kalendertag 13,00 EUR Mutterschaftsgeld:
   30 Tage · 13,00 EUR = 390,00 EUR
   Der Arbeitgeber zahlt den Differenzbetrag
   zwischen Krankenkassenbetrag und Nettovergütung
   600,00 EUR – 390,00 EUR = 210,00 EUR
2. Angestellten-Nettogehalt 1 200,00 EUR
   davon zahlt die Krankenkasse
   30 Tage · 13,00 EUR = 390,00 EUR
   der Arbeitgeber zahlt 810,00 EUR

Aufgrund eines gesetzlich geregelten Ausgleichsverfahrens (U2-Umlage) werden Zahlungen des Arbeitgebers/der Arbeitgeberin im Rahmen des Mutterschutzes von der zuständigen Krankenkasse erstattet.

30. Beispiel für Mutterschaftsgeldzahlung

Während der Mutterschutzzeit erhalten gesetzlich krankenversicherte Frauen **Mutterschaftsgeld** von ihrer Krankenkasse in Höhe von 13,00 EUR pro Tag (390,00 EUR monatlich). War der Nettolohn im Durchschnitt der letzten drei Monate höher, dann übernimmt der Arbeitgeber oder die Arbeitgeberin den Unterschiedsbetrag als Zuschuss zum Mutterschaftsgeld (vgl. Beispiele Abb. 30) Dieser wird allerdings auf Antrag von der Krankenkasse an den Arbeitgeber bzw. die Arbeitgeberin zurückgezahlt.

3.3 Elternzeit und Elterngeld

Elternzeit

Nach der Geburt des Kindes gibt es die Möglichkeit, über die gesetzlich vorgeschriebene Mutterschutzfrist hinaus einen Antrag auf unbezahlte Freistellung von der Beschäftigung zu stellen. Anspruch auf diese **Elternzeit** haben erwerbstätige Mütter und auch Väter für eine Zeit bis zu drei Jahren, in der Regel also bis zum dritten Geburtstag des Kindes. Ein Teil der Elternzeit (maximal 24 Monate) kann aber auch auf die Zeit zwischen dem dritten und achten Geburtstag des Kindes übertragen werden.

Die Elternzeit muss spätestens sieben Wochen vor ihrem Beginn schriftlich beim Arbeitgeber beantragt werden. Dabei ist auch verbindlich festzulegen, für welche Zeitabschnitte innerhalb der kommenden zwei Jahre die Elternzeit genommen werden soll. Über das letzte – dritte – Elternzeitjahr kann später entschieden werden.

Sind beide Eltern erwerbstätig, steht ihnen frei, zu entscheiden, wer die Beurlaubung beansprucht. Mutter oder Vater können die Elternzeit jeweils allein in Anspruch nehmen, sie können sich die drei Jahre untereinander aufteilen oder sogar Teile bzw. die gesamte Elternzeit gemeinsam nutzen. Eine wechselnde Aufteilung auf jeweils zwei Zeitabschnitte ist dabei möglich, eine weitere Aufteilung allerdings nur mit Zustimmung des Arbeitgebers.

BEISPIEL

Wechselnde Inanspruchnahme der Elternzeit

Mutter und Vater beginnen nach der Geburt gemeinsam mit der Elternzeit für ein Jahr, anschließend übernimmt die Mutter für 18 Monate allein die Betreuung und im letzten halben Jahr beansprucht dann der Vater alleine nochmals Elternzeit.

Während der Elternzeit muss die **Erwerbstätigkeit** nicht vollständig aufgegeben werden. Es kann unter bestimmten Bedingungen eine **Teilzeitbeschäftigung**, in der Regel beim bisherigen Arbeitgeber, von bis zu 32 Wochenstunden vereinbart werden. Eine Kündigung von Arbeitgeber seite innerhalb der Elternzeit ist grundsätzlich nicht zulässig, danach gelten aber wieder die allgemeinen Kündigungsvorschriften. Beim beruflichen Wiedereinstieg besteht der Anspruch, zu den gleichen Bedingungen wie vorher an einen gleichwertigen Arbeitsplatz zurückzukehren. Wird während der laufenden Elternzeit ein weiteres Kind geboren, so kann auch für dieses Elternzeit beantragt werden. Je nach Zeitpunkt der Geburt überschneiden sich allerdings die beiden Elternzeiten, weil diese nicht nahtlos aneinandergehängt werden, sondern sich überlappen. Auch bei einer Mehrlingsgeburt bleibt es bei der dreijährigen Elternzeit.

Elterngeld

Elterngeld soll durch finanzielle Leistungen die Bereitschaft unterstützen, nach der Geburt mehr Zeit für das Kind zu verwenden. Eltern, die z. B. ihre Erwerbstätigkeit verringern oder ruhen lassen, um sich mehr dem Kind widmen zu können, erhalten hierfür einen finanziellen Ausgleich. Dieses **Basiselterngeld** wird aus dem Bruttogehalt der letzten 12 Monate vor der Geburt unter Abzug von Pauschalsätzen für Steuern und Abgaben errechnet. Als Elterngeld wird vom so errechneten Monatseinkommen zwischen 65 % und 100 % gezahlt, je niedriger das Einkommen, desto höher der Prozentsatz. Ab einem Einkommen von 1 240,00 EUR bleibt der Prozentsatz mit 65 % unverändert. Der Höchstbetrag liegt bei 1 800,00 EUR, mindestens aber werden 300,00 EUR pro Monat gezahlt. Bei Mehrlingsgeburten erhöht sich das Elterngeld für das zweite und jedes weitere Kind um pauschal 300,00 EUR je Kind.

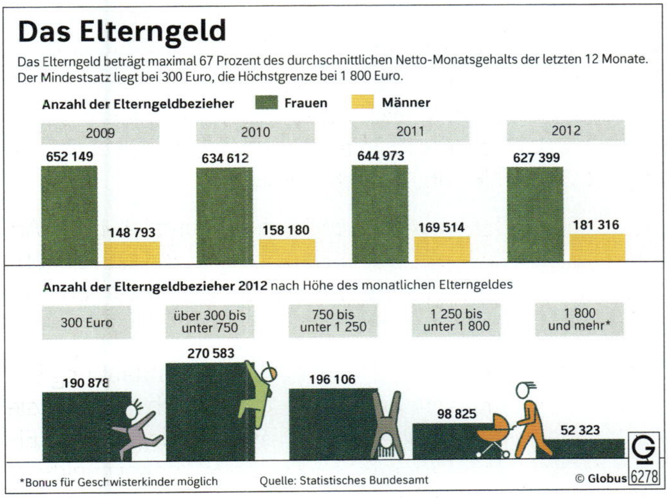

BEISPIEL

Für das Jahr vor der Geburt ihrer Zwillinge wurde für Gaby Schrader ein durchschnittlicher Nettoverdienst von 1 800,00 EUR monatlich errechnet. Frau Schrader erhält ab der Entbindung ein Elterngeld von 1 170,00 EUR (= 65 % von 1 800,00 EUR) zuzüglich 300,00 EUR für das zweite Kind, zusammen also 1 470,00 EUR monatlich.

Allerdings wird auf die Zahlung des Elterngeldes das während der achtwöchigen Mutterschutzfrist gezahlte Mutterschaftsgeld (vgl. Abb. 31) angerechnet. Der **Mindestbetrag** von 300,00 EUR wird immer gezahlt, egal ob vor der Geburt eine Erwerbstätigkeit vorlag oder nicht. Berufstätige Alleinerziehende erhalten das Elterngeld für **14 Monate**. Bei zwei Elternteilen kann ein Elternteil höchstens **12 Monate** Elterngeld beantragen, **zwei weitere Monate** stehen jedoch noch dem anderen Elternteil zu (Partnerschaftsbonus), sodass auch hier 14 Monate möglich sind. Die Bezugszeit kann durch Umwandlung in **Elterngeld Plus** bis auf max. 28 Monate gestreckt werden, allerdings gibt es dann pro Monat nur die Hälfte des normalen Monatsbetrags. Insbesondere bei Teilzeitarbeit während des Elterngeldbezugs kann diese Wahl die finanzielle Situation verbessern.

BEISPIEL

- Lediglich ein Elternteil beantragt Elterngeld, 12 Monate sind möglich (Basiselterngeld).
- Ein Ehepartner beantragt Elterngeld für 12 Monate, für zwei Monate der andere Ehepartner. (Partnerschaftsbonus).
- Ein Elternpaar arbeitet Teilzeit und wandelt 14 Monate Basiselterngeld in 28 Monate Elterngeld Plus um.

Während der Zahlung von Elterngeld besteht eine beitragsfreie Weiterversicherung in der gesetzlichen Kranken- und Pflegeversicherung, wenn ansonsten keine sozialversicherungspflichtige Tätigkeit ausgeübt wird.

31. Regelungen bei der Geburt eines Kindes

ÜBUNGSAUFGABEN

1. Welche Bedeutung hat die Unterrichtung über eine Schwangerschaft für die Mitarbeiterin und für den Arbeitgeber bzw. die Arbeitgeberin?
2. Stellen Sie den besonderen Kündigungsschutz bei Schwangerschaft dar.
3. Suchen Sie drei Beispiele für Tätigkeiten, die von einer schwangeren Mitarbeiterin in Ihrer Ausbildungspraxis nicht mehr ausgeführt werden dürfen.
4. Geben Sie eine Übersicht über die Mutterschutzfristen rund um die Geburt.
5. Wie ist die Gehaltszahlung während der Mutterschutzzeit geregelt?
6. Welche Möglichkeiten gibt es, nach der Geburt Elternzeit in Anspruch zu nehmen?
7. Die MFA Silke Damm befindet sich in Elternzeit. Wegen Personalproblemen in der Praxis fragt ihre Arbeitgeberin an, ob sie nicht vorübergehend als Teilzeitkraft arbeiten möchte. Wäre dies zulässig?
8. Nach der Geburt gibt es die Möglichkeit, Elterngeld zu erhalten.
   a) In welcher Höhe wird das Basiselterngeld gezahlt?
   b) Welche besondere Möglichkeit bietet das Elterngeld Plus?

3.4 Schutz von Menschen mit Schwerbehinderung

Personen, die durch dauerhafte körperliche, geistige oder seelische Behinderungen an der Teilnahme am gesellschaftlichen Leben oder in ihrer Erwerbsfähigkeit um mindestens 50 % (Grad der Behinderung) eingeschränkt sind, gelten als schwerbehindert und genießen einen besonderen Schutz des Staates.

Rund acht Millionen Menschen in Deutschland leben mit einer angeborenen oder als Folge eines Unfalls oder einer Krankheit entstandenen Behinderung, etwa jeder Dritte davon befindet sich noch im erwerbsfähigen Alter. Zur Verbesserung der Eingliederungschancen von Menschen mit Schwerbehinderung ins Arbeitsleben sieht das **Sozialgesetzbuch (SGB IX)** zunächst die Möglichkeit einer umfassenden beruflichen Qualifizierung durch entsprechende Bildungsmaßnahmen vor. Zwecks Erleichterung der Arbeitsaufnahme werden Lehrgangskosten, Zuschüsse zum Umbau von Kraftfahrzeugen oder auch Aufwendungen für technische Hilfsmittel übernommen. Arbeitgeber und Arbeitgeberinnen erhalten Leistungen für die behindertengerechte Einrichtung von Arbeitsplätzen, Ausbildungszuschüsse und Beratung durch staatliche Integrationsämter in Zusammenarbeit mit der Bundesagentur für Arbeit.

Von besonderer Bedeutung für die Wiedereingliederung von Arbeitnehmern und Arbeitnehmerinnen mit Schwerbehinderung ist die **Beschäftigungspflicht**. Sie schreibt vor, dass Betriebe mit mehr als 20 Arbeitsplätzen mindestens 5 % davon mit Menschen mit Schwerbehinderung besetzen müssen; Teilzeitbeschäftigte werden entsprechend ihrer Stundenzahl berücksichtigt.

BEISPIEL

Eine Klinik mit 40 Vollzeitbeschäftigten muss mindestens zwei Menschen mit Schwerbehinderung (entspricht 5 %) beschäftigen und dafür behindertengerechte Arbeitsplätze zur Verfügung stellen.

Solange Betriebe die vorgeschriebene Zahl Schwerbehinderter nicht beschäftigen, müssen sie für jeden nicht besetzten Schwerbehindertenplatz eine **Ausgleichsabgabe** an das Integrationsamt entrichten. Diese Mittel werden zur Verbesserung der Arbeitsmöglichkeiten von Schwerbehinderten eingesetzt.

Trotz der Ausgleichungszahlung bleibt für den Betrieb die Verpflichtung zur Einstellung von Menschen mit Schwerbehinderung bestehen, denn es soll erreicht werden, dass Arbeitgeber oder Arbeitgeberin weiter darüber nachdenken, auch bei oftmals schwierigen Bedingungen geeignete behindertengerechte Arbeitsplätze einzurichten.

Neben den Leistungen zur Verbesserung der Beschäftigungschancen gelten für Menschen mit Schwerbehinderung Sonderregelungen beim Kündigungsschutz, ein verlängerter Urlaubsanspruch und das Recht auf eine behindertengerechte Einrichtung des Arbeitsplatzes.

3.5 Arbeitsschutz und Arbeitssicherheit

Während der beruflichen Tätigkeit sind Beschäftigte Gefahren ausgesetzt, die Gesundheitsbeeinträchtigungen oder -schädigungen hervorrufen können. Wer im Gesundheitsbereich arbeitet, unterliegt dabei besonderen Arbeitsbelastungen durch den Umgang mit kranken und ansteckenden Patienten, infektiösem Untersuchungsmaterial, chemischen Stoffen oder gefährdenden Medizingeräten. Staatliche Institutionen haben daher Gesetze, Verordnungen und Vorschriften erlassen, die bei der Tätigkeit in der Praxis zum Schutz der Beschäftigten zu beachten und einzuhalten sind.

32..Gefahrenpiktogramme

In Deutschland ist der Arbeitsschutz als zweigleisiges System aufgebaut: Bund und Länder mit gesetzlichen Regelungen auf der einen Seite, Arbeitsschutzvorschriften der Berufsgenossenschaften auf der anderen sollen ein hohes Maß an Sicherheit gewährleisten. Das **staatliche Arbeitsschutzrecht** (z.B. Arbeitsschutzgesetz und Arbeitssicherheitsgesetz) ist fast ausschließlich Bundesrecht, zuständig ist das Bundesministerium für Arbeit und Soziales. Hier werden die grundlegenden Gesetze erlassen, die dann in den Ministerien einzelner Bundesländern durch besondere Verordnungen umgesetzt und überwacht werden. Die **staatlichen Gewerbeaufsichtsämter/Ämter für Arbeitsschutz** kontrollieren vor Ort die Einhaltung der Bestimmungen und sind bei Nichtbeachtung zur Erteilung von Verwarnungen und Bußgeldbescheiden berechtigt. Die Berufsgenossenschaften als Träger der gesetzlichen Unfallversicherung (vgl. Seite 119ff.) haben die Aufgabe, branchenspezifisch verbindliche Vorschriften zur Verhütung von Arbeitsunfällen, Berufskrankheiten und arbeitsbedingten Gesundheitsgefahren zu erlassen und deren Durchführung durch eigene Aufsichtsdienste zu überwachen. Gesetzliche Grundlage hierfür sind die Regelungen im Sozialgesetzbuch VII. Für die Erstellung spezieller Vorschriften im Gesundheitsbereich und deren Überwachung ist die **Berufsgenossenschaft für Gesundheitsdienst und Wohlfahrtspflege** in Hamburg (www.bgw-online.de) zuständig, die außerdem Beratungen und aktuelle Informationen anbietet.

Grundsätzlich sind stets die niedergelassenen Ärzte und Ärztinnen für die Sicherheit und Gesundheit der in einer Praxis beschäftigten Mitarbeiter verantwortlich. Die Arbeitsbedingungen sind so gestalten, dass die Beschäftigten durch die berufliche Tätigkeit möglichst wenig in ihrer Gesundheit beeinträchtigt oder gefährdet werden. Sind Gefährdungen nicht auszuschließen, ist durch geeignete zusätzliche Vorsorgemaßnahmen (z. B. Schutzbekleidung, Training bestimmter Arbeitstechniken) der persönliche Gesundheitsschutz sicherzustellen. Bei ihrer täglichen Arbeit in der Praxis werden Beschäftigte jedoch unvermeidbar **berufstypischen Gefährdungen** ausgesetzt sein, die Gesundheitsschäden verursachen können. Die Kontaktvermeidung zu Infektionserregern, wie z. B. dem Hepatitis-B- und -C-Virus, steht dabei im Vordergrund, um schwerwiegenden Berufskrankheiten vorzubeugen. Weitere praxisspezifische Gefahrenquellen mit hohem Gefährdungspotenzial dürfen daneben aber nicht vernachlässigt werden:

- Umgang mit gefährlichen Stoffen und Medikamenten
- Arbeit mit Medizingeräten
- Häufige intensive Hautreinigungen
- Desinfektionsmaßnahmen unter Einsatz chemischer Mittel
- Belastungen (Allergien) durch das Tragen von Schutzhandschuhen
- Beseitigung medizinischer oder belasteter Abfälle

Allgemeine Vorschriften des Arbeits- und Umweltschutzes kommen hinzu, die sich z. B. auf die Tätigkeit an Bildschirmarbeitsplätzen oder auf Belastungen durch Lärm, Hitze und Dämpfe beziehen.

Staatliche Stellen und die Berufsgenossenschaft legen durch Gesetze und Verordnungen die Grundlagen für einen wirksamen Gefahrenschutz. Das **Arbeitsschutzgesetz (ArbSchG)** schreibt für jede Praxis eine regelmäßige **Gefährdungsbeurteilung** vor, in der die möglichen Gefährdungen und Risiken bei der Praxistätigkeit ermittelt sowie Schutzmaßnahmen festgelegt und dokumentiert werden müssen. Gefährdungsfaktoren können z.B. die Nutzung elektrischen Stroms, der Umgang mit Gefahrstoffen oder auch physische oder psychische Belastungen sein.

Zur Umsetzung in die tägliche Praxisarbeit besteht für alle Betroffenen die Möglichkeit, sich aktuell z. B. über Maßnahmen zum sicheren Umgang mit Gefahrstoffen oder biologischen Arbeitsstoffen zu informieren (z. B. Broschüren der Berufsgenossenschaft zur Gefährdungsbeurteilung in der Arzt-, Zahnarzt- und Tierarztpraxis unter www.bgw-online.de).

Gefahrstoffe weisen nach der Gefahrstoffverordnung (GefStoffV) eine oder mehrere gefährdende Eigenschaften auf, sind also z. B. gesundheitsschädlich, giftig, ätzend, reizend, krebserzeugend, leicht entzündlich oder explosionsgefährlich. Diese Stoffe müssen mit entsprechenden Gefahrenpiktogrammen gekennzeichnet sein (vgl. Abb. 32). Beim Einsatz von Gefahrstoffen in der Praxis hat der Arbeitgeber/die Arbeitgeberin eine Reihe von **Verpflichtungen zum Schutz des Praxispersonals** zu beachten. Hilfestellungen geben dabei z.B. die „Technischen Regeln für Gefahrstoffe in Einrichtungen der medizinischen Versorgung", TRGS 525. Sie werden vom Ausschuss für Gefahrstoffe für den Bereich der Human- und Veterinärmedizin herausgegeben. Zunächst sind sämtliche verwendeten Gefahrstoffe zu ermitteln, mit denen Angestellte in Kontakt kommen können. Diese müssen dann hinsichtlich ihrer Gefährlichkeit bei der konkreten Verwendung in der Praxis beurteilt werden (vgl. Abb. 33 und 34). Gleichzeitig ist zu prüfen, ob diese Gefahrstoffe durch andere, weniger schädliche ersetzt werden können. Alle dennoch eingesetzten Gefahrstoffe müssen in ein **Gefahrstoffverzeichnis** eingetragen werden, das regelmäßig zu überprüfen und fortzuschreiben ist. Besondere Schutzmaßnahmen sind festzulegen, vom Tragen spezieller Schutzkleidung bis hin zu arbeitsmedizinischen Untersuchungen. Anhand einer Betriebsanweisung müssen alle Beschäftigten, die mit Gefahrstoffen umgehen, mindestens einmal jährlich über mögliche Gefahren sowie über **Schutzmaßnahmen** mündlich **unterrichtet** werden. Da Maßnahmen des Arbeitsschutzes sich unter den konkreten Alltagsbedingungen verändern oder unwirksam werden können, ist eine regelmäßige Wirksamkeitskontrolle durchzuführen. Zur Wahrnehmung dieser Aufgaben ist die fachliche Beratung eines Betriebsarztes/einer Betriebsärztin bzw. einer Fachkraft für Arbeitssicherheit empfehlenswert.

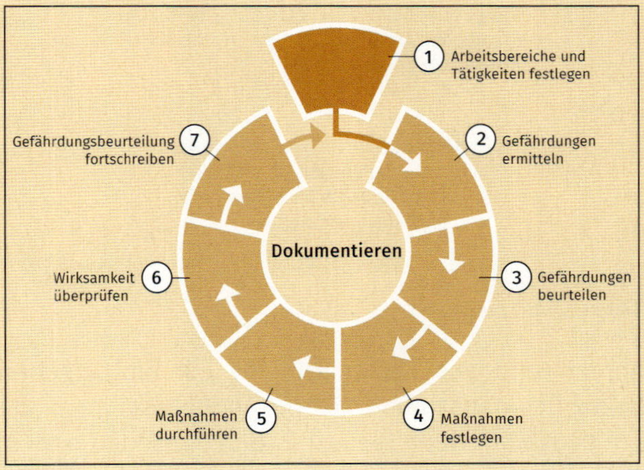

33. Stufenverfahren zur Gefährdungsbeurteilung und zum Gefahrenabbau

BEISPIEL

Auf der Internetseite der Berufsgenossenschaft für Gesundheitsdienst und Wohlfahrtspflege (www.bgw-online.de) werden mögliche Gefahrstoffe aufgezeigt, spezielle Informationen zu einzelnen Stoffen erteilt, Vorschriften zum Umgang mit diesen einschl. Schutzmaßnahmen dargestellt sowie Checklisten und Formblätter zur Ermittlung von Gefahrquellen angeboten.

34. Informationen zur Gefährdungsbeurteilung

Sicherheitsmaßnahmen sind auch beim Umgang mit **biologischen Arbeitsstoffen** (Krankheitserreger, die bei Mensch und Tier gesundheitsschädigende Wirkungen hervorrufen können) zu beachten, wenn diese z. B. durch direkten oder indirekten Kontakt übertragen werden können (Blutspritzer, Stichverletzungen, Einatmen usw.). Tätigkeiten wie etwa die Entnahme von Blutproben, deren Transport und Untersuchung oder die Wundversorgung unterliegen deshalb der **Biostoffverordnung** (BioStoffV). Die biologischen Arbeitsstoffe werden je nach ihrem Infektionsrisiko in vier Risikogruppen/Schutzstufen unterteilt. Je höher die Schutzstufe, desto umfangreicher sind die Sicherheitsmaßnahmen für die Beschäftigten.

3.6 Ergonomische Gestaltung des Arbeitsplatzes

Neben der Vermeidung der beschriebenen berufstypischen Gefährdungsmöglichkeiten (z. B. Umgang mit Gefahrenstoffen/biologischen Arbeitsstoffen) steht nach den Vorschriften gemäß § 5 Arbeitsschutzgesetz der Gesundheitsschutz der Beschäftigten an ihrem unmittelbaren Arbeitsplatz im Vordergrund. Dieser Arbeitsbereich sollte nach **ergonomischen Grundsätzen** gestaltet werden und somit dazu beitragen, dass die Arbeitsbedingungen den Bedürfnissen der Beschäftigten entsprechen. Ziel dieser ergonomischen Maßnahmen ist es, die Beschäftigten vor negativen körperlichen und psychischen Belastungen im Rahmen ihrer Tätigkeit zu schützen bzw. diesen vorzubeugen. Durch eine ergonomische Gestaltung soll der Arbeitsplatz also optimal an die dort Arbeitenden angepasst werden.

Neben den allgemeinen Vorschriften für die Anforderungen an Arbeitsräume wie die m^2 - Größe, Raumhöhe oder Festlegung der Fluchtwege, enthalten in „Technische Regeln für Arbeitsstätten ASR A1.2", sollten für die unmittelbare Gestaltung eines ergonomischen Bildschirm- und Büroarbeitsplatzes u. a. folgende Bereiche mit einbezogen werden:

- Die Arbeitsplatzfläche muss ausreichend sein für eine gute Erreichbarkeit und vorschriftsgemäße Anordnung des Arbeitsmaterials wie Bildschirm, Tastatur und Maus.
- Die Schreibtischhöhe muss genügend Beinfreiheit ermöglichen, optimal ist ein individuell höhenverstellbarer Schreibtisch.
- Durch einen ergonomisch gestalteten und entsprechend anpassungsfähigen Bürostuhl muss eine korrekte Sitzposition einstellbar sein.
- Ein zeitweiser Wechsel zwischen sitzender (am Computerplatz) und stehender Tätigkeit (z. B. an einem Schreibpult) beugt Beschwerden des Stütz- und Bewegungsapparates vor.
- Ausreichende, blendfreie Lichtverhältnisse ohne Spiegelungen, z. B. auf dem Bildschirm.
- Verwendung eines Headsets beim Telefonieren
- Angemessene Raumtemperatur und zugfreie Lüftung.

Zusätzliche, „weiche" Bedingungen wie angemessener, nicht überfordernder Arbeitsumfang, Unterbrechung der Tätigkeit durch kurze, gymnastisch aktive Pausen oder auch sportliche Aktivitäten außerhalb der Arbeitszeit dienen zur weiteren Vorbeugung arbeitsbedingter Beschwerden.

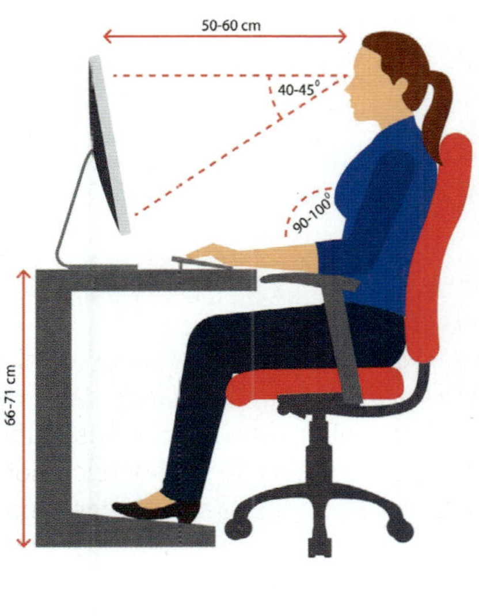

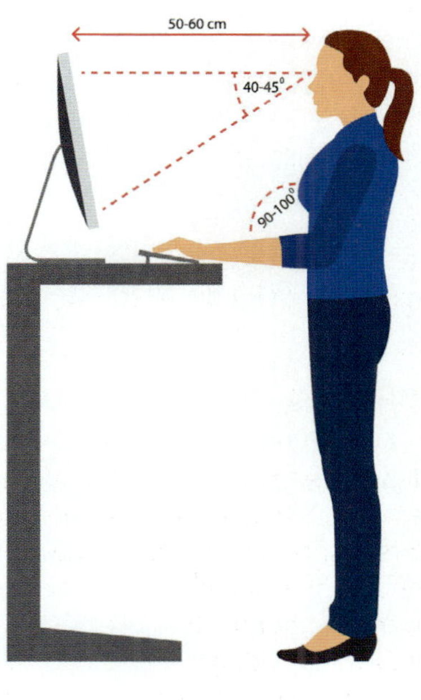

ÜBUNGSAUFGABEN

1. Mit welchen Maßnahmen (bitte drei nennen) soll die berufliche Tätigkeit von Menschen mit Schwerbehinderung gefördert werden?
2. Was versteht man unter dem Begriff „Beschäftigungsverpflichtung"?
3. Welche Institutionen wirken bei der Umsetzung der Arbeitsschutzregelungen mit?
4. a) Zählen Sie drei berufstypische Gefährdungen im Rahmen Ihrer Praxistätigkeit auf.
   b) Mit welchen Maßnahmen kann bei den von Ihnen genannten Gefährdungen eine Gesundheitsgefahr vermieden bzw. verringert werden?
5. Erstellen Sie eine Liste von in Ihrer Ausbildungspraxis verwendeten Gefahrstoffen und geben Sie an, welche Sicherheitsmaßnahmen beim Umgang mit diesen zu beachten sind.

Glossar

Duale Berufsausbildung	In den Praxen werden die berufsspezifischen Fertigkeiten und Fähigkeiten vermittelt. In der Berufsschule steht die Vermittlung der theoretischen fachlichen und allgemeinbildenden Inhalte auf der Grundlage des Rahmenlehrplans im Vordergrund.
Ausbildungsverordnung	Die Verordnung legt die inhaltliche und zeitliche Gliederung der Ausbildung fest.
Ausbildungsrahmenplan	Er beschreibt durch Lernziele die zu vermittelnden Inhalte im Rahmen der praxisbezogenen Ausbildung.
Ausbildungsplan	Für jede/n Auszubildende/n wird ein eigener Plan erstellt. In ihm werden durch genaue zeitliche Angaben die umgesetzten Lernziele dokumentiert-
Berufsbildungsgesetz	Das Berufsbildungsgesetz (BBiG) schafft die rechtlichen Rahmenbedingungen für die Berufsausbildung.
Berufsausbildungsvertrag	Zwischen der Praxis und der Auszubildenden muss vor Beginn der Ausbildung ein schriftlicher Ausbildungsvertrag abgeschlossen werden, der die vertraglichen Einzelheiten regelt.
Kündigung	Der Ausbildungsvertrag kann während der Probezeit ohne Kündigungsfrist beendet werden. Danach ist eine Kündigung nur noch eingeschränkt möglich.
Fristlose Kündigung	Eine sofortige, fristlose Kündigung des Ausbildungsvertrages ist nach der Probezeit nur aus schwerwiegendem Grund möglich.
Abmahnung	Mit einer Abmahnung wird auf einen schwerwiegenden Verstoß gegen die Ausbildungspflichten hingewiesen und eine Kündigung angedroht.

Jugendarbeitsschutzgesetz	Durch das JArbSchG sollen Kinder und Jugendliche bis zu einem Alter von 18 Jahren vor besonders belastenden Arbeitsbedingungen geschützt werden.
Mutterschutzgesetz	Das MuSchG gilt für Frauen in einem Arbeits- oder Ausbildungsverhältnis. Es soll einen Schutz der Gesundheit während der Schwangerschaft und nach der Geburt sicherstellen.
Mutterschutzfrist	Sechs Wochen vor und acht Wochen nach der Geburt wird die Schwangere bzw. Mutter von einer betrieblichen Beschäftigung freigestellt.
Elternzeit	Berufstätige Mütter und/oder Väter haben Anspruch auf die Gewährung einer beschäftigungsfreien Elternzeit bis zum dritten Geburtstag des Kindes.
Elterngeld	Eltern, die ihre Berufstätigkeit nach der Geburt eines Kindes vermindern oder ganz ruhen lassen, können einen finanziellen Ausgleich durch die Beantragung von Elterngeld erhalten.
Elterngeld Plus	Die Bezugsdauer für das Elterngeld kann bis zu 28 Monaten bei Halbierung der monatlichen Zahlung ausgedehnt werden.
Arbeitsschutz	Der Gesetzgeber hat vielfältige Bestimmungen erlassen, um die Beschäftigten vor Gesundheitsgefahren oder –schädigungen zu schützen-

4 SOZIALVERSICHERUNGEN

Situation:

Was alles so passieren kann ...

Felix Haltmann freut sich über eine gute Apfelernte, denn er ist gerade dabei, seinen großen Apfelbaum im Garten abzuernten, seine Frau hält ihm dazu die Leiter. Hast du nicht gesehen, kommt Haltmanns Katze Sprinti um die Ecke gesaust, verfolgt von Nachbars Hund Seppel. Frau Haltmann greift nach Sprinti, greift aber vorbei und fällt dadurch um. Sie hat natürlich die Leiter losgelassen, diese kommt ins Wackeln, der Obstkorb stürzt ab und mit ihm Herr Haltmann. Anscheinend mit gebrochenem Arm. Die Leiter fällt auf das Autodach des Nachbarn und hinterlässt eine Delle und Kratzspuren. Frau Haltmann hat vom Sturz nichts mitbekommen, weil sie bereits wieder aufgesprungen und den Äpfeln nachgerannt ist, die auf die Straße rollen. Sie läuft diesen nach, übersieht aber Nachbar Mühlbauer, der gerade mit seinem Fahrrad vorüberfährt, und zusammen liegen sie nun auf der Straße. Verletzt sind sie zum Glück nicht, sie sehen sich verdutzt an und Frau Haltmann fragt: „Möchten Sie ein paar von unseren guten Äpfeln?"

1. Notieren Sie, welche Schadenfälle bei der obigen Fallschilderung aufgetreten sind.
2. Welche Schadenfälle betreffen die Sozialversicherung, welche können eventuell über eine private Versicherung abgewickelt werden?
3. Welche Besonderheiten wären bei Herrn Haltmann im Rahmen der Versicherungsleistungen zu beachten, wenn er als Beschäftigter des Apfelhofs Pichel dort vom Baum gefallen wäre?

4.1 Grundlagen der sozialen Sicherung

Schon in früheren Zeiten kannte man bestimmte Formen der sozialen Absicherung bei Notfällen, Krankheit oder im Alter. Diese meist sehr geringen Leistungen wurden erbracht von der eigenen Familie, den Gemeinden, in denen man lebte, oder von Kirchen und anderen wohltätigen Institutionen. Man hatte darauf keinen Rechtsanspruch, es handelte sich um **Fürsorgeleistungen**, deren Zuteilung oft zufällig und nur auf das Notwendigste beschränkt war. Bis in die erste Hälfte des 19. Jahrhunderts war das Leben der Menschen durch bäuerliche oder handwerkliche Arbeit geprägt. In den Familien lebten und arbeiteten mehrere Generationen zusammen, jeder leistete nach seinen Möglichkeiten einen Beitrag zur Existenzsicherung. Im Alter zog man sich aufs „Altenteil" zurück und übergab in der Regel dem ältesten Sohn Landwirtschaft oder Werkstatt. Dafür erhielt man ein Wohn- und Verpflegungsrecht bis zum Lebensende. So unterstützten die Jüngeren, noch Leistungsfähigen, die Schwächeren. Dieses Solidarsystem (vom Lateinischen „solidus" = dauerhaft, fest gefügt, garantierte viele Jahrhunderte eine – wenn auch oft sehr bescheidene – soziale Absicherung.

Grundprinzipien der sozialen Sicherung

- Sicherung der grundlegenden Lebensbedingungen durch Leistungen bei Krankheit und Pflegebedürftigkeit, Arbeitslosigkeit und im Alter.
- Äquivalenzprinzip: Die Leistungen beruhen auf einer vorherigen Beitragszahlung (z. B. Rentenversicherung, Arbeitslosenversicherung) – kombiniert mit dem ...
- Solidaritätsprinzip: Die Höhe der Beitragszahlung nach der finanziellen Leistungsfähigkeit des Einzelnen, Leistungen dagegen unabhängig von der Beitragshöhe (z. B. Krankenversicherung, Pflegeversicherung)
- Arbeitnehmer:innen und Arbeitgeber:innen sind in die Beitragszahlung miteinbezogen
- Selbstverwaltungsprinzip: Mitwirkung von Versicherten und Arbeitgeber:innen bei der Gestaltung der sozialen Sicherung im Rahmen selbst verwalteter Institutionen (z. B. Arbeitslosenversicherung/Bundesagentur für Arbeit)
- gesetzlich festgelegte und einklagbare Leistungen (Sozialgesetzbuch)
- Absicherung der Leistungen durch staatliche Zuschüsse an die Versicherungsträger (z. B. Rentenversicherung)

35. Prinzipien der sozialen Sicherung

Mit der **beginnenden Industrialisierung** und verstärkten Arbeitsteilung ab der Mitte des 19. Jahrhunderts traten schwerwiegende Veränderungen ein. Große Teile der ländlichen Bevölkerung und viele Handwerker konnten mit der technischen Entwicklung nicht mithalten, sie verarmten, verließen die dörfliche Gemeinschaft und wanderten ab in die Städte, um in den dortigen Fabriken Arbeit zu suchen. Diese Trennung von Wohn- und Arbeitsort wirkte sich negativ auf die bisherige gegenseitige Hilfe und Unterstützung aus. Kinderarbeit, lange Arbeitszeiten von 12 bis 16 Stunden täglich, kein Schutz bei Kündigungen, mangelhafte Wohnverhältnisse und Hygieneeinrichtungen sowie unzureichende medizinische Versorgung trugen zur Verarmung und Verelendung der Bevölkerung bei. Eine soziale Absicherung, wie wir sie heute kennen, gab es noch nicht.

Doch es entwickelte sich eine neue Form der Solidarisierung. Arbeiter und Arbeiterinnen schlossen sich zunächst heimlich zu Gewerkschaften und politischen Bündnissen zusammen, um gemeinsam bessere Arbeitsbedingungen zu erreichen. Trotz Verboten und Gefängnisstrafen hatten die Vereinigungen einen gro-

36. Die Ausgaben für den Sozialstaat

ßen Zustrom. Genossenschaftliche und kommunale Hilfs- und Unterstützungskassen, die Vorläufer der heutigen Krankenkassen, wurden gegründet, um bei Notfällen eine Absicherung zu erreichen. Schließlich wurde der Druck dieser Arbeiterorganisationen so groß, dass die staatlichen Institutionen reagieren mussten. 1881 regte der damalige Reichskanzler Otto von Bismarck in seiner **Kaiserlichen Botschaft** die Gründung von sozialen Sicherungseinrichtungen an:

„Geben Sie dem Arbeiter das Recht auf Arbeit, solange er gesund ist, sichern Sie ihm Pflege, wenn er krank ist, sichern Sie ihm Versorgung, wenn er alt ist."

Der Grundstein für die Einrichtung von gesetzlichen Sozialversicherungen war damit gelegt. **1883** wurde das Gesetz zur Krankenversicherung erlassen, **1884** folgte die Unfallversicherung und **1889** schließlich die Invaliditäts- und Alterssicherung. Anfänglich waren diese gesetzlichen Vorschriften jedoch nur auf einen geringen Teil aller Beschäftigten beschränkt und bezogen lediglich 10 % der Gesamtbevölkerung in eine bescheidene soziale Grundsicherung ein. **1927** wurde das soziale Sicherungssystem durch die Arbeitslosenversicherung erweitert, **1995** folgte als zunächst letzte Säule der Sozialversicherungen die Pflegeversicherung. Heute sind fast 90 % der Bevölkerung in den Schutz der sozialen Sicherungssysteme einbezogen. Diese Absicherung zu erhalten, um auch für künftige Generationen soziale Sicherheit zu gewährleisten, ist eine dauerhafte Gemeinschaftsaufgabe. Durch Gesetze müssen die Regelungen der Sozialversicherung den sich wandelnden gesellschaftlichen Rahmenbedingungen angepasst werden, um die enormen Herausforderungen der Zukunft zu bewältigen. Der zunehmende Anteil älterer Menschen in der Bevölkerung, eine hche Arbeitslosigkeit oder auch hohe Kostensteigerungen im Gesundheitswesen und nicht zuletzt der mögliche Klimawandel erfordern daher umfangreiche Reformen (aktuelle Informationen z. B. über die Bundesministerien für Gesundheit sowie Arbeit und Soziales).

ÜBUNGSAUFGABEN

1. Aus welcher Notwendigkeit entstand die staatliche Sozialversicherung?
2. Wie unterscheidet sich das „Äquivalenzprinzip" vom „Solidaritätsprinzip"?
3. Gegen welche Risiken sollen die fünf Zweige der Sozialversicherung die Versicherten absichern?
4. Ermitteln Sie, welche Reformprojekte im Rahmen der Sozialversicherung derzeit diskutiert werden.

4.2 Krankenversicherung

„Hauptsache gesund", sagt man und deutet damit an, dass die Gesundheit ein äußerst wichtiges Gut des Menschen ist. **Aufgabe** der gesetzlichen Krankenversicherung ist, die versicherten Personen durch Leistungen bei Krankheit und Mutterschaft abzusichern. Darüber hinaus soll durch Vorsorgemaßnahmen die Gesundheit aller Versicherten geschützt bzw. durch Rehabilitationsmaßnahmen wiederhergestellt werden.

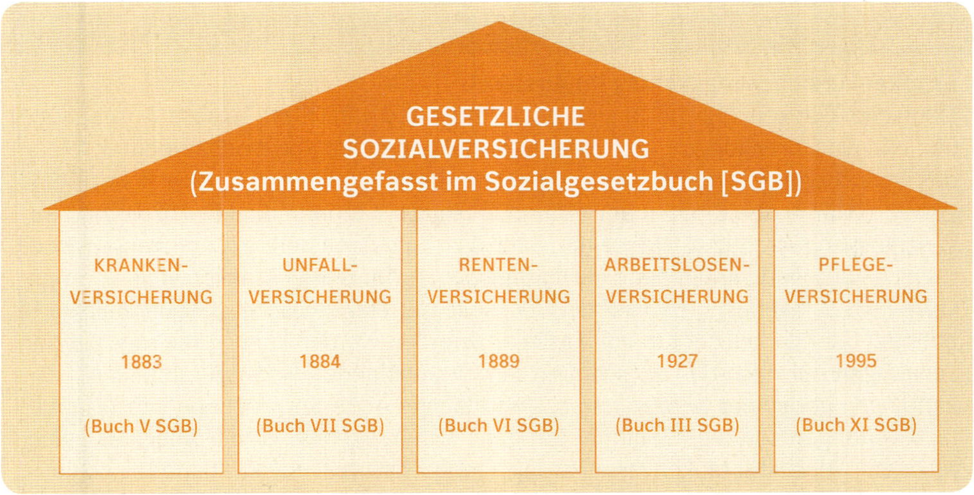

37. Fünf-Säulen-System der gesetzlichen Sozialversicherung

Ein besonderes Kennzeichen der gesetzlichen Krankenversicherung ist der „soziale Ausgleich“ unter den Mitgliedern:

- Die Beitragshöhe steigt mit dem Einkommen, die Leistungen werden jedoch für alle Versicherten gleich gewährt.
- Anders als bei der privaten Krankenversicherung spielen der Gesundheitszustand und das Krankheitsrisiko der oder des Versicherten keine Rolle bei der Beitragshöhe. Zwischen gesunden und kranken, jungen und alten Versicherten wird so ein Ausgleich geschaffen.
- Nicht berufstätige Ehepartner sowie Kinder sind beitragsfrei mitversichert („**Familienlastenausgleich**“).
- Durch beitragsfreie Leistungen bei Schwangerschaft und Mutterschaft erfolgt ein sozialer Ausgleich zwischen Männern und Frauen.

Wer ist versichert?

Waren bei Gründung der Krankenkasse lediglich Arbeiter Arbeiterinnen und Angestellte von der Versicherungspflicht erfasst worden, hat sich der Kreis der versicherten Personen bis heute auch auf andere Personengruppen erweitert.

Pflichtversicherte sind:

- **Arbeiter:innen und Angestellte,** deren Monatsverdienst unter der Versicherungspflichtgrenze liegt
- **Auszubildende**
- **Arbeitslose,** wenn sie Arbeitslosengeld I oder Arbeitslosengeld II beziehen oder Unterhaltsgeld bei Umschulung erhalten
- **Rentner:innen,** die bereits während ihrer Berufstätigkeit krankenversicherungspflichtig waren

Exkurs

Krankenversicherungsschutz im Ausland
Deutsche Krankenversicherte sind auch im Urlaub versichert – diese Aussage gilt nur mit Einschränkungen. Bei einem vorübergehenden Auslandsaufenthalt bleibt das Versicherungsverhältnis zwar bestehen, Leistungen werden aber nicht überall gewährt. Nur in den Staaten der EU und in einigen Ländern, die ein Abkommen abgeschlossen haben (z. B. Norwegen, Schweiz, Türkei), besteht ein Krankenversicherungsschutz. Dort genügt dann die Vorlage der europäischen Krankenversicherungskarte (EHIC), die sich i. d. R. auf der Rückseite der elektronischen Gesundheitskarte befindet oder die bei der Krankenkasse angefordert werden kann. Allerdings werden Leistungen nur nach den Vorschriften des Urlaubslandes erstattet, sodass mit Zuzahlungen gerechnet werden muss. Und manche Ärzte und Ärztinnen im Urlaubsland verlangen sofortige Zahlung. Um ganz sicherzugehen, ist der Abschluss einer privaten Auslandskrankenversicherung, möglichst mit Rücktransporteinschluss, sinnvoll. Ein vorheriger Preisvergleich zwischen verschiedenen Versicherungen ist wegen der großen Beitragsunterschiede ratsam.

- **Studierende** an staatlichen Hochschulen ohne oder mit nur geringem Einkommen können bis zum 25. Lebensjahr im Rahmen der Familienversicherung beitragsfrei mitversichert werden. Danach ist bis zum 30. Geburtstag die Versicherung in einer günstigen Krankenversicherung für Studierende möglich.
- **Hauptberufliche Land- und Forstwirte/-wirtinnen** und deren mitarbeitende Familienangehörige
- **Künstler:innen und Publizist:innen** (Schriftsteller:innen)
- **Menschen mit Behinderung,** die in behindertengerechten Einrichtungen beschäftigt werden

Versicherungsfreiheit besteht z. B. für Selbstständige, im Rahmen einer geringfügigen Beschäftigung (Minijob, Verdienst bis höchstens 520,00 EUR monatlich), für Beamte/Beamtinnen, Richter/Richterinnen und Soldaten/Soldatinnen oder für Arbeitnehmer und Arbeitnehmerinnen nach Überschreitung der Versicherungspflichtgrenze. Letztgenannte können jedoch freiwillig Mitglied der gesetzlichen Krankenversicherung bleiben.

Wer versichert?
Grundsätzlich ist jeder Mensch für seinen persönlichen Krankheitsschutz verantwortlich und kann dafür zwischen fast 100 gesetzlichen Krankenversicherungen auswählen. Begonnen hatte es mit Orts-, Betriebs- und Innungskrankenkassen, später kamen Sonderkrankenkassen und die Ersatzkassen hinzu.

Die **Allgemeinen Ortskrankenkassen** (AOK) waren früher die Pflichtkassen für alle Versicherten, die keiner Ersatz-, Betriebs- oder Innungskrankenkasse angehörten. An jedem Beschäftigungs- bzw. Wohnort war deshalb eine AOK vertreten. **Betriebskrankenkassen** (BKK) dagegen sind Einrichtungen regionaler Unternehmen. **Innungskrankenkassen** (IKK) erfassten die Beschäftigten bestimmter Berufszweige (z. B. Gastronomie). Die **Ersatzkassen** sind aus Selbsthilfeeinrichtungen entstanden und wurden später dem System der gesetzlichen Krankenkassen angegliedert.

Träger der gesetzlichen Krankenversicherung

Primärkassen
- Allgemeine Ortskrankenkasse (AOK)
- Betriebskrankenkassen (BKK)
- Innungskrankenkassen (IKK)
- Deutsche Rentenversicherung Knappschaft-Bahn-See (KBS)
- Sozialversicherung für Landwirtschaft, Forsten und Gartenbau (SVLFG)

Ersatzkassen
- Ersatzkassen der Angestellten (vdek)

Sonstige Kostenträger außerhalb der gesetzlichen Krankenversicherung (Auswahl)
- Gemeinde/Stadt/Kreis/Bund (Leistungen z. B. für Soldaten/Soldatinnen, Bundespolizei)
- Bundesbahn- und Postbeamtenversorgung
- Leistungen der Berufsgenossenschaften

38. Träger der gesetzlichen Krankenversicherung

Versicherungspflichtige können einer **Krankenkasse ihrer Wahl** beitreten. Wer später in eine andere Kasse wechseln will, kann dies mit einer zweimonatigen Kündigungsfrist tun. Die neu gewählte Krankenkasse übernimmt die Kündigung der vorherigen Kasse und erledigt alle dafür notwendigen Formalitäten. An die gewählte Kasse ist der oder die Versicherte dann mindestens 12 Monate gebunden. Wird ein Zusatzbeitrag eingeführt oder erhöht, besteht ein Sonderkündigungsrecht.

Beitragszahlung

Grundlage des Krankenversicherungsbeitrags sind allein die beitragspflichtigen Einnahmen (in der Regel das monatliche Bruttogehalt) der oder des Versicherten. Anders als bei einer privaten Krankenversicherung haben also z. B. der Gesundheitszustand oder die Zahl der mitversicherten Familienangehörigen keinen Einfluss auf die Beitragshöhe. Der monatliche Krankenversicherungsbeitrag beträgt einheitlich 14,6 % des Bruttoverdienstes (Stand 2022) bis maximal zur Beitragsbemessungsgrenze. Hinzu kommt noch der je nach Krankenkasse unterschiedliche Zusatzbeitrag (durchschnittlich ca. 1,3 %). Der so berechnete Gesamtbeitrag wird zwischen Arbeitnehmer:in und Arbeitgeber:in aufgeteilt (je 1/2). Der Arbeitnehmerbetrag wird vom Gehalt abgezogen und zusammen mit dem Arbeitgeberanteil an die Krankenkasse überwiesen (vgl. Abb. 39).

Rentnerinnen und Rentner erhalten einen Zuschuss ihres Rentenversicherungsträgers und bei Arbeitslosengeld II übernimmt der Bund den Beitrag.

Beitragsbemessungsgrenze

Die von der Bundesregierung jährlich aufgrund der allgemeinen Einkommensentwicklung neu festgelegte Beitragsbemessungsgrenze (BBG) für die Krankenversicherung bestimmt, bis zu welcher Höhe das jährliche/monatliche Arbeitseinkommen beitragspflichtig ist. Übersteigt das Arbeitsentgelt diese Grenze, müssen für den darüber hinausgehenden Betrag keine Krankenversicherungsbeiträge mehr gezahlt werden.

BEISPIEL

Die angestellte Ärztin Dr. Kaiser hat ein Bruttoeinkommen von monatlich 5500,00 EUR. Die festgelegte BBG beträgt z. B. 4900,00 EUR. Von diesem Betrag wird ihr Krankenversicherungsbeitrag berechnet. Die Differenz bis 5500,00 EUR, also 600,00 EUR, bleibt bei der Kranken- und Pflegeversicherung beitragsfrei.

Auch für die Renten- und Arbeitslosenversicherung gilt eine, allerdings höhere, Beitragsbemessungsgrenze, bei deren Überschreitung keine Beitragssteigerung mehr eintritt. 75 % dieses jährlich von der Bundesregierung festgelegten Höchstbetrags bildet die **Versicherungspflichtgrenze** bei der Krankenversicherung. Arbeitnehmende, deren Bruttoeinkommen diese Grenze überschreitet, können sich freiwillig in ihrer bisherigen Krankenkasse weiterversichern oder aber zum Jahresende in eine private Krankenversicherung wechseln. Allerdings ist dann eine Rückkehr in die gesetzliche Krankenkasse nur noch schwer möglich.

Sozialversicherungsbeiträge (Beispiel, berechnet mit einem Gesamt-Sozialversicherungsbeitrag von 1 043,00 EUR)						
	Angestellte/r (Arbeitnehmer/in, AN)		**Arzt/Ärztin (Arbeitgeber/in, AG)**		**Gesamtbeitrag**	
Beitragsart	**Beitrag**	**Summe**	**Beitrag**	**Summe**	**Summe AN + AG**	**Empfangsstellen**
Krankenversicherung (KV)	190,00 €		190,00 €			
Zusatzbeitrag KV	12,00 €		12,00 €			
Gesamtbeitrag KV		202,00 €		202,00 €	404,00 €	Krankenversicherung
Pflegeversicherung (PV)	40,00 €		40,00 €			
Zusatzbeitrag PV	7,00 €					
Gesamtbeitrag PV		47,00 €		40,00 €	87,00 €	Pflegeversicherung
Rentenversicherung (RV)		242,00 €		242,00 €	484,00 €	Deutsche Rentenversicherung Bund
Arbeitslosenversicherung (AV)		34,00 €		34,00 €	68,00 €	Bundesagentur für Arbeit
Gesamtbeitrag	AN-Anteil (Abzug vom Bruttogehalt)	525,00 €	AG-Anteil	518,00 €	**1 043,00 €**	Die Krankenversicherung erhält diesen Beitrag und verteilt ihn an die einzelnen Empfangsstellen.

39. Beispiel: Verteilung der Sozialversicherungsbeiträge

BEISPIEL

Die Versicherungspflichtgrenze für die GKV beträgt z. B. 5400,00 EUR. Frau Dr. Kaiser (siehe Beispiel Seite 84) könnte demnach in eine private Krankenkasse wechseln.

Leistungen der Krankenversicherung

Grundsätzlich haben alle Versicherten einer Krankenkasse Anspruch auf die gesetzlich vorgesehenen Leistungen. Rund 95 % der Leistungen sind solche **Pflichtleistungen.** Freiwillige Leistungen sind z. B. im Bereich der alternativen Heilmethoden, bei Vorsorgemaßnahmen, Schutzimpfungen oder Kuren denkbar. Der einzelnen Krankenkasse ist freigestellt, ob bzw. in welcher Höhe sie solche freiwilligen Leistungen übernimmt.

Die Versicherten haben die **freie Wahl** unter den zugelassenen Kassenärzten/-Kassenärztinnen und Zahnärzten/Zahnärztinnen. Versicherte können so den Arzt oder die Ärztin ihres Vertrauens finden. Ein Arztwechsel innerhalb des Quartals soll aber nur aus wichtigem Grund erfolgen, z. B. bei einer Störung des Vertrauensverhältnisses. Auch bei einem Krankenhausaufenthalt können Versicherte grundsätzlich das Krankenhaus selbst wählen, allerdings muss es für die Behandlung gesetzlich Versicherter zugelassen sein. Innerhalb des Krankenhauses besteht jedoch kein Anspruch auf Behandlung durch bestimmte Fachkräfte (z. B. Chefarzt/Chefärztin).

Alle Versicherten, also auch mitversicherte Familienmitglieder, erhalten von ihrer Krankenkasse eine **elektronische Gesundheitskarte (eGK)** als Berechtigungsausweis zur Beanspruchung von Krankenkassenleistungen (vgl. Seite 382 ff). Bei Behandlungsbeginn und am Quartalsanfang muss diese Karte in der Praxis vorgelegt werden. Sie verfügt über einen Chip, auf dem umfangreiche Informationen gespeichert werden können. Neben den persönlichen Angaben wie Name, Anschrift, Geburtsdatum und Geschlecht enthält sie Informationen zur Krankenversicherung, also Krankenkasse, Versichertenstatus und Krankenversichertennummer. Die Angaben können über ein Lesegerät sichtbar gemacht werden. Als zusätzliches Sicherheitsmerkmal ist auf der eGK bis auf wenige Ausnahmen (z. B. bei Kindern/Jugendlichen unter 15 Jahren) ein Lichtbild des oder der Versicherten angebracht. Ein Abgleich mit der Person, die die Karte vorlegt, unterstützt die Identitätsprüfung und hilft, Verwechslungen und die ungerechtfertigte Beanspruchung von Leistungen zu vermeiden. Bestehen bei der Kartenprüfung größere Unstimmigkeiten über die tatsächliche Identität oder wird die Karte bei einem Arztbesuch nicht vorgelegt, ist der Arzt berechtigt, die Behandlung und Verordnungen auf Privatrezept vorzunehmen, die dann vom Patienten oder der Patientin selbst gezahlt werden müssen. Eine Rückzahlung muss erfolgen, wenn der oder die Behandelte einen gültigen Berechtigungsnachweis bis zum Quartalsende nachreicht.

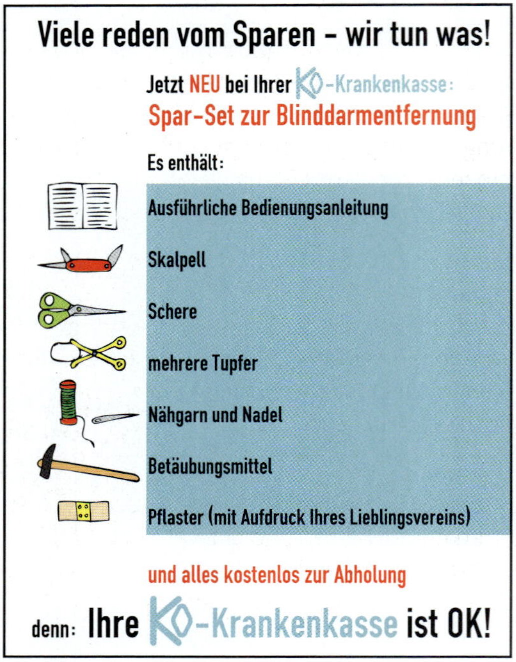

40. Maßnahme zur Kostensenkung?

In mehreren Stufen sollen die Voraussetzungen dafür geschaffen werden, dass umfangreiche medizinische

Informationen, wie z. B. Behandlungs- und Notfalldaten oder ein Medikationsplan, auf der eGK gespeichert werden können. Die Inhalte dieser **elektronische Patientenakte** sollen dabei schrittweise weiter ausgebaut werden. Dann wird auch die Speicherung und Verwaltung eines Impfausweises, des Mutterpasses oder Zahnbonusheftes möglich. Über eine App könnten Versicherte darüber hinaus E-Rezepte bei der Apotheke einlösen oder Facharzt-Überweisungen erhalten. Gesetzliche Regelungen zu den verschiedenen Anwendungen sowie datenschutzrechtliche Bestimmungen sind im Patientendaten-Schutz-Gesetz (PDSG) enthalten. Versicherte sollen dann aber selbst entscheiden, ob und in welchem Umfang ihre Gesundheitsdaten abgespeichert werden.

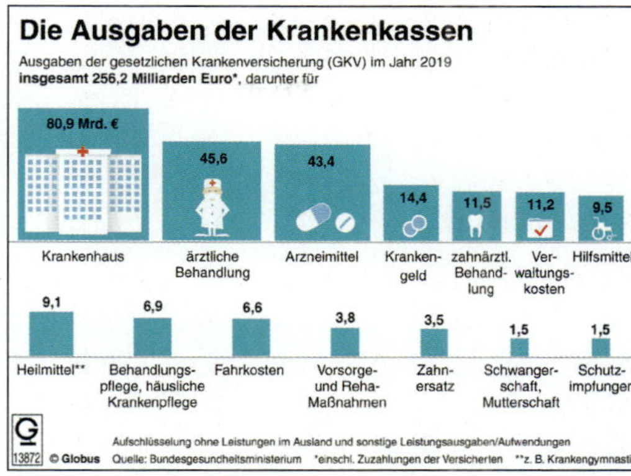

41. Die Kosten der Gesundheit

Die Kartenrückseite der eGK kann für die „Europäische Krankenversicherungskarte“ verwendet werden, die eine ärztliche/zahnärztliche Behandlung innerhalb der EU vereinfachen soll (vgl. Exkurs Seite 82).

Grundsätzliche Aufgabe der gesetzlichen Krankenkassen ist es, die Gesundheit die Versicherten zu erhalten, wiederherzustellen oder ihren Gesundheitszustand zu verbessern. Die Versicherten sollen dabei selbst durch eine gesundheitsbewusste Lebensführung, rechtzeitige Vorsorgemaßnahmen und eine aktive Mitwirkung beim Genesungsprozess zur Vermeidung und Heilung von Krankheiten eigenverantwortlich beitragen. Die Versicherten haben Anspruch auf folgende **Pflichtleistungen**:

Maßnahmen zur Verhütung und Früherkennung von Krankheiten. Neben der allgemeinen Beratung und Aufklärung über Gesundheitsgefahren trägt die Krankenkasse durch teilweise Übernahme der Kosten für Vorsorgekuren und alle wichtigen Schutzimpfungen zur Verhütung von Krankheiten bei. Auch vorbeugende Zahnbehandlungen dienen diesem Zweck. Durch **Maßnahmen der Früherkennung** sollen Krankheiten noch vor Ausbruch erkannt und verhindert bzw. deren Folgen gelindert werden:

- Früherkennungsuntersuchungen bei Kindern von der Geburt an bis etwa zum 6. Lebensjahr (U1 bis U9) sollen angeborene oder erworbene Erkrankungen möglichst früh erkennen lassen und eine normale körperliche und geistige Entwicklung ermöglichen. Ärztlich empfohlen, aber nicht von allen Krankenkassen bezahlt, werden zusätzlich die U10 (mit sieben bis acht Jahren) und die U11 (mit neun bis zehn Jahren). Den Ab-

42. Der Gesundheitsfonds

schluss bilden die „Pubertätsuntersuchung“ (J1) im Alter von 12–14 Jahren und als letzte Vorsorgeuntersuchung die J2 für Jugendliche von 16–17 Jahren.

- Regelmäßige Krebsfrüherkennungsuntersuchungen für Frauen ab dem 20. und Männer ab dem 35. Lebensjahr.
- Zwischen dem 18. und 34. Lebensjahr besteht ein einmaliger Anspruch auf eine ärztliche Gesundheitsuntersuchung. Ab dem 35. Lebensjahr alle drei Jahre Untersuchung („Check up“) auf Herz-, Kreislauf- und Nierenkrankheiten sowie auf Diabetes (Zuckerkrankheit).
- Untersuchung auf Zahn-, Mund- und Kieferkrankheiten bei Kindern und Jugendlichen bis 18 Jahre (FU 1–3 zwischen dem dritten und sechsten Lebensjahr, danach einmal je Kalenderhalbjahr empfohlen) zur Einschätzung des Kariesrisikos mit Mundhygiene-Beratung und Prophylaxe-Motivation. Ab dem 18. Lebensjahr einmal je Kalenderhalbjahr eine Zahnvorsorge-Untersuchung. Bei mindestens jährlicher Kontrolluntersuchung und Eintragung in ein **Bonusheft** werden Bonusprozente gewährt, die bei später notwendig werdendem Zahnersatz ggf. einen höheren Kostenzuschuss für die Kassenleistung garantieren.
- Regelimpfungen für Säuglinge, Kinder und Jugendliche (z. B. Diphtherie, Tetanus, Poliomyelitis/Kinderlähmung).
- Vorsorgeuntersuchungen während der Schwangerschaft einschließlich Beratungen durch Ärztin/Arzt und Hebamme/Entbindungspfleger (z. B. Ultraschalldiagnostik, serologische Untersuchungen auf Infektionen).

Exkurs

Der Gesundheitsfonds

Im Gesundheitsfonds werden die Beitragseinnahmen aller Krankenkassen und sonstigen Einzugsstellen (z. B. Rentenversicherung) sowie der Bundeszuschuss gesammelt. Die Krankenkassen/Einzugsstellen überweisen dafür die einbehaltenen Krankenversicherungsbeiträge, die bundeseinheitlich mit 14,6 % vom Bruttoverdienst berechnet werden (Stand 2022). AG und AN zahlen davon jeweils die Hälfte (vgl. Seite 85). Zusätzlich zahlt der Bund aus Steuermitteln rund 20 Milliarden EUR jährlich als Ausgleich für „versicherungsfremde Leistungen", wie z. B. Mutterschaftsgeld oder die beitragsfreie Mitversicherung von Familienangehörigen (Bundeszuschuss).
Sämtliche Zahlungen werden zunächst in einem **Gesundheitsfonds** gesammelt, der vom Bundesversicherungsamt verwaltet wird. Aus diesem Topf erhält dann die einzelne Krankenkasse für jede/n Versicherte/n einen bestimmten **monatlichen Pauschalbetrag**. Dieser richtet sich nach dem Alter, Geschlecht und Krankheitsrisiko ihrer Beitragszahler. Krankenkassen mit vielen alten oder kranken Mitgliedern erhalten also eine höhere Pauschale („Risikostrukturausgleich"). Mit diesem Geld müssen dann sämtliche Kassenleistungen bestritten werden. Reicht das Geld nicht, kann die jeweilige Krankenkasse von ihren Versicherten einen Zusatzbeitrag erheben. Bei Ankündigung oder Änderung des Zusatzbeitrags besteht allerdings ein Sonderkündigungsrecht, Versicherte können dann kurzfristig zu einer günstigeren Krankenkasse wechseln.

Schwerpunkte der Kassenaufgaben sind die **Leistungen der Krankenbehandlung:**

- **Ärztliche Behandlung** durch einen Haus- oder Facharzt bzw. eine Haus- oder Fachärztin nach den Regeln der ärztlichen Kunst. Die Versicherten haben die freie Auswahl unter den Ärztinnen und Ärzten, die an der vertragsärztlichen Versorgung teilnehmen.
- **Psychotherapeutische Behandlung** durch zugelassene ärztliche oder nicht ärztliche Psychotherapeut:innen sowie Kinder- und Jugendpsychotherapeuten ohne vorherige Konsultation eines anderen Arztes oder einer Ärztin.
- **Zahnärztliche Behandlung** einschließlich der kieferorthopädischen Versorgung bei bestimmten medizinisch begründeten Indikationen (z. B. Zahnspangen).
- Bei medizinisch notwendigem **Zahnersatz** (Brücken, Kronen und Prothesen sowie implantatgestützter Zahnersatz) übernimmt die Krankenkasse einen Zuschuss. Grundlage ist ein Heil- und Kostenplan für die Behandlung beim Zahnarzt oder der Zahnärztin. Die Krankenkasse übernimmt i. d. R. 60 % des befundorientierten Festbetrages, bei nachgewiesenem regelmäßigen Zahnarztbesuch (Bonusheft) sind bis zu 70 % beziehungsweise 75 % möglich.
- Ärztlich verordnete apothekenpflichtige **Arzneimittel** sowie **Verbandmittel.** Für nicht verschreibungspflichtige Arzneimittel (Bagatellmittel, z. B. gegen Erkältungskrankheiten) erfolgt keine Kostenübernahme, in medizinisch notwendigen Fällen sind Ausnahmen möglich. Zuzahlungen (Eigenanteil) müssen übernommen werden (siehe nachfolgende Tabelle.)
- Medizinisch erforderliche **Heilmittel** wie ärztlich verordnete Krankengymnastik, Massagen, Stimm- oder Sprachtherapie mit Kostenselbstbeteiligung des/der Versicherten.

Exkurs

Krankenkasse für Tiere – gibt's das?
Egal, ob der Hund „Bengal vom weißen Stein" oder der Kater schlicht „Felix" heißt, vor dem Tierarzt oder der Tierärztin sind beide gleich. Doch dort kann es teuer werden: Bis 200,00 EUR pro Jahr sollten Tierhalter:innen schon für Impfungen oder Krankheitskosten einplanen. Kann man so was nicht versichern? Man kann! Einige Versicherungsgesellschaften bieten ab ca. 20,00 EUR monatlich Versicherungen für Hunde oder Katzen an, allerdings mit zum Teil erheblichen Einschränkungen. Nur jüngere Tiere werden versichert, bezahlt wird meist nur der einfache Gebührensatz (obwohl Tierärzte und Tierärztinnen in der Regel mehr berechnen) und Kosten für Medikamente sowie Impfungen werden oft nur teilweise übernommen. Außerdem spielt die Rasse des Tieres eine große Rolle. Deshalb: Versicherungsbedingungen und Preise vergleichen!

- Für **Hilfsmittel,** wie z. B. Hörhilfen, Körperersatzstücke und orthopädische Hilfsmittel, kommt die Krankenkasse auf, wenn sie einer drohenden Behinderung vorbeugen oder eine bestehende Behinderung ausgleichen. Brillengläser werden nur noch für Kinder und Jugendliche bis zum 18. Lebensjahr oder bei stark sehbeeinträchtigten Erwachsenen übernommen. Auch bei Hilfsmitteln gelten Zuzahlungsregeln.
- **Häusliche Krankenpflege** durch geeignete Pflegekräfte aufgrund einer von der Krankenkasse genehmigten ärztlichen Verordnung wird bis max. vier Wochen übernommen, wenn die zu pflegende Person sich nicht selbst versorgen kann und auch keine andere Person im Haushalt zur Verfügung steht. Durch die häusliche Pflege soll eine längere stationäre Krankenhausbehandlung vermieden oder verkürzt werden. Die ärztliche Versorgung ist so im Haushalt durchführbar. Eine Zuzahlung der Versicherten ist auch hier vorgesehen.
- **Haushaltshilfe** wird gezahlt, wenn z. B. bei einem Krankenhausaufenthalt der/des Versicherten ein im Haushalt lebendes Kind unter 12 Jahren versorgt werden muss und eine andere im Haushalt lebende Person nicht vorhanden ist.
- Übernahme **stationärer Krankenhausbehandlung** in einem zugelassenen Krankenhaus aufgrund einer ärztlichen Einweisung
- **Hospiz- und Palliativversorgung** soll unheilbar Kranken in der letzten Lebensphase ein menschenwürdiges Leben bis zum Tod ermöglichen. Die Kosten einer entsprechenden Versorgung und Pflege zu Hause oder in stationären Hospiz-Einrichtungen werden weitgehend übernommen.
- Helfen ambulante Vorsorge- oder **Rehabilitationsmaßnahmen** nicht, kann eine stationäre Kurbehandlung in einer Kur- oder Rehabilitationseinrichtung gewährt werden. Der behandelnde Arzt oder die Ärztin bescheinigt die Notwendigkeit der Kurmaßnahme und die Krankenkasse erteilt die Genehmigung zur Durchführung. Der medizinische Dienst kann vorab gehört werden. Eine Kurmaßnahme ist zunächst auf drei Wochen beschränkt und wird im Normalfall nur alle vier Jahre gewährt.
- **Krankengeld** erhalten arbeitsunfähige Versicherte in der Regel nach dem Ende der Entgeltfortzahlung durch den Arbeitgeber/die Arbeitgeberin (sechs Wochen ab Krankheitsbeginn). Es beträgt 70 % des vorherigen beitragspflichtigen Bruttogehalts, begrenzt

Zuzahlungen für Krankenkassenleistungen	
Krankenkassenleistung	**Zuzahlung/Eigenbeteiligung**
Arznei- und Verbandmittel	10 % des Preises, mind. 5,00 EUR, max. 10,00 EUR pro Arzneimittel Ausnahme: zuschlagsfreie bzw. -ermäßigte Medikamente
Heilmittel (z. B. Massagen, Krankengymnastik), Häusliche Krankenpflege	10 % der Kosten zuzüglich 10,00 EUR je Verordnung (= Rezeptblatt)
Hilfsmittel (z. B. Hörgerät, Rollstuhl, Inkontinenzmaterial)	10 % pro Hilfsmittel, mind. 5,00 EUR, max. 10,00 EUR, bei Verbrauchsmitteln max. 10,00 EUR/Monat
Stationäre Rehabilitation	10,00 EUR pro Tag, begrenzt auf 28 Tage (bei Anschlussrehabilitation)
Stationäre Krankenhausbehandlung	10,00 EUR pro Tag, max. 28 Tage pro Kalenderjahr
Zahnersatz	Befundorientierter Festzuschuss zu den Behandlungskosten. Bonusprozente bei regelmäßigem Zahnarztbesuch (Eintragungen ins Bonusheft). Zuschuss zu den Kosten der Regelversorgung zwischen 60 % und 75 %.
Kieferorthopädische Behandlung (bis 18 J.)	20 % Eigenanteil beim ersten Kind, 10 % ab dem zweiten Kind. Der Eigenanteil wird bei erfolgreichem Behandlungsabschluss von der Krankenkasse erstattet.

43. Zuzahlungen für Krankenkassenleistungen

aber auf 90 % des Nettoentgelts. Bei derselben Krankheit ist das Krankengeld nach dem Auslaufen der Entgeltfortzahlung auf 72 Wochen innerhalb von drei Jahren begrenzt. Versicherte haben auch Anspruch auf **„Kinderkrankengeld"**, wenn bei der Erkrankung eines Kindes unter 12 Jahren aufgrund eines ärztlichen Attests eine Pflege notwendig ist und deshalb der normalen Erwerbstätigkeit nicht nachgegangen werden kann. Weitere Bedingung ist, dass keine andere im Haushalt lebende Person (z. B. der nicht erwerbstätige Vater) die Betreuung und Pflege übernehmen kann. Die Bezugsdauer des Krankengelds beträgt pro Kind und berufstätigem Elternteil maximal 10 Arbeitstage pro Kalenderjahr, bei Alleinerziehenden 20 Arbeitstage. Bei mehr als zwei Kindern gilt jedoch eine Höchstdauer von maximal 25 bzw. 50 Arbeitstagen je Kalenderjahr.

Leistungen bei Schwangerschaft und Mutterschaft: Die Versicherte erhält kostenlose ärztliche Betreuung einschließlich der Vorsorgeuntersuchungen und Entbindungskosten, Hebammenhilfe vor, während und nach der Geburt sowie stationäre Pflege und im

Bedarfsfall auch häusliche Krankenpflege/Haushaltshilfe. Für Berufstätige wird außerdem Mutterschaftsgeld gezahlt (vgl. Seite 66).

„Richtlinien zur Empfängnisregelung und zum Schwangerschaftsabbruch“: Ärztliche Beratungen über Fragen der Empfängnisregelung einschließlich der Untersuchungen. Versorgung mit empfängnisverhütenden Mitteln bei Frauen bis zum 22. Lebensjahr aufgrund ärztlicher Verordnung. Außerdem übernehmen die Krankenkassen die Kosten eines nicht rechtswidrigen Schwangerschaftsabbruchs bzw. einer medizinisch notwendigen Sterilisation. Übernommen werden auch die Kosten einer Impfung gegen Gebärmutterhalskrebs/HPV-Impfung zwischen dem 9. und 14. Lebensjahr für Mädchen und Jungen.

Leistungen zur künstlichen Befruchtung: Bei verheirateten Frauen zwischen 25 und 40 Jahren (der Partner darf höchstens 50 Jahre alt sein) beteiligt sich die Krankenkasse mit 50 % an den Kosten für höchstens drei Erfolg versprechende Versuche einer künstlichen Befruchtung. Einige Krankenkassen übernehmen höhere Zuschüsse als freiwillige Leistung.

Zuzahlungen und Befreiungsmöglichkeiten

Immer weiter ansteigende Leistungsausgaben haben die Frage aufgeworfen, ob jede Gesundheitsleistung stets kostenlos sein muss oder ob man nicht die Patienten in gewissem Umfang an den Kosten beteiligen kann. Auch unnötige Verschreibungen oder Heilmaßnahmen sollten vermieden werden. Aus diesem Grund wurden viele Leistungen mit **Zuzahlungen** verknüpft. Zuzahlungen sind auf konkrete ärztliche Leistungen im Einzelfall beschränkt (vgl. Abb. 43). Grundsätzlich von Zuzahlungen befreit sind Kinder und Jugendliche bis zum 18. Lebensjahr. Danach ist eine Beteiligung in Höhe von 10 % der Kosten, allerdings maximal 10,00 EUR, mindestens aber 5,00 EUR je Leistung zu entrichten. Liegen die Kosten z. B. bei einem Medikament unter 5,00 EUR, muss nur dieser tatsächliche Preis gezahlt werden. Bei dauernden medizinischen Leistungen, wie z. B. Krankenhausaufenthalt oder häuslicher Krankenpflege, ist die Zuzahlungsdauer auf 28 Tage/Kalenderjahr beschränkt. Einige Leistungen werden nur noch in besonderen Ausnahmefällen (z. B. Fahrt zur ambulanten Dialyse) übernommen, eine Zuzahlungspflicht gibt es jedoch auch hier.

Bei benötigtem **Zahnersatz** übernimmt die Krankenkasse einen Zuschuss zu den Kosten einer Regelversorgung, also der Behandlung ohne besondere Extraleistungen, von 60 %. Bei regelmäßigen Zahnarztbesuchen und ordnungsgemäßer Eintragung in ein **Bonusheft** erhöht sich die Kostenzuzahlung bis auf 75 %.

Bei hohen jährlichen Zuzahlungsbelastungen gilt eine **Belastungsgrenze** in Höhe von 2 % des jährlichen Bruttoeinkommens, bei schwerwiegend chronisch Erkrankten beträgt diese Grenze 1 %. Sobald diese Belastungsgrenze erreicht ist, müssen keine Zuzahlungen mehr im verbleibenden Kalenderjahr geleistet werden. Zum Erhalt einer Zuzahlungsbefreiung muss der/die Versicherte bei der Krankenkasse einen Antrag stellen, dem entsprechende Quittungen über die bisher geleisteten Zuzahlungen beizufügen sind.

Viele Krankenkassen haben ein **Bonus- oder Vorteilsprogramm** zusätzlich zum Zahnvorsorgebonus eingeführt. Die Teilnahme an Vorsorge- oder Präventionsmaßnahmen (z. B. Krebsfrüherkennung – Sportkurse) belohnen die Kassen mit Geldprämien oder kostenlosen zusätzlichen Gesundheitsleistungen, wie z. B. professionelle Zahnreinigung oder Zuschüsse zur Mitgliedschaft im Fitness-Studio. Hierzu müssen sich Versicherte jährlich zur Nutzung des Bonusprogramms anmelden und Nachweise über die Teilnahme an den entsprechenden Gesundheitsleistungen einreichen.

ÜBUNGSAUFGABEN

1. Beschreiben Sie, was unter dem Begriff „sozialer Ausgleich bei der Krankenversicherung" zu verstehen ist.
2. Nennen Sie drei Personengruppen, die in der gesetzlichen Krankenversicherung pflichtversichert sind.
3. a) Welcher gesetzlichen Krankenkasse kann man beitreten?
   b) Wie ist ein Krankenkassenwechsel möglich?
4. a) Woraus errechnet sich die Höhe des monatlichen Krankenkassenbeitrags?
   b) Was ist der Krankenkassen-Zusatzbeitrag?
   c) Wie und mit wem wird der Krankenkassenbeitrag abgerechnet?
5. Was besagt der Begriff „Beitragsbemessungsgrenze"?
6. Welche Aufgabe hat der Gesundheitsfonds?
7. Ein Patient fragt Sie nach der Funktion der elektronischen Gesundheitskarte. Stellen Sie in Stichworten zusammen, wie diese Frage kurz und verständlich beantwortet werden könnte.
8. Stellen Sie in Tabellenform vier Pflichtleistungen der Krankenkassen mit einer jeweils zusammenfassenden Kurzbeschreibung der Leistung dar.
9. Welche Zuzahlungen sind jeweils zu leisten bei
   a) Arznei- und Verbandmitteln,
   b) stationärer Krankenhausbehandlung,
   c) Zahnersatzleistungen?
10. a) Was ist das „Bonusheft" und welche Bedeutung hat es im Rahmen der Zahnbehandlungskosten?
    b) Welche Besonderheit gibt es bei der kieferorthopädischen Behandlung von Patientinnen und Patienten bis zum Alter von 18 Jahren?
11. Karolin ist Alleinerziehende und hat eine 8-jährige Tochter. Aufgrund einer ansteckenden Viruserkrankung ist diese 7 Tage „krankgeschrieben" und darf die Schule nicht besuchen. Welche besondere Leistung kann Karolin bei ihrer Krankenkasse beantragen und welche Bedingungen müssen dazu erfüllt sein?

4.3 Pflegeversicherung

Die Einführung der **Pflegeversicherung** erwies sich als notwendig, weil immer mehr Menschen so schwer erkrankten, dass sie ihre täglichen Verrichtungen nicht mehr selbst erledigen konnten. Sie waren auf Hilfe angewiesen.

Ursachen dieser Entwicklung sind vor allem die gestiegene Lebenserwartung und der wachsende Anteil alter Menschen an der Gesamtbevölkerung. Wenn Menschen pfle-

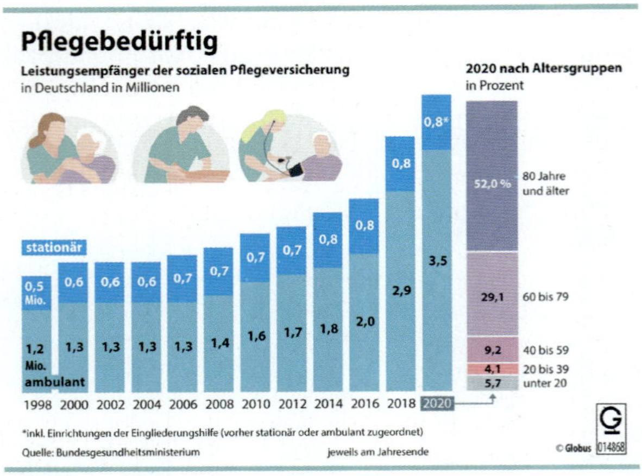

44. Die gesetzliche Pflegeversicherung

gebedürftig wurden, hatten sie früher meist nur die Wahl zwischen einem Platz im Altersheim mit Pflegebetreuung und der Pflege zu Hause durch Angehörige. Beide Möglichkeiten hatten ihre Nachteile: Pflegeplätze im Altersheim waren teuer, sodass viele Pflegebedürftige zu Sozialhilfeempfänger:innn wurden. Eine Pflege zu Hause musste fast immer durch Angehörige übernommen werden, die dafür nicht ausgebildet und mit dieser Aufgabe zusätzlich zu Beruf und Familie oft überfordert waren. Häufig musste die eigene Berufstätigkeit eingeschränkt oder aufgegeben werden. Daher sollten durch die 1995 eingeführte **Pflegeversicherung** Menschen finanziell abgesichert werden, die ihre täglichen lebensnotwendigen Verrichtungen aufgrund einer körperlichen, geistigen oder seelischen Krankheit oder Behinderung nicht mehr bewältigen können. Körperliche, geistige und seelische Einschränkungen werden dabei gleich behandelt.

Wenn die folgenden **Krankheiten/Behinderungen** mindestens sechs Monate andauern, können Leistungen der Pflegeversicherung beantragt werden:

- Verluste, Lähmungen oder andere Funktionsstörungen am Stütz- und Bewegungsapparat.

> **BEISPIEL**
> Halbseitige Lähmung nach Schlaganfall oder Multiple Sklerose im fortgeschrittenen Stadium

- Funktionsstörungen der inneren Organe oder der Sinnesorgane

> **BEISPIEL**
> Schwere Herzerkrankungen, Blindheit, Taubheit

- Störungen des Zentralnervensystems wie Gedächtnis- oder Orientierungsstörungen sowie Neurosen oder geistige Behinderungen einschließlich Einschränkungen der Alltagsbewältigung z. B. durch Demenz/Alzheimerkrankheit.

> **BEISPIEL**
> Demenzielle Erkrankungen (Alzheimer) oder geistige Behinderung nach einer Hirnquetschung

Auch bei der Pflegeversicherung findet ein sozialer Ausgleich statt:

- Die Beiträge richten sich allein nach der Verdiensthöhe. Die Leistungen dagegen sind für alle gleich und nur abhängig von der Pflegebedürftigkeit.
- Familienangehörige ohne Einkommen sind beitragsfrei mitversichert.
- Der Gesundheitszustand bzw. das Risiko, später selbst pflegebedürftig zu werden, spielt für die Beitragshöhe keine Rolle.

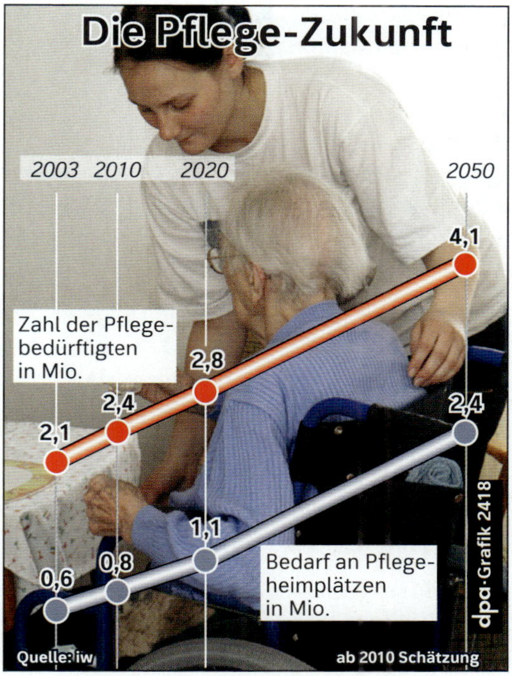

45. Die Entwicklung der Pflegeversicherung

Wer versichert?

Die Pflegeversicherung ist als sogenannte fünfte Säule ein eigenständiger Zweig der Sozialversicherungen. Träger sind die **Pflegekassen**. Sie sind als eigenständiger Teil den gesetzlichen und den privaten Krankenkassen angegliedert.

Wer ist versichert?

Grundsätzlich gilt: Wer krankenversichert ist, muss auch pflegeversichert sein. Die Mitgliedschaft kann entweder in gesetzlichen oder privaten Pflegekassen erfolgen:

- **Pflichtmitglieder per Gesetz:** Mitglieder einer gesetzlichen Krankenversicherung sind automatisch über ihre Krankenkasse in der sozialen Pflegeversicherung versichert.
- **Freiwillig Versicherte** der gesetzlichen Krankenversicherung können entweder über ihre Krankenversicherung in der sozialen Pflegeversicherung bleiben oder sie schließen mit einer privaten Pflegeversicherung einen gleichwertigen Vertrag ab.
- **Privat Krankenversicherte** sind verpflichtet, eine private Pflegeversicherung abzuschließen. Die Leistungen entsprechen dabei denen der sozialen Pflegeversicherung.
- Auch **Beamte/Beamtinnen** müssen eine private Pflegeversicherung abschließen, die die Beihilfeansprüche ergänzt.

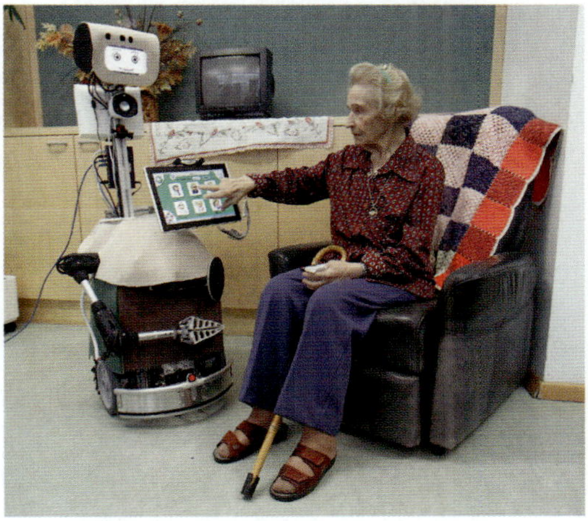

46. Die Zukunft der Pflege?

Durch die Beitragszahlung erwerben die Versicherten einen Rechtsanspruch auf Hilfe im Falle einer späteren Pflegebedürftigkeit.

Die Kinder und der Ehepartner bzw. die Ehepartnerin sind in der sozialen Pflegeversicherung beitragsfrei mitversichert, wenn sie kein eigenes Einkommen haben oder dieses nur sehr gering ist.

Beitragszahlung

Durch die **Berücksichtigung der Kindererziehung** im Rahmen der Beitragshöhe der Pflegeversicherung ergeben sich unterschiedliche Beitragssätze bei kinderlosen Arbeitnehmern/Arbeitnehmerinnen und Rentnern/Rentnerinnen:

Der normale Beitragssatz zur Pflegeversicherung beträgt 3,05 % (Stand 2022) des Bruttogehalts bis maximal zur Höhe der Beitragsbemessungsgrenze (vgl. Seite 84). Arbeitgeber:in und Arbeitnehmer:in übernehmen davon jeweils die Hälfte (= 1,525 %). Als Ausgleich für die Beitragsbeteiligung der Arbeitgeber Arbeitgeberinnen wurde bei Einführung der Pflegeversicherung der Buß- und Bettag als gesetzlicher Feiertag abgeschafft. In Sachsen, wo kein Feiertag gestrichen wurde, übernehmen die Arbeitgeber/Arbeitgeberinnen als Ausgleich deshalb nur einen geringeren Beitragsanteil. Den gesetzlichen Beitragssatz zahlen alle Versicherungspflichtigen unter 23 Jahren sowie Beitragspflichtige, die zwischen 23 Jahren und dem Renteneintrittsalter sind und **Kinder** haben oder hatten.

Kinderlose Versicherungspflichtige zwischen 23 Jahren und dem Renteneintritt zahlen zusätzlich zum normalen Beitrag einen alleine zu übernehmenden **Beitragszuschlag** von 0,35 % vom Bruttoverdienst.

Rentner/Rentnerinnen zahlen den vollen Beitragssatz alleine. Der zusätzliche Versicherungsbeitrag für Kinderlose gilt allerdings nur für diejenigen, die ab dem 01.01.1940 geboren sind.

Die Beiträge zur **privaten Pflegeversicherung** sind unabhängig vom Einkommen. Sie richten sich nach dem Lebensalter und dem Gesundheitszustand bei Vertragsbeginn. Obergrenze ist dabei aber der Höchstbeitrag der sozialen Pflegeversicherung. Wie dort gibt es eine beitragsfreie Mitversicherung von Kindern, Ehepartner bzw. Ehepartnerin müssen sich jedoch eigenständig versichern.

Welche Leistungen übernimmt die Pflegekasse?

Die Leistungen der sozialen Pflegeversicherung (geregelt in den Vorschriften des Sozialgesetzbuchs XI) richten sich nach dem jeweiligen **Pflegegrad** und danach, ob jemand häuslich-ambulant oder stationär gepflegt werden muss. Ziel ist nach dem Grundsatz „häusliche Pflege vor stationärer Pflege“, dass Pflegebedürftige so lange wie möglich in der vertrauten häuslichen Umgebung oder einer ambulant betreuten Wohngruppe leben und versorgt werden können.

Die ambulante Pflege: Die meisten Pflegebedürftigen werden zu Hause versorgt, meist von Angehörigen. Pflegezuschüsse sollen die häusliche Pflege verbessern und die Pflegenden entlasten. Die Pflegebedürftigen können zwischen folgenden Möglichkeiten wählen:

- Eine **ambulante Geldleistung** (Pflegegeld) ist abhängig vom Pflegegrad (vgl. Abb. 50). Dieser muss mindestens die Stufe 2 erreichen. Der Pflegebedürftige kann damit seine Pflege selbst organisieren, z. B. durch Angehörige oder Bekannte.

- **Sachleistungen** werden gewährt für die Inanspruchnahme eines ambulanten Pflegedienstes.
- Auch eine **Kombination aus Sachleistung und ambulanter Geldleistung** ist möglich.

Begutachtungsverfahren

Beurteilt werden in einem von der Pflegekasse beauftragtem Gutachten folgende Bereiche:

1. **Mobilität** = körperliche Beweglichkeit, Treppensteigen usw.
2. **Kognitive und kommunikative Fähigkeiten** = örtliche und zeitliche Orientierung, Reden, Verstehen usw.
3. **Verhaltensweisen und psychische Problemlagen** = nächtliche Unruhe, Verweigerung von Pflegemaßnahmen, aggressives Verhalten, Angstzustände usw.
4. **Selbstversorgung** = Körperpflege, essen und trinken, Toilettennutzung usw.
5. **Bewältigung** von und selbstständiger Umgang mit krankheits- oder therapiebedingten **Anforderungen und Belastungen** = selbstständige Medikamenteneinnahme, Messungen vornehmen, Rollatornutzung usw.
6. **Gestaltung des Alltagslebens und sozialer Kontakte** = Selbstständige Gestaltung des Tagesablaufs, Kontaktpflege usw.

47. Begutachtungsverfahren Pflege

Leistungsbeträge (in EUR, Stand 2022)			
Pflegegrad	**Ambulante Geldleistung (häusliches Pflegegeld)**	**Ambulante Sachleistung (Pflegedienstleistungen)**	**Stationäre Geldleistung (Vollzeitpflege)**
1	125,00	–	125,00
2	316,00	724,00	770,00
3	545,00	1 363,00	1 262,00
4	728,00	1 693,00	1 775,00
5	901,00	2 095,00	2 005,00

48. Leistungsbeträge (pro Monat)

Exkurs

Patientenverfügung und Vorsorgevollmacht

Wenn Menschen krank oder pflegebedürftig sind, können sie normalerweise meist selbst über ihre Behandlung bzw. Pflege entscheiden. Voraussetzung dafür ist, dass sie bei klarem Bewusstsein sind, von Ärztinnen oder Ärzten über ihre Krankheit, deren Heilungschancen und mögliche Nebenwirkungen einer Therapie aufgeklärt wurden. Ärzte und Ärztinnen müssen die Wünsche der Patientin oder des Patienten respektieren, d. h., sie dürfen sie oder ihn z. B. nicht gegen den eigenen Willen operieren oder mit allen medizinisch möglichen Mitteln ein Leben verlängern, wenn der oder die Betroffene dies selbst nicht wünscht.

Anders sieht die Situation aus, wenn eine Patientin oder ein Patient nicht mehr in der Lage ist, den eigenen Willen zu erklären. Ein solcher Zustand kann ganz plötzlich auftreten und auch junge Menschen treffen, z. B. durch die Folgen eines Schlaganfalls, Bewusstlosigkeit oder ein länger andauerndes Koma. In diesem Fall sind die behandelnden Ärztinnen und Ärzte auf den mutmaßlichen Willen der betroffenen Person angewiesen. Im akuten Notfall müssen sie sofort entscheiden und im Sinne der Patientin oder des Patienten handeln (vgl. auch: Geschäftsführung ohne Auftrag, Seite 187).

Bei länger andauernder Entscheidungsunfähigkeit der Patientin oder des Patienten können Behandelnde den mutmaßlichen Willen durch Befragung von Angehörigen erkunden. Aber auch hier besteht eine gewisse Unsicherheit, denn Arzt oder Ärztin müssen sich z. B. Fragen stellen („In welchem Verhältnis stehen die Angehörigen zur Patientin oder zum Patienten?" – „Erbt jemand ein größeres Vermögen?") und auch davon ihre Entscheidung über Art und Umfang der Behandlung abhängig machen.

Um diese Unsicherheit für den Fall der Fälle überhaupt nicht erst aufkommen zu lassen, bietet es sich an, eine Patientenverfügung zu verfassen. Sie könnte z. B. folgende Punkte enthalten:

- Eine Erklärung, dass die Person auf lebensverlängernde Maßnahmen verzichtet und nicht zwangsernährt werden will, wenn nach medizinischem Ermessen keine Aussicht auf Wiederherstellung der Gesundheit oder ein Erwachen aus dem Koma besteht. Die Umstände für einen Verzicht müssen dabei genau beschrieben werden.
- Die Forderung, dass die Person alle Medikamente bekommen soll, die von Schmerzen befreien, auch wenn sie möglicherweise das Leben verkürzen oder abhängig machen, wie z. B. Morphium.
- Die Erklärung, dass sich die Person im Vollbesitz ihrer geistigen Kräfte befindet und die Patientenverfügung unter sorgfältiger Abwägung getroffen hat.

Für eine **Patientenverfügung** ist zwar keine gesetzliche Form vorgeschrieben, aber sie sollte handschriftlich aufgesetzt, eigenhändig unterschrieben und die Unterschrift notariell beglaubigt werden. Wem dieser Aufwand zu groß ist, kann die Unterschrift auch von Zeuginnen oder Zeugen, z. B. Hausarzt oder Hausärztin, bestätigen lassen. Da die Patientenverfügung möglicherweise im Bedarfsfall den behandelnden Ärztinnen und Ärzten von anderen Menschen überbracht werden muss, sollten Personen des Vertrauens wissen, wo das Schriftstück zu finden ist.

Eine **Vorsorgevollmacht** ist immer dann nötig, wenn jemand selbst entscheiden möchte, wer im Bedarfsfall die eigenen Geschäfte führt. Damit wird man eine Vertrauensperson bevollmächtigt. Diese Vollmacht kann sich auf alle Entscheidungsbereiche (**Generalvollmacht**) erstrecken, sie kann aber auch auf ganz bestimmte Entscheidungen eingeschränkt werden (eingeschränkte Vollmacht). Es gibt keine gesetzliche Vorschrift, in welcher Form sie abgefasst werden muss. Sie sollte aber gerichtlich oder in einem Notariat beglaubigt worden sein. Nur so ist sichergestellt, dass die Vollmacht später problemlos anerkannt wird.

Ohne Vollmacht entscheiden nicht automatisch die nächsten Angehörigen (Ehepartner:in, Kinder) für die betroffene Person, sondern es wird ein offizielles Betreuungsverfahren eingeleitet. An dessen Ende ernennt dann ein Gericht ggf. eine Betreuungsperson.

Saskia Langner
Stralsunder Straße 133
60323 Frankfurt

Frankfurt, 30. Januar ..

Vorsorge- und Generalvollmacht

Nachstehend von mir erteilte Vollmacht soll dann gelten, wenn ich daran gehindert bin, für mich selbst zu sorgen bzw. zu entscheiden.
Ich bevollmächtige hiermit
Herrn Carlo Langner
Stralsunder Straße 133
60323 Frankfurt
mich in folgenden Angelegenheiten zu vertreten:

1. meine Gesundheitsfürsorge wahrzunehmen,
2. meinen Aufenthaltsort zu bestimmen,
3. sämtliche Rechtsgeschäfte zu führen,
4. über mein gesamtes Vermögen zu verfügen.

Diese Vollmacht ist über meinen Tod hinaus gültig.

Saskia Langner

(Saskia Langner)

Stempel und
Unterschrift Notariat
(Unterschriftsbe-
glaubigung)

Muster einer Vorsorgevollmacht (zusätzliche Informationen über www.bmjv.de)

Die vollstationäre Pflege: Wenn eine Heimunterbringung aufgrund des Gesundheitszustandes oder der persönlichen Verhältnisse notwendig ist, werden Zuschüsse zur Grundpflege, zur sozialen Betreuung und medizinischen Pflege bis zu den entsprechenden Höchstbeträgen gezahlt (vgl. Abb. 48). Darüber hinausgehende Kosten muss die Pflegeperson als Eigenanteil übernehmen und selbst zahlen. Eine Deckelung und prozentuale Übernahme dieses Eigenanteils durch die Pflegekasse ist vorgesehen. Die Kosten der Unterkunft und Verpflegung sowie einen Investitionszuschuss im Heim müssen Versicherte allerdings selbst tragen.

Teilstationäre Pflege und Kurzzeitpflege

Auch bei teilweiser Betreuung in Einrichtungen der Tages- oder Nachtpflege oder bei der vorübergehenden Unterbringung in der Kurzzeitpflege leistet die Pflegversicherung im Rahmen bestimmter Höchstbeträge.

Leistungen werden nur auf **Antrag** von der zuständigen **Pflegekasse** übernommen. Diese beauftragt zunächst den **medizinischen Dienst** der Krankenversicherung (MDK) oder andere zugelassene Begutachtende, über den Gesundheitszustand der Pflegeperson ein Gutachten zu erstellen. Es wird geprüft, ob eine Pflegebedürftigkeit vorliegt und in welchen der 5 Pflegegrade der Antragsteller einzuordnen ist.

Zur Einordnung in die verschiedenen Pflegegrade wird in einem Begutachtungsverfahren ermittelt, wie weit die Selbstständigkeit und die Fähigkeiten einer Person eingeschränkt sind. Dazu werden die möglichen Aktivitäten in sechs pflegewichtigen Bereichen beurteilt (vgl. Abb. 49). Hier fließen sowohl die körperlichen als auch die geistig-psychischen Beeinträchtigungen mit ein.

Die einzelnen Bereiche (Module) werden anschließend gewichtet (z. B. Selbstversorgung mit 40 %, Mobilität mit 10 % usw.). Als Ergebnis der Gesamtbewertung erfolgt abschließend die Zuordnung in einen **Pflegegrad**.

Wenn Pflegebedürftige das ihnen zustehende Pflegegeld in Anspruch nehmen und sich für die häusliche Pflege durch eine Privatperson entscheiden, gelten zusätzlich für diese folgende Regelungen (Voraussetzung sind allerdings mindestens 14 Stunden Betreuung pro Woche):

- Bei Verhinderung der Pflegeperson (z. B. Urlaub oder Krankheit) übernimmt die Pflegekasse für längstens 6 Wochen jährlich die Kosten für eine Ersatzpflegekraft, wenn mindestens Pflegegrad 2 vorliegt.
- Die private Pflegeperson ist im Rahmen ihrer Pflegetätigkeit beitragsfrei in der gesetzlichen Unfallversicherung versichert.
- Für die private Pflegeperson werden je nach Stufen der Pflegetätigkeit Beiträge in die gesetzliche Rentenversicherung eingezahlt.
- Bei Berufsaufgabe und Übernahme der Pflege zahlt die Pflegekasse die Beiträge zur Arbeitslosenversicherung weiter.

Neben Pflegegeld und Sachleistungen übernimmt die Pflegekasse Kosten für zum einmaligen Verbrauch bestimmte Hilfsmittel, wie z. B. Desinfektionsmittel, Handschuhe, bis 60,00 EUR monatlich. Für länger verwendbare technische Hilfsmittel (z. B. Pflegebett, Rollstuhl) muss eine Zuzahlung übernommen werden. Zuschüsse zum pflegebedingten Umbau der Wohnung können beantragt werden und kostenlose Pflegekurse zur Schulung von Angehörigen oder ehrenamtlichen Pflegepersonen werden angeboten.

ÜBUNGSAUFGABEN

1. Aus welchen Gründen wurde die Pflegeversicherung eingeführt?
2. Wer ist Träger der Pflegeversicherung?
3. Welche Personen sind in der Pflegeversicherung versicherungspflichtig?
4. Wie ist die Beitragszahlung geregelt?
5. Die TFA Helene Kaminsky, 25 Jahre alt, kinderlos, hat ein Bruttoeinkommen von 2 250,00 EUR. Berechnen Sie den monatlichen Pflegeversicherungsbeitrag, der von ihrem Gehalt abgezogen wird.
6. Beschreiben Sie das Verfahren zur Einordnung in einen bestimmten Pflegegrad.
7. Wovon ist die Höhe der übernommenen Pflegeleistung abhängig?
8. Herr Malster hat den Pflegegrad 3 und wird zu Hause von seiner Ehefrau gepflegt. Welche Leistungen gewährt die Pflegeversicherung in diesem Fall?

4.4 Arbeitslosenversicherung

Keine Arbeit zu finden oder die Arbeit unverschuldet zu verlieren – das Gefühl, nicht gebraucht zu werden, ist für viele Menschen eine schwere Belastung. Hinzu kommen die wirtschaftlichen Probleme. Für die meisten Menschen bedeutet der „Verkauf“ ihrer Arbeitskraft die wichtigste Einkunftsquelle, da sie nicht über ein entsprechendes Geld- oder Sachvermögen verfügen, um damit allein ihren Lebensunterhalt zu bestreiten. Die Arbeitslosenversicherung hat die Aufgabe übernommen, für eine gewisse finanzielle Absicherung beim Verlust des Arbeitsplatzes zu sorgen. Im Vordergrund steht jedoch die Verhütung und Beseitigung von Arbeitslosigkeit, um auf einen möglichst hohen Beschäftigungsstand zu kommen.

Arbeitsförderung heißt dieses oberste Ziel, zu dessen Erreichen eine ganze Reihe von Maßnahmen zur Verfügung stehen, die im **Sozialgesetzbuch – 3. Buch (SGB III)** geregelt sind (vgl. Abb. 50).

Der Schwerpunkt liegt auf vorbeugenden Maßnahmen, die Arbeitslosigkeit verhindern sollen oder die Betroffenen zumindest in die Lage versetzen können, rechtzeitig auf eine sich verändernde Arbeitswelt zu reagieren.

Durch eine aktive Arbeitsmarktpolitik mit Weiterbildungsmaßnahmen und Umschulungen ist es gelungen, die Arbeitslosigkeit zu reduzieren. Während sich für ausgebildete Fachkräfte gute Beschäftigungsmöglichkeiten ergeben, haben gering qualifizierte allerdings oft schlechtere Vermittlungschancen.

Wer ist versichert?

Die Arbeitslosenversicherung kennt nur **Pflichtversicherte.** Eine freiwillige Mitgliedschaft oder eine Befreiung von der Versicherungspflicht ist im Unterschied zu anderen Sozialversicherungszweigen kaum möglich. Versicherungspflichtig sind alle gegen Entgelt beschäftigten Arbeiter/Arbeiterinnen und Angestellten sowie die Auszubildenden.

Nicht in die Arbeitslosenversicherung einbezogen sind Selbstständige, Beamte/Beamtinnen, Richter/Richterinnen und Berufssoldaten/-soldatinnen, Arbeitnehmer/Arbeitnehmerinnen über 65 Jahre, Schüler/Schülerinnen, Studiernde und geringfügig Beschäftigte (Minijobber).

Wer versichert?

Für die Erfüllung der vielfältigen Aufgaben nach dem Arbeitsförderungsgesetz ist die **Bundesagentur für Arbeit (BA)** mit Hauptsitz in Nürnberg zuständig (www.arbeitsagentur.de). Zur Berücksichtigung regionaler Besonderheiten und um einen engen Kontakt mit den Versicherten und Leistungsempfängern zu gewährleisten, sind der Bundesagentur Regionaldirektionen für Arbeit und örtliche Agenturen für Arbeit untergeordnet.

Die Bundesagentur für Arbeit ist eine Körperschaft des öffentlichen Rechts, die sich selbst verwaltet. Sie untersteht der Aufsicht des Bundesministeriums für Arbeit und Soziales.

Beitragszahlung

Der Beitrag zur Arbeitslosenversicherung wird nach der Höhe des Bruttoarbeitsverdienstes berechnet. Obergrenze ist die für den Berechnungszeitraum geltende Beitragsbemessungsgrenze. Der Beitragssatz wird per Gesetz festgelegt, er beträgt 2,4% in 2022, Arbeitgeber/Arbeitgeberin und Arbeitnehmer/Arbeitnehmerin tragen jeweils die Hälfte des Beitrags.

Bedingt durch hohe Arbeitslosigkeit kann der Fall eintreten, dass die Ausgaben der Bundesagentur nicht vollständig durch Beitragseinnahmen abgedeckt werden können. In dieser Situation hat der Bund durch Zuschüsse oder Darlehen die auftretenden Finanzierungslücken zu schließen.

Exkurs

„Wir bedauern, Ihnen mitteilen zu müssen [...]“

Zwischen 20 und 100 Bewerbungen haben sie bereits geschrieben, die 15 Schüler und Schülerinnen der einjährigen Höheren Handelsschule. Für sie ist es eine Verlegenheitslösung, jetzt erneut zur Schule zu gehen. Alle haben vor Abschluss der zehnten Realschulklasse, ihre Bewerbungen abgeschickt – oft vergeblich. Für Natalie ist es die erste, für Marco die dritte „Warteschleife“ nach Berufsgrundbildungsjahr und Berufsfachschule, immer wieder mit der Hoffnung, dass es die letzte sein wird, bevor sie endlich eine Ausbildungs- oder Arbeitsstelle antreten können.

Jeder höflich formulierte Brief aus einer Personalabteilung „... leider haben wir uns für einen anderen Bewerber entschieden“ ist für die jungen Menschen eine Niederlage, eine Kränkung. Denn für sie bestehen diese freundlich-kühlen Briefe nur aus einem Satz: Du nicht! Um dabei unverletzt zu bleiben, muss ein Mensch ein solides Selbstbewusstsein haben. Lehrer, Lehrerinnen und Eltern machen nicht noch zusätzlich Druck, sondern versuchen zu trösten: Es liegt nicht an dir, du bist nicht schlechter als die anderen, die Absage ist nicht persönlich gemeint. Alle Umfragen kommen zum gleichen Ergebnis: Arbeit hat für Jugendliche einen hohen Stellenwert. Logisch! Was fragen wir denn, wenn wir einander kennenlernen? Wir fragen zuerst danach, was jemand beruflich macht. Durch unser Werteraster fällt, wer keine Arbeit hat. Wer den Aufstieg nicht schafft, weil nicht einmal der Einstieg geklappt hat.

Wird einer Generation verweigert, sich über die Arbeit zu Menschen mit Selbstwertgefühl zu entwickeln, ist deren Desinteresse an Staat und Politik nicht verwunderlich. Was können einzelne Jugendliche noch tun? Welche Maßnahmen sollten Gesellschaft und Staat ergreifen?

Welche Leistungen übernimmt die Bundesagentur für Arbeit?

Die Bundesagentur für Arbeit hat alle Aufgaben zu erfüllen, die sich aus der Arbeitsförderung und Arbeitslosenversicherung ergeben.

Maßnahmen der **Arbeitsförderung** geben Hilfestellungen bei der Arbeitssuche und Berufsfindung. Folgende Maßnahmen werden angeboten:

- **Berufsberatung.** Jugendliche und Erwachsene erhalten Informationen zur Berufswahl oder bei Berufswechsel. Die Beratung ist individuell auf Ratsuchende zugeschnitten und umfasst Ausbildungs- und Entwicklungsmöglichkeiten in den verschiedenen Berufen. Auch die Durchführung von Eignungstests und die Vermittlung von Ausbildungsstellen wird angeboten.
- **Arbeitsvermittlung.** Bei drohender oder bereits eingetretener Arbeitslosigkeit wird über die regionale Agentur für Arbeit die Vermittlung eines neuen, angemessenen Arbeitsplatzes versucht. Nach Absprache mit der Agentur kann auch die Einschaltung privater Arbeitsvermittlungen vereinbart werden.
- **Förderung der beruflichen Bildung.** Durch berufliche Fortbildung oder Umschulung in einen anderen Beruf soll dem Arbeitnehmer oder der Arbeitnehmerin eine Anpassung an sich ändernde Arbeitsbedingungen erleichtert und ermöglicht werden. Durch bessere Berufsqualifizierung werden die Vermittlungschancen erhöht.
  Zur Förderung der beruflichen Ausbildung können Auszubildende, die außerhalb des Haushalts der Eltern wohnen, eine monatlich zu zahlende **Berufsausbildungsbeihilfe** erhalten. Anspruch besteht aber nur dann, wenn die eigene Ausbildungsvergütung und das Elterneinkommen bestimmte Freibeträge nicht übersteigen.

49. Berufliche Rehabilitation

- **Förderung der Arbeitsaufnahme.** Auch die Suche nach einem neuen Arbeitsplatz kann viel Geld kosten. Daher erhalten Arbeitssuchende für diesen Zweck Zuschüsse, wenn sie die Kosten selbst nicht tragen können. Leistungen erhalten Berufsanwärter und Berufsanwärterinnen, Arbeitslose oder von Arbeitslosigkeit bedrohte Personen (z. B. keine Übernahme nach der Berufsausbildung). Die örtliche Agentur für Arbeit gewährt in diesen Fällen **Zuschüsse** (Mobilitätshilfen), z. B. zu Bewerbungskosten, Reisekosten oder Umzugskosten. Arbeitgeber/Arbeitgeberinnen können finanzielle Hilfen beantragen, wenn sie Arbeitslose einstellen (Eingliederungszuschüsse).
- **Berufliche Rehabilitation.** Durch gezielte Förderung von Menschen mit körperlicher oder geistiger Behinderung mittels Aus- und Fortbildung oder Umschulung soll eine berufliche Eingliederung oder ein Erhalt des Arbeitsplatzes trotz Krankheit oder Behinderung erreicht werden. Arbeitgeber oder Arbeitgeberin können Ausbildungszuschüsse beantragen und erhalten finanzielle Mittel für Behindertenwerkstätten.

Im Rahmen der **Arbeitslosenversicherung** steht die Sicherung von Arbeitsplätzen und die finanzielle Absicherung der Arbeitslosen im Vordergrund. Folgende, vor allem finanzielle Leistungen werden gewährt:

Arbeitslosengeld I

Der Wechsel eines Arbeitsplatzes gehört heute zu den normalen Ereignissen während eines Berufslebens. Probleme können aber dann auftauchen, wenn die Trennung von der gewohnten Arbeit zwangsweise erfolgt, z. B. aufgrund von Betriebsschließungen oder allgemein schlechter Wirtschaftslage.

Arbeitslosigkeit kann dann schnell zum finanziellen und sozialen Abstieg führen. Durch die Zahlung von Arbeitslosengeld sollen diese Folgen gemildert werden. Es beträgt für Arbeitslose mit mindestens einem Kind 67 %, für die übrigen 60 % des Leistungsentgelts, was in etwa dem früheren Nettoverdienst entspricht.

Leistungen erhält jeder, der sich durch seine Beitragszahlung einen Anspruch erworben und bestimmte Voraussetzungen (vgl. Abb. 52) erfüllt hat. Eine Prüfung der Bedürftigkeit erfolgt nicht; der Antragsteller oder die Antragstellerin muss also keine Angaben zur eigenen finanziellen Situation machen. Arbeitslosigkeit liegt dann vor, wenn ein Arbeitnehmer oder eine Arbeitnehmerin vorübergehend ohne Arbeitsmöglichkeit ist. Er oder sie muss bereit und in der Lage sein, eine längere Beschäftigung auszuüben. Jede zumutbare Arbeit ist anzunehmen. Welche Tätigkeit zumutbar ist, muss im Einzelfall festgestellt werden. Berücksichtigt wird z. B. die bisherige berufliche Tätigkeit und die allgemeinen persönlichen Verhältnisse.

BEISPIEL

Unzumutbar ist die Beschäftigung einer Angestellten als Akkordarbeiterin am Fließband bei entsprechend gesundheitlichen Einschränkungen oder eine Arbeit, bei der die Gehaltszahlung geringer ist als das Arbeitslosengeld. Zumutbar dagegen ist z. B. eine Beschäftigung, bei der sich der tägliche Arbeitsweg um 20 auf dann 60 Minuten verlängert. Tägliche Pendelzeiten zwischen Wohnung und Arbeitsplatz von bis zu 2,5 Stunden sind im Einzelfall noch zumutbar.

Wie lange Arbeitslosengeld gezahlt wird, ist abhängig von der Beschäftigungsdauer vor der Arbeitslosmeldung und vom Alter. Mindestens sechs, höchstens zwölf Monate sind die Regel. Ältere Arbeitslose ab 50 Jahren mit längeren Beschäftigungszeiten haben je nach Alter Anspruch auf Arbeitslosengeld zwischen 15 und 24 Monaten. Hat der oder die Versicherte die Arbeitslosigkeit selbst verschuldet (z. B. durch eigene Kündigung oder mangelhaftes Arbeitsverhalten), nimmt jemand eine zumutbare Tätigkeit nicht an oder kommt den sonstigen Pflichten nicht nach (z. B. regelmäßige Vorsprache bei der regionalen Arbeitsagentur), kann das Arbeitslosengeld bis zu zwölf Wochen **gesperrt** werden.

Leistungen zur Erhaltung und Schaffung von Arbeitsplätzen

Bei vorübergehendem Arbeitsausfall im Beschäftigungsbetrieb (z. B. wegen Absatzschwierigkeiten) erhalten die dort Beschäftigten ein **Kurzarbeitergeld,** wenn sie nicht mehr voll ausgelastet werden können. Dadurch sollen betriebsbedingte Kündigungen vermieden werden. Dem Kurzarbeitergeld ähnlich ist das **Saison-Kurzarbeitergeld**. Es wird für Beschäftigte in der Baubranche gezahlt, wenn witterungsbedingt Mehraufwendungen entstehen oder ein erheblicher Arbeitsausfall aufgrund des Wetters unvermeidbar ist.

Für schwer vermittelbare Arbeitnehmer und Arbeitnehmerinnen (z. B. Langzeitarbeitslose, jüngere Arbeitslose ohne Berufsausbildung) kann die Bundesagentur für Arbeit bei der Schaffung zusätzlicher Arbeitsplätze für diesen Personenkreis Arbeitgebern oder Arbeitgeberinnen einen Zuschuss zu den anfallenden Lohn-/Gehaltskosten gewähren.

Insolvenzgeld

Stellt der Betrieb die Lohn-/Gehaltszahlungen wegen Zahlungsunfähigkeit ein, erhalten die Beschäftigten für den ausgefallenen Arbeitsverdienst ein Insolvenzgeld in Höhe des Nettogehalts. Es wird für höchstens drei Monate gezahlt.

Arbeitslosengeld II

Mit einer einheitlichen **Grundsicherung** für Arbeitssuchende durch das Arbeitslosengeld II (auch „Hartz IV" genannt) soll die Aufnahme einer Erwerbstätigkeit umfassend unterstützt und gefördert werden. Die Leistungsgewährung erfolgt nach dem Prinzip „Fördern und Fordern", Leistungsbeziehende müssen daher aktiv an der Eingliederung in den Arbeitsmarkt mitwirken. Leistungen erhalten Personen zwischen dem 15. und 65. bzw. 67. Lebensjahr, je nach dem gesetzlichen Renteneintrittsalter. Sie müssen erwerbsfähig und hilfebedürftig sein und in Deutschland leben. Erwerbsfähigkeit bedeutet, dass jemand mindestens drei Stunden täglich einer Beschäftigung nachgehen kann. Personen, die diese Voraussetzung nicht erfüllen, müssen Sozialhilfeleistungen beantragen. Hilfebedürftig ist, wer seinen Lebensunterhalt nicht selbst mit eigenen Mitteln sichern kann. Leben weitere Personen im Haushalt (z. B. Ehe- oder Lebenspartner/-partnerinnen, minderjährige

Arbeitsförderung	Arbeitslosenversicherung I	
	Sicherung von Arbeitsplätzen	Leistungen an Arbeitslose
• Arbeitsmarkt- und Berufsforschung • Berufs- und Ausbildungsberatung • Arbeitsvermittlung • Förderung der beruflichen Bildung: Berufliche Ausbildung, Fortbildung und Umschulung • Förderung der Arbeitsaufnahme • Arbeits- und Berufsförderung von Menschen mit Behinderung (berufliche Rehabilitation)	• Kurzarbeitergeld • Förderung der ganzjährigen Beschäftigung in der Bauwirtschaft (z. B. Saison-Kurzarbeitergeld) • Maßnahmen zur Beschäftigung schwer vermittelbarer Arbeitnehmer und Arbeitnehmerinnen	• Arbeitslosengeld I • Insolvenzgeld • Zahlungen zur gesetzlichen Kranken- und Rentenversicherung der Leistungsempfangenden

50. Aufgaben der BA nach dem SGB III

Kinder), werden diese zu einer **Bedarfsgemeinschaft** zusammengefasst und erhalten bei Bedürftigkeit gleichfalls finanzielle Leistungen (Sozialgeld). Allerdings wird erzieltes Einkommen (z. B. Berufstätigkeit des Ehepartners/der Ehepartnerin) und ein Teil des Vermögens angerechnet. Deckt z. B. das Arbeitseinkommen des Partners/der Partnerin den vom Gesetz vorgegebenen Bedarf, erhalten erwerbslose Antragsteller bzw. Antragstellerinnen kein Arbeitslosengeld II.

Zuständig für die Beantragung von Arbeitslosengeld II ist normalerweise die regionale Agentur für Arbeit. Sie betreut in der Regel auch die Antragstellenden. Mit persönlicher Ansprache wird die Suche nach einer Erwerbstätigkeit durch begleitende Maßnahmen und ergänzende Hilfen unterstützt (z. B. Schulungen, Bewerbertraining, Kinderbetreuung). Werden zumutbare Beschäftigungsmöglichkeiten oder Eingliederungsmaßnahmen angeboten,

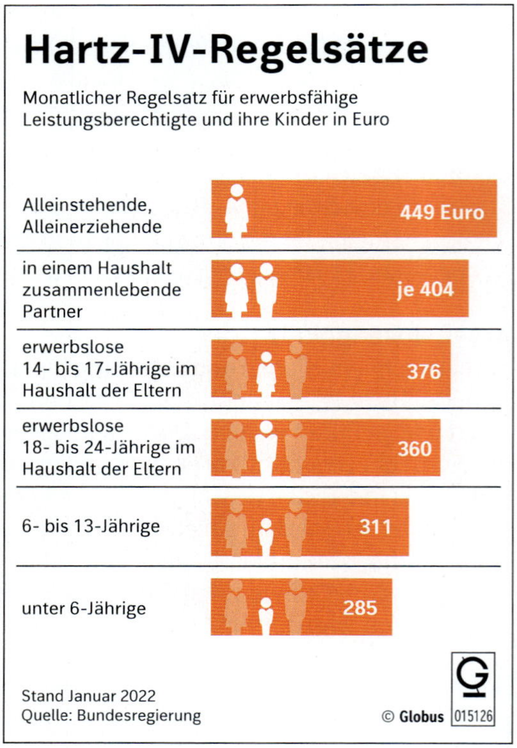

51. Das Arbeitslosengeld II

Arbeitslosengeld erhält, wer ...

arbeitslos ist
(d. h. wer in keinem Beschäftigungsverhältnis steht und bereit ist, eine Arbeit aufzunehmen)

der Arbeitsvermittlung zur Verfügung steht
(d. h. täglich einsetzbar ist und – von Ausnahmen abgesehen – eine volle Stelle sucht)

die Anwartschaftszeit erfüllt hat
(d. h. in den letzten 30 Monaten vor der Arbeitslosmeldung mindestens 12 Monate versicherungspflichtig beschäftigt war)

sich persönlich bei der Agentur für Arbeit arbeitslos gemeldet hat
(Leistungen werden erst ab dem Tag der Arbeitslosmeldung gezahlt. Beachten: Sofort melden, wenn das Arbeitsverhältnis **gekündigt** wurde.)

das Arbeitslosengeld beantragt hat
(d. h. das entsprechende Formular ausgefüllt oder online beantragt hat)

52. Wer erhält Arbeitslosengeld?

so müssen diese angenommen werden. Die Ablehnung zumutbarer Arbeit oder andere Pflichtverletzungen führen zu einer Kürzung des Arbeitslosengeldes II.

Zur Sicherung des Lebensunterhalts erhalten Erwerbslose Arbeitslosengeld II („Hartz IV") als **Regelbedarf**. Dieser ist unabhängig vom bisherigen Einkommen und wird pauschal nach Familienstand und Alter gezahlt (siehe Abb. 53 Seite 100). Ergänzend gibt es für Kinder und Jugendliche Zuschüsse für Schulmaterial und -ausflüge sowie für Mittagessen in Kindertagesstätten und Schulen. Die Regelbedarfe werden angepasst, wenn sich die Lebenshaltungskosten und die Nettolöhne verändern. Daneben gibt es **Mehrbedarf-Zahlungen**, z. B. für werdende Mütter, Alleinerziehende oder behinderte Erwerbsfähige. Zusätzlich zum Arbeitslosengeld II werden die Aufwendungen für Unterkunft und Heizung übernommen, wenn die Wohnungsgröße angemessen ist und der Mietpreis den örtlichen Bedingungen entspricht.

BEISPIEL

Arbeitslosengeld II für eine alleinerziehende Frau mit 12-jährigem Kind: Regelleistung 449,00 EUR, Mehrbedarf für Alleinerziehende 54,00 EUR, Bedarf Kind 311,00 EUR, angenommene Miete 600,00 EUR, Heizkosten 130,00 EUR, ergibt einen Gesamtbedarf von 1 544,00 EUR. Davon wird das Kindergeld mit 219,00 EUR als „Einkommen" abgezogen, sodass ein Anspruch von 1 325,00 EUR verbleibt. (Zahlen z. T. geschätzt)

Exkurs

Berufe mit Zukunft

Wo finden sich die Jobs von morgen? In welchen Branchen werden Arbeitskräfte gesucht, welche Qualifikationen werden nachgefragt? Diese Fragen zutreffend zu beantworten, dürfte nicht einfach sein. Es ist schwer, die wirtschaftliche Entwicklung der nächsten Jahre exakt vorherzusagen. Der Wandel in unserer Gesellschaft, beeinflusst von neuen Kommunikations- und Informationsentwicklungen, von sich verändernden Technologien und globalen Umwälzungen wird sich immer schneller vollziehen. Alte Berufe verschwinden, neue entstehen und mit ihnen ändern sich auch die Inhalte und Anforderungen. Dies betrifft nicht nur Berufsanfängerinnen und Berufsanfänger, auch von bereits im Berufsleben stehenden Beschäftigten wird zunehmend Flexibilität gefordert sowie die Bereitschaft, Neues zu lernen und umzusetzen. Studien besagen, dass in den nächsten Jahren und Jahrzehnten aufgrund des Geburtenrückgangs und der Überalterung der Gesellschaft die Nachfrage nach qualifizierten Arbeitskräften stark ansteigen wird. Neben Akademikerinnen und Akademikern werden es vor allem gut ausgebildete Fachkräfte sein, die hervorragende Berufsaussichten haben. Berufe mit technischen sowie kaufmännischen Grundlagen und Dienstleistungsberufe erfreuen sich einer starken Nachfrage. Nicht zuletzt auch die Gesundheits- und sozialpflegerischen Berufe werden es sein, die gute Zukunftsaussichten versprechen. Aber neben all den fachlichen Anforderungen darf nicht vergessen werden, dass für gute Berufschancen nach wie vor allgemeine Qualifikationen eine große Rolle spielen: Flexibilität, Teamfähigkeit, Leistungsorientierung und ein positives Sozialverhalten werden auch in Zukunft das Fundament der beruflichen Tätigkeit bilden.

ÜBUNGSAUFGABEN

1. Welche Stelle ist bei der Arbeitslosenversicherung für die Aufgabenerfüllung zuständig?
2. Beschreiben Sie zwei Maßnahmen der Arbeitsförderung.
3. Bei Arbeitslosigkeit kann Arbeitslosengeld I beantragt werden.
   a) Welche Voraussetzungen müssen hierzu erfüllt sein?
   b) In welcher Höhe wird Arbeitslosengeld I gezahlt?
   c) Wie lange wird Arbeitslosengeld I gezahlt?
4. Berechnen Sie das jeweilige Arbeitslosengeld:
   a) Claudia Meier, alleinstehend, Netto-/Leistungsentgelt 1 500,00 EUR.
   b) Maria Adzan, alleinerziehend mit einem Kind, Netto-/Leistungsentgelt 1 800,00 EUR.
5. a) In welchen Fällen kann das Arbeitslosengeld I gesperrt werden?
   b) Wie lange kann eine Sperrzeit sein?
6. Wer die Bedingungen für den Bezug von Arbeitslosengeld I nicht erfüllt, kann Arbeitslosengeld II beantragen.
   a) Wie wird Arbeitslosengeld II umgangssprachlich noch bezeichnet?
   b) Wer hat Anspruch auf Arbeitslosengeld II?
   c) Welche begleitenden Maßnahmen sind im Rahmen von Arbeitslosengeld II vorgesehen?
7. Was versteht man unter dem Begriff „Regelbedarf“?
8. a) Was versteht man unter einer Bedarfsgemeinschaft?
   b) Aus welchen einzelnen Bestandteilen errechnet sich die Gesamtzahlung beim Arbeitslosengeld II?

Exkurs

Problem Schwarzarbeit: Illegal ist unsozial

Nach Schätzungen entsteht Sozialversicherung und Finanzämtern durch Schwarzarbeit jährlich ein Schaden von weit über 300 Milliarden EUR. Die Erstellung von Gütern und Dienstleistungen außerhalb der „regulären Wirtschaft“ schädigt die Allgemeinheit und verschärft die wirtschaftlichen Probleme. Wer unversichert und ohne Steuern zu zahlen arbeitet, nimmt Arbeitslosen Arbeitsplätze weg, Arbeitslose wiederum versuchen, in die Schwarzarbeit auszuweichen.

Schwarzarbeit ist kein Kavaliersdelikt: Wer Schwarzarbeit beauftragt oder durchführt, muss bei Entdeckung mit hohen Strafen und Bußgeldern rechnen. Doch nicht jede nebenberufliche Tätigkeit ist gleich Schwarzarbeit: Geringfügige Tätigkeiten, Leistungen aus Gefälligkeit oder Nachbarschaftshilfe (Babysitten, Nachhilfe, Einkaufshilfe) sind durchaus erlaubt.

4.5 Rentenversicherung

In vielen Ländern der Welt sind Menschen, die aus Alters- oder Gesundheitsgründen ihren Lebensunterhalt nicht mehr verdienen können, allein auf die Unterstützung durch die Familie oder auf Almosen angewiesen. Auch bei uns gab es bis zur Einführung der gesetzlichen Rentenversicherung im Jahr 1889 keine finanzielle Absicherung im Alter.

Aufgabe der Rentenversicherung war und ist es daher, Versicherte nach dem Ausscheiden aus dem Berufsleben, bei Minderung ihrer Erwerbsfähigkeit oder deren Angehörige im Todesfall finanziell so abzusichern, dass diese ihren bisherigen Lebensstandard in etwa beibehalten können. Eine ebenso wichtige Aufgabe ist es, die Arbeitsfähigkeit von Versicherten zu erhalten oder wiederherzustellen, sodass eine frühzeitige Rentenzahlung vermieden oder hinausgeschoben werden kann. Da die Lebenserwartung unserer Bevölkerung weiter steigt (vgl. Abb. 53), ist die Frage nach der Absicherung im Alter für immer mehr Menschen von großer Bedeutung.

Wer ist versichert?

Grundsätzlich ist die Mitgliedschaft in der Rentenversicherung für jeden offen, sie ist also eine Sozialversicherung für die ganze Bevölkerung.

Allerdings muss man zwischen Pflichtversicherten und freiwillig Versicherten unterscheiden. **Pflichtversicherte** haben keine Wahlmöglichkeit, ob sie der Rentenversicherung beitreten wollen oder nicht. Entscheidend ist, dass sie in gewissem Umfang gegen Bezahlung beschäftigt werden. Arbeiter/Arbeiterinnen, Angestellte und Auszubildende gehören zu dieser Gruppe.

Auch bestimmte Selbstständige wie Handwerker:innen, Hebammen oder Künstler:innen sind pflichtversichert. Auf Antrag können weitere Selbstständige nach Beginn der Tätigkeit die Aufnahme beantragen. Ohne eigene Beitragszahlung sind Mütter oder Väter während der Elternzeit, (Komma einsetzen) rentenversichert, ebenso pflegende Privatpersonen, Teilnehmende am freiwilligen Wehrdienst oder Bundesfreiwilligendienst sowie Personen, die Arbeitslosengeld I beziehen.

Wer nicht der Versicherungspflicht unterliegt (z. B. Nichtberufstätige, gering-

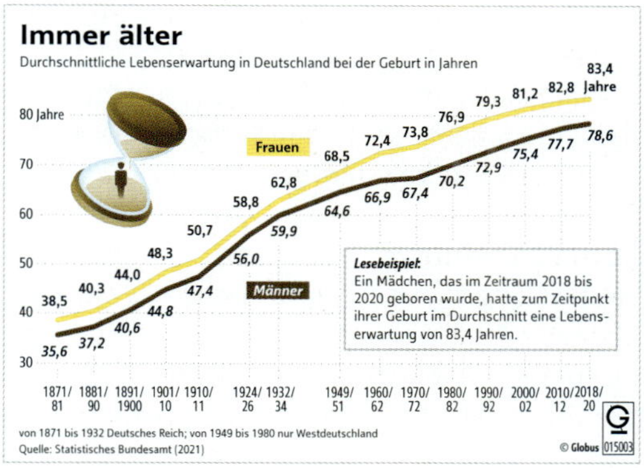

53. Lebenserwartung in Deutschland

54. Generationenvertrag

fügig Beschäftigte), kann sich zum Aufbau einer Alterssicherung **freiwillig** mit entsprechender Beitragszahlung versichern.

Beamte/Beamtinnen, Richter/Richterinnen und Berufssoldaten/-soldatinnen unterliegen nicht der Versicherungspflicht, weil ihre Altersversorgung durch Pensionsansprüche staatlich garantiert ist.

Wer versichert?

Die Träger der Rentenversicherung sind selbstverwaltete öffentlich-rechtliche Körperschaften, die einer staatlichen Aufsicht unterstehen. Eine Unterscheidung zwischen Arbeiter- und Angestellten-Rentenversicherung gibt es nicht. Die Rentenversicherungsträger sind unter der Bezeichnung **Deutsche Rentenversicherung** zusammengeschlossen. Bei den Trägern wird zwischen Bundesträgern und Regionalträgern unterschieden. Neben der Deutschen Rentenversicherung Bund und der Deutschen Rentenversicherung Knappschaft-Bahn-See, die auch für die Beschäftigten im Bergbau zuständig ist, gibt es die regionalen Träger, wie z. B. die Deutsche Rentenversicherung Hessen in Frankfurt am Main oder die Deutsche Rentenversicherung Rheinland in Düsseldorf. Die Versicherten werden nach einem bestimmten Verhältnis einem festen Träger zugeordnet. Dieser vergibt die Versicherungsnummer, führt das Rentenkonto und betreut die Versicherten. An dieser Zuordnung ändert sich auch bei Arbeitsplatz- oder Ortswechsel nicht.

Beitragszahlung

Die Leistungen der Rentenversicherung werden aus den Beitragszahlungen der Versicherten und dem Arbeitgeberanteil sowie durch Zuschüsse aus dem Bundeshaushalt bestritten. Berechnungsgrundlage ist der monatliche Arbeitsverdienst bis zur Beitragsbemessungsgrenze (vgl. Seite 84). Arbeitgeber/Arbeitgeberin und Arbeitnehmer/Arbeitnehmerin zahlen je die Hälfte des Beitrags, freiwillig Versicherte und Selbstständige müssen ihn allein aufbringen. Die Rentenversicherung hat den höchsten Beitragssatz aller Sozialversicherungen. Er liegt bei 18,6 % des Bruttoverdienstes (Stand 2022, danach ansteigend) und kann der Einnahmen- und Ausgabenentwicklung der Rentenversicherung angepasst werden.

Die Rentenversicherung hat aufgrund gesetzlicher Verpflichtungen Leistungen übernommen, die nicht durch entsprechende Beitragszahlungen gedeckt sind (z. B. Anrechnung von Kindererziehungszeiten, Zuschlag zur Grundrente). Deshalb gibt der Bund aus Steuermitteln einen **Zuschuss** zu den Versicherungszahlungen. Er soll dazu beitragen, dass Beitragssteigerungen begrenzt bleiben und die Zahlungsfähigkeit der Rentenversicherung gewährleistet ist.

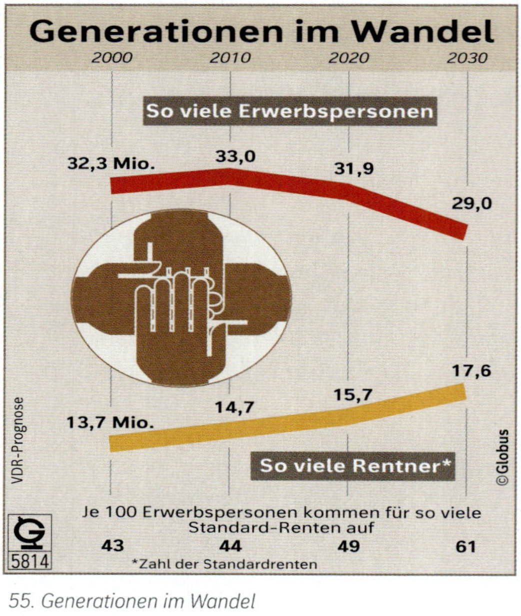

55. Generationen im Wandel

Wie wird die Beitragszahlung nachgewiesen?

Allen Versicherten wird bei der erstmaligen Arbeitsaufnahme vom zuständigen Versicherungsträger eine **Versicherungsnummer** mitgeteilt. Unter dieser Nummer wird das Rentenkonto geführt. Die Nummer begleitet den Menschen durch das ganze „Versicherungsleben". Die Mitteilung stellt außerdem den sogenannten **Sozialversicherungsausweis** dar, der bei Beschäftigungsbeginn dem Arbeitgeber/der Arbeitgeberin vorzulegen ist. Häufig ist aber die Mitteilung der Versicherungsnummer ausreichend. Der Arbeitgeber/die Arbeitgeberin teilt der Krankenkasse jährlich die Beschäftigungszeit und die Höhe des Bruttoverdienstes mit. Die Kasse leitet diese Angaben an den zuständigen Rentenversicherungsträger weiter. Die sich ansammelnden Beiträge werden dort auf dem persönlichen Versicherungskonto gespeichert und bilden die Grundlage für eine spätere Rentenberechnung. Eine Durchschrift der Meldung, die sorgfältig bei den Rentenunterlagen aufbewahrt werden sollte, erhalten Versicherte zum Jahresbeginn über die Arbeitsstelle. Diese Jahresmeldung sollte eingehend geprüft werden, insbesondere Name und Anschrift, Zeitraum der Beschäftigung sowie die Höhe des Jahresverdienstes. Wird bei der Überprüfung ein Fehler festgestellt, müssen die Angaben sofort berichtigt werden, denn eine falsche Rentenberechnung kann sonst später die Folge sein:

BEISPIEL

Anstatt 20000,00 EUR Jahresverdienst sind nur 2000,00 EUR eingetragen. Wird der Fehler nicht verbessert, ist die spätere Rente um einige Euro monatlich zu niedrig, wenn der tatsächliche Betrag nicht mehr nachgewiesen werden kann.

Alle Versicherten, die über 27 Jahre alt sind und mindestens fünf Beitragsjahre nachgewiesen haben, erhalten jährlich eine **Renteninformation** (siehe www.deutsche-rentenversicherung.de). Auf der Basis der im Versichertenkonto erfassten Daten wird ersichtlich, wie hoch die spätere Rente einmal sein kann. Die Angaben sind unverbindlich, bilden jedoch eine gute Basis für die Planung einer zusätzlichen privaten Altersversorgung (siehe private Altersvorsorge ab Seite 115). Versicherte ab 55 Jahren erhalten alle drei Jahre eine **Rentenauskunft,** die genauer über die Höhe der zu erwartenden Rente informiert.

Leistungen der Rentenversicherung

Die Leistungen der Rentenversicherung haben hauptsächlich zwei Grundlagen:

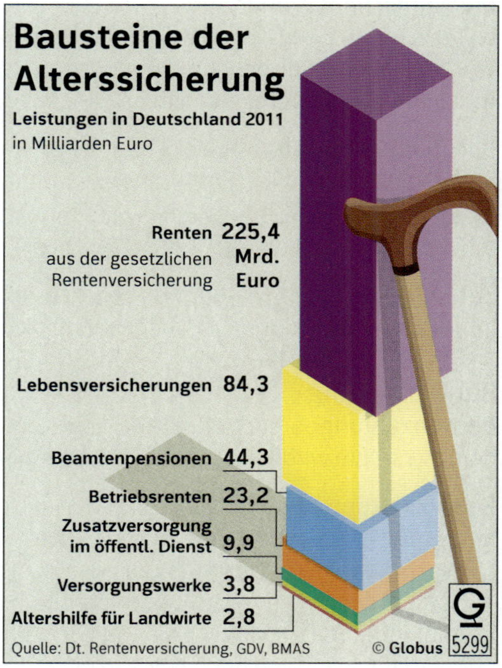

56. Bausteine der Alterssicherungen

Umlageverfahren

Die Beiträge eines Versicherten werden nicht wie auf einem Sparbuch angespart und als Rente später wieder an ihn ausgezahlt. Sie werden vielmehr dazu benutzt, die **aktuellen Renten** zu finanzieren. Durch dieses Umlageverfahren werden also die heutigen Renten unmittelbar durch die heutigen Beiträge gezahlt.

Generationenvertrag

Das Umlageverfahren steht in engem Zusammenhang mit dem Generationenvertrag. Diese stillschweigende Vereinbarung beruht darauf, dass die Kinder zunächst von der Elterngeneration Versorgung und Ausbildung erhalten. Haben die Eltern das Rentenalter erreicht, übernimmt die dann berufstätige „Kindergeneration“ deren Versorgung in Form der Rente. Dieses Prinzip der generationenübergreifenden Unterstützung wurde früher innerhalb der Familie erfüllt und von der Rentenversicherung übernommen. Wer jetzt Beiträge zahlt, finanziert damit die aktuellen Rentenzahlungen. Gleichzeitig erwerben Beitragszahlende selbst einen eigenen Rentenanspruch in der Hoffnung, dass ihre spätere Rente dann von der zukünftigen Beitragsgeneration gezahlt wird. In welchem Umfang der Generationenvertrag später einmal eingelöst werden kann, ist allerdings von verschiedenen Bedingungen abhängig (vgl. Exkurs Seite 116).

Rehabilitation

Vor einer frühzeitigen Rentengewährung muss durch die Rentenversicherung versucht werden, mit Heilbehandlungen oder Umschulungsmaßnahmen die Gesundheit des oder der Versicherten so weit wiederherzustellen, dass die Arbeitskraft erhalten werden kann und eine Wiedereingliederung ins Berufsleben möglich wird.

Medizinische Rehabilitation erkrankter Menschen findet in der Regel stationär in Rehabilitationseinrichtungen statt. Die Kosten der medizinischen Leistungen, Unterkunft und Verpflegung werden bis auf einen Eigenanteil des oder der Versicherten übernommen. In der Regel sind Kuren höchstens alle vier Jahre für die Dauer von drei Wochen möglich.

Berufliche Rehabilitation soll Versicherte in die Lage versetzen, wieder einer Berufstätigkeit nachzugehen. Fortbildungsmaßnahmen oder die Umschulung in einen neuen Beruf sowie Eingliederungshilfen an den Arbeitgeber/die Arbeitgeberin (z. B. Lohnkostenzuschüsse) sollen die Chancen verbessern.

Zahlung von Übergangsgeld stellt die finanzielle Absicherung der Versicherten und ihrer Familie während der Rehabilitation sicher.

Rentenzahlung

Rentenzahlungen sind die überwiegenden Leistungen der Rentenversicherung. Neben der Altersrente wird Rente wegen Erwerbsminderung sowie Hinterbliebenenrente gezahlt.

Renten werden gezahlt, wenn der Versicherungsfall eingetreten und die vorgeschriebene Wartezeit erfüllt ist. Einen Rentenanspruch hat nur, wer für einen Mindestzeitraum (= **Wartezeit/Versicherungszeit**) der gesetzlichen Rentenversicherung angehört hat. Je nach Rentenart müssen unterschiedlich lange Wartezeiten erfüllt sein. Neben den normalen Beitragszeiten werden teilweise auch Zeiten ohne eigene Beitragszahlungen aus sozialen Gründen auf die Wartezeit angerechnet und bei der Rentenberechnung berücksichtigt (Ersatz- oder Anrechnungszeiten).

BEISPIEL

Das Medizinstudium der Krankenhausärztin Dr. Franken dauerte insgesamt sechs Jahre. Diese Zeit kann sie sich als Wartezeit anrechnen lassen. Außerdem war sie zehn Monate arbeitslos und erhielt Arbeitslosengeld. Zur Betreuung ihres Kindes hatte sie im ersten Lebensjahr eine berufliche „Auszeit“ genommen. Auch diese Zeiten werden als Wartezeit berücksichtigt.

Bei **vorgezogenen Renten** (vgl. Übersicht Seite 114) wurden die Altersgrenzen zum Teil angehoben. Dennoch ist eine vorzeitige Inanspruchnahme dieser Renten ab dem angegebenen Alter weiterhin möglich. Die Rente wird allerdings dann um einen Abschlag von 0,3 % pro Monat verringert, insgesamt kann sich so eine maximale Reduzierung von bis zu 14,4 % ergeben.

BEISPIEL

Die Altersgrenze für den abschlagfreien Rentenbezug bei der Altersrente für langjährige Versicherte (bei mindestens 35 Versicherungsjahren) liegt für ab 1964 Geborene bei 67 Jahren.

Geht der versicherte Otto Peters bereits mit 64 Jahren in Rente, erhält er einen dauerhaften Abzug von 10,8 % (36 Monate mal 0,3 %) von seinem Rentenanspruch. Eine Rente in Höhe von z. B. 1 680,00 EUR vermindert sich dadurch um 181,44 EUR auf 1 498,56 EUR.

Rentenarten

Krankheiten oder Unfälle können dazu führen, dass Versicherte einer Beschäftigung nicht mehr oder nur noch in geringem Umfang nachgehen können.

BEISPIEL

Die Angestellte Christiane Dörr kann aufgrund einer Bandscheibenerkrankung nur noch höchstens zwei Stunden täglich einer Beschäftigung nachgehen. Da keine Teilzeitstelle verfügbar ist, beantragt sie Rente wegen Erwerbsminderung.

Eine Rente wegen Erwerbsminderung kann gezahlt werden, wenn Versicherte aus gesundheitlichen Gründen täglich nur noch weniger als drei Stunden arbeiten können und mindestens fünf Jahre Beitragszeit vorliegen. Drei Jahre Beitragszeit müssen davon direkt vor dem Antrag liegen. Beträgt die mögliche tägliche Arbeitszeit im Rahmen einer Teilzeitbeschäftigung zwischen drei und sechs Stunden, wird die halbe Erwerbsminderungsrente gezahlt. Ist keine Teilzeitarbeitsstelle verfügbar, wird auch hier die volle Rente gezahlt. Die Rentenzahlung wird meist zunächst auf drei Jahre befristet, danach erfolgt eine erneute Überprüfung der Erwerbsfähigkeit.

Für die Gewährung einer **Altersrente** spielt der Gesundheitszustand der Versicherten keine Rolle. Entscheidend ist das erreichte Lebensalter und die Erfüllung bestimmter Wartezeiten (vgl. Abb. 59). Bei vorgezogenen Renten werden künftig die meisten Altersgrenzen stufenweise angehoben. Geht der oder die Versicherte trotzdem in Rente, werden finanzielle Rentenabschläge vorgenommen.

Stirbt der oder die Versicherte, erhält der hinterbliebene Ehepartner abhängig vom Alter und anderen Bedingungen eine **Witwen- oder Witwerrente**. Bei Wiederverheiratung entfällt die Hinterbliebenenrente, es wird allerdings als einmalige Abfindung ein Betrag in Höhe von 24 Monatsrenten gezahlt.

Kinder von verstorbenen Versicherten erhalten eine **Halb- oder Vollwaisenrente**, je nachdem, ob ein Elternteil oder beide verstorben sind. Sie wird bis zur Vollendung des 18. Lebensjahres gezahlt. Bei Schul- oder Berufsausbildung ist Weiterzahlung bis zum 27. Lebensjahr möglich.

Für die **Rentenhöhe** sind vor allem die Beitragsjahre und die gemeldeten Jahresverdienste entscheidend. Zukünftig werden zum Erreichen der Höchstrente 45 oder mehr Arbeitsjahre notwendig sein. Bestehende Renten werden jährlich der durchschnittlichen Einkommensentwicklung angepasst (**dynamische Rentenerhöhung**).

Ein Teil der Rentenbezieher erhält trotz mindestens 35 Jahren Versicherungszeit und gezahlten Pflichtbeiträgen nur eine geringe Rente, weil nur für einen geringen Verdienst gearbeitet wurde, Kinder erzogen oder nahestehende Menschen gepflegt wurden. Wenn kein wesentliches anderes Einkommen zur Verfügung steht, erhält die berentete Person dann einen Zuschlag zur Rente, den sogenannten **Grundrentenzuschlag**. Ein Anspruch wird durch die Rentenversicherung automatisch geprüft und individuell berechnet. Der Zuschlag wird dann zusammen mit der Rente ausgezahlt. Als soziale Zusatzleistung wird der Grundrentenzuschlag aus Steuermitteln finanziert.

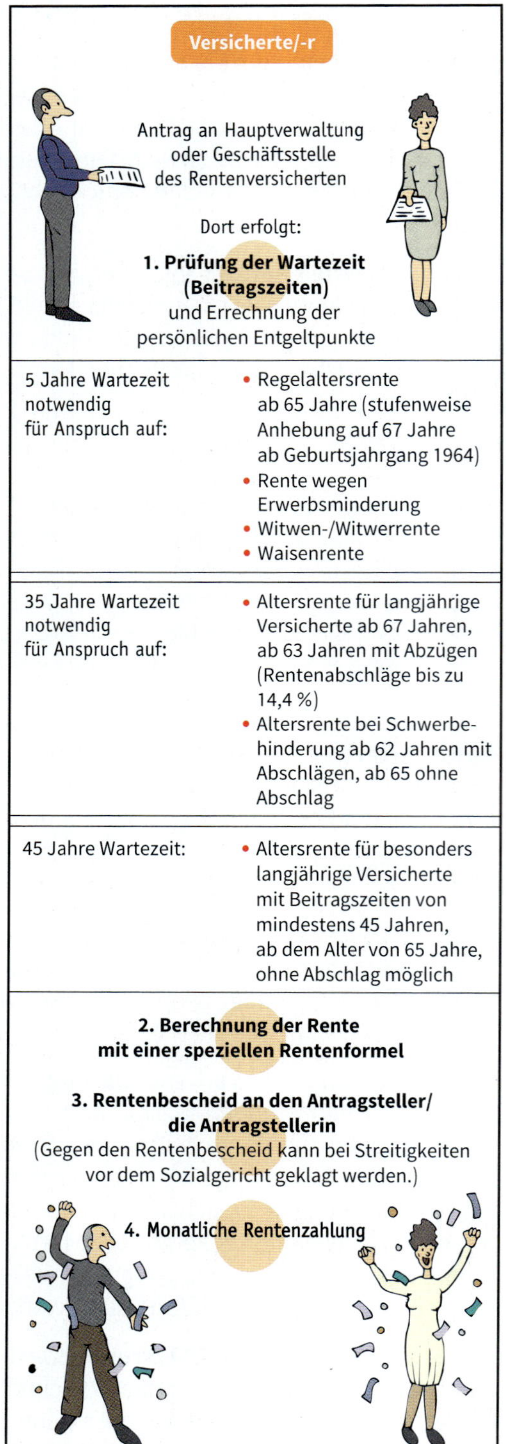

57. Der Weg zur Rente

ÜBUNGSAUFGABEN

1. Was ist die Aufgabe der gesetzlichen Rentenversicherung?
2. Dilara Altintop erhält kurz nach Beginn ihrer Ausbildung eine „Versicherungsnummer" von der Deutschen Rentenversicherung mitgeteilt. Erklären Sie, welche Bedeutung diese Versicherungsnummer hat.
3. Stellen Sie den Zusammenhang zwischen Umlageverfahren und Generationenvertrag dar.
4. Die Rentenversicherung gewährt Leistungen zur Rehabilitation. Beschreiben Sie die verschiedenen Rehabilitationsmaßnahmen.
5. Welche Voraussetzungen müssen zur Gewährung einer Rente vorliegen?
6. Erstellen Sie eine stichwortartige Übersicht zu den verschiedenen Rentenarten.
7. Wovon ist die Rentenhöhe vor allem abhängig?
8. Katja König möchte eine vorzeitige Rente beantragen. Sie hat einen Rentenanspruch in Höhe von 1 350,00 EUR. Insgesamt geht sie 18 Monate früher in Rente. Wie hoch ist ihr prozentualer und tatsächlicher dauerhafter Rentenabschlag?
9. Warum wird eine Rente wegen Erwerbsminderung meist nur befristet gewährt?
10. Erklären Sie den Begriff der „dynamischen Rentenerhöhung" und stellen Sie fest, wie hoch diese prozentual in den letzten beiden Jahren war.

4.6 Private Altersvorsorge

Die gesetzliche Rentenversicherung steht vor großen Problemen: Die Zahl der Rentner steigt in den kommenden Jahrzehnten aufgrund immer längerer Lebenserwartung und durch geburtenstarke Jahrgänge, die dann in Rente gehen, stetig an. Gleichzeitig nimmt die Zahl der Jüngeren ab. Durch diese demografische Entwicklung tritt ein Rückgang bei den Erwerbspersonen, also den Beitragszahlern und -zahlerinnen, ein. Immer weniger Einzahlende in die Rentenversicherung müssen immer mehr Rentner/Rentnerinnen versorgen, was bei gleichbleibender Rentenentwicklung zu einem Anstieg der Beitragssätze führt.

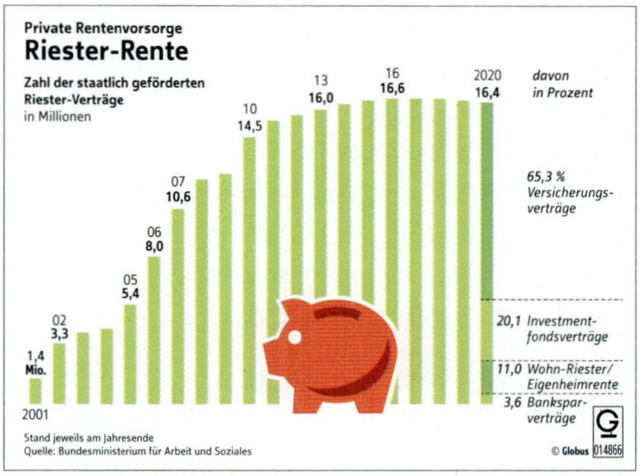

Um diese Entwicklung abzubremsen, wurde im Rahmen einer gesetzlichen Rentenreform festgelegt, dass die Höhe der gesetzlichen Altersrente bis zum Jahr 2030 langsam vermindert wird. Das Rentenniveau kann dadurch von derzeit etwa 48 % des Nettoeinkommens auf ca. 44 % sinken. Eine Rente in dieser Höhe erhält aber nur, wer 45 Versicherungsjahre lang bei einem durchschnittlichen Einkommen Beiträge eingezahlt hat. Sind z. B. weniger Beitragsjahre vorhanden oder war das Einkommen gering, etwa wegen längerer Ausbildungs- oder Erziehungszeiten, dann sinkt auch der Rentenanspruch. Um die entstehenden Versorgungslücken im Alter zu schließen, sollte als Ausgleich eine privat finanzierte Altersvorsorge aufgebaut werden. Deshalb unterstützt der Staat z. B. durch die sogenannte **Riester-Rente** diese Bemühungen zum Aufbau einer zusätzlichen privaten Altersabsicherung. Auch durch tarifliche Vereinbarungen und finanzielle Zuschüsse von Arbeitgeberseite lässt sich eine betriebliche Rente als Zuschuss im Alter aufbauen.

Als Anreiz für die freiwillige Privatrente gewährt der Staat entweder eine finanzielle Zulage oder einen Sonderausgabenabzug bei der Einkommenssteuer. Die **Höhe der Förderung** ist abhängig von den persönlich erbrachten Geldleistungen. Sie setzt sich aus mehreren Bestandteilen zusammen: einer Grundförderung, einem Förderbetrag für Kinder (Kinderzulage) oder einer steuerlichen Absetzbarkeit der Altersversorgungsbeiträge, die zu einer Steuerersparnis führt. Während bei der steuerlichen Berücksichtigung vor allem Höherverdienende profitieren (je höher der Einkommensteuersatz, desto höher die Steuerersparnis), erzielen Geringverdiener und Anleger mit mehreren Kindern bei den direkten Zuschüssen die höchsten Förderungssätze (vgl. Abb. 60). Für diesen Personenkreis lohnt sich der Abschluss einer privaten Rentenversicherung durch die hohe Förderung besonders. Wichtig ist aber daneben, auf geringe einmalige oder laufende Kosten zu achten.

Exkurs

Ist meine Rente noch sicher?

„Das Fundament des Rentensystems ist stark angegriffen!"

„Der Generationenvertrag bröckelt!"

Was ist dran an solchen Schlagzeilen? Hintergrund ist z. B. der Anstieg der Lebenserwartung der Bevölkerung. Die Menschen in Deutschland werden im Durchschnitt immer älter. In den vergangenen 25 Jahren stieg die Lebenserwartung der Neugeborenen um etwa sechs Jahre (vgl. Abb. 52). So erfreulich das im Einzelfall auch ist, für die Rentenversicherung bedeutet dies natürlich eine entsprechend längere Rentenzahlung. Dazu kommt, dass die Berufstätigen aufgrund längerer Ausbildungs- und Studienzeiten immer später zu Beitragszahlenden werden und damit die Zeit der Erwerbstätigkeit, also auch die Zeit der Beitragszahlung, kürzer wird. Dieses Problem wäre leicht zu lösen, wenn der steigenden Zahl rüstiger Rentner und Rentnerinnen eine gleichfalls wachsende Zahl von Beitragszahlenden gegenüberstehen würde. Doch tatsächlich ist die Zahl der Geburten in Deutschland gleich geblieben und teilweise sogar gesunken. Nachwuchs bleibt also aus, und damit werden auch die zukünftigen Beitragszahlungen weniger! Immer mehr Rentner und Rentnerinnen müssen also von immer weniger Beitragszahlenden finanziert werden (vgl. Abb. 57). Was also tun?

Sicher ist, dass die Renten in Zukunft nicht mehr so stark steigen werden wie bisher. Die Möglichkeiten, früher als mit 67 Jahren Rente zu beantragen, werden eingeschränkt bzw. mit geringeren Rentenzahlungen verknüpft sein. Nachgedacht wird auch über einen noch späteren Rentenbeginn, z. B. ab 70 Jahren. Vielleicht kann ja auch der Geburtenrückgang gebremst oder die Beschäftigtenzahl erhöht werden, sodass die Zahl der Beitragszahlenden wieder zunimmt. Aber eins ist sicher: Die Diskussion um die Rente wird uns noch lange begleiten!

58. Unsere Altersversicherung?

In den Genuss der Förderung kommt jeder, der Pflichtbeiträge zur Rentenversicherung zahlt (Arbeiter/Arbeiterinnen, Angestellte, Auszubildende). Außerdem haben z. B. Beamte/Beamtinnen, Arbeitslose, nicht erwerbstätige Mütter und Väter in den ersten drei Lebensjahren ihres Kindes sowie Wehr- und Zivildienstleistende einen Förderungsanspruch. Den vollen Förderungsbetrag erhält allerdings nur, wer den **Mindestbetrag** einzahlt. Dieser beträgt 4 % vom letztjährigen sozialversicherungspflichtigen Bruttoeinkommen, mindestens aber 60,00 EUR/Jahr.

BEISPIEL

Die alleinstehende Tina H. hatte ein jährliches Bruttoeinkommen von 25 000,00 EUR. Die Sparleistung zur vollen Ausschöpfung der Zulagen beträgt 4 % davon, also 1 000,00 EUR. Bei einer staatlichen Grundzulage von 175,00 EUR beträgt der tatsächlich von Tina zu erbringende Sparbetrag nur 825,00 EUR (1 000,00 EUR – 175,00 EUR). Der staatliche Zuschuss entspricht damit einer Förderung von rund 17,5 %.

Was sollte beim Abschluss privater Altersvorsorgeverträge beachtet werden?

- Grundlage ist eine sorgfältige Analyse der finanziellen Möglichkeiten („Wie viel Geld steht mir auf Dauer zum Einzahlen zur Verfügung?")
- Welche Chancen und Risiken bieten die einzelnen Anlageformen?
- Gibt es eine tarifvertraglich geregelte betriebliche Altersversorgung?
- Besitzen die Anlagemöglichkeiten das staatliche Vorsorgezertifikat?
- Wie hoch sind die Abschlussgebühren und die jährlichen Verwaltungskosten oder Kontoführungsgebühren? Gibt es überhaupt eine angemessene Verzinsung?
- Welche Kosten fallen bei Wechsel der Anlageart und bei vorzeitiger Auflösung des Vertrags an?

58. Checkliste Riester-Rente

PRIVATE ALTERSVORSORGE: RIESTER-RENTE

Anlagemöglichkeiten:

- Privater Rentenversicherungsvertrag
- Investmentfonds-Sparplan
- Banksparplan
- Riesterfähiger Bausparvertrag

Staatliche Förderung
Beispiele:
(Mindestsparleistung für vollen Förderungsbetrag: 4 % des sozialversicherungspflichtigen Einkommens)

	Beispiel 1	Beispiel 2	Beispiel 3	Beispiel 4
	Ledig, ohne Kind	Ledig, ohne Kind (höheres Einkommen)	Verheiratet 1 Kind (2 Jahre), beide Elternteile jeweils mit Riestervertrag	Verheiratet 2 Kinder (2 und 4 Jahre), beide Elternteile jeweils mit Riestervertrag
Jahreseinkommen brutto (Gesamtbetrag)	10 000,00	36 000,00	50 000,00	50 000,00
Mindestsparleistung (4 % vom Einkommen)	400,00	1 440	2000	2 000,00
Staatliche Grundzulage als Zuschuss (pro Vertrag 175,00 EUR)	175,00	175,00	350,00	350,00
Kinderzulage als Zuschuss (pro Kind 185,00 EUR, für ab 2008 Geborene 300,00 EUR)	–	–	300,00	600,00
Persönlich noch zu leistender Sparbetrag jährlich	225,00	1 265,00	1 350,00	1 050,00

(Zusätzliche Ersparnisse bei Sonderausgabenabzug möglich. Unter 25-Jährige erhalten bei Vertragsabschluss einmalig 200,00 EUR.)

59. Berechnungsbeispiele Riester-Rente

Der Mindestsparbetrag muss also nicht allein vom Einzahlenden aufgebracht werden, denn die staatliche Förderung wird zum eigenen Sparbetrag hinzugerechnet. Ist die Sparleistung jedoch geringer als der Mindestbetrag, werden die vorgesehenen Zulagen anteilig gekürzt.

Die private Eigenvorsorge soll die gesetzlichen Rentenzahlungen ergänzen. Deshalb werden nur solche **Anlageformen** gefördert, die ab Beginn des Rentenalters eine lebenslange monatliche Zusatzrente aus dem bis dahin angesparten Vermögen garantieren. Infrage kommen dafür private Rentenversicherungsverträge, Fonds- oder Banksparpläne oder auch Bausparverträge. Die Anlageverträge sind aber nur dann förderungsfähig, wenn sie bestimmte, gesetzlich festgelegte Voraussetzungen erfüllen (z. B. keine Auszahlung vor dem 60. Lebensjahr, lebenslange Rentenzahlung).

Relativ sicher sind private Rentenversicherungsverträge und Banksparpläne, sie bieten jedoch oft nur eine geringe Rendite und werden deshalb kaum noch angeboten. Bei Fondssparplänen wird in Wertpapiere investiert, deshalb ist die Rendite von der Entwicklung am Wertpapiermarkt (Aktien und festverzinsliche Wertpapiere) abhängig. Die Einzahlung in Bausparverträge kann sich insbesondere bei einem späteren Wunsch nach einer eigenen Immobilie eignen. Auch hier muss auf die Verzinsung und hohe Abschlussgebühren geachtet werden.

Die **Zulagen** müssen beantragt werden. Diesen Zulagenantrag kann das Institut, das den Riestervertrag anbietet, nach entsprechender Bevollmächtigung übernehmen.

Auch mit dem Abschluss eines Vertrages zur **betrieblichen Altersversorgung** kann eine zusätzliche finanzielle Versorgung im Alter aufgebaut werden. Dies ist für voll- und teilzeitbeschäftigte Fachangestellte sowie Auszubildende möglich. Der Arbeitgeber oder die Arbeitgeberin zahlt einen steuer- und versicherungsfreien monatlichen Zusatzbetrag in eine Direktversicherung oder einen Pensionsfonds/eine Pensionskasse ein. Auch die Verwendung zukünftiger Gehaltsansprüche und Einzahlung zur Alterssicherung (Entgeltumwandlung) ist zusätzlich möglich. Der Verband medizinischer Fachberufe und die ärztlichen Arbeitgebervereinigungen haben die betriebliche Altersversorgung in besonderen Manteltarifverträgen geregelt (Informationen hierzu z. B. auf www.vmf-online.de). Dort finden sich auch Bestimmungen über die finanzielle Beteiligung vonseiten der Praxis oder Klinik. Solche Zusatztarifverträge existieren für alle medizinischen Angestelltenberufe.

Ein Altersvorsorgevertrag kann im Notfall gekündigt werden. Allerdings geht dann die bis dahin gezahlte staatliche Förderung verloren, die Zinsen müssen eventuell versteuert werden und das Anlageinstitut selbst berechnet für die Auflösung Kosten.

4.7 Gesetzliche Unfallversicherung

Jede private oder berufliche Tätigkeit birgt gewisse Gefahren in sich, jemand kann beim Fensterputzen von der Leiter fallen oder sich in der Praxis an einem zersplitternden Behälter schneiden. Während im Privatbereich selbst Vorsorge getroffen werden muss, sind Betriebe verpflichtet, die berufliche Tätigkeit durch die gesetzliche Unfallversicherung abzusichern. Sie müssen die Arbeitsbedingungen so gestalten, dass eine Gefährdung der Arbeitskräfte vermieden wird. Kommt es trotzdem zu einem Unfall oder zu einer berufsbedingten Erkrankung, dann übernimmt die gesetzliche Unfallversicherung die daraus entstehenden Kosten.

Die Unfallversicherung kann man deshalb auch als „Haftpflichtversicherung der Unternehmen“ bezeichnen.

Hauptaufgabe der Unfallversicherung ist es, zur Verminderung von **Arbeitsunfällen** und **Berufskrankheiten** beizutragen. Eingeschlossen ist dabei auch die **Verhütung arbeitsbedingter Gesundheitsgefahren.**

Die Unfallversicherung hat das Recht, bei gesundheitlichen Gefahren am Arbeitsplatz Veränderungen anzuordnen. Arbeitgeber und Arbeitgeberinnen müssen darüber hinaus eine sicherheitstechnische und betriebsärztliche Betreuung nachweisen. Spezielle, von den Berufsgenossenschaften erlassene **Vorschriften zur Verhütung von Arbeitsunfäl-**

len und Berufskrankheiten verpflichten den Betrieb dazu, bestimmte Sicherheitsmaßnahmen zu ergreifen.

Bei vorsätzlichen oder fahrlässigen Verstößen können gegen den Arbeitgeber/die Arbeitgeberin hohe Bußgelder verhängt werden. Erleidet eine versicherte Person dennoch einen Arbeitsunfall oder entsteht eine Berufskrankheit, dann soll sie persönlich bzw. ihre Angehörigen oder Hinterbliebenen gegen die finanziellen Folgen abgesichert werden. Darüber hinaus wird durch Rehabilitationsmaßnahmen oder Umschulungen die Wiedereingliederung in das Berufsleben unterstützt.

Wer ist versichert?

Zum **unfallversicherten Personenkreis** zählen im Wesentlichen

- alle Beschäftigten aufgrund eines Arbeits-, Heimarbeits- oder Ausbildungsverhältnisses,
- Kinder beim Besuch von Tageseinrichtungen (Kindergarten, -hort),
- Schüler und Schülerinnen während des Besuchs von allgemeinbildenden und beruflichen Schulen,
- Studierende an Hochschulen,
- Menschen mit Behinderung in Behinderten- oder Blindenwerkstätten,
- landwirtschaftliche Unternehmer:innen einschl. Küstenschiffer und -fischer,
- Pflegepersonen nach dem Pflegeversicherungsgesetz,
- Personen, die bei Unglücksfällen oder kriminellen Angriffen Hilfe leisten (Ersthelfer/Ersthelferinnen), Lebensretter, Blut-/Organspender und -spenderinnen.

Nicht versichert sind Personen, deren Versorgung bei Berufsunfällen auf andere Weise sichergestellt ist (z. B. Beamte/Beamtinnen) und selbstständig Tätige, also alle niedergelassenen Ärzte/Ärztinnen, Zahnärzte/Zahnärztinnen und Tierärzte/Tierärztinnen. Diese können sich aber freiwillig versichern und erhalten damit den gleichen Versicherungsschutz wie Pflichtversicherte.

FALLBEISPIEL

Ein Fall für die Unfallversicherung?

Angelika Schaller blickte in den Spiegel: Frisur und Make-up in Ordnung – soweit man das sagen konnte! Gestern war es spät geworden, denn sie hatten die Praxisbesprechung noch privat beim Italiener fortgesetzt. Sie fühlte sich recht wacklig auf den Beinen. „Wahrscheinlich der Restalkohol", dachte sie müde. Weil sie verschlafen hatte, war es für die Straßenbahn zu spät, aber das Auto stand ja vor dem Haus. Allerdings hatte es in der Nacht den ersten Frost gegeben. „Auch das noch! Wo war denn jetzt nochmal der Eiskratzer? Wenn einmal der Wurm drin ist ..." Also schnell ein kleines Guckloch frei gehaucht und ab. „An der Ampel links und dann gemütlich geradeaus, bis dahin ist die Scheibe längst aufgetaut", dachte sie. Aber was war das? „Umleitung! Das Schild stand doch gestern noch nicht hier! In die Bremsen! Mein Gott! Es hatte ja gefroren ...", schoss es ihr durch den Kopf. Doch da hörte sie bereits, wie der Absperrbalken auf die Motorhaube aufschlug, die Windschutzscheibe platzte. ... Angelika wacht im Krankenhaus auf. Ihr Freund meint, jetzt zahle ja wohl alles die gesetzliche Unfallversicherung. Hat er recht?

Wer versichert?

Gesetzliche Grundlage der Unfallversicherung ist das Sozialgesetzbuch (SGB VII). Wer Mitarbeitende beschäftigt, zum Beispiel in Betrieb oder Praxis, ist nach dem Gesetz zum Eintritt in die Unfallversicherung verpflichtet. Eine Befreiung oder der ersatzweise Abschluss einer privaten Versicherung ist nicht möglich.

Unfallversicherungsträger sind die Berufsgenossenschaften und sonstige Versicherungsträger (vgl. Abb. 63).

Die Berufsgenossenschaften sind nach Berufszweigen unterteilt (z. B. Bergbau, chemische Industrie, Einzelhandel). Durch diese Branchengliederung können die Risiken der einzelnen Berufe besser erfasst und die Unfallverhütungsbestimmungen entsprechend abgestimmt werden. Für die Beschäftigten in ärztlichen Praxen und Kliniken und in anderen medizinischen Berufen ist die **Berufsgenossenschaft für Gesundheitsdienst und Wohlfahrtspflege (BGW) in Hamburg** (www.bgw-online.de) zuständig.

Berufsgenossenschaften
- 9 gewerbliche Berufsgenossenschaften
- 9 landwirtschaftliche Berufsgenossenschaften

Öffentliche Unfallversicherungsträger/Unfallkassen
- Eisenbahn-Unfallkasse
- Unfallkasse Post und Telekom
- Unfallkasse des Bundes (z. B. für Bundesbeamte, Arbeitslose, Entwicklungshelfer)
- Unfallkassen der Länder (z. B. für Kindergärten, Schulen und Hochschulen)
- Unfallkassen der Gemeinden (z. B. für kommunale Unternehmen wie Wasserwerke oder Verkehrsunternehmen)
- Häufig errichten Länder und Gemeinden gemeinsame Unfallkassen (z. B. Unfallkasse Nordrhein-Westfalen, Unfallkasse Hessen).

60. Träger der gesetzlichen Unfallversicherung

Beitragszahlung

Im Unterschied zu den sonstigen Sozialversicherungen wird die Unfallversicherung **allein durch die Beitragszahlung der Arbeitgeber/Arbeitgeberinnen** finanziert. Staatliche Zuschüsse sind nicht vorgesehen. Auch Arbeitnehmer/Arbeitnehmerinnen und sonstige Pflichtversicherte müssen keinen Beitragsanteil übernehmen. Dies liegt darin begründet, dass bei einem Arbeitsunfall oder einer Berufskrankheit des/der Beschäftigten die Unfallversicherung alle Folgekosten übernimmt und damit die Arbeitgeberseite von einer Schadenersatzpflicht befreit ist.

Die **Beitragshöhe** der einzelnen Praxis ist abhängig von den Gesamtausgaben der Unfallversicherung, dem Jahresverdienst aller Beschäftigen in der Praxis und von der allgemeinen Unfallgefahr im Berufsbereich (Gefahrtarif).

BEISPIEL

Während Arzt- und Zahnarztpraxen in eine niedrige Gefahrenklasse eingestuft sind, haben Tierarztpraxen wegen der relativ großen Verletzungsgefahr bei der Berufsausübung eine hohe Gefahrenklasse und müssen deshalb einen entsprechend höheren Beitrag zahlen.

Der Jahresbeitrag für den einzelnen Betrieb wird nachträglich durch ein **Umlageverfahren** errechnet. Sind z. B. die Aufwendungen für Arbeitsunfälle zurückgegangen, dann sinkt auch der Beitrag.

Die Leistungen der Unfallversicherung für Kindergartenkinder, Schüler/Schülerinnen u. a. werden von den Ländern und Gemeinden aus Steuermitteln finanziert.

61. Unfallversichert

Welche Leistungen übernimmt sie?
Unfälle sollen verhütet werden. Diese vordringliche Aufgabe der Unfallversicherung versucht die Berufsgenossenschaft durch weitreichende Unfallverhütungsvorschriften, Aufklärung im Rahmen von Schulungen, durch Informationsschriften, Plakate, Videos usw. zu erreichen.

Arbeitsunfälle	Wegeunfälle	Berufskrankheiten
Als Arbeitsunfälle werden Unfälle anerkannt, die sich während der **beruflichen Tätigkeit** ereignen (z. B. Schnitt- oder Sturzverletzungen in der Praxis, Biss bei der Behandlung einer Katze).	Auch der Weg von der Wohnung der Versicherten zur Arbeitsstelle und zurück ist versichert, unabhängig davon, welches Verkehrsmittel benutzt wird. Der Versicherungsschutz beginnt und	Bei einer durch die berufliche Tätigkeit entstandenen Krankheit kann der oder die Versicherte Leistungen erhalten, wenn die Krankheit in der Berufskrankheitsverordnung eingetragen und damit von der

Arbeitsunfälle	Wegeunfälle	Berufskrankheiten
Versichert sind z. B. auch Botengänge für die Praxis oder die Teilnahme an betrieblichen Veranstaltungen wie etwa an einer betrieblichen Schulung außerhalb der Praxis. Auch Unfälle im Rahmen des Berufsschulbesuchs und bei Studienfahrten der Berufsschule stehen unter dem Schutz der Unfallversicherung.	endet an der Haustür des Wohngebäudes. Geschützt ist allerdings nur der **direkte Weg** zur und von der Arbeitsstätte. Umwege sind nur dann versichert, wenn sie im Rahmen einer Fahrgemeinschaft stattfinden oder zur Unterbringung eines Kindes notwendig sind oder wenn eine Verkehrsumleitung vorliegt. Private Umwege, z. B. zur Erledigung von Einkäufen, sind nicht versichert.	Berufsgenossenschaft als Berufskrankheit anerkannt ist. Im Gesundheitsbereich sind bestimmte Haut- oder Atemwegserkrankungen oder Hepatitis B häufig gemeldete Krankheiten.

62. Schadenereignisse bei der gesetzlichen Unfallversicherung

Kommt es trotzdem zu einem Schadenfall, hat der oder die Versicherte Anspruch auf Milderung oder Beseitigung der Unfallfolgen und finanzielle Absicherung.

Der Arbeitgeber bzw. die Arbeitgeberin ist verpflichtet, der zuständigen Berufsgenossenschaft einen Arbeits- oder Wegeunfall bei einer mehr als dreitägigen Arbeitsunfähigkeit oder bei einem Todesfall spätestens innerhalb einer Dreitagesfrist, besser unverzüglich zu melden bzw. den Verdacht auf eine Berufskrankheit anzuzeigen. Der oder die Geschädigte muss einen **Durchgangsarzt** (D-Arzt) bzw. eine **Durchgangsärztin** (D-Ärztin) aufsuchen, wenn eine Arbeitsunfähigkeit über den Unfalltag hinaus besteht und die Krankheitsbehandlung über eine Woche dauern wird. D-Ärzte und -Ärztinnen sind Fachärzte bzw. Fachärztinnen für Chirurgie oder Orthopädie und Unfallchirurgie, die spezielle Voraussetzungen erfüllen. Der D-Arzt oder die D-Ärztin entscheidet dann über die weitere Behandlung.

Die Frage, ob Beschäftigte eine **Mitschuld** am Unfall hatten, spielt bei der Gewährung von Leistungen keine Rolle. Selbst fahrlässiges Verhalten (z. B. unvorsichtiges Überqueren einer Straße) führt nicht dazu, dass die Berufsgenossenschaft die Leistungen verweigern darf.

Lediglich dann, wenn der oder die Beschäftigte den Arbeits- oder Wegeunfall absichtlich („vorsätzlich“) verursacht hat, entfällt der Anspruch. Dies gilt z. B. auch dann, wenn Alkohol- oder Drogengenuss Ursache des Unfalls war.

Sachleistungen, z. B. die Reinigung eines beim Unfall verschmutzten Kleides oder die Autoreparatur beim Wegeunfall, werden von der Berufsgenossenschaft nicht übernommen.

FALLBEISPIEL

Urteile zur Unfallversicherung
Mittagspause! Auf dem Weg zur Kantine rutscht die Angestellte S. aus und verletzt sich. Die BG muss zahlen, denn der Weg dorthin und zurück gilt als versicherter Bereich. Das Essen selbst ist allerdings Privatsache und nicht versichert. Das musste eine Frau erfahren, deren Mann in einer Betriebskantine ein Knochenstück verschluckt hatte und daran verstorben war. Die BG verweigerte zu Recht eine Witwenrente aus der Unfallversicherung. Unterbricht jemand den Arbeitsweg nur ganz geringfügig, dann bleibt die Person weiterhin unfallversichert. Deutliche Wegunterbrechungen (längerer Zeitaufwand, größere Entfernung vom Fahrzeug) unterliegen allerdings nicht mehr dem Versicherungsschutz.

Unfallverhütung: Infektionsschutz in der Praxis

Beschäftigte in medizinischen bzw. tiermedizinischen Praxen müssen Arbeiten verrichten, von denen eine erhöhte Infektionsgefahr ausgehen kann. Insbesondere Tätigkeiten, die mit dem Umgang von Blut und sonstigen Körperflüssigkeiten in Verbindung stehen, erfordern daher einen besonderen Schutz vor unter Umständen infektiösem Material. Aufgrund der besonderen Bedeutung des Infektionsschutzes muss in der Praxis eine gesetzlich vorgeschriebene und regelmäßige **„Gefährdungsbeurteilung“** erfolgen (Vgl. Abb. 36), bei der die entsprechenden Tätigkeiten mit Infektionsgefahren erfasst und schriftlich aufgelistet werden. Begleitend sind Maßnahmen zur Infektionsvermeidung mit entsprechenden Betriebsanweisungen festzulegen, über die die Beschäftigten mindestens einmal jährlich unterrichtet werden müssen. Diese Unterrichtung muss durch eine Unterschrift bestätigt werden.

Neben der entsprechenden Gestaltung von Arbeitsräumen (leicht zu reinigende Boden- und Arbeitsflächen, Möglichkeiten zur Händedesinfektion usw.) und der Verwendung sicherer Arbeitsmittel (z. B. durchstichsichere und feuchtigkeitsdichte Abfall-Sammelbehälter) steht der **persönliche Arbeitsschutz** im Vordergrund.

Die medizinischen Fachkräfte müssen bei Tätigkeiten, bei denen ein Kontakt mit infektiösem Material möglich ist, eine entsprechende geschlossene Schutzkleidung tragen. Bei Kontakt und Verschmutzung ist diese umgehend zu wechseln. Das Arbeiten mit ausreichend festen und dichten Handschuhen ist unabdingbar. Vor allem beim Umgang mit Materialien, die zu Verletzungen führen können (z. B. Kanülen, Skalpelle, Lanzetten), ist trotz Handschuhen eine besondere Sorgfalt notwendig. Können bei der Tätigkeit Spritzer oder in der Luft zerstäubte Stoffe entstehen, ist entsprechende Vorsorge durch eine Schutzbrille sowie Mund- und Nasenschutz zu treffen.

Bei der Lagerung und Entsorgung von infektiösem Material sind die entsprechenden Vorschriften zu beachten. Gebrauchte Kanülen z. B. dürfen nicht in die Schutzkappe zurückgesteckt werden, sondern sind in entsprechenden Behältern kontaktlos zu entsorgen.

Nach Beendigung der Tätigkeit sind die Arbeitsflächen und Hände zu reinigen, zu desinfizieren und mit Einmaltüchern zu trocknen. Eine anschließende Handpflege schützt die Haut zusätzlich.

Zur sachgerechten Durchführung der Schutz- und Hygienemaßnahmen ist u. a. die praxisbezogene Erstellung eines „Reinigungs- und Desinfektionsplans" sowie eines „Hautschutz- und Händehygieneplans" sinnvoll. Weitere Hinweise und Informationen finden Sie im Internet z. B. unter www.bgw-online.de.

Bei Unfällen oder Berufskrankheiten übernimmt die Berufsgenossenschaft die Kosten der **Heilbehandlung.**

Zur Heilbehandlung zählen die Kosten der ärztlichen und zahnärztlichen Betreuung bei einem D-Arzt/einer D-Ärztin oder bei stationärer Aufnahme die Krankenhauskosten in einer berufsgenossenschaftlichen Unfallklinik (bzw. eines anderen, von der Berufsgenossenschaft zugelassenen Krankenhauses).

Auch die Kosten für Arznei- und Verbandsmittel sowie Heil- und Hilfsmittel einschließlich therapeutischer Maßnahmen (z. B. Krankengymnastik) werden ohne zeitliche Einschränkung übernommen, ebenso eine notwendige stationäre Behandlung in einer Rehabilitationseinrichtung.

Eine Selbstbeteiligung des oder der Versicherten an den Krankheitskosten wie bei der gesetzlichen Krankenversicherung gibt es bei der Unfallversicherung **nicht**.

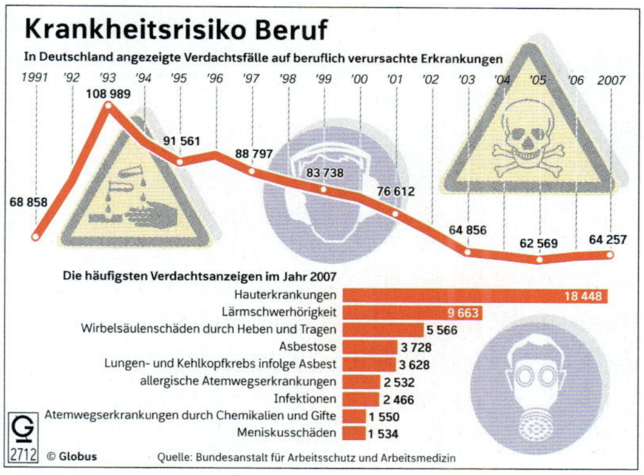

63. Häufige Berufskrankheiten

Während der medizinischen Maßnahmen wird den Versicherten nach Ablauf der betrieblichen Gehaltsfortzahlung ein **Verletztengeld** gezahlt, wenn aufgrund des Unfalls weiterhin Arbeitsunfähigkeit vorliegt und kein Arbeitseinkommen mehr erhalten wird.

Mit berufsfördernden Leistungen zur Rehabilitation soll zunächst eine Wiedereingliederung in den bisher ausgeübten Beruf erreicht werden. Ist dies aufgrund der Verletzung oder einer Berufskrankheit nicht möglich, dann übernimmt die Berufsgenossenschaft die Kosten der Ausbildung für einen anderen Beruf (**Umschulung**) einschließlich der Fahrt-, Verpflegungs- und Unterbringungskosten.

Während der Rehabilitationsmaßnahmen wird zur finanziellen Absicherung der oder des Versicherten Verletztengeld gezahlt.

Kann trotz Heilbehandlung die volle Erwerbsfähigkeit nicht wiederhergestellt werden, wird eine **Verletztenrente** gezahlt, wenn die Reduzierung der Arbeitskraft mindestens ein halbes Jahr lang besteht und die Erwerbsfähigkeit um mindestens 20 % verringert ist. Dies wird meist durch ein Gutachten festgestellt. Die Höhe der Rente ist davon abhängig, wie stark die Erwerbsfähigkeit eingeschränkt ist und wie hoch das Einkommen vor der Erkrankung war.

> **BEISPIEL**
> Stefanie Mauser hätte bei totaler Erwerbsunfähigkeit eine Vollrente von monatlich 1100,00 EUR zu erwarten. Durch den Verlust eines Daumens aufgrund eines Praxisunfalls erhält sie eine Verletztenrente von 20 %, was 220,00 EUR entspricht.

Stirbt die oder der Versicherte an den Folgen eines Arbeitsunfalls oder einer Berufskrankheit, erhalten die Hinterbliebenen ein **Sterbegeld** als Zuschuss zu den Bestattungs- und Überführungskosten.

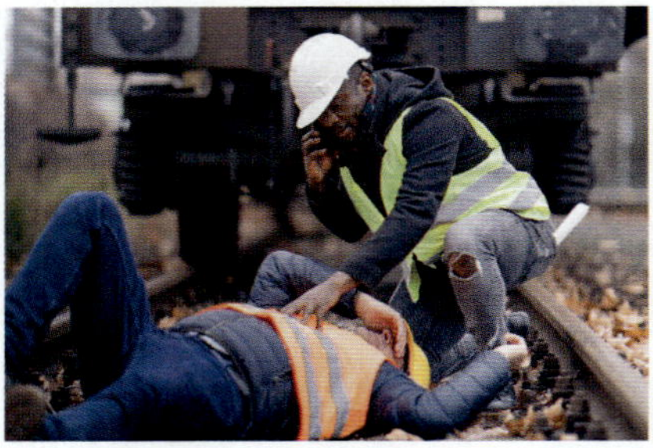

64. Ersthelfer nach Arbeitsunfall

Der Ehepartner bzw. die Ehepartnerin der oder des Verstorbenen erhält eine **Witwen- bzw. Witwerrente.** An jedes Kind wird **Waisenrente** bis zum 18. Lebensjahr gezahlt, bei Schul- und Berufsausbildung oder bei einer Behinderung bis zum 27. Lebensjahr. Eigenes Einkommen wird ab einer bestimmten Höhe anteilig auf die Rente angerechnet.

Aufgrund besserer Vorsorge und Unfallverhütungsmaßnahmen ist die Zahl der gemeldeten Arbeitsunfälle in den letzten Jahren zurückgegangen. Gestiegen ist dagegen die Zahl der Wegeunfälle, bei denen die Pkw-Unfälle den Hauptanteil ausmachen.

ÜBUNGSAUFGABEN

1. Welche Aufgaben hat die gesetzliche Unfallversicherung?
2. Wie heißt die für medizinische Berufe zuständige Berufsgenossenschaft?
3. Welche Besonderheiten gibt es bei der Beitragsberechnung und Beitragszahlung für die gesetzliche Unfallversicherung?
4. Nennen Sie jeweils zwei Beispiele für
   a) Arbeitsunfälle,
   b) Wegeunfälle und
   c) Berufskrankheiten.
5. Was versteht man unter einem Durchgangsarzt/einer Durchgangsärztin und wann muss diese/r konsultiert werden?
6. Was ist unter einer „Gefährdungsbeurteilung" zu verstehen?
7. Die Auszubildende Gülay kommt verspätet in die Praxis. Beim Verlassen ihrer Wohnung ist sie auf der Haustreppe gestürzt und hat sich verletzt. „Das müssen wir der BG melden, es handelt sich um einen Wegeunfall", erklärt ihre Kollegin. Wie beurteilen Sie die Aussage der Kollegin?
8. Bei einer Praxisfortbildung außerhalb der Praxiszeit stürzt der Auszubildende Michael und erleidet einen komplizierten Bruch des Fußgelenks. Kann er Leistungen der Berufsgenossenschaft beanspruchen?
9. Was muss bei einem betrieblichen Unfall unternommen werden?
10. Welche Leistungen gewährt die gesetzliche Unfallversicherung im Schadenfall? Erstellen Sie eine Übersicht.

4.8 Sonstige staatliche Sozialleistungen

Sozialhilfe

Bei der Gründung der Bundesrepublik Deutschland bestand Einigkeit, dass der neue Staat ein **sozialer Bundesstaat** sein sollte. Jedem Bürger und jeder Bürgerin sollte ein „menschenwürdiges“ Leben ermöglicht werden. Als Ausdruck dieser Überzeugung wurden im Grundgesetz Deutschlands folgende Artikel festgeschrieben:

- „Die Bundesrepublik Deutschland ist ein demokratischer und sozialer Bundesstaat“ (Art. 20).
- „Die verfassungsmäßige Ordnung in den Ländern muss den Grundsätzen des ... sozialen Rechtsstaates ... entsprechen“ (Art. 28).

Aus diesen beiden Artikeln ergibt sich die Verpflichtung des Staates, bedürftige Bürger und Bürgerinnen zu unterstützen. Mit den Regelungen im Sozialgesetzbuch (SGB) wurde hierzu eine umfangreiche Gesetzesgrundlage geschaffen. Finanzielle Hilfen sind keine „Almosen“ oder „Geschenke“ des Staates. Die Betroffenen haben einen **Rechtsanspruch** darauf.

Durch die Sozialhilfe soll eine Lebensführung ermöglicht werden, die der Würde des Menschen entspricht (§ 1 SGB XII) und vor Armut sowie sozialer Ausgrenzung bewahrt.

Die Sozialversicherungen garantieren den meisten Menschen eine finanzielle Absicherung im Alter und im Falle von Krankheit, Arbeitslosigkeit oder bei einem Arbeitsunfall. Menschen können aber auch plötzlich in Not geraten, ohne dass sie durch die Sozialversicherungen ausreichend finanziell abgesichert sind.

In diesem Fall besteht ein Anspruch auf **Sozialhilfe.** Denn unabhängig davon, ob eine Notlage selbst verschuldet ist oder nicht, muss Hilfe demjenigen gewährt werden, der sich selbst nicht helfen kann oder die Hilfe nicht von anderen, z. B. Familienangehörigen, erhält. Im Sozialgesetzbuch (SGB XII) ist die Sozialhilfe umfassend geregelt.

Durch die Zusammenlegung der Sozialhilfe mit der Arbeitslosenhilfe zum Arbeitslosengeld II (vgl. Seite 105 f.) hat sich der Kreis der Anspruchsberechtigten reduziert: Sozialhilfe erhalten nur noch diejenigen Menschen, die dauerhaft oder vorübergehend keiner Erwerbstätigkeit nachgehen können. Hierunter fallen z. B. Menschen, die keine oder nur eine sehr geringe Erwerbsminderungsrente erhalten, oder z. B. Alleinerziehende die keinen Unterhalt für sich bzw. ihre Kinder erhalten.

Da Sozialhilfe aber nach wie vor **Hilfe zur Selbsthilfe** sein soll, sind Empfänger von Sozialhilfe verpflichtet, alles zu tun, was zur Verbesserung ihrer Situation beiträgt. Sobald sich z. B. der Gesundheitszustand eines kranken Menschen verbessert oder Alleinerziehende einen Kinderbetreuungsplatz haben, müssen sie eine angebotene Erwerbstätigkeit annehmen. Ansonsten drohen ihnen finanzielle Einbußen.

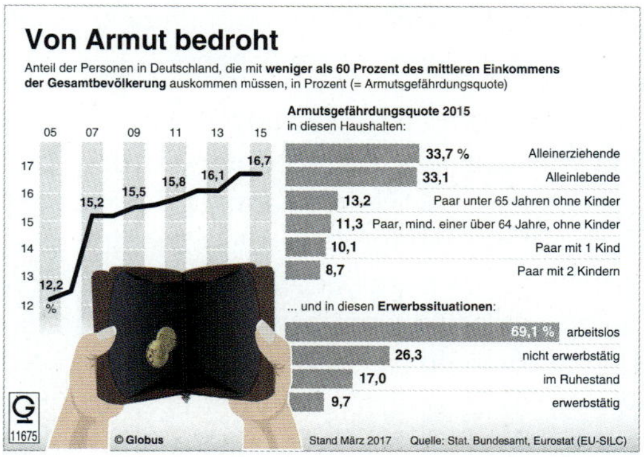

65. Armut in Deutschland

Träger der Sozialhilfe sind die **Städte und Landkreise,** in denen die Anspruchsberechtigten wohnen. Diese Träger müssen die Ausgaben für die Sozialhilfe im Rahmen ihrer Haushaltseinnahmen bestreiten.

Leistungen im Rahmen der Sozialhilfe müssen nicht zurückgezahlt werden, es sei denn, sie wurden ungerechtfertigt gezahlt (z. B. bei verschwiegenem Vermögen oder Schwarzarbeit).

Fall 1: Elke H., 23 Jahre
- Keine abgeschlossene Ausbildung
- Zeitweise als Hilfsarbeiterin tätig
- Kinder: Zwillinge Ina und Carlo, zwei Jahre
- Vater der Kinder: drogensüchtig, arbeitslos

Fall 2: Franz Z., 33 Jahre
- Kaufmännischer Angestellter
- Durch einen Sportunfall Frührentner
- Rente: 190,00 EUR im Monat
- Geschieden
- Verdienst der Ex-Frau: 550,00 EUR netto

Fall 3: Erna S., 48 Jahre
- Hausfrau, sechs Kinder
- Seit zwei Jahren Witwe
- Witwenrente: 250,00 EUR

66. Wenn Sozialhilfe die einzige Rettung ist

Unter Umständen müssen auch die engsten Familienangehörigen innerhalb eines gewissen Rahmens für die Sozialhilfe eigener Angehöriger aufkommen (z. B. Ehepartner oder Ehepartnerin, Eltern/volljährige Kinder gegenseitig).

Da dem Menschen so geholfen werden soll, wie es seine spezielle Lage erfordert, ist die Sozialhilfe in **sieben Bereiche** gegliedert, die jeweils Leistungen in bestimmten Lebenslagen regeln:

- Hilfe zum Lebensunterhalt
- Grundsicherung im Alter und bei Erwerbsminderung
- Hilfen zur Gesundheit
- Hilfe zur Pflege
- Hilfe zur Überwindung besonderer sozialer Schwierigkeiten
- Hilfe in anderen Lebenslagen

Die **Hilfe zum Lebensunterhalt** besteht in einer vorübergehenden oder regelmäßigen monatlichen finanziellen Unterstützung, bis der Betreffende seinen Lebensunterhalt wieder selbst bestreiten kann. Ihre Höhe richtet sich nach den persönlichen Verhältnissen und der daraus folgenden Zuordnung zu verschiedenen Regelbedarfsstufen. Der grundlegende Regelbedarf beträgt 449,00 EUR monatlich (Stand 2022). Diesen Satz erhalten Alleinstehende bzw. Haushaltsvorstände; Ehe- oder Lebenspartner/-partnerinnen bekommen ca. 90 % davon. Für jeden weiteren Haushaltsangehörigen gibt es vom Alter abhängige zusätzliche Beträge. Für Kinder werden nach dem Alter gestaffelte Festbeträge gezahlt. Zusätzlich übernimmt das Sozialamt die Kosten für eine angemessene Wohnung einschließlich der Heizkosten. Einmalige Leistungen für z. B. Haushaltsausstattung oder Kleidung können zusätzlich gewährt werden. Kindergeld oder andere Einkünfte werden auf diese Leistungen angerechnet. Bestimmte Personengruppen, wie z. B. Schwangere, Alleinerziehende mit Kindern oder Kranke, erhalten einen prozentualen Mehrbedarfszuschlag. Die finanziellen Leistungen der **Grundsicherung im Alter und bei Erwerbsminderung** entsprechen den oben dargestellten Regelbedarfsvorschriften.

Grundsätzlich sind alle Personen, die Sozialhilfe empfangen, im Rahmen der **Hilfen zur Gesundheit** den gesetzlich Krankenversicherten gleichgestellt und werden wie Kassenpatienten/-patientinnen behandelt. Sie erhalten eine elektronische Gesundheitskarte einer Krankenkasse und haben freie Arztwahl. Zuzahlungen (vgl. Abb. 43) müssen aber im Rahmen der finanziellen Belastbarkeit entrichtet werden. Die **Hilfe zur Pflege** besteht im Wesentlichen aus einer Kostenübernahme von nicht durch die Pflegeversicherung oder eigenen finanziellen Mitteln gedeckten pflegebedingten Aufwendungen, wie z. B. teilweise Übernahme von hohen stationären Pflegekosten. Weitere Hilfeleistungen im Rahmen der Sozialhilfe werden bei Obdachlosigkeit, im Rahmen der Alten- und Blindenhilfe oder für Bestattungskosten gewährt.

Gegen einen Sozialhilfebescheid kann Widerspruch eingelegt werden. Das Sozialamt prüft dann erneut den Anspruch. Anschließend bleibt die Möglichkeit, gegen den Sozialhilfebescheid beim **Verwaltungsgericht** zu klagen.

Kindergeld

Wer sich für Kinder entscheidet, nimmt erhebliche Belastungen gegenüber kinderlosen Paaren oder Singles in Kauf:

- Oft verzichtet ein Elternteil jahrelang auf eine Berufsausübung bzw. arbeitet nur Teilzeit.
- Kinder kosten mehr Geld, als der Staat für Kinder in Form von Kinder- und Elterngeld zahlt.

Eltern sind also oft in zweifacher Weise finanziell belastet: Einerseits verzichten sie für die Erziehung ihrer Kinder auf einen Teil ihres Einkommens, andererseits haben sie höhere Kosten (z. B. bei Ernährung, Kleidung, Spielsachen, Urlaub).

67. Gut leben vom Kindergeld?

Um diese Nachteile abzumildern, zahlt der Staat für alle leiblichen, adoptierten, Stief- und Pflegekinder bis zu folgenden **Altersgrenzen** Kindergeld:

- Bis zum vollendeten 18. Lebensjahr wird für alle Kinder gezahlt.
- Bis zum 21. Lebensjahr, wenn das Kind arbeitssuchend oder arbeitslos ist.
- Bis zum 25. Lebensjahr, wenn eine Schul-, Hochschul- oder Berufsausbildung stattfindet oder wenn eine Berufsausbildung mangels Ausbildungsplatz nicht begonnen oder fortgesetzt werden kann.

- Über das 18. Lebensjahr hinaus wird ohne Altersgrenze Kindergeld gezahlt, wenn eine Behinderung vorliegt und das Kind sich deshalb nicht selbst versorgen kann.

Erhält ein über 18 Jahre altes Kind aufgrund der oben genannten Voraussetzungen Kindergeld, kann dieser Anspruch verloren gehen, wenn eine geregelte berufliche Tätigkeit mit über 20 Stunden wöchentlich ausgeübt wird. Die Ausbildungsvergütung, unabhängig von deren Höhe, oder ein Minijob sind „unschädlich“, ein Kindergeldanspruch besteht weiter.

Das aus Steuern finanzierte Kindergeld beträgt (Stand 2022) für

- das erste und zweite Kind jeweils 219,00 EUR,
- das dritte Kind 225,00 EUR,
- jedes weitere Kind 250,00 EUR.

Den anspruchsberechtigten Eltern wird das Kindergeld jeden Monat von der zuständigen Familienkasse (normalerweise bei der örtlichen Agentur für Arbeit angesiedelt) direkt überwiesen. Im Rahmen einer Steuererklärung kann später überprüft werden, ob der **staatliche Kinderfreibetrag** die Eltern finanziell besser stellt. In diesem Fall erhalten sie dann noch eine zusätzliche Steuerentlastung.

Neben dem Kindergeld bzw. Kinderfreibetrag gewährt der Staat für die Erziehung von Kindern noch folgende Vergünstigungen:

- Elterngeld/Elterngeld Plus (vgl. Seite 66 f.)
- Steuerliche Anerkennung von Kinderbetreuungskosten und Ausbildungsfreibetrag für volljährige Kinder bei auswärtiger Unterbringung
- Kinderzulage Riester-Rente (vgl. Seite 118 f.)
- Leistungen für Bildung und Teilhabe (Nachhilfe, kostenloses Schulessen etc.) bei geringem Elterneinkommen
- Ausbildungsförderung (BAföG, vgl. Seite 131)

Wohngeld

Menschen mit zu geringem Einkommen haben einen Rechtsanspruch auf staatliche Unterstützung in Form von **Wohngeld.**

Es wird nur dann ausgezahlt, wenn es bei der örtlichen Wohngeldstelle beantragt wurde. Der Staat übernimmt dabei aber in keinem Fall die vollen Kosten, sondern zahlt Wohngeld lediglich als **Zuschuss** aus. Einen Teil muss der Empfänger/die Empfängerin in jedem Fall selbst bezahlen. Wohngeld können folgende **Personengruppen** beantragen:

- **Mieter** und **Mieterinnen** einer Wohnung als Mietzuschuss

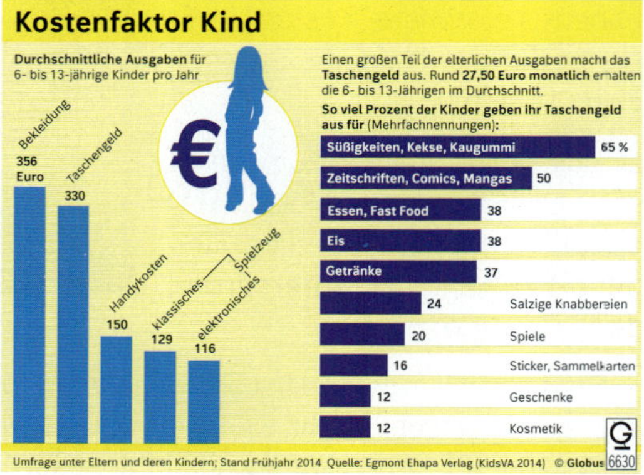

68. Kinder kosten Geld

- **Eigentümer** und Eigentümerinnen eines selbst genutzten Hauses oder einer Eigentumswohnung als Zuschuss zu den Abzahlungsraten eines Kredits

Vor der Auszahlung des Wohngeldes prüft das Wohnungsamt, ob der Mieter oder die Mieterin in eine billigere Mietwohnung umziehen kann. Bei Personen mit Haus- bzw. Wohnungseigentum wird geprüft, ob sie dadurch in die Lage versetzt werden, ihre Schulden in absehbarer Zeit abzuzahlen. Die **Höhe** des Wohngeldes richtet sich nach drei Faktoren:

- Größe der Wohnung (entsprechend der Anzahl der Familienmitglieder, je mehr Angehörige, desto mehr Quadratmeter werden anerkannt)
- Höhe des monatlichen Einkommens aller Personen, die in der Wohnung gemeldet sind (je höher, desto weniger Zuschuss)
- Höhe der zuschussfähigen Miete (entsprechend dem örtlichen Mietspiegel) oder finanzielle Belastung bei selbstgenutztem Eigentum.
- Das Wohngeld wird automatisch alle zwei Jahre an die aktuelle Miet- und Einkommensentwicklung angepasst.

BAföG

Hinter der Abkürzung **BAföG** versteckt sich die Bezeichnung **Bundesausbildungsförderungsgesetz.** Darin ist geregelt, welche Personen allgemein Anspruch auf finanzielle Förderung durch monatliche Zahlungen während ihrer Ausbildung haben.

Dies sind

- Schüler und Schülerinnen ab der Klasse 10, die nicht mehr zu Hause wohnen, sowie Schüler und Schülerinnen an Abendschulen.
- Studierende von Hochschulen und Fachhochschulen.

Zwischen Schüler- und Studiernden-BAföG bestehen folgende Unterschiede:

- Schüler/Schülerinnen-BAföG
  - geringer
  - finanzieller Zuschuss, der später nicht zurückgezahlt werden muss
- Studiernden-BAföG
  - höher
  - Darlehen, das aber später zur Hälfte zurückgezahlt werden muss. Der maximale Rückzahlungsbetrag ist aber begrenzt (2020 = 10 010,00 EUR)

Ob bzw. wie viel BAföG gezahlt wird, hängt vom eigenen Einkommen und dem der Eltern ab.

ÜBUNGSAUFGABEN

1. Welche Aufgabe hat die Sozialhilfe?
2. Nennen Sie drei Beispiele, für die Leistungen der Sozialhilfe infrage kommen.
3. Welche Leistungen könnte eine alleinerziehende Frau mit einem 7-jährigen Kind im Rahmen der Sozialhilfe erhalten?
4. Für welche Kinder wird Kindergeld gezahlt?
5. Familie Schröder hat vier Kinder:
   - Silvana, 12 Jahre alt,
   - Kurt (adoptiertes Kind), 8 Jahre alt,
   - Emelie, Auszubildende im 2. Ausbildungsjahr, 19 Jahre alt,
   - Fritz, Student der Medizin, 27 Jahre alt.

   Für welche Kinder haben die Eltern einen Kindergeldanspruch und wie hoch ist das Kindergeld der Familie Schröder?
6. a) Welcher Personenkreis kann Wohngeld erhalten?
   b) Wovon ist die Höhe des Wohngeldes abhängig?
7. a) Wer kann eine Förderung nach BAföG erhalten?
   b) Welcher Unterschiede bestehen bei der BAföG-Rückzahlung?

4.9 Privatversicherungen

Die **Privatversicherungen** (Individualversicherungen) bieten Möglichkeiten, sich zusätzlich zu den gesetzlichen Sozialversicherungen gegen Risiken aus dem privaten Lebensbereich abzusichern. Anders als bei den Sozialversicherungen gibt es dabei keine soziale Komponente:

69. Sind Privatversicherungen notwendig?

- Die Leistungen, die die Versicherungen im Schadenfall zahlen, sind von der Höhe des Beitrags abhängig (**Äquivalenzprinzip**).
- Es gibt keine Pflichtmitglieder. Ob eine Versicherung abgeschlossen wird oder nicht, ist freigestellt (Ausnahme: Kfz-Haftpflichtversicherung für jedes angemeldete Fahrzeug).

Individualversicherungen (Privatversicherungen)	Sozialversicherungen
• Freiwillige Versicherung • Jede natürliche und juristische Person kann Verträge abschließen.	• Gesetzlich vorgeschriebene Versicherung (Pflichtversicherung) • Versichert sind (mit kleinen Ausnahmen) die Arbeitnehmer/Arbeitnehmerinnen.

Individualversicherungen (Privatversicherungen)	Sozialversicherungen
• Leistungen werden vertraglich vereinbart (Versicherungsvertrag/-police). • Beitrag richtet sich nach Art und Höhe des versicherten Risikos. • Der/die Versicherte trägt den Beitrag alleine. • Träger sind private oder öffentlich-rechtliche Versicherungen. *Beispiele:* – Haftpflichtversicherung – Lebensversicherung – Private Unfallversicherung – Hausratversicherung – Auslandskrankenversicherung	• Leistungen sind gesetzlich festgelegt (Sozialgesetzbuch). • Beitrag richtet sich nach dem Einkommen des/der Versicherten. • Beitragszuschuss durch Arbeitgeber/Arbeitgeberin • Träger sind staatliche Einrichtungen. *Beispiele:* – Gesetzliche Krankenversicherung – Rentenversicherung – Arbeitslosenversicherung – Pflegeversicherung – Unfallversicherung

70. Versicherungen gegen die Risiken des Lebens

Sechs Versicherungspolicen besitzen Deutsche im Schnitt, doch nicht immer sind es die richtigen. Die Frage nach dem persönlichen Versicherungsbedarf steht deshalb an erster Stelle. Je nach Familiensituation, Risikolage und Lebensabschnitt sollte ein eigenes Schutzkonzept entwickelt werden. Beim Abschluss einer Versicherung stehen mehrere Versicherungsgesellschaften zur Auswahl. Es lohnt sich, die Leistungen und Kosten zu vergleichen, denn zwischen den Angeboten bestehen oft erhebliche Unterschiede.

BEISPIEL

Frau Meier hat bei der Versicherungsgesellschaft A eine Lebensversicherung, bei der Versicherungsgesellschaft B eine Hausratversicherung und bei der Versicherung C eine Haftpflichtversicherung abgeschlossen. Dabei hat sie die jeweils kostengünstigste Versicherungsgesellschaft ausgewählt.

Je nachdem, welche Schäden sie abdecken, unterscheidet man bei den Privatversicherungen zwischen folgenden Zweigen:

Personenversicherungen. Sie dienen dazu, den eigenen Lebensstandard bzw. den der eigenen Familie abzusichern, wenn eine Person selbst aufgrund eines unvorhergesehenen Ereignisses (z. B. Krankheit, Tod) plötzlich nicht mehr das gewohnte Einkommen erzielen kann.

- **Sachversicherungen.** Sie dienen dazu, die eigenen Sachen zu versichern, falls sie gestohlen oder zerstört werden (z. B. Diebstahl, Feuer, Sturm).
- **Vermögensversicherungen.** Sie sind dann sinnvoll, wenn das eigene Vermögen gegen Ansprüche von anderen Menschen absichert werden möchte. Solche Ansprüche können z. B. entstehen, wenn die versicherte Person jemandem einen Schaden zugefügt hat und die betroffene Person Schadenersatz fordert.

Der **Unterschied** zwischen den **Sach-** und **Vermögensversicherungen** lässt sich am Beispiel der Kfz-Versicherungen aufzeigen. Die Kfz-Vollkasko- oder Teilkaskoversicherungen decken die Schäden, die den eigenen Pkw betreffen (z. B. Diebstahl, Steinschlag). Folglich gehören sie zum Zweig der Sachversicherungen. Die Kfz-Haftpflichtversicherung übernimmt die Schäden, die jemand anderen Personen im Straßenverkehr zufügt und die ersetzt werden müssen, z. B. nach einem verschuldeten Unfall. Daher gehört sie zum Zweig der Vermögensversicherungen.

Personenversicherungen	versichern Schäden an der eigenen Person ***Beispiele:*** • Lebensversicherung • Private Krankenversicherung • Private Unfallversicherung
Sachversicherungen	versichern Schäden an den eigenen Sachen/dem Eigentum ***Beispiele:*** • Gebäudeversicherung Sturm/Wasser/Elementarschäden • Feuerversicherung • Hausratversicherung • Kfz-Voll-/Teilkaskoversicherung
Vermögensversicherungen	versichern Schäden, die eine versicherte Person anderen zufügt ***Beispiele:*** • Private Haftpflichtversicherung • Kfz-Haftpflichtversicherung • Rechtsschutzversicherung

71. Zweige der Individualversicherungen (Privatversicherungen)

Exkurs

Tierhalter-Haftpflichtversicherung

Wenn der Hund beißt oder das Pferd austritt – Tierhalter und Tierhalterinnen haften immer, wenn ihre Lieblinge einen Schaden verursachen. Vögel, Katzen und andere Kleintiere sind über eine private Haftpflichtversicherung mitversichert. Hunde und Pferde, Wildtiere oder gewerblich gehaltene Tiere werden davon jedoch nicht erfasst, für sie sollte deshalb eine Tierhalter-Haftpflichtversicherung extra abgeschlossen werden. Wenn das Tier einen Schaden verursacht, übernimmt diesen die Versicherung unabhängig von der Frage nach dem Verschulden. Versichert ist neben dem Tierhalter/der Tierhalterin auch, wer z. B. einen Hund aus Gefälligkeit ausführt.

Versicherungsart	Schutz/Leistung
	Personenversicherung
Lebensversicherung	Beim Tod des/der Versicherten erhalten die Hinterbliebenen die Versicherungssumme ausgezahlt (Risikolebensversicherung). Bei einer Kapitallebensversicherung wird der Hinterbliebenenschutz mit einem Sparvertrag kombiniert, dessen Gesamtbetrag beim Erreichen eines bestimmten Alters an die versicherte Person ausgezahlt wird. Während die Risikolebensversicherung beispielsweise zur Absicherung einer jungen Familie anzuraten ist, sollte eine sehr langfristige Kapitallebensversicherung vor Abschluss wegen eventuell hoher Kosten und einer geringen Verzinsung mit andern flexibleren Geldanlageformen verglichen werden.
Private Krankenversicherung	Übernimmt Krankheitskosten von nicht versicherungspflichtigen Personen, z. B. Beamten/Beamtinnen, Selbstständigen oder Beschäftigten über der Versicherungspflichtgrenze. Neben dem grundlegenden Versicherungsschutz für ambulante und stationäre Krankheitskosten können einzelne eigenständige Zusatzversicherungen, z. B. für Einzel- oder Zweibettzimmer und Chefarztbehandlung im Krankenhaus, volle Kostenübernahme bei Zahnbehandlungen/Zahnersatz oder Krankentagegeld, abgeschlossen werden. Die Beitragshöhe ist von den versicherten Risiken abhängig, Eintrittsalter, Gesundheitszustand sowie Vorerkrankungen spielen hierbei eine Rolle. Bei Auslandsaufenthalten ist meist eine **Auslandskrankenversicherung** zu empfehlen, die die Kosten einer ärztlichen Behandlung im Ausland abdeckt.
Berufsunfähigkeitsversicherung	Wer aus gesundheitlichen Gründen seine Arbeit aufgeben muss, erleidet hohe finanzielle Verluste. Denn die gesetzliche Rentenversicherung zahlt in den ersten fünf Beschäftigungsjahren nichts bzw. danach nur eine relativ geringe Erwerbsminderungsrente. Deshalb ist besonders zum Berufseinstieg und in jungen Jahren eine Berufsunfähigkeitsversicherung sinnvoll, die im Schadenfall eine Zusatzrente absichert.
Private Unfallversicherung	Versichert Personenschäden, die bei privaten Unfällen entstehen. Im Versicherungsfall wird bei Vollinvalidität (z. B. Erblindung) eine finanzielle Leistung je nach Höhe der abgeschlossenen Versicherungssumme erbracht. Bei Teilinvalidi-tät erhält die versicherte Person einen anteiligen Betrag aus der Versicherungssumme (z. B. 10 % bei Verlust des Zeigefingers). Besonderheit: Die Private Unfallversicherung wird versicherungsrechtlich den Sachversicherungen zugeordnet.

Versicherungsart	Schutz/Leistung
	Sachversicherung
Hausrat-versicherung	Die Einrichtung eines Hauses oder einer Wohnung ist gegen Beschädigung oder Verlust versichert. Ersetzt wird der Neuwert bei Schäden durch Feuer, Einbruchdiebstahl, Raub, Leitungswasser, Sturm oder Hagel. Die Versicherung lohnt sich allerdings nur dann, wenn auch die Einrichtung einen entsprechenden Wert hat. Je nach Wohnlage ist eine zusätzliche Elementarversicherung zum Schutz bei Überschwemmungen empfehlenswert.
Kfz-Teilkasko- oder Vollkasko-versicherung	Die Kfz-Teilkaskoversicherung ersetzt Schäden am eigenen Fahrzeug aufgrund von Feuer, Hagel, Sturm oder bei einem Wildunfall. Bei Diebstahl wird der Wert des entwendeten Fahrzeugs ersetzt. Die Kfz-Vollkaskoversicherung übernimmt darüber hinaus Reparaturkosten am eigenen Fahrzeug bei einem selbst verschuldeten Unfall oder sonstiger Beschädigung des Fahrzeugs.
	Vermögensversicherung
Private Haftpflicht-versicherung	Diese Versicherung sollte jeder Mensch besitzen, denn sie steht für Schäden ein, die jemand anderen aus Unachtsamkeit zufügt und für die sonst uneingeschränkt persönlich gezahlt werden müsste. Je nach dem versicherten Bereich unterscheidet man z. B. Privathaftpflicht-, Kfz-Haftpflicht-, Berufshaftpflicht- oder Tierhaftpflichtversicherungen.
Rechtsschutz-versicherung	Sie übernimmt die Anwalts- und Gerichtskosten bei Gerichtsprozessen. Während ein Kfz-Rechtsschutz durchaus sinnvoll ist, sollte bei weiterer Absicherung zunächst geprüft werden, ob jemand nicht bereits versichert ist (z. B. durch die Mitgliedschaft in einer Gewerkschaft oder im Mieterverein).

72. Übersicht über Privatversicherungen

ÜBUNGSAUFGABEN

1. Welches sind die zwei grundlegenden Merkmale der Privatversicherungen im Gegensatz zur Sozialversicherung?
2. a) Zwischen welchen drei Bereichen wird bei den Privatversicherungen unterschieden?
   b) Zählen Sie zu jedem Bereich zwei Beispiele auf und erklären Sie dazu, welche Leistungen die Versicherung im Schadenfall leistet.
3. Welche Privatversicherungen sollte eine Person Ihrer Meinung nach unbedingt abschließen? Begründen Sie Ihre Meinung.

4.10 Sozialgerichtsbarkeit

Wenn eine Bürgerin oder ein Bürger die Entscheidung

- eines Sozialversicherungsträgers (Kranken-, Pflege-, Renten-, Arbeitslosen- oder Unfallversicherung) oder
- einer Behörde, die für staatliche Sozialleistungen zuständig ist (z. B. Sozialhilfe oder „Hartz IV", Versorgungsamt für Schwerbehindertenleistungen),

nicht anerkennt, muss zunächst bei dem Sozialversicherungsträger oder der Behörde **Widerspruch** eingelegt werden. (Ausnahmen: z. B. Wohngeld oder BAföG; hier sind die Verwaltungsgerichte zuständig.)

BEISPIEL

Dem Rentner Helmut Schibulske erscheint die Berechnung seiner Rente durch die Deutsche Rentenversicherung Bund zu niedrig.

BEISPIEL

Die arbeitslose Erika Hansen ist nicht damit einverstanden, dass die Agentur für Arbeit ihre Leistungen gekürzt hat.

Im Bescheid des Sozialversicherungsträgers bzw. der Behörde muss auf die Möglichkeit des Widerspruchs und die Frist, innerhalb der dies er erfolgen muss, hingewiesen werden (meist ein Monat). Wenn eine Bürgerin oder ein Bürger einen Widerspruch einreicht und dieser abgelehnt wird, bleibt nur die Möglichkeit, vor dem **Sozialgericht** zu klagen. Die Klage ist schriftlich oder zur Niederschrift direkt beim Sozialgericht einzureichen.

Folgender Klageweg ist vorgegeben:

- Klage vor dem **örtlichen Sozialgericht**
- Ist die Klägerin/der Kläger mit der Entscheidung nicht einverstanden: Berufung vor dem **Landessozialgericht**

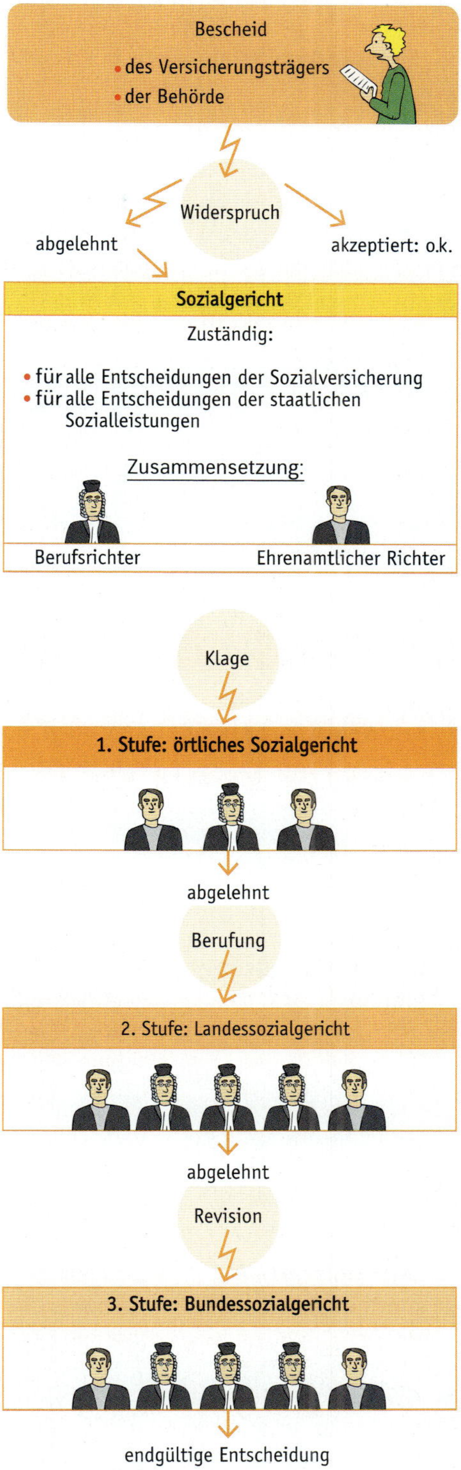

73. Ablauf eines Klageverfahrens

- Ist die Klägerin/der Kläger mit der Entscheidung nicht einverstanden: Revision vor dem **Bundessozialgericht** in Kassel

Eine weitere Klagemöglichkeit gibt es nicht mehr.

Auch der Sozialversicherungsträger bzw. die Behörde kann diesen Rechtsweg beschreiten.

Bei Verhandlungen vor einem Sozialgericht fallen für klagenden Bürger innen und Bürger grundsätzlich keine Gerichtskosten an, egal ob er das Verfahren gewinnt oder verliert. Das Sozialgericht entscheidet in seinem Urteil allerdings, wer eventuell anfallende Rechtsanwaltskosten bezahlen muss.

ÜBUNGSAUFGABEN

1. Nennen Sie drei Beispiele, bei denen eine Klage vor dem Sozialgericht infrage kommt.
2. Welche Kosten entstehen bei einem Prozess vor dem Sozialgericht?

Glossar

Sozialer Ausgleich Krankenversicherung	Die gesetzliche Krankenversicherung als Solidarversicherung sorgt für einen sozialen Ausgleich zwischen ihren Mitgliedern: Die Beiträge steigen mit dem Einkommen, die Leistungen bleiben aber für alle gleich. Beim Versicherungseintritt gibt es keine Gesundheitsprüfung. Nicht berufstätige Familienmitglieder sind beitragsfrei mitversichert und für Leistungen bei Schwangerschaft und Mutterschaft wird kein Zusatzbeitrag berechnet.
Beitragsbemessungsgrenze	Sozialversicherungsbeiträge müssen nur bis zu einer durch Rechtsverordnung festgelegten Einkommenshöhe gezahlt werden. Der über dieser Beitragsbemessungsgrenze hinausgehende Gehaltsbetrag bleibt beitragsfrei, der Höchstbeitrag steigt nicht mehr an.
Versicherungspflichtgrenze	Diese jährlich neu festgelegte Einkommensobergrenze gibt an, ab welchem Bruttogehalt ein Arbeitnehmer aus der gesetzlichen Krankenversicherung ausscheiden und sich privat versichern kann.
Elektronische Gesundheitskarte	Die elektronische Gesundheitskarte ist ein Berechtigungsnachweis, um Leistungen der gesetzlichen Krankenversicherung beanspruchen zu können. Die mit einem Lichtbild ausgestattete Karte ist bei einem Arztbesuch vorzulegen. Sie verfügt über einen Speicherchip, auf dem vielfältige medizinische Informationen hintergelegt werden könnten.

Maßnahmen Früherkennung	Mit einen Maßnahmenpaket sollen Krankheiten noch vor ihrem Ausbruch erkannt und verhindert bzw. Krankheitsfolgen gelindert werden. Die gesetzliche Krankenversicherung übernimmt dazu z. B. die Kosten für Früherkennungsuntersuchungen bei Kindern, Untersuchungen zur Krebsfrüherkennung und auf Herz-, Kreislauf- und Nierenerkrankungen sowie Zahnvorsorgeuntersuchungen.
Pflegeversicherung	Durch die Pflegeversicherung sollen Personen finanziell abgesichert werden, die aufgrund einer körperlichen, geistigen oder seelischen Einschränkung dauerhaft nicht mehr in der Lage sind, ihr Leben ohne Hilfestellungen zu bewältigen. Die Leistungen der Pflegeversicherung ermöglichen dann eine ambulante oder stationäre Versorgung.
Pflegegrad	Der medizinische Dienst der Krankenkasse legt im Rahmen einer Begutachtung anhand unterschiedlicher Kriterien fest, wie weit eine Einschränkung vorhanden ist. Aufgrund dieser Beurteilung wird die Pflegeperson einem Pflegegrad zugeordnet. Je höher der Pflegegrad, desto höher sind die monatlichen finanziellen Leistungen.
Arbeitsförderung	Im Rahmen der Arbeitsförderung gibt die Arbeitslosenversicherung Hilfestellungen bei der Arbeitssuche und Berufsfindung. Durch Maßnahmen der Berufsberatung, Arbeitsvermittlung und Förderung der beruflichen Bildung (z. B. Umschulungen) sollen die beruflichen Vermittlungschancen erhöht werden.
Arbeitslosengeld I	Wer eine gewisse Beitragszeit erfüllt hat und arbeitslos wird, kann von der gesetzlichen Arbeitslosenversicherung verschiedene Unterstützungsleistungen erhalten. Durch Zahlung eines Arbeitslosengeldes in Höhe von 60 %–67 % des früheren Nettolohns für eine gewisse Zeit sollen die finanziellen Folgen der Arbeitslosigkeit gemildert werden. Daneben soll durch Fördermaßnahmen die Wiederbeschäftigung erreicht werden.
Arbeitslosengeld II	Wer die Bedingungen von Arbeitslosengeld I nicht erfüllt, aber erwerbsfähig und finanziell hilfsbedürftig ist, kann für sich und eventuelle Familienangehörige eine Grundsicherung durch Arbeitslosengeld II (Hartz IV) erhalten. Neben den finanziellen Leistungen werden auch hier Maßnahmen zur beruflichen Wiedereingliederung angeboten.

Rentenversicherung	Die gesetzliche Rentenversicherung hat als Aufgabe, die Versicherten beim Erreichen der jeweiligen Altersgrenze durch eine lebenslange Rentenzahlung finanziell abzusichern. Daneben gewährt sie aber auch Leistungen bei Minderung der Erwerbsfähigkeit und unterstützt die Hinterbliebenen beim Tod des Leistungsempfängers/der Leistungsempfängerin (Witwen-/Witwerrente, Waisenrente).
Generationenvertrag	Die Leistungen der Rentenversicherung werden im Umlageverfahren auf der Grundlage des Generationenvertrags erbracht. Dies bedeutet, dass die Renten der „alten" Generation durch die Beitragszahlungen der „jungen", arbeitsfähigen Generation zum Großteil finanziert werden. Dadurch erwirbt die junge Generation selbst einen Rentenanspruch, in der Hoffnung, dass zukünftig nachwachsende Generationen dann ihre Rente zahlen.
Renten-Versicherungsnummer	Die Deutsche Rentenversicherung vergibt bei der erstmaligen Arbeitsaufnahme eine Versicherungsnummer, unter der wie auf einem Konto sämtliche Beitragszahlungen und Versicherungszeiten gesammelt werden. Diese Angaben bilden später die Hauptgrundlage für die Berechnung der Rentenhöhe.
Private Altersvorsorge	Zukünftig wird sich die Rentenhöhe durch verschiedene Faktoren vermindern. Damit der Lebensstandard im Alter noch in etwa gehalten werden kann, sollte eine private Altersvorsorge rechtzeitig begonnen werden. Der Staat unterstützt durch die Zuschüsse im Rahmen der „Riester-Rente" den Aufbau einer solchen privaten Rentenversicherung. Verschiedene Anlageformen sind dabei möglich. Auch der Aufbau einer betrieblichen Zusatzrente mit Zuschüssen des Arbeitgebers/der Arbeitgeberin ist eine Möglichkeit der privaten Altersvorsorge.
Gesetzliche Unfallversicherung	Mit der gesetzlichen Unfallversicherung müssen Arbeitgeber/Arbeitgeberinnen ihre Beschäftigten gegen Risiken versichern, die in Ausübung des Berufs eintreten können. Für die Beschäftigten vieler Gesundheitsberufe ist die Berufsgenossenschaft für Gesundheitsdienst und Wohlfahrtspflege zuständig. Weitere Personenkreise, wie z. B. Kindergartenkinder, Schüler/Schülerinnen und Studierende, sind durch staatliche Unfallversicherungen geschützt.

Hauptaufgabe gesetzliche Unfallversicherung	Die gesetzliche Unfallversicherung hat die Hauptaufgabe, Arbeitsunfällen und Berufskrankheiten vorzubeugen und im Schadenfall Unterstützungsleistungen zu erbringen. Bei den Schadenereignissen sind Arbeitsunfälle, Wegeunfälle und Berufskrankheiten zu unterscheiden.
Staatliche Sozialleistungen	Der Staat hat die im Grundgesetz festgelegte Verpflichtung, bedürftige und in Not geratene Personen zu unterstützen. Umfangreiche Regelungen hierzu wurden im Sozialgesetzbuch niedergelegt. Maßnahmen sind z. B. die Zahlung von Sozialhilfe in bestimmten Lebenslagen, wie Hilfe zum Lebensunterhalt oder Grundsicherung im Alter. Auch mit Kindergeld, Wohngeld und Zahlungen während der Ausbildung (BAföG) unterstützt der Staat seine Bürgerinnen und Bürger in besonderen Fällen.
Privatversicherung	Risiken aus dem privaten Lebensbereich können durch den Abschluss von Individualversicherungen abgesichert werden. Dabei werden die Bereiche Personen-, Sach- und Vermögensversicherungen unterschieden. Beispiele sind Private Unfallversicherung, Hausratversicherung und Private Haftpflichtversicherung.
Sozialgericht	Das Sozialgericht ist zuständig für Klagen gegen eine Entscheidung sämtlicher Sozialversicherungsträger sowie von Behörden, die für staatliche Sozialleistungen, wie z. B. Sozialhilfe oder Arbeitslosengeld II, zuständig sind.

PATIENTEN EMPFANGEN UND BEGLEITEN

VERBALE KOMMUNIKATION

NONVERBALE KOMMUNIKATION

BEGRIFFSDEFINITION: „KOMMUNIKATION“

KOMMUNIKATION AM TELEFON

KONFLIKTLÖSUNGS-STRATEGIEN

1 KOMMUNIKATION IN DER PRAXIS

Situation:

Luisa Berger, geboren am 02.08.1949, erscheint zum vereinbarten Termin in der Praxis. Es soll Blut entnommen sowie ein EKG geschrieben werden. Frau Berger ist leicht schwerhörig und eher ängstlich.

Erklären Sie ihr:

- Welche Untersuchungen anstehen,
- welchen Zweck diese Untersuchungen haben,
- den genauen Ablauf der Blutentnahme und
- was bei einem EKG gemessen wird und warum es trotz der Elektrokabel absolut ungefährlich ist.

Worauf müssen Sie bei Ihrer Kommunikation achten?

1.1 Was ist Kommunikation?

Definition

Kommunikation (lat. communicare „teilen, mitteilen, teilnehmen lassen; gemeinsam machen, vereinigen") definiert auf der menschlichen Alltagsebene ein gemeinschaftliches Handeln, in dem Gedanken, Ideen, Wissen, Erkenntnisse, Erlebnisse (mit-) geteilt werden und auch neu entstehen. Kommunikation in diesem Sinne basiert auf der Verwendung von Zeichen in Sprache, Gestik, Mimik, Schrift, Bild oder Musik. Kommunikation ist demnach die Aufnahme, der Austausch und die Übermittlung von Informationen zwischen zwei oder mehreren Personen.

Kommunikation als ein „gemeinschaftliches Handeln" findet in der Arzt- und Zahnarztpraxis zwischen mehreren Personengruppen statt:

- Arzt/Ärztin und MFA, ZFA, TFA
- Innerhalb des Praxisteams der MFA, ZFA, TFA
- Arzt/Ärztin und Patient/Patientin bzw. Klient/Klientin
- MFA, ZFA, TFA und Patientin/Patient bzw. Klientin/Klient

In Tierarztpraxen kommt noch die Kommunikation mit dem Tier dazu. Sie findet in den folgenden Bereichen statt:

- Tierarzt/Tierärztin und Tier
- Tiermedizinische Fachangestellte und Tier
- Klient/Klientin und Tier

1.2 Kommunikation zwischen MFA, ZFA, TFA und Patient/Patientin

Am Empfang oder am Telefon sind die Medizinischen Fachangestellten die ersten Kontaktpersonen von Patientin/Patient oder Klientin/Klient. Durch die Art ihres Auftretens können sie den weiteren Kommunikationsverlauf wesentlich mitprägen. So tragen sie ganz entscheidend dazu bei, wie Patienten/Patientinnen oder Klienten/Klientinnen sich in der Praxis an- bzw. aufgenommen fühlen. Für Menschen, die eine Arztpraxis aufsuchen, sind dabei folgende Aspekte wichtig:

- Werde ich gleich wahrgenommen?
- Werde ich erst nach einiger Zeit wahrgenommen?
- Muss ich mich erst bemerkbar machen, damit ich wahrgenommen werde?
- Werde ich freundlich angesprochen?
- Wird mir die uneingeschränkte Aufmerksamkeit geschenkt?
- Passen die Mimik und die Körperhaltung zu dem Ton, in dem ich angesprochen werde?
- Werde ich klar und deutlich angesprochen?
- Wird mir in verständlichen Worten erklärt, was mich erwartet?
- Wird mir in verständlichen Worten erklärt, was von mir erwartet wird?
- Wird mir erklärt, wenn etwas schiefläuft?
- Entschuldigen sich die Mitglieder des Praxisteams für unterlaufene Fehler?
- Werde ich in der angemessenen Lautstärke angesprochen?
- Ist bei der Kommunikation mit den Mitgliedern des Praxisteams die Einhaltung der Intimsphäre (Datenschutz) gewährleistet?

1.3 Das „Vier-Ohren-Modell“

Der Psychologe Friedemann Schulz von Thun hat mit seinem „Vier-Ohren-Modell“ ein Standardmodell entwickelt, das Aufschluss über die vier Ebenen der verbalen Kommunikation gibt.

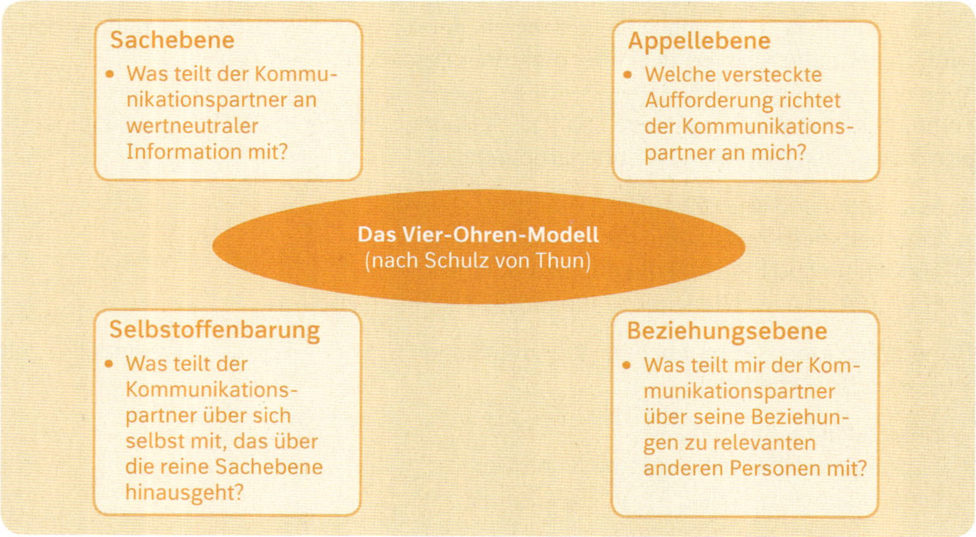

1. Das 4-Ohren-Modell

Für die MFA und ZFA ist es von enormer Bedeutung, dass die Kommunikation zwischen ihnen und den Patienten/Patientinnen (bzw. bei den TFA zwischen ihnen und den Klienten/Klientinnen) möglichst positiv verläuft. Dazu ist es nötig, sich darüber im Klaren zu sein, dass Kommunikation immer auf mehreren Ebenen verläuft und das gesprochene

2. Gespräch an der Rezeption

Wort davon nur eine Ebene ist, hinter bzw. neben der noch andere Ebenen existieren. Diese zu erkennen und angemessen darauf zu reagieren, ist für den weiteren Verlauf der Kommunikation ganz entscheidend.

Das Schaubild 2 „Gespräch an der Rezeption“ soll dazu beitragen, diese Ebenen aufzuzeigen und das Vier-Ohren-Modell zu veranschaulichen.

1. Auf der reinen **Sachebene** teilt Herr Schneider mit, dass er Schmerzen im Handgelenk habe und dieses auch geschwollen sei,

↓

„... Schmerzen im Handgelenk und es ist geschwollen“

er aber arbeiten müsse.

↓

„... muss aber unbedingt arbeiten!“

2. Auf der **Selbstoffenbarungsebene** teilt Herr Schneider mit, dass er erst vor kurzer Zeit ein Restaurant eröffnet habe

↓

„... habe ich mein Restaurant erst vor vier Wochen eröffnet“

und er dieses auf Kredit finanziert habe.

↓

„... obwohl ein Großteil noch der Bank gehört“

3. Auf der **Beziehungsebene** teilt Herr Schneider mit, dass er die Lebensgefährtin des Chefs gut kenne.

↓

„... Frau Wagner ... kam zur Eröffnung und kurz darauf schon wieder ...“

4. Auf der **Appellebene** teilt Herr Schneider mit, dass er erwarte, als besonderer Patient vorrangig behandelt zu werden.

↓

„... für Stammkunden wie Frau Wagner habe ich natürlich immer noch einen Tisch frei.“

Herr Schneider teilt lediglich die **Sachinformation** direkt und unverschlüsselt mit.

Die Mitteilungen auf der **Selbstoffenbarungsebene** enthalten schon den versteckten Hinweis, dass er als Selbstständiger schnellstmöglich gesund werden müsse, um so kurz nach der Neueröffnung seines Restaurants möglichst keine Gäste und damit Einnahmen zu verlieren, weil er ja noch einen Kredit zurückbezahlen müsse. Und dass er zwar Schmerzen habe, aber trotzdem arbeiten müsse.

Auf der **Beziehungsebene** teilt er mit, dass er Frau Wagner, die Lebensgefährtin von Frau Schulzes Chef, persönlich kenne. Weiterhin teilt Herr Schneider mit, dass Frau Schulze seine Kochkunst offenbar sehr schätze, da sie schon zweimal im Restaurant gewesen sei.

Auf der **Appellebene** teilt Herr Schneider mit, dass er die Wertschätzung, die er Frau Wagner erweise, auch für sich in Anspruch nehmen möchte und daher einen bevorzugten Termin erwarte.

1.4 Nonverbale Kommunikation

Für die Fachangestellten einer Arzt-, Zahnarzt- und Tierarztpraxis ist es wichtig, dass sie mit ihrer nonverbalen Kommunikation die richtigen und für ihr Gegenüber verständlichen Signale aussenden. Unstimmigkeiten verunsichern und können zu Missverständnissen führen. Dies könnte Patientinnen/Patienten oder Klientinnen/Klienten letztendlich dazu veranlassen, die Praxis zu wechseln. Daher sollten sich alle in der Praxis Beschäftigten zumindest der wichtigsten Elemente der nonverbalen Kommunikation bewusst sein, um diese zielgerichtet und angemessen einsetzen zu können.

Die wichtigsten Elemente sind:

- **Mimik:** Wie ist mein Gesichtsausdruck bzw. der meines Gesprächspartners/meiner Gesprächspartnerin?
- **Gestik:** Welche Hand-, Arm- oder Körperbewegungen führe ich aus und welche mein Gegenüber?

3. Mimik

4. Gestik

- **Blickkontakt:** Blicke ich meinem Gegenüber in die Augen oder schweife ich mit meinen Augen während des Gesprächs umher?

5. Blickkontakt

ÜBUNGSAUFGABEN

1. Listen Sie alle Möglichkeiten auf, die uns Menschen zur Kommunikation zur Verfügung stehen.
2. Stellen Sie in einem Diagramm für Ihre Berufsgruppe (MFA, ZFA, TFA) dar, wer mit wem in der Praxis kommuniziert.
3. a) Beschreiben Sie zehn positive Kommunikationsverhaltensweisen, die Sie gegenüber Ihren Patienten einsetzen können.
   b) Beschreiben Sie zehn Kommunikationsverhaltensweisen, die Sie gegenüber Patientinnen und Patienten nicht einsetzen sollten.
4. a) Auf welche vier Ebenen bezieht sich das „Vier-Ohren-Modell" nach Schulz von Thun?
   b) Welche Informationen werden auf der jeweiligen Ebene mitgeteilt?
   c) Sammeln Sie zu jeder Ebene Beispiele aus Ihrer Ausbildungspraxis, in denen ein Patient oder eine Klientin Ihnen Informationen entsprechend dem „Vier-Ohren-Modell" mitgeteilt haben.

1.5 Kommunikation am Telefon

Die Kontaktaufnahme mit einem Patienten oder einer Patientin beginnt häufig nicht erst mit dem Aufsuchen der Sprechstunde, sondern mit dem ersten Anruf in der Praxis.

Dabei sind bestimmte Grundregeln zu beachten:

- Schreibmaterial, Terminplaner und Gesprächsunterlagen griffbereit halten
- Das Telefon nicht zu lange klingeln lassen
- Seien Sie freundlich am Telefon, denn wer anruft, spürt Ihre Stimmung durch den Hörer.
- Melden Sie sich immer mit dem Praxisnamen, der Fachrichtung und Ihrem Namen (z. B. „Hier ist die Kinderarztpraxis Dr. Spiel, Anja Schulz am Apparat.").
- Nach dem Anliegen des Anrufers/der Anruferin fragen („Was kann ich für Sie tun?").
- Sprechen Sie dabei deutlich, langsam, aber nicht schleppend.
- Notieren Sie den Namen und sprechen Sie den Anrufer/die Anrufen mit Namen an, aber nur, wenn andere Personen nicht mithören können (Datenschutz).
- Sollten Sie etwas nicht richtig verstanden haben, fragen Sie höflich nach (z. B. „Herr Schulz, könnten Sie das bitte noch einmal wiederholen, da ich sicher gehen möchte, ob ich Sie auch richtig verstanden habe!").
- Sollte ein Termin vereinbart werden, teilen Sie der Patientin oder dem Patienten den vorgesehenen Termin mit und vergewissern Sie sich, dass Ihre Aussage verstanden wurde und der Termin zustande kommen kann (z. B. „Frau Hörig, Sie könnten am 12.05. um 10:00 Uhr in die Praxis kommen. Passt Ihnen dieser Termin?").
- Verabschieden Sie sich freundlich und nennen Sie dabei nochmals den Namen der Anruferin oder des Anrufers (z. B. „Vielen Dank für Ihren Anruf, Herr Motzke.").

Diese Telefonregeln gelten ebenso bei Anrufen aus der Praxis.

1.6 Konfliktlösungsstrategien

Wenn zwischen einer Patientin oder einem Patienten und den Beschäftigten Konflikte auftreten, so sollten diese in einem Gespräch geklärt werden. Dabei gibt es zwei Möglichkeiten:

- Missverständnisse werden in einem Gespräch zwischen den am Konflikt Beteiligten (Praxismitarbeiter:in/Patient:in) geklärt (z. B. „Ich verstehe Ihren Ärger über die lange Wartezeit, aber uns sind zwei Notfälle dazwischengekommen. Bitte haben Sie Verständnis dafür!").
- Ärztin oder Arzt nehmen eine Moderatorenrolle ein und versuchen, den Konflikt zu lösen (z. B. „Ich verstehe Ihren Ärger über die lange Wartezeit, aber die Notfälle hatten Vorrang. Meine Angestellten haben sich richtig verhalten. Bitte entschuldigen Sie die Verspätung!").

Grundsätzlich sollte das Verhalten eines Patienten oder einer Patientin gegenüber den Praxisbeschäftigten korrekt sein; so sollte selbstverständlich ein Beschimpfen der Fachkräfte (z. B. „Sie sind ja total unfähig!") unterbleiben. In diesem Fall hat der Arzt bzw. die Ärztin eine Fürsorgepflicht gegenüber den Beschäftigten zu erfüllen und sie vor ungerechtfertigten Angriffen in Schutz zu nehmen und den Patienten oder die Patientin auf ihr Verhalten hinzuweisen.

Auch die Beschäftigten haben abfällige Äußerungen (z. B. „Dieser Simulant will ja nur wieder krankgeschrieben werden!") gegenüber Patientinnen und Patienten zu unterlassen. Dies wäre ein geschäftsschädigendes Verhalten, das zu einer Kündigung führen kann.

ÜBUNGSAUFGABEN

1. a) Beschreiben Sie die drei wichtigsten Elemente der nonverbalen Kommunikation.
   b) Stellen Sie zu jedem Ihrer in a) genannten Elemente positiv und negativ wirkende Verhaltensweisen dar.
2. Das Telefon in Ihrer Praxis klingelt. Wie verhalten Sie sich richtig
   a) bei der Annahme des Gesprächs?
   b) wenn jemand telefonisch einen Termin vereinbaren möchte?
   c) wenn Sie gebeten werden, Ihrer Chefin bzw. Ihrem Chef ein bestimmtes Anliegen weiterzuleiten?
3. a) Welche Konfliktlösungsstrategien stünden Ihnen zur Verfügung, wenn sich ein Patient oder eine Klientin lautstark über Ihr angeblich „unmögliches Verhalten" beschweren würde?
   b) Welche Verhaltensweisen sollten Sie in diesem Fall vermeiden?

2 PATIENTENANNAHME

RÄUME

- Bedeutung des Empfangsbereiches
- Sicherstellung des Datenschutzes
- Gestaltung des Wartebereiches

↓

PATIENTENAUFNAHME

- Neu-/Altpatienten und -patientinnen
- Vorsorge-/Routineuntersuchungen
- Akute Erkrankungen

↓

DOKUMENTATION

- Anforderungen an die Karteikarte
- Aufbau einer Karteikarte

Situation:

Beschreiben Sie, wie Sie sich in der jeweiligen Situation richtig verhalten:

1. Ein neuer Patient erscheint in der Praxis. Welcher Ablauf ist sinnvoll? Was müssen Sie bei der Datenerfassung beachten, um den Datenschutz sicherzustellen?
2. Ein bekannter, sonst sehr geduldiger Patient erscheint in der Praxis und klagt über starke Schmerzen im Leistenbereich.
3. Am Telefon meldet sich die Ihnen bekannte Patientin Irene Meyer und erkundigt sich nach dem Ergebnis ihrer Krebsvorsorgeuntersuchung.
4. Eine chronisch kranke Patientin möchte ein neues Rezept für ihre Dauermedikation.
5. Im Wartezimmer beschuldigt ein Patient eine andere Patientin, sie sei ja nur eine Simulantin und nehme „wirklich Kranken" die Zeit weg. Diese reagiert mit Beleidigungen.

2.1 Gestaltung des Empfangs- und Wartebereichs

Der **Empfangsbereich** vermittelt zunächst einen ersten Eindruck der Praxis. Er stellt den organisatorischen Mittelpunkt der Praxis dar, von dem aus der Praxisablauf gesteuert wird. Deshalb sollte der Empfang zentral gelegen und so gestaltet sein, dass sich Patientinnen und Patienten sofort willkommen fühlen. Die genaue Gestaltung sollte von den jeweiligen räumlichen Gegebenheiten abhängig gemacht werden. Grundsätzlich ist dabei zu beachten:

- Gestaltung in hellen, freundlichen Farben
- Möglichst viel natürliches Licht bzw. Helligkeit
- Funktionalität

Zur Funktionalität des Empfangsbereichs gehört, dass von hier aus das Praxisgeschehen beobachtet werden kann, d. h. das Kommen und Gehen der Patientinnen und Patienten. Gleichzeitig steuern die Beschäftigten von hier aus die Belegung der einzelnen Behandlungsräume. Deshalb ist der Empfangsbereich möglichst offen zu gestalten. Dies darf aber nicht zulasten des **Datenschutzes** gehen. Dabei sollten folgende Punkte beachtet werden:

- Der Empfangstresen ist so zu gestalten, dass für Außenstehende kein Einblick in den Terminplan, in die Patientenakten und auf den Bildschirm möglich ist. Bei Abwesenheit der Angestellten ist der Datenschutz durch Eingabe eines Passwortes in den PC zu gewährleisten.
- Der Empfang sollte auch so gestaltet sein, dass Gespräche bei der Patientenannahme diskret erfolgen können.

6. Diskretion im Empfangsbereich beachten

- Der Wartebereich ist von der Anmeldung räumlich so zu trennen, dass Telefongespräche, Terminvereinbarungen oder Anweisungen zur Weiterbehandlung von den Wartenden akustisch nicht zu verstehen sind.

Der Wartebereich ist auch von den anderen Bereichen der Praxis zumindest akustisch zu trennen. Dabei sollte er möglichst funktional, aber auch wohnlich gestaltet sein, um Patienten und Patientinnen den Eindruck der Vertrautheit zu vermitteln.

2.2 Patientenaufnahme

Bei der Aufnahme von Patientinnen und Patienten sind folgende Gesichtspunkte zu beachten:

- Handelt es sich um einen Neupatienten oder eine Neupatientin? Oder kommt jemand regelmäßig in die Praxis? Ist die Person schon bekannt, war aber längere Zeit nicht mehr da?
- Liegt eine akute Erkrankung vor oder handelt es sich um eine Vorsorge- oder Routineuntersuchung?
- Erfordert die Art der Erkrankung eine sofortige Behandlung?
- Wird nur ein Rezept oder eine Überweisung gewünscht?

Je nach Art der Patientenangaben unterscheiden sich die Tätigkeiten der am Empfang Beschäftigten. Möchte jemand nur eine Überweisung oder ein neues Rezept, so sind diese nach Rücksprache mit dem Arzt oder der Ärztin auszustellen und der Vorgang in der entsprechenden Patientendokumentation zu vermerken.

Handelt es sich aber beispielsweise um einen Neupatienten mit einer akuten, dringend behandlungsbedürftigen Erkrankung, müssen die Patientendaten aufgenommen, eine Karteikarte bzw. ein Datensatz angelegt und ein möglichst schneller Termin zur Behandlung organisiert werden.

Grundsätzlich gilt, dass Medizinische Fachangestellte
- den Patienten oder die Patientin mit Namen anreden (z. B.: „Herr Meier, Sie können jetzt in Behandlungszimmer zwei."),
- einen höflichen Umgangston pflegen (z. B. anstatt nur „Bitte?" zu sagen, nachfragen: „Was kann ich für Sie tun, Frau Schmidt?"),
- Patienten oder Patientinnen, die Angst vor der Behandlung oder Untersuchung haben, ihre Angst nehmen, indem sie die Vorgehensweise erklären und positiv auf sie einwirken (z. B. „Sie werden sehen, bald geht es Ihnen wieder besser."),
- beruhigend auf verärgerte Patientinnen und Patienten eingehen (z. B. „Ich verstehe Ihren Ärger über die lange Wartezeit, werde aber sehen, was ich trotz des Notfalls jetzt für Sie tun kann.").

2.3 Karteiführung

Im Rahmen der Dokumentationspflicht haben Ärzte und Ärztinnen Aufzeichnungen über alle Behandlungen zu führen. Dabei sind folgende Anforderungen zu erfüllen:

- Vollständigkeit, d. h., alle relevanten Patientendaten (Stamm- und Bewegungsdaten) müssen über einen längeren Zeitraum erfasst werden.

- Übersichtlichkeit, d. h., alle wichtigen Informationen müssen schnell und einfach erkennbar und verfügbar sein.
- Aktualität, d. h., die Behandlungsaufzeichnungen und -daten müssen immer den aktuellen Stand wiedergeben.

Für diese Dokumentation eignet sich in der Regel die **Karteikarte**. Sie ist wie folgt aufgebaut:

- **Kartenleiste.** Sie ist das Ordnungskriterium, nach dem die Karteikarte einsortiert wird, meist nach dem Anfangsbuchstaben des Familiennamens. Eine Markierung mittels Reiter, Tab oder Kerbe ist möglich.
- **Kartenkopf.** Hier werden die Stammdaten des Patienten/der Patientin aufgeführt, wie z. B. Name, Vorname, Anschrift, Kassenzugehörigkeit, Dauerdiagnosen, Allergien oder Risikofaktoren.
- **Kartenrumpf.** Hier sind die Bewegungsdaten vermerkt, wie z. B. Behandlungsdatum, Diagnose, vorgenommene Behandlungen und Medikation.
- **Kartenfuß.** Er enthält Angaben des Karteikartenherstellers und die Bestellnummer der Karteikarten.

Die Ablage der Karteikarte erfolgt in der Regel nach der **alphabetischen Ordnung,** d. h. nach Buchstaben.

ÜBUNGSAUFGABEN

1. a) Aus welchen Gründen sollte der Empfangsbereich zentral gelegen sein?
   b) Mit welchen Maßnahmen kann der Empfangsbereich so gestaltet werden, dass er als angenehm empfunden wird?
   c) Welche Datenschutzrichtlinien müssen bei der Gestaltung des Empfangs- und Wartebereichs beachtet werden?
2. Stellen Sie jeweils nötige Arbeitsschritte bei der Aufnahme folgender Patienten/Patientinnen zusammen:
   a) Eine bekannte Patientin erscheint zur Behandlung einer akuten Erkrankung.
   b) Ein Neupatient erscheint.
   c) Eine Patientin klagt im Wartezimmer darüber, dass ihr akut schwindlig sei.
   d) Ein bekannter Patient möchte eine Überweisung zu einer Fachärztin.
3. Erklären Sie, was im Rahmen der Dokumentationspflicht unter die folgenden Anforderungen fällt:
   a) Vollständigkeit
   b) Aktualität
   c) Übersichtlichkeit
4. a) Erstellen Sie eine Tabelle, in der Sie die einzelnen Bestandteile einer Karteikarte auflisten.
   b) Tragen Sie die Daten ein, die in dem jeweiligen Bestandteil stehen.

Glossar

Vier-Ohren-Modell	Kommunikationsmodell nach F. Schulz von Thun. Es besagt, dass Kommunikation auf vier Ebenen stattfindet: Sachebene, Appellebene, Selbstoffenbarungsebene und Beziehungsebene.
Aktives Zuhören	Beim Zuhören werden emotionale Aspekte des Mitgeteilten mit Gesten (wie Kopfnicken) begleitet, sachliche Aspekte werden wiederholt. Dies signalisiert dem Gegenüber, dass die Mitteilung ernst genommen wird; so entwickelt sich gegenseitiges Vertrauen.
Barrierefreiheit	Die Arztpraxis soll räumlich so gestaltet sein, dass alle Patienten und Patientinnen problemlos die Räumlichkeiten aufsuchen und sich im Innern gefahrlos bewegen können. Zum Beispiel Vermeidung von Treppen oder Stufen; ein Fahrstuhl, Treppenlift sowie breite Gänge, damit auch gehbehinderte Menschen die Praxis aufsuchen können, sind wesentliche Aspekte, die in diesem Zusammenhang bedeutsam sind.
Bewegungsdaten	Dies sind Daten, die regelmäßig ergänzt bzw. verändert werden, z. B. Diagnosen, Medikamente.
Datenschutz	Wenn personenbezogene Daten erfasst werden, haben die Betroffenen ein Auskunftsrecht (welche Daten erfasst wurden), ein Berichtigungsrecht (falls die Daten falsche Angaben enthalten), ein Recht auf Sperrung (bei Unklarheit bezüglich der erfassten Daten) und ein Löschungsrecht (falls die Daten zu Unrecht erhoben wurden bzw. nicht mehr gespeichert werden dürfen).
Datensicherung	Dies sind alle Maßnahmen, die sicherstellen, dass Daten nicht verloren gehen, verfälscht werden und die den Zugriff von Unberechtigten verhindern.
Nonverbale Kommunikation	Kommunikation ohne Sprache. Sie findet durch Mimik, Gesten oder Blickkontakt statt.
Professionelle Distanz	Ruhiges und sachliches Auftreten gegenüber Patientinnen und Patienten, ohne sich von deren Gemütszuständen anstecken zu lassen
Stammdaten	Dies sind Daten, die immer oder über einen längeren Zeitraum konstant bleiben, z. B. Name, Geburtsdatum, Geburtsort, Adresse.

3 PATIENTENTYPEN

Wenn Menschen eine Arztpraxis aufsuchen, befinden sie sich zumeist in einer Ausnahmesituation. Sie können dann ängstlich, angespannt und sehr nervös sein. Damit die bevorstehende Behandlung dennoch Erfolg versprechend wird, ist ein besonders geschicktes Auftreten der medizinischen Fachkräfte wichtig. Sie müssen einerseits eine ausgeprägte Fähigkeit zur Empathie besitzen, andererseits sollten sie professionelle Distanz wahren. Mit anderen Worten: Sie müssen sich den Patientinnen und Patienten zuwenden bzw. Anteil an ihren Problemen signalisieren, dabei aber sachlich und ruhig auf die Situation eingehen und beim Gespräch das Gefühl vermitteln, dass die bestmögliche medizinische Versorgung erfolgen wird.

In diesem Zusammenhang sollten Fachangestellte in medizinischen Praxen unter anderem folgende Aspekte berücksichtigen:

1. Ein ruhiges, entspanntes Auftreten fördert das Gesprächsklima, deshalb sollte das Praxispersonal ausreichend Zeit für jeden Patienten und jede Patientin einplanen, auch wenn in der Praxis gerade viel zu tun ist.
2. Den Patienten oder die Patientin aussprechen lassen und zuhören. Nur dann unterbrechen, wenn die Situation es erfordert.
3. Signalisieren Sie im Gespräch, dass Sie verstehen und mitfühlen können. Dazu Blickkontakt halten, hin und wieder durch Gesten wie z. B. Kopfnicken verdeutlichen, dass das Anliegen verstanden wird, ggf. Rückfragen stellen, wenn etwas unklar ist, und die wichtigsten Aussagen wiederholen bzw. zusammenfassen. Man nennt diese Technik „aktives Zuhören“.
4. Freundliche Worte gehören zum Grundvokabular, so zum Beispiel „bitte“ und „danke“. Dadurch erfahren Patientinnen und Patienten Wertschätzung; Ängste werden abgebaut und das Vertrauen in die Praxis steigt.
5. Langsames und deutliches Sprechen ist besonders wichtig, weil viele Menschen aufgeregt sind, wenn sie in der Praxis erscheinen. Dadurch kann es auch einmal etwas länger dauern, bis sie wichtige Informationen verstanden und verarbeitet haben.
6. Beim Patientengespräch ist es vorteilhaft, auf medizinische Fachbegriffe zu verzichten. Je einfacher der Wortschatz, umso entspannter sind die Betroffenen; hinter unbekannten Fachausdrücken könnte ein Laie schlimme Krankheiten vermuten.
7. Um den Patienten oder die Patientin nicht zu verunsichern, sollte das Geschehen sehr sachlich und auf keinen Fall gefühlsbetont kommentiert werden.
8. Medizinische Fragen beantwortet nur der behandelnde Arzt bzw. die behandelnde Ärztin.

3.1 Ängstliche Patientinnen und Patienten

In einer Arztpraxis gehört es zum beruflichen Alltag, dass manche Menschen Angst haben, wenn sie die Räumlichkeiten betreten. Sie wirken dann unruhig, zittern, sprechen besonders schnell und schauen ihr Gegenüber nicht direkt an. In diesem Fall kann der Umgang mit Betroffenen sehr schwierig sein.

In der Regel sind die Fachkräfte am Praxisempfang hier die ersten Kontaktpersonen. Sie sollten umgehend eine professionelle Distanz aufbauen, d. h. sicher und beruhigend auftreten, sich nicht von der Nervosität anstecken lassen und langsam sprechen. Oftmals ist es auch hilfreich, den Patienten oder die Patientin gezielt auf die Angst anzusprechen. Aus psychologischer Sicht spricht vieles dafür, dass allein schon das Reden über die Angst Menschen helfen kann, besser mit der Situation umzugehen.

Um die Angst abzubauen, sind mehrere Dinge ratsam, wie zum Beispiel die gezielte Ablenkung der Betroffenen durch Sachverhalte, die nichts mit der Behandlung zu tun haben. Eine entspannte Atmosphäre in der Praxis hilft bei der Beruhigung und die Angst baut sich ab. Oftmals ist es auch hilfreich, den Patienten oder die Patientin gezielt auf die Angst hin anzusprechen. Aus psychologischer Sicht spricht vieles dafür, dass allein schon das Reden über die Angst dem Patienten oder der Patientin hilft, besser mit der Situation umzugehen.

3.2 Argwöhnische Patientinnen und Patienten

Argwöhnische Menschen stellen nahezu alle Aussagen des Praxisteams infrage, weil sie angeblich bereits über fundiertes Wissen verfügen, das sie im Internet gelesen oder von Familie, Freunden und Bekannten gehört haben. Sie sind immer der Meinung, dass irgendetwas nicht richtig ist und möchten deshalb detailliert über die Behandlung informiert werden. Der Umgang mit argwöhnischen Patientinnen und Patienten ist besonders schwierig. Wenn man ihnen jedoch das Gefühl gibt, dass sie in alle Entscheidungen über die Behandlung von Anfang bis Ende mit eingebunden sind, lassen sich die Zweifel im Normalfall schnell ausräumen.

3.3 Ausschweifende Patientinnen und Patienten

„Jedermann wird zugestehen, dass der Mensch ein soziales Wesen ist. Wir sehen es in seiner Abneigung gegen Einsamkeit sowie seinen Wunsch nach Gesellschaft über den Rahmen seiner Familie hinaus."

Charles Robert Darwin (1809–1882)

Menschen, die seit langer Zeit allein leben – vorwiegend ältere Menschen –, vereinsamen nicht selten. So kann es vorkommen, dass sie die Sprechstunde aufsuchen, nur um ein Schwätzchen zu halten bzw. sich mitzuteilen. Einsame Menschen reden manchmal „wie ein Wasserfall", d. h., sie kommen einfach nicht zum Ende. Dabei berichten sie vorwiegend über Ereignisse aus ihrem Privatleben, die mit ihrer Gesundheit nichts zu tun haben.

Am Empfang einer Praxis geht es mitunter hektisch zu; hier wartet meist nicht nur eine Person auf die Untersuchung. Wenn dann redebedürftige Menschen das Praxispersonal in nicht enden wollende Gespräche verwickeln, ist der Ärger der anderen am Empfang Wartenden bereits vorprogrammiert.

Wenn eine solche schwierige Situation auftritt, befindet sich das Praxisteam in einer Zwickmühle. Wichtig ist, dass die Empfangskraft die gesprächige Person nicht spüren lässt, dass ihr Verhalten den Praxisablauf stört. Doch sobald die Situation es zulässt, sollte sie deren Redeschall unterbrechen. Dafür bieten sich zum Beispiel folgende Techniken an:

1. Umlenken des Gesprächs auf den eigentlichen Grund des Praxisbesuchs
2. Wenn das nicht hilft, Notlügen:
   - Hinweis auf wichtiges Telefonat/das eigene Telefon klingeln lassen
   - Blickkontakt zu einer Kollegin oder einem Kollegen herstellen, damit diese einschreiten, indem sie die Empfangskraft z. B. um sofortige Hilfe bei einer „sehr wichtigen" Tätigkeit bitten

In beiden Fällen ist es wichtig, dass sich die betroffenen Fachkräfte bei der Patientin oder dem Patienten für die Unterbrechung entschuldigen. Denn einsame Menschen können sich unter Umständen leicht zurückgewiesen fühlen. Wichtig ist, dass niemand verärgert die Praxis verlässt.

3.4 Unzufriedene Patientinnen und Patienten

Von Zeit zu Zeit kann es vorkommen, dass eine Patientin oder ein Patient über irgendwen oder irgendwas in der Praxis verärgert ist. Unfreundliches Personal, lange Wartezeiten oder auch eine (vermeintlich) schlechte medizinische Behandlung könnten hierfür Gründe sein.

Damit die Praxis durch solche Vorfälle ihre Bestandspatienten nicht verprellt und/oder andere Personen durch schlechte Mund-zu-Mund-Propaganda nicht von vornherein davon abgehalten werden, die Praxis aufzusuchen, ist es wichtig, dass Patientenbeschwerden ernst genommen und ausführlich thematisiert werden. Dazu muss den Betroffenen die Gelegenheit gegeben werden, ihr Problem ausführlich darlegen zu können.

Ziel muss es sein, dass alle Beteiligten (also nicht nur die medizinischen Fachkräfte, sondern auch die Patientin oder der Patient) gemeinsam in die Problemlösung eingebunden sind und nach einer Lösung für das Problem suchen, die für alle Beteiligten akzeptabel ist. Nur dann fühlen sich unzufriedene Patienten oder Patientinnen verstanden und sehen, dass ihr Wohl an erster Stelle in der Praxis steht.

3.5 Junge Patienten und Patientinnen (Kinder)

Kinder sind eine besondere Patientengruppe. Im Gegensatz zu Erwachsenen sind sie einerseits sehr neugierig und wollen die Praxis mit allem, was dazugehört, erforschen, andererseits benötigen sie sehr viel Aufmerksamkeit. Auch kommt es vor, dass kleinere Kinder ängstlich sind, weil vieles für sie neu bzw. unbekannt ist und spitze Gegenstände, wie zum Beispiel Spritzen, besonders angsteinflößend auf sie wirken.

Im Wartezimmer sollte eine große Spielecke mit verschiedenen Spielzeugen zum Experimentieren und Herumwerkeln für die jungen Patientinnen und Patienten vorhanden sein und Kinderbücher ausliegen. Wenn Kinder unruhig sind, können die Eltern dann zum Beispiel die Bilderbücher nehmen und ihnen daraus vorlesen. Zudem kann es hilfreich sein, wenn sie vom Praxispersonal Spielzeug, wie z. B. einen kleinen Plastikball, eine leere Spritze oder auch ein Malbuch sowie Buntstifte geschenkt bekommen. Die Beschäftigung mit diesen Spielzeugen lenkt ab und sorgt dafür, dass die Kinder eine positive Einstellung zum Arztbesuch bekommen.

Während der Behandlung ist es wichtig, dass den Kindern jeder Behandlungsschritt erklärt wird und dass ihnen die meisten Behandlungsgeräte zuvor gezeigt werden. Dies hilft möglicherweise dabei, ihre Angst abzubauen.

Besonders wichtig ist, dass die Kinder während der Behandlung und am Ende der Behandlung für ihre gute Mitarbeit gelobt werden. So hinterlässt der Praxisbesuch eine positive Erinnerung. Kleine Geschenke als Belohnung (Kaubonbon, Traubenzucker etc.) verstärken diesen Effekt.

3.6 Ältere Patientinnen und Patienten

Damit ältere Patienten die Praxis problemlos erreichen können, ist ein barrierefreier Zugang notwendig. Das bedeutet, alle Praxisräume müssen auch mit Rollator oder ähnlichen Hilfsmitteln erreichbar sein.

Es ist wichtig, dass die Empfangskräfte eventuelle körperliche Beeinträchtigungen schon beim Eintreten in die Praxis wahrnehmen und der Patientin oder dem Patienten Hilfen anbieten, wie zum Beispiel das Aufhalten der Tür. Da jedoch ein zu voreiliges Hilfsangebot ältere Menschen auch verärgern könnte, weil jemand sich eventuell fitter fühlt, als es auf den ersten Blick erscheint, oder er/sie noch nicht „als alt abgestempelt“ werden möchte, ist es ratsam, immer zuerst zu fragen, ob Hilfe gewünscht wird.

Ein großes Problem für ältere Menschen ist oftmals, dass sie schlecht sehen oder hören. In diesem Fall ist es bedeutsam, dass die Praxisangestellten langsam, deutlich und laut sprechen sowie wichtige Informationen vorlesen. Auch ist die Betonung von Silben oder ganzen Wörtern hilfreich, da es so einfacher für die Betroffenen ist, von den Lippen abzulesen.

Wenn eine Patientin oder ein Patient gehschwach ist, sollte immer sofort ein Sitzplatz angeboten werden. In diesem Fall kann das Aufnahmegespräch auch (mit gebotener Diskretion) am Sitzplatz erfolgen; die Empfangskraft liest die Versichertenkarte später ein und trägt die erhaltenen Informationen im Anschluss in die Patientenakte ein. Das entlastet ältere Menschen, vor allem wenn sie aufgeregt sind, und sorgt für eine positive Einstellung.

3.7 Körperlich und/oder geistig eingeschränkte Patientinnen und Patienten

Damit körperlich und/oder geistig eingeschränkte Menschen die Praxis aufsuchen und sich vor Ort gefahrlos bewegen können, bedarf es verschiedener räumlicher Voraussetzungen:

1. Barrierefreier Zugang zu allen Praxisräumen (keine Treppenstufen, Lift)
2. Visuelle Erleichterungen (große, kontrastreiche Beschriftungen auf dem Weg in die Praxis/Klinik, im Gebäude sowie auf der barrierefreien Homepage)
3. Akustische Besonderheiten (Praxisräume mit Schalldämpfung, angepasste Kommunikation, Blickkontakt, laut, deutlich, langsam sprechen)
4. Mobilitätshilfen (Handläufe, breite Durchgänge für Rollstühle, evtl. Treppenlift etc.)
5. Kommunikationshilfen zur Unterstützung bei eingeschränkter Auffassungsgabe (kurze Sätze, keine Fremdwörter, Wiederholung wichtiger Aussagen, Notizzettel)

Von enormer Bedeutung ist es, dass Patientinnen und Patienten, die durch eine geistige Behinderung in ihrer Auffassungsgabe stark eingeschränkt sind, eine Begleitperson zur Absprache wichtiger Angelegenheiten (z. B: Terminvereinbarung, Hinweise zur Medikamentenverabreichung, Erklärungen bzgl. weiterer Behandlungsmaßnahmen) in die Praxis mitbringen, damit der Behandlungserfolg gewährleistet ist.

ÜBUNGSAUFGABEN

1. Bilden Sie zusammen mit zwei weiteren Personen eine Arbeitsgruppe.
2. Wählen Sie einen Patiententyp aus dem Kapitel 2.3 aus und formulieren Sie gemeinsam ein kurzes Rollenspiel, in dem eine Patientin die Sprechstunde einer fiktiven Arztpraxis aufsucht und mit einer medizinischen Fachkraft ins Gespräch kommt.
3. Spielen Sie das Rollenspiel ihren Mitschülerinnen und Mitschülern vor und lassen Sie diese erraten, welchen Patiententyp Sie soeben dargestellt haben.
4. Skizzieren Sie anschließend eine Mind-Map mit wichtigen Regeln, die das Praxispersonal beim Gespräch mit dem von Ihnen ausgewählten Patiententyp beachten sollte.

4 GRUNDLAGEN DES VERTRAGSRECHTS

RECHTSORDNUNG

- Gewohnheitsrecht
- Öffentliches Recht
- Privatrecht
- Arbeitsrecht

↓

RECHTSOBJEKTE

- Bewegliche Sachen (Mobilien)
- Unbewegliche Sachen (Immobilien)
- Speziessachen
- Gattungssachen
- Rechte
- Besitz und Eigentum

↓

RECHTSSUBJEKTE

- Natürliche Personen
- Juristische Personen des Privatrechts
- Juristische Personen des öffentlichen Rechts
- Rechtsfähigkeit
- Geschäftsfähigkeit

↓

ABSCHLUSS VON VERTRÄGEN

- Einseitige Willenserklärung
- Zwei-/mehrseitige Willenserklärung
- Formfreiheit
- Formvorschriften
- Nichtige und anfechtbare Rechtsgeschäfte
- Vertragsarten

4.1 Rechtliche Rahmenbedingungen

Situation:

Ein Tag in einer Arztpraxis:

Die neue Auszubildende, 16 Jahre, erscheint mit ihrer Mutter zur Unterzeichnung des Ausbildungsvertrages. Die MFA Angela Zornig verlässt nach einem heftigen Streit mit ihrer Chefin die Praxis mit den Worten: „Hiermit kündige ich fristlos!“ Ein positiver Befund eines Patienten muss entsprechend dem Infektionsschutzgesetz dem örtlichen Gesundheitsamt gemeldet werden. Die bestellten Einweghandschuhe werden geliefert.

Klären Sie folgende Fragen:

1. Welche Rechtssubjekte waren in der jeweiligen Situation tätig?
2. Welche Willenserklärungen wurden jeweils abgegeben?
3. Welche Formvorschriften mussten jeweils eingehalten werden?
4. Um welche Rechtsobjekte handelt es sich bei den Einweghandschuhen?

4.1.1 Rechtsordnung

Damit im Zusammenleben der Menschen Gleichheit herrscht, regelt der Staat durch seine Rechtsordnung (Gesetze, Verordnungen usw.) das Zusammenleben der Menschen untereinander. Diesen Teil bezeichnet man als **Privatrecht** (Zivilrecht). Im Vordergrund steht dabei der Grundsatz der Vertragsfreiheit. Sie besagt, dass die Inhalte, der Beginn und die Zeitdauer von Verträgen innerhalb der vom Staat vorgegebenen rechtlichen Rahmenbedingungen frei vereinbart werden können. Grundsätzlich gilt, dass alle Vertragspartner gleichberechtigt sind.

Den Teil, der das Verhältnis zwischen Staat und Bürgerinnen/Bürgern regelt, bezeichnet man als **öffentliches Recht.** Hierbei ist der Staat der einzelnen Person übergeordnet. Eine **Vertragsfreiheit** wie beim Privatrecht gibt es hier nicht.

Das Recht im Wandel der Zeit

Sowohl die Gesetze (geschriebenes Recht) als auch Urteile (Rechtsprechung) passen sich der gesellschaftlichen Entwicklung an. Das aktuellste Beispiel ist das EU-Recht. Es verpflichtet alle Mitgliedsländer, national abweichende gesetzliche Regelungen dem EU-Recht anzupassen. Für Deutschland bedeutete dies z. B. eine Neuregelung bei den Verjährungsfristen und den Fällen, dass bei einem Verkauf nicht rechtzeitig oder eine fehlerhafte Sache geliefert wird.

Eine Besonderheit im Rahmen der Rechtsordnung stellt das **Arbeitsrecht** dar. Es enthält sowohl Teile des privaten als auch des öffentlichen Rechts. Zum dem Teil des Privatrechts gehören der Einzelarbeitsvertrag zwischen Arbeitgeber/Arbeitgeberin und Arbeitnehmer/Arbeitnehmerin (individuelles Arbeitsrecht) sowie die Tarifverträge zwischen

Arbeitgeberverbänden und Gewerkschaften (kollektives Arbeitsrecht). Die Verträge können frei zwischen den Parteien ausgehandelt werden.

BEISPIEL

Frau Alcan vereinbart mit dem Zahnarzt Dr. Mandel im Arbeitsvertrag eine wöchentliche Arbeitszeit von 32 Stunden und ein Gehalt von 1 900,00 EUR. Ansonsten gelten die Bestimmungen des Tarifvertrags.

Zum öffentlichen Teil des Arbeitsrechtes gehören die sozialen Schutzrechte, wie z. B. Kündigungsschutzgesetz, Mutterschutzgesetz oder Jugendarbeitsschutzgesetz. Gegen diese darf in keinem Arbeits- oder Tarifvertrag verstoßen werden.

BEISPIEL

Der Arzt Dr. Übel verlangt von der 16-jährigen Auszubildenden, dass sie täglich neun Stunden in der Praxis arbeiten soll.

Wie andere Rechtsnormen unterliegt auch das Arbeitsrecht den Einflüssen des wirtschaftlichen und gesellschaftlichen Wandels. So wurde 2017 der gesetzliche Mindestlohn eingeführt und wird in regelmäßigen Abständen erhöht (ab 01.10.2022 auf 12,--€/ Stunde). In den Jahrzehnten zuvor hatten sich unter anderem die Arbeitszeiten und die Kündigungsfristen verändert. Eine Sonderstellung nimmt das **Gewohnheitsrecht** (ungeschriebenes Recht) ein. Hier haben sich Regeln im Zusammenleben der Menschen entwickelt, die von allen anerkannt werden und praktisch Gesetzescharakter haben.

BEISPIEL

1. Frau Meister fährt seit Jahren mit ihrem Auto über das Grundstück von Herrn Metzger zu ihrer Garage. Er darf ihr dieses Recht nicht plötzlich verweigern.

BEISPIEL

2. Wird Urlaubsgeld als freiwillige Leistung mehr als dreimal hintereinander gezahlt, hat der Arbeitnehmer auch im vierten Jahr Anspruch auf Urlaubsgeld (Entscheidung des Bundesarbeitsgerichts).

Auch die Rechtsprechung der Gerichte wird durch die gesellschaftliche Weiterentwicklung beeinflusst, ohne dass Gesetzesänderungen vorgenommen wurden.

7. Rechtsgebiete

4.1.2 Rechtsobjekte, Rechtssubjekte

Rechtsobjekte

Im Rahmen unseres Rechtssystems unterscheidet man zwischen Rechtsobjekten und Rechtssubjekten.

Rechtsobjekte sind Gegenstände des Rechtsverkehrs. Sie lassen sich in Sachen und Rechte unterteilen. Zu den **Sachen** zählen körperliche Gegenstände. Sie können als fester, flüssiger oder gasförmiger Bestandteil vorhanden sein. Dabei unterscheidet man zwischen beweglichen (mobilen) Sachen, wie z. B. Fahrzeugen, Lagerbeständen, Bargeld, und unbeweglichen (immobilen) Sachen, wie z. B. Grundstücken und Gebäuden. Für **Tiere** gibt es eine Sondervorschrift in § 90a des Bürgerlichen Gesetzbuchs (BGB). Dort ist geregelt, dass Tiere als Mitgeschöpfe nicht in vollem Umfang einer Sache gleichzustellen sind.

8. Verträge des täglichen Lebens

Privat- oder Zivilrecht
- **Bürgerliches Recht**
  - Allgemeiner Teil, z. B. Rechts- und Geschäftsfähigkeit
  - Schuldrecht, z. B. Zins- und Reiserecht
  - Sachenrecht, z. B. Eigentum und Besitz
  - Familienrecht, z. B. Eheschließung und Scheidung
  - Erbrecht, z. B. Erbfolge und Testament
- **Handelsrecht**
  - Gesellschaftsrecht, z. B. Kommanditgesellschaft (KG)
  - Scheck- und Wechselrecht
- **Arbeitsrecht**

Öffentliches Recht
- Grundrechte (Grundgesetz)
- Staatsrecht
- Steuerrecht
- Verwaltungsrecht
- Strafrecht
- Verkehrsrecht
- Arbeitsschutzrechte

9. Rechtsquellen

Sachen lassen sich weiterhin danach unterscheiden, ob sie jederzeit austauschbar und umtauschbar sind, ob es sich um Einzelexemplare oder Originale handelt. Bei austauschbaren Sachen spricht man von **Gattungssachen.** Einzelstücke oder Originale werden als **Speziessachen** bezeichnet.

BEISPIEL

Spritzen, Verbandsmaterial oder Autos sind Gattungssachen; ein teures Rennpferd, ein Modellkleid oder ein Originalgemälde sind Speziessachen.

Im Gegensatz zu den Sachen handelt es sich bei den **Rechten** um einen Rechtsanspruch, von einem anderen etwas verlangen zu können. Rechte sind also körperlich nicht greifbar wie eine Sache.

Ein Recht kann einerseits die **Forderung eines Gläubigers/einer Gläubigerin** gegenüber einem Schuldner oder einer Schuldnerin sein, z. B. Anspruch des Vermieters/der Vermieterin auf Mietzahlung oder Zahlung von Patent- oder Lizenzgebühren an einen Erfinder. Andererseits gehört auch der **Anspruch auf Unterlassung** einer bestimmten Handlung zu den Rechten. So hat jeder Mensch das Recht auf körperliche Unversehrtheit, d. h. dass niemand geschlagen oder körperlich bedroht werden darf. Ebenso besteht z. B. ein Recht auf ungestörte Nachtruhe, sodass laute Musik nach 22:00 Uhr zu unterbleiben hat. Unter das Recht auf Unterlassung fallen auch nicht körperliche Belästigungen, wie etwa Erpressung, Mobbing, üble Nachrede oder Beleidigungen. Solche Rechte können auf gerichtlichem Wege eingeklagt werden, wenn sie von anderen nicht freiwillig anerkannt werden.

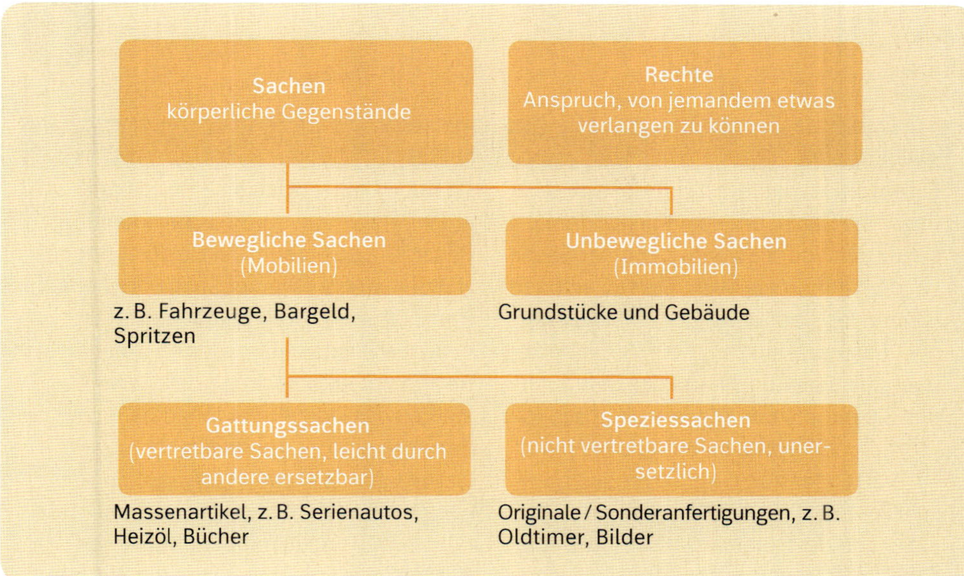

10. Rechtsobjekte

Rechtssubjekte

Rechtssubjekte sind die natürlichen und juristischen Personen. Sie sind Träger von Rechten und Pflichten und können z. B. Verträge schließen, Schenkungen erhalten oder vergeben.

Natürliche Personen sind alle Menschen zwischen Geburt und Tod, unabhängig von Alter, Rasse, Religionszugehörigkeit, Gesundheitszustand oder Vermögen.

Juristische Personen sind sogenannte künstliche Personen, denen der Staat die Eigenschaft von natürlichen Personen gegeben hat (vgl. Abb. 5). Dabei unterscheidet man zwischen juristischen Personen des **öffentlichen Rechts** und des **Privatrechts.**

Im Rechtsverkehr sind natürliche und juristische Personen gleichgestellt. Beide können z. B. Verträge abschließen und daraus Ansprüche geltend machen, sie können vor Gericht klagen, aber auch selbst verklagt werden. Natürlichen Personen sind allerdings solche Rechtsgeschäfte vorbehalten, die nur höchstpersönlich vorgenommen werden können, beispielsweise eine Eheschließung oder Testamenterstellung.

Juristische Personen des öffentlichen Rechts nehmen Aufgaben des Staates wahr und vertreten diesen bei der Erfüllung bestimmter Verwaltungsverpflichtungen. Sie werden rechtsfähig durch Gesetz oder durch eine Verwaltungsentscheidung (Verwaltungsakt). Man unterscheidet

- **Körperschaften,** zu ihnen gehören z. B. der Staat selbst, also Bund, Länder und Gemeinden, die Kirchen, aber auch die Ärzte-, Zahnärzte- und Tierärztekammern;
- **Anstalten** wie z. B. die öffentlichen Rundfunk- und Fernsehanstalten (ARD, ZDF), Universitäten oder die Deutsche Bundesbank;

Eigentum	Besitz
Eigentum ist die rechtliche Herrschaft über eine Sache oder ein Recht. Wer Eigentümerin oder Eigentümer einer Sache ist, dem gehört sie auch. Diese Personen können frei über das Eigentum entscheiden. Eingeschränkt wird die Verfügbarkeit über das Eigentum, wenn der Gebrauch des Eigentums der Allgemeinheit schadet (Sozialbindung des Eigentums nach Art. 14,2 GG) oder durch ein Gesetz eingeschränkt wird. So erhält z. B. ein Hausbesitzer von der Staatsanwaltschaft einen Strafbefehl, wenn er sein Haus in Brand setzt.	**Besitz** ist die tatsächliche Herrschaft einer Person über eine Sache oder ein Recht. Die Besitzerin/der Besitzer hat das Nutzungsrecht an einer Sache oder einem Recht, aber sie gehören ihr/ihm nicht. Besitzer/Besitzerinnen dürfen Dinge oder Rechte nur entsprechend den Anweisungen der Eigentümer:innen benutzen. Dennoch sind sie grundsätzlich verantwortlich für den ordnungsgemäßen Umgang mit der Sache oder dem Recht. Ayse fährt zum Beispiel mit dem Auto ihres Bruders. Für Verstöße gegen die Straßenverkehrsordnung, die sie begeht, ist auch sie verantwortlich und nicht ihr Bruder. Ayse ist während der Fahrt Besitzerin des Autos, ihr Bruder jedoch Eigentümer.

Eigentum und **Besitz** wird durch Einigung und Übergabe übertragen. An verloren gegangenen oder gestohlenen Sachen kann allerdings kein Eigentum erworben werden. Wer eine Sache findet oder kauft, wird dann lediglich Besitzer/Besitzerin. Wenn der rechtmäßige Eigentümer oder die rechtmäßige Eigentümerin ermittelt werden kann, müssen sie die Sache wieder herausgeben, wenn dies verlangt wird.

11. Unterscheidung von Eigentum und Besitz

- **staatliche Stiftungen**; sie verfügen über finanzielle Mittel und verfolgen damit einen gemeinnützigen Zweck. Die Studienstiftung des deutschen Volkes z. B. ist das größte deutsche Begabtenförderungswerk, die Deutsche Bundesstiftung Umwelt fördert Umweltschutzprojekte.

Juristische Personen des Privatrechts sind Personenvereinigungen oder private Stiftungen, die, um selbstständig handlungsfähig zu werden, in ein **öffentliches Register** eingetragen sein müssen. Sie verlieren ihre Rechtsfähigkeit erst dann, wenn sie aus dem entsprechenden Register gelöscht werden.

- Grundform der juristischen Person des Privatrechts ist der ins Vereinsregister eingetragene **Verein,** erkennbar an dem Zusatz „e. V.“ für „eingetragener Verein“. Neben Vereinen, bei denen die private Freizeitgestaltung im Vordergrund steht (z. B. Sport-, Gesang-, Karnevalsvereine), gibt es Vereine mit gemeinnützigen Zielsetzungen, z. B. das Deutsche Rote Kreuz e. V. oder Tierschutzvereine.

- **Kapitalgesellschaften** (Aktiengesellschaften – AG; Gesellschaften mit beschränkter Haftung – GmbH) verfolgen in der Regel gewinnorientierte Ziele und werden ins Handelsregister eingetragen. **Genossenschaften** (eG) erlangen ihre Rechtsfähigkeit durch Eintragung ins Genossenschaftsregister. **Privatrechtliche Stiftungen** sollen mit ihrem Geld- oder Sachvermögen einem von den Stiftungsmitgliedern festgelegten allgemeinen Zweck dienen. Im Gegensatz zu den staatlichen Stiftungen müssen die privaten allerdings nicht unbedingt gemeinnützige Zwecke verfolgen.

Natürliche Person

jeder Mensch zwischen Geburt und Tod

Juristische Person

„künstliche" Person durch Registereintragung

des öffentlichen Rechts

- Körperschaften, z. B. Bund, Länder, Gemeinden
- Kammern, z. B. Landestierärztekammer

des Privatrechts

- Kapitalgesellschaften, z. B. Rhön-Klinik AG
- eingetragene Vereine, z. B. Tierschutzverein Mörfelden e. V.
- Stiftungen, z. B. Stiftung Warentest

12. Rechtssubjekte

Praxen können keine juristischen Personen sein, denn Arzt und Ärztin, Zahnarzt und Zahnärztin sowie Tierarzt und Tierärztin handeln selbst und sind für die Abläufe in der eigenen Praxis immer persönlich verantwortlich.

13. Juristische Person

14. Natürliche Person

BEISPIEL

Dr. Karl Power ist als Arzt eine natürliche Person, als Präsident der Landeszahnärztekammer vertritt er aber die juristische Person „Landeszahnärztekammer".

ÜBUNGSAUFGABEN

1. Das Verhältnis zwischen welchen „Personen" wird
   a) im Privatrecht (Zivilrecht) und
   b) im öffentlichen Recht geregelt?
2. Um welches Recht handelt es sich in den folgenden Fällen:
   a) Frau Özdemir erhält den Steuerbescheid des Finanzamtes.
   b) Herr Schmitt und Frau Wagner schließen einen Kaufvertrag über Frau Wagners Pkw.
   c) Frau Dr. Janica Rebic stellt Jana Schuster als Auszubildende ein.
   d) Frau Teichert und Frau Kupetz schließen einen Mietvertrag ab.
   e) Der Arzt Dr. Knauser verweigert seiner Angestellten Frau Navalone das 13. Monatsgehalt („Weihnachtsgeld"), nachdem er es zuvor fünf Jahre in Folge als freiwillige Vergütung gezahlt hatte.
   f) Herr Schnellinger erhält einen Bußgeldbescheid, weil er die zulässige Höchstgeschwindigkeit überschritten hat.
   g) Frau Wiederhold wird von ihrem Arbeitgeber fristlos entlassen.
3. a) Wodurch unterscheiden sich „bewegliche Sachen" von „unbeweglichen Sachen"?
   b) Zwischen welchen zwei Arten wird bei beweglichen Sachen unterschieden?
4. Entscheiden Sie, um welche Art von Sachen es sich handelt:
   a) Mobiltelefon
   b) Praxisräume
   c) Auftragsanfertigung einer Kette durch einen Goldschmied
   d) Arbeitskittel
   e) Rennpferd
   f) Sitz der Landesärztekammer
5. Wodurch unterscheidet sich Ihr Anspruch auf Zahlung der Ausbildungsvergütung von den in Aufgabe 4 genannten Sachen?
6. Handelt es sich um eine natürliche oder eine juristische Person?
   a) Rapper „Shubido"
   b) Richterin Belinda Gerecht
   c) Landeszahnärztekammer
   d) Geschäftsführerin der Landeszahnärztekammer
   e) Der Verein „SV Darmstadt 98 e. V."
7. Sind die folgenden Personen Besitzer, Eigentümer oder beides?
   a) Frau Dr. med. Haupt hat die Räume ihrer Praxis von Herrn Wohner gemietet.
   b) Herr Dr. med. vet. Sänger betreibt seine Tierarztpraxis im geerbten Elternhaus.
   c) Frau Arslan isst einen gerade gekauften Döner.
   d) Herr Rasanto fährt in seinem geleasten Pkw.

4.1.3 Rechtsfähigkeit

Die Teilnahme an Rechtsgeschäften ist von der Rechts- und Geschäftsfähigkeit der natürlichen oder juristischen Person abhängig.

Unter **Rechtsfähigkeit** versteht man die Fähigkeit, Träger von Rechten und Pflichten zu sein. Jeder Mensch besitzt die Rechtsfähigkeit von Geburt an. Sie kann nicht entzogen oder eingeschränkt werden. Sie endet mit dem Tod. Bei juristischen Personen beginnt die Rechtsfähigkeit mit der Eintragung in ein Register und endet mit der Löschung.

BEISPIEL

Ein dreijähriges Kind erbt ein Haus und wird damit Eigentümer. Jedes Kind hat das Recht und die Pflicht zum Schulbesuch. Mit Eintragung in das Vereinsregister haftet der Sportverein für Unfälle, die während des Trainings passieren.

Tiere können keine Rechtsfähigkeit erlangen. Sie können deshalb z. B. auch keine Erbschaften antreten. Als Erbe eingesetzt werden könnte aber z. B. ein Tierschutzverein e. V., der dann die Versorgung des Tieres übernimmt.

Geschäftsfähigkeit

Unter **Geschäftsfähigkeit** versteht man die Fähigkeit, Willenserklärungen rechtswirksam entgegenzunehmen oder abzugeben. Da die Personen voll für ihre Handlungen haften, hat der Gesetzgeber zum Schutz vor Benachteiligung oder unüberlegten Handlungen Einschränkungen vorgenommen. Vom Alter abhängig unterscheidet man die verschiedenen Stufen der Geschäftsfähigkeit nach Geschäftsunfähigen, beschränkt Geschäftsfähigen und voll Geschäftsfähigen.

Geschäftsunfähigkeit (0 bis sieben Jahre). Willenserklärungen sind immer unwirksam. Für Geschäftsunfähige handeln gesetzliche Vertreter (Eltern, Vormundschaft). Mit Botengängen, z. B. kleinen Einkäufen mit Zettel, können auch Geschäftsunfähige beauftragt werden, da sie dazu keine Willenserklärungen abgeben müssen („Ist das Kind auch noch ganz klein, kann es trotzdem Bote sein!").

Beschränkte Geschäftsfähigkeit (sieben bis 18 Jahre). Willenserklärungen sind ohne Einwilligung der gesetzlichen Vertreter „schwebend unwirksam". Durch nachträgliche Genehmigung werden sie wirksam.

Keiner Zustimmung bedürfen:

- Verträge, die nur rechtliche Vorteile bringen, z. B. eine Schenkung ohne Verpflichtungen
- Verträge, die mit dem zur Verfügung stehenden Taschengeld erfüllt werden, z. B. der Kinobesuch (Taschengeldparagraf)
- Verträge, die sich aus dem von den gesetzlichen Vertretern erlaubten Arbeitsverhältnis des/der Minderjährigen ergeben, z. B. selbstständige Urlaubsbeantragung (Berufsmündigkeit)
- Verträge, die mit vorheriger Zustimmung der gesetzlichen Vertreter abgeschlossen wurden, z. B. Erlaubnis zum Kauf eines Mofas

15. Ein gültiges Rechtsgeschäft?

Volle Geschäftsfähigkeit (ab 18 Jahre). Willenserklärungen sind voll wirksam.

Kann jemand aufgrund seines Geisteszustandes oder sonstigen Verhaltens, z. B. Spiel- oder Drogensucht, nicht mehr selbst für sich alleine entscheiden, so kann auf Antrag von Verwandten oder Betroffenen eine Betreuung vom Vormundschaftsgericht bestellt werden. Der oder die Betreute wird dann einem beschränkt Geschäftsfähigen gleichgestellt und der Betreuer/die Betreuerinhandelt als gesetzliche Vertretung des oder der Betreuten.

Willenserklärung

Damit es zu einem Rechtsgeschäft (z. B. Kaufvertrag) kommt, muss der Wille eindeutig erklärt werden. Dies nennt man **Willenserklärung.** Sie kommt normalerweise durch eine schriftliche oder mündliche (auch telefonische) Äußerung zustande. Die Willenserklärung kann unterschiedliche Rechtsfolgen bewirken. Dies können sein:

- Entstehung eines neuen Rechtsgeschäfts

BEISPIEL

Die ZFA Sonja Schmelz kauft sich vom ersten Gehalt ein neues Handy.

- Änderung eines bestehenden Rechtsgeschäfts

BEISPIEL

Karin Metzger bekommt von ihrem Chef eine Gehaltserhöhung von 150,00 EUR.

- Auflösung eines bestehenden Rechtsgeschäfts

BEISPIEL

Die TFA Tina Hirsch kündigt bei Dr. Sommer, weil sie eine besser bezahlte Stelle gefunden hat.

Ob es sich um ein einseitiges oder mehrseitiges Rechtsgeschäft handelt, hängt von den beteiligten Personen ab. Einseitige Rechtsgeschäfte entstehen durch die Willenserklärung **einer** Person (z. B. Testament). Bei mehrseitigen Rechtsgeschäften müssen mindestens **zwei** Personen beteiligt sein (z. B. beim Mietvertrag). Es gibt aber auch Verträge, bei denen mehr als zwei Beteiligte zum Zustandekommen des Vertrags notwendig sind. So ist z. B. beim Kauf eines Neuwagens auf Kredit neben Käufer/Käuferin und Verkäufer/Verkäuferin noch ein Institut zur Kreditvergabe, z. B. eine Bank, zum Vertragsabschluss notwendig.

FALLBEISPIEL

Was sagt der Richter dazu?

Die 17-jährige Auszubildende Maria wird in der Fußgängerzone von einem Zeitschriftenvertreter zum Abonnement einer Frauenzeitschrift überredet. Der Vertrag soll für zwei Jahre gelten. Drei Monate später überlegt Maria es sich anders und will vom Vertrag zurücktreten. Der Verlag besteht auf der Erfüllung des Vertrags, da sich die Kosten im Rahmen des Taschengeldes bewegten.

Das Gericht, das diesen Fall zu entscheiden hatte, kam zu folgendem Ergebnis: Die Kündigung des Vertrags durch die Auszubildende ist wirksam, da es sich bei dem Abonnement um eine Art Ratenzahlung (wiederkehrende Leistung) handelt. Für diese Art von Geschäften ist jedoch die Zustimmung der Eltern oder des Vormundschaftsgerichtes notwendig, unabhängig von der Höhe der Ratenzahlung.

4.1.4 Abschluss von Verträgen

Grundsätzlich unterliegen die Rechtsgeschäfte keiner bestimmten Form **(Formfreiheit).** Aus Beweisgründen werden viele Verträge aber schriftlich abgeschlossen. Außer in dieser vertraglichen (gewillkürten) Form können Rechtsgeschäfte auch wie folgt abgeschlossen werden durch

- mündliche oder telefonische Äußerungen, z. B. telefonische Bestellung beim Lieferanten,
- schlüssiges (konkludentes) Handels, z. B. Einsteigen in ein Taxi.

Schweigen gilt in der Regel als Ablehnung (z. B. keine Reaktion auf eine unbestellte Zusendung von Waren. Ausnahme: Wenn zwischen den Lieferanten und dem Empfänger oder der Empfängerin bereits längerfristig eine Geschäftsbeziehung bestanden hat).

Exkurs

Deliktfähigkeit und Strafmündigkeit

Unter **Deliktfähigkeit** versteht man die Verantwortlichkeit für die Straftat (strafrechtliche Haftung) oder für eine unerlaubte Handlung, die zu einem Schaden führt (zivilrechtliche Haftung). Für einen Schaden ist allerdings nur verantwortlich, wer das siebte Lebensjahr vollendet hat.

Bei Jugendlichen zwischen sieben und 18 Jahren muss die notwendige Reife und die Einsicht in die Schädlichkeit der Tat vorhanden sein. Verursacht ein sechsjähriges Kind mit dem Fahrrad einen Kratzer an einem Auto, haftet das Kind nicht. Ein 12-Jähriger dagegen haftet für den Schaden.

Unabhängig vom Alter ist die Schuldfähigkeit des/der Handelnden zu berücksichtigen. Geprüft wird auch, ob er/sie zum Tatzeitpunkt wusste, was er/sie tat (z. B. bei Volltrunkenheit).

Unter **Strafmündigkeit** versteht man die strafrechtliche Verantwortlichkeit. Bis zur Vollendung des 14. Lebensjahres kann ein Kind nicht verurteilt werden. Danach sind Jugendliche nur dann strafrechtlich verantwortlich, wenn/sie zur Zeit der Tat sittlich und geistig reif genug waren, das Unrecht der Tat einzusehen. Bis zum 18. Lebensjahr gilt das Jugendstrafrecht. Danach beginnt die volle Strafmündigkeit.

In Ausnahmefällen kann noch zwischen dem 18. und 21. Lebensjahr das Jugendstrafrecht herangezogen werden. Dies ist dann der Fall, wenn eine verminderte Schuldfähigkeit oder mangelnde geistige Reife vorliegt.

Für bestimmte Rechtsgeschäfte hat der Gesetzgeber allerdings Formvorschriften erlassen. Werden sie nicht eingehalten, ist das Rechtsgeschäft ungültig.

- **Gesetzliche Schriftform:** Hierbei müssen die Verträge immer schriftlich abgeschlossen werden. Dazu zählen
  - Abschluss und Kündigung des Berufsausbildungsverhältnisses,
  - Kündigung des Mietvertrags,
  - Abschluss eines Abzahlungskaufs (Ratenkaufvertrag) einschließlich des Rechts auf Widerruf,
  - Bürgschaftsversprechen.
- **Öffentliche Beglaubigung:** Im Notariat oder beim Amtsgericht wird die eigenhändige Unterschrift des/der Erklärenden beglaubigt. Der Inhalt der Urkunde wird dabei nicht geprüft. Es wird nur die Echtheit der Unterschrift bestätigt. Dies ist notwendig bei
  - Ausschlagung (Ablehnung) einer Erbschaft,
  - Anmeldung zu einem öffentlichen Register, z. B. Vereinsregister, Handelsregister, Grundbuch.
- **Notarielle Beurkundung:** Bei der notariellen Beurkundung wird neben der Echtheit der Unterschrift auch der Inhalt des Vertrags beglaubigt. Vorgeschrieben ist sie bei
  - Grundstückskaufverträgen (Immobilienverträgen),
  - Eheverträgen (Gütertrennung),
  - Gründung einer GmbH.

Damit jedoch ein Vertrag zustande kommt, ist es notwendig, dass die verschiedenen Willenserklärungen der Vertragsparteien inhaltlich übereinstimmen. Der Abschluss des Vertrags vollzieht sich dabei schrittweise:

Die zuerst abgegebene Willenserklärung heißt **Antrag.** Stimmt die andere Partei dem Antrag zu, so nennt man dies **Annahme.** Damit ist der Vertrag zustande gekommen. Der Antrag zu einem Vertragsabschluss kann von jeder Vertragspartei ausgehen.

FALLBEISPIEL

Petra Zweifel sieht beim Gebrauchtwagenhändler Clever & Co. ihren Traumwagen für 5 000,00 EUR stehen. Sie sagt dem Verkäufer: „Für 4 500,00 EUR nehme ich ihn." „Für 4 700,00 EUR können Sie ihn haben." Petra überlegt und entgegnet ihm dann: „Ich überlege es mir bis morgen und sage Ihnen dann Bescheid. Verkaufen Sie den Wagen bis dahin auf gar keinen Fall. Wahrscheinlich werde ich ihn nehmen." Am nächsten Tag, als Petra den Wagen holen will, ist dieser bereits verkauft. Sie sagt zum Verkäufer: „Sie haben den Wagen verkauft, obwohl ich ihn haben wollte. Das wird Sie teuer zu stehen kommen." Petra fordert nun vom Verkäufer Schadenersatz, da sie der Meinung ist, dass ein Kaufvertrag bestanden habe. Wie ist die Rechtslage?

Einseitige Rechtsgeschäfte		Zwei- oder mehrseitige Rechtsgeschäfte
Empfangsbedürftige	**Nicht empfangsbedürftige**	
Durch eine Willenserklärung kommt ein Rechtsgeschäft mit **Zugang** beim Empfänger zustande. *Beispiele:* • Kündigung • Mahnung	Durch die **einseitige** Willenserklärung kommt ein Rechtsgeschäft zustande. *Beispiel:* • Testament	Durch mindestens **zwei** Willenserklärungen von verschiedenen Personen kommt ein Rechtsgeschäft zustande. *Beispiele:* • Kaufvertrag • Werkvertrag • Dienstvertrag • Mietvertrag • Werklieferungsvertrag

16. Arten von Rechtsgeschäften

BEISPIEL

Beispiel 1 (vgl. Abb. 21): Die MFA Simone hat von einem Bekannten erfahren, dass im Haus von Herrn Schulze eine Wohnung frei geworden ist. Daraufhin sucht sie Herrn Schulze auf. Als Kaltmiete könnte sie 650,00 EUR bezahlen. Herr Schulze ist mit dem Mietpreis einverstanden.

Beispiel 2 (vgl. Abb. 22): Frau Klein hat ein großes Haus, das zum Teil leer steht. Daher bietet sie ihrer Bekannten Michelle die leer stehende Wohnung für 550,00 EUR Kaltmiete an. Michelle nimmt das Angebot an.

Wird jedoch der Antrag von der zukünftigen Vertragspartei abgeändert, so kommt kein Vertrag zustande. Vielmehr stellt diese Änderung einen neuen Antrag dar. Die andere Vertragspartei kann diesen Antrag nun annehmen, eine nochmalige Änderung vornehmen oder den Antrag ablehnen. Ob ein Vertrag zustande kommt, ist somit von dem Verhandlungsgeschick und den Vorstellungen der Parteien abhängig.

17. Gebrauchtwagenkauf

BEISPIEL

Beispiel 3 (vgl. Abb. 23): Frau Dr. Pfennig bietet der ZFA Ebru eine leer stehende Wohnung für 500,00 EUR ohne Nebenkosten an. Für die Garagenbenutzung verlangt sie zusätzlich 50,00 EUR. Ebru würde die Wohnung mit der Garage gerne mieten, kann aber maximal 450,00 EUR zahlen. Frau Dr. Pfennig ist einverstanden.

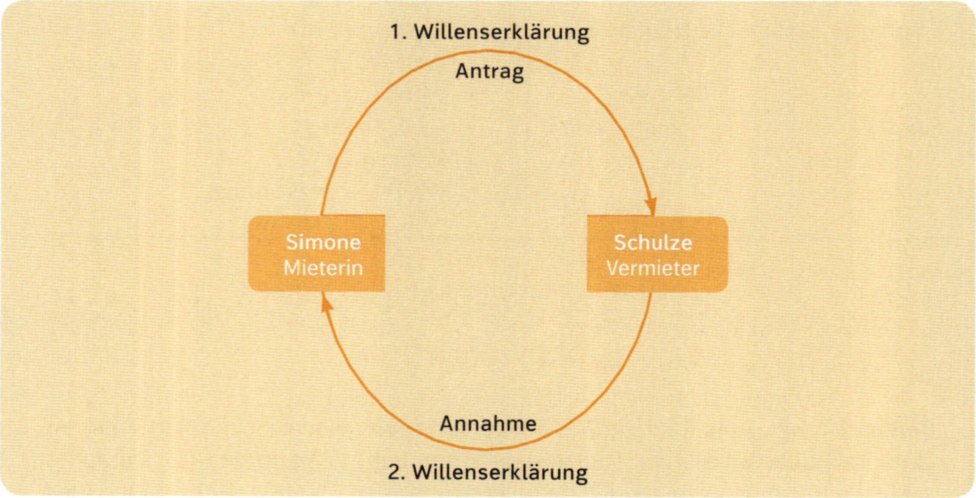

18. Beispiel 1

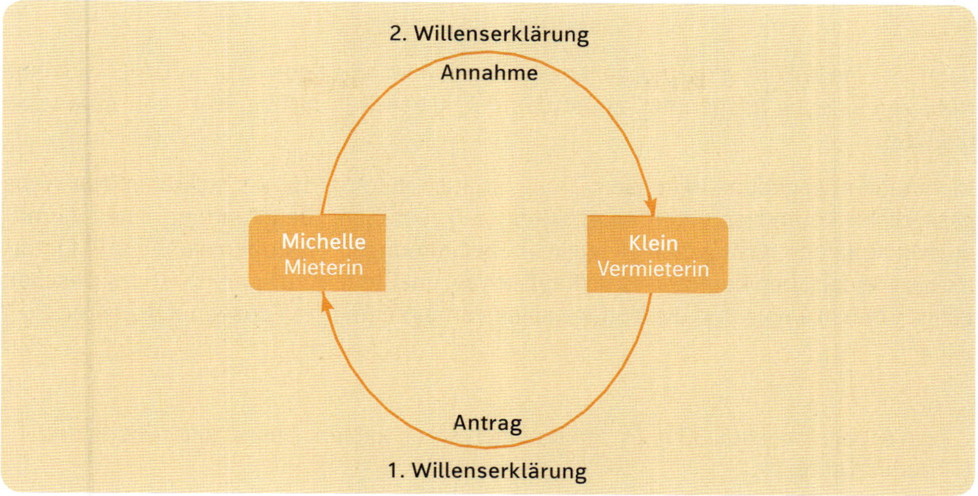

19. Beispiel 2

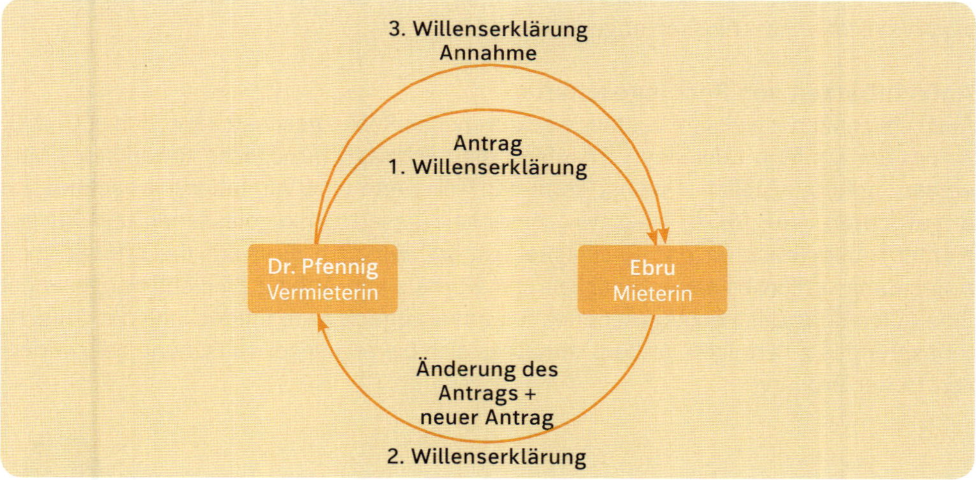

20. Beispiel 3

Exkurs

Willenserklärungen mittels Telekommunikation

Mit dem Einzug der neuen Telekommunikationsmöglichkeiten in die Praxen hat sich der Organisationsablauf geändert. So werden heute Bestellungen häufig nur noch **telefonisch** abgewickelt. Jedoch können Übermittlungsfehler nicht ausgeschlossen werden oder sind nicht beweisbar. Bei **Faxbetrieb** ist dagegen eine schriftliche Bestätigung der Absendung und des Inhalts vorhanden, aber nicht dafür, dass das Fax auch angekommen ist. Faxschreiben besitzen Dokumentencharakter. Die inzwischen üblich gewordene Form der Telekommunikation ist die E-Mail. Sie ist nicht nur die kostengünstigste Art, sondern auch die schnellste.

Allen genannten Möglichkeiten der Telekommunikation ist gemeinsam, dass die damit abgegebenen Willenserklärungen grundsätzlich rechtsverbindlich sind.

4.1.5 Nichtige und anfechtbare Rechtsgeschäfte

Verstößt eine Willenserklärung gegen ein Gesetz oder eine Formvorschrift oder wird eine Notlage eindeutig ausgenutzt, so ist das Rechtsgeschäft nichtig, d. h. von Anfang an ungültig.

Nicht jede abgegebene Willenserklärung ist auch automatisch rechtskräftig. Nur wenn gesetzliche Formvorschriften eingehalten (z. B. notarielle Beurkundung eines Grundstückskaufs) und nicht gegen gesetzliche Bestimmungen verstoßen wurde (z. B. Eintragung eines falschen Kaufpreises im Kaufvertrag, um Steuern zu sparen), ist das Geschäft gültig. Ebenso wenig darf die Notlage eines Vertragsbeteiligten ausgenutzt werden.

BEISPIEL

Ein Arbeitsloser soll 50 % Zinsen für einen Kredit zahlen. Das ist sittenwidrig und damit nichtig.

In solchen Fällen ist das Rechtsgeschäft nichtig, d. h., es ist von Anfang an ungültig und wird als nicht abgeschlossen angesehen.

Anfechtbarkeit von Rechtsgeschäften

Auch ein zunächst wirksam zustande gekommenes Rechtsgeschäft kann sich u. U. (z. B. Irrtum der Käuferin oder des Verkäufers) als nachträglich mögliche unwirksame Vereinbarung herausstellen. Dies ist dann der Fall, wenn eine Vereinbarung nachträglich **angefochten** wird. Bis zu einer wirkungsvollen (gesetzlich zugelassenen und fristgerechten) Anfechtung ist das Rechtsgeschäft voll wirksam. Erst mit der erfolgreichen Anfechtung verliert es seine Gültigkeit und wird als von Anfang an nichtig angesehen. Eine Anfechtung des Rechtsgeschäftes hat **unverzüglich** nach Entdeckung des Anfechtungsgrundes zu erfolgen. Anders verhält es sich bei arglistiger Täuschung oder widerrechtlicher Drohung.

Beispiele	Nichtige Rechtsgeschäfte
Die dreijährige Larissa S. kauft für 20,00 EUR ein gebrauchtes Smartphone.	Rechtsgeschäfte von Geschäftsunfähigen
Die 16-jährige Ute B. kauft für 1300,00 EUR ein Hightech-TV.	Rechtsgeschäfte von beschränkt Geschäftsfähigen, wenn gesetzliche Vertreter die Zustimmung verweigern
Der betrunkene Sascha M. verkauft sein Motorrad für 1,11 EUR.	Rechtsgeschäfte, die im Zustand der Bewusstlosigkeit oder vorübergehender geistiger Störungen erfolgten
Dieter D. verkauft 50 g Heroin.	Rechtsgeschäfte, die gegen ein gesetzliches Verbot verstoßen

Beispiele	Nichtige Rechtsgeschäfte
Herr Meier schließt mit Herrn Müller mündlich einen Grundstückskaufvertrag.	Rechtsgeschäfte, die gegen eine gesetzliche Formvorschrift verstoßen
Das Bankhaus Hai verlangt überhöhte Zinsen.	Rechtsgeschäfte, die gegen die guten Sitten verstoßen
Marion W. versteigert den Eiffelturm meistbietend.	Scherzgeschäfte
Um Grunderwerbssteuer zu sparen, wird im schriftlichen Kaufvertrag ein Preis von 200 000,00 EUR, mündlich jedoch ein Preis von 300 000,00 EUR vereinbart.	Scheingeschäfte

21. Beispiele für nichtige Rechtsgeschäfte

Beispiele	Anfechtungsgrund
Eine Ware wird versehentlich mit 20,00 EUR statt mit 200,00 EUR ausgezeichnet.	**Anfechtung wegen Irrtums** Anfechtung wegen Erklärungsirrtums (Verschreiben oder Versprechen) Anfechtung wegen Inhaltsirrtums (Irrtum über den Inhalt der Willenserklärung) Anfechtung wegen unrichtiger Übermittlung (falsche Übermittlung durch eine Person oder technische Störungen)
Statt eines Pachtvertrags schließt Landwirt Müller einen Kaufvertrag für eine Wiese ab.	
Dr. Metzger erhält per Fax ein Angebot. Durch einen technischen Fehler wird der Preis mit 55,00 EUR statt 5500,00 EUR ausgewiesen.	
Herr Neumann kauft Aktien in der Hoffnung auf Kurssteigerungen. Stattdessen sinkt der Kurs.	**Anfechtung wegen eines Motivirrtums** Eine Anfechtung ist in solchen Fällen nicht möglich (im Gegensatz zum sonstigen Irrtum!). Sie ist auch ausgeschlossen bei Unkenntnis einer Tatsache, die dem Rechtsgeschäft zugrunde liegt.
Der Verkäufer eines Gebrauchtwagens verschweigt wider bessern Wissens, dass der Wagen einen schweren Unfall hatte.	**Anfechtung wegen arglistiger Täuschung oder widerrechtlicher Drohung** Rechtsgeschäfte, die durch eine bewusste Täuschung oder Bedrohung der Vertragspartei zustande gekommen sind, können nachträglich angefochten werden.
Der Vermieter droht dem Mieter mit Sperrung des Wassers, wenn er nicht die höhere Miete bezahlt.	

22. Beispiele für Anfechtungsgründe

Hier hat die Anfechtung innerhalb **eines** Jahres nach der Entdeckung der Täuschung oder dem Wegfall der widerrechtlichen Drohung zu erfolgen. Liegen zwischen Abschluss des Rechtsgeschäftes (z. B. Hauskauf auf dem Grundstück einer ehemaligen Mülldeponie) und Entdeckung/Wegfall der widerrechtlichen Drohung 30 Jahre, so ist eine Anfechtung nicht mehr möglich. Bei erfolgreicher Anfechtung wegen arglistiger Täuschung oder widerrechtlicher Drohung kann neben der Annullierung (Aufhebung) des Vertrags auch Anspruch auf Schadenersatz möglich sein.

FALLBEISPIEL

Was sagt der Richter dazu?

Die 16-jährige Auszubildende kauft ohne Wissen ihrer Eltern ein Mofa auf Raten. Sie gibt ihr teures Fahrrad dafür in Zahlung. Auf dem Nachhauseweg wird ihr das Mofa gestohlen, während sie kurz einkaufen ist.

Der Verkäufer verlangt den vollen Kaufpreis von den Eltern.

Das Gericht, das diesen Fall zu entscheiden hatte, kam zu folgendem Ergebnis:

1. Der Kaufvertrag ist nichtig, da die Zustimmung der Eltern nicht vorlag und eine Einwilligung nicht erfolgte.
2. Das teure Fahrrad muss der Verkäufer zurückgeben.
3. Der Verkäufer hat den Schaden zu tragen, der durch den Diebstahl des Mofas entstanden ist.

ÜBUNGSAUFGABEN

1. a) Wie viele Willenserklärungen sind mindestens notwendig, damit ein gültiges Rechtsgeschäft zustande kommt?
   b) Wie werden diese Willenserklärungen bezeichnet?
2. Dima M., 19 Jahre, bietet ihr Fahrrad zum Verkauf für 550,00 EUR an. Haddiya C., 21 Jahre, teilt ihr mit, dass sie es für 500,00 EUR kaufen würde.
   a) In welchem Fall kommt kein Kaufvertrag zustande?
   b) In welchem Fall kommt ein Kaufvertrag zustande?
   c) Welche Formvorschrift muss eingehalten werden?
3. Unter welchen Voraussetzungen käme ein gültiger Kaufvertrag zustande, wenn beide 16 Jahre alt und damit beschränkt geschäftsfähig wären?
4. Nennen Sie jeweils zwei Verträge, bei denen folgende Formvorschriften eingehalten werden müssen:
   a) Schriftform
   b) öffentliche Beglaubigung
   c) notarielle Beurkundung
5. Aus welchen Gründen ist bei diesen Rechtsgeschäften die jeweilige Form vorgeschrieben?
6. Was ist der grundsätzliche Unterschied zwischen nichtigen und anfechtbaren Rechtsgeschäften?
7. Angenommen, Dima (Aufgabe 2) hätte das Fahrrad gestohlen.
   a) Käme mit Haddiya ein gültiger Kaufvertrag zustande?
   b) Welche Folgen hätte es, wenn Haddiya das Fahrrad für 500,00 EUR gekauft hätte?

4.2 Vertragsarten

Zu den in den medizinischen Bereichen wichtigsten Vertragsarten zählen:

Kaufvertrag
Hier vereinbaren die Vertragsparteien (Verkäufer/Verkäuferin und Käufer/Käuferin) folgende Leistungen:

- Wer verkauft, liefert Ware im ordnungsgemäßen Zustand am vereinbarten Ort zur vereinbarten Zeit.
- Wer kauft, nimmt die Ware entgegen und bezahlt den vereinbarten Preis.

Mit der Lieferung und der Übergabe der Ware durch den Verkäufer oder die Verkäuferin wird der Käufer bzw. die Käuferin zunächst Besitzer/Besitzerin. Durch den Eigentumsvorbehalt kann das Eigentum der Ware bis zur endgültigen Bezahlung gesichert werden. Erst mit der Bezahlung der Ware werden Käufer oder Käuferin zum Eigentümer. Im Normalfall findet beides gleichzeitig statt.

BEISPIEL

Maria N. geht an den Kiosk, nimmt sich eine Zeitung und legt den Kaufpreis dafür hin.

BEISPIEL

Claudia K. kauft von ihrem Bruder am 12.07. dessen Auto, zahlt die Hälfte an und fährt für eine Woche in Urlaub. Nach ihrer Rückkehr zahlt sie am 20.07. den Rest und erhält den Kfz-Brief. Erst jetzt ist sie Eigentümerin des Autos.

FALLBEISPIEL

Was sagt der Richter?
Lisa hat gerade ihren Führerschein gemacht. Bei einem Händler findet sie ihren Traumwagen. Ihre Ersparnisse reichen gerade aus, um den Wagen zu kaufen, da das Auto sehr günstig angeboten wird. Bei ihrer ersten Tour fährt sie vor einer roten Ampel leider auf einen anderen Wagen auf. Dabei verletzt sie sich so schwer, dass sie stationär behandelt werden muss.

Wie sich bei der Untersuchung des Wagens herausstellt, waren die Bremsen defekt. Dies hätte der Händler wissen und der Käuferin mitteilen müssen. Deshalb fordert Lisa den vollen Kaufpreis zurück. Auch verlangt sie Schadenersatz, d. h. den Ersatz der Reparaturkosten des Unfallgegners und Schmerzensgeld für den Krankenhausaufenthalt.

Das Gericht, das diesen Fall zu entscheiden hatte, kam zu folgender Entscheidung:

1. Der Kaufpreis ist Lisa zurückzuerstatten.
2. Der Händler hat den Schaden des Unfallgegners zu tragen.
3. Lisa werden 2000,00 EUR Schmerzensgeld zugesprochen.

Mietvertrag

Beim Mietvertrag gehen die Vertragsparteien (Vermieter:in und Mieter:in) folgende Verpflichtungen ein:

- Der Vermieter/die Vermieterin überlässt die Sache dem Mieter oder der Mieterin für einen Zeitraum zum Gebrauch.
- Der Mieter/die Mieterin zahlt den vereinbarten Mietpreis und verpflichtet sich zum ordnungsgemäßen Gebrauch der Sache.

Der Vermieter/die Vermieterin bleibt immer Eigentümer:in der Sache. Der Mieter/die Mieterin wird durch Inbesitznahme der Sache nur Besitzer:in. Bei ordnungsgemäßer Benutzung der gemieteten Sache durch den Mieter/die Mieterin dürfen Vermietende **nicht** ohne Einwilligung der Mietpartei die Sache in Besitz nehmen oder den Gebrauch kontrollieren.

FALLBEISPIEL

Was sagt der Richter dazu?

Die Auszubildende Olga hat von Frau Müller eine Ein-Zimmer-Wohnung für die Zeit ihrer Ausbildung befristet gemietet. Frau Müller möchte jederzeit, auch ohne Olga, den Zustand der Wohnung kontrollieren.

Olga ist mit dieser Regelung nicht einverstanden und verlangt, dass Frau Müller die Wohnung während ihrer Abwesenheit nicht betritt.

Daraufhin kündigt Frau Müller Olga fristlos.

Das Gericht, das diesen Fall zu entscheiden hatte, kam zu folgendem Ergebnis:

1. Die fristlose Kündigung ist nichtig.
2. Das Mietverhältnis endet mit Ablauf der Ausbildung.
3. Eine Kontrolle der Wohnung durch den Vermieter ist alle zwei Jahre in Absprache und Beisein des Mieters zulässig.
4. Ein Betreten der Wohnung ohne den Mieter ist nur bei drohender Gefahr (z. B. Feuer, Wasserrohrbruch) möglich.

Pachtvertrag

Bei einem Pachtvertrag handelt es sich um die entgeltliche Überlassung eines Gegenstandes zur Nutzung und Ertragserzielung. Die Vertragsparteien (Verpächter:in und Pächter:in) haben folgende Pflichten:

- Der Verpächter/die Verpächterin überlässt dem Pächter oder der Pächterin die Sache zum Gebrauch und den daraus sich ergebenden Ertrag.
- Der Pächter/die Pächterin verpflichtet sich zur Zahlung der vereinbarten Pacht.

Der Verpächter/die Verpächterin bleibt Eigentümer:in der Sache. Es besteht aber kein Anspruch auf den aus dem Pachtverhältnis entstehenden Ertrag. Dieser steht allein dem Pächter/der Pächterin zu.

BEISPIEL

Familie Autark hat vom Bauern Metzger einen Acker gepachtet. Dort baut sie für ihren Gebrauch Obst und Gemüse an.

Leihvertrag

Hier vereinbaren die Vertragsparteien (Verleiher:in und Entleiher:in) folgende Leistungen:

- Der Verleiher/die Verleiherin überlässt dem Entleiher/der Entleiherin die Sache unentgeltlich.
- Der Entleiher/die Entleiherin verpflichtet sich zum ordnungsgemäßen Gebrauch der Sache.

Wer etwas verleiht, bleibt Eigentümer:in der Sache, wer etwas leiht, ist nur Besitzer:in. Der Entleiher oder die Entleiherin hat die sich aus der Leihe ergebenden Kosten zu tragen.

BEISPIEL

Monika L. leiht sich von ihrer Mutter das Auto, um am Wochenende fortzufahren. Die Benzinkosten muss sie dabei selbst tragen.

Werkvertrag

Die Vertragsparteien (Unternehmer:in und Besteller:in) gehen folgende Verpflichtungen ein:

- Der Unternehmer/die Unternehmerin verpflichtet sich, eine bestimmte Arbeit zu verrichten oder ein Werk herzustellen.
- Der Besteller/die Bestellerin liefert das benötigte Material und bezahlt die Leistung des Unternehmers/der Unternehmerin.

Beim Werkvertrag schuldet der Unternehmer/die Unternehmerin den Erfolg der Leistung, d. h. nicht nur das bloße Tätigwerden, sondern die erfolgreiche Ausführung. Typische Werkverträge sind Handwerkerverträge, z. B. Reparaturaufträge, Serviceleistungen, Reparatur von Körper- und Zahnprothesen.

BEISPIEL

Herr Mutzke lässt seine beim Frühstück beschädigte Krone bei seiner Zahnärztin wiederherstellen.

Werklieferungsvertrag[1]

Hierbei vereinbaren die Vertragsparteien (Unternehmer:in und Besteller:in) folgende Leistungen:

- Der Unternehmer/die Unternehmerin verpflichtet sich zur Herstellung einer Sache aus selbstständig beschafftem Material bzw. zur Verrichtung einer Arbeit.
- Der Besteller/die Bestellerin verpflichtet sich zur Abnahme und Bezahlung der Sache.

[1] *Lieferung herzustellender oder zu erzeugender beweglicher Sachen*

Auch hier wird der Erfolg der Leistung geschuldet, d. h. die erfolgreiche Ausführung der Tätigkeit. Typische Werklieferungsverträge sind oft Kaufverträge, z. B. Kauf einer neuen Brille, die Herstellung einer Zahnprothese.

BEISPIEL

Weil sich Frau Neu-Giehrigs Sehkraft verschlechtert hat, lässt sie beim Optiker eine neue Brille anfertigen.

Wartungsvertrag

In ärztlichen Praxen werden zu Diagnose- und Therapiezwecken medizinische Geräte verwendet, die sehr teuer sind. Umso ärgerlicher ist es, wenn diese Geräte dann zwar einwandfrei funktionieren, sie aber dennoch nicht optimal genutzt werden können, weil sie hierfür z. B. erst auf die genauen Bedürfnisse der Praxis eingestellt werden müssten oder auch nur Updates mangels Zeit oder Kenntnissen nicht eingepflegt werden können. Auch bei der von einer Fachfirma gestalteten Homepage für die eigene Praxis kann der Praxisinhaber oder die Praxisinhaberin damit überfordert sein, diese Homepage dann selbstständig aktuellen Entwicklungen anzupassen.

In diesen Fällen ist es sinnvoll, Wartungsverträge abzuschließen.

Die Vertragsparteien (Unternehmer:in und Auftraggeber:in) haben folgende Pflichten:

- Der Unternehmer/die Unternehmerin verpflichtet sich zur vereinbarten Wartung und/oder unverzüglichen Reparatur bei Störungen oder Ausfall der Sache.
- Der Auftraggeber/die Auftraggeberin verpflichtet sich zur Zahlung des Wartungsentgeltes.

Wartungsverträge können unterschieden werden in

- präventive (vorsorgliche) Wartung und
- Reparaturservice.

	Kaufvertrag	Mietvertrag	Pachtvertrag	Leihvertrag
Vertragspartei-en	Verkäufer:in Käufer:in	Vermieter:in Mieter:in	Verpächter:in Pächter:in	Verleiher:in Entleiher:in
Vertragsinhalt	Veräußerung von Waren	Entgeltliche Überlassung von Sachen	Entgeltliche Überlassung von Sachen	Unentgeltliche Überlassung von Sachen
Beispiele	• Maria S. kauft ein neues Auto. • Petra M. kauft für das Abendessen ein. • Halime G. kauft sich neue Ohrringe.	• Claudia U. mietet ihre erste Wohnung. • Laura S. mietet im Urlaub ein Auto. • Clara R. mietet für ihren Umzug einen Transporter.	• Dorothea U. pachtet einen Schrebergarten. • Bauer Huber pachtet eine Wiese von Bauer Adler. • Der Koch Heinz pachtet die Gastwirtschaft „Klause“.	• Margot A. leiht sich ein Buch aus der Bibliothek aus. • Clara G. leiht ihrem Freund ihr Auto. • Ayse D. leiht sich von Anna die Unterlagen für die Klassenarbeit aus.

	Werkvertrag	Werklieferungs-vertrag	Wartungsvertrag	Arbeitsvertrag
Vertrags-parteien	Unternehmer:in Besteller:in	Unternehmer:in Besteller:in	Unternehmer:in Auftraggeber:in	Arbeitgeber:in Arbeitnehmer:in
Vertrags-inhalt	Herstellung oder Reparatur von Waren	Herstellung von Waren	Instandhaltung oder Reparatur von Geräten	Leistungen von Diensten gegen Entgelt
Beispiele	• Gisela B. lässt sich ein Hochzeitskleid maßschneidern. • Karima P. lässt ihre Waschmaschine reparieren. • Leon S. bringt einen Film zur Entwicklung.	• Franziska N. bekommt eine Einbauküche montiert. • Ayse U. lässt sich einen Einbauschrank anfertigen. • Lukas K. bekommt eine neue Zahnkrone.	• Frau Dr. Müller lässt regelmäßig ihr Röntgengerät warten. • Die Firma Vetcom repariert den defekten PC der Pferdeklinik.	• Eva P. schließt einen Arbeitsvertrag. • Johannes B. vereinbart einen zusätzlichen 450-EUR-Job. • Erika E. arbeitet am Wochenende als Kellnerin.

Präventive Wartung umfasst die regelmäßige Kontrolle der Geräte. Diese soll eine störungsfreie Funktion der Geräte ermöglichen bzw. die Einhaltung gesetzlicher Prüfvorschriften gewährleisten.

Der Reparaturservice soll eine möglichst schnelle Wiederinbetriebnahme der Geräte bei einer Störung oder einem Defekt sicherstellen und damit die Einnahmeausfälle reduzieren.

Wartungsverträge werden sowohl bei Kauf- als auch bei Leasingverträgen von Geräten angeboten.

BEISPIEL

Das Röntgengerät von Dr. Schein erhält im Rahmen der Wartung die neue TÜV-Zulassung.

Arbeitsvertrag

Der Arbeitsvertrag (vgl. auch Seite 389 ff) ist eine Sonderform des Dienstvertrages. Dabei gehen die Vertragsparteien (Arbeitgeber:in und Arbeitnehmer:in) folgende Verpflichtungen ein:

- Der Arbeitgeber/die Arbeitgeberin schuldet die vereinbarte Bezahlung.
- Der Arbeitnehmer/die Arbeitnehmerin schuldet das Tätigwerden.

Bei den Dienstverträgen wird kein Erfolg geschuldet. Vielmehr ist hier das bloße Tätigwerden notwendig bzw. das sorgfältige Ausführen des Auftrags steht im Vordergrund.

BEISPIEL

Die Praxis Dr. Modern hat eine neue Computeranlage. Trotz einer Schulung und großer Sorgfalt unterlaufen den Angestellten noch Fehler, was aber keine arbeitsrechtlichen Konsequenzen nach sich zieht.

ÜBUNGSAUFGABEN

1. a) Muss der Mieter M. den Vermieter S. jederzeit zur Besichtigung oder Kontrolle in seine gemietete Wohnung lassen?
   b) Unter welchen Voraussetzungen hat der Vermieter S. das Recht, die Wohnung zu betreten?
2. Wodurch unterscheiden sich Miet- und Pachtvertrag?
3. Wodurch unterscheidet sich der Leihvertrag vom Miet- und Pachtvertrag?
4. Eine Zahnarztpraxis beauftragt ein Dentallabor mit der Herstellung einer „Brücke". Um welche Art von Vertrag handelt es sich?
5. Um welche Vertragsart würde es sich handeln, wenn in Aufgabe 4 die Zahnarztpraxis das Dentallabor mit der Reparatur einer Prothese beauftragte?

Glossar

Anfechtbare Rechtsgeschäfte	Dies sind Rechtsgeschäfte, die zunächst „schwebend unwirksam" sind, d. h. werden sie angefochten, werden sie rückwirkend ungültig; ansonsten werden sie gültig.
Arbeitsrecht	Es regelt die Beziehungen zwischen Arbeitgeber:in und Arbeitnehmer:in und enthält sowohl Teile des Privatrechts (Gehalt, Urlaub usw.) als auch des öffentlichen Rechts (Mindesturlaub, Jugendarbeitsschutzgesetz usw.).
Besitz	Dies ist die tatsächliche Herrschaft über eine Sache, z. B. Mieter:in einer Wohnung.

Eigentum	Dies ist die rechtliche Herrschaft über eine Sache, z. B. Vermieter:in einer Wohnung.
Einseitige Rechtsgeschäfte	Die Willenserklärung einer Vertragspartei reicht aus, damit das Rechtsgeschäft gültig ist, z. B. Kündigung.
Gattungssachen	Massenartikel
Geschäftsfähigkeit	Dies ist die Fähigkeit von natürlichen Personen, rechtskräftige Verträge abschließen zu dürfen. Sie besteht aus den drei Stufen „Geschäftsunfähigkeit", „beschränkte Geschäftsfähigkeit" und „volle Geschäftsfähigkeit".
Gesetzliche Schriftform	Diese Verträge müssen schriftlich abgeschlossen werden, um gültig zu sein.
Juristische Personen	„Künstliche Personen", z. B. Ärztekammern, Vereine, Städte
Mehrseitige Rechtsgeschäfte	Die Willenserklärungen von zwei (oder mehreren) Parteien müssen übereinstimmen, z. B. Arbeitsvertrag und Ausbildungsvertrag.
Natürliche Personen	Dies sind alle Menschen von der Geburt bis zum Tod.
Nichtige Rechtsgeschäfte	Dies sind Rechtsgeschäfte, die von Anfang an ungültig sind.
Notarielle Beurkundung	Die Echtheit des gesamten Vertragsinhalts und die Unterschrift werden amtlich beurkundet.
Öffentliche Beglaubigung	Die Echtheit der Unterschrift wird beglaubigt.
Öffentliches Recht	Es regelt die Beziehungen zwischen Staat und Bürger/Bürgerin, z. B. Strafrecht.
Privatrecht	Das Zivilrecht regelt die Beziehungen der Bürger und Bürgerinnen untereinander, z. B. Bürgerliches Recht
Rechtsfähigkeit	Dies ist die Fähigkeit, Träger von Rechten und Pflichten zu sein. Beim Menschen (natürlichen Personen) beginnt sie mit der Geburt und endet mit dem Tod. Bei juristischen Personen beginnt sie mit der Eintragung in ein Register und endet mit deren Löschung.
Rechtsobjekte	Dies sind Gegenstände des Rechtsverkehrs. Sie können sowohl Sachen als auch Rechte sein.
Rechtssubjekte	Dies sind sowohl natürliche als auch juristische Personen des Rechtsverkehrs.
Speziessachen	Einzelstücke bzw. Einzelanfertigungen

5 BEHANDLUNGSVERTRAG

VERTRAGSABSCHLUSS

- Vertragsparteien
- Geschäftsführung ohne Auftrag
- Behandlung von Minderjährigen
- Behandlung von Geschäftsunfähigen

↓

PFLICHTEN DES ARZTES/DER ÄRZTIN

- Sorgfaltspflicht
- Aufklärungspflicht
- Schweigepflicht
- Dokumentationspflicht

↓

PFLICHTEN DER PATIENT:INNEN

- Vorlegen der Versichertenkarte
- Zahlung
- Unterstützung bei der Behandlung

↓

HAFTUNG DER VERTRAGSPARTEIEN

- Haftung des Arztes/der Ärztin
- Haftung der Mitarbeitenden (Fachangestellte, Azubis)
- Haftung der Patient:innen
- Verjährungsfristen

Situation:

Die Kinderärztin Dr. med. Junghans diagnostiziert bei dem 9-jährigen Samuel eine fiebrige Erkältung. Klären Sie folgende Fragen:

1. Wie kommt in diesem Fall der Behandlungsvertrag zustande?
2. Welche Pflichten haben die Vertragspartner in diesem Fall?
3. Wie erfolgt die Zahlung, wenn es sich um
   a) einen Vertragspatienten,
   b) einen Privatpatienten handelt?
4. Wie ist die Situation, wenn die Diagnose „fiebrige Erkältung“ fehlerhaft war und Samuel dadurch eine dauerhafte Schädigung erleidet?

5.1 Abschluss und Inhalt

Der Behandlungsvertrag ist eine besondere Form des Dienstvertrags und im BGB, § 630a, besonders geregelt. Danach muss die Behandlung nach den aktuellen allgemein anerkannten fachlichen Standards erfolgen. Der oder die Behandelnde schuldet dabei aber keinen unmittelbaren Behandlungserfolg, also die direkte Heilung, sondern sorgfältiges und fehlerfreies Arbeiten. Dies gilt auch im Rahmen der zahnärztlichen Prothetik.

Ein Behandlungsvertrag zwischen Arzt/Ärztin sowie Zahnarzt/Zahnärztin und Patient/Patientin (in der Veterinärpraxis zwischen Tierarzt/Tierärztin und dem Tierhalter oder der -halterin) kommt z. B. zustande, wenn

- ein Termin für die Behandlung vereinbart wird,
- vom Patienten die Sprechstunde aufgesucht und die eGK abgegeben wird,
- der Arzt oder die Ärztin einen Hausbesuch vereinbart.

Der Behandlungsvertrag kommt meist durch eine mündliche Willenserklärung, z. B. telefonische Terminvereinbarung, oder durch schlüssiges (konkludentes) Handeln, z. B. Aufsuchen der Sprechstunde, zustande.

Eine Ausnahme bildet die **Geschäftsführung ohne Auftrag.** Diese liegt dann vor, wenn der Handelnde (hier z. B. der Arzt/Zahnarzt) die Geschäfte einer anderen Person (hier z. B. eine Patientin, die sich nicht äußern kann) so führt, wie es in deeren mutmaßlichem Interesse liegt, ohne dafür von der Person ausdrücklich beauftragt zu sein.

BEISPIEL

Frau Schulze bricht vor der Praxis zusammen und ist bewusstlos. Der Arzt behandelt daraufhin Frau Schulze, ohne dass ausdrücklich ein Vertrag zustande gekommen ist.

Grundsätzlich besteht **freie Arztwahl,** d. h., Patientinnen und Patienten können unter der niedergelassenen Ärzteschaft den Arzt oder die Ärztin ihres Vertrauens wählen. Wer in der gesetzlichen Krankenkasse versichert ist, sollte einen Vertragsarzt/eine Vertragsärztin mit Kassenzulassung aufsuchen, da die Abrechnung der Behandlung sonst als Privatliquidation erfolgt.

Vertragspartner des Patienten oder der Patientin ist bei einer Einzelpraxis und Praxisgemeinschaft (vgl. Exkurs S. 21) immer der gewählte Arzt selbst (oder die gewählte Ärztin). Die Person, die die Behandlung durchführt, haftet bei fehlerhaftem Verhalten. Anders in einer Berufsausübungsgemeinschaft (Gemeinschaftspraxis): Hier werden alle Praxisärzte und -ärztinnen gleichzeitig zu Vertragspartnern, egal, wer von ihnen den Patienten behandelt. Bei Fehlern haften daher alle als Gemeinschaft. Dies gilt auch für ein Medizinisches Versorgungszentrum.

Ein **Behandlungszwang** für den Arzt/die Ärztin besteht aufgrund der allgemeinen Vertragsfreiheit zunächst nicht. Ausgenommen sind dringende Fälle. Handelt z. B. ein Arzt hier nicht, so macht er sich der **unterlassenen Hilfeleistung** (siehe Exkurs S. 181) schuldig. Daher ist vor der **Ablehnung** eines Patienten oder einer Patientin abzuwägen, ob ein dringender Fall vorliegt oder nicht.

Eine Ablehnung der Behandlung durch einen Vertragsarzt oder eine Vertragsärztin kann z. B. in Betracht kommen wenn

- die Praxis bereits stark überlastet ist,
- eine spezielle Behandlung nicht das eigene ärztliche Fachgebiet betrifft,
- das Vertrauensverhältnis zwischen Arzt/Ärztin und Patient/Patientin gestört ist,
- eine unberechtigte Krankschreibung verlangt wird,
- die ärztlichen Anweisungen vom Patienten oder der Patientin nicht befolgt werden.

Exkurs

Unterlassene Hilfeleistung

Im Strafgesetzbuch ist die unterlassene Hilfeleistung in **§ 323c StGB** wie folgt beschrieben:

„Wer bei Unglücksfällen oder gemeiner Gefahr oder Not nicht Hilfe leistet, obwohl dies erforderlich und ihm den Umständen nach zuzumuten, insbesondere ohne erhebliche eigene Gefahr und ohne Verletzung anderer wichtiger Pflichten möglich ist, wird mit Freiheitsstrafen bis zu einem Jahr oder mit Geldstrafe bestraft."

Wer also bei einem Unfall nicht hilft, aus Angst, sich schmutzig zu machen, oder wer glaubt, nicht helfen zu können, macht sich immer strafbar. Anders ist es, wenn jemand eine ertrinkende Person sieht, aber selbst nicht schwimmen kann. Hier liegt keine strafbare Handlung vor, da im Falle des Rettungsversuchs das eigene Leben bedroht wäre.

Das Fehlen der elektronischen Gesundheitskarte ist **kein** Ablehnungsgrund. Allerdings kann die Behandlung später eventuell privat abgerechnet werden (vgl. Seite 82).

Für das Zustandekommen eines Behandlungsvertrags zwischen der Ärztin/dem Arzt und Geschäftsunfähigen bzw. beschränkt Geschäftsfähigen ist in der Regel die Einwilligung der gesetzlichen Vertreter (i. d. R. die Eltern) Voraussetzung. Von Notfällen abgesehen, sollte dies vor der Behandlung durch eine entsprechende Zustimmung abgesichert werden.

Besitzen beschränkt Geschäftsfähige (Minderjährige) die **erforderliche Einsichtsfähigkeit**, können sie also die Bedeutung und Tragweite der Behandlung erfassen, dann dürfen sie selbst eine **Behandlungseinwilligung** erteilen. Diese Einsichts- und Urteilsfähigkeit muss die Ärztin oder der Arzt jedoch im Einzelfall prüfen, wobei es keine festen Altersgrenzen gibt. Es kann aber davon ausgegangen werden, dass **Kindern unter 14 Jahren** die notwendige Einsichtsfähigkeit fehlt. Über das Gespräch zwischen Arzt/Ärztin und dem oder der beschränkt Geschäftsfähigen ist eine ausführliche Dokumentation anzulegen.

BEISPIEL

Die 17-jährige Elisabeth W. kommt zur Gynäkologin und möchte „die Pille" verschrieben haben. Die Ärztin führt mit ihr ein ausführliches Gespräch, untersucht sie und stellt daraufhin ein Rezept aus.

Durch den Behandlungsvertrag werden die Kosten für die Regelleistungen von der gesetzlichen Krankenversicherung abzüglich eventueller Eigenbeteiligungen übernommen. Zusatzleistungen, die nicht von der gesetzlichen Krankenversicherung übernommen werden, wie z. B. nicht von der STIKO empfohlene Impfungen, müssen ausdrücklich vereinbart werden.

Eine Behandlung gegen den Willen des Patienten oder der Patientin ist eine strafbare Körperverletzung.

Exkurs

Behandlungsvertrag mit Asylbewerbern/Asylbewerberinnen
Rechtliche Grundlagen sind das Asylbewerberleistungsgesetz (AsylbLG) und das Sozialgesetzbuch XII (SGB XII).

Anspruchsberechtigt nach dem
AsylbLG sind offizielle Asylbewerber und Asylbewerberinnen, ausländische Staatsangehörige mit einer „Duldung“ und und alle sonstigen ausreisepflichtigen Personen ausländischer Staatsangehörigkeit, z. B. auch Touristen und Touristinnen ohne gültiges Visum.
Alle anderen Personen ausländischer Staatsangehörigkeit, die keinen Leistungsanspruch nach dem AsylbLG besitzen, haben einen Leistungsanspruch entsprechend dem SGB II.
Im Behandlungsfall wird in der Arztpraxis bzw. einer Klinik ein Antrag auf Kostenübernahme nach dem AsylbLG bzw. SGB XII gestellt. Personen, die einen Antrag stellen, müssen dabei glaubhaft machen, dass sie sich in einer materiellen Notlage befinden, kein Vermögen besitzen, keine unterhaltspflichtigen Angehörigen haben und auch kein Versicherungsschutz im Herkunftsland besteht, der in Deutschland gültig wäre.

Exkurs

Alternative Abrechnungsmodelle

Modell 1: Ein bisschen krank ist gut

„Was bringt den Doktor um sein Brot?
a) Die Gesundheit,
b) der Tod.
Drum hält der Arzt, damit er lebe,
uns zwischen beiden in der Schwebe.“

Modell 2: Gar nicht krank ist gut

Es geht die Sage, dass im „alten China“ Krankheit und Tod den Arzt wirklich „um sein Brot“ gebracht hätten, da jeder Dorfebwohner ihn bezahlte, solange er gesund war. Erkrankte ein Dorfbewohner, setzte er die Bezahlung des Arztes solange aus, bis er wieder gesund war.

5.2 Pflichten der Vertragsparteien

Die Pflichten von Arzt/Ärztin, Zahnarzt/Zahnärztin und Tierarzt/Tierärztin ergeben sich aus der jeweiligen Berufsordnung, den Verträgen mit der Kassenärztlichen/Kassenzahnärztlichen Vereinigung sowie dem Strafgesetzbuch.

Im Einzelnen sind hierbei zu nennen:

Sorgfaltspflicht

Bei der Behandlung von Patienten und Patientinnen besteht eine besondere Sorgfaltspflicht. Dies bedeutet, dass Ärzte und Ärztinnen nach den anerkannten Regeln der Wissenschaft behandeln müssen. Weiterhin sind Patienten und Patientinnen umfassend aufzuklären und es ist über jede Behandlung eine umfassende Dokumentation anzulegen.

Patienten und Patientinnen müssen darauf vertrauen können, dass ihr Arzt oder ihre Ärztin die nötige Sorgfalt aufbringt. Eine Überbeanspruchung oder nicht ausreichende medizinische Kenntnisse entkräften den Vorwurf der mangelnden Sorgfalt nicht. In solchen Fällen hat der Arzt oder die Ärztin eine Überweisung an sachkundige Kolleg:innen oder Spezialist:innen vorzunehmen.

Aus den genannten Gründen wird deutlich, dass der Arzt/die Ärztin verpflichtet ist, sich regelmäßig fortzubilden. Dies kann durch Fortbildungsveranstaltungen und/oder das Studium von Fachbüchern oder -zeitschriften erfolgen.

Einen Teil ihrer Tätigkeiten dürfen Ärztinnen und Ärzte delegieren. So können sie anordnen, dass medizinische Fachkräfte jene Behandlungstätigkeiten übernehmen, bei denen die ärztliche Anwesenheit nicht erforderlich ist. Der Arzt/die Ärztin muss bei der Delegation von Tätigkeiten jedoch immer die Ausbildung bzw. die Berufserfahrung der Fachangestellten beachten. Arzt oder Ärztin müssen sich von der Qualität der Tätigkeit überzeugen und stichprobenartige Kontrollen vornehmen. Für alle Leistungen in der Praxis haften allein Ärztin oder Arzt (vgl. Seite 195).

BEISPIEL

Die MFA Carmen H. wechselt selbstständig kleinere Verbände, verabreicht nach Auftrag i.m.-Spritzen, stellt das Bestrahlungsgerät ein.

Aufklärungspflicht

Bevor eine medizinische Behandlung erfolgen kann, ist der Arzt/die Ärztin verpflichtet, den Patienten oder die Patientin umfassend aufzuklären. Hierzu gehören Informationen über

- die Art der Erkrankung,
- die Art, den Umfang und die Maßnahmen der Behandlung,
- die Risiken der Behandlung,
- die eventuellen Alternativen der Behandlung,
- die verwendeten Medikamente sowie ihre Wirksamkeit und Nebenwirkungen.

23. Patientin beim Arztgespräch

Dies muss ausführlich dokumentiert werden (vgl. auch Seite 193).

Beim Umfang der Aufklärung ist zu berücksichtigen, welche Verständnisfähigkeit des Patienten oder der Patientin vorliegt. So spielt die Vorbildung oder die Erfahrung des Patienten bzw. der Patientin mit der Erkrankung eine Rolle. Auch die Dringlichkeit des Eingriffs ist zu berücksichtigen: Je dringender der Eingriff zu erfolgen hat, desto geringer sind die Anforderungen an die Aufklärungsfrist.

Eine Patientenaufklärung kann nur unterlassen werden, wenn

- ein Patient ausdrücklich darauf verzichtet,
- durch die Aufklärung ein irreparabler psychischer Schaden entstehen würde.

Die Patientenaufklärung hat **immer** durch den **Arzt** oder die **Ärztin** selbst zu erfolgen.

Nach der Aufklärung kann sich der Patient bzw. die Patientin entscheiden, ob die Behandlung durchgeführt werden soll oder nicht. Erst mit dieser Patienteneinwilligung kann die medizinische Behandlung beginnen oder fortgesetzt werden. Der Patient oder die Patientin kann diese Einwilligung jederzeit widerrufen. An den Widerruf ist der Arzt/die Ärztin dann gebunden. Ausgenommen davon ist nur die Versorgung bei Lebensgefahr oder wenn durch den Abbruch der Behandlung ein dauernder Schaden hervorgerufen würde. Eine Zwangsbehandlung gibt es nach dem Bundesinfektionsschutzgesetz (IfSG), bei Geschlechtskrankheiten oder bei Blutentnahmen zu Alkoholkontrollen.

Schweigepflicht

Kommt der Behandlungsvertrag zustande, ergibt sich zwischen Patient und Arzt ein Vertrauensverhältnis. Es ist besonders durch die **Schweigepflicht aller in der Praxis Beschäftigten** geschützt. Unter die Schweigepflicht fallen sämtliche Informationen über den Patienten oder die Patientin. Sie umfasst nicht nur die Art, den Umfang und den Verlauf der Krankheit und der Behandlung, sondern auch die familiäre oder wirtschaftliche Situation. Deshalb darf Dritten telefonisch keine Auskunft über Patienten oder Befunde erteilt werden, nicht einmal Auskünfte darüber, ob jemand die Praxis besucht hat oder in der Sprechstunde sitzt. Ausgenommen von der Schweigepflicht sind folgende Vorgänge:

- Der Patient/die Patientin **entbindet** den Arzt bzw. die Ärztin schriftlich oder mündlich von der Schweigepflicht.

> **BEISPIEL**
>
> Die Patientin ist damit einverstanden, dass ihr Mann über die Untersuchungsergebnisse informiert wird.

- Eine **mutmaßliche** Einwilligung liegt vor.

> **BEISPIEL**
>
> Die Ärztin informiert die Ehefrau über den Gesundheitszustand des bewusstlosen Ehemanns.

- Eine Entbindung der Schweigepflicht durch **schlüssiges Handeln** liegt vor.

BEISPIEL

Durch die Abgabe der Versichertenkarte entbinden Patient:innen den Arzt oder die Ärztin gegenüber der Krankenkasse von der Schweigepflicht.

- Eine **strafbare Handlung** liegt vor oder ein **höheres Rechtsgut** wird geschützt.

BEISPIEL

Die Behandlung von Schussverletzungen, die Feststellung von Kindesmissbrauch

Wird die Schweigepflicht ungerechtfertigt gebrochen, kann dies folgende Konsequenzen haben:

- Strafrechtliche Ermittlungen
- Schadenersatzforderungen
- Berufsgerichtliche Verfahren
- Arbeitsrechtliche Konsequenzen

Dokumentationspflicht

Im Rahmen des Behandlungsvertrags ist es notwendig, dass der Arzt bzw. die Ärztin über die Behandlung Aufzeichnungen führt. Diese **Dokumentationspflicht** ergibt sich aus gesetzlichen Verpflichtungen (ärztliche Berufsordnung, Vertrag mit den Kassenzahnärztlichen und Kassenärztlichen Vereinigungen). Die Dokumentation dient auch als Beweismittel bei Rechtsstreitigkeiten. Sie kann entweder noch in Form von Karteikarten oder per EDV vorgenommen werden und muss alle wesentlichen Informationen über den Patienten enthalten. Im Einzelnen sind dies:

Stammdaten

- Patientendaten (wie Name, Geburtsdatum usw.)
- Dauerdiagnosen oder Risiken

Bewegungsdaten

- Behandlungsbeginn und -verlauf
- Untersuchungsergebnisse, Medikation

Die Dokumentation muss so aufgebaut sein, dass ein lückenloser Verlauf der Diagnose und Therapie erkennbar wird.

Exkurs

Schönheitschirurgie

Die Schönheits- oder plastische Chirurgie ist keineswegs etwas Unseriöses, wie man nach Artikeln der Boulevardblätter meinen könnte. Ihr Einsatz erfolgt meist bei Fehlbildungen, Verletzungen oder nach entstellenden Krebstherapien.

Fehlbildungen sind u.a. angeborene Gesichtsspalten („Hasenscharte“, „Wolfsrachen“). Aber auch eine deformierte Nase oder ein zu großer oder zu kleiner Busen können eine große seelische Belastung bedeuten, sodass der Einsatz der plastischen Chirurgie von der Krankenkasse übernommen wird.

Das Haupteinsatzgebiet liegt aber in der Wiederherstellung nach Verletzungen, z.B. nach schweren Verbrennungen oder entstellenden Gesichtsverletzungen sowie nach Krebstherapien.

Mit der oben beschriebenen plastischen wird oft die „kosmetische“ Chirurgie gleichgesetzt, die durch chirurgische Eingriffe, wie z.B. Gestaltung von Körperregionen (Brust, Gesäß, Oberschenkel usw.), Lidstraffung oder Fettabsaugung bestimmte Schönheitsvorstellungen verwirklichen soll. Hier handelt es sich um einen Behandlungsvertrag, der privat abzurechnen ist.

Besondere Bedeutung erlangen die Aufzeichnungen, wenn ein Behandlungsfehler vermutet wird oder in Versicherungsfällen. Dies kann z.B. die Leistung einer privaten Krankenversicherung betreffen, die behauptet, die Erkrankung habe bereits vor Abschluss der Versicherung vorgelegen und sei verschwiegen worden. Deshalb sind bestimmte **Aufbewahrungsfristen** gesetzlich festgelegt (vgl. Seite 370f.)

Zahnersatz, Paradental- und kieferorthopädische Modelle sind zwischen sechs Monaten und fünf Jahren nach Abschluss der Behandlung aufzubewahren. Hierbei handelt es sich um Mindestfristen, die überschritten werden können, wenn dies nach ärztlicher Erfahrung notwendig ist. Der Patient bzw. die Patientin hat gegenüber dem Arzt oder der Ärztin einen Anspruch auf **Einsicht** oder **Kopie** (bei entsprechender Kostenerstattung) der eigenen Behandlungsunterlagen.

Dieses Einsichtsrecht kann ausnahmsweise eingeschränkt sein, wenn im Einzelfall gegen die Informations-Offenlegung ernste therapeutische Bedenken bestehen (z.B. bei psychischen Erkrankungen) oder wenn der Patient oder die Patientin selbst durch die Kenntnisnahme gefährdet erscheint (z.B. bei einer Selbstschädigungsgefahr).

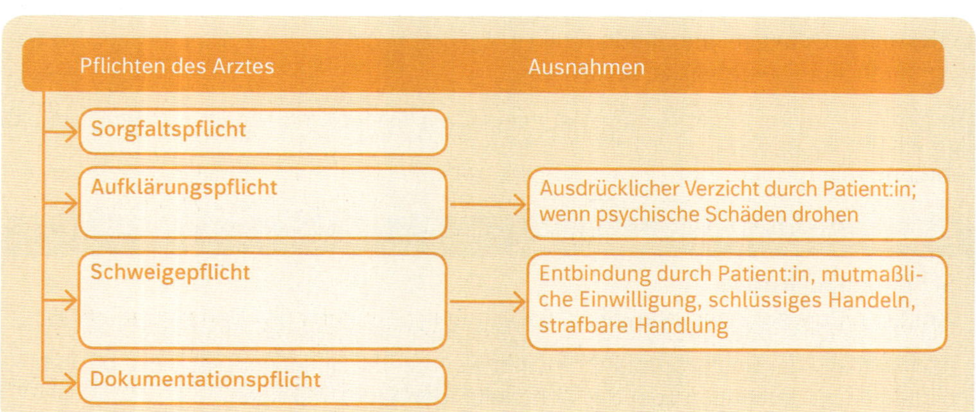

24. Pflichten des Arztes und der Ärztin

Pflichten des Patienten/der Patientin

Die Pflichten des Patienten bzw. der Patientin bestehen aus:

- **Zahlung der Liquidation.** Dies geschieht bei gesetzlich Krankenversicherten durch die Vorlage der Versichertenkarte. Der Arzt/die Ärztin rechnet die Leistungen anschließend mit der Krankenkasse ab. Eventuelle Eigenanteile sind direkt vom Patienten an den Arzt zu zahlen. Bei Privatversicherten bezahlt der Patient die ärztliche Rechnung (Liquidation) direkt an den Arzt.
- **Unterstützung der ärztlichen Behandlung durch den Patienten/die Patientin.** Das heißt, der Patient oder die Patientin hat die Anweisungen des Arztes bzw. der Ärztin zu befolgen und alles zu unterlassen, was die eigene Genesung gefährdet.

Exkurs

Allgemeine Meldepflicht

Die Schweigepflicht ist immer dann aufgehoben, wenn es im Interesse der öffentlichen Gesundheit ist oder der Gefahrenabwehr dient. So sind Ärzte und Ärztinnen gesetzlich verpflichtet, in folgenden Fällen an die entsprechende Behörde eine Meldung zu erstatten:

1. Erkrankungen nach dem **Infektionsschutzgesetz,** z. B. Cholera, Diphterie, Masern, Tollwut, Covid-19
2. Bei **Geschlechtskrankheiten,** speziell bei Syphilis (Lues) müssen nicht namentliche Angaben gemeldet werden.
3. **Fehlbildungen und Behinderungen,** z. B. Downsyndrom
4. **Schwangerschaftsabbrüche**
5. **Geburts- und Todesfälle**
6. **HIV-Infektionen und AIDS-Erkrankungen**

5.3 Haftung der Vertragsparteien

Haftung des Arztes

Ist ein Behandlungsvertrag geschlossen, so **haftet** der Arzt oder die Ärztin für einen Schaden, der dem Patienten oder der Patientin aus der Behandlung entstanden ist. Eine Verletzung der Arztpflichten liegt bereits vor, wenn die anerkannten Regeln der ärztlichen Wissenschaft nicht eingehalten werden oder gegen die Sorgfaltspflicht verstoßen wird. Erleidet der Patient/die Patientin dabei einen gesundheitlichen Schaden oder stirbt, so liegt ein **Behandlungsfehler** vor. Hieraus lässt sich ein Schadenersatzanspruch des Patienten bzw. der Hinterbliebenen ableiten. Dieser erfolgt in der Regel in Geldform, da die Wiederherstellung des Zustandes wie vor dem Behandlungsfehler oft nicht möglich ist. Im Einzelnen kann der Schadenersatz folgende Posten umfassen:

- Kosten für die zusätzliche ärztliche Behandlung oder den Krankenhausaufenthalt
- Kosten der beruflichen und sozialen Rehabilitation (Wiederherstellung)
- Kosten für veränderte Lebensführung aufgrund des Behandlungsfehlers, hierzu gehören z. B. Diätkosten, Umbau der Wohnung, Pflegekosten
- Anwalts-, Gerichts- und Gutachterkosten
- Verdienstausfall

Ein Schmerzensgeldanspruch des Patienten oder der Patientin lässt sich aus dem Behandlungsvertrag nicht ableiten. Dieser ergibt sich aber bei einer **unerlaubten Handlung.** Diese liegt immer dann vor, wenn vorsätzlich oder fahrlässig das Leben oder die Gesundheit geschädigt wird. Hierbei besteht ein Anspruch auf Schmerzensgeld, das einen Ausgleich für die seelischen und körperlichen Schmerzen darstellen soll. Weiterhin können Geschädigte den eventuellen Verlust an Lebensqualität, wie z. B. der Bewegungsfähigkeit oder Einschränkungen bei der Ernährung, geltend machen. Daneben besteht aber der Schadenersatzanspruch aus dem Behandlungsvertrag fort. Auch können Rentenzahlungen bei Erwerbs- oder Arbeitsunfähigkeit fällig werden, ebenso wie die Zahlung einer Gehaltsdifferenz wegen einer schlechter bezahlten Stelle. Im Todesfall des Patienten oder der Patientin ist eine Hinterbliebenenrente für die Witwe/den Witwer oder die Kinder denkbar.

Liegt ein **Behandlungsfehler** vor, kommt es auf Antrag des/der Geschädigten oder der Hinterbliebenen zu einem Straf- bzw. Zivilverfahren. Die Beweislast für einen Behandlungsfehler liegt bei der geschädigten Partei; diese muss nachweisen, dass ein Behandlungsfehler gegeben ist und dieser zumindest fahrlässig verursacht wurde. Gerichtsverfahren sind in der Regel sehr langwierig und teuer. Außerdem ist es für Laien oft sehr schwierig, Gutachten für die Bestätigung eines Fehlers zu bekommen. Deshalb gibt es bei den Landeskammern sogenannte Gutachter- und Schlichtungsstellen, die eine außergerichtliche Klärung relativ schnell und kostengünstig vorzunehmen versuchen. Ein solcher Spruch des Schiedsgerichtes ist aber für den oder die Geschädigten nicht bindend.

Haftung der Fachangestellten

Werden Tätigkeiten an **Fachangestellte oder an sonstige Mitarbeitende** delegiert, haftet der Arzt/die Ärztin für deren Fehler wie für eigenes Verschulden.

Die Gesamtverantwortung für die ärztlichen Leistungen liegt also immer bei dem behandelnden Arzt bzw. der Ärztin. Dies gilt ebenso für Behandlungsfehler aus unerlaubter Handlung.

Der Arzt bzw. die Ärztin muss folgende Voraussetzungen erfüllen, um nicht zu haften:

- Bei der Auswahl des Fachpersonals ist mit der notwendigen Sorgfalt vorzugehen.
- Die notwendigen Vorrichtungen und Geräte sind in ordnungsgemäßen Zustand bereitzustellen.
- Der Arzt bzw. die Ärztin muss sorgfältig die Leistungen und Kenntnisse des Personals sorgfältig überprüfen und ständig kontrollieren.
- Trotz Beachtung aller Vorkehrungen war der Schaden nicht abzuwenden.

BEISPIEL

Es tritt eine allergische Reaktion nach der Verabreichung der i.m.-Spritze auf, obwohl die Fachangestellte kompetent ist, die Spritze steril war und der Patient auf das Medikament bisher positiv reagiert hat.

Der daraus entstandene Schaden ist aber üblicherweise durch die Haftpflichtversicherung des Arztes oder der Ärztin gedeckt.

Haftung des Patienten/der Patientin

Eine Haftung durch den Arzt oder die Ärztin sowie der Angestellten ist immer dann ausgeschlossen, wenn der Patient/die Patientin sich nicht an die ärztlichen Anweisungen hält. Dies kann unter Umständen schon durch fahrlässiges Handeln oder Unterlassen einer Handlung erfolgen.

BEISPIEL

Der Kettenraucher Herr Krieger raucht nach einer aufgebrochenen Speiseröhrenkrampfader (Ösophagusvarize) weiter und stirbt an einer folgenden erneuten Blutung.

BEISPIEL

Frau Schusselig nimmt die verordneten Blutverdünnungsmedikamente nicht ein und erleidet einen Schlaganfall, an dem sie stirbt.

Verjährungsfristen bei Behandlungsfehlern

Auch nach Abschluss der Behandlung können Patienten und Patientinnen noch eine gewisse Zeit Schadenersatzansprüche geltend machen. Ansprüche auf Schadenersatz aus dem Behandlungsvertrag oder aus unerlaubter Handlung verjähren nach **drei Jahren**.

Exkurs

Behandlungsfehler

Sie liegen dann vor, wenn der Arzt oder die Ärztin vom **medizinischen Sollstandard,** d. h. dem anerkannten Wissenschaftsstand, abweicht. Dazu folgendes Beispiel:

Bei der Entfernung eines Weisheitszahns wurde der Nervus lingualis durchtrennt. Dies hatte zur Folge, dass in der linken Zungenhälfte kein Gefühl mehr spürbar war. Daraus resultierten häufige Bissverletzungen und Störungen des Geschmacksempfindens. Bei längerem Sprechen können durch Ermüden der Zunge Störungen in der Aussprache auftreten. Das zuständige Gericht entschied: Der Arzt hatte die Patientin nicht ausreichend über das Risiko der Behandlung aufgeklärt. Neben Schadenersatz wegen erhöhter Behandlungskosten und Verdienstausfall wurde ihr ein Schmerzensgeld von 10 000,00 EUR zugesprochen.

Tatbestand	Beispiel	Strafmaß
Unterlassene Hilfeleistung	Ein Patient bricht zusammen und niemand hilft ihm.	Freiheitsstrafe bis zu einem Jahr oder Geldstrafe
Fahrlässige Tötung	Der Arzt gibt statt des blutdruckerhöhenden ein blutdrucksenkendes Mittel und die Patientin stirbt.	Freiheitsstrafe bis zu fünf Jahren oder Geldstrafe
Körperverletzung	Es wird eine Behandlung ohne Einwilligung der Patientin vorgenommen.	Freiheitsstrafe bis zu drei Jahren oder Geldstrafe
Fahrlässige Körperverletzung	Das Bestrahlungsgerät wird falsch eingestellt und die Haut dadurch verbrannt.	Freiheitsstrafe bis zu drei Jahren oder Geldstrafe
Schwere Körperverletzung	Durch ein defektes Röntgengerät wird der Patient zeugungsunfähig.	Freiheitsstrafe von ein bis fünf Jahren
Unerlaubter Schwangerschaftsabbruch	Ein Schwangerschaftsabbruch wird ohne Vorlage der notwendigen Bescheinigung durchgeführt.	Freiheitsstrafe bis zu drei Jahren oder Geldstrafe
Bruch der Schweigepflicht	Der ärztliche Befund wird an den Arbeitgeber weitergegeben.	Freiheitsstrafe bis zu zwei Jahren oder Geldstrafe
Verstoß gegen das Betäubungsmittelgesetz	Der Arzt spritzt der Patientin Morphium ohne Eintragung in das „Giftbuch“.	Freiheitsstrafe bis zu vier Jahren oder Geldstrafe
Betrug	Der Arzt rechnet Leistungen ab, die er nicht erbracht hat.	Freiheitsstrafe bis zu zehn Jahren oder Geldstrafe

25. Straftatbestände in einer Praxis

Oft wird der Behandlungsfehler erst später entdeckt, denn das Fortdauern oder Wiederauftreten der Beschwerden wird meist auf die ursprüngliche Krankheit zurückgeführt. Häufig entdeckt werden Behandlungsfehler, wenn ein anderer Arzt oder eine Ärztin aufgesucht wird oder wenn eine Einweisung in ein Krankenhaus erfolgt. Deshalb beginnt die Verjährungsfrist erst mit dem Zeitpunkt der Entdeckung. Ansprüche erlöschen aber in jedem Fall **30 Jahre** nach dem entsprechenden Ereignis.

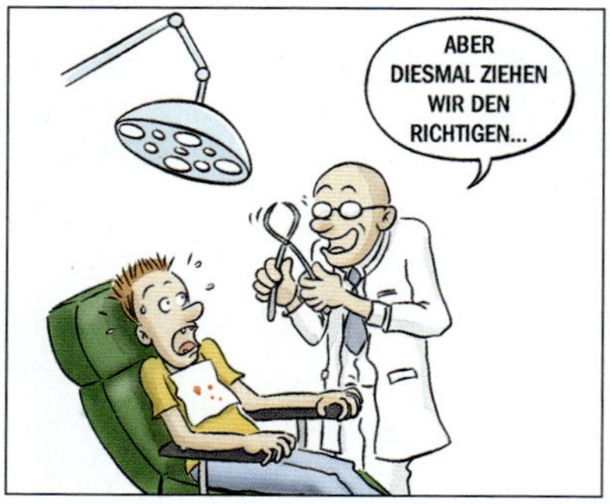

26. Haftung des Arztes

ÜBUNGSAUFGABEN

1. Auf welchen drei Wegen kann ein Behandlungsvertrag zwischen Arzt/Ärztin und Patient/Patientin zustande kommen?
2. Welche Besonderheit liegt bei der „Geschäftsführung ohne Auftrag“ vor?
3. Aus welchen Gründen kann ein Vertragsarzt eine Behandlung ablehnen?
4. a) Erklären Sie die grundsätzliche Regelung bei der Behandlung von geschäftsunfähigen und beschränkt geschäftsfähigen Personen.
   b) Welche Besonderheit gibt es bei der Behandlung von beschränkt geschäftsfähigen Personen?
5. Erklären Sie die folgenden Pflichten, die ein Arzt oder eine Ärztin mit dem Abschluss eines Behandlungsvertrages eingeht:
   a) Sorgfaltspflicht
   b) Aufklärungspflicht
   c) Schweigepflicht
   d) Dokumentationspflicht
6. a) In welchen Fällen sind Ärztinnen und Ärzte nicht an ihre Schweigepflicht gebunden?
   b) Welche Konsequenzen kann es für einen Arzt haben, wenn er ungerechtfertigt die Schweigepflicht bricht?
7. Welche Pflichten geht der Patient oder die Patientin mit dem Abschluss eines Behandlungsvertrages ein?
8. a) In welchen Fällen liegt ein Behandlungsfehler vor?
   b) Auf welche fünf Bereiche kann sich der Schadenersatzanspruch einer Patientin bei vorliegendem Behandlungsfehler erstrecken?
   c) Welche Vorkehrungen muss eine Ärztin hinsichtlich ihres Personals und der Praxisausstattung treffen, damit sie keinen Behandlungsfehler begeht?
9. a) Ab wann beginnt die Verjährungsfrist bei Behandlungsfehlern?
   b) Wie viele Jahre beträgt die Verjährungsfrist im Normalfall?
10. Nach wie vielen Jahren sind Ansprüche eines Patienten aus einem Behandlungsfehler endgültig erloschen?

Glossar

Aufklärungspflicht	Dies ist die Pflicht des Arztes/der Ärztin, den Patienten oder die Patientin über die Art der Erkrankung, die Therapie, Risiken sowie Alternativen zu informieren.
Behandlungsfehler	Er liegt dann vor, wenn ein Arzt/eine Ärztin gegen die Sorgfaltspflicht verstoßen hat und der Patient oder die Patientin dadurch einen gesundheitlichen Schaden erleidet. Der Arzt bzw. die Ärztin ist verpflichtet, den Schaden zu ersetzen.
Bewegungsdaten	Dies sind Daten, die regelmäßig ergänzt bzw. verändert werden, z. B. Diagnosen, Medikamente.

Dokumentations-pflicht	Es ist die Pflicht des Arztes/der Ärztin, eine lückenlose Dokumentation über die Diagnose und Therapie der Patient:innen anzulegen.
Geschäftsführung ohne Auftrag	Der Arzt oder die Ärztin behandelt ohne Behandlungsvertrag, z. B. Erste Hilfe bei Ohnmächtigen.
Schweigepflicht	Es ist die Pflicht des Arztes/der Ärztin und des Praxispersonals, alle Informationen, die sie über den Patienten/die Patientin erhalten haben, nicht an Dritte weiterzugeben. Diese Pflicht gilt auch über den Tod des Patienten oder der Patientin hinaus.
Sorgfaltspflicht	Es ist die Pflicht des Arztes und der Ärztin, nach dem aktuellen Stand der Wissenschaft zu behandeln.
Stammdaten	Dies sind Daten, die immer oder über einen längeren Zeitraum konstant bleiben, z. B. Geburtsdatum, Geburtsort, Adresse.
Unerlaubte Handlung	Sie liegt dann vor, wenn ein Arzt/eine Ärztin vorsätzlich oder fahrlässig gehandelt hat und der Patient oder die Patientin dadurch einen gesundheitlichen Schaden erleidet. Zusätzlich zu dem Schadenersatz können so Geschädigte noch Schmerzensgeld beanspruchen.
Verjährungsfrist	Dies ist der Zeitraum, nach dem Ansprüche nicht mehr geltend gemacht werden können.

WAREN BESCHAFFEN UND VERWALTEN

ANFRAGE

- Bezugsquellen ermitteln
- Allgemeine Anfrage
- Spezielle Anfrage

↓

ANGEBOT

- Unverbindliches Angebot
- Verbindliches Angebot
- Inhalte eines Angebots
- Angebotsvergleich
- Prozentrechnung

1 KAUFENTSCHEIDUNGEN VORBEREITEN

Situation:

Es soll eine neue Rezeption angeschafft werden und Sie sollen Vorschläge machen.

1. Bei welchen Bezugsquellen informieren Sie sich sinnvollerweise?
2. Um welche Art von Anfrage handelt es sich, wenn Sie um Angebote bitten?
3. Welche Angaben sollten die Angebote enthalten?
4. Welche Faktoren würden Sie bei der Entscheidung für ein Angebot beachten?

1.1 Bezugsquellen

Beim Kauf von Gegenständen des täglichen Bedarfs haben die meisten Menschen ihre Stammgeschäfte, bei denen sie einkaufen. Durch den regelmäßigen Besuch sind sie über das Warenangebot, die Qualität und die Preise gut informiert.

Auch in den Arzt-, Zahnarzt- und Tierarztpraxen erfolgen z. B. die Routinebestellungen von Verbandmaterial, Spritzen oder Tiernahrung meist bei den Stammlieferanten.

Anders verhält es sich beim Kauf von Gegenständen, die über einen längeren Zeitraum genutzt werden sollen, wie z. B. ein Ultraschallgerät. Da hier große Qualitäts- und Preisunterschiede bestehen können, ist es wichtig, sich vor dem Kauf möglichst umfassend und genau über die gewünschte Ware zu informieren. Aber auch Informationen über Lieferanten und z. B. deren Kundenservice sind wichtig.

1. Ohne Worte!

Der erste Schritt besteht in der Ermittlung möglicher **Bezugsquellen**.

Der Besuch von **Messen** bietet dazu eine hervorragende Möglichkeit. Man kann Produkte verschiedener Firmen einer Branche direkt besichtigen und ausprobieren und hat so gute Vergleichsmöglichkeiten.

Das **Internet** bietet sogar umfangreichere Vergleichsmöglichkeiten, und das rund um die Uhr. Dafür kann man aber die Produkte nicht direkt ausprobieren und sich nicht direkt beraten lassen.

Vergleichsportale bieten vielfältige Möglichkeiten, ausgewählte Produkte anhand verschiedener Kriterien zu vergleichen. So können Produkte z. B. nach Preis, Qualität oder Testergebnissen sortiert und verglichen werden.

Firma	Anschrift	Telefon / Telefax	Ansprechpartner

Produktpalette:	☒ groß	o mittel	o gering
Preise:	o niedrig	☒ angemessen	o hoch
Rabatte:	☒ ja ...5... %		o nein
Skonto:	☒ ja ...2... %		o nein
Bonus:	o ja .... %	ab .... EUR	☒ nein

Lieferkosten:	☒ nein	o ja ...... EUR (fest) / ...... % v. Preis	
Lieferzeit:	☒ umgehend	o durchschnittlich	o lang
Garantie:	o länger als gesetzlich		☒ gesetzlich
Service:	☒ gut	o mittel	o schlecht
Kulanz:	o gut	o durchschnittlich	o schlecht
Zuverlässigkeit:	☒ hoch	o durchschnittlich	o schlecht
Betriebsurlaub:	von 14. Aug.	bis 2. Sept.	

2. Beispiel einer Lieferanten-Checkliste

Es ist allerdings zu beachten, dass Vergleichsportale nicht immer unabhängig sind und unter Umständen nicht alle verfügbaren Produkte aufführen. Sinnvoll kann es vor allem bei höherpreisigen Anschaffungen sein, mehrere Vergleichsportale zurate zu ziehen.

Fachzeitschriften sind eine weitere Informationsquelle. Hier findet man neben fachbezogenen Artikeln auch Werbeanzeigen von Fachfirmen. In diesen überregional, oft sogar bundesweit erscheinenden Zeitschriften können allerdings naturgemäß nur einige Firmen inserieren. Die Auswahl ist daher nicht erschöpfend und sollte durch weitere Informationsquellen ergänzt werden.

Branchenadressbücher und Branchentelefonbücher („Gelbe Seiten") können sowohl in Papierform als auch digital zur Information verwendet werden.

Für Privatpersonen können Freunde oder Bekannte eine wertvolle Hilfe bei der Suche nach einer geeigneten Firma sein.

Wurde aus den anbietenden Firmen eine Vorauswahl getroffen, ist es sinnvoll, um **Vertreterbesuche** zu bitten. Bei einem Gespräch zu Hause oder in der Praxis kann man sich in aller Ruhe über das gewünschte Produkt informieren.

Ein direkter Vergleich zwischen verschiedenen Firmen wie beim Messebesuch ist hierbei allerdings nicht möglich. Vergleiche sind erst nach mehreren Vertreterbesuchen unterschiedlicher Firmen möglich.

Für Privatleute ist vor Kaufentscheidungen der Besuch einer **Verbraucherzentrale** eine große Hilfe. Sinnvoll ist es auch, sich vor einem Kauf die **Testergebnisse der Stiftung Warentest** anzusehen, die in den Zeitschriften „test", „Finanztest" sowie online unter www.test.de veröffentlicht werden. Die Palette der getesteten Waren reicht z. B. vom Kühlschrank über Fahrradschlösser bis zu Digitalkameras, Shampoos und Lebensmitteln. Getestet werden aber auch Dienstleistungen, wie z. B. die Kosten und Leistungen von Versicherungen und Banken. In einem abschließenden Urteil werden dann Noten vergeben, die meist von „sehr gut" bis „mangelhaft" reichen.

3. Auswahl von Testzeitschriften

1.2 Anfrage

Nachdem man sich einen Überblick über die möglichen Anbieter des gewünschten Produkts oder der gewünschten Dienstleistung verschafft hat, richtet man an die ausgewählten Firmen eine **Anfrage.** Dies kann sowohl mündlich als auch schriftlich erfolgen.

Je nachdem wie konkret die Anfrage ist, wird zwischen **allgemeiner** und **spezieller Anfrage** unterschieden.

Wenn jemand noch auf kein bestimmtes Produkt festgelegt ist, sondern sich lediglich informieren möchte, „was die so im Angebot haben", handelt es sich um eine **allgemeine Anfrage**. Damit bittet man die Firmen um Zusendung von Katalogen, Prospekten und Preislisten.

Wer hingegen schon ganz genau weiß, was gewünscht wird, richtet eine **spezielle Anfrage** an die jeweilige Firma und bittet um genaue Informationen zu dem gewünschten Produkt oder der gewünschten Dienstleistung.

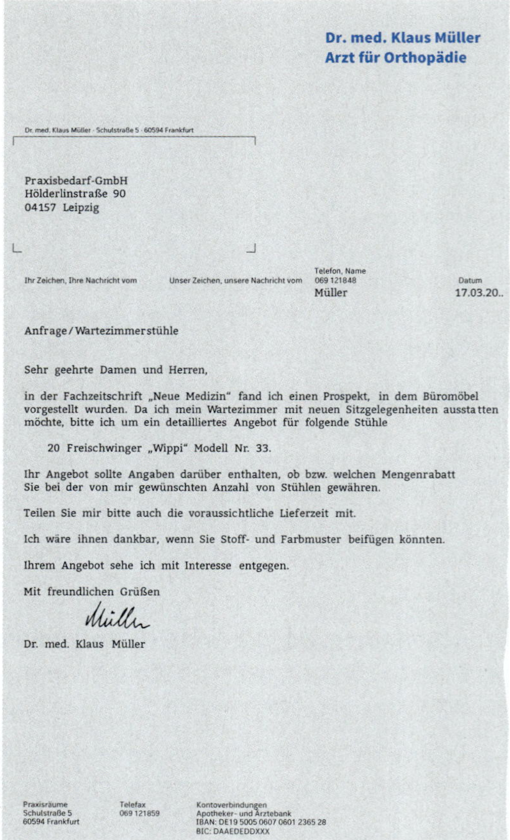

Dr. med. Klaus Müller
Arzt für Orthopädie

Dr. med. Klaus Müller · Schulstraße 5 · 60594 Frankfurt

Praxisbedarf-GmbH
Hölderlinstraße 90
04157 Leipzig

Ihr Zeichen, Ihre Nachricht vom	Unser Zeichen, unsere Nachricht vom	Telefon, Name 069 121848	Datum
		Müller	17.03.20..

Anfrage / Wartezimmerstühle

Sehr geehrte Damen und Herren,

in der Fachzeitschrift „Neue Medizin" fand ich einen Prospekt, in dem Büromöbel vorgestellt wurden. Da ich mein Wartezimmer mit neuen Sitzgelegenheiten ausstatten möchte, bitte ich um ein detailliertes Angebot für folgende Stühle

20 Freischwinger „Wippi" Modell Nr. 33.

Ihr Angebot sollte Angaben darüber enthalten, ob bzw. welchen Mengenrabatt Sie bei der von mir gewünschten Anzahl von Stühlen gewähren.

Teilen Sie mir bitte auch die voraussichtliche Lieferzeit mit.

Ich wäre ihnen dankbar, wenn Sie Stoff- und Farbmuster beifügen könnten.

Ihrem Angebot sehe ich mit Interesse entgegen.

Mit freundlichen Grüßen

Müller

Dr. med. Klaus Müller

Praxisräume
Schulstraße 5
60594 Frankfurt

Telefax
069 121859

Kontoverbindungen
Apotheker- und Ärztebank
IBAN: DE19 5005 0607 0601 2365 28
BIC: DAAEDEDDXXX

4. Beispiel einer Anfrage

Von besonderem Interesse sind

- die **Lieferbedingungen** (Lieferzeit und Lieferkosten),
- die **Zahlungsbedingungen** (Bruttopreis, Rabatte, Skonto usw.).

Bei bestimmten Waren kann es auch sinnvoll sein, Informationen über die Qualität einzuholen oder sich Proben bzw. Muster senden zu lassen.

Für den Käufer bzw. die Käuferin ist jede Anfrage immer **unverbindlich**, d. h., es besteht keine Verpflichtung zum Kauf.

Allgemeine Anfrage	Spezielle Anfrage
Zweck: Überblick über das Lieferprogramm des Anbietenden **Informationsmittel:** • Kataloge • Prospekte • Preislisten • Internetadresse	**Zweck:** Genaue Informationen über ein bestimmtes Produkt des Anbietenden: • Proben, Muster • Liefer- und Zahlungsbedingungen • Qualität **Informationsmittel:** • Proben, Muster • Liefer- und Zahlungsbedingungen • Qualität • Internetadresse
Rechtliche Wirkung in beiden Fällen: immer unverbindlich	

5. Die Anfrage

ÜBUNGSAUFGABEN

1. In Ihrer Praxis soll ein neues Diagnosegerät zum Preis von ca. 10 000,00 EUR angeschafft werden. Welche Bezugsquellen können herangezogen werden, um sich eine Übersicht über Qualität und Preise zu verschaffen?
2. Nach Sichtung der Bezugsquellen sendet Ihre Praxis an drei Firmen eine Anfrage.
   a) Welche Pflichten geht Ihre Praxis mit den Anfragen ein?
   b) Um welche Art von Anfrage handelt es sich in Bezug auf das Diagnosegerät?
3. Wodurch unterscheiden sich die allgemeine und die spezielle Anfrage?

1.3 Angebot

Grundsätzlich ist ein Angebot **verbindlich.** Das heißt, der oder die Anbietende (Verkäufer/Verkäuferin) verpflichtet sich, die beschriebene Ware oder Dienstleistung zu den genannten Bedingungen zu liefern.

Wie lange jemand an ein Angebot gebunden ist, hängt davon ab, ob es an Anwesende abgegeben wurde oder an Abwesende.

Ein Angebot an **Anwesende** erfolgt immer mündlich; entweder direkt an persönlich Anwesende oder telefonisch. In diesem Fall sind Anbietende nur so lange an ihr Angebot gebunden, wie die Unterredung oder das Telefongespräch dauert. Mit Ende des Gesprächs erlischt das Angebot.

Ein Angebot an **Abwesende** erfolgt immer schriftlich. Dies geschieht in der Regel per E-Mail, Brief oder Fax. Anbietende sind eine angemessene Zeit an ihr Angebot gebunden. Welcher Zeitraum als angemessen angesehen wird, hängt davon ab, auf welchem Weg das Angebot abgegeben wird und wie umfangreich der Inhalt ist. Der Anbieter kann darauf vertrauen, dass sein Angebot auf dem gleichen Weg angenommen wird, wie er es abgegeben hat. Beim Brief muss gegenüber E-Mail und Fax zusätzlich etwa vier Tage Beförderungsdauer (zwei Tage Beförderungsdauer für das Angebot, zwei Tage für die Antwort) eingerechnet werden.

Die Überlegungsfrist, die als angemessen angesehen wird, richtet sich nach dem Inhalt und Umfang des Angebots. Der Käufer oder die Käuferin muss einerseits ausreichend Zeit haben, das Angebot sorgfältig zu prüfen, andererseits sollten Anbietende aber nicht unnötig lange auf eine Antwort warten müssen.

BEISPIEL

Das Angebot der Firma Praxisbedarf geht am 18. Juni schriftlich ein. Zwei bis drei Tage Überlegungsfrist sind angemessen, zwei Tage für die Rücksendung können eingeplant werden.

Ganz oder teilweise kann die Verbindlichkeit eines Angebots durch sogenannte **Freizeichnungsklauseln** ausgeschlossen oder eingeschränkt werden. Dies wird ein Anbieter dann tun, wenn z. B. nur eine gewisse Menge vorrätig ist oder die Preise wegen stark schwankender Rohstoffpreise oder Wechselkurse nicht für längere Zeit verbindlich festgelegt werden können.

BEISPIEL

„Solange Vorrat reicht“, „Preise freibleibend“

Ein Angebot wird erst verbindlich, wenn es den Empfänger oder die Empfängerin erreicht hat. Dies bietet dem Verkäufer die Möglichkeit, das abgegebene Angebot zu **widerrufen.** Der Widerruf muss beim Empfänger allerdings **vor** dem Angebot eintreffen. Grundsätzlich unverbindlich ist ein Angebot immer, wenn es an keine bestimmte Person, sondern an die Allgemeinheit gerichtet ist.

BEISPIEL

Wöchentliche Werbesendungen großer Kaufhäuser, Aushänge in Schaufenstern

Verbindliches Angebot		Unverbindliches Angebot	
An eine **bestimmte Person** gerichtet		An die **Allgemeinheit** gerichtet	Enthält **Freizeichnungsklauseln**
Befristet: Angebot gilt bis zu einem genau genannten Termin. *Beispiel:* Angebot der Fa. Spritzi vom 15. August an Herrn Dr. Müller: 1 000 Einwegspritzen, 50 ml, zum Preis von 75,00 EUR inkl. Versand, gilt **ab sofort bis einschl. 31. August des Jahres,** Zahlung innerhalb vier Wochen, bei Zahlung innerhalb von 10 Tagen 2 % Skonto	Unbefristet: Angebot gilt für einen angemessenen Zeitraum. *Beispiel:* Angebot der Fa. Köchli vom 22. März an Frau Dr. med. dent. Meyer: zwei Behandlungszimmer komplett zum Festpreis von 90 000,00 EUR **gültig ab 1. April**	Stellt lediglich eine Aufforderung zum Kauf dar *Beispiel:* als **Postwurfsendung** verteilte Werbeprospekte der Parfümerie Dufti, in denen sie ausgewählte Parfums als Weihnachtsgeschenke anbietet	Schränkt die Verbindlichkeit ganz oder teilweise ein *Beispiel:* **Werbeprospekt** des Sportgeschäftes Hüpfi, in dem ein Bauchmuskeltrainer zum Preis von 89,99 EUR angeboten wird mit dem Zusatz versehen „Solange der Vorrat reicht“

6. Übersicht über Angebotsformen

Folgende Angaben sollte jedes Angebot enthalten (vgl. Abb. 7):

① Beschreibung der Ware
② Menge und Preis
③ Lieferbedingungen
④ Zahlungsbedingungen
⑤ Erfüllungsort und Gerichtsstand

① Beschreibung der Ware

Hierunter fällt:

- **Art:** Bezeichnung der Ware durch einen handelsüblichen Namen, z. B. Weißwein, Arzneimittel, Stuhl
- **Güte:** Angaben über die Qualitätsstufe oder Handelsklasse, z. B. 1a, Spätlese, Lederbezug
- **Beschaffenheit:** Hier wird eine genauere Beschreibung (Spezifizierung) der Ware vorgenommen, z. B. unfallfrei, 3-lagig, Farbe.

Praxisbedarf-GmbH

Praxisbedarf-GmbH, Hölderlinstraße 90, 04157 Leipzig

Dr. med. Klaus Müller
Schulstraße 5
60594 Frankfurt

Ihr Zeichen, Ihre Nachricht vom	Unser Zeichen, unsere Nachricht vom	Telefon, Name 0341 563629-	Datum
17.03.20..	bü-co	Schneider	24.03.20..

Angebot/Wartezimmerstühle

Sehr geehrter Herr Dr. Müller,

① vielen Dank für Ihre Anfrage. Wir können Ihnen die gewünschten zwanzig Stühle, Freischwinger „Wippi", Modell Nr. 33, Lederbezug, in den Farben Schwarz, Rot oder Weiß liefern.

② Der Preis pro Stuhl beträgt 172,00 EUR zuzüglich 19 % Umsatzsteuer.

③ Die Lieferung erfolgt innerhalb von zwei Wochen ab Auftragseingang frei Haus, Verpackungskosten fallen nicht an.

④ Die Rechnung ist zahlbar ab Rechnungsdatum innerhalb von 30 Tagen rein netto, innerhalb von 10 Tagen abzüglich 3 % Skonto. Beim Kauf von mehr als 25 Stühlen gewähren wir einen ***Mengen***rabatt von 5 % auf den Bruttopreis.

⑤ Erfüllungsort ist für beide Seiten Frankfurt. Es gilt der gesetzliche Gerichtsstand.

Wir bitten um Ihre Bestellung, die wir sorgfältig und pünktlich ausführen werden.

Mit freundlichen Grüßen

i. V. Schneider

Schneider

Geschäftsräume
Hölderlinstraße 90
04157 Leipzig

Telefax
0341 5636540

Kontoverbindungen
LeipzigerVolksbank
IBAN: DE13 2105 0015 0034 5824 77BIC: GENODEF1LVB

7. Beispiel eines Angebots

Sind zur Beschaffenheit und Güte der Ware keine Angaben enthalten, so ist bei Gattungssachen (Massenartikeln) eine Ware mittlerer Qualität zu liefern. Bei Speziessachen (Sonderanfertigungen) muss die Sache genau beschrieben bzw. bezeichnet werden.

② Menge und Preis

- **Menge:** Sie kann entweder in handelsüblichen Maßeinheiten (z. B. kg, m, l) oder in handelsüblichen Bezeichnungen (z. B. Stück, Kisten, Dutzend) angegeben werden.
- **Preis:** Er muss unbedingt enthalten sein. Er bezieht sich immer auf eine bestimmte Mengeneinheit (z. B. je Stück, je Liter), zuzüglich der aktuellen Umsatzsteuer.

③ Lieferbedingungen

- **Lieferfristen** (vgl. Abb. 8).
- **Verpackungskosten:** Nach der gesetzlichen Regelung muss der Käufer/die Käuferin die Verpackungskosten selbst zahlen. Diese Regelung gilt automatisch, wenn im Angebot bzw. Vertrag keine Aussagen zu den Verpackungskosten formuliert worden sind. Wenn der Verkäufer einen Teil oder gar die gesamten Kosten der Verpackung tragen soll, muss dies im Kaufvertrag ausdrücklich erwähnt werden. Hier sind z. B. folgende Vereinbarungen möglich: „Preis einschließlich Verpackung", „Ab Warenwert 250,00 EUR keine Verpackungskosten".
- **Beförderungskosten:** Nach dem Gesetz gilt der Grundsatz **Warenschulden sind Holschulden,** d. h., der Käufer oder die Käuferin muss die Ware im Geschäft des Verkäufers abholen und damit die Kosten bezahlen. Normalerweise kümmert sich aber fast immer die Verkäuferseite um den Transport. Sie hat die besseren Geschäftsbeziehungen und Kenntnisse hinsichtlich des günstigsten Transports. Grundsätzlich stehen hier zwei Möglichkeiten zur Verfügung:
  1. Der Verkäufer/die Verkäuferin oder deren Angestellte liefern die bestellte Ware selbst beim Käufer oder der Käuferin ab. Dies bezeichnet man als **Werksverkehr.**

BEISPIEL

Heizöl kann die Käuferin unmöglich selbst abholen. Deshalb übernimmt der Verkäufer die Lieferung. Die Lieferkosten sind im Preis einkalkuliert.

2. Der Verkäufer oder die Verkäuferin beauftragt eine Spedition oder einen sogenannten Frachtführer, den Transport der Ware kostenpflichtig für ihn zu übernehmen.

Lieferfristen	Beispiele
Keine (Tageskauf/Sofortkauf): sofortige Lieferung	Kauf am Kiosk oder im Supermarkt, die Käufer in nimmt die Ware sofort mit.
Terminkauf Lieferung erfolgt innerhalb einer vereinbarten Frist.	Lieferung innerhalb von zehn Tagen nach Kaufvertragsdatum, Lieferung in der 19. Kalenderwoche (19. KW).
Fixkauf Liefertermin ist genau festgelegt.	Lieferung am 15. Juli, fix, Lieferung bis drei Tage vor Silvester, spätestens
Kauf auf Abruf Lieferung kann vom Kunden innerhalb einer gewissen Zeit abgerufen werden.	Lieferung wird in Teilmengen innerhalb von drei Monaten vom Käufer abgerufen.

8. Übersicht über Liefertermine

Exkurs

Aufbau eines Angebots
- Schriftlich zur Beweissicherung und Vermeidung von Missverständnissen
- DIN 5008 durchgängig beachten
- In der Bezugszeile mitteilen, worauf sich der Brief bezieht (z. B. Angebot/Wartezimmerstühle)
- Anrede
- Bezug auf letzte Äußerung des Empfängers nehmen (z. B. Anfrage)
- Eigenen Inhalt so knapp wie möglich, aber so ausführlich wie nötig darstellen (z. B. Angebot)
- Abschlussbemerkung (z. B. Zusicherung sorgfältiger und pünktlicher Lieferung)
- Grußformel
- „Unterschriftsfertig“: Chefin/Chef unterschreibt
- „im Auftrag“: i. A. und eigene Unterschrift

④ Zahlungsbedingungen
Sie enthalten Angaben über den **Zeitpunkt,** zu dem der Käufer oder die Käuferin zahlen muss, und **Preisnachlässe,** die der Verkäufer bzw. die Verkäuferin unter bestimmten Voraussetzungen beim Kauf gewährt.

Wenn vertraglich nichts über den Zahlungstermin vereinbart ist, gilt die **gesetzliche Regelung** (§ 271 BGB). Danach muss der Käufer/die Käuferin **sofort** beim Kauf bzw. bei Lieferung der Ware bezahlen.

Die beiden Vertragsparteien können jedoch von dieser gesetzlichen Regelung abweichende **vertragliche Vereinbarungen** über den Zahlungstermin treffen (vgl. Abb. 10). Unterschieden wird dabei grundsätzlich zwischen drei Zahlungsterminen:

- **Teilweise oder vollständige Zahlung vor der Lieferung:** Der Verkäufer verlangt bereits vor seiner Lieferung von der Käuferin den gesamten Kaufpreis oder einen Teil davon. Üblich ist dies bei Großaufträgen oder bei Kunden, über deren Zahlungsfähigkeit nichts bekannt ist.
- **Zahlung nach der Lieferung:** Die Käuferin muss die Ware nicht gleich bei der Lieferung bezahlen. In diesem Fall handelt es sich um einen **Zielkauf.** Der Verkäufer räumt der Käuferin ein Zahlungsziel ein, d.h., die Zahlung wird erst eine gewisse Zeitspanne nach der Lieferung fällig (z.B. nach 30 Tagen).
- **Teilzahlung bei der Lieferung:** Die Käuferin zahlt bei der Lieferung nur einen Teil des Kaufpreises, d.h., sie leistet eine **Anzahlung.** Den Rest des Kaufpreises zahlt sie in mehreren Teilbeträgen **(Raten).** In diesem Fall handelt es sich um einen **Ratenkauf.** Beim Ratenkauf ist der Gesamtpreis, der sich aus Anzahlung plus sämtlichen Raten zusammensetzt, oft höher als der normale Preis.

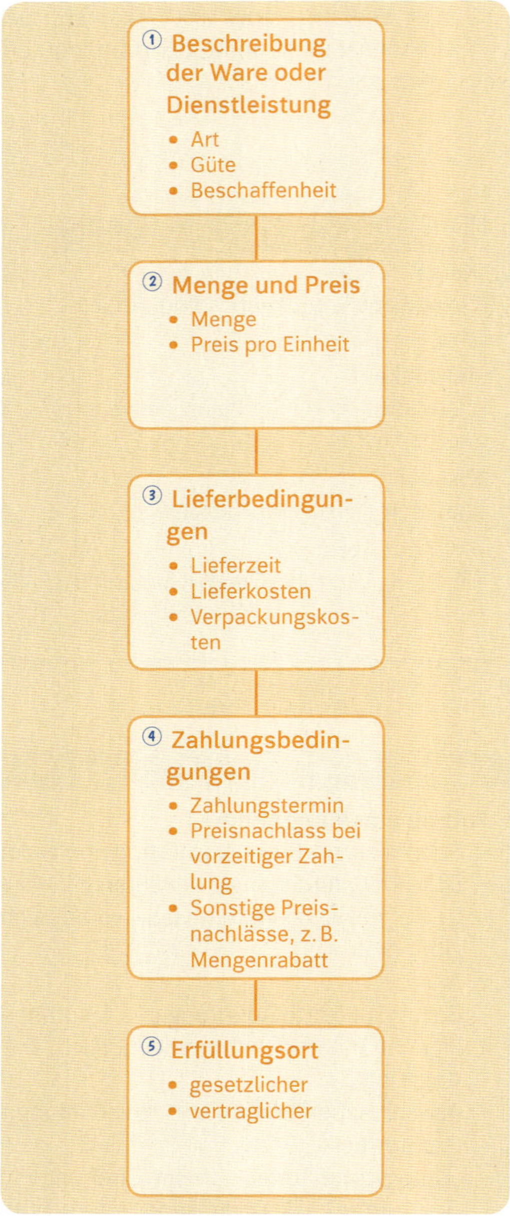

9. Was ein Angebot enthalten muss

Beim Ziel- und Ratenkauf liefert der Verkäufer die Ware, ohne dass die Käuferin den gesamten Kaufpreis gezahlt hat. Als Sicherheit behält er sich dafür fast immer vertraglich vor, so lange **Eigentümer** der gelieferten Ware zu bleiben, bis die Käuferin den vollständigen Kaufpreis gezahlt hat **(Eigentumsvorbehalt).** Bis dahin ist die Käuferin lediglich Besitzerin der Ware.

Bei **Preisnachlässen** unterscheidet man zwischen Skonto, Bonus und Rabatt.

Skonto gewährt der Verkäufer dafür, dass die Käuferin die Rechnung zu einem früheren Zeitpunkt zahlt, als sie dies vertraglich müsste. Der Verkäufer hat den Vorteil, dass er sein Geld schneller erhält; für die Käuferin liegt der Vorteil darin, dass sie weniger zahlen muss.

Einen **Bonus** gewährt der Verkäufer, um Kunden und Kundinnen bei der Stange zu halten. Sie erhalten als Anreiz eine Vergütung, wenn sie für einen gewissen Betrag Waren gekauft haben.

Rabatt ist ein Preisnachlass aus besonderen Gründen. Er kann gewährt werden z. B. bei der Abnahme größerer Warenmengen (Mengenrabatt), bei guten Kunden (Treuerabatt) oder aus besonderen Anlässen (z. B. Sonderrabatt bei Geschäftsauflösung).

Beim **Naturalrabatt** wird statt eines Preisnachlasses eine kostenlose Warenzugabe vorgenommen.

Gesetzlich	Vertraglich
Bei Lieferung (§ 271 BGB) *Beispiele:* Ein Pizzadienst liefert eine Pizza. Zahlung erfolgt sofort. Ein Versandhaus schickt ein Kleid per Nachnahme. Der Postbote kassiert den Rechnungsbetrag bei Übergabe des Pakets.	• Teilweise oder vollständige Zahlung vor der Lieferung • Zahlung innerhalb einer bestimmten Frist nach der Lieferung **(Zielkauf)** • Anzahlung bei Lieferung, der Rest in Raten **(Ratenkauf)** *Beispiele:* Anzahlung bei Bestellung. Zahlung per Überweisung 14 Tage nach Lieferung

10. Zahlungsbedingungen

Skonto	Bonus	Rabatt
Preisnachlass bei **vorzeitiger** Zahlung *Beispiele:* Zahlbar innerhalb 30 Tagen rein netto, bei Zahlung innerhalb von 10 Tagen 2 % Abzug (Skonto) vom Bruttopreis	**Nachträglich** (meist am Jahresende) gewährte Vergütung auf den Umsatz *Beispiele:* bis 2 500,00 EUR 1 % bis 3 750,00 EUR 3 % bis 5 000,00 EUR 5 %	**Beim Kauf** gewährter Preisnachlass *Beispiele:* Bei Abnahme von mehr als 25 Stück 5 % Preisnachlass (Mengenrabatt). beim Kauf von 12 Flaschen Wein 1 Flasche kostenlos dazu (Naturalrabatt)

11. Preisnachlässe

⑤ Erfüllungsort und Gerichtsstand

Unter dem **Erfüllungsort** versteht man den Ort, an dem Käufer und Verkäuferin ihre Pflichten aus dem Kaufvertrag erfüllen müssen. Der Verkäufer hat die Pflicht, die Ware pünktlich und mängelfrei zu übergeben; die Käuferin hat die Pflicht, die Ware pünktlich zu bezahlen und anzunehmen.

Der gesetzliche Erfüllungsort ist sowohl für Käufer als auch Verkäuferin immer der Ort, an dem der Verkäufer seinen Wohn- bzw. Geschäftssitz hat. Der Verkäufer muss die Ware in seinem Geschäft bereitstellen, die Käuferin muss dem Verkäufer das Geld übermitteln.

BEISPIEL

Die Firma Praxisbedarf-GmbH aus Leipzig hat ihre Pflicht erfüllt, wenn sie die Ware in Leipzig bereitstellt. Dr. Petra Müller aus Frankfurt hat ihre Pflicht zur Zahlung erst erfüllt, wenn das Geld bei der Firma Praxisbedarf-GmbH eingegangen ist. Für beide ist der gesetzliche Erfüllungsort Leipzig.

Vertraglich kann der Erfüllungsort zwischen Käufer und Verkäuferin frei vereinbart werden.

Unter dem **Gerichtsstand** versteht man den Ort, an dem eine Gerichtsverhandlung stattfindet, falls Verkäufer und Käuferin ihre Pflichten aus dem Kaufvertrag nicht erfüllen.

Der **gesetzliche Gerichtsstand** ist dort, wo der Schuldner seinen Wohn- bzw. Geschäftssitz hat. Der Verkäufer schuldet die pünktliche und einwandfreie Lieferung der Ware. Wenn er eine dieser Pflichten nicht erfüllt und die Käuferin ihn deswegen vor Gericht verklagen möchte, muss sie dies vor dem für den **Wohnort des Verkäufers** zuständigen Gericht tun.

BEISPIEL

Dr. Ina Müller aus Frankfurt möchte die Firma Praxisbedarf-GmbH verklagen, weil sie nicht pünktlich liefert. Frau Dr. Müller muss dies vor dem Gericht in Leipzig tun.

Die Käuferin schuldet die Bezahlung und Annahme der Ware. Wenn der Verkäufer sie verklagen möchte, weil sie nicht zahlt, muss er die Klage vor dem für den Wohnort der Käuferin zuständigen Gericht einreichen.

Zum Schutz von Nichtkaufleuten darf der gesetzliche Gerichtsstand nur zwischen zwei Kaufleuten (zweiseitiger Handelskauf) vertraglich abgeändert werden (vgl. Abb. 12).

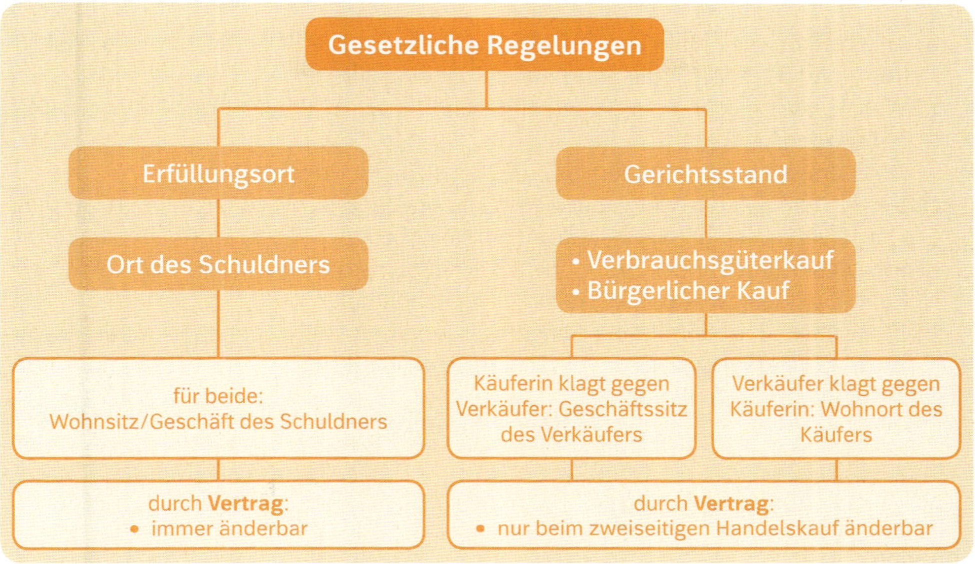

12. Erfüllungsort und Gerichtsstand

ÜBUNGSAUFGABEN

1. a) In welcher Form erfolgt ein Angebot an Anwesende?
   b) In welcher Form erfolgt ein Angebot an Abwesende?
   c) Wie lange ist der Anbietende jeweils an sein Angebot gebunden?
2. a) Ab welchem Zeitpunkt wird ein Angebot an Abwesende verbindlich?
   b) Welche Möglichkeiten hat ein Verkäufer, sein Angebot zu widerrufen?
   c) Wodurch kann die Verbindlichkeit eines Angebotes ganz oder teilweise ausgeschlossen werden?
3. a) Welche Angaben sollte ein Angebot hinsichtlich der Beschreibung der Ware enthalten?
   b) Welche Anforderungen werden an Menge und Preis gestellt?
   c) Erklären Sie die vier Lieferfristen, die in einem Angebot genannt werden können.
   d) Wer zahlt die Verpackungs- und Beförderungskosten, wenn vertraglich nichts vereinbart wurde?
4. a) Wie ist die gesetzliche Regelung hinsichtlich des Zahlungstermins?
   b) Welche Zahlungstermine können vertraglich vereinbart werden?
5. Erklären Sie die Preisnachlässe
   a) Skonto,
   b) Bonus und
   c) Rabatt.
6. Welche Pflichten haben
   a) Verkäufer und
   b) Käuferin aus dem Kaufvertrag?

7. a) An welchem Ort haben Verkäufer:in und Käufer:in ihre Pflichten aus dem Kaufvertrag zu erfüllen, wenn die gesetzliche Regelung gilt?
   b) Welche vertraglichen Regelungen hinsichtlich des Erfüllungsortes können getroffen werden?
8. a) Was versteht man unter dem Begriff „Gesetzlicher Gerichtsstand"?
   b) In welchem Fall darf der gesetzliche Gerichtsstand per Vertrag geändert werden?
9. Die Verkäuferin hat ihren Geschäftssitz in München, der Käufer wohnt in Frankfurt.
   a) In welcher Stadt findet eine Gerichtsverhandlung statt, wenn die Verkäuferin den Käufer verklagt, weil er nicht rechtzeitig gezahlt hat?
   b) In welcher Stadt findet eine Gerichtsverhandlung statt, wenn der Käufer die Verkäuferin verklagt, weil sie nicht rechtzeitig geliefert hat?

1.4 Angebotsvergleich

Situation:

Die Zahnarztpraxis Dr. Seher benötigt ein neues Röntgengerät. Die Auszubildende Bianca Blick wird beauftragt, zwei Angebote zu vergleichen, eine Kaufempfehlung abzugeben und diese zu begründen. Skonto soll ausgenutzt werden.

Für die Kaufempfehlung sind folgende Kriterien wichtig:

- Endpreis
- Garantiezeit
- Lieferzeit

Der Endpreis errechnet sich wie in Tabelle 2 dargestellt.

Das Röntgengerät der Firma Meditec & Co. KG ist um 1.214,13 EUR teurer als das der Firma Radiology-Systems. Wenn die Kaufempfehlung nur vom Endpreis abhängig wäre, müsste die Wahl auf das Gerät „RAD OPTIMUM5000" der Firma Radiology-Systems fallen.

Zu beachten sind allerdings noch die Garantiezeit und die Lieferzeit.

Die gesetzliche Mindestgarantie (Gewährleistung) beträgt zwei Jahre ab Rechnungsdatum. Während Radiology-Systems lediglich die gesetzliche Mindestgarantie gewährt, bietet Meditec & Co. KG mit fünf Jahren eine um drei Jahre längere freiwillige Garantiezeit. Bei einer Kaufempfehlung ist also auch die individuelle Risikobereitschaft einzuschätzen, eventuell nach mehr als zwei Jahren schon eine Reparatur selbst zu zahlen, an statt noch drei Jahre länger Garantie zu haben.

Die Lieferzeit spielt eine Rolle, wenn das Gerät zu einem bestimmten Zeitpunkt benötigt wird. Wenn im obigen Beispiel acht Wochen ausreichend wären, würde die Lieferzeit keine Rolle spielen. Wird das Gerät aber schon vorher benötigt, kann die Lieferzeit entscheidend sein. Bevor aber die Entscheidung zugunsten der kürzeren Lieferzeit fällt, ist noch zu überlegen, ob ein kurzzeitiges Leasing unter Umständen günstiger ist.

Meditec & Co. KG

.... unterbreiten wir Ihnen folgendes Angebot:

Digitales Röntgengerät „RÖ 2000plus"
Listenpreis (LP): 119.500,-- EUR.

Wir gewähren 1 % Skonto auf den Bruttoverkaufspreis (VK brutto) bei Zahlung innerhalb von 10 Tagen ab Rechnungsdatum.
Die Lieferkosten betragen 250,00 EUR pauschal.

Wir gewähren 5 Jahre Garantie. Die Lieferzeit beträgt ca. 4 Wochen.

Wir hoffen, dass Ihnen unser Angebot zusagt.

Mit freundlichen Grüßen

Meditec & Co.KG

Radiology-Systems

.... unterbreiten wir Ihnen folgendes Angebot:

Digitales Röntgengerät RAD OPTIMUM 5000
Listenpreis (LP): 124.990,-- EUR

Wir gewähren 4 % Treuerabatt auf den Listenpreis sowie 2,5 % Skonto auf den Bruttoverkaufspreis (VK brutto) bei Zahlung innerhalb von 10 Tagen ab Rechnungsdatum.
Die Lieferkosten betragen 0,5 % vom Nettoverkaufspreis (VK netto).

Wir gewähren 2 Jahre Garantie. Die Lieferzeit beträgt ca. 8 Wochen.

In der Erwartung, Ihnen ein attraktives Angebot unterbreitet zu haben, verbleiben wir mit freundlichen Grüßen

Radiology-Systems

Berechnung der Angebotspreise von Meditec & Co. KG und Radiology-Systems		
Firma	Meditec & Co. KG (in Euro)	Radiology-Systems (in Euro)
Listenpreis (LP)	119.500,00	124.990,00
minus Rabatt	0,00	4.999,60
gleich Verkaufspreis netto (VK netto)	**119.500,00**	**119.990,40**
plus Umsatzsteuer (USt) 19%	22.705,00	22.798.18
gleich Verkaufspreis brutto (VK brutto)	**142.205,00**	**142.788,58**
minus Skonto	1.422,05	3.569,71
plus Lieferkosten	250,00	599,95
gleich Endpreis	**141.032,95**	**139.818,82**

Exkurs: Prozentwert (PW) berechnen:

$$PW = \frac{\text{Grundwert (GW)} \cdot \text{Prozentsatz (PS)}}{100}$$

Prozentwertberechnungen am Beispiel der Firma Radiology-Systems:

Rabatt (4 %):

GW: 124.990,00 EUR (LP)

PS: 4 %

$$PW = \frac{(124.990 \cdot 4)}{100} = \underline{\underline{4.999{,}60}} \text{ EUR}$$

Umsatzsteuer (19 %)

GW: 119.990,40 EUR (VK netto)

PS: 19 %

$$PW = \frac{119.990{,}40 \cdot 19}{100} = \underline{\underline{22.798{,}18}} \text{ EUR}$$

Skonto (2,5 %):

GW: 142.788,58 EUR (VK brutto)

PS: 2,5 %

$$PW = \frac{142{,}788{,}58 \cdot 2{,}5}{100} = \underline{\underline{3.569{,}71}} \text{ EUR}$$

Lieferkosten (0,5 % vom VK netto)

GW: 119.993,40 EUR (VK netto)

PS: 0,5 %

$$PW = \frac{119.990{,}40 \cdot 0{,}5}{100} = \underline{\underline{599{,}95}} \text{ EUR}$$

Glossar

Allgemeine Anfrage	Sie dient dazu, sich einen Überblick über das Sortiment zu verschaffen.
Bonus	Dies ist eine nachträgliche Vergütung, wenn ein bestimmter Umsatz (meist am Jahresende) erreicht wurde.
Erfüllungsort	Dies ist der Ort, an dem Käufer:in und Verkäufer:in ihre Pflichten aus dem Kaufvertrag erfüllen müssen.
Fixkauf	Lieferung genau zum vereinbarten Termin
Freizeichnungsklausel	Sie schränkt die Bindung an ein verbindliches Angebot ganz oder teilweise ein, z. B. „solange Vorrat reicht“.
Gerichtsstand	Dieser ist die Stadt, in der eine Gerichtsverhandlung stattfindet, falls eine Vertragspartei die andere verklagt, weil diese ihre vertraglichen Pflichten nicht erfüllt hat.
Kauf auf Abruf	Teillieferungen nach Abruf des Käufers/der Käuferin
Rabatt	Preisnachlass ohne Bedingung
Ratenkauf	Anzahlung, danach Restzahlung in einzelnen Raten
Skonto	Preisnachlass bei vorzeitiger Zahlung
Spezielle Anfrage	Sie dient dazu, sich einen Überblick über ein bestimmtes Produkt zu verschaffen.
Tageskauf/Sofortkauf	sofortige Lieferung
Terminkauf	Lieferung innerhalb der vereinbarten Frist

Unverbindliches Angebot	Dies ist ein Angebot an eine namentlich nicht genannte Person, Praxis oder Firma. Der Verkäufer oder die Verkäuferin ist nicht an das eigene Angebot gebunden.
Verbindliches Angebot	Dies ist ein Angebot an eine namentlich genannte Person, Praxis oder Firma. Anbietende sind an ihr Angebot gebunden.
Zielkauf	Die Zahlung erfolgt erst nach dem Kauf innerhalb einer vereinbarten Zahlungsfrist.

2 KAUFVERTRAG

KOMPETENZEN

- **Zustandekommen des Kaufvertrags**
- **Kaufvertragsarten**
- **Grundsatz der Vertragsfreiheit**
- **Gesetzliche Einschränkungen der Vertragsfreiheit**
- **Allgemeine Geschäftsbedingungen (AGB)**
- **Kauf per Internet**

Situation:

Ihre Chefin entscheidet sich bei der neuen Rezeption für das Angebot der Firma „Meddesign". Klären Sie die folgenden Sachverhalte.

1. Wodurch kommt ein gültiger Kaufvertrag zustande?
2. Um welche Art von Kauf handelt es sich?
3. Welche Inhalte des Angebotes sollten in der Bestellung noch einmal erwähnt werden?
4. Unter welchen Voraussetzungen werden die „Allgemeinen Geschäftsbedingungen" (AGB) der Firma „Meddesign" gültiger Bestandteil des Kaufvertrages?

2.1 Zustandekommen des Kaufvertrags

Durch eine **Bestellung** kommt ein Kaufvertrag zustande, wenn der Käufer das **verbindliche Angebot** des Verkäufers **unverändert** und **rechtzeitig** annimmt.

Falls der Käufer oder die Käuferin in der Bestellung auch nur einen Punkt des Angebots abändert, gilt eine Bestellung rechtlich als neues Angebot. Der Verkäufer bzw. die Verkäuferin kann dann entscheiden, ob das Angebot angenommen wird, womit ein Kaufvertrag zustande käme, oder ob es abgelehnt wird mit der Folge, dass kein Kaufvertrag zustande käme.

Für die Bestellung ist keine gesetzliche Form vorgeschrieben, sie sollte aber in der gleichen Form erfolgen, in der das Angebot abgegeben wurde. Dies ist im Regelfall die Schriftform. Falls die Lieferung nicht der Bestellung entsprechen sollte, lässt sich so problemlos beweisen, auf wessen Seite der Fehler liegt.

Eine Bestellung kann, genauso wie ein Angebot, **widerrufen** werden. Bedingung ist allerdings, dass der Widerruf **vor** der Bestellung beim Verkäufer eintrifft. In der Bestellung sollten zur Vermeidung von Missverständnissen noch einmal die **Bezeichnung** der Ware, die gewünschte **Menge** und der **Einzelpreis** der Ware sowie der erwartete **Liefertermin** erwähnt werden.

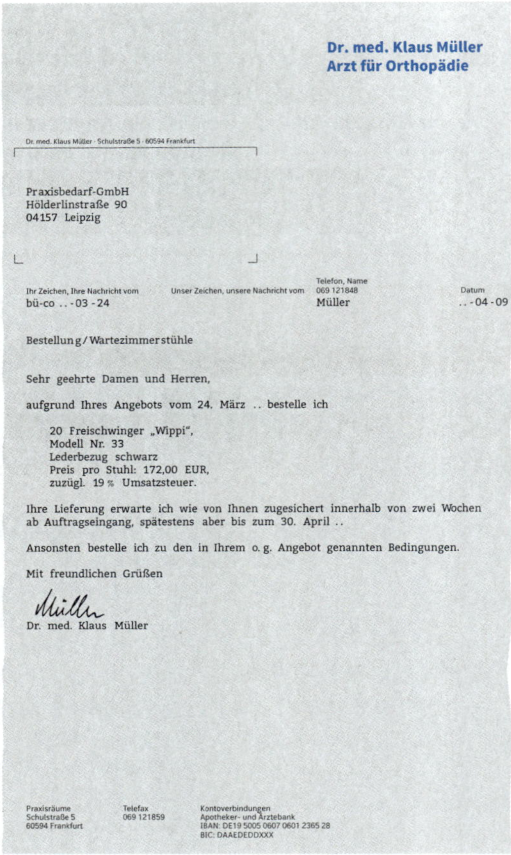

Dr. med. Klaus Müller
Arzt für Orthopädie

Dr. med. Klaus Müller · Schulstraße 5 · 60594 Frankfurt

Praxisbedarf-GmbH
Hölderlinstraße 90
04157 Leipzig

Ihr Zeichen, Ihre Nachricht vom	Unser Zeichen, unsere Nachricht vom	Telefon, Name	Datum
bü-co ..-03-24		069 121848 Müller	..-04-09

Bestellung/Wartezimmerstühle

Sehr geehrte Damen und Herren,

aufgrund Ihres Angebots vom 24. März .. bestelle ich

20 Freischwinger „Wippi",
Modell Nr. 33
Lederbezug schwarz
Preis pro Stuhl: 172,00 EUR,
zuzügl. 19 % Umsatzsteuer.

Ihre Lieferung erwarte ich wie von Ihnen zugesichert innerhalb von zwei Wochen ab Auftragseingang, spätestens aber bis zum 30. April ..

Ansonsten bestelle ich zu den in Ihrem o. g. Angebot genannten Bedingungen.

Mit freundlichen Grüßen

Müller
Dr. med. Klaus Müller

Praxisräume
Schulstraße 5
60594 Frankfurt

Telefax
069 121859

Kontoverbindungen
Apotheker- und Ärztebank
IBAN: DE19 5005 0607 0601 2365 28
BIC: DAAEDEDDXXX

13. Beispiel einer Bestellung

2.2 Inhalte des Kaufvertrags

Wie aus den Zeitungsanzeigen (S. 211) ersichtlich wird, gibt es eine Vielzahl von Kauf- und Dienstleistungsverträgen, die Verkäufer und Verkäuferinnen (Anbietende) und Käufer bzw. Käufe-

Exkurs

Bürgerlicher Kauf	Verbrauchsgüterkauf	Zweiseitiger Handelskauf
Beide Vertragspartner sind Privatpersonen, von denen die eine etwas aus ihrem Eigentum an die andere verkauft. Beispiel: Die ZFA Lara Raaß verkauft ihr drei Jahre altes Cabriolet an die TFA Lena Wind.	Käufer:in ist eine Privatperson. Verkäufer:in ist Kaufmann oder Kauffrau, d. h. betreibt ein Geschäft. Beispiel: Die MFA Marie Hübsch kauft bei dem Gebrauchtwagenhändler Ludolf Luftikus einen fünf Jahre alten Pkw.	Beide Vertragsparteien sind Kaufleute, d. h., beide sind Inhaber:innen eines Geschäfts. Beispiel: Der Lebensmittelgroßhändler Essifix liefert dem Lebensmitteleinzelhändler Schulze 100 Flaschen Milch.

Wichtig: Wenn Ärzte und Ärztinnen etwas kaufen oder verkaufen, gelten sie als Privatperson. Bei Geschäften mit anderen Privatpersonen handelt es sich daher um einen Bürgerlichen Kauf bzw. Privatkauf, wenn sie etwas von einem Kaufmann/einer Kauffrau kaufen, um einen Verbrauchsgüterkauf.

rinnen (Kund:innen) untereinander frei aushandeln können. Der Staat gibt lediglich den gesetzlichen Rahmen vor, innerhalb dessen die Verträge abgeschlossen werden müssen. Ansonsten mischt er sich nicht ein. Dies bezeichnet man als **Grundsatz der Vertragsfreiheit.**

Im Einzelnen bezieht sich dieser Grundsatz auf folgende Punkte:

- **Abschlussfreiheit:** Jede Person kann im Prinzip mit jeder anderen Person Verträge abschließen, ohne dass dies der Staat verbieten oder einschränken kann.

14. Diverse Kleinanzeigen

BEISPIEL

Eine Bürgermeisterin schließt mit dem Zeitungsverkäufer Eddi Kohler einen Vertrag ab, ihr jeden Morgen um 07:00 Uhr die wichtigsten Tageszeitungen auszuhändigen.

15. Grenzen der Vertragsfreiheit

16. Wer alles verspricht, dem traue nicht!

- **Inhaltsfreiheit:** Personen, die verkaufen oder kaufen, können die Inhalte ihres Vertrags frei gestalten. Der Staat greift nicht ein, solange die Inhalte nicht gegen ein gesetzliches Verbot verstoßen.

> **BEISPIEL**
> Die Tiermedizinische Fachangestellte Julia Juppie schließt mit dem Rechtsanwalt I. R. Thum einen Vertrag ab, dessen Pferd gegen zehn Reitstunden pro Monat zu versorgen und zu pflegen.

- **Formfreiheit:** Der Staat gibt in den meisten Fällen keine gesetzliche Form vor, in der Verträge abgeschlossen werden müssen.

> **BEISPIEL**
> Auf dem Flohmarkt verkauft der Händler Theo Schnapp eine Lederjacke für 200,00 EUR gegen Barzahlung.

Für **Patientinnen** und **Patienten** ist der Grundsatz der Vertragsfreiheit gleich in dreierlei Hinsicht von Bedeutung:

- **Patientinnen und Patienten** können für die Diagnose und Behandlung einer Krankheit den Arzt oder die Ärztin ihres Vertrauens aussuchen. Weder der Staat noch die Krankenkasse schreibt vor, wer das zu sein hat. Bei Unzufriedenheit mit der Behandlung kann der Arzt oder die Ärztin grundsätzlich gewechselt werden. (Krankenkassen verlangen allerdings oft eine Begründung, wenn jemand mitten im Quartal die Praxis wechselt). Ein Arztwechsel nach Quartalsende dagegen ist jederzeit und ohne Angabe von Gründen möglich.
- Als **Vertragspartner des Arztes/der Ärztin** kann die Patientin/der Patient von diesen nur die Diagnose und Behandlung nach dem Stand des ärztlichen Wissens verlangen. Es ist gesetzlich unzulässig, z. B. für ärztliche Leistungen ein Erfolgshonorar auszuhandeln.
- Jedes **Mitglied einer gesetzlichen Krankenkasse** kann seine Mitgliedschaft mit zwei Monaten Kündigungsfrist kündigen und die Mitgliedschaft in einer anderen gesetzlichen Krankenkasse beantragen. Allerdings kann die Person dann erst wieder nach 18 Monaten zu einer anderen Krankenkasse wechseln.

Durch diese Wahlfreiheit ist ein Konkurrenzkampf der Krankenkassen um junge, gesunde Mitglieder entbrannt.

Der Grundsatz der Vertragsfreiheit hat dort seine **Grenzen,** wo ein Vertragspartner einen anderen übers Ohr hauen will. In solchen Fällen ist ein Vertrag ungültig, auch wenn er von beiden Vertragspartnern unterschrieben wurde.

Dies kann der Fall sein, wenn einer der Vertragspartner bei einem Vertrag eine **Notlage** oder die **Unwissenheit** seines Vertragspartners zum eigenen Vorteil ausnutzt.

> **BEISPIEL**
> Tom erklärt seiner im fünften Monat schwangeren Freundin Anke, sie nur dann zu heiraten, wenn sie für ihn eine Bürgschaft von 25 000,00 EUR unterschreibt.

Exkurs

Wie der Staat Käuferinnen und Käufer schützt

Ratenverträge/Verbraucherdarlehen(BGB §§ 491 – 498)
Anwendungsbereich
Kaufverträge mit Ratenzahlung
Voraussetzungen
Kaufvertrag muss:

- Schriftlich abgeschlossen werden
- Barzahlungspreis nennen
- Teilzahlungspreis nennen
- Anzahl, Summe und Fälligkeit der einzelnen Raten enthalten
- tatsächlichen Jahreszinssatz nennen

Verkäufer Verkäuferin muss zusätzlich

- Käufer/Käuferin eine schriftliche Belehrung über sein/ihr Widerrufsrecht überreichen.

Käufer/Käuferin muss

- beide Schriftstücke unterschreiben.

Widerrufsrecht des Käufers/der Käuferin:

- Innerhalb von zwei Wochen
- Per Einschreiben mit Rückschein (Käufer/Käuferin trägt Beweislast)

Haustürgeschäfte/Kaffeefahrten Haustürwiderrufsgesetz (BGB, § 312)
Anwendungsbereich:
Kauf-, Werk- oder Dienstleistungsverträge, die folgendermaßen zustande kommen:

- Durch überraschenden Vertreterbesuch
- Auf der Straße
- Am Arbeitsplatz
- Auf Kaffeefahrten
- Mündlich

Voraussetzungen:

- Verkäufer kam unbestellt
- Betrag liegt über 40,00 EUR
- Rechnung wurde nicht sofort bezahlt
- Käufer unterschreibt schriftliche Belehrung über Widerrufsrecht

Widerrufsrecht des Käufers/der Käuferin:

- Innerhalb von zwei Wochen
- Per Übergabe Einschreiben mit Rückschein (Wer widerruft, trägt Beweislast)

Ausnahme:
Gilt nicht für Versicherungsverträge

2.3 Die allgemeinen Geschäftsbedingungen (AGB)

„Das steht garantiert im **Kleingedruckten**!" Viele Menschen haben schon so überrascht reagiert, wenn sie plötzlich feststellten, dass in einem Vertrag etwas geschrieben stand, mit dem sie nicht gerechnet hatten. Denn das Kleingedruckte, das in der Regel unterschrieben wird, hat es oft in sich. Es sind die sogenannten **allgemeinen Geschäftsbedingungen** (AGB).

Normalerweise ist der Verkäufer gegenüber dem Käufer in der besseren Position. Er ist nicht unbedingt auf den einzelnen Käufer angewiesen und kann weitgehend gleiche Vertragsinhalte für viele Käufer vorformulieren.

Dem Kunden bleibt oft nur noch die Wahl, die vorgegebenen allgemeinen Geschäftsbedingungen zu akzeptieren oder auf den Kauf zu verzichten.

Wer etwas verkauft oder eine Dienstleistung anbietet, formuliert in den AGB einseitig Vertragsinhalte vor, die der Kunde oder die Kundin normalerweise hinnehmen muss. Ein wichtiger Grund für die Verwendung von AGB ist, den Abschluss von Verträgen zu vereinfachen. Vertragsinhalte, die generell gelten, müssen so nicht in jedem Vertrag extra neu vereinbart werden (z. B. Garantiezeit, Liefer- oder Zahlungsbedingungen).

Ein weiterer Grund kann darin bestehen, dass sich ein Verkäufer oder Dienstleister durch die AGB bessere Bedingungen verschaffen möchten, als ihm gesetzlich zustehen. Für Kunden und Kundinnen ist damit die Gefahr verbunden, gegenüber dem Verkäufer benachteiligt zu sein. Viele Menschen sind sich bei Vertragsabschluss nicht über die Folgen der AGB vollends im Klaren (wenn das Kleingedruckte überhaupt durchgelesen wurde). Eine Änderung der AGB kann der Kunde meist nicht durchsetzen. Im Regelfall bleibt nur die Wahl, die AGB zu akzeptieren oder auf den Kauf bzw. die Dienstleistung zu verzichten.

17. Gekauft wie gesehen

Das führte in der Vergangenheit dazu, dass Verkäufer mit ihren AGB ihre Kundschaft oft unangemessen benachteiligten. Um dies zu verhindern, wurde 1976 das „Gesetz zur Regelung des Rechts der Allgemeinen Geschäftsbedingungen" eingeführt, das mittlerweile in das **BGB** integriert wurde (§§ 305–310). Hierdurch wird der Kunde insofern geschützt, als dass AGB nur unter ganz bestimmten Voraussetzungen gültig sind und bestimmte Formulierungen ganz verboten werden. AGB werden nur dann Vertragsbestandteil, wenn **drei Bedingungen** erfüllt sind:

- Der Käufer oder die Käuferin muss vor Vertragsabschluss ausdrücklich darauf **hingewiesen** werden, dass die AGB in den Vertrag mit einbezogen werden. Es reicht nicht aus, wenn z. B. der Möbelverkäufer D. Ünholz der Kundin einen Vertrag vorlegt und

sagt, da stehe alles Wichtige drin. Er muss ausdrücklich mitteilen, dass in diesem Vertrag AGB enthalten sind.
- Der Käufer oder die Käuferin muss die AGB in **zumutbarer Weise zur Kenntnis** nehmen können, d.h., sie müssen gut lesbar und zugänglich sein (kein versteckter Aushang). Es reicht nicht aus, wenn z.B. einer Käuferin mitgeteilt wird, sie solle die AGB mal schnell überfliegen und unterschreiben, da schon der nächste Kunde warte. Es muss genügend Zeit bleiben, die AGB gründlich durchzulesen und ggf. auch Nachfragen zu stellen.
- Der Käufer oder die Käuferin muss ausdrücklich damit **einverstanden** sein, dass die AGB Bestandteil des Vertrags werden. Dies wird in der Regel durch die Unterschrift bestätigt.

Selbst wenn sämtliche dieser drei Voraussetzungen gegeben sind, können AGB unter bestimmten Bedingungen ungültig sein:

- Für den Kunden oder die Kundin **überraschende** Klauseln sind immer ungültig.

BEISPIEL

Das Geschäft für Unterhaltungselektronik B. Illig schreibt in seinen AGB, dass es während der Garantiezeit zwar defekte Geräte kostenlos repariere, der Käufer bzw. die Käuferin aber die Anfahrtskosten bezahlen müsse.

- **Unklare** AGB gehen immer zulasten des Verkäufers oder der Verkäuferin. Missverständliche Klauseln in den AGB werden also immer zum Vorteil des Käufers oder der Käuferin ausgelegt.

BEISPIEL

Die Firma T. Rehbein hat in ihren AGB die folgende Klausel stehen: „Im Falle des Zahlungsverzugs werden zwölf Prozent (12 %) Verzugszinsen fällig." Wenn der Käufer in Zahlungsverzug gerät, muss er lediglich den niedrigeren Zinssatz von zwölf Promille bezahlen.

- AGB, die **gegen** das Gebot von **Treu und Glauben** verstoßen, sind immer ungültig. Dies ist dann der Fall, wenn der Käufer oder die Käuferin durch hinterlistige Formulierungen in den AGB betrogen wird.

BEISPIEL

Der Gebrauchtwagenhändler B. Trug & Co. KG verkauft einer alten Dame, die selbst keinen Führerschein besitzt, einen Pkw ohne Motor.
Als sie mit ihrer Enkelin erscheint, der sie das Auto zur bestandenen Führerscheinprüfung schenken möchte, lässt es sich natürlich nicht starten. Der Autohändler verweist auf seine AGB, in denen es u.a. heißt: „Der Pkw wird gekauft wie gesehen."

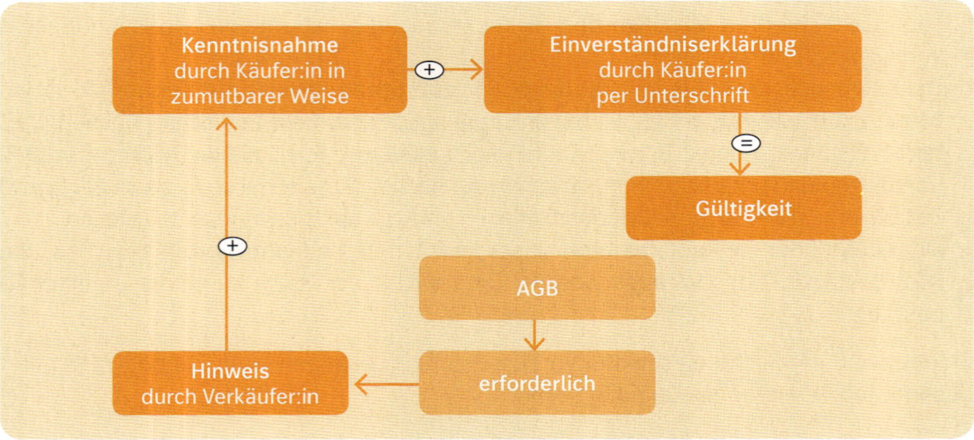

18. Gültigkeit von AGB

- **Individuelle Absprachen** zwischen Verkäufer und Käufer haben immer **Vorrang** vor den AGB. Zur Beweissicherung sollten sich Käufer oder Käuferin diese allerdings schriftlich bestätigen lassen.

BEISPIEL

In den AGB des Medizingeräte-Lieferanten DIAGNOSTIC steht die Klausel: „Die Lieferung erfolgt etwa sechs Wochen nach Vertragsabschluss.“ Die Ärztin Claudia Klüver hatte aber vereinbart, dass die Lieferung vier Wochen nach Vertragsabschluss erfolgen müsse. Der Liefertermin beträgt damit vier Wochen.

Wenn einzelne Klauseln von AGB gegen das AGB-Gesetz verstoßen, werden nur diese Klauseln unwirksam. Die anderen zulässigen Klauseln der AGB werden davon nicht betroffen, d. h., sie bleiben weiter wirksam (Salvatorische Klausel).

AGB, die den Verkäufer/die Verkäuferin ungerechtfertigt bevorzugen	AGB, die den Käufer/die Käuferin ungerechtfertigt benachteiligen
AGB zu den Lieferbedingungen • „Lieferung so bald wie möglich“ • „Falls der Verkäufer die vereinbarte Lieferfrist nicht einhalten kann, hat der Käufer eine Nachfrist von mindestens sechs Monaten zu gewähren.“	**Überraschende Klauseln in AGB** • „Die Automobilfirma ist berechtigt, den für den geleasten Pkw zu zahlenden Restbetrag um bis zu 10 % zu erhöhen.“ • „Mit dem Kauf des Sterilisators ist ein Wartungsvertrag (50,00 EUR/Jahr) verbunden.“

AGB, die den Verkäufer/die Verkäuferin ungerechtfertigt bevorzugen	AGB, die den Käufer/die Käuferin ungerechtfertigt benachteiligen
AGB zum Haftungsausschluss • „Für zugesicherte Eigenschaften wird keine Haftung übernommen." • „Der Käufer hat eventuelle Mängel unverzüglich bei Lieferung geltend zu machen. Spätere Ansprüche sind ausgeschlossen."	**AGB-Klauseln, die gegen das Gebot von Treu und Glauben (gegen allgemein übliches Vorgehen) verstoßen** • „Die AGB haben grundsätzlich Vorrang vor persönlichen Absprachen." • „Das Dentallabor lehnt jede Haftung für nicht passende Prothesen ab."

19. Beispiele für ungültige AGB

Allgemeine Geschäftsbedingungen

1. Vertragsabschluss

Sämtliche Lieferungen und Leistungen erfolgen ausschließlich auf der Grundlage dieser Liefer- und Zahlungsbedingungen. Änderungen dieser Bedingungen müssen schriftlich festgelegt und bestätigt werden. Katalogangaben gelten nicht als Angebote im rechtlichen Sinne. Alle Angaben zu den angebotenen Waren (z.B. Abbildungen, Beschreibungen) sind freibleibend. Die AGB gelten auch dann, wenn sie durch den Käufer nicht ausdrücklich schriftlich bestätigt wurden.

2. Preise

Die angegebenen Preise verstehen sich ab unserer Geschäftsstelle Dortmund. Notwendige Installationen oder andere Nebenleistungen gehen zulasten des Käufers. Wir liefern in handelsüblichen Verpackungen. Die Kosten einer eventuellen Sonderverpackung oder Frachtversicherung übernimmt der Käufer. Bei vereinbarten Lieferfristen von mehr als vier Monaten werden die am Liefertag gültigen Preise berechnet. Die Preise dürfen vom Verkäufer auch dann angepasst werden, wenn sich das allgemeine Preisniveau um mehr als 2% erhöht.

3. Zahlungsbedingungen

Zahlungen müssen innerhalb von 14 Tagen nach Rechnungsdatum rein netto, also ohne Skontoabzug, erfolgen. Die Annahme von Schecks erfolgt nur zahlungshalber, die Ware gilt erst dann als bezahlt, wenn der Rechnungsbetrag auf unserem Konto gutgeschrieben ist. Alle im Zusammenhang mit dem bargeldlosen Zahlungsverkehr entstehenden Kosten trägt der Käufer. Bei nicht rechtzeitiger Zahlung (Zahlungsverzug) sind wir berechtigt, Verzugszinsen in Höhe der uns entstandenen Kosten (Kreditkosten, Mahngebühren usw.) ab Fälligkeitstag zu berechnen. Zahlt der Käufer auch nach der dritten Mahnung durch den Verkäufer nicht, wird eine Vertragsstrafe in Höhe von 50% der Kaufsumme fällig.

4. Lieferungsbedingungen

Lieferung erfolgt so schnell wie möglich. Die Lieferfrist gilt als eingehalten, wenn die Ware innerhalb der vereinbarten Lieferzeit unsere Geschäftsstelle verlassen hat. Wir sind auch zur Lieferung von Teilmengen berechtigt. Die Auswahl des Versandweges und der Versandart liegt in unserem Ermessen. Die Gefahr einer Beschädigung oder Zerstörung der Ware geht auf den Käufer über, sobald die Ware einem Transportunternehmen übergeben wurde oder die Ware unsere Geschäftsstelle verlassen hat. Durch seine schriftliche Empfangsbestätigung erklärt der Käufer den mangelfreien Empfang der Ware. Nimmt der Käufer die Ware nicht ordnungsgemäß an, sind wir berechtigt, den uns entstandenen Schaden einschließlich Lager- und eventueller Versteigerungskosten zuzüglich sonstiger Mehraufwendungen zu verlangen.

5. Eigentumsvorbehalt

Alle unsere Lieferungen erfolgen unter Eigentumsvorbehalt, die Ware bleibt also bis zur vollständigen Bezahlung unser Eigentum. Zahlt der Käufer die Ware ganz oder teilweise nicht, ist er nicht mehr berechtigt, über die Ware weiter zu verfügen. Wir können in diesem Fall vom Kaufvertrag zurücktreten und Herausgabe der Ware fordern.

6. Gewährleistung

Wir gewähren eine Garantie von zwölf Monaten nach Lieferung. Für Mängel aufgrund von Abnutzung oder unsachgemäßer Behandlung leisten wir keinen Ersatz. Wir haften auch nicht bei vorsätzlicher oder grob fahrlässiger Handlungsweise unserer Mitarbeiter. Ein Mangel an der Ware ist uns unverzüglich nach Entdeckung schriftlich anzuzeigen. Der Käufer hat alles zu tun, um den Schaden gering zu halten. Der Käufer hat die mangelhafte Ware auf seine Kosten an uns zu übersenden. Im Falle eines gerechtfertigten Mangels am Lieferungsgegenstand sind wir nach unserer Wahl berechtigt, eine Ausbesserung der Ware vorzunehmen oder neu zu liefern. Wir haben dabei das Recht, mindestens vier Ausbesserungsversuche vorzunehmen. Der Käufer trägt die Lohnkosten für maximal drei Arbeitsstunden pro Ausbesserungsversuch.

7. Erfüllungsort und Gerichtsstand

Erfüllungsort für die Lieferung und die Zahlung ist unsere Geschäftsstelle in Dortmund. Als Gerichtsstand für Käufer und Verkäufer wird das Amtsgericht/Landgericht in Dortmund vereinbart. Wir sind berechtigt, Kundendaten gemäß den Vorschriften des Bundesdatenschutzgesetzes zu verarbeiten und zu speichern.

Anmerkung: Ungültige Vereinbarungen sind blau hervorgehoben.

20. Beispiel für Verkaufs- und Lieferbedingungen

ÜBUNGSAUFGABEN

1. a) Unter welchen Voraussetzungen kommt auf ein verbindliches Angebot hin ein Kaufvertrag zustande?
   b) Wie ist die rechtliche Situation, wenn die Käuferin ein verbindliches Angebot nur annimmt, wenn ihr der Verkäufer einen Preisnachlass von 5 % gewährt?
2. a) Aus welchen Gründen sollte eine Bestellung schriftlich erfolgen, auch wenn keine gesetzliche Form vorgeschrieben ist?
   b) Welche Punkte sollten in einer Bestellung noch einmal erwähnt werden?
3. Welche Rolle übernimmt der Staat bezüglich der Abschlüsse von Kaufverträgen?
4. Erklären Sie bezüglich des Grundsatzes der Vertragsfreiheit die Begriffe
   a) Abschlussfreiheit,
   b) Inhaltsfreiheit und
   c) Formfreiheit.
5. Welche Bedeutung hat der Grundsatz der Vertragsfreiheit für gesetzlich versicherte Patientinnen und Patienten?
6. In welchen Fällen ist ein Kaufvertrag ungültig, auch wenn er von Verkäufer und Käufer in unterschrieben wurde?
7. a) Welche Voraussetzungen müssen erfüllt sein, damit ein Ratenkaufvertrag gültig ist?
   b) Innerhalb welcher Frist kann ein Käufer von einem Ratenkaufvertrag zurücktreten?
   c) In welcher Form sollte der Rücktritt erfolgen?

8. a) Was versteht man unter den Allgemeinen Geschäftsbedingungen (AGB)?
b) Welche Vorteile bieten die AGB für den Verkäufer bzw. die Verkäuferin?
c) Unter welchen Voraussetzungen werden die AGB nur gültig?

9. Wovor sollen Käufer und Käuferinnen durch das „Gesetz zur Regelung des Rechts der Allgemeinen Geschäftsbedingungen" („AGB-Gesetz") geschützt werden?

Exkurs

Kauf per Internet

Wie werden Verträge per Mausklick geschlossen?

Ein Vertrag kommt auch hier durch zwei übereinstimmende Willenserklärungen zustande. Eine elektronisch übermittelte Willenserklärung ist genauso gültig wie eine schriftliche oder mündliche Willenserklärung.

Ausnahme: Verträge, bei denen eine notarielle Beurkundung vorgeschrieben ist, z. B. Grundstückskaufverträge, müssen vor einem Notar oder einer Notarin abgeschlossen werden.

Was kann ich als Käufer oder Käuferin tun, wenn mir die Ware nicht gefällt?

- Käufer können die Ware innerhalb von zwei Wochen nach Lieferung ohne Angabe von Gründen zurücksenden.
- Hat die Ware Fehler oder Mängel, gelten die gleichen Regelungen wie bei einer Schlechtleistung (mind. zwei Jahre Garantie; siehe Kapitel 3.2).

Wann kann ich als Käufer oder Käuferin nicht vom Kaufvertrag zurücktreten?

- Bei Lieferung von CDs, DVDs oder Software, die entsiegelt wurden
- Bei Lieferung von Zeitschriften, Zeitungen und Illustrierten
- Bei Versteigerungen
- Bei einem Kauf bei eBay

Was kann ich als Käufer oder Käuferin tun, wenn ich mich vertippt habe?

- Man kann den Vertrag genauso wegen Irrtums anfechten wie einen konventionell abgeschlossenen Vertrag.
- Allerdings muss man dem Vertragspartner einen eventuellen Schaden ersetzen.

Habe ich einen Anspruch, die im Internet angebotenen Waren zu erhalten?

Nein. Die Präsentation im Internet stellt wie die Schaufensterauslage in einem Kaufhaus noch kein rechtsverbindliches Angebot dar. Sie ist lediglich eine Aufforderung zum Kauf. Die erste – rechtsverbindliche – Willenserklärung gibt der Käufer/die Käuferin ab. Der Verkäufer oder die Verkäuferin kann diese durch Lieferung oder eine Auftragsbestätigung annehmen (zweite Willenserklärung).

Welche Besonderheiten gibt es bei eBay?

Hier ist – anders als in sonstigen Fällen – ein Angebot für den Verkäufer grundsätzlich verbindlich. Hier gibt also die Verkaufsseite eine erste Willenserklärung ab. Der Käufer bzw. die Käuferin nimmt dieses Angebot durch die eigene Willenserklärung (Kauf/Versteigerungsgebot) an.

Glossar

Abschlussfreiheit	Jeder Bürger und jede Bürgerin kann Verträge abschließen, ohne dass der Staat dies verbieten darf.
AGB-Gesetz	Gesetz zur Regelung der „Allgemeinen Geschäftsbedingungen“. Es regelt insbesondere, unter welchen Voraussetzungen „Allgemeine Geschäftsbedingung“ überhaupt erst gültig werden und welche Formulierungen verboten sind.
Allgemeine Geschäftsbedingungen (AGB)	Vorformulierte Vertragsbedingungen des Verkäufers/der Verkäuferin oder eines Dienstleistungsanbieters, z. B. zu Zahlungs- und Lieferbedingungen.
Formfreiheit	Grundsätzlich ist keine bestimmte Form für den Abschluss von Verträgen vorgesehen. Nur in bestimmten Fällen ist eine Schriftform, öffentliche Beglaubigung oder notarielle Beurkundung vorgesehen.
Grundsatz der Vertragsfreiheit	Der Staat gibt den gesetzlichen Rahmen vor, innerhalb dessen Verträge frei abgeschlossen werden dürfen.
Inhaltsfreiheit	Die Inhalte der Verträge dürfen frei ausgehandelt werden, solange sie nicht gegen Gesetze verstoßen.
Privatkauf	Kaufvertrag zwischen einzelnen Bürgerinnen/Bürgern
Verbrauchsgüterkauf	Kaufvertrag zwischen einer Privatperson und einem Kaufmann oder einer Kauffrau
Zweiseitiger Handelskauf	Kaufvertrag zwischen zwei Kaufleuten

3 STÖRUNGEN DES KAUFVERTRAGS

LIEFERUNGSVERZUG

- Fälligkeit und Verschulden
- Mahnung
- Rechte des Käufers/der Käuferin

↓

MANGELHAFTE LIEFERUNG

- Mängelarten
- Rügefristen
- Rechte des Käufers/der Käuferin

↓

ZAHLUNGSVERZUG

- Eintritt
- Mahnungen und Nachfristen
- Rechte des Verkäufers/der Verkäuferin (Gläubiger:in)
  - o Gerichtliches Mahnverfahren
  - o Zwangsvollstreckung
  - o Verjährungsfristen
- Zinsrechnung

↓

ANNAHMEVERZUG

- Käufer/Käuferin kann oder will die Ware nicht annehmen
- Rechte des Verkäufers/der Verkäuferin
  - – Bei verderblichen Sachen
  - – Bei nicht verderblichen Sachen

Situation:

Für die neue Rezeption Ihrer Praxis wurde als Liefer- und Aufbautermin der „12.04.20.. fix“ vereinbart. An diesem Tag hatte die Praxis extra offiziell geschlossen. Die Lieferung erfolgte jedoch nicht. Zwischen welchen Rechten kann Ihre Praxis grundsätzlich wählen?

Ihre Chefin entscheidet sich dafür, der Firma „Meddesign“ einen neuen Termin eine Woche später zu gewähren. Die Rezeption wird dann tatsächlich am 19.04.20.. geliefert und eingebaut. Klären Sie folgende Fragen:

1. Kann die Praxis für den 12.04.20.. Schadenersatz verlangen?
2. Wenn ja, wie kann der Schaden berechnet werden?
3. Am 31.08.20.. lässt sich eine Schublade auch nach mehreren Versuchen nicht mehr öffnen.
   a) Um welche Art von Mangel handelt es sich?
   b) In welche Rügefrist fällt der Mangel?
   c) Was bedeutet das für die Beweispflicht?
4. Welches Recht kann die Praxis in Anspruch nehmen?
5. Als Zahlungstermin war „30 Tage nach Lieferung und Aufbau“ vereinbart.
   a) Ab welchem Datum gerät die Praxis in Zahlungsverzug?
   b) Welche Rechte kann „Meddesign“ in Anspruch nehmen, wenn die Praxis in Zahlungsverzug gerät?

3.1 Nicht-Rechtzeitig-Lieferung (Lieferungsverzug)

Wenn ein Verkäufer oder eine Verkäuferin der gesetzlichen Pflicht nicht nachkommt, zum vereinbarten Zeitpunkt zu liefern, liegt Nicht-Rechtzeitig-Lieferung vor. Einzige Voraussetzung:

- Die Lieferung muss **fällig** sein, d. h., der Liefertermin muss überschritten sein.

Wann eine Lieferung fällig ist, hängt ganz entscheidend vom vereinbarten Liefertermin ab. Wenn der Zeitpunkt der Lieferung genau festgelegt ist (Fixkauf), liegt mit Ablauf des vereinbarten Liefertermins automatisch Nicht-Rechtzeitig-Lieferung vor.

BEISPIEL

Als Liefertermin wurde der 14. Mai 20.. vereinbart. Am 15. Mai 20.., 00:00 Uhr, ist der Liefertermin überschritten und es liegt Nicht-Rechtzeitig-Lieferung vor, ohne dass eine Mahnung nötig ist.

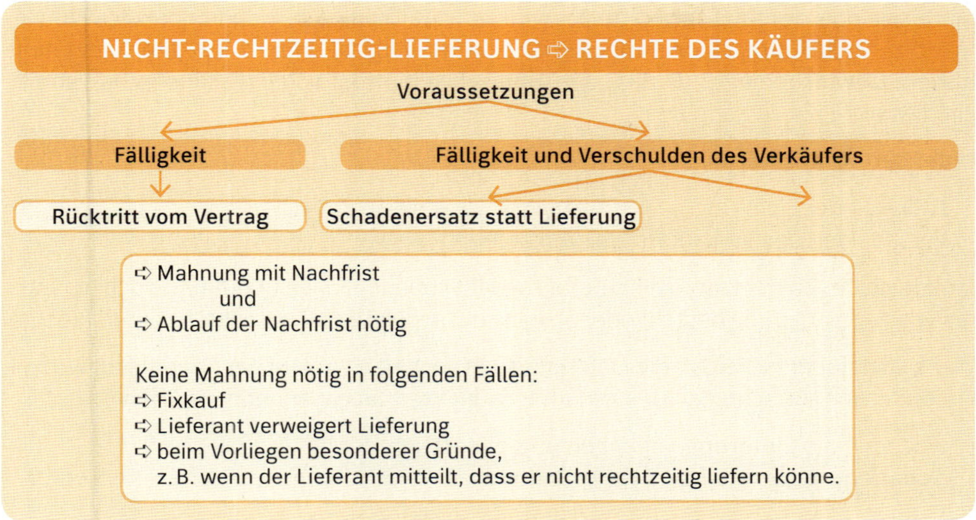

21. Die Rechte des Käufers bei nicht rechtzeitiger Lieferung

Wenn der Verkäufer oder die Verkäuferin selbst mitteilt, dass er/sie nicht bzw. erst zu einem späteren Zeitpunkt liefern kann oder die Lieferung verweigert wird, tritt ebenfalls Nicht-Rechtzeitig-Lieferung ein.

In allen anderen Fällen ist grundsätzlich eine **Mahnung mit einer Nachfristsetzung** nötig.

BEISPIEL

Ein Kaufvertag wird am 1. Oktober abgeschlossen. Als Liefertermin wird „ca. sechs Wochen" vereinbart. Ab Mitte November kann die Käuferin die Lieferung anmahnen und eine Nachfrist zur Lieferung setzen.

Eine Nachfrist ist dann angemessen, wenn sie dem Verkäufer oder der Verkäuferin noch genügend Zeit lässt, die schon fertige Sache noch zu liefern. Es besteht aber nicht das Recht, die Sache erst noch herzustellen.

Wichtig für den Käufer oder die Käuferin ist hierbei, dass bereits mit **Zugang der Mahnung** Nicht-Rechtzeitig-Lieferung eintritt (und nicht erst mit Ablauf der Nachfrist). Damit haftet der Verkäufer, falls die bestellte Sache z. B. durch Fahrlässigkeit beschädigt, zerstört oder gestohlen wird. Die Nachfrist ist für Käufer oder Käuferin dann wichtig, wenn eigene Rechte geltend gemacht werden sollen. Denn wenn sie abgelaufen ist oder beim Fixkauf der genannte Liefertermin überschritten ist, hat der Käufer oder die Käuferin immer das Recht, entweder

- weiter auf der Lieferung zu bestehen oder
- vom Kaufvertrag zurückzutreten.

Es ist nicht nötig, dass den Verkäufer oder die Verkäuferin ein Verschulden an der Nicht-Rechtzeitig-Lieferung trifft.

Wenn der Käufer oder die Käuferin allerdings weitere Rechte, wie z. B. Schadenersatz, geltend machen will, muss als zweite Voraussetzung ein **Verschulden des Verkäufers** bzw. der Verkäuferin hinzukommen.

Ein Verschulden liegt immer dann vor, wenn Verkäufer oder Verkäuferin den Liefertermin fahrlässig oder vorsätzlich verstreichen lassen hat. Dies ist z. B. dann der Fall, wenn jemand zu viele Aufträge annimmt oder den Termin vergisst. Wenn hingegen sogenannte **höhere Gewalt** vorliegt, z. B. das Lager überschwemmt wird oder die Belegschaft streikt, gilt dies nicht als Verschulden.

Unter den Voraussetzungen

- Fälligkeit der Lieferung,
- Verschulden des Verkäufers/der Verkäuferin

muss sich der Käufer bzw. die Käuferin zunächst überlegen, ob überhaupt noch ein Interesse an der Lieferung besteht oder ob ganz auf die Lieferung verzichtet werden möchte.

Wer sich dafür entscheidet, die Lieferung auch noch nach Ablauf der Nachfrist bzw. beim Fixkauf nach Überschreiten des genannten Liefertermins anzunehmen, kann

- weiterhin die **Lieferung** verlangen **und zusätzlich**
- **Schadenersatz** verlangen, wenn dadurch ein Verzögerungsschaden erlitten wurde.

BEISPIEL

Ein Zahnarzt eröffnet am 15. März seine neue Praxis. Er hatte zum „8. März fix" einen Behandlungsstuhl bestellt, der wurde aber weder am 8. März noch bis zum 15. März geliefert. Der Zahnarzt besteht aber auf der Lieferung und der Behandlungsstuhl steht am 18. März bereit. Der Zahnarzt weist nach, dass ihm vom 15.–18. März pro Tag 1.500,00 EUR Schaden entstanden sind. Er kann also für die drei Tage 4.500,00 EUR Schadenersatz verlangen.

Es kann aber auch der Fall eintreten, dass der Käufer oder die Käuferin die Lieferung aufgrund der Verzögerung nicht mehr möchte. Dann kann er/sie

- vom Kaufvertag **zurücktreten und zusätzlich**
- **Schadenersatz** verlangen.

BEISPIEL

Ein Ehepaar hatte am 2. Mai ein Wohnmobil gekauft. Als Lieferzeit wurde „ca. 10 Wochen" vereinbart. Am 15. Juli ist das Wohnmobil immer noch nicht eingetroffen, das Paar sendet eine Mahnung mit einer Nachfrist „bis Ende Juli". Sie wollten am 1. August eine zweimonatige Südeuroparundreise antreten und hatten im Vertrauen auf die Lieferung schon Fährverbindungen für insgesamt 1.400,00 EUR gebucht.

Doch auch am 1. August ist das Wohnmobil noch nicht geliefert, da die Firma offensichtlich zu viele Aufträge angenommen hatte. Das Ehepaar kann ab 1. August auf die Lieferung verzichten und gleich zweifach Schadenersatz fordern:

- für entgangene Urlaubsfreuden (hier gibt es Pauschalsätze für jeden entgangenen Urlaubstag) und
- konkret als Ersatz für vergebliche Aufwendungen in Höhe von 1.400,00 EUR für die bereits gebuchten Fährverbindungen.

Ein Verzicht auf die Lieferung und Schadenersatz kommt auch dann infrage, wenn der Käufer oder die Käuferin die Ware bei einem anderen Lieferanten einkaufen kann

(Deckungskauf), dafür aber einen höheren Preis zahlen muss. Die Mehrkosten müssen in diesem Falle als Schadenersatz erstattet werden.

Kann jemand die gleiche Ware bei einem anderen Lieferanten dagegen **billiger** beziehen, dann wird er nach Ablauf der Nachfrist die Lieferung durch den ursprünglichen Lieferanten ablehnen, vom Vertrag zurücktreten und die günstigere Ware kaufen.

Einwurf-Einschreiben Frankfurt am Main, 09.03. ...

Nicht-Rechtzeitig-Lieferung

Sehr geehrte Damen und Herren,

der bei Ihnen am ... bestellte Behandlungsstuhl ist bis heute noch nicht bei mir eingetroffen. Ich bestehe aber weiterhin auf Lieferung.

Da ich meine Praxis zum 15. März eröffne, weise ich Sie schon jetzt vorsorglich darauf hin, dass ich im Falle der Nicht-Lieferung bis 14. März ab dem folgenden Tage von Ihnen Schadenersatz für entgangene Einnahmen verlangen werde. Aufgrund der Erfahrungen in meiner vorherigen Praxis beziffern sich diese auf mindestens 1.500,00 EUR pro ausfallenden Behandlungstag.

Ich erwarte Ihre Lieferung noch vor Eröffnung meiner Praxis.

Mit freundlichen Grüßen

22. Schadenersatz wegen entgangenem Gewinn

Einwurf-Einschreiben Darmstadt, 15.07. ...

Nicht-Rechtzeitig-Lieferung

Sehr geehrte Damen und Herren,

wir hatten bei Ihnen am 2. Mai d.J. ein Wohnmobil der Marke „BigRoute“ bestellt. Als Liefertermin wurde „ca. 10 Wochen“ vereinbart. Dieser Zeitraum ist mittlerweile verstrichen, doch zu unserem Bedauern ist das Wohnmobil bis heute noch nicht bei uns eingetroffen.

Wir setzen Ihnen eine Frist zur Lieferung bis 31. Juli d.J.

Sollte das Wohnmobil auch bis dahin nicht geliefert werden, behalten wir uns auf jeden Fall sowohl Rücktritt vom Kaufvertrag als auch weiterhin Bestehen auf Lieferung vor.

Vorsorglich weisen wir Sie darauf hin, dass wir im Vertrauen auf Ihre rechtzeitige Lieferung bereits Fährverbindungen zum Preis von 1.400,00 EUR gebucht haben. Wir behalten uns vor, Ihnen diesen Betrag ggf. als Schadenersatz in Rechnung zu stellen.

Mit freundlichen Grüßen

23. Schadenersatz wegen vergeblicher Aufwendungen

3.2 Schlechtleistung (mangelhafte Lieferung)

Eine Ware ist immer dann in der Sache mangelhaft, wenn der Käufer oder die Käuferin sie nicht oder nur eingeschränkt nutzen kann. Man unterscheidet zwischen folgenden Mängeln:

- **Mangelhafte Verwendbarkeit**

BEISPIEL
Der gelieferte Autoklav erreicht nicht die angegebene Betriebstemperatur.

- **Mangelhafte Beschaffenheit**

> **BEISPIEL**
> Die Tür in einem Einbauschrank schließt nicht richtig.

- **Ware ungleich Werbung**

> **BEISPIEL**
> In der Werbung wird versprochen, dass dieses Haarwasser Haarausfall stoppt.

- **Falschlieferung**

> **BEISPIEL**
> Statt der bestellten Einweghandschuhe werden Einwegspritzen geliefert.

- **Zuweniglieferung**

> **BEISPIEL**
> Statt der bestellten 500 Karteikarten werden nur 50 Karteikarten geliefert.

- **Montagemangel**

> **BEISPIEL**
> Ein Elektrogeschäft hat eine neue Telefonanlage fehlerhaft ausgeführt.

- **Mangelhafte Montageanleitung** („IKEA-Klausel")

> **BEISPIEL**
> Die Montageanleitung eines Regals ist so gestaltet, dass das danach aufgebaute Regal bei der geringsten Belastung zusammenbricht.

Mängel, die der Käufer oder die Käuferin auf den ersten Blick erkennen kann (Beispiel Karteikarten), bezeichnet man als **offene Mängel.** Mängel, die nicht sofort zu bemerken sind (Beispiel Autoklav), bezeichnet man als **versteckte Mängel.**

Die generelle Verjährungsfrist für Mängel beträgt zwei Jahre, d. h., der Käufer oder die Käuferin hat zwei Jahre Zeit, einen Mangel zu reklamieren. Für Käufer ist es vorteilhaft, wenn sie den Mangel innerhalb der ersten 12 Monate beanstanden. Dabei gilt immer die Vermutung, dass der Verkäufer oder die Verkäuferin den Mangel zu verantworten hat, sofern er dem Käufer nicht das Gegenteil beweisen kann. Danach dreht sich die Beweislast um: Ab dem 13. Monat muss der Käufer bzw. die Käuferin beweisen, dass der Verkäufer den Mangel zu verantworten hat und nicht er oder sie.
Beim zweiseitigen Handelskauf gilt jedoch die Besonderheit, dass offene Mängel sofort und versteckte Mängel unmittelbar nach Entdeckung reklamiert werden müssen (vgl. Abb. 25).

Wenn eine Sache einen Mangel aufweist, muss der Käufer dem Verkäufer zunächst eine Nacherfüllungsfrist setzten. Dabei hat der Käufer bzw. die Käuferin zunächst nur die Wahl zwischen folgenden Möglichkeiten:

- **Nachbesserung**, d. h. Beseitigung des Mangels

> **BEISPIEL**
> Die nicht schließende Tür im Einbauschrank wird durch eine neue ersetzt.

oder

- **Neulieferung**, d. h. Lieferung einer fehlerfreien Sache

> **BEISPIEL**
> Der fehlerhafte Autoklav wird durch einen neuen ersetzt.

Wenn für den Verkäufer die Nachbesserung oder Neulieferung jedoch mit unverhältnismäßig hohem Aufwand verbunden oder unmöglich ist, kann er wählen, welches Recht er dem Käufer zugesteht.

> **BEISPIEL**
> Im Fall der nicht richtig schließenden Tür im Einbauschrank hat der Verkäufer das Recht, zunächst nachzubessern.

> **BEISPIEL**
> In einem Buch sind zwei Seiten unleserlich gedruckt. Die Verkäuferin hat das Recht, ein neues Buch zu liefern statt nachzubessern.

Dabei darf der Verkäufer aber dem Käufer oder der Käuferin keine Arbeits- oder Materialkosten berechnen.
Wenn dem Verkäufer der Mangel allerdings bekannt ist und er die Sache trotzdem verkauft, kann können Käufer zusätzlich noch

- Schadenersatz verlangen.

> **BEISPIEL**
> Wegen der fehlerhaften Montageanleitung für ein Regal gab es schon öfter Reklamationen. Der Verkäufer versäumt es, den Käufer auf diesen Mangel aufmerksam zu machen, das Regal bricht zusammen und verletzt den Käufer am Auge. Die Taxikosten zur Arztpraxis betragen 20,00 EUR, die Behandlungskosten 50,00 EUR. Der Verkäufer muss 70,00 EUR Schadenersatz zahlen.

Erst wenn der Verkäufer oder die Verkäuferin den **Mangel** innerhalb einer vom Käufer gesetzten Frist **nicht behoben** hat oder eine **Nachbesserung zweimal fehlgeschlagen** ist, hat der Käufer folgende weitergehende Rechte:

- **Rücktritt vom Kaufvertrag**
  Der Käufer oder die Käuferin gibt die Sache zurück und erhält das Geld zurück. Dies ist allerdings nicht möglich, wenn es sich nur um einen geringfügigen Mangel handelt.

  BEISPIEL

  Auch der neue und noch ein dritter Autoklav erreichen nicht die geforderte Betriebstemperatur. Der Käufer verlangt sein Geld zurück und kauft ein anderes Modell bei einem anderen Händler.

- **Minderung**
  Käufer und Verkäufer einigen sich darauf, den Verkaufspreis um einen bestimmten Betrag herabzusetzen. Dies ist auch bei einem geringfügigen Mangel möglich.

  BEISPIEL

  Die Arztpraxis behält die statt der Einweghandschuhe gelieferten Einwegspritzen für einen Preisnachlass von 10 %.

- **Schadenersatz**
  Zusätzlich zu Rücktritt oder Minderung können Käufer noch Schadenersatz verlangen, wenn durch den Mangel ein Schaden entstanden ist. Voraussetzung ist allerdings, dass der Verkäufer oder die Verkäuferin den Mangel zu vertreten hat.

  BEISPIEL

  Auch zwei Versuche zur Nachbesserung der Telefonanlage schlagen fehl. Der Käufer kann die zusätzlichen Anschlusskosten als Schadenersatz von der Installationsfirma verlangen.

Überblick über die Mängelarten		
Mangelhafte Verwendbarkeit	→	Die Sache kann nicht zum gewünschten Zweck verwendet werden.
Mangelhafte Beschaffenheit	→	Die Sache weist Fehler auf.
Ware ungleich Werbung	→	In der Werbung werden Eigenschaften versprochen, die die Sache nicht besitzt.
Falschlieferung	→	Es wird eine andere als die gewünschte Sache geliefert.
Zuweniglieferung	→	Es wird weniger als gewünscht geliefert.
Montagemangel	→	Die Sache ist falsch zusammengebaut.
Mangelhafte Montageanleitung	→	Die Beschreibung des Zusammen- bzw. Aufbaus ist fehlerhaft.

24. Mängelarten

Rügefristen				
• Bürgerlicher Kauf		Offener Mangel		
• Verbrauchsgüterkauf	→	Versteckter Mangel	→	zwei Jahre
• Zweiseitiger Handelskauf	→	Offener Mangel Versteckter Mangel	→ →	sofort unverzüglich nach Entdeckung, spätestens nach zwei Jahren

Besonderheit		
Reklamation innerhalb von 12 Monaten	→	Verkäufer/Verkäuferin trägt Beweislast.
Reklamation ab dem 13. Monat	→	Käufer/Käuferin trägt Beweislast.

25. Rügefristen und Beweislast

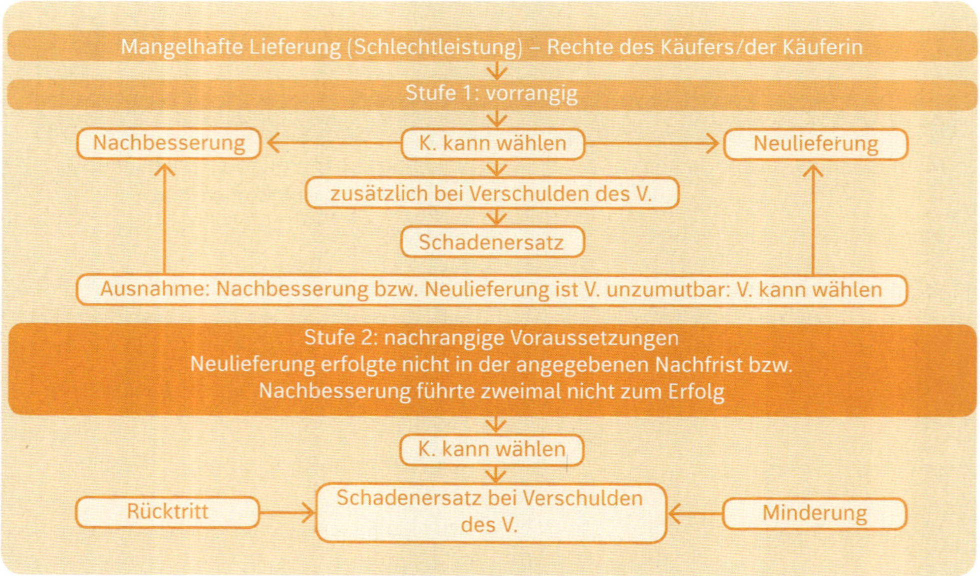

26. Rechte des Käufers oder der Käuferin bei mangelhafter Leistung

ÜBUNGSAUFGABEN

1. Ab welchem Zeitpunkt gerät der Verkäufer bei den folgenden Lieferterminen in Lieferverzug?
   a) „ca. acht Wochen nach Kaufvertragsdatum"
   b) „19. KW d.J."
   c) „22.09.2021"
2. a) Zwischen welchen Rechten kann der Käufer oder die Käuferin immer wählen, wenn sich der Verkäufer in Lieferverzug befindet?
   b) Welche Voraussetzung muss gegeben sein, damit der Käufer vom Verkäufer Schadenersatz verlangen kann?
3. Die Ärztin Dr. med. Michaela Wolf hatte 200 Spritzen Grippeimpfstoff zum Preis von 15,89 EUR/Spritze bestellt. Als Liefertermin war der „09.11.2021 fix" vereinbart. Am 10.11.2021 sind die Spritzen noch nicht eingetroffen. Frau Dr. Wolf bestellt daher bei einem anderen Lieferanten. Dieser verlangt 17,13 EUR/Spritze.
   a) Wie wird dieser Kauf genannt?
   b) Unter welcher Voraussetzung kann sich Frau Dr. Wolf die Mehrkosten erstatten lassen?
   c) Wie viel Euro könnte sie als Schadenersatz verlangen?
4. Finden Sie eigene Beispiele für die folgenden Mängelarten:
   a) mangelhafte Verwendbarkeit
   b) mangelhafte Beschaffenheit
   c) Ware ungleich Werbung
   d) Falschlieferung
   e) Zuweniglieferung

f) Montagemangel

g) mangelhafte Montageanleitung

5. a) Wodurch unterscheiden sich offene von versteckten Mängeln?

b) Innerhalb welcher Frist muss der Käufer beim Verbrauchsgüterkauf spätestens rügen?

c) Aus welchen Gründen sollte ein Mangel aber so schnell wie möglich gerügt werden?

6. a) Zwischen welchen vorrangigen Rechten kann der Käufer oder die Käuferin im Falle eines Mangels grundsätzlich wählen?

b) In welchen besonderen Fällen hat der Verkäufer das Wahlrecht?

7. a) Welche sind die sogenannten „nachrangigen Rechte" des Käufers bei einem Mangel?

b) Unter welcher Voraussetzung kann der Käufer diese jeweils in Anspruch nehmen?

3.3 Nicht-Rechtzeitig-Zahlung (Zahlungsverzug)

Wer eine Ware kauft oder eine Dienstleistung in Anspruch nimmt, muss dafür bezahlen. Wann jemand zahlen muss, hängt vom **Zahlungstermin** ab. Bei den meisten kleineren Einkäufen für den alltäglichen Bedarf wird direkt mit Bargeld, ec-Karte usw. bezahlt; damit ist die Zahlungspflicht erfüllt.

Anders ist dies, wenn der Schuldner/die Schuldnerin für eine gekaufte Ware oder in Anspruch genommene Dienstleistung eine Rechnung erhält. Ist hier ein Zahlungstermin angegeben, muss bis zu diesem Termin gezahlt werden, sonst gerät er/sie mit Ablauf dieses Termins in **Zahlungsverzug**.

Wenn in einer Rechnung kein Zahlungstermin genannt ist, gerät der Schuldner automatisch 30 Tage nach Fälligkeit und Zugang der Rechnung bzw. 30 Tage nach Fälligkeit und Empfang der Leistung in Verzug. Voraussetzung: Schuldner:in ist Kaufmann/Kauffrau.

BEISPIEL

Der Spritzenhersteller „Spritzfix" liefert der Großhandelsfirma für Medizinbedarf „Meditonal" am 19. April 50.000 Einwegspritzen mit Rechnung. Der Betrag wird am 19. Mai fällig, ohne dass eine Mahnung nötig ist.

Ist der Schuldner oder die Schuldnerin allerdings Privatperson, also Verbraucher, so muss in der Rechnung ausdrücklich auf die 30-Tage-Frist hingewiesen werden. Sonst ist eine Mahnung mit Nachfrist nötig.
Wie bei der Nicht-Rechtzeitig-Lieferung gerät der Schuldner bereits mit Zugang der Mahnung in Verzug. Ab diesem Zeitpunkt ist der Gläubiger berechtigt, **Verzugszinsen** zu verlangen. Gegenüber Privatpersonen betragen diese 5 %, gegenüber Kaufleuten 9 % über dem jeweils gültigen Basiszinssatz (z. B. 0,02 %), also z. B. 5,02 % gegenüber Privatpersonen und z. B. 9,02 % gegenüber Kaufleuten.
Zusätzlich haftet der Schuldner bzw. die Schuldnerin, falls die Sache durch Fahrlässigkeit oder höhere Gewalt beschädigt, zerstört oder gestohlen wird.

BEISPIEL

Herr Schluder erhält am 1. Juli eine Mahnung, in der ihm die Frist gesetzt wird, ein geliefertes Fahrrad bis spätestens 31. Juli zu bezahlen. Wenn das Fahrrad am 1. Juli oder später gestohlen wird, muss Herr Schluder dennoch zahlen.

Auch falls die gelieferte Sache nicht gestohlen wird – wie das Fahrrad im obigen Beispiel – ist der Verkäufer oder die Verkäuferin nach Ablauf der Nachfrist oder des in der Rechnung genannten Zahlungstermins (Fixgeschäft) berechtigt, sofort

- vom Kaufvertrag zurückzutreten.

Verkäufer können in dem Fall die Sache zurückverlangen und auf Zahlung verzichten.

Wenn der Verkäufer/die Verkäuferin weitere Rechte wie Schadenersatz verlangen will, muss der Schuldner schuldhaft in Zahlungsverzug geraten sein. Dies wird normalerweise der Fall sein.

Ausnahmen: Der Käufer oder die Käuferin reklamiert z. B. einen Fehler an der gelieferten Sache oder die Sache ist noch nicht vollständig geliefert.

Hier hat der Verkäufer das Wahlrecht, entweder

- weiterhin die Zahlung **und zusätzlich Schadenersatz** zu verlangen

oder

- vom Kaufvertrag **zurückzutreten und zusätzlich Schadenersatz** zu fordern.

Bei Privatliquidationen von Arzt- und Zahnarztpraxen werden manchmal keine genauen Zahlungstermine genannt. Es wird davon ausgegangen, dass der Liquidationsbetrag innerhalb einer angemessenen Frist (ca. 30 Tage) gezahlt wird. Ist dies nicht der Fall, muss der Arzt/die Ärztin eine **Mahnung** schicken und hierin eine **Frist zur Zahlung** setzen.

Wenn der Schuldner oder die Schuldnerin auch nach Ablauf der Nachfrist nicht zahlt, bleiben dem Gläubiger die Möglichkeiten,

- entweder einen Mahnbescheid gegen den Schuldner zu beantragen oder
- den Schuldner vor Gericht zu verklagen.

Eine Klage vor Gericht ist immer dann sinnvoll, wenn zu erwarten ist, dass der Schuldner oder die Schuldnerin sowieso nicht zahlen will oder kann.

Exkurs

1. Zinsrechnung

Bsp.: Der Privatpatient Harald H. erhält eine Liquidation über 2 501,23 EUR. Zahlungstermin war der 14.05.; er zahlt aber erst am 12.06. Die Praxis berechnet 4 % Verzugszinsen.
Wie viel Euro Verzugszinsen muss Harald H. zahlen?

Die Zinsformel lautet: $Z = \frac{K \cdot p \cdot t}{100 \cdot 360}$

K = Kapital (Gesamtbetrag in Euro)
p = Zinssatz (in %)
t = Tage (**Jeder** Monat wird mit 30 Tagen berechnet)
t = 14.05. – 30.05. = 16 Tage im Mai + 12 Tage im Juni = **28 Tage insgesamt**

$$Z = \frac{2\,501{,}23\,(K) \cdot 4\,(p) \cdot 28\,(t)}{100 \cdot 360} = \mathbf{7{,}78\ EUR}$$

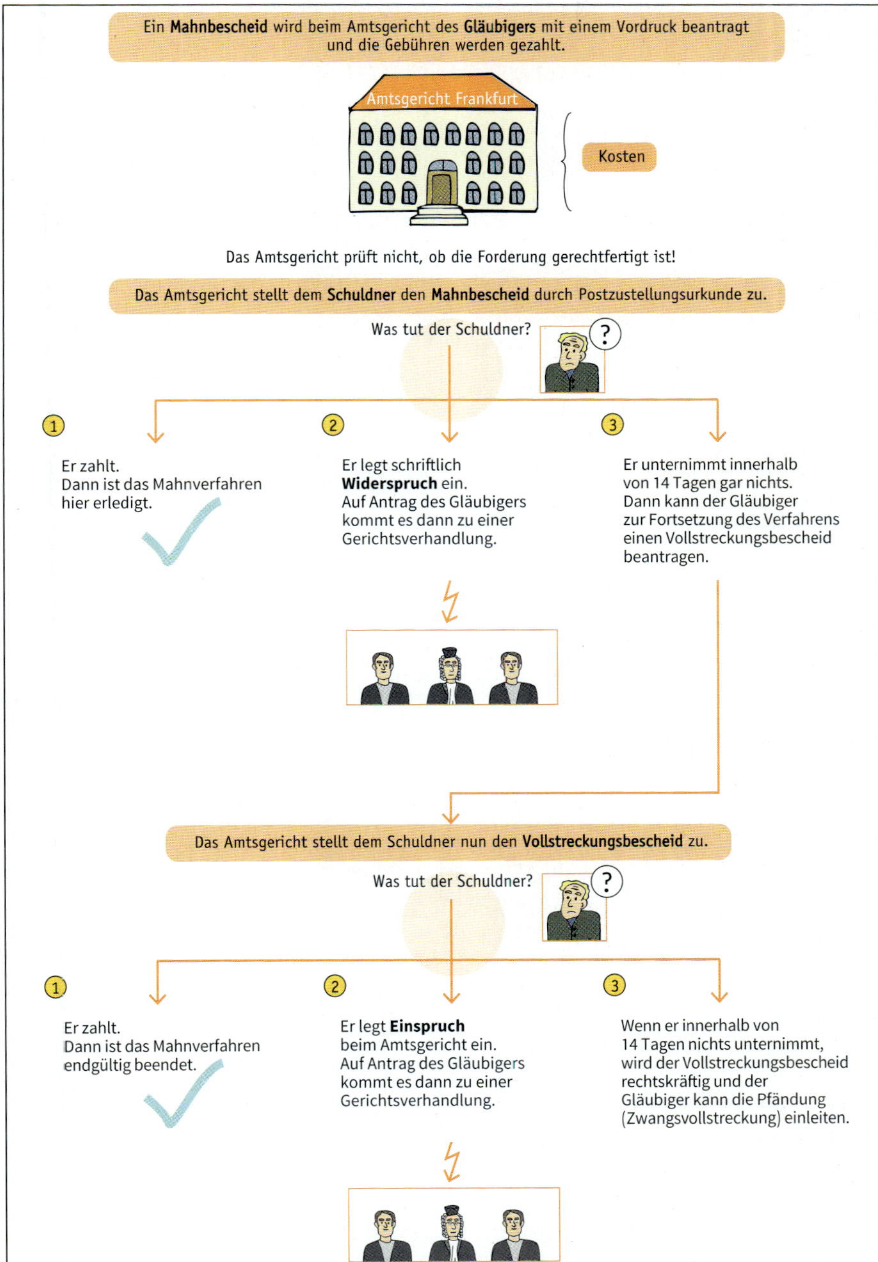

27. Das gerichtliche Mahnverfahren

2. Verbraucherinsolvenz

Wenn eine Privatperson oder ein Kleingewerbetreibender ihre/seine Schulden nicht mehr bezahlen kann, besteht die Möglichkeit der Verbraucherinsolvenz. Das Verfahren sieht folgende Schritte vor:

1. Versuch der außergerichtlichen Einigung zwischen Schuldner und Gläubiger
2. Wenn alle Gläubiger zustimmen und Schuldner zahlt ▶ o.k.

Wenn dies scheitert:

3. Antrag bei Gericht auf Verbraucherinsolvenz

Der Schuldner genießt drei Jahre lang Vollstreckungsschutz (es darf nichts gepfändet werden), aber der Schuldner darf in dieser Zeit nur das Einkommen bis zur Pfändungsgrenze behalten. Alles, was darüber hinausgeht, muss er an den Treuhänder zahlen, der es an die Gläubiger weiterverteilt.

4. Nach drei Jahren ist der Schuldner schuldenfrei; d. h., er kann nicht mehr gezwungen werden, seine Schulden zurückzuzahlen.

3.4 Gerichtliches Mahnverfahren

Mahnbescheid

Wenn das außergerichtliche Mahnverfahren erfolglos bleibt, d. h. wenn der Schuldner oder die Schuldnerin (z. B. ein Patient) weder auf eine Zahlungserinnerung noch auf ein Mahnschreiben hin zahlt, bleibt dem Gläubiger bzw. der Gläubigerin (z. B. der Ärztin) nur noch die Möglichkeit, die Forderung vor einem Gericht einzuklagen.

Ein **Mahnbescheid** bietet für jeden, der Geld zu bekommen hat, hierbei den bequemsten Weg, weil man keinen Rechtsbeistand benötigt. Die Antragsformulare sind online oder in Schreibwarengeschäften erhältlich. Jeder kann sie selbst ausfüllen.

Das ausgefüllte Antragsformular muss der Antragstellende an das Amtsgericht senden, das für seinen Wohnsitz zuständig ist. Falls es Fragen oder Schwierigkeiten beim Ausfüllen gibt, kann sich jeder an die Rechtsberatungsstelle des Amtsgerichts wenden. Die dort zuständigen Fachleute helfen kostenlos.

Der Erlass eines Mahnbescheids, d. h. die Zusendung durch das Amtsgericht an den Schuldner, kostet allerdings Geld. Wie viel der Gläubiger dafür bezahlen muss, hängt vom sogenannten Streitwert ab. Hierbei handelt es sich um den Betrag, den der Antragsteller vom Schuldner zu bekommen hat. Je höher er ist, desto höher sind die Gebühren. Gegenwärtig sind mindestens 36,00 EUR zu zahlen. Wenn die Forderung gerechtfertigt ist, muss der Schuldner dem Gläubiger die Gebühren zusätzlich zu der eigentlichen Forderung und den Verzugszinsen zurückerstatten.

Das Gericht prüft aber bei der Zusendung des Mahnbescheids an den Schuldner noch nicht, ob die Forderung gerechtfertigt ist, d. h., jeder Mahnbescheid wird erst einmal zugestellt.

Das **gerichtliche Mahnverfahren** wird durch einen **Mahnbescheid** eingeleitet (vgl. Abb. 27). Der Gläubiger zahlt die Gebühr für den Bescheid und das zuständige **Amtsgericht** stellt dem Schuldner den Mahnbescheid zu.

Der Mahnbescheid ist lediglich eine Aufforderung an den Schuldner, dem Gläubiger eine gewisse Summe zu bezahlen. Der Gläubiger hat aber in diesem Stadium noch keine Möglichkeit, den Betrag zwangsweise eintreiben zu lassen. Der Schuldner kann auf einen Mahnbescheid mit drei Möglichkeiten reagieren:

① Wenn der Schuldner den im Mahnbescheid geforderten Betrag zahlt, ist die Angelegenheit erledigt.
② Wenn der Schuldner Widerspruch einlegt, kann der Gläubiger eine Gerichtsverhandlung beantragen, die mit einem Urteil endet.
③ Wenn der Schuldner innerhalb von 14 Tagen nichts unternimmt, kann der Gläubiger einen Vollstreckungsbescheid beantragen.

Das Amtsgericht stellt dem Schuldner den **Vollstreckungsbescheid** zu. Im Gegensatz zum Mahnbescheid hat er die gleiche Wirkung wie ein Gerichtsurteil. Er bietet dem Gläubiger die Möglichkeit, seine Forderung zwangsweise mithilfe des **Gerichtsvollziehers** einzutreiben. Der Schuldner hat nun wieder drei Möglichkeiten, zu reagieren:

① Er zahlt den geforderten Betrag. Dann ist das gesamte Mahnverfahren endgültig beendet.
② Er legt Einspruch beim Amtsgericht ein. In diesem Fall kann der Gläubiger eine Gerichtsverhandlung beantragen, in der der Sachverhalt geklärt wird. Sie endet mit einem abschließenden Urteil.
③ Wenn der Schuldner innerhalb von 14 Tagen nichts unternimmt, wird der Vollstreckungsbescheid rechtskräftig. Der Gläubiger kann die **Pfändung** (Zwangsvollstreckung) einleiten.

Die Zwangsvollstreckung

Auch wenn der Schuldner nach einem Gerichtsurteil, das ihn zur Zahlung verpflichtet, nicht zahlt, kann der Gläubiger die **Zwangsvollstreckung** beantragen, um zu seinem Geld zu kommen. Ebenso wie beim Mahnbescheid ist auch hier das Amtsgericht zuständig. Durchgeführt wird die Zwangsvollstreckung vom Gerichtsvollzieher oder der Gerichtsvollzieherin. Sie informiert den Schuldner über die drohende Zwangsvollstreckung und setzt ihm noch eine letzte Frist zur Zahlung. Wenn auch diese abgelaufen ist, ohne dass der Schuldner gezahlt hat, pfändet die **Gerichtsvollzieher** in geeignete Vermögensgegenstände des Schuldners. Dies kann auf verschiedene Weise geschehen:

- Das **bewegliche Vermögen** (Geld, Wertpapiere, Schmuck, Wertgegenstände, wie z. B. Stereoanlage) kann gepfändet werden. Dabei bestehen folgende Möglichkeiten:
  - Sie kann ein **Pfandsiegel** („Kuckuck“) auf geeigneten Gegenständen anbringen und einen Versteigerungstermin festsetzen.

- Sie kann einen Teil des **Gehalts** pfänden, d.h., der Arbeitgeber überweist dem Schuldner nur einen Teil seines Gehalts, den anderen Teil erhält die Gerichtsvollzieherin, die ihn an den Gläubiger weiterleitet.
- Sie kann eine **Taschenpfändung** vornehmen, d.h., dem Schuldner, wenn sie ihn antrifft, Bargeld oder Schmuck an Ort und Stelle abnehmen. Dies kann die Gerichtsvollzieherin auch dann tun, wenn sie den Schuldner privat antrifft, z.B. in einem Restaurant oder in der Oper.

FALLBEISPIEL

Gespräch zwischen dem Zahnarzt Dr. med. dent. Bohrd und der Zahnmedizinischen Fachangestellten Sylvia Spring:

Dr. Bohrd: Also Frau Spring, jetzt reißt mir aber der Geduldsfaden, der Herr Baron von und zu Habenichts hat meine Liquidation über 15.000,00 EUR immer noch nicht bezahlt!

Sylvia: Ja, aber wir haben ihn doch schon mindestens zweimal angemahnt! Schämt der sich denn gar nicht?!

Dr. Bohrd: Zweimal zu viel, Frau Spring! Wo bleibt da der Anstand? Lässt sich so gut wie alle Zähne neu machen, natürlich nur das Feinste vom Feinsten, der Herr ist ja selbstverständlich Privatpatient, aber zahlen – Pustekuchen!

Sylvia: Ja, Chef, wenn er auf unsere Mahnungen nicht reagiert, müssen wir eben ...

Welchen Rat erteilt Sylvia ihrem Chef Dr. Bohrd?

Die Gerichtsvollzieherin kann das **unbewegliche Vermögen** (Häuser, Grundstücke) pfänden. Dabei bestehen folgende Möglichkeiten:

- Die **Zwangsverwaltung,** d.h., die Gerichtsvollzieherin behält die Mieteinnahmen aus dem Haus des Schuldners ein und leitet sie so lange an den Gläubiger weiter, bis die Schulden bezahlt sind.
- Die **Zwangsversteigerung,** d.h., das Haus oder Grundstück des Schuldners wird zwangsweise verkauft und aus den Einnahmen werden die Schulden und die Gerichtskosten bezahlt; was dann noch übrig bleibt, erhält der Schuldner.

Nicht gepfändet werden dürfen Gegenstände,

- die zu einer bescheidenen Lebensführung notwendig sind, z.B. ein monatliches Mindesteinkommen, Herd, Kühlschrank, Fernseher,
- die zur Fortsetzung der Erwerbstätigkeit notwendig sind, z.B. Geschäftsausstattung.

Besitzt der Schuldner wertvolle Gegenstände, die nicht gepfändet werden dürfen, kann die Gerichtsvollzieherin eine **Austauschpfändung** vornehmen.

BEISPIEL

Die Gerichtsvollzieherin kann einen neuen Lieferwagen im Wert von 35.000,00 EUR gegen einen gebrauchten für 10.000,00 EUR austauschen. Die Differenz erhält der Gläubiger nach Abzug der Gerichtskosten.

Gerichtliches Klageverfahren

Wenn schon beim außergerichtlichen Mahnverfahren (Zahlungserinnerung, Mahnung ...) erkennbar ist, dass der Schuldner die Forderung ganz oder teilweise nicht bezahlen will, wäre es Zeit- und Geldverschwendung, erst einen Mahnbescheid zu beantragen. In diesen Fällen ist es sinnvoll, den Schuldner gleich vor einem Gericht zur Zahlung zu verklagen.

BEISPIEL

Die Privatpatientin Melinda Mecker ist mit den eingesetzten Kronen nicht zufrieden. Sie erklärt der Zahnärztin Dr. med. dent. Sylvia Schick, dass sie die Liquidation über 7.783,00 EUR nicht bezahlen werde.

In einer **Gerichtsverhandlung** wird dann der Sachverhalt geklärt. Hierbei gibt es drei Möglichkeiten:

- Die Schuldnerin verweigert die Bezahlung aus einem berechtigten Grund.
  Urteil: Sie muss nicht bezahlen.
- Die Weigerung der Schuldnerin ist zum Teil berechtigt.
  Urteil: Sie muss einen Teil bezahlen.
- Die Weigerung der Schuldnerin ist unberechtigt.
  Urteil: Sie muss den gesamten Betrag bezahlen.

Gegen jedes Urteil kann die unterlegene Partei allerdings noch eine **Berufung** einlegen, d. h., das Gerichtsurteil von einem höheren Gericht überprüfen lassen.

Wer dabei wieder unterliegt und auch hier mit dem Gerichtsurteil nicht einverstanden ist, kann auch dieses Urteil nochmals von dem nächsthöheren Gericht überprüfen lassen. Dies nennt man dann **Revision.** Das Urteil dieses dritten Gerichts ist dann aber für alle verbindlich.

Wenn der Schuldner zur Zahlung verurteilt wird und trotzdem nicht zahlt, kann der Gläubiger – wie beim Mahnbescheid – die **Zwangsvollstreckung** beantragen.

Falls mit dem Erlös aus der Zwangsvollstreckung die Schulden und Gerichtskosten nicht bezahlt werden können, kann der Gläubiger vom Schuldner die Aufstellung eines Vermögensverzeichnisses verlangen, dessen Richtigkeit dieser beeiden muss. Daraufhin trägt ihn das Amtsgericht in ein öffentlich geführtes **Schuldnerverzeichnis** ein.

28. Berufung möglich?

Weigert sich der Schuldner, dieses Verzeichnis zu erstellen und zu beeiden, kann der Gläubiger ihn bis zur Erstellung dieses Vermögensverzeichnisses in Haft nehmen lassen. Weil der Gläubiger die Kosten dafür bezahlen muss, kommt dies allerdings so gut wie nicht vor.

Zwangsversteigerung!!!
Am Samstag, den 31. Januar .., um 09:00 Uhr versteigere ich auf dem Gelände der Fa. [redacted] in [redacted] Orientteppiche (zu weiter reduzierten Preisen) gegen Meistgebot und sofortiger ausschließlich **barer** Zahlung. [redacted] Gerichtsvollzieher, ☎ [redacted]

Zwangsversteigerung!!!
Amtsgericht Frankfurt am Main, [redacted] Einseitig angebautes 2-geschossiges Einfamilienhaus in Frankfurt am Main-Bockenheim, [redacted] Keller, Terrasse, Garten, Wohnfläche ca. 116 m², Baujahr 1937/38, Flur 22, Flurstück 599/50 = 376 m², Grundbuchamt von Frankfurt am Main, [redacted] **Festgesetzter Verkehrswert:** 285 000,00 EUR insgesamt; 142 500,00 EUR für jede ideelle Hälfte. **Eigentümer:** a) [redacted] b) [redacted] beide: [redacted]-Allee 60, [redacted] Frankfurt am Main. Zwangsversteigerung im Wege der Zwangsvollstreckung am Montag, den 16. Februar .., 09:00 Uhr, in Frankfurt am Main, Bau [redacted], Saal [redacted] Bieter müssen damit rechnen, dass sie in Höhe von mindestens 10 % ihres Bargebots Sicherheit zu leisten haben. Erforderlich dafür ist Bargeld, von der Landeszentralbank bestätigter Scheck oder Bankbürgschaft.

Zwangsversteigerung!!!
Amtsgericht Frankfurt am Main, [redacted] Grundstücke, [redacted] Frankfurt am Main-Bergen-Enkheim, 4085 und 403 m², gelegen zwischen [redacted] und [redacted] straße, Lagergelände mit Wohn- und Bürogebäude, gründliche Renovierung erforderlich, Außenanlagen stark verwahrlost. **Festgesetzter Verkehrswert:** 1 097 500,00 EUR. **Eigentümer:** [redacted] Frankfurt am Main. Zwangsversteigerung im Wege der Zwangsvollstreckung **am Freitag, dem 6. Februar .., 09:00 Uhr,** in Frankfurt am Main, Bau [redacted] Saal [redacted] Bieter müssen damit rechnen, dass sie in Höhe von mindestens 10 % ihres Bargebots Sicherheit zu leisten haben. Erforderlich dafür ist Bargeld, von der Landeszentralbank bestätigter Scheck oder Bankbürgschaft.

29. Beispiele für Zwangsversteigerungen

Außergerichtliches Mahnverfahren	Gerichtliches Mahnverfahren
1. Schritt: • Zweite Liquidation • Zahlungserinnerung	**1. Schritt:** • Mahnbescheid oder • Klage vor Gericht
2. Schritt: Erste Mahnung	**Folge:** Gerichtsurteil
3. Schritt: Zweite Mahnung (Fristsetzung zur Zahlung und Androhung des gerichtlichen Mahnverfahrens)	**Folge:** Zwangsvollstreckung (Pfändung, Zwangsversteigerung)
Auswirkungen auf die Verjährung	
Keine	Unterbrechung

30. Außergerichtliches und gerichtliches Mahnverfahren

ÜBUNGSAUFGABEN

1. Welche Bedeutung hat die „30-Tage-Frist", wenn in einer Rechnung kein Zahlungstermin genannt ist
   a) für eine Privatperson und
   b) für einen Kaufmann?
2. Der Privatpatient Mathis Winkler erhält eine Liquidation der Ärztin Dr. Leonhardt über 477,63 EUR mit Rechnungsdatum 16.08.20... Als Zahlungstermin ist „14 Tage nach Rechnungsdatum" genannt.
   a) Ab wann gerät Herr Winkler in Zahlungsverzug?
   b) Wie viel Prozent Verzugszinsen darf Frau Dr. Leonhardt verlangen? (Basiszinssatz: 0,3 %)
   c) Welche weiteren Kosten kann sie Herrn Winkler in Rechnung stellen?
   d) Welche Möglichkeiten verbleiben Frau Dr. Leonhardt, wenn dieses außergerichtliche Mahnverfahren erfolglos bleibt?
3. Frau Dr. Leonhardt hat sich für einen Mahnbescheid entschieden.
   a) Wo kann sie sich das Formular besorgen?
   b) Auf welchem Weg wird der Mahnbescheid Herrn Winkler zugestellt?
   c) Welche drei Möglichkeiten hat Herr Winkler, auf diesen Mahnbescheid zu reagieren?
4. Frau Doro Protz kann einen Kredit in Höhe von 40.000,00 EUR nicht mehr zurückzahlen und es kommt zur Zwangsvollstreckung.
   a) Welche Möglichkeiten hat der Gerichtsvollzieher, das bewegliche Vermögen zu pfänden?
   b) Welche Gegenstände dürfen nicht gepfändet werden?
   c) Bei welchen Gegenständen kann eine Austauschpfändung vorgenommen werden?
5. Wodurch unterscheidet sich bei der Zwangsvollstreckung in das unbewegliche Vermögen die Zwangsverwaltung von der Zwangsversteigerung?
6. a) Wann kann der Gläubiger vom Schuldner die Abgabe einer Aufstellung eines Vermögensverzeichnisses verlangen?
   b) Was muss der Schuldner in einem Vermögensverzeichnis auflisten und beeiden?
   c) Welche Möglichkeiten bietet eine Verbraucherinsolvenz?

3.5 Verjährung von Forderungen

Eintritt der Verjährung

Verjährung bedeutet, dass ein Gläubiger gegenüber einem Schuldner eine Forderung, z. B. die Zahlung der Miete, nicht über einen unbegrenzten Zeitraum einfordern kann. Nach einer gewissen Zeit ist die Forderung verjährt. Der Schuldner kann dann die Zahlung verweigern, obwohl die Forderung weiter besteht.

Er hat ein **Leistungsverweigerungsrecht.**

Es gibt drei unterschiedlich lange Verjährungsfristen, je nachdem, um welchen Anspruch es sich handelt:
Für die meisten Ansprüche gilt die **regelmäßige Verjährungsfrist von drei Jahren.**

Darunter fallen u.a. Gehaltsforderungen, Forderungen von für ärztliche Behandlungen an Patientinnen/Patienten Forderungen von Kaufleuten an Privatpersonen, Miet-, Pacht- und Zinsforderungen.

Die Forderung beginnt am Ende des Jahres zu laufen, in dem der Anspruch entstand. Der Gläubiger hat dann drei Jahre Zeit, seinen Anspruch geltend zu machen. Sind die drei Jahre abgelaufen, ist die Forderung verjährt.

BEISPIEL

Die Zahnärztin Emine Dilek sendet mit Datum vom 28. Januar 2022 eine Liquidation an ihren Privatpatienten H. Wolf. Die Verjährungsfrist beginnt mit Ablauf des 31. Dezember 2022 und endet am 31. Dezember 2025 um 24:00 Uhr.

Für bestimmte Forderungen gelten jedoch längere Verjährungsfristen. Sie dienen dem Schutz der Gläubiger. So gilt bei Grundstücksangelegenheiten eine **verlängerte Verjährungsfrist von zehn Jahren.**

Die Verjährungsfrist beginnt, anders als bei der regelmäßigen Verjährungsfrist von drei Jahren, schon direkt mit der Entstehung des Anspruchs zu laufen.

BEISPIEL

Frau Y. Stumpf kaufte am 17. September 2021 ein Grundstück von Herrn H. Hörner zum Preis von 180.000,00 EUR. Die Verjährungsfrist begann am 17. September 2021 und endet am 17. September 2031.

Die **längste Verjährungsfrist** beträgt **30 Jahre.** Sie gilt für Gerichtsurteile, für familien- und erbrechtliche Ansprüche sowie für Ansprüche aus Vollstreckungsbescheiden. Auch hier beginnt die Verjährungsfrist schon mit der Entstehung des Anspruchs bzw. der Rechtskraft des Gerichtsurteils zu laufen.

BEISPIEL

Gegen Herrn Siegfried Säumig wurde am 10. Dezember 2021 ein Vollstreckungsbescheid verhängt. Der Vollstreckungsbescheid verjährt am 10. Dezember 2051.

Eine Ausnahme bilden jedoch Urteile und Vollstreckungsbescheide gegen regelmäßig wiederkehrende Leistungen. Hier gilt die regelmäßige Verjährungsfrist von drei Jahren.

BEISPIEL

Ein Mieter wird am 10. Dezember 2021 zur Zahlung der noch ausstehenden Mieten verurteilt. Die Verjährungsfrist beginnt mit Ablauf des 31. Dezember 2021 und endet am 31. Dezember 2024 um 24:00 Uhr.

FALLBEISPEL

Dr. Müller stellt bei Durchsicht der noch offenen Liquidationen am 05.12. fest, dass die Patientin E. Mayer eine im Vorjahr ausgestellte Liquidation noch nicht beglichen hat.

Er mahnt den Betrag in Höhe von 568,50 EUR schriftlich an und setzt eine Zahlungsfrist bis 19.12. d. J.

Frau Mayer antwortet ihm, sie werde nicht mehr zahlen, da die Liquidation vom letzten Jahr und seine Forderung somit verjährt sei.

Ist Frau Mayers Weigerung berechtigt?

Unterbrechung der Verjährung

Wenn die Gefahr besteht, dass eine Forderung zu verjähren droht, gibt es für den Gläubiger oder die Gläubigerin zwei Möglichkeiten, eine Art Notbremse zu ziehen. Damit lässt sich sicherstellen, dass der Anspruch auf das Geld auch dann noch eingeklagt werden kann, wenn die Forderung normalerweise verjährt wäre.

Eine Möglichkeit besteht darin, eine **Unterbrechung der Verjährung** zu erreichen. Dies bedeutet, dass die Verjährungsfrist genau ab dem Tag der Unterbrechung wieder **von vorne zu laufen beginnt.** Für den Gläubiger ist es immer dann sinnvoll, eine Unterbrechung der Verjährung anzustreben, wenn die Verjährung einzutreten droht und/oder zu erkennen ist, dass der Schuldner oder die Schuldnerin nicht bezahlen will oder kann.

3 Jahre Ansprüche (regelmäßige Verjährungsfrist) → Beginn Ende des Jahres

- Auf Gehalt
- Von Arzt/Ärztin gegen Patient:in
- Von Kaufleuten gegen Privatperson:in
- Von Kaufleuten untereinander
- Auf Miete, Pacht
- Auf Zinsen

10 Jahre Ansprüche → Beginn mit Entstehen des Anspruchs

- Aus Grundstücksgeschäften

30 Jahre Ansprüche → Beginn mit Entstehen des Anspruchs

- Aus Gerichtsurteilen
- Aus familien- und erbrechtlichen Gründen

31. Verjährungsfristen

Der Gläubiger/die Gläubigerin kann eine Unterbrechung der Verjährung auf **zwei Wegen** erreichen:

1. Der **Schuldner erkennt die Schuld an**. Dies kann u. a. geschehen durch
   - Bitte des Schuldners um Stundung,
   - Abschlagszahlung des Schuldners,
   - Zinszahlung des Schuldners,
   - Ausstellung eines Schuldscheins.
2. Der **Gläubiger** leitet eine **gerichtliche oder behördliche Vollstreckung** gegen den Schuldner ein.

Hemmung der Verjährung
Eine zweite „Notbremse" besteht darin, eine **Hemmung der Verjährung** zu erreichen. Sie bewirkt, dass sich der Ablauf der Verjährung **genau um den Zeitraum der Hemmung verlängert,** die Verjährungsfrist also nicht wie bei der Unterbrechung neu von vorne zu laufen beginnt, sondern sie sich lediglich nach hinten verschiebt.

Für den Gläubiger ist es immer dann sinnvoll, eine **Hemmung der Verjährung** anzustreben, **wenn zu erkennen ist, dass der Schuldner in absehbarer Zeit bezahlen will, er aber im Moment nicht genug Geld hat. Eine Hemmung der Verjährung tritt bei folgenden Ereignissen ein:**

- Der Gläubiger erhebt Klage gegen den Schuldner/die Schuldnerin.
- Der Gläubiger beantragt einen Mahnbescheid gegen den Schuldner.
- Der Gläubiger stundet die Forderung.
- Der Schuldner verweigert die Zahlung aus einem berechtigten Grund.
- Innerhalb der letzten sechs Monate konnten keine gerichtlichen Verfahren durchgeführt werden.

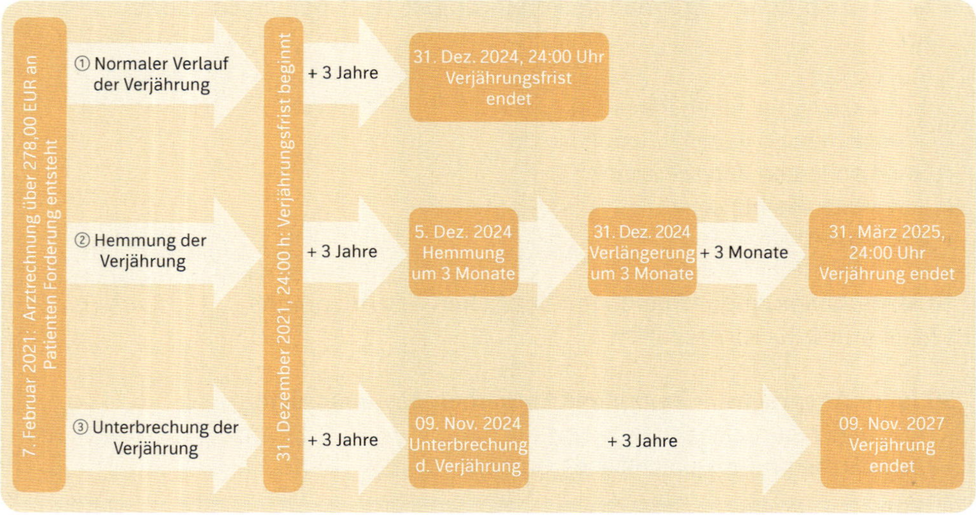

32. Verjährung, Hemmung und Unterbrechung am Beispiel einer dreijährigen Verjährungsfrist

3.6 Annahmeverzug

FALLBEISPIEL

Der Lebensmittelgroßhändler Egon Eisel aus Rostock liefert mit seinem Kühllaster dem Supermarkt Multi vereinbarungsgemäß am 6. Juli in dessen Zentrallager in Schwerin 80 000 Packungen Eis der Marke „Schlemmi". Als er das Eis dort abliefern möchte, teilt ihm der Leiter des Zentrallagers mit, er könne das Eis unmöglich annehmen. Seine Kühlfächer für Eis seien wegen des kalten Wetters und der dadurch bedingten unvorhergesehenen Absatzschwierigkeiten noch fast voll belegt.

Egon Eisel ist aber gezwungen, das Eis unbedingt abzuladen, weil er auf dem Rückweg von dem Schweriner Schweinezüchter Willi Watz 20 Schweinehälften mitnehmen und nach Berlin liefern muss. Wie soll sich Egon Eisel verhalten?

Annahmeverzug

Wenn der Käufer oder die Käuferin eine

- am vereinbarten Ort,
- zum vereinbarten Zeitpunkt und
- in einwandfreiem Zustand

gelieferte Ware oder Dienstleistung nicht annimmt, gerät er in **Annahmeverzug,** egal ob ihn ein Verschulden trifft oder nicht.

BEISPIEL

Herr Rutsch kann die ordnungsgemäß gelieferten Möbel nicht annehmen, da er sich morgens beim Zeitungholen den Fuß gebrochen hat und im Krankenhaus liegt. Er ist trotzdem in Annahmeverzug.

Wenn der Käufer in Annahmeverzug ist, kann der Verkäufer zwischen folgenden Rechten wählen:

- **Rücktritt** vom Kaufvertrag, wenn die Ware problemlos weiterverkauft werden kann, z. B. bei Massenartikeln (Gattungssachen).
- **Klage** auf Abnahme und Lagerung der Ware auf Kosten des Kunden. Dies ist der Fall, wenn die Ware nicht weiterverkauft werden kann, z. B. bei Sonderanfertigungen.
- **Selbsthilfeverkauf,** d. h. Versteigerung der Ware. Dies ist nur bei nicht verderblichen Waren möglich. Der Verkäufer muss dem Käufer erst noch eine Frist setzen, die Ware doch noch anzunehmen. Erst danach darf die Sache versteigert werden.
- **Notverkauf,** d. h. schnellstmöglicher Verkauf der Ware, ohne dass der Verkäufer dem Käufer noch die Gelegenheit geben muss, die Ware anzunehmen. Dies ist nur bei verderblichen Sachen möglich (z. B. bei Lebensmitteln).

Selbsthilfeverkauf	Notverkauf
ist möglich bei nicht verderblichen Waren (Möbel, Kleider)	nur möglich bei verderblichen Waren (Obst, Gemüse)
Pflichten des Verkäufers/der Verkäuferin: • Dem Käufer den Ort der Aufbewahrung mitteilen • Frist zum Abholen setzen • Ort und Zeitpunkt des Selbsthilfeverkaufs (Versteigerung) mitteilen • Den Käufer über das Ergebnis informieren	Pflichten des Verkäufers/der Verkäuferin: • Den Käufer über das Ergebnis des Notverkaufs informieren
In beiden Fällen muss der Käufer dem Verkäufer die Kosten und die Differenz zum Mindererlös ersetzen. Ein eventueller Mehrerlös steht dem Käufer zu.	

33. Selbsthilfe- und Notverkauf

ÜBUNGSAUFGABEN

1. a) Was bedeutet es für den Gläubiger, wenn seine Forderung verjährt ist?
   b) Eine Schuldnerin hat eine Forderung gezahlt. Kurz darauf stellt sie fest, dass diese schon verjährt war. Kann sie den Betrag zurückfordern?
2. a) Zählen Sie die drei Verjährungsfristen auf und ordnen diesen jeweils ein Beispiel zu.
   b) Wodurch unterscheiden sich die Verjährungsfristen hinsichtlich des Beginns der Verjährung?
3. Wann genau verjähren die folgenden Forderungen?
   a) Gehaltsforderung für den Monat Februar 2022
   b) Haftbefehl aus einem rechtskräftigen Gerichtsurteil vom 27.01.2016
   c) am 30.05.2002 notariell beurkundeter Grundstückskauf
   d) Streit zwischen Geschwistern um das Erbe ihrer am 01.01.2021 bei einem Unfall verstorbenen Eltern
4. a) Was bedeutet es für die Verjährungsfrist, wenn sie gehemmt wird?
   b) Zählen Sie drei Maßnahmen auf, mit denen eine Hemmung der Verjährung erreicht werden kann.
   c) Was bedeutet es für die Verjährungsfrist, wenn sie unterbrochen wird?
   d) Zählen Sie drei Maßnahmen auf, mit denen eine Unterbrechung der Verjährung erreicht werden kann.
5. Welche drei Voraussetzungen müssen gegeben sein, damit ein Käufer in Annahmeverzug gerät?

6. Der alleinstehende Rentner Friedrich Hotz bricht sich den Oberschenkelhals und wird im Krankenhaus notoperiert. Er vergisst, ein für den Folgetag bei einem Cateringservice in Auftrag gegebenes Menü abzubestellen. Der Cateringservice steht vor verschlossenen Türen.
   a) Begründen Sie, ob Herr Hotz in Annahmeverzug gerät.
   b) Welche Möglichkeiten hat der Cateringservice?
   c) Welche Kosten kann er Herrn Hotz in Rechnung stellen?
   d) Beurteilen Sie die rechtliche Lage, wenn Herr Hotz einen Wohnzimmerschrank bestellt hätte.

Sehr geehrte Frau Meuser,

Sie hatten uns beauftragt, Ihre Wohnzimmer-Sitzkombination mit dem von Ihnen ausgewählten Stoff neu zu beziehen. Nach Fertigstellung hatten wir Lieferung am Vormittag des 14. Mai 20.. vereinbart. Als unser Lieferteam gegen 11 Uhr eintraf und bei Ihnen klingelte, öffneten Sie nicht die Tür. Stattdessen erklärten Sie aus dem geöffneten Fenster, dass Sie gerade die Geburtstagstorte für einen guten Freund vorbereiten würden und diese Tätigkeit jetzt nicht unterbrechen könnten. Trotz Schilderung der Rechtslage lehnten Sie nachhaltig eine Abnahme der Sitzgruppe ab.

Wir vereinbarten dann einen zweiten Termin am 20. Mai 20.. Bei unserem Eintreffen teilte uns nun Ihre Nachbarin mit, dass Sie kurzfristig in den Urlaub gefahren seien.

Unsere Geduld ist nun zu Ende. Wir setzen Ihnen heute **eine letzte Frist bis zum 27. Mai 20..**, innerhalb derer Sie uns mitteilen, wann wir die Ware nun liefern können. Sollten Sie die Frist nicht einhalten, werden wir Klage auf Abnahme einreichen. Die dann entstehenden Anwalts- und Gerichtskosten sowie die bisherigen Liefer- und Lagerkosten gehen zu Ihren Lasten.

34. Schreiben Annahmeverzug

Glossar

Annahmeverzug	Der Käufer/die Käuferin nimmt die rechtzeitig, mängelfreie und am vereinbarten Ort gelieferte Ware oder Dienstleistung nicht an.
Austauschpfändung	Ein wertvoller Gegenstand (der als solcher nicht gepfändet werden dürfte), wird gepfändet und durch einen gleichartigen, weniger wertvollen Gegenstand ersetzt (ausgetauscht).
Berufung	Widerspruch gegen ein Gerichtsurteil in erster Instanz
Deckungskauf	Der Verkäufer/die Verkäuferin befindet sich in Lieferverzug und der Käufer kauft eine vergleichbare Sache bei einem anderen Verkäufer. Wenn diese teurer ist, muss der ursprüngliche Verkäufer die Differenz als Schadenersatz erstatten.

Hemmung der Verjährung	Die Verjährung pausiert für den Zeitraum der Hemmung und läuft dann weiter.
Mahnbescheid	Er leitet das gerichtliche Mahnverfahren ein.
Mängelarten	mangelhafte Verwendbarkeit mangelhafte Beschaffenheit Ware ungleich Werbung Falschlieferung Zuweniglieferung Montagemangel mangelhafte Montageanleitung
Nachbesserung	Reparatur, ein Mangel wird behoben
Neulieferung	Es wird eine neue, mangelfreie Ware geliefert.
Nicht-Rechtzeitig-Lieferung (Lieferverzug)	Der Liefertermin war fällig, der Verkäufer hat nicht geliefert.
Nicht-Rechtzeitig-Zahlung (Zahlungsverzug)	Der Zahlungstermin war fällig, der Schuldner hat nicht gezahlt.
Notverkauf	schnellstmöglicher Verkauf einer verderblichen Ware, die nicht rechtzeitig angenommen wurde
Offene Mängel	Mängel an einer Ware, die sofort entdeckbar sind
Revision	Widerspruch gegen ein Gerichtsurteil in zweiter Instanz (nach einer Berufung)
Schlechtleistung (mangelhafte Lieferung)	Die Ware hat Mängel.
Selbsthilfeverkauf	Versteigerung der nicht angenommenen Ware; Voraussetzung: Es handelt sich um eine nicht verderbliche Ware.
Unterbrechung der Verjährung	Die Verjährung wird gestoppt und beginnt von vorne zu laufen.
Verbraucherinsolvenz	Dies ist eine Möglichkeit für Privatpersonen, die ihre Schulden nicht mehr zurückzahlen können, nach drei Jahren schuldenfrei zu sein.
Verjährung	Die Forderung kann nicht mehr gerichtlich geltend gemacht werden.
Versteckte Mängel	Dies sind Mängel, die der Käufer/die Käuferin nicht sofort entdecken kann bzw. die erst später auftreten.
Verzugszinsen	Dies sind Zinsen, die der Gläubiger vom Schuldner verlangen kann.
Vollstreckungsbescheid	Androhung der Zwangsvollstreckung
Zwangsvollstreckung	Pfändung; sie kann in das bewegliche (Gegenstände, Gehalt, Taschenpfändung) und in das unbewegliche (Zwangsverwaltung, Zwangsvollstreckung) Vermögen erfolgen.

4 ZAHLUNGSABWICKLUNG

Situation:

Befragung zum Thema: Warum viele noch immer lieber bar bezahlen.
Eine Pro-und-Kontra-Übersicht

Pro Barzahlung	Contra Barzahlung
– Man behält den Überblick über das Geldausgeben und hat die Ausgaben besser im Griff. Geldbeutel leer – Einkauf beendet!	– Ohne Bargeld gibt es weniger Kriminalität durch Diebstahl oder Betrug, Schwarzarbeit und Geldwäsche werden erschwert.
– Barzahlung geht schneller, einfacher. Man muss sich keine PIN merken, kann die Bezahlkarte nicht vergessen.	– Bargeld ist unhygienisch, durch direkten Kontakt werden Viren und Bakterien übertragen. Die Bezahlkarte habe nur ich alleine in der Hand.
– Bargeld ist „begreifbar“ (Bares ist Wahres). Man lernt, mit Geld umzugehen. Als Geschenk kann es leicht weitergegeben werden.	– Barzahlung verursacht zusätzliche Kosten durch Verzählen, Verlust, Bargeldtransporte oder Tresoraufbewahrung. Außerdem muss an der Kasse immer ausreichend Wechselgeld vorhanden sein.
– Barzahlung ist anonym. Die Daten des Zahlenden werden nicht erfasst, gespeichert oder weiterverarbeitet.	– Vielen ist die Datenerfassung gleichgültig, Vorteile z. B. durch Treuepunktegewährung oder Ähnliches werden geschätzt.
– Bargeldzahlung ist auch beim Ausfall der elektronischen Bezahlsysteme durchführbar.	– Bezahlen mit Bargeld dauert länger, bei der Karte ist kein Suchen und Zählen notwendig. Fehlzählungen beim Wechselgeld entfallen.

1. Welchen Argumenten im Pro und Kontra können Sie zustimmen, welchen nicht folgen? Welche Argumente sind insgesamt für Sie überzeugender?
2. Für den Ersatz einer Barzahlung gibt es viele Möglichkeiten. Stellen Sie die möglichen Alternativen in Form einer Übersicht dar und beschreiben Sie dazu jeweils den Bezahlvorgang.

4.1 Entwicklung und Aufgaben des Geldes

Es war ein langer Weg bis zum europäischen Euroschein mit Hologramm und Wasserzeichen. Ursprünglich versorgten sich die in Großfamilien zusammenlebenden Menschen selbst mit dem Lebensnotwendigen. War etwas übrig, dann versuchte man jemanden zu finden, mit dem man diese Waren tauschen konnte **(Naturaltausch).** Es war aber oft schwierig, die richtigen Tauschpartner und das genaue Tauschverhältnis zu finden. Deshalb suchte man nach Tauschmitteln, die nur begrenzt vorhanden und allgemein begehrt waren (je nach Region waren dies z. B. Muscheln, Perlen, Waffen, Felle, Salz oder Gewürze). Mit diesem **Natural- oder Warengeld** konnte man dann den Warentausch abwickeln.

> **BEISPIEL**
> Ein Bauer verkaufte eine Ziege auf dem Markt und erhielt dafür 500 Gramm Salz, das als Tauschmittel anerkannt war. Für 100 Gramm Salz tauschte er zwei Tontöpfe ein, erstand noch ein Huhn für 50 Gramm Salz und hob den Rest für spätere Käufe auf.

Je umfangreicher der Handel wurde, desto schwieriger wurde die Bezahlung mit Warengeld: In anderen Regionen galten andere Tauschmittel, die Haltbarkeit war begrenzt (z. B. bei Gewürzen) oder der Transport war umständlich. Solche Nachteile führten dazu, dass im Laufe der Zeit wertvolle Metalle (Gold, Silber, Kupfer) als Recheneinheit das Naturalgeld ablösten. Dieses **Metallgeld** war haltbar, gut zu transportieren und hatte auch in kleinen Mengen schon einen gewissen Wert.

Beim Kauf wurde eine entsprechende Menge des Metalls abgewogen und übergeben. Etwa ab dem 7. Jahrhundert v. Chr. wurden Münzen geprägt, die im Gewicht gleich waren. Dadurch entfiel das Wiegen. Man brauchte nur noch eine entsprechende Anzahl Geldstücke abzuzählen.

Bis ins letzte Jahrhundert hinein entsprach der auf der Münze angegebene Wert auch dem Wert des in ihr enthaltenen Edelmetalls (z. B. Gold). Solche Münzen werden als **Kurantmünzen** bezeichnet. Heute haben Münzen nur noch einen geringen Edelmetallanteil. Sie bestehen vielmehr aus haltbaren Metallmischungen mit relativ geringem Materialwert. Man bezeichnet diese Münzen als **Scheidemünzen.**

Viel später als die Münzen entwickelte sich das **Papiergeld,** unsere heutigen **Banknoten.** Erst etwa ab dem 17. Jahrhundert gewann es an Bedeutung. Münzen waren in

> Auf der Insel Alba im Indischen Ozean haben die Menschen am 1. Juli versuchsweise das Bargeld abgeschafft. Am 3. Juli erschien folgender Brief in der Inselzeitung:
>
> Sehr geehrte Redaktion!
>
> Seit einigen Tagen ist das Bargeld abgeschafft worden. Doch ich habe das Gefühl, dass nicht alle Bürger die Rückkehr zu den Tauschformen unserer Vorväter schon ganz verstanden haben.
>
> Als Beweis schildere ich Ihnen ein Erlebnis, das ich gestern in unserem Inselbus hatte:
>
> Ich wollte ins Nachbardorf fahren und ging deshalb zur Haltestelle.
>
> Weil ich im Nachbardorf viele Tauschgeschäfte machen wollte, nahm ich ein großes Tauschgut (früher hätten wir gesagt: einen großen Geldschein) mit auf den Weg, und zwar einen Elefanten.
>
> An der Bushaltestelle verlangte ich eine Fahrkarte und wollte zugleich mein großes Tauschgut, den Elefanten, in kleinere Tauschgüter wechseln lassen.
>
> Der Busschaffner tauschte meinen Elefanten gegen einen Fahrschein ein.

Der Elefant war jedoch viel mehr wert als die Fahrt. Also bekam ich etwas heraus, nämlich: 20 Tauben, 1 zahmen Tiger, 1 Fass Öl, 1 Ziege, 18 Hühner, 1 Kater und einige Puppen.

So weit, so gut. Doch als ich nun mit meinem kleineren Tauschgut in den Bus wollte, schimpften die Mitreisenden und auch der Schaffner wollte mich nicht hereinlassen.

Wir stritten miteinander. In dieser Zeit fing der Kater sich eine der Tauben und fraß sie. Die 19 anderen Tauben flogen ängstlich weg. Der Tiger schnurrte um meine Beine. Dabei kippte er das Fass Öl um. Als die Ziege im Öl stand, meckerte sie. Eines der Hühner legte ein Ei. Als ich es gerade vorsichtig aufheben wollte, fuhr der Bus ohne mich davon.

Nun stand mein Elefant, der mir nicht mehr gehörte, an der Bushaltestelle. Ich hatte einen Fahrschein und dazu einen zahmen Tiger, eine Ziege, 18 Hühner, einen satten Kater, Puppen und ein Ei. Um mich herum standen schimpfende Leute, die sich über das ausgelaufene Öl beschwerten. Und mit meinem Fahrschein konnte ich nichts anfangen, weil der Bus weg war.

Ich frage mich nun, warum früher, als wir noch das Bargeld hatten, bestimmte Geschäfte einfacher gingen.

Mit verzweifelten Grüßen

Franziska Mathenia

35. Leben ohne Bargeld

größeren Mengen schwer und nur relativ auffällig zu transportieren, was unpraktisch war und die Diebstahlgefahr erhöhte. Also hinterlegten Geschäftsleute die Münzen an sicherer Stelle (z. B. bei einem Goldhändler) und erhielten dafür eine Quittung über den Wert im Tresor, die dann weitergegeben werden konnte: Die ersten Geldscheine waren entstanden!

Heute hat **Buchgeld (Giralgeld)** vielfach die Funktion als Zahlungsmittel übernommen. Dabei werden Guthaben auf Bankkonten durch eine einfache Umbuchung von Konto zu Konto übertragen, wofür kein Bargeld mehr benötigt wird (z. B. Überweisung oder Kartenzahlung).

Aufgaben des Geldes heute

Durch die hohe Arbeitsteilung in unserer Gesellschaft sind wir auf den Austausch von Gütern und Dienstleistungen angewiesen. Geld ermöglicht es, diese Vorgänge schnell und problemlos abzuwickeln. Dazu muss es aber von allen anerkannt, fälschungssicher und gut teilbar sein.

Geld als Tauschmittel. Durch die Verwendung von Geld als allgemein akzeptiertes Tauschmittel müssen wir uns nicht mehr mühsam auf die Suche nach Tauschwilligen begeben, um Güter und Dienstleistungen untereinander auszutauschen. Mit Geld können die Wünsche unmittelbar erfüllt werden, weil der Tauschvorgang „Ware gegen Geld" jederzeit und einfach abgewickelt werden kann.

Geld als Wertmaßstab und Recheneinheit. Mit den in Geld ausgedrückten Preisen für unterschiedliche Waren oder Dienstleistungen können diese miteinander verglichen werden. So lässt sich das günstigste Angebot auswählen und der Wert einer Ware einschätzen. Zahlungsvorgänge können gebucht und dokumentiert sowie Vermögenswerte vergleichbar gemacht werden.

Geld als gesetzliches Zahlungsmittel. Der Euro in Form von Banknoten und Münzen ist zum gesetzlichen Zahlungsmittel erklärt. Er muss daher zur Begleichung von Forderungen von jedermann angenommen werden (Ausnahmen siehe bei Barzahlung, Seite 259). Das Recht zur Ausgabe von Banknoten liegt bei der Europäischen Zentralbank (EZB). Münzen prägen die einzelnen Euroländer selbst, der Umfang der Münzausgabe muss jedoch mit der Europäischen Zentralbank abgestimmt werden.

Geld als Wertübertragungs- und Wertaufbewahrungsmittel. Geld ermöglicht es, einen bestimmten Wert auf einfache Art an andere zu übertragen (Bargeldübergabe, Kontoüberweisung). Dies kann für eine bestimmte Zeit geschehen (z. B. durch einen Kredit) oder dauerhaft (etwa durch eine Schenkung oder Erbschaft). Erhaltenes Geld muss nicht sofort wieder in Umlauf gebracht werden. Es kann problemlos aufbewahrt und angesammelt werden, z. B. als Geldanlage bei einer Bank für spätere Anschaffungen. Die Sicherheit einer Geldanlage und die Inflationsgefahr (Geldentwertung durch Preissteigerungen) sollte dabei aber beachtet werden.

Die Europäische Zentralbank (EZB)

Mit der Einführung des Euro hat die europäische Zentralbank (EZB) mit Sitz in Frankfurt am Main wichtige Aufgaben im Bereich der Geldpolitik übernommen. Ihre Hauptaufgabe ist die Erhaltung der Preisstabilität in Europa und die Vermeidung großer Geldwertschwankungen. Nach dem Vorbild der Deutschen Bundesbank ist die EZB unabhängig von politischen Weisungen. Sie trägt die Verantwortung für die Stabilität der Währung im Euroraum und kann dazu geldpolitische Maßnahmen nach freiem Ermessen einsetzen. Um z. B. den Anstieg der Verbraucherpreise (Inflation) im Euroraum zu begrenzen, kann die EZB einer übermäßigen Geldvermehrung durch Regulierung der Geldmenge entgegenwirken. Eine Anhebung des „Leitzinssatzes“ soll zu höheren Kreditzinsen führen, was wiederum die Kreditaufnahmen vermindern soll. Sparen lohnt sich, wenn eine hohe Verzinsung angeboten wird. Durch eine wegen dieser Maßnahmen geringeren Geldmenge soll dann auch die Nachfrage nach Gütern sinken. Die Preise fallen und die Inflation ist gering. Umgekehrt soll die Senkung des Leitzinssatzes zu einer vermehrten Nachfrage führen, weil Kredite billiger werden und wegen der geringen Verzinsung nicht mehr so viel Geld gespart wird. Die verfügbare Geldmenge steigt und weil mehr Geld vorhanden ist, erhöht sich die Nachfrage nach Gütern und das Wirtschaftswachstum wird angeregt.

Entscheidungen trifft der Rat der EZB, dem die Direktionsmitglieder der EZB und die Präsident:inn en der einzelnen nationalen Notenbanken angehören (weitere Informationen unter www.ecb.int).

36. EZB mit Sitz in Frankfurt am Main

ÜBUNGSAUFGABEN

1. Welche Nachteile hat der Naturaltausch?
2. Nenne Sie den Unterschied zwischen Kurantmünzen und Scheidemünzen.
3. Welche Vorteile haben Geldscheine gegenüber dem Münzgeld?
4. Im Lehrbuchtext werden vier Aufgaben des heutigen Geldes geschildert. Stellen Sie diese vier Aufgaben in Form einer Tabelle dar und schreiben Sie für jeden Teilbereich eine kurze Erläuterung.
5. Was sind die wichtigsten Aufgaben der Europäischen Zentralbank?

4.2 Barzahlung

Bei der **Barzahlung** wird eine Zahlungsverpflichtung durch die direkte Übergabe von Banknoten oder Münzen erfüllt. Obwohl Bargeld gesetzliches Zahlungsmittel ist, besteht eine unbeschränkte Annahmepflicht nur für Geldscheine. Für Euro- und Cent-Münzen ist die Annahmepflicht auf 50 Münzen pro Zahlungsvorgang begrenzt. Die acht Münzwerte von 1 Cent bis 2,00 EUR zeigen auf der Vorderseite eine Landkarte von Europa, umgeben von den Sternen der Europäischen Union. Die Rückseiten dagegen zeigen in jedem Mitgliedsland unterschiedliche Motive. Sämtliche Münzen sind aber in allen Euroländern gültig. Für die sechs Banknoten zwischen 5,00 und 200,00 EUR gilt: je höher der Wert, desto größer die Banknote. Auf der Vorderseite sind europäische Baustile von der Klassik bis zur modernen Architektur als Fenster oder Tore abgebildet, zeigen allerdings keine bestimmten nationalen Denkmäler. Die Brücken auf der Rückseite sollen die Verbindung der Völker Europas untereinander und mit der übrigen Welt symbolisieren. Bestimmte fühlbare Merkmale der Geldscheine erleichtern sehbehinderten oder älteren Menschen die Unterscheidung der einzelnen Werte.

Bei der Annahme von Bargeld sollte die **Echtheit** der Münzen und Banknoten überprüft werden, denn Falschgeld wird bei der Entdeckung ohne Ersatz aus dem Verkehr gezogen. Durch bestimmte sicht- oder fühlbare Sicherheitsmerkmale können echte Banknoten gut erkannt werden (vgl. Abb. 38). Auch mit ultraviolettem Licht lassen sich zusätzliche Prüfmerkmale leicht erkennen.

Beschädigte oder unbeabsichtigt zerstörte Geldscheine können bei den Banken eingereicht und über diese ersetzt werden. Allerdings muss im Regelfall mindestens die Hälfte eines Geldscheines noch vorhanden sein. Bei größerer Beschädigung muss ein nachvollziehbarer Nachweis über die Zerstörung erbracht werden.

Die **Bargeldübermittlung** vom Zahlungspflichtigen zum Zahlungsempfänger kann erfolgen durch

- direkte Barzahlung oder Zahlung durch Boten,
- Einschaltung der Deutschen Post AG oder von Geldinstituten.

Vor allem für die unmittelbare Begleichung kleinerer Beträge ist die direkte Barzahlung noch immer die schnellste und einfachste Zahlungsart.

① Gezahlter Betrag (möglichst in Ziffern und Buchstaben), ab 250,00 EUR Angabe Mehrwertsteuer
② Name der/des Zahlenden
③ Zahlungsgrund
④ Empfangsbestätigung Ausstellungsort und -datum
⑤ Name und Unterschrift des Zahlungsempfängers (ggf. mit Stempel/Adresse)

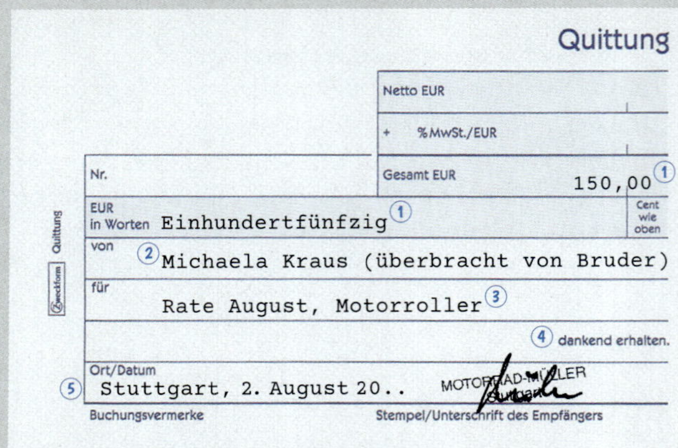
Quittung

Netto EUR

\+ %MwSt./EUR

Nr.

Gesamt EUR 150,00 ①

EUR in Worten Einhundertfünfzig ① Cent wie oben

von ② Michaela Kraus (überbracht von Bruder)

für Rate August, Motorroller ③

④ dankend erhalten.

Ort/Datum

⑤ Stuttgart, 2. August 20..

MOTORRAD-MÜLLER

Buchungsvermerke

Stempel/Unterschrift des Empfängers

37. Bestandteile der Quittung

FALLBEISPIEL

Quittung? Wozu Quittung?

Michaela Krause hat nach bestandener Prüfung einen Motorroller auf Ratenzahlung gekauft und musste nun monatlich 150,00 EUR abzahlen. Da das Geschäft fast um die Ecke lag, ging sie immer persönlich am Monatsanfang dort vorbei und zahlte ihre Rate. Im August plante sie eine längere Urlaubsfahrt: Der neue Motorroller sollte mit einer Fahrt in den Süden eingeweiht werden. „Kannst du die 150,00 EUR beim Motorrad-Müller Anfang August einzahlen?“, bat sie ihren Bruder. „Geht klar“, brummelte der und steckte das Geld ein.

Von ihrer Reise zurückgekehrt findet sie ein Schreiben der Firma Müller: „[...] bitten wir Sie, die Rate für August umgehend einzuzahlen!“ „Wo sind die 150,00 EUR geblieben?“, fragt sie ihren Bruder. „Hab ich bei Müller bar eingezahlt“, antwortet er. „Und die Quittung?“ „Quittung? Welche Quittung? Von einer Quittung hast du nichts gesagt!“ „Oh, du ...!“, entfuhr es ihr. Muss Michaela den Betrag nochmals bezahlen?

Nach jeder geleisteten Zahlung hat der Zahlende Anspruch auf eine Zahlungsbestätigung, eine **Quittung** (vgl. Abb. 37). Durch diese wird die Zahlung nachgewiesen, z. B. bei einer durchgeführten IGeL-Leistung oder bar bezahlten Tierarztrechnung. Die Quittung dient bei Rückgabe einer Ware, beim Umtausch oder bei Garantieansprüchen als Beweismittel und kann als Steuerbeleg verwendet werden. Daher sollte sie eine gewisse Zeit als Zahlungsnachweis aufbewahrt werden.

Als Quittung dient ein unterschriebener Beleg (meist aus einem vorgedruckten Quittungsblock) Endklammer oder ein ausgedruckter Kassenbon, der die entsprechenden Angaben enthält. Auch ein handschriftlicher Quittungsvermerk, z. B. auf einer Liquidation, ist gültig.

BEISPIEL

Frau Semlic hat für die Behandlung ihres Hundes eine tierärztliche Liquidation über 135,00 EUR erhalten. Sie bezahlt diesen Betrag bar in der Praxis. Die Angestellte, Frau Weiß, quittiert die Zahlung direkt auf der Rechnung:

Betrag dankend erhalten.

Bad Homburg, 27. August 20[..]

Tierarztpraxis
Dr. Rolf Schubert
Thomasstraße 13
61348 Bad Homburg

Weiß

Im humanmedizinischen Bereich besteht keine Mehrwertsteuerpflicht (vgl. Exkurs S. 283) und daher muss diese auch nicht gesondert auf der Quittung ausgewiesen werden. Tierärztliche Leistungen unterliegen dagegen der Umsatzsteuer, hier ist bei einer Quittung über 250,00 EUR Gesamtbetrag die Mehrwertsteuer getrennt auszuweisen.

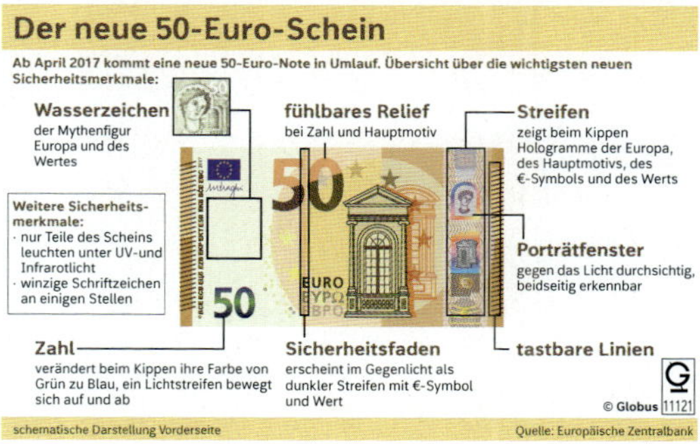

38. Echtheitskontrolle durch Sicherheitsmerkmale

Wird an einen **Boten** bar bezahlt (z. B. bei Lieferung von Praxismaterial), muss gewährleistet sein, dass dieser zum Geldempfang berechtigt ist.

Barzahlung durch die Post oder Zahlungsdienstleister

Eine Übermittlung von Bargeld ist wegen der hohen Kosten nur dann sinnvoll, wenn keine Möglichkeit zur bargeldlosen Zahlung besteht, keine Kontoverbindung vorhanden ist oder das Geld schnell zum Empfänger kommen soll.

Geldversand mit der „normalen“ Post ist nach den Allgemeinen Postgeschäftsbedingungen verboten. Zur sicheren Übersendung kleiner Geldbeträge bis 100,00 EUR im Inland bietet die Deutsche Post AG aber als besondere Versandart das „**EINSCHREIBEN Wert**“ an. Bei einer Postfiliale wird der Betrag in neutralem Briefumschlag gegen Quittung/Einlieferungsbestätigung abgegeben und dem Empfänger gegen Empfangsquittierung ausgehändigt. Im Internet kann der Zahlungsablauf verfolgt werden.

Mit dem **Western-Union-Bargeldtransfer** kann innerhalb kurzer Zeit im Inland und in mehr als 200 Länder Bargeld angewiesen und ausgezahlt werden. Der zu überweisende Betrag wird bei einer Western-Union Niederlassung , z. B. Postbank-Agentur, bar eingezahlt oder per App-Einsatz online transferiert. Dabei wird dem Einzahler eine Transaktionsnummer genannt, die er dem Empfänger z. B. telefonisch mitteilt. Unter Nennung dieser Nummer und unter Vorlage eines Ausweises kann der genannte Empfänger dann kurze Zeit später das Geld direkt bei der Empfangsstelle an seinem Ort abholen.

BEISPIEL

Auf einer Tagung wird dem Arzt Dr. Kaminsky die Brieftasche mit seinem gesamten Bargeld und allen Zahlungsverkehrskarten gestohlen. Er ruft seine Frau an und bittet sie, ihm an die Postbank-Agentur seines Tagungsortes 500,00 EUR mittels Bargeldtransfer zu übersenden.

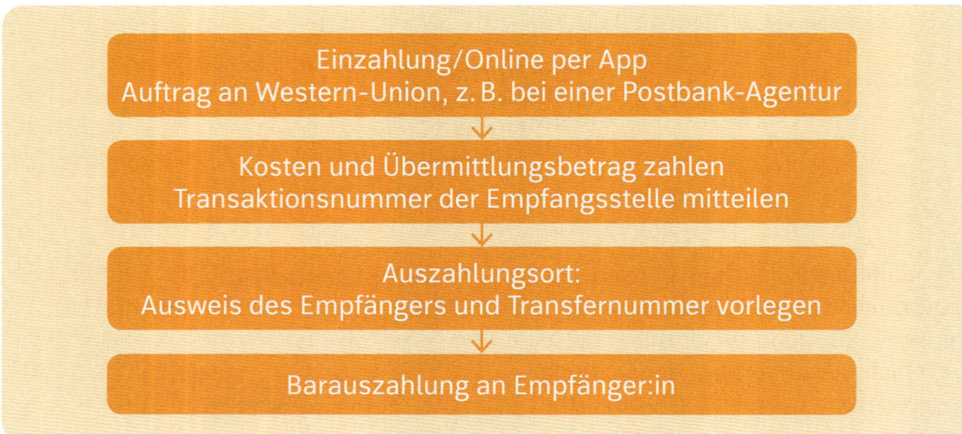

39. Abwicklung Bargeldtransfer

4.3 Kontoführung

Ohne Konto läuft heute nichts mehr, denn die Abwicklung des Zahlungsverkehrs ohne ein Girokonto ist fast undenkbar. Bereits im Schulalter werden die zukünftigen Kundinnen und Kunden von den Kreditinstituten umworben und kostenlose „Taschengeldkonten“ angeboten. Auch Auszubildenden oder Studierenden wird für die Kontoführung meist nichts berechnet. Fallen später die Vergünstigungen weg, können aber bei intensiver Kontonutzung erhebliche **Gebühren** anfallen. Eventuell lohnt sich dann ein Kontowechsel, der von den Banken entsprechend dem **Zahlungskontengesetz** aktiv unterstützt werden muss (z. B. durch Information der laufenden Zahlungsempfänger:innen über den Kontowechsel, etwa bei Daueraufträgen oder Lastschriften).

Kontoeröffnung

Ein Girokonto kann von jeder natürlichen oder juristischen Person eröffnet werden. Voraussetzung ist allerdings die volle Geschäftsfähigkeit. Deshalb müssen bei Jugendlichen unter 18 Jahren die gesetzlichen Vertreter, in der Regel also die Eltern, der Kontoeröffnung zustimmen. Girokonten von Minderjährigen werden normalerweise nur auf Guthabenbasis geführt. Lässt die Bank trotzdem Überziehungen zu, geschieht dies auf ihr Risiko.

Zunächst ist ein **Kontoeröffnungsantrag** auszufüllen. Dies kann direkt beim Kreditinstitut oder auch online über das Internet erfolgen. Er enthält Angaben zur Person des zukünftigen Kontoinhabers, die durch die Vorlage eines Personalausweises kontrolliert werden müssen. Hierfür gibt es verschiedene Möglichkeiten:

Girokonto-Nutzung
- Bareinzahlung
- Barabhebung mit
  - Auszahlungsquittung
  - Barscheck
  - ec-Maestro-Girocard-Karte/Kreditkarte am Geldautomaten
- Überweisungen
- Daueraufträge
- Nutzung von Verrechnungsschecks
- Lastschriftabbuchung
- Bargeldlose Zahlung mit
  - Geldkarte
  - ec-Maestro-Girocard-Karte
  - Kreditkarte
- Bargeldlose Zahlungsabwicklung bei Auslandsaufenthalten
- Auslandsüberweisungen
- Onlinebanking
- Kurzfristige Kontoüberziehung
- Dispo-Kredit

40. Nutzungsmöglichkeiten des Girokontos

- **Ausweisprüfung direkt** beim Kreditinstitut,
- **Postident-Verfahren:** Bei einer Filiale der Deutschen Post AG wird Ausweis und Unterschrift geprüft und die Bestätigung dem Kreditinstitut übersandt,
- **Videoident-Verfahren:** Mittels Videochat unter Verwendung einer Webcam wird über das Internet der vorgehaltene Ausweis überprüft. Mit Eingabe einer zugesandten Prüfungs-TAN wird die Ausweisprüfung abgeschlossen.

Mit seiner Unterschrift erkennt der Antragsteller bzw. die Antragstellerin die Allgemeinen Geschäftsbedingungen des Geldinstituts an. Sie enthalten Regelungen über die Geschäftsbeziehungen zwischen Kund:innen und Bank. Zusätzlich erhält das Kreditinstitut die Erlaubnis, Daten über den Kontoinhaber bei der **SCHUFA** (vgl. Exkurs, Abb. 41) abzufragen und zu melden. Die SCHUFA ist eine Gemeinschaftseinrichtung von Kreditinstituten, Versandhäusern, Versicherungen und anderen Unternehmen. Ihre Aufgabe besteht darin, die beteiligten Firmen vor Verlusten bei der Kreditgewährung zu schützen.

Zusätzlich zum Kontoeröffnungsantrag muss die Kundin oder der Kunde eine **Unterschriftsprobe** hinterlegen, damit das Kreditinstitut bei späteren Kontoverfügungen (z. B. einer Belegüberweisung) feststellen kann, ob der Auftrag tatsächlich vom Kontoinhaber stammt. Auch andere Personen können zur Verfügung über das Konto bevollmächtigt werden, so z. B. Verwandte.

Nach Zuteilung einer **IBAN-Kontonummer** (IBAN = **I**nternational **B**ank **A**ccount **N**umber mit 22 Stellen) erhält der Kunde Vordrucke zur Nutzung seines Kontos und eine Zahlungsverkehrskarte, z. B. Girocard, mit der etwa Kontoabhebungen an Geldautomaten oder die Bezahlung von Einkäufen vorgenommen werden können. Bei einer online – Nutzung muss auf einem Smartphone eine Bank – App eingerichtet werden.

Exkurs

Die SCHUFA-Anfrage
Die „Schutzgemeinschaft für allgemeine Kreditsicherung", bereits 1927 gegründet, hat Informationen von rund 70 Millionen Personen gespeichert. Fast jeder und jede Erwachsene in Deutschland ist mit Angaben zur Person, mit Adresse und der Angabe zu Girokonten oder Kreditkarten erfasst. Denn wer ein Konto eröffnen will, muss die sogenannte SCHUFA-Klausel unterschreiben, die das Speichern der eigenen Daten bei der SCHUFA genehmigt. Die angeschlossenen Banken, Handelshäuser, Leasing- oder Telefongesellschaften können so aktuelle Informationen über die Kreditwürdigkeit (Bonität) ihrer Kunden erhalten. Sie können Laufzeit und Höhe von Krediten, Mobilfunkverträgen und Teilnahme am Internet-Versandhandel registrieren sowie laufende Mahnverfahren oder gerichtliche Vermögensauskünfte feststellen. Wer registriert ist, kann allerdings gegen Gebühr den eigenen Datensatz bei der SCHUFA einsehen bzw. ausdrucken lassen und bei falschen Angaben Änderungen verlangen (Info über www.schufa.de).

41. Die SCHUFA-Anfrage

Mit Eröffnung eines Girokontos übernimmt das Geldinstitut die Verpflichtung zur ordnungsgemäßen Kontoführung und Ausführung der erteilten Aufträge bei Kontodeckung.

Der Kontoinhaber bzw. die Kontoinhaberin muss stets für ausreichende Kontodeckung sorgen, die banküblichen Vordrucke verwenden und die anfallenden Gebühren übernehmen.

Bei laufenden Zahlungseingängen und positiver SCHUFA-Auskunft räumen Kreditinstitute ihren Girokontokunden meist die Möglichkeit einer Kontoüberziehung bis zu mehreren Monatsgehältern ein. Dieser **Dispositionskredit** (vgl. Seite 294 f.) kann dann ohne vorherige Ankündigung oder zusätzliche Sicherheiten bei entsprechender Berechnung von Überziehungszinsen in Anspruch genommen werden.

Durch einen **Kontoauszug** wird die Kundin/der Kunde über jede Veränderung auf dem Girokonto informiert. Je nach Vereinbarung werden die Kontoauszüge in bestimmten Abständen gegen Gebühr übersandt oder beim Kreditinstitut abgeholt bzw. dort mittels Bankkarte und Kontoauszugsdrucker direkt ausgedruckt. Beim Onlinekonto können die Umsätze am Bildschirm der entsprechenden Geräte (PC-, Tablet oder Smartphone) direkt eingesehen und bei Bedarf ein Kontoauszug ausgedruckt werden. Der Auszug gibt Auskunft über die Belastungen (= Soll, –) und Gutschriften (= Haben, +) auf dem Konto und weist den aktuellen Kontostand aus. Durch weitere Angaben (vgl. Abb. 42) kann kontrolliert werden, ob die Bank alle Aufträge wunschgemäß ausgeführt hat. Bei Unklarheiten kann der Kontoauszug auch als Zahlungsnachweis genutzt werden.

Kontowechsel Girokonto

Ein Kontowechsel ist in wenigen Schritten möglich, wenn z. B. Gebühren und Überziehungszinsen steigen, Kosten für Giro- und Kreditkarten erhoben werden, beim Umzug eine näherliegende Bank gewünscht wird oder man einfach mit der Kontoführung oder den angebotenen Leistungen nicht mehr zufrieden ist.

Zunächst sollte die neue Bankverbindung gesucht und ein Girokonto dort eröffnet werden. Dann sollten die Zahlungspartner, mit denen Daueraufträge oder Einzugsermächtigungen bestehen (z. B. Vermieter:in), über den Kontowechsel und die neue Bankverbindung informiert werden. Diese Aufgabe übernimmt normalerweise auf Antrag das neue Kreditinstitut. Danach noch etwas abwarten, ob alle Ummeldungen geklappt haben, und dann kann das alte Konto schriftlich und ohne besondere Wartefrist gekündigt und der Restbetrag auf das neue Konto übertragen werden.

Direktbanken und Homebanking

Fast alle Kreditinstitute bieten Telefon- und Onlinebanking an. Dabei funktioniert der Kontakt zur Bank nur per Telefon/Mobiltelefon oder Internet. Rund um die Uhr kann so das Konto eingesehen, verwaltet und Bankgeschäfte abgewickelt werden. Beim Onlinebanking werden die Geldgeschäfte mittels PC, Tablet oder Smartphone über eine Internetverbindung z. B. per Bank-App ausgeführt. So kann man von einem beliebigen Ort den Kontostand erfragen, Überweisungen tätigen oder Geldanlagen vornehmen.

Doch kostenlos ist diese Kontoführung oft nicht, weil auch einige Banken für online geführte Konten Gebühren berechnen. Und richtig teuer kann es werden, wenn jemand für jede Bargeldabhebung an fremden Geldautomaten Gebühren zahlen muss – denn Direktbanken haben keinen Schalter!

Wie schützt man sich vor unberechtigten Abhebungen? Um sicherzugehen, dass Fremde nicht das Konto plündern, erhält der Kontoinhaber oder Bevollmächtigte eine Benutzerkennung und zusätzlich eine persönliche Identifikationsnummer (PIN). Bei jedem Bankkontakt wird diese abgefragt. Außerdem muss bei der Onlinenutzung über das Internet für jede Kontobewegung eine Transaktionsnummer (TAN) eingegeben werden.

- Diese besteht meist aus 6 Ziffern und wird wie ein Einmal-Passwort verwendet. Ihre Eingabe ersetzt die persönliche Auftragsunterschrift.

Bei der **m-TAN** wird von der Bank eine TAN an eine hinterlegte Handynummer per SMS übersandt. Diese TAN muss dann als Unterschriftersatz online eingegeben werden. Wegen Sicherheitsmängeln läuft dieses Verfahren aber aus.

- Bei der **Push-TAN** (auch App-TAN) ist auf das Smartphone eine Bank-App heruntergeladen, über die eine übermittelte TAN eingegeben und bestätigt werden muss. Die

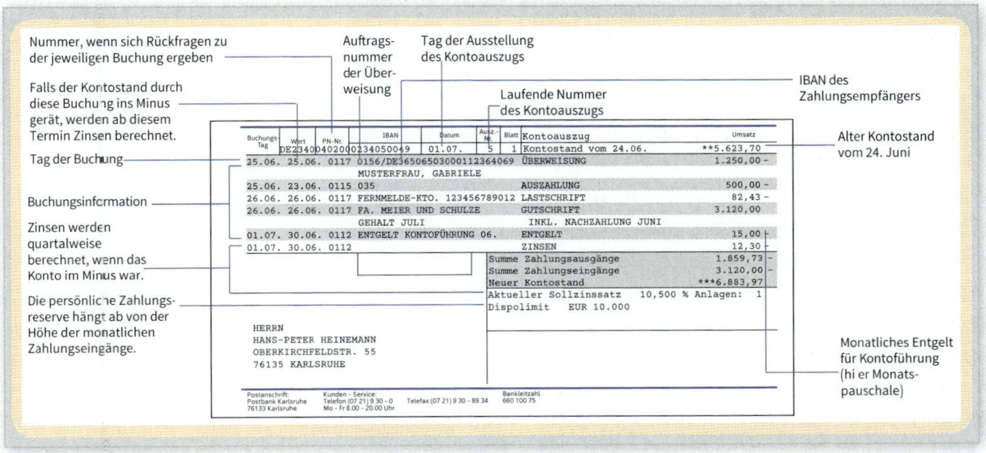

42. Beispiel eines Kontoauszugs

TAN kann auch durch biometrische Merkmale, wie z. B. einen Fingerabdruck, ersetzt werden.

- Für die Verwendung einer **Chip-TAN** erhält der Kontonutzer ein kleines Lesegerät (TAN-Generator), mit dem er auf dem Bildschirm einen Code ablesen muss. Oft wird außerdem noch die Bankkarte eingesteckt. Anschließend wird die gezeigte TAN eingegeben.

Weitere TAN-Verfahren sind möglich, z. B. Photo-TAN.

Entsteht trotz dieser Vorsichtsmaßnahmen ein unberechtigter Kontozugriff, dann muss der Kontoinhaber evtl. einen Teil des Verlusts übernehmen, wenn Sicherheitsvorschriften nicht ausreichend beachtet wurden. Deshalb sind die Konto-Zugangsdaten besonders gut zu sichern; geeignete Virenscanner können einen Fremdzugriff verhindern.

Zahlungsabwicklung über das Girokonto/halbbare Zahlung

Insbesondere bei umfangreichem Bargeldeingang, z. B. in einer größeren Tierarztpraxis, ist es aus Sicherheitsgründen nicht empfehlenswert, die Einnahmen längere Zeit in der Praxis anzusammeln und aufzubewahren. Durch regelmäßige **Bareinzahlung** auf das Girokonto kann die Verlust- und Diebstahlgefahr vermindert werden. Selbst nach Geschäftsschluss ist z. B. durch Einzahlung über einen Geldautomaten eine sichere Verwahrung möglich.

Bareinzahlungen auf fremde Girokonten können direkt bei Geldinstituten und Postämtern mit einer Postbankfiliale vorgenommen werden. Der Einzahler bzw. die Einzahlerin füllt hierzu einen **neutralen SEPA-Zahlschein** aus (vgl. Abb. 44), zahlt das Geld ein und erhält dafür eine Quittung. Dem Empfänger bzw. der Empfängerin wird der Zahlscheinbetrag auf dem angegebenen Girokonto gutgeschrieben und der Eingang im Kontoauszug vermerkt. Die Einzahlung von Bargeld mit einem Zahlschein ist allerdings sehr teuer, denn Bank oder Post berechnen dafür hohe Gebühren.

Häufig sind z. B. Rechnungen vorgedruckte neutrale Zahlschein-/Überweisungsformulare beigelegt. Diese Vordrucke können entweder als Zahlschein zur Bareinzahlung oder als Überweisungsauftrag zur Abbuchung vom eigenen Girokonto verwendet werden. Bei der kostengünstigen Überweisung muss dann nur die eigene IBAN eingesetzt und der Auftrag unterschrieben werden.

Mit einer **Nachnahmesendung** werden die Post/DHL oder Pakettransportunternehmen beauftragt, bei der Zustellung vom Zahlungspflichtigen direkt Geld einzuziehen und es einem Konto gutzuschreiben.

Diese Form des Geldeinzugs wird trotz der hohen Gebühren oft z. B. bei Bestellungen über das Internet gewählt, denn die Überbringer händigen die Ware erst aus, wenn der Rechnungsbetrag (Post max. 1 600,00 EUR, DHL bis 3 500,00 EUR) gezahlt wurde. Wird nicht gezahlt, geht die Sendung an den Verkäufer zurück. Der Absender hat also die Sicherheit: entweder Geld oder die Ware zurück. Der Inkasso-Beleg für die Zahlungsabwicklung wird bereits vom Absender, also dem Zahlungsempfänger, ausgefüllt. Er gibt seine Kontoverbindung an, auf der dann bei Bezahlung das Geld eingeht. Der jeweilige Stand des Nachnahmevorgangs kann mittels einer Sendungsnummer im Internet verfolgt werden.

Die Auslieferung der Nachnahmesendung ist nur bei persönlicher Anwesenheit möglich. Briefkasteneinwurf, Hinterlegung oder Nachbarschaftszustellung sind ausgeschlossen.

Nachteilig bei einer Nachnahmesendung ist für den Lieferungsempfänger, dass vor der Bezahlung keine Kontrolle des Inhalts vorgenommen werden kann. Wird nach Bezahlung und Aushändigung festgestellt, dass es sich um eine falsche oder fehlerhafte Ware handelt, muss man das Geld vom Lieferanten direkt zurückfordern. Die Auslieferung der Nachnahmesendung ist nur bei persönlicher Anwesenheit möglich. Briefkasteneinwurf, Hinterlegung oder Nachbarschaftszustellung sind ausgeschlossen.

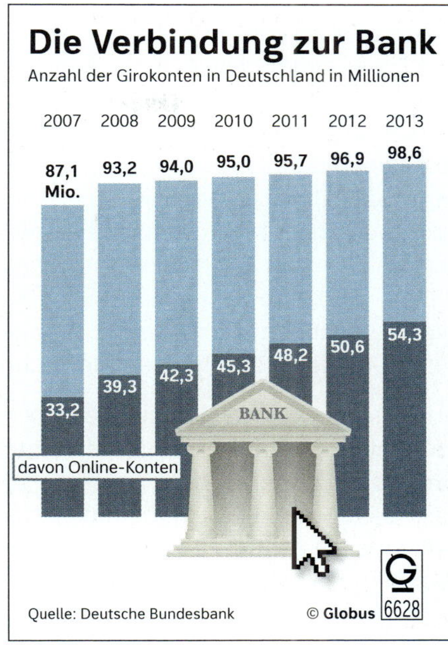

43. Girokonten in Deutschland

ÜBUNGSAUFGABEN

1. Zählen Sie drei Beispiele für die Echtheitskontrolle von Euro-Geldscheinen auf.
2. Wozu dient eine Quittung über eine geleistete Zahlung?
3. Bei einer Kontoeröffnung erhält die Auszubildende Annegret Graf die Information, dass noch eine SCHUFA-Auskunft eingeholt werden soll. Was ist darunter zu verstehen?
4. Welche Verpflichtungen übernehmen jeweils die Bank und der Kontoinhaber/die Kontoinhaberin bei der Führung eines Girokontos?
5. Nennen Sie vier wichtige Angaben auf dem Kontoauszug.
6. Beschreiben Sie den Zahlungsablauf bei der Zahlung über ein Onlinekonto.
7. a) Welche verschiedenen TAN-Möglichkeiten gibt es?
   b) Für welche würden Sie sich entscheiden? Begründen Sie kurz Ihre Antwort.
8. Welcher Hauptnachteil besteht bei der halbbaren Zahlung mittels neutralem SEPA-Zahlschein?
9. Sarah Gründel hat im Internet drei CDs von privat gekauft. Der Verkäufer übersendet die CDs per Nachnahmesendung.
   a) Welchen Vorteil hat diese Versandart für den Verkäufer?
   b) Beschreiben Sie die genaue Zahlungsabwicklung in Stichworten.
   c) Welche eventuellen Nachteile hat diese Zahlungsart für den Käufer?

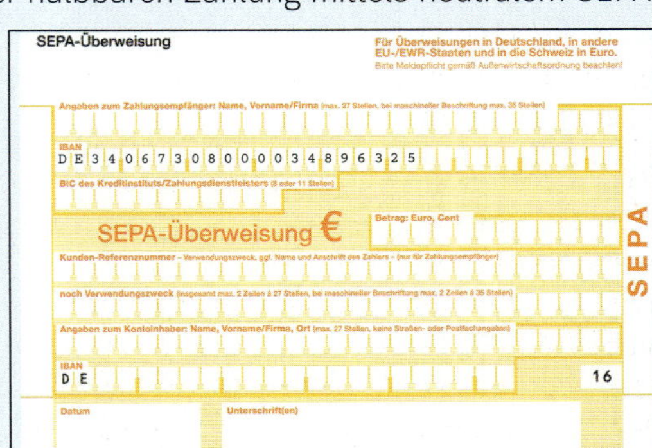

44. Halbbare Zahlung mit neutralem SEPA-Zahlschein

4.4 Scheckzahlung

Durch die zunehmende Kartenzahlung (vgl. Abb.50) hat die Zahlung mittels **Scheck** zwar an Bedeutung verloren, der Scheck wird aber in bestimmten Fällen noch immer zur Zahlung verwendet, z. B. wenn der Kontoinhaber nicht selbst in der Lage ist, Bargeld abzuheben oder bei Rückerstattungen von Versicherungen. Ein Scheck ist allerdings im Gegensatz zum Bargeld kein gesetzliches Zahlungsmittel und muss deshalb vom Zahlungsempfänger nicht zwingend angenommen werden. Durch einen Scheck weist der Kontoinhaber bzw. Kontobevollmächtigte (Scheck**aussteller:in**) sein Geldinstitut an, von seinem Girokonto den auf dem Scheck genannten Betrag an den Vorleger den auf dem Scheck genannten Betrag bei der Vorlage des Schecks bar auszuzahlen **(Barscheck)** oder dessen Konto gutzuschreiben **(Verrechnungsscheck).**

Ein Barscheck ist wie Bargeld, denn der eingetragene Betrag kann – allerdings nur beim genannten Kreditinstitut und bei Kontodeckung – sofort bar ausgezahlt werden. Wer durch Barscheckübergabe bezahlt, hat seine Schuld erfüllt. Ein Verrechnungsscheck kann dagegen nur über ein Konto eingelöst werden (vgl. Seite 270f.). Hier hat der/die Zahlende die Schuld erst dann erfüllt, wenn dem beabsichtigten Empfänger die Schecksumme tatsächlich gutgeschrieben wurde.

BEISPIEL

Für die Zahnbehandlung ihres Hundes hat Frau Wächter einen Verrechnungsscheck über 93,00 EUR ausgestellt und dem Tierarzt übergeben. Durch ein Versehen wird der Scheck vernichtet, bevor er bei der Bank vorgelegt werden kann. Frau Wächter muss deshalb entweder einen neuen Scheck ausstellen oder die Rechnung auf andere Art bezahlen.

Die gesetzlich vorgeschriebenen Bestandteile des Schecks

Zur Scheckausstellung muss ein vom kontoführenden Geldinstitut ausgegebener **Scheckvordruck** verwendet werden, in den nur noch Betrag, Ort der Ausstellung, Datum und die Unterschrift einzufügen sind. Zusätzlich ist die Angabe eines Verwen-

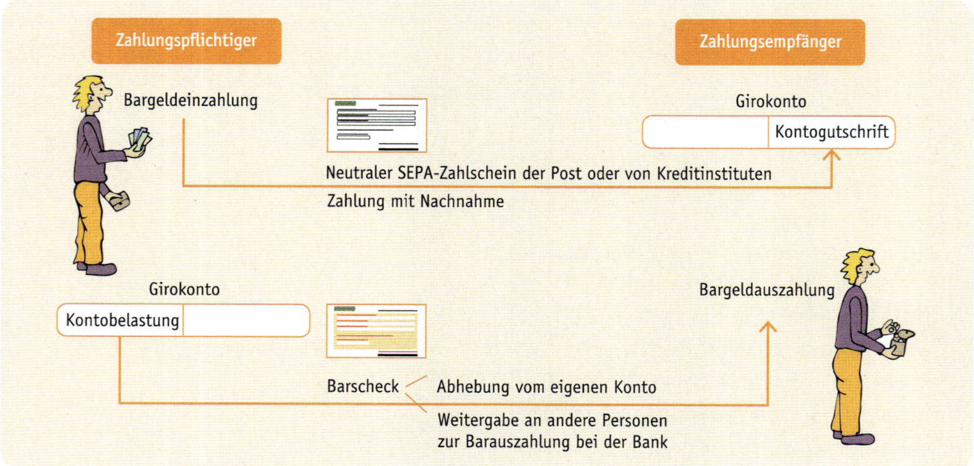

45. Ablauf bei halbbarer Zahlung

dungszwecks und des Zahlungsempfängers möglich. Die Scheckvordrucke weisen sogenannte gesetzliche und kaufmännische Bestandteile auf.

Nach dem Scheckgesetz muss ein Scheck **sechs gesetzliche Bestandteile** (siehe Scheck Abb. 46) aufweisen. Fehlt einer dieser Bestandteile, ist der Scheck ungültig.

Die kaufmännischen Bestandteile des Schecks

Neben den gesetzlich vorgeschriebenen Bestandteilen finden sich auf dem Scheckvordruck noch weitere Angaben, die den Geldinstituten die Abwicklung des Scheckverkehrs erleichtern. Man bezeichnet diese als **kaufmännische Bestandteile wie zum Beispiel:**

- Durch die Darstellung in Ziffern kann der Scheckbetrag optisch schnell erkannt werden.
- Die Überbringerklausel „oder Überbringer“ erlaubt die Auszahlung an jeden Scheckvorleger und nicht nur an die eventuell im Scheck genannte Person.
- Die Zeile Verwendungszweck kann für Mitteilungen an den Zahlungsempfänger dienen (z. B. Rechnungsnummer).

Schecks dienen dem Zahlungsverkehr und sollen wie ein Zahlungsmittel verwendet werden. Daher werden sie grundsätzlich **am Tag der Vorlage** beim Geldinstitut **ausgezahlt.** Man sagt deshalb, Schecks sind „bei Sicht“ fällig. Dies gilt sogar dann, wenn der Scheck zeitlich vor dem angegebenen Ausstellungstag der Bank zur Auszahlung vorgelegt wird. Eine sogenannte Vordatierung von Schecks ist daher rechtlich wirkungslos.

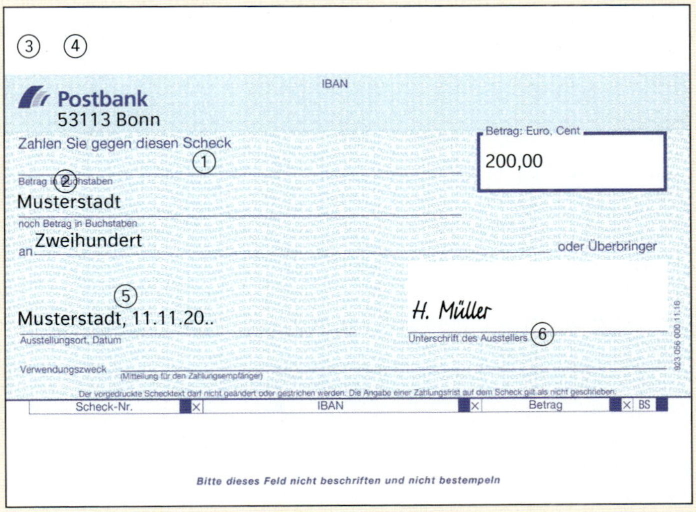
③ ④
Postbank
53113 Bonn
IBAN
Zahlen Sie gegen diesen Scheck ①
Betrag: Euro, Cent
200,00
Betrag in Buchstaben ②
Musterstadt
noch Betrag in Buchstaben
an Zweihundert
oder Überbringer
⑤
Musterstadt, 11.11.20..
Ausstellungsort, Datum
H. Müller
Unterschrift des Ausstellers ⑥
Verwendungszweck (Mitteilung für den Zahlungsempfänger)
Der vorgedruckte Schecktext darf nicht geändert oder gestrichen werden. Die Angabe einer Zahlungsfrist auf dem Scheck gilt als nicht geschrieben.
Scheck-Nr. | IBAN | Betrag | BS
Bitte dieses Feld nicht beschriften und nicht bestempeln

① **Bezeichnung „Scheck“,** zur Unterscheidung von anderen Urkunden

② Das Geldinstitut muss ohne Bedingungen angewiesen werden, **eine bestimmte Geldsumme** zu zahlen (es gilt immer der in **Worten** genannte Betrag)

③ **Name des Geldinstituts,** welches den Betrag auszahlen soll

④ **Zahlungsort,** an dem sich das auszahlende Geldinstitut befindet

⑤ **Ort und Tag,** an dem der Scheck ausgestellt wurde

⑥ Die handschriftliche **Unterschrift** des Scheckausstellers, wie sie beim Geldinstitut hinterlegt ist, muss übereinstimmend auf dem Scheck stehen.

46. Scheck

47. Ablauf des Zahlungsvorgangs beim Verrechnungsscheck

BEISPIEL

Dr. Knauser übergibt am 01.12. als Weihnachtsgeld einen Scheck über 190,00 EUR an seine Auszubildende Claudia Froh. Auf dem Scheck gibt er als Datum den 15.12. an, weil er bis dahin mit größeren Geldeingängen rechnet und so die Zahlung von Überziehungszinsen bei einer früheren Auszahlung vermeiden möchte. Claudia reicht aber bereits am 05.12. den Scheck bei ihrer Bank ein, die ihn sofort ihrem Konto gutschreibt, weil der Scheckbetrag bei Vorlage des Schecks fällig ist (Zahlungsabwicklung siehe Abb. 47).

Im Scheckgesetz sind Vorlegefristen genannt, die eine schnelle Zahlungsabwicklung bewirken sollen:

- **8 Tage** bei im Inland ausgestellten Schecks
- **20 Tage** bei im europäischen Ausland ausgestellten Schecks
- **70 Tage** bei in anderen Erdteilen ausgestellten Schecks

Die Fristen beginnen mit dem auf dem Scheck eingetragenen Ausstellungsdatum. Wird ein Scheck erst **nach Ablauf der Vorlegungsfrist** zur Auszahlung vorgelegt, verliert er zwar nicht seine rechtliche Gültigkeit, das Geldinstitut ist allerdings nicht mehr zur Einlösung verpflichtet.

Der Verrechnungsscheck

Bei einem ausgefüllten und unterschriebenen Barscheck besteht die Gefahr, dass der Scheckbetrag nach einem unbemerkten Diebstahl oder Verlust vom Girokonto abgehoben wird. Später kann dann nicht mehr festgestellt werden, wer das Geld geholt hat, denn durch die Überbringerklausel wird ein Barscheck bei der Vorlage ohne Feststellung der Personalien ausgezahlt.

Um sich vor diesem Missbrauch zu schützen, kann man quer auf der Vorderseite des Barschecks den Vermerk **„Nur zur Verrechnung“** anbringen. Durch diesen Zusatz wird der Scheck unwiderruflich in einen **Verrechnungsscheck** umgewandelt. Dieser kann nur noch auf einem Girokonto gutgeschrieben werden. Durch Rückverfolgung des Abrechnungswegs (vgl. Abb. 47) lässt sich feststellen, wer den Scheck eingelöst hat. Durch die Verwendung bereits vorgedruckter Formulare kann die Missbrauchsgefahr beim Versand von Verrechnungsschecks vermindert werden

4.5 Überweisung

„Bargeld lacht“, sagt man. Doch es hat immer weniger zu lachen, wenn man sich die Entwicklung des bargeldlosen Zahlungsverkehrs anschaut. Fast 90 % aller Geldbewegungen entfallen auf den bargeldlosen Zahlungsverkehr. Zahlungen werden nur durch Kontobewegungen vorgenommen, der/die Zahlungspflichtige wird belastet (Sollbuchung), der Zahlungsempfänger oder die Zahlungsempfängerin erhält eine Kontogutschrift (Habenbuchung).

Die **SEPA-Überweisung** ist die meistgenutzte Form der bargeldlosen Zahlung. Dies vor allem deshalb, weil sie vom Kunden einfach zu handhaben ist. Mit einer Überweisung beauftragt der/die Girokontoinhaber/in das Geldinstitut, einen bestimmten Betrag vom eigenen Konto abzubuchen und dem angegebenen Konto des Zahlungsempfängers gutzuschreiben. Mit der SEPA-Überweisung kann sowohl im Inland als auch im europäischen Wirtschaftsraum eine Zahlung durchgeführt werden (SEPA=Single Euro Payments Area/ Einheitlicher Euro Zahlungsverkehrsraum).

Überweisungen werden zunehmend **beleglos** abgewickelt, sei es von zu Hause aus per Onlinebanking oder direkt beim Geldinstitut mittels Eingabe der notwendigen Überweisungsdaten in ein Bankterminal. Bei handschriftlich ausgefüllten Überweisungsaufträgen sind Falschangaben zu vermeiden (vgl. Abb. 48), denn die Bank hat keine Kontrollpflicht. Es wird z. B. nicht überprüft, ob der Empfängername mit dem Empfängerkontoinhaber übereinstimmt. Einmal ausgeführte Überweisungen können anders als z. B. Lastschriften nicht mehr einfach widerrufen und zurückgebucht werden.

Die Laufzeit einer Überweisung darf bestimmte, gesetzlich festgelegte Fristen nicht überschreiten (BGB § 675s, Ausführungsfrist für Zahlungsvorgänge). Eine Überweisung im Inland und innerhalb des Kreditinstituts muss unverzüglich, in der Regel noch innerhalb des Buchungstages, erfolgen. Bei Überweisungen innerhalb des europäischen Wirtschaftsraumes muss die Zahlung nach einem Bankarbeitstag erfolgt sein. Für Überweisungen in Belegform ist ein zusätzlicher Tag erlaubt. Viele Kreditinstitute bieten mittlerweile im Rahmen des Onlinebanking die Möglichkeit einer **Echtezeit-Überweisung** (SEPA Instant Payment) an, meist gegen eine zusätzliche Gebühr. Wählt man diese Zahlungsweise, dann wird der Betrag innerhalb von Sekunden auf das Konto des Empfängers gebucht und der Absender oder die Absenderin erhält eine entsprechende Mitteilung. Dies beschleunigt z. B. bei Internetkäufen mit Vorauszahlung die Abwicklung.

Besondere Überweisungsformen

Wiederkehrende Zahlungsverpflichtungen können zeitsparend über das Girokonto ausgeführt werden, ohne dass dazu jeweils eine Überweisung ausgestellt werden muss.

Dauerauftrag

Die Einrichtung eines Dauerauftrags lohnt sich immer dann, wenn Zahlungen

- regelmäßig (monatlich, vierteljährlich usw.),
- immer in gleicher Höhe und
- an denselben Zahlungsempfänger

geleistet werden müssen. Der vereinbarte Betrag wird dann **fortlaufend** bis zu einer Änderung oder Aufhebung des Auftrags an den Zahlungsempfänger überwiesen. Der Kontoinhaber muss sich also nicht mehr selbst um die rechtzeitige Überweisung kümmern. Beispiele für die Einrichtung eines Dauerauftrags sind Mietzahlungen, Vereinsbeiträge oder monatliche Sparbeträge.

Lastschriftverfahren

Für Zahlungen, die in unregelmäßigen Abständen oder auch in wechselnder Höhe anfallen, ist die Einrichtung eines Dauerauftrages nicht sinnvoll. Solche Beträge können durch **Lastschrift** gezahlt werden. Bei diesem Verfahren wird das Prinzip des Dauerauftrags umgekehrt: Nicht mehr der/die Zahlungspflichtige sorgt für die rechtzeitige Überweisung, sondern der Zahlungsempfänger holt sich den fälligen Betrag direkt vom Konto des Kunden. Zahlungspflichtige müssen selbstverständlich vorher ihre Zustimmung zur Abbuchung der Beträge vom Girokonto gegeben haben.

Beispiele für Lastschriftzahlungen sind Telefongebühren, Stromkosten oder Versicherungsbeiträge. **Zwei Formen des Lastschriftverfahrens** lassen sich unterscheiden:

- Beim **SEPA-Basis-Lastschriftverfahren** genehmigt der Kontoinhaber **dem Zahlungsempfängger** schriftlich, fällige Zahlungen von seinem Konto einzuziehen (SEPA-Lastschriftmandat) und erteilt dabei auch dem Kreditinstitut gegenüber eine Abbuchungsgenehmigung (vgl. Abb. 49). Der Zahlungsempfänger holt sich einmalig oder wiederkehrend in bestimmten Abständen Geld vom Girokonto der Kundin oder

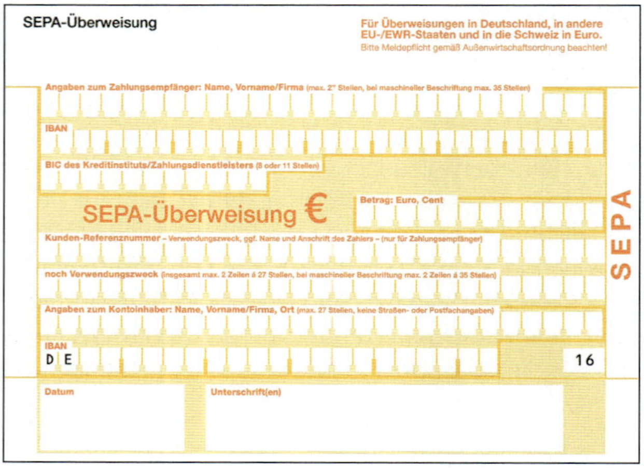

SEPA-Überweisung

Für Überweisungen in Deutschland, in andere EU-/EWR-Staaten und in die Schweiz in Euro.
Bitte Meldepflicht gemäß Außenwirtschaftsordnung beachten!

Angaben zum Zahlungsempfänger: Name, Vorname/Firma (max. 27 Stellen, bei maschineller Beschriftung max. 35 Stellen)

IBAN

BIC des Kreditinstituts/Zahlungsdienstleisters (8 oder 11 Stellen)

SEPA-Überweisung €

Betrag: Euro, Cent

Kunden-Referenznummer – Verwendungszweck, ggf. Name und Anschrift des Zahlers – (nur für Zahlungsempfänger)

noch Verwendungszweck (insgesamt max. 2 Zeilen á 27 Stellen, bei maschineller Beschriftung max. 2 Zeilen á 35 Stellen)

Angaben zum Kontoinhaber: Name, Vorname/Firma, Ort (max. 27 Stellen, keine Straßen- oder Postfachangaben)

IBAN
D E
16

Datum

Unterschrift(en)

SEPA

48. „Ich bin so unausgefüllt!" SEPA-Überweisung richtig ausfüllen

Diese Fehler beim handschriftlichen Ausfüllen sollten Sie vermeiden:

① Nicht zwischen die Kästchen schreiben

② IBAN-Ziffern nicht übereinander schreiben, jede Ziffer in ein Kästchen und Ziffer deutlich schreiben. Die BIC muss nur bei Auslandsüberweisung genannt werden.

③ Betrag links beginnen, für das deutlich zu schreibende Komma ein eigenes Kästchen verwenden

④ Unterschrift vergessen? Auftrag kann nicht ausgeführt werden des Kunden, ohne dass vorher eine Benachrichtigung erfolgt. Der Zahlungspflichtige wird über die Abbuchung auf seinem Kontoauszug informiert. Der Kontoinhaber hat das Recht, nach der Kontobelastung ohne Angabe von Gründen der Abbuchung schriftlich zu widersprechen. Das Geldinstitut schreibt dann den abgebuchten Betrag wieder dem Konto gut. Der Widerruf einer Lastschrift muss **unverzüglich,** spätestens aber **acht Wochen** nach der Kontobelastung erfolgen. Bei einer nicht oder nicht mehr bestehenden Lastschriftgenehmigung (z. B. nach einem Widerruf) beträgt der Erstattungsanspruch sogar 13 Monate.

Die dem Zahlungsempfänger oder der Zahlungsempfängerin erteilte Genehmigung zur Abbuchung kann jederzeit durch eine entsprechende Erklärung zurückgezogen werden.

BEISPIEL

Ein schriftlicher Widerspruch an die Bank könnte so aussehen: „Am 26. Mai wurde eine Lastschrift der DUBIOSA-Versicherung über 140,20 EUR zulasten meines Kontos IBAN: DE23 5089 0120 0036 1120 26 eingelöst. Da ich die Versicherung bereits vor einem halben Jahr gekündigt und meine Einzugsermächtigung zurückgenommen habe, erhebe ich **Widerspruch** gegen die Abbuchung und bitte Sie, den Betrag mit der Wertstellung des Abbuchungstags wieder meinem Konto gutzuschreiben."

- Die **SEPA-Firmen-Lastschrift** dient dem Einzug fälliger Forderungen zwischen Geschäftsleuten, im Vertragsverhältnis mit Verbrauchern ist diese Lastschriftform nicht zugelassen. Denn die Besonderheit ist, dass die Möglichkeit einer Rückbuchung des Abbuchungsbetrags ausgeschlossen ist. Zur Sicherheit muss jedoch das zahlungspflichtige Unternehmen vor der ersten Abbuchung seine Bank entsprechend über die Abbuchungsgenehmigung informieren.

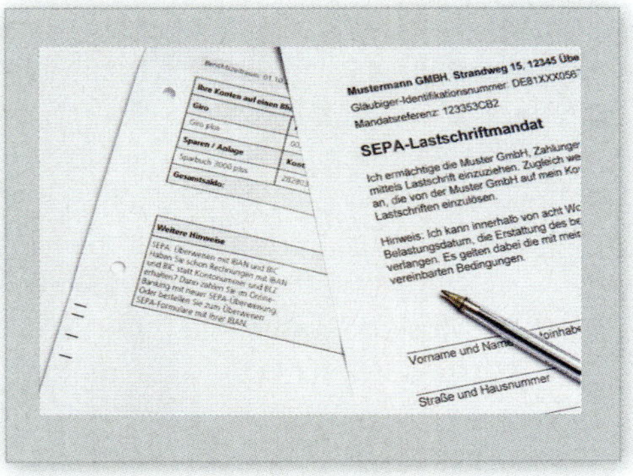

49. Beispiel eines SEPA-Lastschriftmandats (auszugsweise)

Für den Zahlungsempfänger oder die Zahlungsempfängerin hat das Lastschriftverfahren allgemein den **Vorteil**, dass der Zahlungseingang beschleunigt wird und Mahnungen für vergessene Zahlungen entfallen. Der oder die Zahlungspflichtige muss nicht mehr selbst an die Begleichung fälliger Rechnungen denken und spart eventuelle Mahngebühren, muss aber für Kontodeckung sorgen. Außerdem sollten Anzahl und Höhe der vom Konto abgebuchten Beträge laufend überwacht werden.

ÜBUNGSAUFGABEN

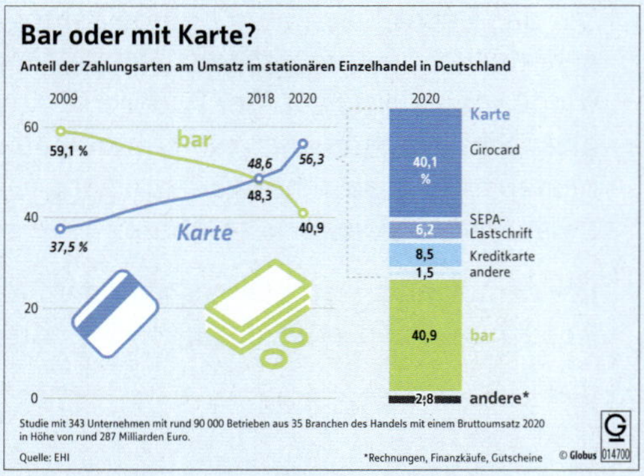

50. Zahlungsabwicklung beim Einkaufen

1. Welche Zahlungsmöglichkeiten gibt es bei der halbbaren Zahlung?
2. Nennen Sie zwei Beispiele für die Verwendung eines Barschecks.
3. Beschreiben Sie den Zahlungsablauf bei Verwendung eines Schecks.
4. Nennen Sie drei gesetzliche Bestandteile eines Schecks.
5. Beschreiben Sie die Besonderheit eines Verrechnungsschecks.
6. Bei einem Verrechnungsscheck wurde der Aufdruck „Nur zur Verrechnung" handschriftlich durchgestrichen. Welche Bedeutung hat dies für die Auszahlung des Scheckbetrages?
7. Welche unterschiedlichen Möglichkeiten gibt es für die Durchführung einer Überweisung?
8. a) Welche zeitliche Frist gilt für die Abwicklung einer SEPA Überweisung durch die Bank?
   b) Beschreiben Sie den Ablauf einer Echtzeit-Überweisung und stellen Sie fest, ob oder in welcher Höhe bei Ihrem Kreditinstitut Gebühren dafür berechnet werden.
9. Wie unterscheidet sich der Dauerauftrag vom Lastschriftverfahren?
10. Beschreiben Sie die Zahlungsabwicklung beim SEPA-Basis-Lastschriftverfahren.
11. Tierarzt Dr. Walter hat mit einem Lieferanten für Tierfutter das SEPA-Firmen-Lastschriftverfahren vereinbart. Welche Besonderheit gilt dabei?
12. Valeria erzählt: „Ich werde nicht mehr am Lastschriftverfahren teilnehmen. Trotz der Kündigung des Vertrages hat meine Autoversicherung vor zwei Wochen nochmals den Beitrag abgebucht und bisher keine Rückzahlung geleistet." Ihre Kollegin Silvana antwortet: „Das ist doch kein Problem. Du musst nur ..."
    Was muss Valeria in diesem Fall tun?

4.6 Kartenzahlung

Einen Siegeszug hat die Zahlung mittels „Plastikgeld" hinter sich. Bank-/Girocard und Kreditkarte erleichtern die Zahlungsabwicklung enorm.

Zahlung mit der Girocard

Wer nicht bar bezahlen möchte, dem bietet sich fast überall im In- und Ausland die Möglichkeit zur bargeldlosen Zahlung mittels einer Girocard (früher ec-Karte). Auch Bargeldabhebungen an Geldautomaten sind im Rahmen bestimmter Höchstgrenzen möglich. Die Girocard ist eine Debitkarte, d.h., der damit gezahlte Betrag wird unmittelbar vom Girokonto abgebucht. Voll geschäftsfähige Girokontoinhaber und Kontobevollmächtigte können eine mehrere Jahre gültige Girocard erhalten. Auf dieser ist die Bankverbindung, der Name sowie die IBAN- und Kartennummer aufgedruckt und auf dem Magnetstreifen und einem Chip gespeichert. Außerdem ist die Gültigkeitsdauer zu erkennen. Auf der Rückseite unterschreibt der Karteninhaber für die spätere Unterschriftskontrolle. Mit der Kartenübergabe wird eine vierstellige Geheimzahl mitgeteilt, kurz PIN (Persönliche Identifikationsnummer) genannt, die für die Automatennutzung und bargeldlose Zahlung notwendig ist. Bei vielen Bank- und Kreditkarten ist mittlerweile eine kontaktlose Zahlung ohne Einstecken in ein Bezahlterminal möglich. Dazu wird die Karte nur kurz vor ein Lesegerät gehalten und die notwendigen Daten werden per Funk ausgetauscht. Bei kleineren Beträgen bis etwa 50,00 EUR wird die Zahlung ohne PIN oder Unterschrift abgewickelt. Auch **mobiles Bezahlen** mit dem Smartphone oder einer Smartwatch ist mittlerweile durch die Nutzung entsprechender Apps möglich. Diese App muss mit dem Giro- oder Kreditkartenkonto verbunden sein, kann aber auch vorher mit einem entsprechenden Geldbetrag aufgeladen werden. Der Bezahlvorgang funktioniert ähnlich wie beim kontaktlosen Bezahlen mit der Girocard.

Für die Terminalzahlung vor Ort mit der Girocard gibt es zwei Möglichkeiten: das Electronic-Cash-Verfahren und das elektronische Lastschriftverfahren (ELV).

Beim **Electronic-Cash-Verfahren** (Girocard mit PIN-Eingabe) wird die Karte in ein Kartenterminal eingeführt und abgelesen. Vom Kassenterminal (POS-Kasse = **p**oint **o**f **s**ale, Ort des Verkaufs und der Zahlung) wird eine Verbindung zu einer zentralen Verrechnungsstelle hergestellt, die die Echtheit und Gültigkeit sowie den Verfügungsrahmen der Karte kontrolliert. Nach Eingabe und Überprüfung der Geheimzahl (PIN) wird festgestellt, ob keine Kartensperre vorliegt und die Zahlung gedeckt ist. Ist dies der Fall, wird der Betrag direkt vom Konto des Zahlenden abgebucht und dem Zahlungsempfänger gutgeschrieben. Eine Unterschrift des Zahlenden ist nicht notwendig. Der Zahlende erhält einen Quittungsbeleg und die Abbuchung erscheint später auf seinem Kontoauszug. Der Zahlungsempfänger hat bei diesem Verfahren durch die unmittelbare elektronische Überprüfung und Geldübermittlung eine **Zahlungsgarantie;** dafür berechnet die Verrechnungsstelle aber prozentuale Überprüfungsgebühren.

Beim **elektronischen Lastschriftverfahren/ELV (Girocard mit Unterschrift)** dagegen kommt es zu keiner direkten Onlinebezahlung. Bei diesem **SEPA-Basis-Lastschriftverfahren** (vgl. Seite 271 f.) wird die Girocard an der Kasse durch ein Lesegerät gezogen, das die Informationen auf dem Magnetstreifen bzw. dem Chip, wie z. B. die Kontoverbindung (IBAN– und BIC-Nummern) und Gültigkeitsdauer auf einen Lastschriftbeleg überträgt. Durch die Unterschrift, die mit der auf der Girocard verglichen wird, ermächtigt der Karteninhaber den Zahlungsempfänger, den genannten Betrag von seinem Konto per SEPA-Lastschriftverfahren abzubuchen.

Hiermit ermächtige ich das umseitig genannte Unternehmen, den angegebenen Betrag von meinem genannten Konto durch Lastschrift einzuziehen. Für den Fall einer Nichteinlösung oder eines Widerspruchs bevollmächtige ich meine Bank, dem jeweiligen Unternehmen der xyz-Gruppe auf Anforderung meinen Namen und meine Adresse mitzuteilen.

Ausdrücklich erkläre ich mich damit einverstanden, dass bei Nichteinlösung der SEPA-Lastschrift diese Tatsache in eine Sperrdatei aufgenommen und in den verbundenen Unternehmen der xyz-Gruppe verwertet wird. Sobald der Rechnungsbetrag bezahlt ist, wird die Eintragung in der Sperrdatei umgehend gelöscht.

....

Unterschrift (Betrag siehe Vorderseite)

51. Abbuchungsermächtigung bei ELV-Zahlungen

Exkurs

Umgang mit Bank- und Kreditkarten

„Die Freiheit nehm ich mir“, wirbt ein Kreditkartenunternehmen für sein Produkt. Da lassen auch Kriminelle sich nicht lange bitten, denn sie kommen mit Bank- und Kreditkarten oftmals relativ leicht an fremdes Geld oder an Waren, die nicht sie bezahlen. Um Kartenmissbrauch vorzubeugen, sind einige **Sicherheitsvorschriften** zu beachten:

- Zahlungskarten sicher aufbewahren
- Geheimnummer (PIN) auswendig lernen, niemals zusammen mit der Karte aufbewahren. Auch ein Verstecken der Geheimzahl, z. B. als getarnte Telefonnummer, kann grob fahrlässig sein!
- Zahlungsbeleg nicht unachtsam wegwerfen, denn er enthält wichtige Angaben (z. B. die Kreditkartennummer)
- Darauf achten, dass Fremde das Eintippen der PIN nicht beobachten können
- Bei Verlust oder Diebstahl sofort reagieren: Unverzüglich die kontoführende Bank benachrichtigen, die Karte sperren lassen (zentrale Kartensperre 116116, aus den Ausland 0049 voranstellen). Protokoll über den Kartenverlust anfertigen und Anzeige bei der Polizei erstatten
- Die Banken und Kreditkartenunternehmen übernehmen nach Eingang der Verlustanzeige und entsprechender Kartensperrung die entstehenden Schäden, vor dem Eingang der Verlustmeldung haften sie nur dann, wenn nicht fahrlässig gehandelt wurde.

Eine Bestätigung des Geldinstituts über die Kontodeckung findet also in diesem Fall nicht statt, weshalb die Einlösung der Lastschrift auch nicht garantiert ist. Trotzdem verwenden viele Firmen dieses System, weil dabei die Überprüfungsgebühren der zentralen Verrechnungsstellen gespart werden.

Als Sicherheit ermächtigt der/die Zahlungspflichtige die eigene Bank, bei Widerruf oder Nichteinlösung der Lastschrift Name und Adresse an den Zahlungsempfänger mitzuteilen (vgl. Abb. 51), damit dieser durch ein Mahnverfahren seinen Zahlungsanspruch durchsetzen kann. Bei Nichteinlösung der Lastschrift arbeiten größere Unternehmen (Kaufhäuser, Filialketten) mit internen Sperrdateien. Kundinnen und Kunden, bei denen die Zahlung nicht erfolgte, werden herausgefiltert und vom Lastschriftverfahren bis zur Zahlung der Rückstände ausgeschlossen.

Zahlung mit Kreditkarte

Die Kreditkarte ist ein weltweit verwendbares Zahlungsmittel, das die sichere und bequeme bargeldlose Bezahlung von Waren und Dienstleistungen bei Millionen von Vertragsunternehmen direkt oder online über das Internet ermöglicht. Auch sind Barabhebungen an vielen Geldautomaten möglich, oft allerdings gegen hohe Gebühren. Die gewählte Kreditkartenorganisation (z. B. MasterCard, VISA) stellt nach Prüfung der Zahlungsfähigkeit des Kunden/der Kundin eine Kreditkarte aus, meist gegen eine Jahresgebühr. Wie bei der Girocard befindet sich der Name, eine Kartennummer und die Gültigkeitsdauer auf der Karte, persönlich unterzeichnet wird. Die Zahlung erfolgt meist unter Einsatz der PIN oder als Abbuchungsgenehmigung unter Verwendung der Kreditkartennummer.

Monatlich übersendet die Kartengesellschaft der Kundin bzw. dem Kunden eine Abrechnung, die eine Aufstellung der getätigten Käufe und Abhebungen enthält. Der Gesamtbetrag wird dann vom Girokonto abgebucht.

BEISPIEL

Die Zahnärztin Frau Dr. Rast kauft bei der Firma Foto-Blitz eine Fotoausrüstung für 600,00 EUR und zahlt mittels Kreditkarte (Zahlungsablauf vgl. Abb. 52).

52. Ablauf bei Zahlung mit Kreditkarte

Die Vorteile der Kreditkarte gegenüber der Girocard liegen vor allem in ihrer weltweiten Nutzungsmöglichkeit und darin, dass die Abbuchung der Ausgaben erst zeitversetzt monatlich erfolgt, was die finanzielle Flexibilität erhöht. Teilweise sind auch kostenlose Versicherungen (z. B. Unfallversicherung) enthalten. Außerdem ist bei vielen Reservierungssystemen (z. B. Flug- oder Bahntickets, Mietwagen) oder Zahlungen im Internet eine Kreditkarte notwendig. Nachteilig für Karteninhaber:innen sind die oft hohen Jahresgebühren; für den Kartennehmer (z. B. Praxis, Einzelhandel) entstehen bei der Abrechnung mit dem Kreditkartenunternehmen Bearbeitungsgebühren von durchschnittlich 1 – 3 %, die vom Umsatz abgezogen werden.

ÜBUNGSAUFGABEN

1. Bei der Zahlung mit der Girocard am Bezahlterminal wird zwischen zwei Möglichkeiten unterschieden. Stellen Sie den Unterschied dar.
2. Nennen Sie drei Verhaltensregeln beim Umgang mit Girocard und Kreditkarten.
3. Beschreiben Sie die Abwicklung des Zahlungsvorganges bei der Bezahlung mittels Kreditkarte.
4. Bei der Kartenzahlung wird zukünftig die kontaktlose Zahlung eine

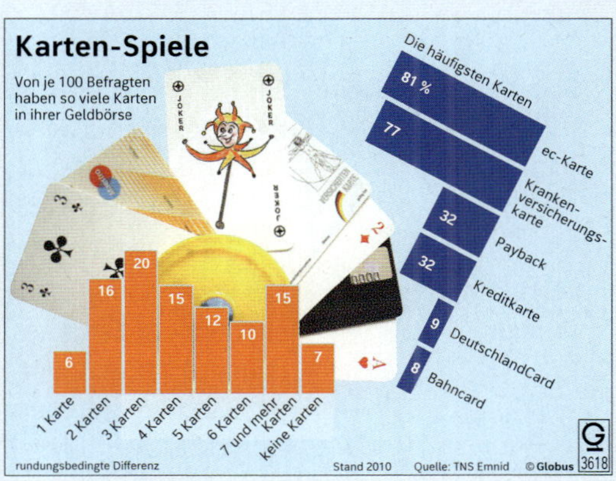

53. Bunte Kartenwelt

größere Bedeutung erlangen. Stellen Sie die Abwicklung dieses Bezahlvorgangs dar.

5. Mobiles Bezahlen mit dem Smartphone nimmt stark zu. Beschreiben Sie den Zahlungsablauf bei diesem Bezahlsystem.

Glossar

Barzahlung	Barzahlung ist die direkte Übergabe von Banknoten und Münzen, also von gesetzlichen Zahlungsmitteln. Durch eine Prüfung sollte die Echtheit kontrolliert werden. Die Zahlungsabwicklung wird durch die Übergabe einer Quittung an den Zahlenden abgeschlossen.
SCHUFA-Abfrage	Durch eine SCHUFA-Abfrage, z. B. bei einer Kontoeröffnung, wird die Kreditwürdigkeit des Kontoinhabers/der Kontoinhaberin überprüft. Die Bank erhält Auskunft über eingegangene Kreditverpflichtungen und das allgemeine Zahlungsverhalten. Sie erfährt so, ob bisher Zahlungsverpflichtungen korrekt erfüllt wurden.
Onlinebanking	Beim Onlinebanking werden Bankgeschäfte über das Internet abgewickelt. Mit einer persönlichen Identifikationsnummer (PIN) kann man sein Konto öffnen, für die Zahlungsabwicklung übersendet die Bank jeweils eine Transaktionsnummer (TAN).
Transaktionsnummer/TAN	Die Transaktionsnummer (TAN) ist ein einmaliges, 6-stelliges Passwort, das bei jedem Onlinezahlungsvorgang als Bestätigung eingegeben werden muss.
Nachnahmesendung	Bei einer Nachnahmesendung wird eine Brief- oder Paketsendung erst übergeben, wenn der Zusteller den angegebenen Zahlungsbetrag vom Empfänger bzw. der Empfängerin erhalten hat. Zahlt dieser oder diese nicht, geht die Sendung an den Absender zurück.
Scheckbestandteile	Ein Scheck muss nach dem Scheckgesetz sechs gesetzliche Bestandteile aufweisen (z. B. Betrag in Worten, Unterschrift des Scheckausstellers). Fehlt einer dieser Bestandteile, ist der Scheck ungültig. Kaufmännische Bestandteile sind Angaben, die den Banken eine Bearbeitung der Schecks erleichtern.
Verrechnungsscheck	Die Verwendung eines Verrechnungsschecks erhöht die Sicherheit der Zahlungsabwicklung. Der Scheck mit dem Zusatz „Nur zur Verrechnung“ kann nur über ein Konto eingelöst werden, sodass man bei einem Scheckmissbrauch den Zahlungsweg zurückverfolgen kann.

SEPA-Basis-Lastschriftverfahren	Mit der Zustimmung zu einem SEPA-Basis-Lastschriftverfahren erlaubt der Kontoinhaber einem Zahlungsempfänger, einen fälligen Betrag von seinem Konto einzuziehen. Der Kontoinhaber kann die Zahlung rückgängig machen, wenn er innerhalb von acht Wochen nach der Kontobelastung der Abbuchung schriftlich widerspricht.
Electronic-Cash-Verfahren	Bei dieser Bezahlung unter Verwendung der Girocard oder Kreditkarte muss nach Einführung der Karte in ein Kassenterminal die Geheimzahl (PIN) eingegeben werden. Auf elektronischem Weg wird festgestellt, ob die PIN zutrifft und die Zahlung gedeckt ist. Der Zahlbetrag wird dann direkt vom Konto des/der Zahlungspflichtigen abgebucht.
Kreditkarte	Dies ist ein weltweit einsetzbares Zahlungsmittel zur Bezahlung von Waren und Dienstleistungen und zur Versorgung mit Bargeld. Die Zahlungsabwicklung erfolgt je nach Verwendung entweder unter Einsatz der PIN oder durch Abbuchungsgenehmigung unter Verwendung der Kreditkartennummer und der Unterschrift des Karteninhabers. Die getätigten Zahlungsvorgänge werden monatlich auf dem Kartenkonto ausgewiesen und der Gesamtbetrag dem Kundenkonto belastet.

4.7 Rechnungserstellung (Liquidation)

Ärztliche bzw. zahnärztliche Leistungen werden bei Mitgliedern der gesetzlichen Krankenversicherung nicht direkt mit der Patientin oder dem Patienten abgerechnet. Die behandelnden Ärztinnen und Ärzte rechnen vielmehr auf der Grundlage einer Gebührenordnung mit der Kassenärztlichen/Kassenzahnärztlichen Vereinigung die Behandlung ab. Bei Privatpatient:innen bzw. tierärztlichen Klient:innen werden die erbrachten Leistungen dagegen detailliert auf einer ärztlichen/tierärztlichen Rechnung (Liquidation) erfasst und direkt in Rechnung gestellt. Privatpatient:innen und tierärztliche Klient:innen zahlen den Abrechnungsbetrag dann selbst und reichen die Liquidation gegebenenfalls bei ihrer privaten Krankenversicherung (oder Tierkrankenversicherung, vgl. Exkurs, Seite 90) zur Erstattung ein. Die Besonderheit der Rechnungserstellung ist, dass sie aufgrund einer gesonderten **Gebührenordnung** erfolgt. Grundlage ist dabei

- im ärztlichen Bereich die Gebührenordnung für Ärztinnen/Ärzte (GOÄ, § 12),
- im zahnärztlichen Bereich die Gebührenordnung für Zahnärztinnen/Zahnärzte (GOZ, § 10),
- im tierärztlichen Bereich die Gebührenordnung für Tierärztinnen/Tierärzte (GOT, § 6).

Die Vergütung für die ärztliche Leistung wird bei Privatrechnungen erst durch Übersendung einer ordnungsgemäßen Rechnung fällig, welche die inhaltlichen Anforderungen der Gebührenordnung erfüllen muss. Neben dem jeweiligen Behandlungsdatum müssen die entsprechende Abrechnungsnummer, die genaue Bezeichnung der berechneten Leistung, der hierfür angesetzte Betrag und der Steigerungssatz angegeben werden (vgl. Abb. 56). Durch den **Steigerungssatz** hat der Arzt/die Ärztin die Möglichkeit, den einfachen Gebührensatz je nach Schwierigkeitsgrad und Zeitaufwand in einem bestimmten Rahmen zu erhöhen. Überschreitet der Gebührensatz dadurch einen festgelegten **Schwellenwert** (2,3-facher Abrechnungssatz) oder **Höchstwert** (3,5-facher Satz) so muss der Arzt/die Ärztin den Grund für die erhöhte Gebührenberechnung besonders erläutern (z. B. besonders schwierige Behandlung oder überdurchschnittlicher Zeitaufwand). Auch für den gesonderten Ansatz von z. B. Wegegeld oder Auslagen sieht die Gebührenordnung Sonderregelungen vor (vgl. Abb. 54 und 55).

Neben diesen besonderen Angaben bei der Abrechnung ärztlicher Leistungen sollte die Rechnung noch weitere kaufmännische Bestandteile enthalten sowie – insbesondere bei der Berechnung von Umsatzsteuer, z. B. bei Gutachtenabrechnung oder tierärztlichen Rechnungen – gesetzlichen Vorgaben entsprechen. Dies sind u. a.

- der vollständige Name sowie die Anschrift des abrechnenden Arztes/der Ärztin und des Rechnungsempfängers,
- das Ausstellungsdatum der Rechnung,
- eine fortlaufende Rechnungsnummer,
- bei Umsatzsteuerberechnung die vom Finanzamt erteilte Steuernummer sowie Steuersatz und Steuerbetrag.

Durch die Angabe einer Zahlungsfrist und der Bankverbindung kann der Zahlungseingang beschleunigt werden. Bei Überschreitung einer solchen Zahlungsfrist befindet sich der oder die Zahlungspflichtige automatisch in Verzug.

BEISPIEL

„Wir bitten um Überweisung des Rechnungsbetrages bis zum 23.04. unter Angabe der obigen Rechnungsnummer auf unser Bankkonto bei der Deutschen Apotheker- und Ärztebank, IBAN: DE98 5089 0643 0104 5387 23."

§ 12
Fälligkeit und Abrechnung der Vergütung; Rechnung

(1) Die Vergütung wird fällig, wenn dem Zahlungspflichtigen eine dieser Verordnung entsprechende Rechnung erteilt worden ist.
(2) Die Rechnung muss insbesondere enthalten

1. das Datum der Erbringung der Leistung,
2. bei Gebühren die Nummer und die Bezeichnung der einzelnen berechneten Leistung einschließlich einer in der Leistungsbeschreibung gegebenenfalls genannten Mindestdauer sowie den jeweiligen Betrag und den Steigerungssatz,
3. bei Gebühren für vollstationäre, teilstationäre sowie vor- und nachstationäre privatärztliche Leistungen zusätzlich den Minderungsbetrag nach § 6a,
4. bei Entschädigungen nach den §§ 7 bis 9 den Betrag, die Art der Entschädigung und die Berechnung,
5. bei Ersatz von Auslagen nach § 10 den Betrag und die Art der Auslage; übersteigt der Betrag der einzelnen Auslage 25,56 EUR, ist der Beleg oder ein sonstiger Nachweis beizufügen.

54. Auszug aus der GOÄ (Arztabrechnung)

§ 10

Fälligkeit und Abrechnung der Vergütung; Rechnung

(1) Die Vergütung wird fällig, wenn dem Zahlungspflichtigen eine dieser Verordnung entsprechende Rechnung nach der Anlage 2 erteilt worden ist. Künftige Änderungen der Anlage 2 werden durch das Bundesministerium für Gesundheit durch Bekanntmachung veröffentlicht.

(2) Die Rechnung muß insbesondere enthalten:

1. das Datum der Erbringung der Leistung,
2. bei Gebühren die Nummer und die Bezeichnung der einzelnen berechneten Leistung einschließlich einer verständlichen Bezeichnung des behandelten Zahnes und einer in der Leistungsbeschreibung oder einer Abrechnungsbestimmung gegebenenfalls genannten Mindestdauer sowie den jeweiligen Betrag und den Steigerungssatz,
3. bei Gebühren für vollstationäre, teilstationäre sowie vor- und nachstationäre privatzahnärztliche Leistungen zusätzlich den Minderungsbetrag nach § 7,
4. bei Entschädigungen nach § 8 den Betrag, die Art der Entschädigung und die Berechnung,
5. bei Ersatz von Auslagen nach § 9 Art, Umfang und Ausführung der einzelnen Leistungen und deren Preise sowie die direkt zurechenbaren Materialien und deren Preise, insbesondere Bezeichnung, Gewicht und Tagespreis der verwendeten Legierungen,
6. bei nach dem Gebührenverzeichnis gesondert berechnungsfähigen Kosten Art, Menge und Preis verwendeter Materialien; die Auslagen sind dem Zahlungspflichtigen auf Verlangen näher zu erläutern.

[...]

55. Auszug aus der GOZ (Zahnarztabrechnung)

Hautarztpraxis Dr. med. Werner Schrader
Facharzt für Haut- und Geschlechtskrankheiten
Allergologie – Umweltmedizin
Seilerring 108–110, 60331 Frankfurt am Main
Tel. 069 86895523

Frau
Gerda Hesselbach
Goetheallee 6
60345 Frankfurt am Main

Bitte bei Bezahlung angeben:
Rechnungsnummer: 16412
Rechnungsdatum: 14.11.20..

LIQUIDATION

Für ärztliche Leistungen erlaube ich mir gemäß unten stehender Aufstellung zu berechnen:

Rechnungsbetrag: 77,78 EUR

Diagnose: Akne papulopustulosa, Akne comedonica

Datum	GOÄ-Nr.	Leistung	Faktor	Betrag EUR
07.11...	743	Schleifen oder Peeling der Haut	2,3	10,05
	741	Verschorfung mit heißer Luft oder heißen Dämpfen, je Sitzung	2,3	10,19
	758	Sticheln oder Öffnen und Ausquetschen von Aknepusteln, je Sitzung	2,3	10,05
	209	Auftragen von Externa (Salbe, Lösung, Lotion) auf einer Körperregion	2,3	20,10
		Auslagen für Material		17,20
	748	Hautdrainage	2,3	10,19
			Summe:	77,78

Ich bitte um Überweisung des Rechnungsbetrags innerhalb von 30 Tagen auf folgende Bankverbindung:
Postbank Frankfurt IBAN: DE23 5001 0060 0337 6668 50 BIC: PBNKDEFF

56. Beispiel für eine ärztliche Liquidation

Eine Rechnungsübersendung kann grundsätzlich nach jeder erbrachten ärztlichen Leistung erfolgen, ein Behandlungserfolg bzw. das Behandlungsende muss dabei nicht unbedingt abgewartet werden. Um einen falschen Eindruck bei Patientinnen und Patienten zu vermeiden („Dem Doktor scheint es aber finanziell schlecht zu gehen, weil er mir gleich die Rechnung schickt."), sollte jedoch ein gewisser zeitlicher Rahmen eingehalten werden. Die Liquidation wird deshalb oft am Behandlungs- oder Quartalsende versandt.

Besonderheiten bei der tierärztlichen Abrechnung

Der Tierarzt bzw. die Tierärztin rechnet fast immer direkt mit dem oder der Tierhalter:in (Klient:in) ab. Die tierärztliche Liquidation erfolgt dabei gemäß der Gebührenordnung für Tierärzte/GOT (1- bis 3-facher Gebührensatz ist je nach den Umständen des Einzelfalles möglich) und sollte mindestens enthalten (vgl. Abb. 58): Datum der Leistungserbringung, Tierart, Diagnose, berechnete Leistung, Rechnungsbetrag zuzüglich Umsatz-/Mehrwertsteuer. Daneben können zusätzlich in der Rechnung ausgewiesen und abgerechnet werden:

- Wegegeld bei eigenem Fahrzeug oder Reiseentschädigung bei öffentlichen Verkehrsmitteln
- Entgelte für Arzneimittel gemäß der Arzneimittelpreisverordnung
- Barauslagen, z. B. für fremde Laborkosten, Porto
- Verbrauchsmaterial, z. B. Einmalspritzen, Nahtmaterial

Die abgerechnete tierärztliche Leistung kann pauschal angegeben werden. Insbesondere bei Leistungen in geringem Umfang in Verbindung mit direkter Barzahlung ist dies üblich.

BEISPIEL

Krallenschneiden und Impfung bei Kaninchen Hüpfli, 52,24 EUR inkl. 19 % MWSt.

Auf Verlangen des Tierhalters oder der -halterin muss jedoch die Leistung entsprechend den Einzelpositionen der Gebührenordnung aufgeschlüsselt werden. Bei größeren Rechnungen empfiehlt es sich, dies grundsätzlich so zu handhaben und die einzelnen Leistungen mit GOT-Nummer, Steigerungssatz und Einzelbetrag aufzulisten sowie die zusätzlichen Kosten detailliert aufgegliedert anzugeben. Für Tierhalter:innen wird der Rechnungsbetrag dadurch durchschaubarer, Rückfragen und Auseinandersetzungen bezüglich der Höhe des Gesamtbetrags sind seltener. Außerdem entspricht diese Rechnung den inhaltlichen Anforderungen, die bei einer evtl. späteren gerichtlichen Geltendmachung der Forderung vorausgesetzt werden.

ÜBUNGSAUFGABEN

1. Geben Sie einen Überblick über die verschiedenen Abrechnungsmöglichkeiten medizinischer Leistungen.
2. Erklären Sie die Abrechnungsbegriffe „Steigerungssatz“, „Schwellenwert“ und „Höchstsatz“.
3. Welche Voraussetzung muss für die Überschreitung des Höchstsatzes erfüllt werden?
4. Zählen Sie die Mindestbestandteile einer ärztlichen/zahnärztlichen Rechnung auf.
5. Welche Besonderheiten bei Inhalt und Gestaltung gelten für die tierärztliche Liquidation?
6. Erklären Sie kurz das Verfahren bei einer Berechnung von Mehrwertsteuer (Umsatzsteuer).

57. Tierärztliche Abrechnung möglich?

§ 6
Gebühren- und Rechnungsbestandteile

(1) Die allgemeinen Praxiskosten und die durch die Anwendung von tierärztlichen Instrumenten und Apparaturen entstehenden Kosten werden mit den Gebühren abgegolten, soweit nicht etwas anderes bestimmt ist.

(2) Neben den Gebühren für Grundleistungen, besondere Leistungen und Leistungen nach Organsystemen können die Tierärzte nur Entschädigungen, Barauslagen, Entgelte für Arzneimittel sowie für verbrauchtes oder abgegebenes Material berechnen.

(3) Die Rechnung soll mindestens enthalten:
1. das Datum der Erbringung der Leistung;
2. die Tierart, für die die Leistung erbracht worden ist;
3. die Diagnose;
4. die berechnete Leistung;
5. den Rechnungsbetrag;
6. die Umsatzsteuer.

Entschädigungen, Barauslagen, Entgelte für Arzneimittel und verbrauchtes oder abgegebenes Material nach Absatz 2 sowie Wegegelder sind, soweit sie nicht in den Gebührensätzen des Gebührenverzeichnisses enthalten sind, gesondert auszuweisen. Im Übrigen ist die Rechnung auf Verlangen des Zahlungspflichtigen aufzugliedern.

58. Auszug aus GOT (Tierarztabrechnung)

Exkurs

Die Berechnung der Umsatzsteuer (Mehrwertsteuer) im Gesundheitsbereich
Während Gesundheitsleistungen (z. B. Arzt- oder Zahnarztbehandlungen) bis auf wenige Ausnahmen mehrwertsteuerfrei sind, muss bei Medikamenten und tierärztlichen Leistungen die 19 %ige Umsatzsteuer (USt.) berechnet werden. Ausnahme: Beim Verkauf von Tiernahrung durch die Tierarztpraxis sind nur 7 % USt. anzusetzen. Der Tierarzt bzw. die Tierärztin sammelt die vereinnahmte Umsatzsteuer und teilt dem Finanzamt meist vierteljährlich den Gesamtbetrag mit. Umsatzsteuer aus Rechnungen, die die tierärztliche Praxis selbst gezahlt hat (z. B. beim Kauf von Praxis-/Büromaterial oder beim Einkauf von Tiernahrung), kann der Tierarzt/die Tierärztin von den selbst vereinnahmten Mehrwertsteuerbeträgen abziehen (Vorsteuerabzug). Die Differenz zwischen der vereinnahmten Umsatzsteuer und der selbst gezahlten Umsatzsteuer (Vorsteuer) wird dann an das Finanzamt abgeführt. Der zu zahlende Betrag wird als Zahllast bezeichnet.

Beispiel:

in Rechnung gestellte Umsatzsteuer
1. Quartal .... 6 000,00 EUR
selbst gezahlte Umsatzsteuer
1. Quartal .... 1 500,00 EUR
tatsächliche Umsatzsteuerschuld (Zahllast) = ... 4 500,00 EUR

4.8 Abrechnung individueller Gesundheitsleistungen (IGeL)

Nicht immer werden die von Patientinnen und Patienten gewünschten und ärztlich empfehlenswerten Leistungen von den gesetzlichen Krankenkassen übernommen. Die Krankenversicherungen bzw. die Beihilfe bei Beamten übernehmen nur die Kosten medizinisch notwendiger Leistungen. Dabei muss es sich u.a. um wissenschaftlich anerkannte Vorsorge-, Untersuchungs- oder Behandlungsmethoden bzw. Arzneimittel handeln. Eine darüber hinausgehende gewünschte ärztliche Versorgung unterliegt nicht der Leistungspflicht der Krankenkassen und kann daher nur im Rahmen einer Privatbehandlung mit dem Patienten/der Patientin direkt aufgrund einer Privatliquidation abgerechnet werden. Manche Krankenkassen übernehmen als Zusatzleistung die Kosten spezieller IGeL-Behandlungen oder zahlen zumindest einen Zuschuss.

Diagnose- und Behandlungsmethoden, die nicht Bestandteil des Leistungskatalogs der gesetzlichen Krankenversicherung sind, die aber im Einzelfall für Patient:innen sinnvoll oder nützlich sein können bzw. die aufgrund eines geäußerten Patientenwunsches ärztlich vertretbar sind, werden unter dem Sammelbegriff **IGeL** (**I**ndividuelle **Ge**sundheits**l**eistungen) zusammengefasst. Dieser IGeL-Katalog (vgl. Abb. 60) umfasst mittlerweile rund 300 Zusatzleistungen. Dem Patienten/der Patientin bietet sich so die Möglichkeit, zusätzliche ärztliche Leistungen nach speziellen Bedürfnissen zu erhalten. Für die Praxis ist die Erbringung einer solchen Leistung eine zusätzliche Einnahmequelle. Allerdings dürfen IGeL laut ärztlicher Gebührenordnung (§1 Abs. 2 GOÄ) nur auf Verlangen des Patienten angeboten werden. In der Praxis sprechen deshalb viele Ärzte und Ärztinnen ihre Patient:innen nicht direkt an, sondern informieren sie über Aushänge, Plakate oder Broschüren.

Bei den IGeL kann man folgende **Hauptgruppen** unterscheiden:

- **Medizinische Leistungen**, die im Einzelfall eine sinnvolle Maßnahme darstellen, von der Krankenkasse jedoch nicht übernommen werden. Hierunter fallen z. B. sportmedizinische Beratung und Untersuchung, Beratung und Impfung vor Fernreisen, Berufseingangsuntersuchung oder Eignungsuntersuchungen, wie z. B. für die Ausübung des Tauchsports
- **Vorsorgeuntersuchungen**, die im Leistungskatalog der Kassen nicht enthalten sind, z. B. zusätzliche jährliche Gesundheitsuntersuchungen

Jetzt NEU Jetzt NEU Jetzt NEU Jetzt NEU

Unsere Praxis bietet an:
Gestalten Sie Ihre Wartezeit angenehmer –
wählen Sie eine Wartezimmer-Leistung!!
Bitte **kreuzen Sie an** (in Klammern: Zuzahlung):
Wartezimmerplatz mit ...

Neuen Zeitschriften	(1,00 EUR)	❑
Alten Zeitschriften	(0,50 EUR)	❑
Kochzeitschriften	(1,00 EUR)	❑
Frauenzeitschriften	(1,50 EUR)	❑
Musik (Kopfhörer)	(1,00 EUR)	❑
Espresso	(1,50 EUR)	❑
Milchkaffee	(2,50 EUR)	❑
Schwarztee	(2,00 EUR)	❑
Kräutertee	(2,00 EUR)	❑
Orangensaft	(2,50 EUR)	❑
Persönliche Abholung	(1,00 EUR)	❑

Jetzt NEU Jetzt NEU Jetzt NEU Jetzt NEU

59. Auch IGeL?

Individuelle Gesundheitsleistungen (IGeL)
(Auszug aus dem Leistungskatalog)

1. **Vorsorge-Untersuchungen**
   - Fachbezogene Gesundheitsuntersuchung auf Wunsch der Patientin oder des Patienten („Facharzt-Check")
   - Umfassende ambulante Vorsorge-Untersuchung („General-Check")
2. **Freizeit, Urlaub, Sport, Beruf**
   - Reisemedizinische Beratungen und Impfungen
   - Sportmedizinischer Fitness-Test
   - Eignungsuntersuchungen (z. B. beim Tauchsport)
3. **Medizinisch-kosmetische Leistungen**
   - Ästhetische Operationen, z. B. Nasen, Lid- oder Brustkorrektur, Fettabsaugung
   - Entfernung von Tätowierungen
4. **Umweltmedizin**
   - Umweltmedizinische Wohnraumbegehung oder Schadstoffmessung
5. **Psychotherapeutische Angebote**
   - Selbstbehauptungstraining
   - Stressbewältigungstraining
   - Verhaltenstherapie bei Flugangst
6. **Alternative Heilverfahren**
   - Akupunktur, z. B. zur Allergiebehandlung
7. **Ärztliche Serviceleistungen**
   - Raucherentwöhnung
   - Gruppenbehandlung bei Adipositas
8. **Labordiagnostische Wunschleistungen**
   - Blutgruppenbestimmung auf Wunsch
   - Zusatzdiagnostik bei Schwangerschaft
9. **Sonstige Wunschleistungen**
   - Injektion, z. B. von Vitamin- und Aufbaupräparaten
   - Beschneidung ohne medizinische Indikation
10. **Neuartige Untersuchungs- und Behandlungsverfahren**
    - Bright-Light-Therapie der saisonalen Depression
    - Apparative Schlafprofilanalyse zur Diagnostik von Schlafstörungen

(Vgl. IGeL - Individuelle Gesundheitsleistungen [www.e-bis.de, IGeL.online])

60. IGeL-Liste

(Intervall check), sonografischer Check-up der inneren Organe, Prostatauntersuchungen mittels PSA-Bestimmung.

- **Medizinisch-kosmetische Leistungen**, für die keine akute Notwendigkeit besteht, wie z. B. ästhetische Operationen (Facelift, Brustkorrektur u.a.), Beseitigung von Besenreiser-Varizen, Entfernung von Tätowierungen.

- **Bisher nicht anerkannte Behandlungsverfahren**, bei denen ein medizinischer Nutzen nicht konkret nachgewiesen ist. Hierbei handelt es sich z. B. um bestimmte Akupunkturbehandlungen, Ozon-Therapie oder Eigenblutbehandlungen zur Stärkung der Immunabwehr.
- **Sonstige ärztliche Serviceleistungen** wie z. B. Ausstellung von Bescheinigungen für den Besuch des Kindergartens oder der Schule, Diätberatung ohne Vorliegen einer Krankheit oder Raucherentwöhnung

Die Inanspruchnahme von IGeL basiert auf einem gesondert abzuschließenden schriftlichen **Behandlungsvertrag** zwischen Arzt/Ärztin und Patient/Patientin. Es besteht die Verpflichtung, vor Vertragsabschluss über die Leistung ausreichend zu informieren und zu beraten. Die schriftliche Einwilligungserklärung des Patienten/der Patientin muss sich auf einen konkreten Einzelfall beziehen und folgende **Mindestinhalte** aufweisen (vgl. Abb. 61):

- Vereinbarte Einzelleistung mit GOÄ-Ziffer und Steigerungssatz
- Vermutliche Honorarhöhe
- Erklärung, dass die Behandlung auf eigenen Wunsch durchgeführt wird
- Bestätigung über die Aufklärung, dass die Behandlung nicht in den Leistungskatalog der Krankenkasse gehört und auch nicht mit ihr abgerechnet werden kann

Die IGeL-Kosten können sich zwar von Praxis zu Praxis unterscheiden, sie dürfen jedoch vom behandelnden Arzt nicht willkürlich festgelegt werden. Die **Vergütung** richtet sich nach der amtlichen Gebührenordnung für Ärzte (GOÄ). Neben dem einfachen oder 2,3-fachem Satz kann bei besonderer Schwierigkeit oder erhöhtem Zeitaufwand mit entsprechender Begründung auch der 3,5-fache Höchstsatz berechnet werden.

Das Angebot von IGeL hat in den letzten Jahren stark zugenommen. IGeL gelten aus der Sicht vieler Ärztinnen und Ärzte als eine der wenigen Möglichkeiten, zusätzliche Einnahmequellen zu erschließen, um Umsatzverluste auszugleichen. Es gibt aber auch kritische Stimmen, welche die Rolle des Arztes als Gesundheitsverkäufer

Dr. med. Fritz Steinbach, Arzt für Allgemeinmedizin
Sodastraße 60, 20456 Hamburg

Patientenerklärung über die Inanspruchnahme von individuellen Gesundheitsleistungen (IGeL)

Ich, *Maria Dolores geb. 12.03.1975, Kieler Allee 128, 20435 Hamburg*, wünsche, durch den behandelnden Arzt Dr. Steinbach die folgenden Leistungen gemäß GOÄ in Anspruch zu nehmen:
Leistungen:
Malaria-Prophylaxe, Beratung, Schutzimpfung

Hierfür wird ein Honorar (2,3-facher Satz) über voraussichtlich 149,36 EUR vereinbart.
Es ist mir bekannt, dass die Krankenkasse, bei der ich versichert bin, eine im Sinne des Gesetzes ausreichende Behandlung gewährt und vertraglich sichergestellt hat. Ich wünsche dennoch die oben aufgeführten Leistungen.
Mir ist weiter bekannt, dass über die oben aufgeführten individuellen Gesundheitsleistungen privat gemäß GOÄ abgerechnet wird und der Liquidationsbetrag von mir selbst zu tragen ist.
Mir ist außerdem bekannt, dass ich gegenüber meiner gesetzlichen Krankenkasse oder Beihilfestelle keinen Erstattungsanspruch habe.

Hamburg, 29.09.20..

Dr. Steinbach *M. Huana*

Unterschrift Dr. med. Steinbach | Unterschrift Dolores

61. IGeL-Patientenerklärung und Honorarvereinbarung

ablehnen. Und viele Krankenkassen weisen darauf hin, dass IGeL meist überflüssig, medizinisch umstritten und manchmal sogar gesundheitlich bedenklich seien (vgl. z. B. www.aok-bv.de).

Bietet die Praxis IGeL an, dann kommen auf das **Praxispersonal** neue kommunikative Aufgaben zu. Gefragt ist eine kompetente und professionelle IGeL-Beratung durch Fachkräfte, die sich bei den Zusatzleistungen auskennen und diese glaubhaft empfehlen können. Patient:innen erwarten kein Vorlesen des Infomaterials, sondern Fachwissen und überzeugende Präsentation. Sie wollen am Ende wissen, welchen speziellen Nutzen sie von der Leistung haben, und von der Qualität des Angebots überzeugt sein.

ÜBUNGSAUFGABEN

1. Fassen Sie zusammen, was man unter IGeL versteht.
2. Warum können IGeL nicht über die Krankenkassen abgerechnet werden?
3. Ein Patient möchte aufgrund eines in der Praxis ausliegenden Flyers eine Information zu einem IGeL-Angebot. Wählen Sie aus der IGeL-Liste (Abb. 59) eine Leistung aus und stellen Sie diese patientenbezogen dar (Nutzen für den Patienten, Kosten, Behandlungsablauf usw.).

4.9 Überwachung des Zahlungseingangs

Jede Praxis muss – genauso wie ein Wirtschaftsunternehmen – darauf achten, dass die Kosten durch die Einnahmen gedeckt werden und Möglichkeiten für zukünftige Investitionen (z. B. moderne Behandlungsgeräte) geschaffen werden. Dazu ist es notwendig, dass abgerechnete Tätigkeiten des Arztes/der Ärztin möglichst umgehend der Praxis finanziell zufließen. Die erbrachten Leistungen für Mitglieder der gesetzlichen Krankenkassen werden über die kassenärztliche bzw. kassenzahnärztliche Verrechnungsstelle abgerechnet und der Praxis gutgeschrieben. Nach Prüfung der sachlich-rechnerischen Richtigkeit und einer Wirtschaftlichkeitsprüfung verteilen die Verrechnungsstellen die Gesamtvergütung der Krankenkassen an die Praxen. Eine individuelle Überprüfung des Zahlungseingangs ist hier nicht notwendig (vgl. Abb. 62).

Anders sieht es aus bei der **Abrechnung mit Privatpatientinnen und -patienten** oder bei der Abrechnung gesondert erbrachter Leistungen, die nicht von der gesetzlichen Krankenversicherung übernommen werden. Hier wird die Liquidation direkt dem Patienten zugestellt, der selbst dafür zu sorgen hat, dass die Zahlung an den Arzt/die Ärztin erfolgt. Besteht eine private Krankenversicherung, reicht ein Patient seine Rechnung dort ein und erhält nach Prüfung eine entsprechende Kostenerstattung. Auch Beamte und Beamtinnen erhalten eine Privatliquidation; hier zahlt die private Krankenversicherung nur einen Teil, den anderen Teil (je nach den persönlichen Verhältnissen mindestens 50 % des Liquidationsbetrags) überweist die Beihilfestelle des öffentlichen Arbeitgebers an den Patienten. Wie auch immer die Kostenerstattung durch private Versicherungen im Einzelfall geregelt ist, stets sind bei einer Privatliquidation die Patient:innen Zahlungspflichtige, die die Leistung der Ärztin oder des Arztes persönlich vergüten müssen (vgl. Abb. 63). Dies ist gleichfalls bei allen tierärztlichen Abrechnungen mit Tierhalter:innen (Klient:innen) der Fall.

Ein schneller Zahlungseingang sichert die Zahlungsfähigkeit der Praxis, vermindert die Kosten für Überbrückungskredite und erspart hohe Mahnkosten. Deshalb sollte in jeder Praxis ein funktionierendes Rechnungs- und Mahnwesen vorhanden sein. Am Anfang steht immer die **Überwachung des Zahlungseingangs**. Kurzfristig muss auf eine zügige Abwicklung hingearbeitet werden, z. B. durch Angabe von Zahlungsfristen wie „Zahlbar innerhalb von 30 Tagen nach Rechnungserhalt“. Ein Abzug von Skonto für vorzeitige Zahlung der Rechnung ist für ärztliche Leistungen jedoch nicht zulässig. Langfristig muss zusätzlich beachtet werden, dass ausstehende Zahlungen nach einer gewissen Zeit nicht mehr durch gerichtliche Zwangsmaßnahmen eingefordert werden können (Verjährung) und damit in der Regel verloren sind (vgl. Seite 247 ff.).

Eine erste organisatorische Maßnahme zur **Kontrolle des Zahlungseingangs** ist die Sammlung der Liquidationsdurchschriften in einem gesonderten Ordner. Oft wird die Kontrolle auch per Computer durchgeführt (Offene-Posten-Buchhaltung). Nach Rechnungserstellung wird eine Kopie in diesem **Debitorenordner** abgelegt. Debitoren – dieser Begriff wird von der lateinischen Bezeichnung „debet“ = „er schuldet“ abgeleitet – sind Rechnungsschuldner:innen der Praxis. Die Ablage erfolgt in numerischer (nach Rechnungsnummern) oder in chronologischer (zeitlicher, datumsmäßiger) Reihenfolge. Auch eine Ablage nach dem Namen des Rechnungsschuldners (alphabetisch) ist möglich. Nach Zahlungseingang durch direkte Bezahlung in der Praxis oder Überweisung auf das Praxiskonto wird die offene Liquidation mit

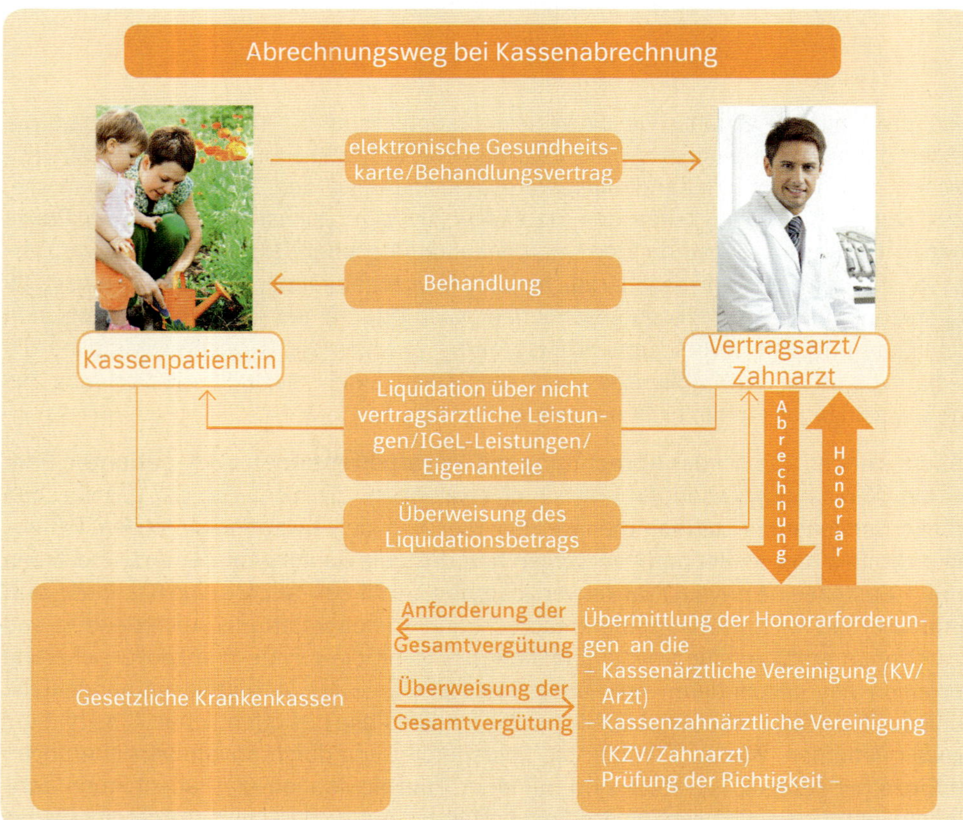

62. Kassenabrechnung

63. Privatabrechnung

einem Bezahlvermerk versehen und für die weitere Bearbeitung und Verbuchung z. B. an den Steuerberater weitergereicht.

Eine einfache und kostensparende Art der Zahlungseingangskontrolle ist die **Überwachung mittels Reiter** auf den Karteikarten der Patienten. Zwar kann man sofort ersehen, welche Patientin oder welcher Patient noch eine offene Liquidation hat, Einzelheiten wie Forderungshöhe oder Zahlungsfristen sind jedoch zunächst nicht erkennbar und müssen zusätzlich festgestellt werden (z. B. durch einen Blick in den Debitorenordner). Manche Karteikarten bieten die Möglichkeit, ein handschriftliches Patientenkonto zu führen. In diese Kontoübersicht werden die bereits übersandten Liquidationen mit Datum und Betrag eingetragen und Zahlungen oder Mahnungen werden entsprechend registriert. Die Reiterkontrolle bietet die Möglichkeit, bei persönlichen Vorspra-

Genehmigung der Abrechnung über eine privatärztliche Verrechnungsstelle

Hiermit erkläre ich ausdrücklich mein Einverständnis zur Weitergabe meiner erforderlichen personenbezogenen Daten an die privatärztliche Verrechnungsstelle XY zum Zwecke der Einziehung der ärztlichen Honorarforderung.

Meine Daten werden an die

Ärztliche Verrechnungsstelle XY
Ärztliche Gemeinschaftseinrichtung
Phantasieweg 3–5
66676 Musterstadt

übermittelt.
Ich bin darauf hingewiesen worden, dass diese Einwilligung freiwillig erteilt wird und sie jederzeit widerrufen werden kann. Gleichzeitig bestätige ich den Erhalt eines Merkblattes mit wichtigen Informationen zur Datenschutz-Grundverordnung.

Klaus Brummer

Klaus Brummer

64. Zustimmungserklärung zur Honorarabrechnung über eine Abrechnungsstelle chen von Patient:innen an die Bezahlung noch offener Rechnungen zu erinnern und so Kosten für ein schriftliches Mahnverfahren zu sparen. Dies sollte möglichst diskret erfolgen. Unbedingt zu beachten ist die Entfernung der Reiter bei Bezahlung, weil ungerechtfertigte Zahlungsaufforderungen eine überaus negative Wirkung haben können.

Etwas mehr Aufwand erfordert die Führung eines getrennten **Rechnungskontrollbuchs,** in das ausgehende Liquidationen unter einer fortlaufenden Rechnungsnummer mit Rechnungsdatum und -betrag eingetragen werden. Nach Verbuchung eingegangener Zahlungen kann man aktuell erkennen, welche Liquidationsforderungen noch ganz oder teilweise offen sind bzw. in welcher Phase sich ein evtl. Mahnverfahren befindet. Computergesteuerte Praxisverwaltungsprogramme bieten die Möglichkeit, schnell und ohne langwierige Zusatzarbeit offenstehende Liquidationen anzuzeigen. In dieser **Offene-Posten-Liste** sind ähnlich wie beim Rechnungskontrollbuch die fälligen, aber noch unbezahlten Forderungen aufgelistet und die Mahnstufe ist zu erkennen (vgl. Abb. 65).

Einschaltung einer privat(zahn)ärztlichen Verrechnungsstelle

In Praxen mit einem großen Anteil an Privatpatienten oder vielen IGeL-Leistungen entsteht ein hoher zusätzlicher Organisations- und Verwaltungsaufwand für die Rechnungserstellung und die Überwachung des Zahlungseingangs. Ärztliche und gewerbliche Verrechnungsstellen bieten dem Arzt und der Ärztin die Möglichkeit, durch Übernahme dieser Tätigkeiten Organisations- und Verwaltungskosten zu sparen. Sie übernehmen die Erstellung und Versendung der Arztrechnung an die Patient:innen und sorgen in eigener Verantwortung und auf eigenes Risiko für die Bezahlung des Honorars. Neben der Kosteneinsparung werden Ärztin/Arzt und Praxispersonal zeitlich entlastet, was der Patientenbetreuung und damit längerfristig der Bindung an die Praxis zugutekommen kann. Für ihre Abrechnungs- und Überwachungsleistungen berechnet die Verrechnungsstelle dem Arzt/der Ärztin eine auf die Forderungshöhe bezogene prozentuale Grund- und Bearbeitungsgebühr.

BEISPIEL

Höhe der Privatliquidation 350,00 EUR, Grund- und Bearbeitungsgebühr der Verrechnungsstelle 8,45 EUR, Zahlung an die Praxis 341,55 EUR

Ob sich eine privat organisierte Abrechnung für die Praxis rechnet oder nicht, ist abhängig von verschiedenen Faktoren, z. B. Umfang der Privatleistungen, Zahlungsverhalten der Patient:innen, Liquidität der Praxis und nicht zuletzt auch von der Patientenstruktur. Manchen Patienten dürfte es egal sein, von wem sie eine Liquidation erhalten, andere legen Wert auf eine persönliche Rechnungserstellung und Zahlungsabwicklung, damit ihre persönlichen Daten nicht die Praxis verlassen.

Zusätzlich sind bei der Abrechnung über eine Verrechnungsstelle gesetzliche Vorschriften, z. B. über die ärztliche Schweigepflicht, zu beachten. Deren Nichteinhaltung stellt einen Verstoß gegen die ärztliche Berufsordnung dar und kann auf Antrag zudem nach § 203 Strafgesetzbuch strafrechtlich verfolgt werden. Der Arzt bzw. die Ärztin darf persönliche Daten über Patienten, über deren Erkrankungen und Behandlungen nicht unbefugt an Dritte weitergeben. Zur Erstellung einer Liquidation sind diese Angaben und evtl. zusätzliche Begründungen zur Höhe der Steigerungssätze aber notwendig und müssen daher an die Abrechnungsgesellschaft übermittelt werden. Eine **Einwilligung der Patientin/des Patienten** zur Weitergabe ärztlicher Behandlungsunterlagen an eine privatärztliche Abrechnungsstelle ist deshalb auch nach höchstrichterlicher Rechtsprechung des Bundesgerichtshofs unbedingt erforderlich, um die Ärztin oder den Arzt vor strafrechtlichen Konsequenzen und negativen finanziellen Folgen zu schützen. Patient:innen müssen auf diese Abrechnungsform hingewiesen werden und ihre Einwilligung hierzu sollte immer **schriftlich** vorliegen. Dies kann mithilfe eines Vordrucks geschehen, der beim ersten Behandlungstermin in der Praxis zur Unterschrift vorgelegt wird (vgl. Abb. 64). Gleichzeitig sollte auch eine Information über die datenschutzrechtlichen Vorschriften erfolgen.

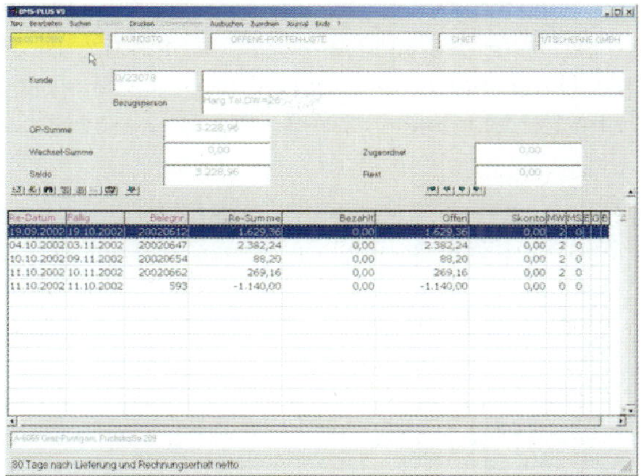

65. Darstellung einer Offene-Posten-Liste aus einem Arzt- oder Zahnarzt-Abrechnungsprogramm

ÜBUNGSAUFGABEN

1. Beschreiben Sie den Abrechnungsweg
   a) bei der Kassenabrechnung und
   b) bei der Privatabrechnung.
2. Begründen Sie, warum ein schneller Zahlungseingang bei der Privatabrechnung wichtig für die Praxis ist.
3. Welche Maßnahmen können zur Kontrolle und Überwachung des Zahlungseingangs getroffen werden?
   a) Stellen Sie die Vorteile bei der Einschaltung einer privaten Verrechnungsstelle dar.
   b) Sehen Sie auch Nachteile?
4. Was ist bei der Einschaltung einer Verrechnungsstelle unbedingt zu beachten?

4.10 Außergerichtliches Mahnverfahren

Wird beim Erstellen einer Liquidation ein konkreter Zahlungstermin genannt oder ausdrücklich auf die Regelung des BGB bezüglich der Zahlungsfrist hingewiesen (30-Tage-Regelung, vgl. Seite 239 f.), dann kommt der oder die Zahlungspflichtige bei Überschreitung des Zahlungstermins automatisch in Zahlungsverzug. Jetzt schon mit juristischen Mitteln zu drohen, wäre unangemessen, denn selbst zahlungswillige Patient:innen und Klient:innen können die Bezahlung einer Liquidation unbeabsichtigt vergessen oder den Zahlungstermin übersehen haben. Deshalb wird bei einer Nichtzahlung zunächst ein abgestuftes **außergerichtliches Mahnverfahren,** auch **kaufmännisches Mahnverfahren** genannt, in Gang gesetzt. Dieses besteht aus einem Schriftwechsel mit den Zahlungspflichtigen, die zunächst in Form einer höflichen **Zahlungserinnerung** zur Begleichung der Liquidation aufgefordert werden (vgl. Abb. 66). Eine Rechnungskopie und ein am besten bereits ausgefülltes Überweisungsformular können dem Anschreiben beigelegt werden. Kommt keine Reaktion, wird mit Nachdruck und schärfer formulierten Schreiben bis hin zur Androhung gerichtlicher Maßnahmen versucht, den Schuldner oder die Schuldnerin zur Zahlung zu bewegen. Die inhaltliche Gestaltung der Mahnschreiben und die Anzahl der Zahlungserinnerungen können von Praxis zu Praxis je nach der Art der Forderung oder der Patientenpersönlichkeit unterschiedlich sein. Meist wird jedoch ein **dreistufiges Mahnverfahren** gewählt. Eine Durchnummerierung der Mahnungen im Mahnschreiben, z. B. im Betreff („1. Mahnung", „2. Mahnung" usw.) ist nicht zu empfehlen, da Zahlungsschuldner dies als Hinweis ansehen könnten, dass man auf die nachfolgende Zahlungsaufforderungen noch warten kann (vgl. Abbildung 67).

> Sehr geehrte Frau Hesselbach,
>
> in der Hektik unserer Zeit kann es schon mal vorkommen, dass Zahlungen einfach vergessen werden. Deshalb erlaube ich mir, Sie an meine offene Liquidation vom 14.11.20.., Rechnungsnummer 16412, mit einem Gesamtbetrag von
>
> **77,78 EUR**
>
> zu erinnern. Eine Rechnungskopie lege ich für Sie bei.
>
> Bitte überweisen Sie den offenen Betrag bis zum 22.12.20.. Einen bereits vorbereiteten Überweisungsbeleg füge ich bei.
>
> Mit freundlichem Gruß
>
> *Dr. Schrader*
>
> Dr. med. Werner Schrader

66. Zahlungserinnerung, siehe Arztrechnung Seite 281

1. Mahnung

Zahlt der Patient oder die Patientin nach Übersendung einer Zahlungserinnerung nicht, ergeht eine erste Mahnung. In ihr wird auf die Fälligkeit der Schuld hingewiesen bzw. spätestens jetzt ein konkreter Zahlungstermin genannt und nachdrücklich zur Zahlung aufgefordert.

67. Letzte Mahnung?

2. Mahnung

Der Schuldner bzw. die Schuldnerin ist nun auf jeden Fall im Zahlungsverzug. In der Mahnung wird die Zahlungsaufforderung schärfer formuliert und darauf hingewiesen, dass Verzugszinsen und Mahnkosten berechnet werden können. Ob hier schon eine konkrete Berechnung erfolgt, muss im Einzelfall entschieden werden. Bei Privatliquidationen ist eine Berechnung von Verzugszinsen in Höhe von 5 % über dem von der Europäischen Zentralbank jeweils für ein halbes Jahr festgelegten Basiszinssatz zulässig (Zinssatz über www.bundesbank.de). Höhere Zinsen können verlangt werden, wenn Ärztin oder Arzt selbst Zinsen zahlen müssen, z. B. aufgrund einer Kontoüberziehung. Mahnkosten, z. B. für Porto, Telefonkosten oder Materialaufwand, können zusätzlich berechnet werden.

BEISPIEL

Es wird ermittelt, dass der Basiszinssatz 0,5 % beträgt. Ohne Nachweis dürfen dem Schuldner Zinsen in Höhe von 5,5 % berechnet werden. Zahlt der Arzt aufgrund einer Kontoüberziehung bei seiner Bank einen Sollzinssatz von 11,75%, dann kann er diesen Satz dem Schuldner berechnen. Allerdings muss hier ein Nachweis über die Höhe der Sollzinsen erbracht werden, z. B. über eine entsprechende Bankbescheinigung.

Zahnarzt holt sich Gebiss zurück

Ein Zahnarzt hat einer Patientin mitten in einem Restaurant das Gebiss weggenommen, weil die Patientin ihren Eigenanteil an der Prothese trotz mehrerer Mahnungen nicht gezahlt hatte. Der Arzt stürmte nach Aussage der Frau am Samstag von der anderen Straßenseite in das Restaurant, zog ihren Kopf nach unten und riss ihr die Prothese aus dem Mund. Nach Angaben der Polizei floh der Zahnarzt anschließend mit dem Zahnersatz. Erst nach dem Diebstahl sei es zu einem Vergleich gekommen, teilte die Polizei mit. Der Zahnarzt hat der Frau das Gebiss wiedergegeben, nachdem er das Geld erhalten hatte. Die geschockte Patientin erstattete Anzeige wegen Körperverletzung.

68. Unzulässige Forderungseintreibung

3. Mahnung

Als letzte Aufforderung zur Zahlung wird dem Schuldner bzw. der Schuldnerin nun eine erneute, aber kurze Zahlungsfrist gesetzt und für den Fall ihrer Nichteinhaltung werden weitere Schritte angekündigt. Dies kann die Einbeziehung eines Inkassoinstituts (siehe Exkurs Seite 294) oder die Einschaltung eines Rechtsbeistands sein. Ferner kann säumigen Patient:innen mit der Androhung einer Klage oder eines gerichtlichen Mahnverfahrens der Ernst der Lage vor Augen geführt werden. Ein Hinweis auf die dann zu übernehmenden hohen Kosten der Zwangsbeitreibung sollte nicht fehlen. Außerdem werden sämtliche bis hierher entstandenen Kosten einschließlich der Hauptforderung aufgelistet.

Gleichzeitig ist auch eine telefonische Kontaktaufnahme in Betracht zu ziehen. Gemeinsam kann geklärt werden, warum bisher keine Zahlung erfolgte, und es kann nach einem Weg gesucht werden, die Forderung zu begleichen. Teilzahlungsmöglichkeiten, z. B. monatliche Raten oder Stundungsvorschläge, verknüpft mit einem Schuldanerkenntnis, sind hier oft Erfolg versprechend.

Führt dieses außergerichtliche Mahnverfahren nicht zum Ziel, bleibt nur die Geltendmachung der Forderung durch gerichtliche Maßnahmen (vgl. gerichtliches Mahnverfahren, Seite 242 f.).

ÜBUNGSAUFGABEN

1. Warum wird trotz Fälligkeit einer Zahlung zuerst ein außergerichtliches Mahnverfahren durchgeführt?
2. Beschreiben Sie, welchen Inhalt eine 3. Mahnung enthalten könnte.
3. Welche Vorteile hat eine telefonische Kontaktaufnahme vor dem gerichtlichen Mahnverfahren?
4. Welche Kosten entstehen für den Schuldner oder die Schuldnerin aufgrund des außergerichtlichen Mahnverfahrens?
5. Für mehrere IGeL-Maßnahmen zur Vorbereitung einer längeren Auslandsreise ist bei einer Patientin noch ein Betrag von 386,00 EUR offen. Mahnungen brachten bisher keinen Erfolg. Welche Zahlungsvereinbarungen mit der Patientin könnten die Schuldentilgung eventuell verbessern?
6. Der Basiszinssatz der Zentralbank liegt bei –0,5% (negativer Basiszins).
   a) Welchen Zinssatz kann die Praxis beim Zahlungsverzug von Patienten berechnen?
   b) In welchem Fall könnte auch ein anderer Zinssatz berechnet werden?

Exkurs

Inkassounternehmen

Vielen freiberuflich Tätigen, wie z. B. Ärzten, Zahnärzten oder Tierärzten, ist es zu lästig, Privatpatienten, die ihre Rechnungen nicht bezahlen, umfangreich mit vielen Mahnschreiben und Aufforderungen anzumahnen.

Hier bieten **Inkassobüros** ihre Dienste gegen eine Inkassogebühr an. Sie führen für den Gläubiger (z. B. Tierarzt) das Mahnverfahren durch, denn sie sind darauf spezialisiert, von säumigen Schuldnern Geld einzutreiben. Außerdem übernehmen sie das Mahnverfahren im Auftrag des Arztes oder der Ärztin. Der Gläubiger tritt dabei die Forderung, die er gegen den Schuldner hat, an das Inkassobüro durch eine Vertragsvereinbarung ab. In diesem Falle erhält die Praxis ihren Forderungsbetrag dann vom Inkassounternehmen sofort unter Abzug von ca. 10–30 % Vergütung. Das Inkassobüro hat damit die Forderung dem Tierarzt „abgekauft“ und übernimmt den gesamten Forderungseinzug auf eigene Rechnung.

4.11 Kreditaufnahme und Kreditfinanzierung

Die üblichen Praxiskosten und die meisten privaten Geldausgaben sollten durch die laufenden Einnahmen oder vorhandenen Rücklagen gedeckt sein. Manchmal jedoch sind die Ausgaben größer als die aktuellen finanziellen Möglichkeiten, z. B. bei hohen finanziellen Außenständen oder bei größeren Anschaffungen. Dann stellt sich die Frage nach einer Kreditfinanzierung.

Nach der **Art der Verwendung** unterscheidet man:

- **Produktivkredit:** Er dient zur Finanzierung betrieblich genutzter Güter, z. B. eines Behandlungsstuhls, eines Röntgengeräts oder der sonstigen Praxiseinrichtung.

- **Konsumkredit:** Er dient zur Finanzierung privater Dinge, z. B. einer Wohnungseinrichtung, eines Pkw, einer Urlaubsreise.

Kreditvertrag

Der Begriff „Kredit" ist abgeleitet aus den lateinischen Begriffen „creditum" (= das Anvertraute) und „credere" (= glauben). Der Kreditgeber vertraut dem Kreditnehmer einen Teil seines Geldes in der Hoffnung an, dass eine Rückzahlung entsprechend den vertraglichen Bedingungen vorgenommen wird. Um dieses Vertrauen nicht zu enttäuschen und um nicht selbst bei der Rückzahlung in Schwierigkeiten zu geraten, sollte man zunächst errechnen, welche monatliche Belastung tragbar ist.

Im **Bürgerlichen Gesetzbuch (BGB)** ist geregelt, dass alle Kreditverträge, die länger als drei Monate laufen und in mindestens zwei Raten zurückgezahlt werden, **schriftlich** abgeschlossen werden müssen. Der Vertrag muss Angaben über die Kreditsumme, Laufzeit, Höhe der Zinsen sowie die monatlichen Raten enthalten. Außerdem müssen der **effektive Jahreszins** (tatsächliche Verzinsung) und alle sonstigen Kosten und Gebühren angegeben werden.

Wichtig ist, dass der Kreditvertrag **innerhalb von zwei Wochen schriftlich widerrufen** werden kann. Diese Frist beginnt erst dann zu laufen, wenn der Kreditnehmer **schriftlich** über sein Widerrufsrecht informiert worden ist.

Alle Daten über Bankkredite werden bei der SCHUFA (Schutzgemeinschaft für allgemeine Kreditsicherung) gespeichert. Dort wird auch vermerkt, ob es bei der Rückzahlung zu Problemen oder Verzögerungen gekommen ist. In diesem Fall kann eine Ablehnung bei einem späteren Kreditantrag die Folge sein. Ist ein Kredit ordnungsgemäß zurückgezahlt, müssen die Daten bei der SCHUFA gelöscht werden (vgl. Seite 263).

FALLBEISPIEL

Nach bestandener Abschlussprüfung will Carina sich endlich ein eigenes Auto kaufen. 1 500,00 EUR hat sie bereits angespart, die restlichen 4 500,00 EUR zum Kauf eines gebrauchten Pkws will sie als Kredit aufnehmen. In ihrer Tageszeitung liest sie folgende Anzeige:

Bargeld sofort – bis 10 000,00 EUR ohne besondere Sicherheit!!

Unsere Vorteile:
- Schnelle und unbürokratische Bearbeitung
- Niedrige Gebühren und Zinsen
- Günstige Rückzahlungsraten
- Auch für Ausländer und Arbeitslose

Vertrauen Sie uns!
Wir vertrauen Ihnen!
Wir helfen weiter!
Rufen Sie noch heute an!

Carina errechnet ihre monatlich mögliche Kreditrate anhand einer „Haushaltsüberschussrechnung“:

	EUR
Monatliches Nettoeinkommen	1800,00
Miete einschließlich Nebenkosten	– 600,00
Ernährung, Kleidung, Kultur, Reisen	– 450,00
Pkw: Steuer, Versicherung, Benzin	– 250,00
Sparen, Versicherungen, Sonstiges	– 100,00
Frei verfügbarer Monatsbetrag	400,00

Unter Berücksichtigung einer Sicherheitsreserve für Unvorhergesehenes könnte bei Carina ein Betrag von **225,00 EUR** als monatliche Rückzahlungsrate angesetzt werden.

Bei einer angenommenen Kreditlaufzeit von zwei Jahren könnte Carina mit diesem monatlichen Betrag einen Kredit von maximal 5 400,00 EUR (= 24 Monate mal 225,00 EUR Rückzahlungsrate einschließlich Zinsen) finanzieren. Ob sie aber das Zeitungsangebot annimmt oder zu einer Geschäftsbank geht, sollte sie von den gesamten Kreditkosten (Zinsen, Gebühren, eventuell Versicherungsgebühren usw.) abhängig machen. Auf jeden Fall sollte sie deshalb mehrere Kreditangebote vergleichen und auch auf versteckte Kosten achten.

Kreditarten

Bei der Wahl einer angemessenen Kreditart müssen folgende Punkte bedacht werden:

- Laufzeit des Kredits
- Rückzahlungsvereinbarungen
- Höhe der Zinsen und Nebenkosten
- Geforderte Sicherheiten

Die im Bereich der Konsumkredite meist gewählten Kreditarten sind der **Dispokredit** (Überziehungskredit auf dem Girokonto) und der **Ratenkredit** (Anschaffungskredit).

- **Dispokredit.** Voll geschäftsfähige Inhaber:innen von Girokonten erhalten auf relativ einfache Weise einen Kredit, wenn auf ihrem Konto regelmäßige Eingänge (z. B. Gehalt) zu verzeichnen sind. Die Bank erlaubt dem Kontoinhaber die Überziehung des Girokontos, ohne dass jedes Mal ein besonderer Kreditvertrag ausgeschrieben oder eine vorherige Mitteilung gemacht werden muss. Meist wird eine Überziehungsmöglichkeit von **bis zu drei Monatsgehältern** eingeräumt.
  Der Dispokredit ist besonders für den **kurzfristigen** Geldbedarf die geeignete Kreditform, denn Zinsen werden nur für die jeweilige tägliche Überziehung berechnet und weitere Kosten fallen nicht an (vgl. Abb. 69).
  Allerdings hat diese Kreditform auch Nachteile:
  - Die Kreditmöglichkeit ist in ihrer Höhe auf zwei bis drei Monatsgehälter beschränkt.
  - Die Zinshöhe ist nicht für die gesamte Laufzeit festgelegt und kann sich je nach der allgemeinen Zinssituation ändern.
  - Bei Überschreitung der eingeräumten Kreditgrenze berechnen die Banken eine zusätzliche Überziehungsprovision.

- Die Möglichkeit der problemlosen Kontoüberziehung kann zu schlecht überlegten Geldausgaben verleiten.

- **Ratenkredit.** Für die längerfristige Finanzierung größerer Anschaffungen wie Auto oder Möbel ist diese Kreditart die meistgenutzte. Bereits zu Beginn wird mit der Bank vereinbart, in welcher Zeit und zu welchem festgelegten Zinssatz das aufgenommene Geld zurückzuzahlen ist. In gleichbleibenden monatlichen Teilbeträgen wird der Ratenkredit dann abbezahlt, die Belastung ist also relativ gut überschaubar. Aber auch beim Ratenkredit ist Vorsicht geboten:
  - Von Bank zu Bank gibt es oft große Unterschiede bei der Verzinsung und den sonstigen Kreditkosten. Vor Vertragsabschluss sollte ein Angebotsvergleich durchgeführt und die Effektivverzinsung verglichen werden.
  - Eine vorzeitige Rückzahlung ist meist nur eingeschränkt, mit finanziellen Verlusten, möglich.
  - Für einen nur vorübergehenden Kreditbedarf ist diese Kreditart relativ teuer, der Dispokredit meist günstiger.
  - Bei langen Laufzeiten können Rückzahlungsprobleme durch unvorhersehbare Ereignisse entstehen (z. B. bei Krankheit oder Arbeitslosigkeit).

Kreditsicherheiten

Welche Sicherheiten die Bank für ihre Kreditgewährung verlangt, richtet sich meist nach der Darlehenshöhe. Für den **Dispokredit** reicht in der Regel ein regelmäßiger Zahlungseingang auf dem Girokonto. Beim **Ratenkredit** dient oft die mit dem Kredit gekaufte Ware (z. B. ein PKW) als Sicherheit.

Auch Bausparverträge, Spareinlagen oder Wertpapiere können als Sicherheit dienen. Verbreitet ist auch die Abtretung der zukünftigen Lohn- oder Gehaltsansprüche.

FALLBEISPIEL

In finanzieller Not

Als der Facharbeiter (23) und die Verkäuferin (19) heirateten, verfügten sie über ein gemeinsames monatliches Einkommen von 2 450,00 EUR. Im Bewusstsein dieser finanziellen Sicherheit nahmen sie einen Kredit über 15 000,00 EUR auf. Davon bezahlten sie die Wohnungseinrichtung, die Kaution für die Wohnung und einen Gebrauchtwagen. Nach der Geburt des ersten Kindes beantragte die Frau Elterngeld. Als das Baby aus dem Gröbsten heraus war und sie wieder arbeiten gehen wollte, wurde sie unerwartet ein zweites Mal schwanger.

Der junge Vater verlor unverschuldet seinen Arbeitsplatz. Bald wurde klar, dass das Arbeitslosengeld (950,00 EUR) für die laufenden Kosten der Wohnung (550,00 EUR), den Kredit (225,00 EUR), Ernährung und Kleidung nicht ausreichte. Die Familie behalf sich mit Bestellungen bei Versandhäusern. Als der Vermieter kündigte, blieb nur noch der Weg zum Sozialamt. Fünf Jahre sind seitdem vergangen. Das Ehepaar hat jetzt noch ein drittes Kind zu versorgen. Der Facharbeiter verdient bei einem neuen Arbeitgeber 1 800,00 EUR netto. Dazu erhält die Familie Wohngeld und in geringem Umfang ergänzende Sozialhilfe.

Die Schulden haben sich durch Zinsen und Zwangsvollstreckungsversuche auf 32 000,00 EUR summiert. Allein die monatlichen Zinsen machen 163,00 EUR aus. Die Familie versucht jetzt, Kleinstbeträge an die Gläubiger zurückzuzahlen.

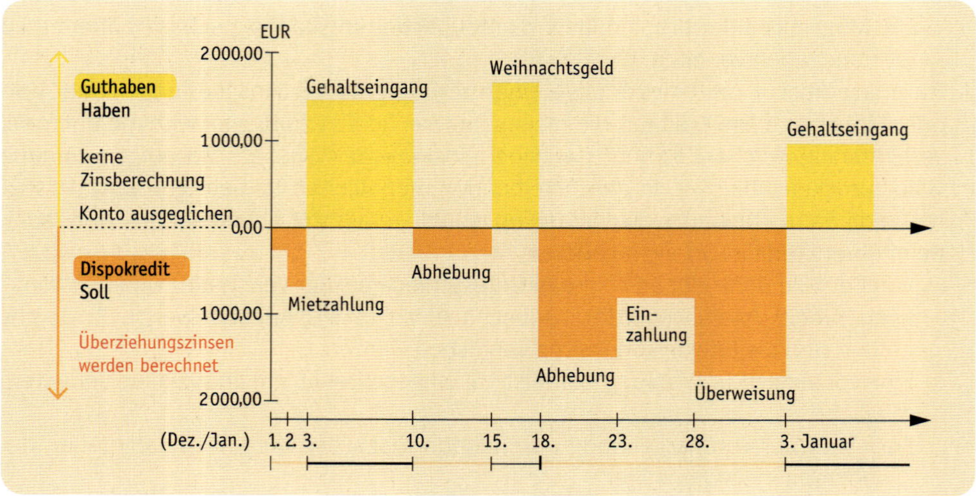

69. Zinsberechnung beim Dispokredit

Gerät ein Kreditnehmer in Zahlungsrückstand, kann die Bank Teile des Gehalts pfänden lassen. Beim Kauf oder Bau von Häusern oder Eigentumswohnungen oder bei größeren An- oder Umbauten ist meist eine langfristige Finanzierung notwendig. Zu ihrer Absicherung wird im Grundbuch (dort sind beim Amtsgericht alle Grundstücke und Gebäude erfasst) eine **Hypothek** bzw. **Grundschuld** zulasten des Grundeigentums eingetragen. Zahlt der Eigentümer oder die Eigentümerin die regelmäßigen Rückzahlungsraten nicht wie vereinbart, kann die Bank das Anwesen versteigern lassen und den Verkaufserlös zur Darlehensrückzahlung verwenden.

Besondere Vorsicht ist bei einer Bürgschaft angebracht, denn wer sich als Bürge verpflichtet (z. B. Freundin, Bekannter), haftet meist unmittelbar und oft unbegrenzt für die Schulden der Person, für die die Bürgschaft übernommen wurde.

Schwierigkeiten bei der Kreditrückzahlung sollten rechtzeitig mit der Bank besprochen werden. Meist ist eine Pause bei der Ratenzahlung möglich. In schwierigen Fällen helfen auch die Verbraucherberatungen und **Schuldnerberatungsstellen** weiter. Dort gibt es in der Regel kostenfreie Beratung und Hilfestellungen zum Schuldenabbau.

Zunächst verschafft man sich anhand entsprechender Unterlagen einen Überblick über die aktuelle persönliche und finanzielle Situation und erstellt dazu einen **Haushaltsplan**, in dem Einnahmen und Ausgaben gegenübergestellt werden. Anschließend folgen Überlegungen, wie eine Verbesserung durch Einnahmeerhöhungen (z. B. Zusatzjob, Wohngeldantrag) oder Ausgabenverminderungen (z. B. Kündigung von Abos, Besuch einer Tafeleinrichtung) erfolgen könnte.

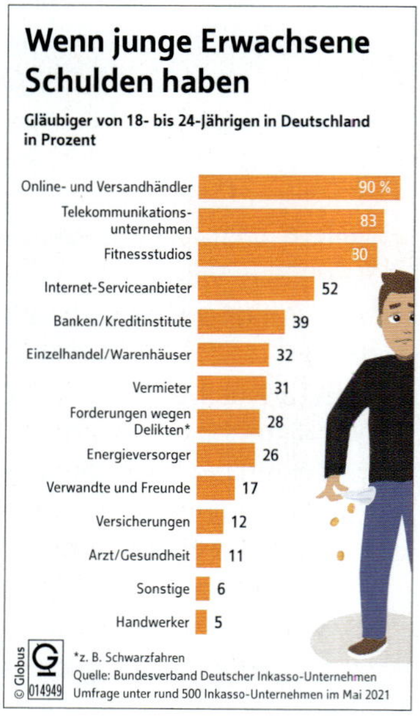

Als Kernpunkt wird anschließend ein **Schuldenregulierungsplan** erstellt. Dieser enthält Vorschläge, wie die Schulden abgebaut werden könnten, z. B. durch Zahlungsnachlässe oder Ratenzahlungsangebote der Gläubiger. Wenn diese zustimmen, kann der Schuldenabbau so durchgeführt werden. Erfolgt keine Einigung zwischen Schuldner und Gläubigern, bleibt als letztes Mittel die **Verbraucherinsolvenz** (vgl. Seite 242). Drei Jahre lang müssen dann alle Einnahmen bis auf einen nicht pfändbaren Einkommensbetrag zur Schuldenrückzahlung eingesetzt und keine neuen Schulden mehr gemacht werden. Nach Ablauf dieser Zeit tritt eine **Restschuldbefreiung** ein, das Insolvenzverfahren wird abgeschlossen und noch bestehende Restschulden werden ersatzlos gelöscht. Ein finanzieller Neuanfang kann beginnen.

ÜBUNGSAUFGABEN

1. Welche gesetzlichen Regelungen gibt es zum Inhalt eines Kreditvertrages?
2. Warum sollte man vor der Beanspruchung eines Kredits eine „Haushaltsüberschussrechnung" vornehmen?
3. Stellen Sie die Vor- und Nachteile bei einem Dispokredit gegenüber.
4. Worin unterscheidet sich ein Dispokredit von einem Ratenkredit?
5. Die Mitarbeiterin Olga spricht Sie in der Mittagspause mit folgendem Problem an: „Ich möchte einen Kredit beantragen und die Bank will von mir wissen, welche Sicherheiten ich habe. Was könnte ich denen denn als Sicherheit anbieten?" Welche Sicherheiten wären – soweit vorhanden – möglich?
6. Ein guter Bekannter erzählt Ihnen im Vertrauen, dass er hoch verschuldet sei und nicht wisse, wie er die Situation verbessern kann. Erläutern Sie, wie Schuldnerberatungsstellen hier helfen können und stellen Sie den Ablauf des Verfahrens in Stichworten dar.

5 BESCHAFFUNG UND LAGERHALTUNG

Situation:

In einer Arzt-, Zahnarzt- oder Tierarztpraxis wird über die Jahre der Praxistätigkeit hinweg für die Beschaffung der Einrichtung, anderer Güter oder Verbrauchsmaterial ein hoher zeitlicher und finanzieller Aufwand geleistet. Werden höherwertige Güter angeschafft, geht die Planung meist vom Arzt oder der Ärztin aus. Für die laufende Beschaffung von Gebrauchs- oder Verbrauchsmaterial ist in der Regel das Praxispersonal zuständig. Als Arbeitsaufgabe liegt dann die Einkaufsplanung, Einkaufsabwicklung, Lagerhaltung und letztendlich auch eine notwendige Entsorgung in den Händen der medizinischen Fachkräfte. Ärztin und Arzt werden so entlastet. Sie müssen sich aber auf eine sorgfältige und kostensparende Beschaffungsplanung und -abwicklung verlassen können.

1. Stellen Sie dar, was im Rahmen der Beschaffungsplanung besonders zu beachten ist.
2. Die bestellte Ware trifft ein – welche Kontrollen führen Sie durch?
3. Mit welcher Methode wird im Rahmen der Lagerhaltung versucht, eine optimale Lagerbestückung zu erreichen? Stellen Sie die Berechnungsmethode an einem Beispiel dar.
4. Was ist bei der Abfallentsorgung von Praxismaterial zu beachten?

5.1 Beschaffungsplanung

Arzt und Ärztin erbringen ihre Leistungen aufgrund ihres persönlichen Einsatzes und dem ihrer Angestellten. Um jedoch einen ungestörten Behandlungsablauf zu gewährleisten, muss zusätzlich eine materielle Ausstattung vorhanden sein. Neben der langlebigen Praxisausstattung, wie Einrichtungsgegenständen und Medizingeräten, zählt dazu insbesondere ein Vorrat an notwendigem **Verbrauchsmaterial,** auf den permanent zurückgegriffen werden kann. Der Bestand an Instrumenten, Medikamenten (insbesondere in der Tierarztpraxis, hier auch zusätzlich Futtermittel), dem notwendigen Sprechstundenbedarf bis hin zu Büromaterial und Hygieneartikeln muss überwacht und bei Bedarf eine Ersatzbeschaffung eingeleitet werden.

Zur Planung einer **systematischen Vorratshaltung** ist zunächst der kurz- und mittelfristige zukünftige **Materialbedarf** an Verbrauchsmaterial zu ermitteln. Dazu müssen Überlegungen zur voraussichtlichen Entwicklung der Patientenzahl und zum Materialverbrauch angestellt werden. Grundlage können Erfahrungen der Vergangenheit (z. B. Patientenrückgang im August, Anstieg im Dezember) oder Zukunftserwartungen (z. B. Gefahr einer Grippeepidemie) sein. Die Planung muss sorgfältig durchgeführt werden, denn aufgrund von Fehleinschätzungen können sich für die Praxis negative Auswirkungen auf die Praxisorganisation und finanzielle Nachteile ergeben:

- Wurde der **Bedarf zu hoch** eingeschätzt, entstehen große Lagerbestände, die während der langen Lagerzeit Kosten verursachen und „totes Geld" bedeuten. Je nach der Verfallszeit kann Material verderben oder überaltern und damit unbrauchbar werden.
- Wurde **zu wenig** beschafft, kann es zu Engpässen kommen, die eine überteuerte Schnellbeschaffung notwendig machen oder wegen Wartezeiten und Terminverschiebungen zur Verärgerung bei den Patient:innen führen. Kommt es häufiger zu Problemen, kann dies zur Patientenabwanderung beitragen.
- Bei **kurzfristiger Ersatzbeschaffung** fehlt häufig die Zeit, günstige Bezugsquellen zu ermitteln und Angebotsvergleiche zu erstellen. Zwar arbeiten die meisten Praxen oft lange Zeit mit den gleichen Lieferfirmen, doch sollte zumindest von Zeit zu Zeit festgestellt werden, ob mittlerweile günstigere Vergleichsangebote vorhanden sind und sich ein Wechsel lohnt. Zumindest kann ein Angebotsvergleich (vgl. Seite 214 f.) als Grundlage herangezogen werden, um mit dem bisherigen Lieferanten z. B. höhere Rabatte auszuhandeln.

Eine umfangreiche **Beschaffungsplanung** sorgt auf der einen Seite für kostengünstigen und rationellen Warenbezug, auf der anderen Seite verursacht die Planung, Überwachung und Lagerung auch Kosten. Der Praxiseinkauf sollte daher nicht nach dem Gießkannenprinzip organisiert werden, sondern es muss immer überlegt werden, für welches Beschaffungsmaterial sich der Aufwand einer genauen Planung überhaupt lohnt. Zu unwirtschaftlichem Handeln kann es immer dann kommen, wenn der Aufwand der Beschaffungsplanung höher ist als die eingesparten Kosten. Deshalb ist es insbesondere in größeren Praxen mit erheblichem Bestellumfang sinnvoll, den Anteil der Materialien am Gesamtbestellwert zu ermitteln und sich bei einer ausführlichen Materialplanung und Lagerhaltung zunächst auf die Waren zu konzentrieren, die einen hohen Jahreswert erreichen. So wurde festgestellt, dass oft nur rund 20 % der Warenmenge 80 % des Gesamtbestellwerts ausmachen. Für die anderen nicht oft benutzten und bestellten Materialen ist im Einzelfall zu prüfen und zu entscheiden, ob sich umfangreiche Bestellplanungen rentieren. Bei Materialien mit der geringsten Bedeutung (z. B. Büroklammern) kann der Bedarf oberflächlich ermittelt und spontan eingekauft werden.

ÜBUNGSAUFGABEN

1. Was ist bei der Planung einer systematischen Vorratshaltung zu beachten und welche Fehler sind zu vermeiden?
2. Welche Folgen kann eine mangelhafte Beschaffungsplanung haben?
3. Beschreiben Sie die negativen Folgen, wenn
   a) zu viel oder
   b) zu wenig
   bestellt wurde.
4. Beschreiben Sie das 20-zu-80-Prozent-Verhältnis.

Exkurs

Vorratshaltung und Verkauf von Tiernahrung in der Tierarztpraxis?

Gegen den Verkauf von Tiernahrung in den Praxisräumen wird oft argumentiert, dass die Praxis keine Futtermittelhandlung sei. Dem gegenüber steht das Argument, dass bei einer Befragung rund 70 % der Tierhalter:innen angaben, dass sie es für sinnvoll halten würden, wenn sie insbesondere Spezialfutter (z. B. Diätfutter) in der Tierarztpraxis erstehen könnten. Klient:innen sind also dankbar für eine Praxisempfehlung aufgrund entsprechender Beratung. Hier können die kompetenten Tiermedizinischen Fachangestellten mit speziellen, auf das jeweilige Tier abgestimmten Produktinformationen oder einer zusätzlichen Prophylaxeberatung eine stärkere Kundenbindung erreichen und zusätzliche Umsatzergebnisse erzielen. Außerdem verhilft dies dem Tier durch die Fütterung von Produkten mit bester Qualität womöglich zu einer höheren Lebenserwartung und einer Besserung der Krankheitssymptome, was die Patientenzufrie-denheit und eine positive Praxisbeurteilung verstärkt. Bei entsprechender Planung und Sortimentspflege kann bereits auf relativ geringer Stellfläche ein breites Sortiment vorgehalten werden. Entscheidend für einen Verkaufserfolg wird aber immer eine kompetente und überzeugende Beratung sein.

70. Tiernahrung in der Tierarztpraxis?

5.2 Beschaffung des Sprechstundenbedarfs

Einen Teil der in der Praxis eingesetzten Materialien und Arzneimittel können Vertragsärzte/-ärztinnen als Sprechstundenbedarf, je nach regionaler KV-Regelung, zulasten der gesetzlichen Krankenkassen auf einem entsprechenden Verordnungsblatt beziehen. Diese Regelung basiert auf Verträgen, die zwischen den Verbänden der gesetzlichen Krankenkassen und den Kassenärztlichen Vereinigungen (KV) auf Landesebene abgeschlossen werden (Beispiel unter www.vdak.de). Was zulasten der Krankenkasse auf deren Kosten beschafft werden darf, ist genau in einer Liste der verordnungsfähigen Mittel festgelegt (vgl. Abb. 72). Es handelt sich dabei um Mittel, die ihrer Art nach bei **mehr als einem Krankenversicherten** im Rahmen der ambulanten Behandlung Anwendung finden, die bei Notfällen zur Verfügung stehen müssen, oder um bestimmte Impfstoffe.

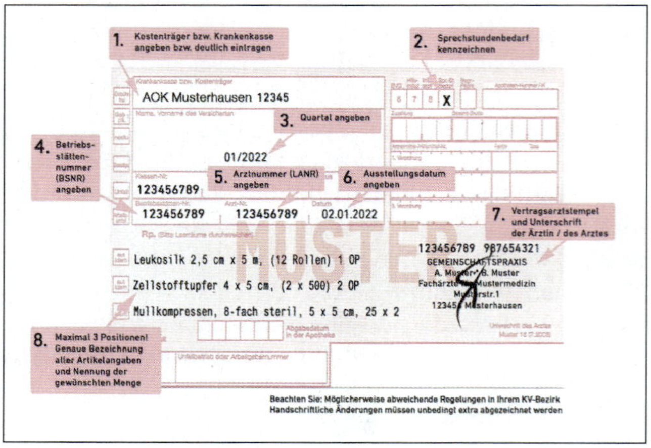

71. Anforderung von Sprechstundenbedarf

Nicht in die Beschaffung des Sprechstundenbedarfs dürfen Materialien und Arzneimittel einbezogen werden, die

- mit den abrechnungsfähigen Leistungen gemäß der Gebührenordnung abgegolten sind (z. B. Einmalspritzen),
- unter die allgemeinen Praxiskosten fallen (z. B. Geräteanschaffungen),
- nur für einen Patienten oder eine Patientin bestimmt sind und direkt zulasten der Krankenkasse verordnet werden können,
- dem Patienten oder der Patientin gesondert in Rechnung gestellt werden müssen (z. B. Impfungen bei privaten Auslandsaufenthalten),
- für Privatpatient:innen verwendet werden.

BEISPIEL

Privatpatient Paulsen möchte in der Arztpraxis eine Grippeschutzimpfung erhalten. Das entsprechende Serum muss er als Verschreibung in der Apotheke holen und mitbringen. Der in der Praxis vorhandene Vorrat an Impfstoff zählt zum Sprechstundenbedarf und darf somit nur für Kassenpatienten verwendet werden.

Bei der Verordnung und Verwendung ist der Grundsatz der Wirtschaftlichkeit zu beachten. Dies bedeutet z. B., dass preisgünstige Packungsgrößen gewählt werden und, wenn der Bezug nicht über die Apotheke erfolgen muss, nach Möglichkeit direkt beim Hersteller oder Großhandel bestellt wird (z. B. Nahtmaterial).

Die **Grundausstattung** der ärztlichen Praxis mit Sprechstundenbedarf haben Inhaber bzw. Inhaberin bei Aufnahme der vertragsärztlichen bzw. vertragszahnärztlichen Tätigkeit

Als Sprechstundenbedarf verordnungsfähige Mittel*, z. B.
• Verband- und Nahtmaterial: z. B. Brandbinden, Wundpflaster, Mullbinden, Nahtmaterial, Tampons, Tupfer, Verbandwatte
• Arzneimittel für Anästhesieleistungen und Schmerzbehandlung: z. B. Mittel zur Lokalanästhesie und Narkosevorbereitung, Mittel zur intravenösen Narkose
• Desinfektions- und Reinigungsmittel zur Anwendung am Patienten: Desinfektionsmittel für Haut, Schleimhäute und Wunden, Wundbenzin, desinfizierende Tinkturen
• Diagnostische und therapeutische Hilfsmittel: Augen-, Ohren-, Nasentropfen, Einmal-Infusionsbestecke, Gummifingerlinge, Holzspatel
• Arzneimittel für Notfälle: schmerzstillende, krampflösende und beruhigende Mittel, Mittel zur Blutstillung
• Impfstoffe: (besondere Anforderung) Impfstoffe für Schutzimpfungen gemäß den Empfehlungen der ständigen Impfkommission, Impfstoffe im Rahmen der kurativen Behandlung
* Anmerkung: Kann je nach Bezirk leicht abweichen

72. Sprechstundenbedarf

zunächst auf eigene Kosten zur Verfügung zu stellen. Anschließend erfolgt die Anforderung und Auffüllung des Sprechstundenbedarfs immer vierteljährlich (einmal im Quartal) rückwirkend als Ersatzbeschaffung. Ausnahme: Impfstoffe können mit einem gesonderten Verordnungsblatt auch im laufenden Quartal bezogen werden.

Kassenzahnärztliche Vereinigungen haben auf eine pauschalisierte Vergütung des Sprechstundenbedarfs im Verhältnis zu den abgerechneten Leistungen umgestellt. Nur wenige Präparate des Sprechstundenbedarfs müssen noch über die Primärkassen angefordert werden. Überwiegend ist der zahnärztliche Sprechstundenbedarf im Sachleistungspunktwert (Auslagenersatz) eingepreist.

Sprechstundenbedarf für Privatpatient:innen und Verbrauch im Zusammenhang mit Arbeitsunfällen müssen Arzt und Ärztin auf eigene Kosten beschaffen und anteilig dem Patienten/der Patientin bzw. dem Unfallversicherungsträger in Rechnung stellen.

5.3 Überwachung und Erfassung des Wareneingangs

Eine funktionierende Warenbeschaffung und Lagerhaltung erfordert die Terminüberwachung ausstehender Bestellungen, eine sorgfältige Warenabnahme, Waren- und Rechnungsprüfung sowie anschließende ordnungsgemäße Einlagerung.

Nach der Vorbereitung und Übermittlung der Bestellung an den Lieferanten müssen die **Liefertermine** überwacht werden. Wurde kein datumsmäßig festgelegter Liefertermin vereinbart, muss nach den gesetzlichen Bestimmungen der Lieferant umgehend liefern, es sei denn, der Kaufvertrag enthält vonseiten des Verkäufers eine entsprechende Einschränkung (z. B. Lieferung innerhalb von vier Wochen). Bei dringend oder zu bestimmten Terminen benötigten Waren sollte ein konkreter Liefertermin vereinbart werden (vgl. Fixkauf, Abb. 8). Die Terminüberwachung kann z. B. durch Abheftung der Bestelldurchschriften in einen Ordner, der fortlaufend kontrolliert wird, oder mittels Einlage in eine Wiedervorlagenmappe organisiert werden. Bei computerunterstützten Bestellsystemen erfolgt die Terminüberwachung automatisch durch Anzeige und Ausdruck der fälligen Lieferungen. Die Terminkontrolle sorgt dafür, dass rechtzeitig Maßnahmen zur Anmahnung ausstehender Lieferungen erfolgen.

Beim Wareneingang ist zunächst eine **äußere Prüfung** notwendig, die möglichst noch in Anwesenheit der zustellenden Person erfolgen sollte:

- **Absender- und Anschriftenprüfung:** Wurde beim Absender überhaupt bestellt? Ist die Sendung für die Praxis?
- **Äußerer Zustand:** Sind Verpackungsschäden erkennbar? Lassen sie auf eine Beschädigung der Ware schließen (z. B. austretende Feuchtigkeit, auffällige Geräusche)?
- **Bei mehreren Sendungen:** Stimmt die Anzahl der in den Begleitpapieren genannten Pakete mit der Lieferung überein?

Ergeben sich bei der Kontrolle **Mängel,** dann muss der Überbringer diese schriftlich bestätigen bzw. bei offensichtlicher Falschlieferung die Ware gleich wieder mitnehmen. Bei ordnungsgemäßer Anlieferung kann der Empfang der Ware quittiert werden.

73. Fristgerechte Lieferung?

Die **angenommene Ware** wird ausgepackt und unverzüglich überprüft. Art, Menge, Beschaffenheit und Qualität müssen mit der Bestellung und dem Lieferschein übereinstimmen. Mängel müssen unverzüglich gegenüber dem Lieferanten geltend gemacht werden (vgl. Seite 233 ff.). Ist die Ware fehlerfrei, wird sie eingelagert. Hinweise zur sicheren Behandlung und Lagerung bestimmter Materialien sind oft einem beigefügten **Sicherheitsdatenblatt** zu entnehmen (siehe z. B. www.bgw-online.de, Stichwort Sicherheitsdatenblatt). Abschließend erfolgt die Rechnungsprüfung. Sie besteht zunächst aus einer sachlichen Prüfung durch Vergleich der Bestellungsdurchschrift und des Lieferscheins mit der Rechnung. Anschließend wird eine rechnerische Prüfung des Einzel- und Gesamtpreises einschließlich vereinbarter Rabattabzüge und der Berechnung von Lieferkosten durchgeführt. Die Ermittlung des endgültigen Rechnungsbetrags unter Berücksichtigung möglicher Skontoabzüge schließt sich an. Je nach Zahlungsziel wird die Rechnung dann am Fälligkeitstermin überwiesen.

5.4 Lagerhaltung

Die Lagerhaltung in der Praxis hat zunächst die Aufgabe, die zum Praxisbetrieb und für die Durchführung der Behandlungen notwendigen Materialien oder Arzneimittel stetig zur Verfügung zu stellen sowie diese sicher und bestimmungsgemäß zu lagern. Dazu müssen Schwankungen im Verbrauch ausgeglichen sowie Verzögerungen aufgrund von langen Lieferfristen oder unvorhergesehenen Wartezeiten abgefangen werden.

Anzustreben ist stets eine möglichst **wirtschaftliche Lagerhaltung.** Hierzu sollten die Lagerbestände so gering wie möglich gehalten werden und die Lagerdauer sollte kurz bemessen sein. Hohe Lagerbestände und lange Lagerzeiten binden Kapital, denn die Waren wurden ja bereits bezahlt und haben die flüssigen Mittel der Praxis (z. B. Guthaben auf dem laufenden Girokonto) vermindert. Erst durch den Einsatz und Verbrauch im Rahmen der Behandlung und der sich anschließenden Abrechnung fließt das Geld der Praxis mit einer entsprechenden zeitlichen Verzögerung wieder zu. Bei langen Lagerperioden besteht die Gefahr von Wertverlust durch Veralterung, Verderben oder Ablauf des Mindesthaltbarkeitsdatums. Außerdem erhöhen sich Mengenverluste durch Bruch oder Diebstahl. Nicht zuletzt spielen auch die **festen Lagerkosten** (Lagerfixkosten) eine Rolle, denn auch sie steigen oder fallen mit dem Umfang der Lagerhaltung. Hierbei handelt es sich um Kosten für die notwendigen Räumlichkeiten (z. B. Anteil des Lagerraums an der Praxismiete), deren Einrichtung mit Regalen, Schränken usw., Beleuchtung, Heizung, Instandhaltung, Brandschutz oder Reinigung. Zusätzliche Kosten

Grundsätze der Lagerhaltung

- Nur kontrollierte und ordnungsgemäße Ware ist zu lagern
- Zu- und Abgänge in einer Lagerkartei festhalten
- Lagerung nur in hygienisch und klimatisch unbedenklichen Räumlichkeiten bzw. Aufbewahrungseinrichtungen; große Feuchtigkeit, Hitze oder Kälte vermeiden
- Kenntnisnahme und Beachtung von Gefahrenhinweisen auf der Verpackung
- Lagerung stets am bestimmten Platz, evtl. in einem zentralen Lagerplan dargestellt
- Ware übersichtlich lagern, eine sichere und schnelle Entnahme muss möglich sein
- Lagerung nur in geeigneten Vorratsbehältern mit entsprechender äußerer Kennzeichnung
- Neue Ware hinter der bereits gelagerten einordnen
- Regelmäßige Kontrolle der Lagerbestände, Aussortierung und sachgerechte Entsorgung verdorbener oder abgelaufener Waren, leicht verderbliche Stoffe öfter prüfen
- In bestimmten Zeitabständen eine Bestandskontrolle (Inventur) durchführen. Das, was nach den Unterlagen vorhanden sein soll, mit dem, was tatsächlich im Lager vorhanden ist, vergleichen und Differenzen klären

74. Lagerungsgrundsätze

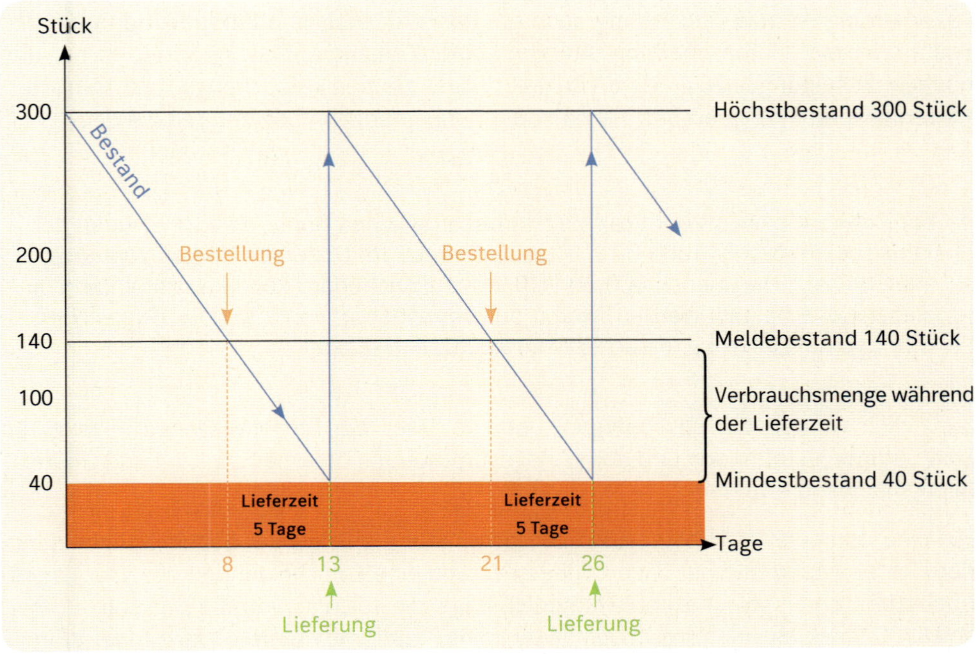

75. Berechnung Lagerbestand

Beispiel zur Festlegung des Meldebestands
(Grafische Darstellung siehe Abb. 75)

In einer Zahnarztpraxis gelten folgende Vorgaben:
- Durchschnittlicher täglicher Verbrauch an Einmalspritzen: 20 Stück
- Nach Bestellung ist mit einer Lieferzeit von fünf Tagen zu rechnen.
- Ein Mindestbestand von 40 Stück soll nicht unterschritten werden.
- Ein Höchstbestand von 300 Stück soll aus Kostengründen nicht überschritten werden.

Nach Eingang der bestellten Einmalspritzen ist der Lagerhöchstbestand und damit auch die maximale Spritzenmenge mit 300 Stück erreicht. Täglich werden nun 20 Spritzen entnommen. Erreicht der Spritzenvorrat den Meldebestand, ist der Bestellzeitpunkt für eine neue Warenlieferung erreicht. Der Meldebestand muss so groß sein, dass die Lieferung neuer Einmalspritzen spätestens dann eintrifft, wenn der Lagermindestbestand (eiserner Bestand) erreicht ist. Der **Meldebestand** errechnet sich in dem Beispiel wie folgt:

(Tagesverbrauch 20 Stück · fünf Liefertage) = 100
\+ Mindestbestand 40 Stück
= Meldebestand 140 Stück

Ist der Meldebestand mit 140 Stück erreicht, müssen so viele Einmalspritzen bestellt werden, dass nach erfolgter Lieferung der Lagerhöchstbestand wieder vorhanden ist. Die **Bestellmenge** beträgt somit:

Höchstbestand 300 Stück
− Mindestbestand 40 Stück
= 260 Stück

Nach fünf Tagen trifft diese Lieferung ein, sodass zusammen mit dem dann erreichten Mindestbestand wieder 300 Einmalspritzen auf Lager sind.

76. Berechnung Lagermeldebestand

entstehen durch die Lagerung von Medikamenten, für die Sondervorschriften gelten (vgl. Seite 307 f.).

Lagerhaltung ist aber gleichzeitig auch die Basis für mögliche **Einsparungen** bei den Kosten der Materialbeschaffung. Aufgrund einer Zusammenfassung vieler kleiner und häufiger Bestellungen zu größeren Bestellmengen können Verpackungs- und Transportkosten gespart, Mengenrabatte erzielt oder Bonusgrenzen überschritten werden.

BEISPIEL

Ein Lieferant gewährt der Praxis einen nachträglichen Bonus von 10 %, wenn der Jahresbestellbetrag 5 000,00 EUR überschreitet. Im Dezember fehlen zum Erreichen dieser Grenze noch 600,00 EUR. Bei ausreichender Lagerkapazität kann in dieser Höhe bestellt werden, womit der Bonusbetrag von 500,00 EUR gesichert wird und die Lieferung tatsächlich nur 100,00 EUR kostet.

Zusätzlich werden die Beschäftigten entlastet, weil die Bestellvorgänge in längeren Zeitabständen stattfinden und damit insgesamt weniger Bearbeitungszeit und Überwachungsaufwand erfordern.

Für eine optimale und kostengünstige Lagerhaltung spielen der Lagerhöchstbestand, der Meldebestand und der Lagermindestbestand eine entscheidende Rolle. Der **Lagerhöchstbestand** ist die maximale Materialmenge, die im Lager vorrätig sein soll. (im Beispiel 300 Stück) Sie wird individuell für einzelne, häufig verwendete Waren oder Warengruppen festgelegt und richtet sich nach der Häufigkeit der Warenentnahme, der Größe der vorhandenen Lagerfläche und der Art der Ware. Der **Meldebestand** (im Beispiel140 Stück) gibt die Materialmenge an, bei der eine Neubestellung erfolgen muss, damit die eiserne Bestandsreserve nicht angegriffen werden muss. Der **Lagermindestbestand** (im Beispiel 40 Stück) bildet die Untergrenze, die nicht unterschritten werden sollte, damit bei unvorhersehbaren Ereignissen (z. B. Lieferantenausfall, plötzlicher Materialmehrbedarf) eine Überbrückung möglich wird. Den Zusammenhang zwischen diesen Größen verdeutlicht das Beispiel in Verbindung mit dem Schaubild (vgl. Abb. 75). In der Praxis schwanken aber oft die täglichen Verbrauchszahlen, sodass der Meldebestand dann nur einen Anhaltspunkt liefert und Bestellungen flexibel gehandhabt werden müssen.

ÜBUNGSAUFGABEN

1. Welche Besonderheit gibt es bei Vertragsärzten/Vertragsärztinnen bezüglich des Sprechstundenbedarfs?
2. Nennen Sie drei Beispiele, bei denen Sprechstundenbedarf nicht abrechnungsfrei verwendet werden darf.
3. Beschreiben Sie, wie die äußere Prüfung beim Wareneingang durchzuführen ist.
4. Die äußere Prüfung ist positiv. Stellen Sie in Form eines Verlaufsplans den weiteren Umgang mit der Lieferung dar.
5. Beschreiben Sie vier für Sie besonders wichtige Grundsätze für die Lagerhaltung und erläutern Sie Ihre Reihenfolge.
6. Warum ist vor allem bei einem größeren Lagerbestand eine wirtschaftliche Lagerhaltung wichtig?
7. Zählen Sie drei Lagerfixkosten auf.
8. Welche Maßnahmen zu Einsparungen bei der Lagerhaltung würden Sie vorschlagen?
9. Erläutern Sie an einem selbst gewählten Beispiel die Begriffe „Lagerhöchstbestand“, „Meldebestand“ und „Lagermindestbestand“.

5.5 Lagerung von Arzneimitteln

Für die Aufbewahrung und Lagerung der Medikamente in der Praxis gelten besondere Vorschriften. Grundsätzlich sollten Medikamente geschützt vor großer Hitze oder Frost, vor Feuchtigkeit und starker Lichteinwirkung gelagert werden. Bei größeren Praxen (insbesondere auch Tierarztpraxen, die Medikamente ausgeben) geschieht dies oft in einem separaten Raum. Die Lagerung der Medikamente erfolgt **getrennt** von den übrigen Materialien in einem hygienisch einwandfreien, stabilen, abschließbaren Arzneimittelschrank. Für kühl zu lagernde Arzneimittel (z. B. Impfstoffe) muss ein – ebenfalls verschließbarer – Arzneimittelkühlschrank vorhanden sein und die Temperatur überwacht werden. Eine Lagerung etwa zusammen mit Lebensmitteln ist unzulässig. **Betäubungsmittel** sind in einem nur diesem Lagerungszweck dienenden, fest verankerten Schrank mit besonderer Schließung aufzubewahren. Der Zugriff muss hier zusätzlich durch eine gesonderte Verwahrung des Schlüssels gesichert werden. In der Regel erfolgt dies durch den Arzt oder die Ärztin selbst. Zu- und Abgänge werden in einem **Betäubungsmittelbuch** erfasst.

Die Einordnung der Arzneimittel erfolgt meist entweder alphabetisch oder nach Wirkungsbereichen getrennt, denkbar ist aber auch eine Unterteilung nach Applikationsformen (z. B. Tabletten, Kapseln, Salben). Neue Medikamente mit dem längsten Verfallsdatum werden hinten eingeordnet, angebrochene Packungen oder Flaschen stehen vorn. Regelmäßig und in kurzen Abständen sind die **Verfallsdaten,** angegeben in Monat und Jahr, zu kontrollieren und abgelaufene Medikamente auszusortieren. Die Entsorgung verfallener Medikamente kann über den Hausmüll erfolgen. Es muss dabei aber sichergestellt sein, dass Praxisfremde (z. B. Kinder) keinen Zugriff auf diese Medikamente erlangen können. Bei Bedenken oder größeren Mengen ist auch die Rückgabe an eine Apotheke zur sachgerechten Entsorgung möglich.

77. Aufbewahrung von Arzneimitteln

5.6 Abfallvermeidung und -entsorgung

Schon im Rahmen der Beschaffungsplanung werden die Weichen für eine Verminderung der Abfallmengen und einen schonenden Umgang mit der Umwelt gestellt. Denn jeder anfallende Abfall muss wieder umweltgerecht und oft kostenintensiv entsorgt werden. **Oberstes Ziel** einer praxisinternen und nachhaltigen Abfallorganisation muss es also sein, Abfälle zu vermeiden und damit die Notwendigkeit einer umweltgerechten Entsorgung gar nicht erst entstehen zu lassen. Die Reduzierung des Abfalls, die Einsparung von Rohstoffen und Energie und damit die Verringerung von Umweltbelastungen spart in Verbindung mit wiederverwertbaren Materialien Kosten und Zeitaufwand. Bei der Auswahl und dem Einsatz von Praxisprodukten ist deshalb zu prüfen:

- Wie können Abfälle vermieden oder reduziert werden (vgl. Abb. 79)?
- Gibt es mehrfach verwendbare Alternativprodukte (z. B. wiederbefüllbare Druckerpatronen)?
- Ist eine umweltgerechte Wiederverwertung möglich (z. B. Recycling von Elektronikschrott)?
- Ist eine Entsorgung als Restabfall oder Bioabfall möglich?
- Muss der Abfall als Sonderabfall besonders sorgfältig behandelt werden (z. B. Amalgamabfälle)?

Kann trotz aller Maßnahmen Abfall nicht vermieden oder verwertet werden, ist eine Entsorgung zu gewährleisten, von der keine Gefährdung der Gesundheit, der Umwelt oder der öffentlichen Sicherheit und Ordnung ausgeht. Für die Entsorgung der Abfälle sind die Praxen selbst verantwortlich, oberstes Gebot ist immer der Personenschutz. Bei unangemessener Beseitigung haftet der Praxisinhaber bzw. die Praxisinhaberin. Die Maßnahmen zur Abfallentsorgung sind im Hygieneplan der Praxis festzulegen. Die Abfälle sind getrennt nach Abfallarten in geeigneten Einmalbehältnissen zu sammeln, die je nach Inhalt z. B. stich- und bruchfest oder flüssigkeitsdicht sein müssen. Insbesondere beim Umgang mit verletzungsträchtigem Material oder Krankheiten verursachenden Erregern sind besondere Sicherheitsvorkehrungen zum Schutz des mit der Entsorgung betrauten Personals zu treffen (z. B. Sicherheitshandschuhe, -brille, Mundschutz).

Die **rechtlichen Grundlagen** für den Umgang mit Abfall bilden das Kreislaufwirtschaftsgesetz (KrWG) sowie die **Abfallverzeichnisverordnung** – AVV – (Europäisches Abfallverzeichnis). Für den Gesundheitsbereich einschließlich veterinärmedizinischer Einrichtungen gilt die **Vollzugshilfe zur Entsorgung von Abfällen aus Einrichtungen des Gesundheitsdienstes** (www.rki.de). Für die Beseitigung von tierischen Abfällen ist daneben das **Tierische Nebenprodukte-Beseitigungsgesetz** (TierNebG) zu beachten. Es regelt die hygienisch einwandfreie und möglichst unschädliche Entsorgung oder Verwertung von tierischem Abfall, wozu dieser in drei Hygienegruppen eingeteilt wird.

BEISPIEL

Unter die Kategorie 1 mit dem höchsten Gefährdungsgrad fallen z. B. tote Heim-, Zoo-, Zirkus- oder Wildtiere bei einem Verdacht auf übertragbare Krankheiten. Hier ist eine Verbrennung in einer Sonderabfall-Verbrennungsanlage vorgeschrieben. Kategorie-3-Material (z. B. Schlachtnebenprodukte) kann dagegen normal entsorgt (Verbrennung) oder unter bestimmten Bedingungen auch weiterverarbeitet werden (z. B. zu Heimtierfutter).

Die Vollzugshilfe gibt praktische Ratschläge zur fachgerechten Entsorgung von Praxisabfällen. Die Abfälle werden entsprechend des europäischen Abfallverzeichnisses (AVV) zugeordnet. Dies geschieht mithilfe einer sechsstelligen Schlüsselnummer. Dabei wird zwischen gefährlichen und nicht gefährlichen Abfällen unterschieden.

Hausmüllähnlicher, unproblematischer Abfall, der keine besonderen Maßnahmen zur Infektionsverhütung braucht, sowie Wertstoffe wie Glas, Papier oder Verpackungen werden über die normalen Müll- bzw. Wertstofftonnen entsorgt. Auch extrahierte Zähne können aufgrund ihres geringen Abfallaufkommens dort eingebracht werden.

Nicht gefährlicher Abfall gemäß AVV erfordert beim Sammeln, Lagern und bei der Beseitigung Maßnahmen zur Infektions- oder Verletzungsverhütung. Scharfe oder spitze Gegenstände wie Kanülen oder Skalpelle müssen in stich- und bruchfesten Einwegbehältern entsorgt werden. Wund- und Gipsverbände, Einwegkleidung, alte Arzneimittel, Röntgenkontrastmittel und Infusionslösungen können einer Verbrennung, meist im Rahmen der Siedlungsabfallbeseitigung durch den örtlichen Entsorgungsträger, zugeführt werden. Bei kleineren Flüssigkeitsmengen ist auch eine Entleerung in die Kanalisation unter Beachtung der örtlichen Abwassersatzung zulässig. Körperteile oder Organabfälle einschließlich Blutbeutel und Blutkonserven sind in der Praxis in sicheren, verschließbaren Behältnissen getrennt zu erfassen und in einer zugelassenen Verbrennungsanlage zu entsorgen.

Bei **gefährlichen** bzw. besonders überwachungsbedürftigen **Abfällen** (im Abfallschlüssel durch ein Sternchen (*) gekennzeichnet) ist zu unterscheiden zwischen einer Verbrennung in hierfür zugelassenen Anlagen und der Entsorgung durch einen entsprechenden Fachbetrieb. Der Verbrennung zugeführt werden Gegenstände, die mit meldepflichtigen Erregern behaftet bzw. kontaminiert sind, wie z. B. AIDS/HIV-infiziertes Blut, kontaminierte Abfälle sowie Körperteile oder Organe entsprechend erkrankter Personen. Chemikalien, die aus gefährlichen Stoffen bestehen oder solche enthalten, wie z. B. Säuren, Laugen, Fixier- und Entwicklerlösungen, sind durch einen Fachbetrieb mit Entsorgungsnachweis zu entsorgen bzw. werden vom Hersteller zur Verwertung zurückgenommen.

In der Zahnarztpraxis stellt die Entsorgung entsprechender Abfälle ein besonderes Problem dar. Das Abwasser muss durch den Einbau spezieller Amalgamabscheider gereinigt werden. Das zurückgebliebene Amalgam wird gesondert gesammelt und als gefährlicher Abfall mit dem Ziel der Metallrückgewinnung über zugelassene Abfallunternehmen entsorgt.

78. Zulässige Abfallentsorgung?

Tipps zur Abfallvermeidung
- Auf Mehrwegverpackungen achten
- Pfandflaschen benutzen
- Batterien durch Akkus ersetzen
- Energiesparlampen verwenden
- Einwegartikel vermeiden (aber nur dann, wenn der Reinigungsaufwand bei Mehrweg gering ist!)
- Einmalhandtücher aus Recyclingpapier verwenden
- Miniverpackungen vermeiden, Großgebinde wählen
- Eigene Einkaufstaschen verwenden
- Pumpsprays benutzen
- Recyclingpapier für Kopierer und Drucker
- Leere Papierrückseiten als Notizzettel verwenden
- Nachfüllpackungen und Konzentrate kaufen
- Unerwünschte Werbeprospekte abweisen (Hinweis „Bitte keine Werbung“ auf Briefkasten anbringen)

79. Tipps zur Abfallvermeidung

Vermeidung von Plastikmüll

Durch die Europäische Union wurde 2021 ein Verbot von Plastikgeschirr, Strohhalmen und Wattestäbchen eingeführt. Auch in den Praxen wäre darüber nachzudenken, an welchen Stellen Plastikmüll eingespart werden kann. Die nachfolgende Aufzählung ist nicht erschöpfend, vielmehr wird Kreativität und Nachdenken gefordert:

- Nutzung wiederverwendbarer Plastikbecher, wo nicht anders möglich
- Einmal-Mundspülbecher aus Pappmaterial
- Statt als Patientengetränk Mineralwasser in (Plastik-)Flaschen Leitungswasser aus dem Sprudelautomat anbieten
- Nachfüll- statt Einmalseifenspender

- Mundspiegel aus desinfizier- und sterilisierbarem Edelstahl statt Einwegmundspiegel
- Auftragpinsel, bei denen nur der Pinselaufsatz nach einmaliger Nutzung entsorgt wird, der Stiel bleibt.
- Bei Renovierung Bodenbelag aus natürlichem, organischem Material

ÜBUNGSAUFGABEN

1. Welche besonderen Maßnahmen sind bei der Lagerung von Medikamenten in der Praxis zu beachten?
2. Welche zusätzlichen Verhaltensregeln gibt es bei der Aufbewahrung von Betäubungsmitteln?
3. Eine größere Medikamentenlieferung ist eingegangen. Ihre Kollegin Tabea bittet Sie, diese in den Medikamentenschrank einzuordnen. Was müssen Sie dabei beachten?
4. Beschreiben Sie vier Maßnahmen, durch die schon bei der Beschaffung das Prinzip der Abfallvermeidung eingehalten wird?
5. Welche Unterscheidung wird bei speziell in einer Praxis anfallenden Abfällen vorgenommen?
6. Stellen Sie fest, welche besonderen Abfälle in Ihrer Ausbildungspraxis anfallen und erläutern Sie, wie diese zu entsorgen sind.
7. Überlegen Sie, wo in Ihrer Ausbildungspraxis der Einsatz von Plastikmaterial vermindert werden könnte.

5.7 Umgang mit Medizinprodukten

Medizinprodukte sind Instrumente, Apparate, Vorrichtungen, Stoffe und Zubereitungen aus Stoffen oder andere Gegenstände einschließlich der notwendigen Software, die für medizinische Zwecke wie die Erkennung, Verhütung, Überwachung, Behandlung oder Linderung von Krankheiten, Verletzungen oder Behinderungen und zur Empfängnisregelung bestimmt sind und deren Hauptwirkung im oder am menschlichen Körper – im Gegensatz zu den Arzneimitteln – nicht auf pharmakologischen, immunologischen oder metabolischem Weg erreicht wird.

(Definition gemäß § 3 Medizinproduktegesetz)

Die Beschaffung, Verwaltung, Nutzung und Entsorgung von Medizinprodukten ist eine alltägliche Aufgabe der Fachangestellten. Der sichere Umgang mit komplizierten medizintechnischen Produkten in der Praxis erfordert eine intensive Benutzerschulung, sorgfältige Instandhaltung und Pflege und eine sachgerechte Anwendung. Denn fast zwei Drittel aller Unfälle mit Medizinprodukten resultieren durch Fehler bei der Anwendung und Bedienung. Der Gesetzgeber hat zum Schutz aller Patienten und Benutzer sowie aller sonst an medizinischen Vorgängen beteiligten Personen zwei Regelwerke erstellt, die den sicheren Einsatz von Medizinprodukten in den Praxen gewährleisten sollen:

- Im **Medizinproduktegesetz (MPG)** wurden europäische und nationale Regelungen zusammengefasst mit dem Zweck, „den Verkehr mit Medizinprodukten zu regeln und dadurch für die Sicherheit, Eignung und Leistung der Medizinprodukte sowie die Gesundheit und den erforderlichen Schutz der Patienten, Anwender und Dritter zu sorgen“ (§ 1 MPG).
- Diese Grundsätze gelten auch für die **Medizinprodukte-Betreiberverordnung (MP-BetreibV)**, die dem MPG angegliedert wurde und die zentralen Bestimmungen für den Betrieb und Umgang mit Medizinprodukten enthält. Sie ist somit das eigentliche zentrale Regelwerk und fasst alle für den Umgang in der Praxis besonders zu beachtenden Anwenderpflichten zusammen.

Die Beschreibung der Medizinprodukte nach § 3 MPG ist sehr umfangreich. Von der Prävention bis zur Rehabilitation wird eine Vielzahl von Produkten durch die gesetzlichen Vorschriften erfasst.

BEISPIEL

Verbandstoffe, Reagenzien, Instrumente, Dentalprodukte, Spritzen, Infusionsbestecke, Sehhilfen, Produkte zur Empfängnisregelung (z. B. Spirale), Implantate, Dialyseprodukte und selbstverständlich alle medizinisch-technischen Geräte vom Blutdruckmessgerät über das EKG bis hin zum Kernspintomograf.

Nicht unter das Gesetz fallen z. B. Arzneimittel, kosmetische Mittel, Produkte aus menschlichem Blut, Transplantate, persönliche Schutzausrüstungen sowie Produkte zur ausschließlichen Verwendung in der Veterinärmedizin.

Jedes Medizinprodukt muss ein **CE-Zeichen** tragen. Damit ist sichergestellt, dass es den europäischen Gefahrenschutzrichtlinien entspricht und entsprechend geprüft wurde. Vom Hersteller wird das Produkt einer von vier **Risikoklassen** zugeteilt. Je höher die angegebene Zuordnung, desto größer ist das angenommene Risiko für Anwender und Patient (vgl. Abb. 80). Entsprechend der Medizinprodukte-Betreiberverordnung dürfen Medizinprodukte nur für den in der Gebrauchsanweisung beschriebenen Zweck verwendet werden. So gibt es bei bestimmten Geräten z. B. Alters- oder Gewichtsbeschränkungen, was bei der Behandlung von Kindern zu beachten ist. Ein sicherer Einsatz ist vor allem aber abhängig von der entsprechenden **Qualifikation des Geräteanwenders**. Alle Anwender, also z. B. die Fachangestellten, müssen die dafür erforderliche Ausbildung bzw. entsprechende Kenntnisse und ausreichende Erfahrung haben. Dieses Wissen muss durch Schulungen und praktische Einweisungen vorhanden sein, ansonsten darf ein Einsatz am Gerät nicht erfolgen. Wird dies übergangen und kommt es zu Schädigungen, dann haften Anwender bzw. Betreiber voll.

Vor der ersten Inbetriebnahme bestimmter, in der Regel strombetriebener Medizingeräte muss vor Ort eine Funktionsprüfung und Ersteinweisung durchgeführt werden. Dies ist zu dokumentieren und bei einer späteren Kontrolle nachzuweisen. Vor jeder weiteren Anwendung ist eine Funktionssicherheitsprüfung durchzuführen und der ordnungsgemäße Zustand zu kontrollieren (vgl. Abb. 81).

Für alle aktiven, d. h. mit Energie betriebenen Geräte muss ein **Bestandsverzeichnis** angelegt werden. Grundlage dafür kann ein **Wareneingangsbuch** mit der Ablage der

Risikoklassen bei Medizinprodukten			
Risikoklasse I	**Risikoklasse IIa**	**Risikoklasse IIb**	**Risikoklasse III**
Niedriges Risikopotenzial • Geringer Hautkontakt • Nur vorübergehende Anwendung (unter 60 Minuten)	Mittleres Risikopotenzial • Kurzzeitige Anwendungen in chirurgisch geschaffenen Körperöffnungen	Erhöhtes Risikopotenzial • Bestimmte medizinische Geräte • Langzeitanwendungen	Hohes Risikopotenzial • Aktive implantierbare Medizinprodukte • Invasive Empfängnisverhütung
Medizinprodukte, z. B.: • Ärztliche/zahnärztliche Instrumente • Rollstühle • Verbandmittel • Lesebrillen	**Medizinprodukte,** z. B.: • Dentalmaterialien (z. B. Zahnfüllungen) • Einmalspritzen • Kontaktlinsen • Zahnkronen	**Medizinprodukte,** z. B.: • Anästhesie-, Beatmungs- oder Bestrahlungsgeräte • Blutbeutel • Zahnprothese • EKG - Gerät	**Medizinprodukte,** z. B.: • Künstliche Gelenke (z. B. Hüftprothese) • Brustimplantate • Spirale mit Arzneimittelwirkstoff • Herzschrittmacher

80. Risikoklassen bei Medizinprodukten

Checkliste Zustands- und Funktionsprüfung:
- Grundsätzlich: Sind meine Kenntnisse über das Produkt ausreichend?
- Fallen äußere Beschädigungen auf?
- Ist der hygienische Zustand einwandfrei?
- Sind notwendige Zusatzteile vorhanden?
- Ist die Verpackung unversehrt?
- Ist das Verfallsdatum noch nicht erreicht?
- Muss die sicherheitstechnische Kontrolle erneuert werden?
- Muss die messtechnische Kontrolle erneuert werden?
- War ein Probelauf erfolgreich?

Kein Produkteinsatz, wenn nicht alle Checkpunkte positiv ausfallen!

81. Kontrolle vor Produkteinsatz

Rechnungen bzw. Lieferscheine in zeitlicher (chronologischer) Reihenfolge sein. Im Bestandsverzeichnis sind für jedes Medizinprodukt unter einer laufenden Nummer folgende **Inhalte** zu erfassen:

- Bezeichnung, Art und Typ, Seriennummer und Anschaffungsjahr
- Name und Anschrift des Herstellers bzw. Lieferanten

- CE-Kennnummer und eine eventuell zugeteilte betriebliche Identifikationsnummer
- Gerätestandort und seine betriebliche Zuordnung
- Fristen für sicherheits- und messtechnische Kontrollen

Zusätzlich schreibt der Gesetzgeber die Führung eines **Medizinproduktebuchs** (Abbildung 82) vor. Dieses begleitet das Gerät von der erstmaligen Inbetriebnahme bis zu seiner Stilllegung. Darüber hinaus müssen die Aufzeichnungen noch fünf Jahre aufbewahrt werden. Es ist so zu deponieren, dass es genauso wie die Gebrauchsanweisung während der Arbeitszeit zugänglich ist, also möglichst in Gerätenähe. Welche Inhalte einzutragen sind, ist gesetzlich vorgeschrieben (§ 7 MPBetreibV) die Form dagegen frei gestaltbar.

82. Eintragungen in das Medizinproduktebuch gemäß Medizinprodukte-Betreiberverordnung (§ 7)

Die Einhaltung der gesetzlichen Vorschriften und das ordnungsgemäße Führen der Verzeichnisse kann vor Ort von den zuständigen Behörden, z. B. dem staatlichen Gewerbeaufsichtsamt, kontrolliert werden. Verstöße werden mit erheblichen Bußgeldern und sogar Freiheitsstrafen geahndet.

ÜBUNGSAUFGABEN

1. Welche Maßnahmen sollten ergriffen werden, um einen sicheren Umgang mit Medizinprodukten zu gewährleisten?
2. Welche Bedeutung hat das CE-Zeichen?
3. Wozu dient ein Bestandsverzeichnis?
4. Welche Inhalte sind in das Medizinproduktebuch einzutragen?
5. Welche Folgen kann eine nicht ordnungsgemäße Führung des Bestandsverzeichnisses oder Medizinproduktebuchs haben?

Glossar

Steigerungssatz	Durch die Verwendung eines Steigerungssatzes hat der Arzt oder die Ärztin die Möglichkeit, bei der Rechnungserstellung den einfachen Gebührensatz nach der Gebührenordnung bei erhöhtem Schwierigkeitsgrad oder Zeitaufwand entsprechend anzuheben. Überschreitet der Gebührensatz einen bestimmten Schwellenwert, muss die Erhöhung näher erläutert werden.
Individuelle Gesundheitsleistungen (IGeL)	Besondere Diagnose- und Behandlungsmethoden, die nicht von der gesetzlichen Krankenversicherung übernommen werden, können auf Wunsch des Patienten oder der Patientin im Rahmen eines gesonderten Behandlungsvertrages vereinbart werden. Diese individuelle Gesundheitsleistung (IGeL) rechnet die Praxis dann direkt mit dem Patienten ab.
Privatärztliche Verrechnungsstelle	Privatärztliche Verrechnungsstellen bieten Arzt- und Zahnarztpraxen die Möglichkeit, die Rechnungserstellung für die Abrechnung der Privatpatient:innen oder für IGeL-Behandlungen zu übernehmen. Sie überwachen den Zahlungseingang und mahnen ausstehende Beträge an. Für ihre Tätigkeit berechnen sie eine auf den Rechnungsbetrag bezogene prozentuale Gebühr. Patient:innen müssen allerdings vorher schriftlich ihre Zustimmung zu diesem Abrechnungsverfahren erteilen.
Außergerichtliches Mahnverfahren	Bei einer Überschreitung des Zahlungstermins wird der Patient bzw. die Patientin an die bestehende Zahlungsverpflichtung erinnert. Dies geschieht mit einem mehrstufigen kaufmännischen Mahnverfahren, bei dem zunächst höflich, dann aber immer bestimmter zur Zahlung aufgefordert wird. Am Ende steht der Hinweis auf die Einleitung eines gerichtlichen Mahnverfahrens.
Dispokredit	Wer ein Girokonto nutzt, hat auf Antrag die Möglichkeit, das Konto kurzfristig und ohne zusätzlichen Kreditvertrag zu überziehen. Meist kann in Höhe von bis zu drei Monatsgehältern verfügt werden. Überziehungszinsen werden nur für die tatsächliche Kontoüberziehung berechnet.
Beschaffungsplanung	Für einen störungsfreien Praxisablauf muss immer eine ausreichende Materialausstattung vorhanden sein. Eine entsprechende Beschaffungsplanung durch systematische Vorratshaltung, realistische Bedarfsermittlung und zeitoptimierte Bestelltermine vermeidet Engpässe und teure Noteinkäufe.

Überwachung Wareneingang	Beim Wareneingang muss zunächst eine äußere Sichtprüfung erfolgen. Danach wird die Ware auf Vollständigkeit und Unversehrtheit kontrolliert. Bei Abweichungen oder Beschädigungen muss unverzüglich beim Lieferanten schriftlich reklamiert werden.
Lagerhaltung	Besonders in größeren Praxen mit entsprechendem Materialbestand ist auf eine wirtschaftliche Lagerhaltung zu achten. Durch eine überlegte Materialbeschaffung sind oft Einsparungen möglich. Für eine Optimierung der Lagerhaltung spielen der Lagerhöchstbestand, der Meldebestand und der Lagermindestbestand eine entscheidende Rolle. Bei der Lagerung von Arznei- und Betäubungsmitteln gelten besondere Vorschriften und Verfahren.
Medizinproduktebuch	Sämtliche elektrisch betriebenen Geräte der Praxis müssen in einem Medizinproduktebuch dokumentiert werden. Neben der Gerätebeschreibung und Funktionsprüfung müssen alle sicherheitstechnischen Kontrollen und Wartungen erfasst werden. Funktionsstörungen sind genau zu beschreiben und in besonders schwerwiegenden Fällen an Hersteller und Fachbehörden zu melden.

PRAXISABLÄUFE ORGANISIEREN

SCHRIFTGUT-BEARBEITUNG

- Brief und Güterversand
- Versand schnell und sicher
- Versand Untersuchungsmaterial
- Posteingang
- Ablage
- Elektronische Nachrichten

PRAXIS-ORGANISATION

- Praxisgestaltung
- Arbeitsabläufe
- Personalpläne
- Bestellsysteme
- Konfliktbesprechung

QUALITÄTS-SICHERUNG

- Qualitätsbereiche
- Gesetzliche Grundlagen
- Qualitätsmanagement
- Patientenbefragung
- Umgang mit Beschwerden

PRAXIS-MARKETING

- Gesetzliche Vorgaben
- Präsentation der Praxis
- Patienten und Patientinnen einbeziehen
- Erscheinungsbild der Praxis

1 GESTALTUNG DER PRAXISORGANISATION

Situation:

In der Praxis Dr. Hurtig „brodelt" es, Patienten und auch das Praxispersonal sind unzufrieden. Vor Kurzem hat eine Praxis in der Nähe geschlossen, viele Patienten sind zu Dr. Hurtig gewechselt, die Arbeit in der Praxis hat sich stark erhöht. Nun beschweren sich Patientinnen und Patienten über zunehmend lange Wartezeiten. Die Arbeitszeit ist kaum noch zufriedenstellend planbar und pünktlicher Dienstschluss ist selten. Auch die medizinischen Fachangestellten sind unzufrieden und es gibt bei der einen oder dem anderen schon Überlegungen, die Praxis zu wechseln. Der Tagesablauf ist gekennzeichnet von sehr starken Schwankungen der Patientenzahlen, mal kommen mehrere auf einmal, dann wieder ist längere Zeit Leerlauf. Geräte werden mal so stark genutzt, dass Patienten „Schlange stehen" müssen, manchmal gibt es aber auch hier ungenutzte Zeiten.

Was ist der Grund? Hauptsächlich liegt es daran, dass mit einem nicht funktionierenden Sprechstundensystem gearbeitet wird. Es gilt das Prinzip der offenen Sprechstunde, alle Patienten kommen ohne Voranmeldung. „Das war doch bisher auch so", antwortet Dr. Hurtig, „durch Notfälle und andere Einflüsse ist eine bessere Planung nicht möglich." „Jetzt ist aber die Patientenzahl stark gestiegen", antwortet ihm die erste Kraft, „wir müssen uns was einfallen lassen." „Na, dann machen Sie mal Vorschläge, ich bin offen für alles", ist seine Antwort.

1. Analysieren Sie die geschilderte Situation und überlegen Sie, wann und wodurch es zu Engpässen kommt.
2. Machen Sie Vorschläge, wie durch eine Anpassung des bestehenden Systems eine Verbesserung erreicht werden könnte.
3. Welches Bestellsystem sollte Ihrer Meinung nach das bisher angewandte ersetzen? Stellen Sie den neuen Bestellablauf dar und beschreiben Sie, welche konkreten Änderungen dabei notwendig sind.

1.1 Aufgaben

Der Erfolg einer Praxis hängt nicht nur von den Fähigkeiten des Arztes oder der Ärztin, sondern auch von den Kenntnissen und dem Verhalten der Fachangestellten ab. Da diese ein sehr umfangreiches Aufgabenfeld haben, ist eine optimale Organisation der Praxisabläufe unbedingt notwendig.

In welchem Umfang die Praxisorganisation zum Praxiserfolg beiträgt, kann man am Erreichen folgender Ziele feststellen:

- **Ziel der ärztlichen Tätigkeit/Praxis**
  Ziel der ärztlichen Tätigkeit muss die Heilung oder Linderung der Erkrankung der Patientinnen und Patienten sein. Dabei stellt auch die Prophylaxe ein wichtiges Element dar.
- **Leistungsfähigkeit**
  Damit ein Behandlungs- bzw. wirtschaftlicher Erfolg erzielt werden kann, ist eine optimale Leistungsfähigkeit der Praxis notwendig. Dazu zählen neben der Erbringung und Qualitätssicherung der medizinischen Leistung eine gute Praxisorganisation und Maßnahmen der Qualitätssicherung; beides soll einerseits den Fähigkei-

ten der Angestellten möglichst gerecht werden, andererseits den wirtschaftlichen Notwendigkeiten Rechnung tragen. Personaleinsatz und Arbeitsabläufe müssen vernetzt geplant und Arbeitsergebnisse optimiert, Patientengewinnung und Praxisbindung durch entsprechendes Praxismarketing gefördert und nicht zuletzt die Zusammenarbeit mit anderen Institutionen (Krankenkassen, andere Praxen, Lieferanten) gepflegt werden.

- **Soziale Kompetenz**
  Neben der fachlichen Qualifikation steht im täglichen Praxisablauf der Umgang der Fachkräfte mit den Patienten, der Ärztin bzw. dem Arzt und selbstverständlich auch untereinander im Mittelpunkt. Eine hohe soziale Kompetenz der Mitarbeiterinnen und Mitarbeiter erhöht den Erfolg der Praxis.

1.2 Praxisgestaltung

Meist verfügen auch Einzelpraxen über mehrere Behandlungsräume. Dies gewährleistet, dass Arzt oder Ärztin die Behandlung nach einem Patientenwechsel ohne Zeitverlust durchführen können. Daneben sind **Funktionsräume** vorhanden, die nicht dem Beratungsgespräch dienen, sondern für apparative Diagnostik und Therapie, als Verbands-, Injektions- oder Infusionsraum usw. genutzt werden. Die Anordnung der Praxisräume stellt einen wichtigen Baustein dar, um einen optimalen Praxisablauf zu gewährleisten. Dabei sollte das **Prinzip der kurzen Wege** beachtet werden, z. B.:

- Empfangsbereich (Anmeldung) als zentrale Stelle in der Praxis
- Innendurchgang zu einzelnen Sprechzimmern
- Räumliche Nähe zwischen Patienten-WC und Labor, Durchreiche sinnvoll
- Verbindung zwischen Sprechzimmer und Behandlungsraum

Bereits beim Betreten der Praxis sollte der Patient von einer harmonischen und einladenden Atmosphäre empfangen werden, die auf ihn beruhigend und freundlich wirkt. Durch gestalterische Elemente wird er zum „Herz der Praxis“, dem **Empfangsbereich,**

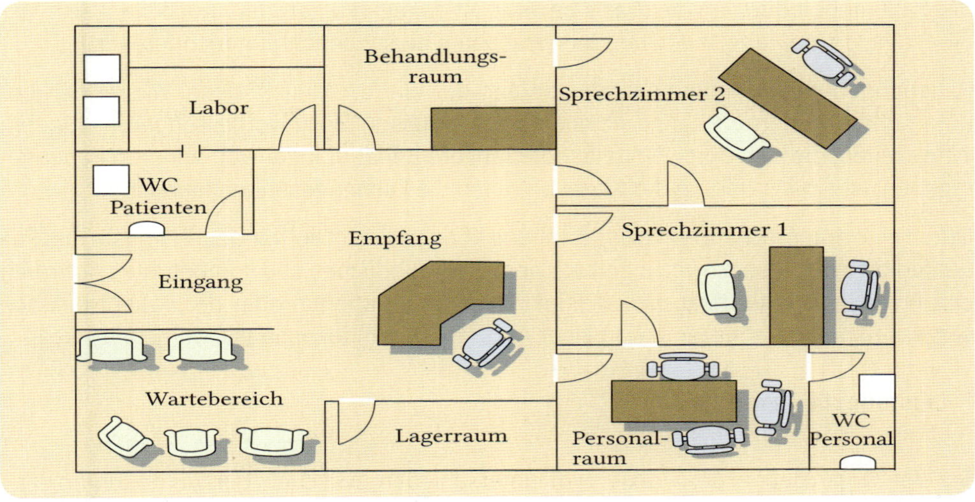

1. Beispiel einer Praxis – Planung einer Schülergruppe

geleitet, der die Visitenkarte der Praxis darstellt und den ersten Eindruck von der Praxis vertieft. Hier erwartet der Patient freundliche Fachkräfte, die sich ruhig und ohne Hektik mit der gebotenen Diskretion um ihn kümmern. Für die Angestellten ist es wichtig, dass sie durch eine entsprechend großzügige und offene Raumanordnung möglichst viele Handlungsabläufe vom Empfangsbereich aus verfolgen können. Ideal wäre eine ringförmige Anordnung, die sich den Arbeitsabläufen in der Praxis anpasst.

Ein weiterer Baustein für die Zufriedenheit ist die Ausstattung des **Wartezimmers** und der Service während der Wartezeit. Neben der üblichen Auswahl von Zeitschriften ist auf eine freundliche Atmosphäre zu achten, Wasser kann kostenlos angeboten werden. Die Wände können mit Bildern, Plakaten oder Zeichnungen versehen werden, welche die Fantasie des Betrachters anregen und ablenkend wirken. Auch **Farb- oder Lichtimpulse** können zur Gefühlsbeeinflussung eingesetzt werden. Rot sollte als aggressive Farbe vermieden werden, Blau dagegen kann Ruhe und Entspannung fördern. Gelb wird mit Sonne und Wärme in Verbindung gebracht, ist heiter und sanft anregend. Grün als Farbe der Natur werden entspannende Eigenschaften zugesprochen, es strahlt Ruhe und Harmonie aus.

Bei der **Möblierung** ist die Verwendung körpergerechter, natürlicher Materialien vorzuziehen, die Möglichkeiten der Pflege und die Einhaltung der Hygienevorschriften stehen aber bei der Auswahl im Vordergrund. Eine Anordnung zu kleinen Sitzgruppen ist je nach den räumlichen Möglichkeiten zu überlegen, ebenso die Einrichtung eines zweiten Wartebereichs (z. B. mit/ohne Musik-/Fernsehbereich, in der Tierarztpraxis zur Trennung der Tiere). Wichtig ist auch, eine **Beschäftigungsmöglichkeit für Kinder** mit Bild- und Lesematerial sowie Spielzeug vorzusehen.

Nicht vergessen werden sollte, dass die Wartezone auch die Funktion eines Servicebereichs hat und somit **Marketingzwecken** dienen kann. Über eine elektronische Informationswand und/oder entsprechendes Material können z. B. Öffnungs- und Urlaubszeiten, zusätzliche Leistungsangebote (IGeL) oder aktuelle ärztliche Informationen mitgeteilt werden.

Ob der Einsatz von Fernseh-, Video- oder Computereinrichtungen eine Verbesserung der Patientenbindung an die Praxis bewirkt, ist dagegen umstritten. Auch stellt sich hier die Frage, ob die dabei aufzuwendenden Kosten diese Einrichtung rechtfertigen.

Patientinnen und Patienten sollten während der Wartezeit auch immer wieder darüber unterrichtet werden, wie lange sie noch warten müssen. Bei unvorhersehbaren längeren Wartezeiten, die sich durch Notfälle oder längere Behandlungen von anderen Patienten ergeben, ist eine Erklärung der Situation durch die Fachangestellten hilfreich.

Durch eine entsprechende Praxisgestaltung können die oft vorhandenen Ängste des Patienten beim Arztbesuch verringert werden. Ein freundliches und kompetentes Auftreten des Praxisteams verstärkt diesen Effekt. Wenn die Patientin oder der Patient beinahe vergessen hat, dass sie/er sich in einer Arztpraxis befindet, ist das Optimum erreicht.

1.3 Aufgabenverteilung und -zuordnung in der Praxis

Bei der Organisation der Praxis wird unterschieden zwischen der Aufbauorganisation und der Ablauforganisation. Bei der **Aufbauorganisation** wird der Gesamtbereich einer Praxis in Aufgaben- und Verantwortungsbereiche untergliedert. Man will damit eine sinnvolle Aufspaltung in Teilaufgaben und Einzelbereiche erreichen und erhält eine genaue Übersicht, wer für was zuständig ist und Verantwortung trägt. Instrumente der Aufbauorganisation sind z. B. das Organigramm und die Stellenbeschreibung.

Die **Ablauforganisation** schließt sich daran an und zeigt auf, wie die einzelnen Teilaufgaben, z. B. durch Arbeitsanweisungen oder Checklisten, konkret bewältigt werden können.

1.3.1 Das Organigramm

Mit einem **Organigramm** lassen sich die Verantwortungen und Befugnisse in einer Praxis überschaubar gegliedert darstellen. Wie in einem Stammbaum sind dabei die einzelnen Tätigkeiten aufgelistet und die Verantwortlichkeiten festgelegt. Durch Verbindungslinien wird die Stellung im Praxisteam erkennbar. So ist auf einen Blick zu sehen, wer für was zuständig ist (vgl. Abb. 2). Ein großer Vorteil ist dabei die **Übersichtlichkeit**. Problemlos ist die Struktur der Praxis erkennbar; ohne Umwege lassen sich die zuständige Personen ansprechen und Antworten wie „Bei mir sind Sie falsch, dafür ist leider meine Kollegin zuständig" gehören der Vergangenheit an. In das Organigramm können zusätzlich **externe Verbindungen**, wie z. B. Labor, Apotheke, ambulante Pflegedienste oder in der Tierarztpraxis z. B. das Tierheim, aufgenommen werden. Ein Organigramm für eine Kleinpraxis macht natürlich wenig Sinn, in Praxisgemeinschaften, Gemeinschaftspraxen, medizinischen Versorgungszentren, Praxiskliniken oder Tierarztkliniken leistet es jedoch wertvolle Hilfe.

1.3.2 Die Stellenbeschreibung

Das Organigramm gibt einen ersten Überblick über den Aufbau der Praxis und die Zuständigkeiten. Um eine Tätigkeit bzw. einen Arbeitsplatz genauer zu beschreiben, verwendet man die **Stellenbeschreibung**. In ihr werden schriftlich die **Aufgaben und Kompetenzen** in einer knappen Form erfasst und aufgelistet. Jeder Aufgabenbereich erhält eine eigene Stellenbeschreibung und kann somit von anderen abgegrenzt werden. Alle Praxismitarbeiter innen und -mitarbeiter wissen daher ganz genau, welche Kerntätigkeiten von ihnen auszuführen sind und welche Weisungsbefugnisse sie haben. Missverständnissen und Doppelarbeiten wird vorgebeugt. Im Vertretungsfall kann eine Stellenbeschreibung dazu beitragen, die Einarbeitungszeit zu verringern und reibungsloser zu gestalten. Vorteilhaft ist sie insbesondere auch bei einer **Stellenneubesetzung**. Durch eine eindeutige Aufgabenabgrenzung kann bereits die Stellenanzeige im Bedarfsfall schwerpunktmäßig formuliert werden, die Personalsuche wird beschleunigt und das Bewerbungsgespräch erleichtert. Auch die Gehaltsfindung oder -erhöhung ist konfliktfreier abzuwickeln, denn eine Zuordnung, z. B. zu den einzelnen Tätigkeitsgruppen der Tarifverträge, ist leichter möglich. Und nicht zuletzt lässt sich mit einer Stellenbeschreibung die Zuordnung von schlecht oder gar nicht ausgeführten Aufgaben leichter nachweisen, wenn es zu einer Abmahnung oder Kündigung kommen sollte. Da Aufgabengebiete sich im Zeitverlauf verlagern oder ändern können, sollten Stellenbeschreibungen von Zeit zu Zeit aktualisiert werden.

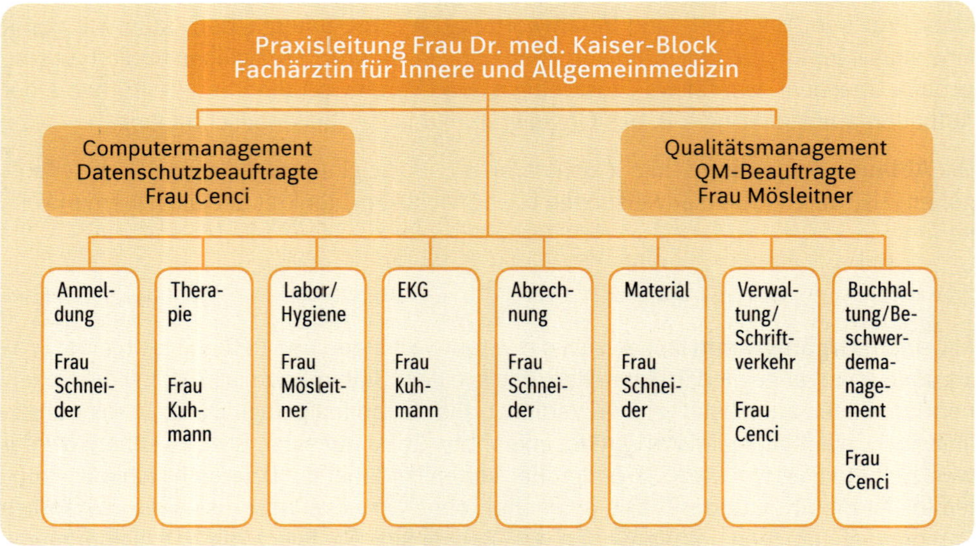

2. Organigramm der Praxis Dr. Kaiser-Block

ÜBUNGSAUFGABEN

1. Bei Dr. Fuchs steht eine Praxisrenovierung mit der Möglichkeit zu räumlichen Veränderungen an. Mehr als bisher sollte dabei das „Prinzip der kurzen Wege" beachtet werden. Wie sollte eine Praxis demnach gestaltet werden? Machen Sie Vorschläge.
2. Für den Bereich „Wartezimmer" lautet ein Vorschlag, in der Praxis mehrere Wartebereiche vorzusehen.
   a) Wie beurteilen Sie grundsätzlich diesen Vorschlag?
   b) Nach welchen Gesichtspunkten könnten die Wartebereiche aufgeteilt werden?
3. Wie unterscheidet sich die „Aufbauorganisation" von der „Ablauforganisation"?
4. Immer wieder kommt es in der Praxis Dr. Lewis zu Nachfragen von Patienten und Besuchern, wer denn wofür zuständig sei. Durch welche Maßnahme lassen sich die Zuständigkeiten in der Praxis übersichtlich darstellen?
5. Zählen Sie stichwortartig die Vorteile einer Stellenbeschreibung auf.

1.4 Die Organisation der Arbeitsabläufe

1.4.1 Bestellsystem und Terminplanung

Ein ganz wichtiger Punkt im Rahmen des Praxismanagements ist die **Terminplanung der Sprechstunden.** Je nach Arztpraxis werden Patiententermine unterschiedlich festgelegt, wobei folgende **Bestellsysteme** unterschieden werden:

- **Sprechstundensystem.** Bei dieser „offenen Sprechstunde" erscheinen die Patienten ohne Voranmeldung und werden der Reihenfolge oder der Dringlichkeit nach behandelt. Nach dem Termin- und Versorgungsgesetz (TSVG) müssen grundversorgende Fachärztinnen und -ärzte (z. B. Orthopäden, HNO-Ärzte) für gesetzlich Versicherte wöchentlich mindestens 5 zeitoffene Sprechstunden anbieten.

- **Patientenbestellsystem.** Dieses mit Terminabsprachen verbundene Bestellsystem (Terminsprechstunde) hat sich wegen seiner Plan- und Überschaubarkeit zur Steuerung des Patientendurchlaufs in hohem Umfang durchgesetzt. Die Patientinnen und Patienten erhalten bei der Voranmeldung mündlich, schriftlich oder elektronisch einen zeitlich genau bestimmten Behandlungstermin (vgl. Abb. 3).
- **Gemischtes System.** Bei diesem halboffenen Bestellsystem wechseln sich offene und Terminsprechstunden ab. Nur zu bestimmten Zeiten findet das Patientenbestellsystem Anwendung (z. B. für Vorsorgeuntersuchungen, Labormaßnahmen oder Operationen), ansonsten wird das Sprechstundensystem durchgeführt.

Die beste Steuerung des Arbeitsanfalls lässt sich mit dem Patientenbestellsystem durchführen. Auch können hier die Wartezeiten der Patientinnen und Patienten in der Regel relativ gering gehalten werden. Dazu ist es aber notwendig, dass bestimmte **Grundsätze bei der Planung der Patientenbehandlung** beachtet werden:

- Spezialuntersuchungen sollten geblockt an bestimmten Tagen erfolgen (z. B. Vorsorgeuntersuchungen bei Kindern nur vormittags oder Blutabnahme dienstags und donnerstags um 07:00 Uhr).
- Für unvorhergesehene Überschreitungen der Behandlungszeit oder Notfälle müssen Pufferzeiten (Zeitreserven) eingeplant werden.
- Bei der Führung des Terminbuchs wird, soweit feststellbar, die Erkrankung oder Behandlungsart des Patienten eingetragen.
- Eine Überwachung der Einhaltung der Termine ist notwendig. Wer ohne Termin oder verspätet kommt, muss mit Wartezeiten rechnen.
- Das gewählte Zeitraster für die Patientenbehandlung muss regelmäßig auf seine Wirksamkeit überprüft und eventuell veränderten Bedingungen angepasst werden.
- „Terminkillern“ wie Langtelefonaten, unangemeldeten Besuchen von Pharmareferenten oder Patienten, die einfach mal so vorbeikommen, sollte durch klare Regelungen begegnet werden.
- Bei vielen telefonischen Anfragen oder einer Häufung von Akutfällen könnte eine **Telefon- oder Akutsprechstunde** mit kurzen Taktzeiten und entsprechender Behandlungsdauer eingeführt werden.
- Bei entsprechend digitaler Ausstattung sind Angebote für **Onlinesprechstunden** (Videosprechstunden) möglich. Der Patient oder die Patientin muss sich vorher anmelden und erhält ein Zeitfenster zugeordnet. Bis zu max. 20 % der Praxispatienten könnten so behandelt werden.
- Auf pünktlichen Praxisbeginn und genaue Einhaltung der Pausen muss geachtet werden.

Niemand wartet gerne, selbst wenn bereits am Praxisempfang verkündet wird, dass es „noch etwas dauern kann, bis Sie drankommen“. Durch Patientenbefragungen wurde festgestellt, dass die Wartezeiten in Praxen für Allgemeinmedizin mit bis zu über 50 Minuten am längsten sind, in chirurgischen Praxen mit etwa 20 Minuten dagegen bedeutend kürzer. Sicher liegt dies mit am hohen Anteil der Akutkranken, der kaum vorhersehbar und zu steuern ist. Im Einzelfall sollten hier Überlegungen (z. B. die bereits genannte

Akutsprechstunde) angestellt werden. Auch wäre denkbar, bei sich abzeichnenden Wartezeitenverlängerungen telefonisch noch zu erreichende Patientinnen und Patienten entsprechend auf andere Termine zu verschieben. Auf jeden Fall aber sollten bei akuten zeitlichen Verzögerungen die im Wartebereich Anwesenden informiert werden.

Wie lange die Behandlungsdauer bei der Terminplanung anzusetzen ist, ist je nach Fachrichtung und Art der Behandlung unterschiedlich. Bestell- und Terminbücher oder computergestützte Bestellsysteme bieten die Möglichkeit, flexible Behandlungszeiten einzutragen.

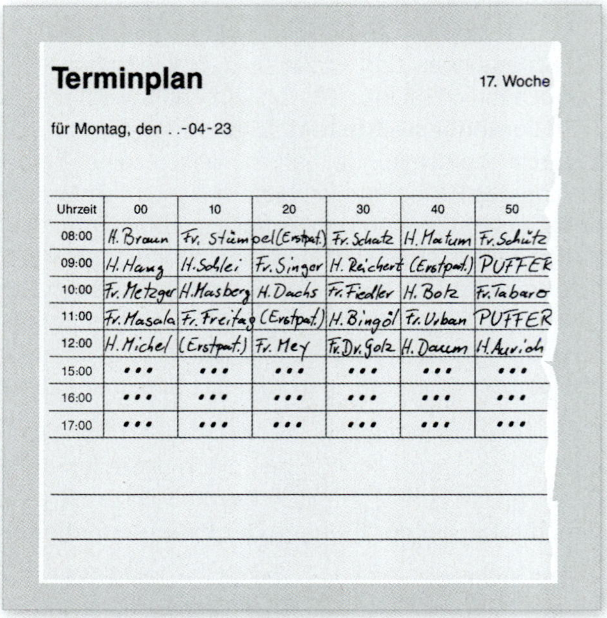
Terminplan 17. Woche

für Montag, den . .-04-23

Uhrzeit	00	10	20	30	40	50
08:00	H. Braun	Fr. Stüm	pel (Erstpat.)	Fr. Schatz	H. Matum	Fr. Schütz
09:00	H. Hang	H. Schlei	Fr. Singer	H. Reichert	(Erstpat.)	PUFFER
10:00	Fr. Metzger	H. Masberg	H. Dachs	Fr. Fiedler	H. Botz	Fr. Tabaro
11:00	Fr. Masala	Fr. Freitag	(Erstpat.)	H. Bingöl	Fr. Urban	PUFFER
12:00	H. Michel	(Erstpat.)	Fr. Mey	Fr. Dr. Golz	H. Daum	H. Aurich
15:00	•••	•••	•••	•••	•••	•••
16:00	•••	•••	•••	•••	•••	•••
17:00	•••	•••	•••	•••	•••	•••

3. Beispiel für einen Terminplan

BEISPIEL

Ausführliche Gesundheitsuntersuchung ca. 30 Minuten, Vorsorgeuntersuchung U4 bei Kindern ca. 20 Minuten, halbjährliche routinemäßige Untersuchung der Zähne durch den Zahnarzt ca. 15 Minuten, Impfung eines Hundes gegen Staupe und Beratung der Tierhalterin ca. 5 Minuten usw.

Ist ein erneuter Praxisbesuch notwendig, sollte der Patientin bzw. dem Patienten auf jeden Fall eine **Terminkarte** ausgehändigt werden, auf der gut sichtbar die neue Besuchszeit eingetragen ist. Zusätzliche Angaben, z. B. „Bitte nüchtern erscheinen“, können außerdem hinzugefügt werden. Bereits aufgedruckte Ankreuzmöglichkeiten beschleunigen dabei die Ausstellung.

Bei größeren Behandlungen ist es sinnvoll, den Patienten oder die Patientin vorab noch einmal z. B. telefonisch an den Termin zu erinnern, damit kein Leerlauf im Praxisablauf entsteht.

Zu Vorsorge- und Prophylaxemaßnahmen können Patientinnen

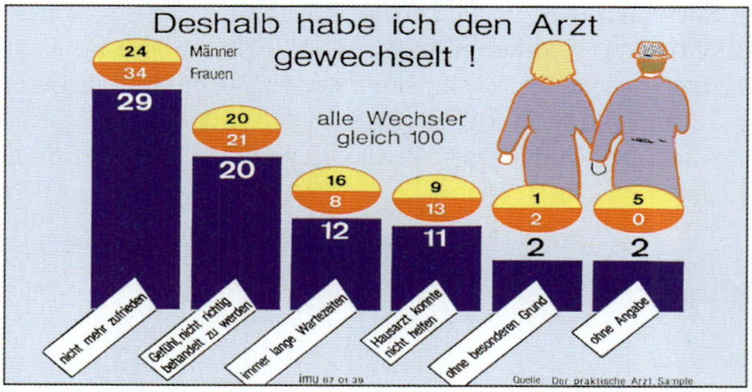

4. Deshalb habe ich den Arzt gewechselt

und Patienten mit deren ausdrücklicher Zustimmung, am besten schriftlich und natürlich auf freiwilliger Basis, auch in ein **Recall-System** eingebunden werden. Dabei werden sie vor der routinemäßigen Prophylaxe oder Vorsorgeuntersuchung telefonisch, per E-Mail oder per SMS zur Terminvereinbarung eingeladen bzw. noch einmal an den Termin erinnert (vgl. Seite 338).

Wie aus Abbildung 4 zu ersehen ist, wechselt ein großer Teil der Patienten den Arzt/die Ärztin wegen zu langer Wartezeiten oder aus Unzufriedenheit mit der Praxis. Die Unzufriedenheit muss nicht allein ihre Ursachen in der Behandlungsart des Arztes oder der Ärztin haben, sondern kann auch durch das Verhalten der Praxisangestellten gegenüber Patientinnen und Patienten begründet sein. Diese wollen sich geborgen fühlen und von kompetenten Ärztinnen und Ärzten behandelt wissen. Daraus ergeben sich bestimmte **Erwartungen des Patienten** an die Praxis:

- Sachkenntnis der Ärztin/des Arztes und des Personals
- Ausreichende, aber umfassende Aufklärung
- Klare, angemessene und verständliche Sprache
- Klare Diagnosen und verständliche Anweisungen zur Therapie
- Der jeweiligen Krankheit angemessener Einsatz von Untersuchungen und Geräten
- Bereitschaft der Ärztin oder des Arztes, auch Hausbesuche durchzuführen
- Freundliche Behandlung durch Ärztin/Arzt und Praxisteam
- Angenehme, möglichst entspannte Atmosphäre
- Verbindliche Termine ohne lange Wartezeiten
- Eingehen auf die Bedürfnisse des Patienten oder der Patientin
- Hilfsbereitschaft

1.4.2 Planung des Personaleinsatzes

Da die Fachangestellten ein sehr umfangreiches Aufgabenfeld zu erfüllen haben, ist es notwendig, für die einzelnen Arbeitsgebiete genaue Festlegungen zu treffen. Diese werden durch einen Dienst- oder Personaleinsatzplan mit der dazugehörigen Arbeitsplatzbeschreibung vorgenommen.

In der **Arbeitsplatzbeschreibung** ist genau festgelegt, welche Aufgaben von der Fachkraft durchgeführt werden müssen. Während bei der Stellenbeschreibung die Aufgaben und Kompetenzen nur knapp beschrieben werden, enthält eine Arbeitsplatzbeschreibung detaillierte Arbeitsanweisungen und konkrete Arbeitsschritte für die jeweils durchzuführende Tätigkeit. Die komplexen Tätigkeiten eines Arbeitsplatzes werden aufgespalten in übersichtliche und der Arbeitsabwicklung folgende Teilaufgaben. So wird erkennbar, welche **konkreten Aufgaben** mit einem bestimmten Arbeitsplatz verbunden sind. Die Fachkraft ist für die ordnungsgemäße Erfüllung der Aufgaben in diesem eindeutig festgelegten Arbeitsbereich eigenverantwortlich. Dies stärkt ihre Kompetenz und führt zu einer Erhöhung der Arbeitszufriedenheit. Arbeitsüberschneidungen bzw. Kompetenzüberschreitungen lassen sich schnell klären und beseitigen. Beim Einsatz von Arbeitsplatzbeschreibungen sollten in gewissen Zeitabständen Überlegungen erfolgen, ob der jeweilige Arbeitsbereich neu festgelegt werden muss oder Arbeitsschritte sich geändert haben und anders ausgeführt werden müssen, weil z. B. durch Gesetzesänderungen oder Angebotserweiterungen neue Praxisaufgaben hinzugekommen (z. B. IGeL) oder andere weggefallen sind. Für die Beschreibung der einzelnen Arbeitsschritte hat sich die Verwendung von **Checklisten** (vgl.

Abb. 6) als sinnvoll erwiesen. Gerade bei immer wiederkehrenden Verrichtungen verhindern sie, dass Arbeitsschritte vergessen werden. Fehler und Behinderungen im Praxisablauf können dadurch weitgehend vermieden werden. Die einzelnen Arbeitsschritte werden in der Checkliste entsprechend ihrem Arbeitsablauf bis ins Detail aufgegliedert und auf einen einheitlichen Vordruck übernommen. Die Teilaufgaben werden dann nacheinander abgearbeitet und ihre Durchführung wird bestätigt. So wird die Arbeit effektiver und eine gleichbleibende Qualität gesichert. Darüber hinaus sind Checklisten Arbeitsnachweise, welche die ordnungsgemäße Durchführung einer bestimmten Tätigkeit belegen und damit bei Kontrollen (z. B. Hygieneplan) oder Rechtsstreitigkeiten als Beweismittel dienen können.

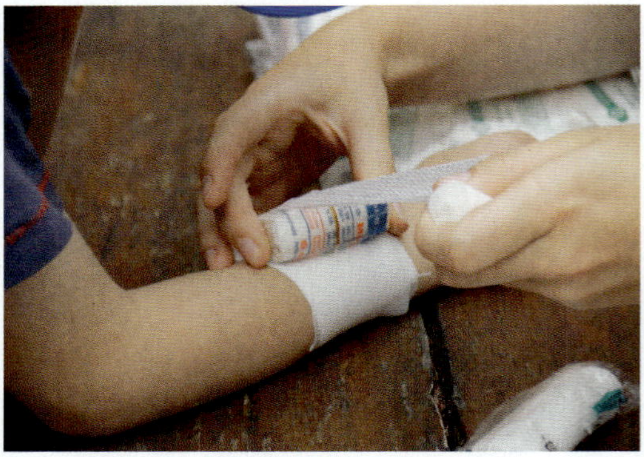

5. Notfälle können die Wartezeit verlängern!

Beim **Erstellen** von Checklisten ist zunächst zu überlegen, welche Arbeitsverrichtungen sich zur Standardisierung eignen. Anschließend werden die einzelnen Arbeitsschritte genau festgelegt und beschrieben (siehe Abb. 6 und 7). Nach dem Vier-Augen-Prinzip sollte anschließend noch eine Schlüssigkeits-/Ablaufkontrolle erfolgen, bevor die Liste dann zum Einsatz kommt. In bestimmten Zeitabständen müssen die Checklisten überprüft und bei Bedarf ergänzt oder verändert werden.

1. Anrufbeantworter ausschalten und abhören
2. Büroschränke aufschließen
3. Computer anstellen
4. Terminplan für den Tag kontrollieren
5. Patientenkarteien der bestellten Patienten heraussuchen
6. Wartezimmer auf ordentlichen Zustand kontrollieren und Zeitschriften ordnen
7. Vorbereitungen für eventuelle Patientenanrufe treffen (Notizzettel bereitlegen)
8. Notizen des Vortages durchsehen und eventuell Patientinnen oder Patienten telefonisch benachrichtigen
9. Ablage durchführen
10. Schriftverkehr abwickeln
11. Posteingang und Postausgang bearbeiten
12. Telefonanrufe entgegennehmen
13. Termine vergeben
14. Einhaltung der Termine kontrollieren

6. Checkliste für die Anmeldung (Kurzfassung)

Weitere **Vorteile** des Checklisteneinsatzes liegen neben den bereits geschilderten darin, dass sie auf die speziellen Praxisvorgänge abgestimmt werden können. Die Einarbeitungszeit von neuen Mitarbeiterinnen und Mitarbeitern wird reduziert und Angestellte, die in anderen Bereichen tätig sind, können schnell zusätzliche Aufgaben übernehmen, wenn dies z. B. im Krankheits- oder Urlaubsfall notwendig wird. Bei Zusammenfassung von z. B. Organisationsplänen, Arbeitsplatzbeschreibungen und Checklisten in einem **Organisationshandbuch** können sich etwa neue Auszubildende einen schnellen Überblick über die in der Praxis anfallenden Aufgaben und ihre Ausführung verschaffen. Dies gilt auch für Kontrollen, z. B. im Rahmen eines Qualitätsmanagements.

Anamnese/Gespräch
- Der Patient bzw. die Patientin muss nach vorhandenen Komplikationen seiner Diabeteserkrankung im Zeitraum seit der letzten Dokumentation befragt werden,
  - **kam es akut zu schwerwiegenden Folgeerkrankungen?**
    - akute Erblindung
    - Blutwäsche/Dialyse notwendig
    - Verlust eines Zehs oder einer Extremität durch Amputation
    - Herzinfarkt oder Schlaganfall
  - **kam es zu Unterzuckerungen?**
    - schwere Unterzuckerungen, wobei Fremdhilfe nötig war?
    - leichte Unterzuckerungen, bei denen sich P. selbst helfen konnte?
  - **kam es zu notfallmäßigen Krankenhausaufenthalten** seit letzter Dokumentation?
- bei Einnahme von Glibenclamid/Glimepirid oder Insulinen sollte der Patient/die Patientin die Symptome einer Unterzuckerung kennen und bennen können (nachfragen!):
  - Unruhe und Nervosität
  - Herzrasen
  - Schweißausbruch
  - Frösteln
  - Heißhunger
  - Zittern
  - Kopfschmerzen, Müdigkeit

Fußuntersuchung
- je nach Planung ist die Untersuchung der Füße vorgesehen (siehe DMP-Liste)
- dabei sollen erkannt werden:
  - Störungen der Durchblutung
  - Störungen des Empfindens (des „Gefühls")
  - Druckstellen mit Gefahr eines Hautschadens (z. B. bei schlechtem Schuhwerk)
  - Hautschäden („Geschwüre")
  - Infektionen (z. B. typischer Verpilzung der Zehenzwischenräume)
  - andere Auffälligkeiten der Füße durch Diabetes

Fußuntersuchung – die Inspektion (das „Anschauen")
- Fußsohle und äußeren/inneren Fußrand anschauen:
  - Druckstellen mit starker Verhornung?
  - sogar Druckstellen mit Rötung/Schwellung?
  - im Extremfall offene Druckstelle („Ulcus")
  - Übersicht – typische Druckstellen:

7. Checkliste

Während in Kleinpraxen häufig eine Person alle Aufgaben erledigt, wird bei größeren Praxen mit mehreren Beschäftigten eine Arbeitsteilung vorgenommen. Damit Arbeiten nicht doppelt erledigt oder vergessen werden und immer ausreichend Personal in der Praxis vorhanden ist, ist es sinnvoll, einen Personaleinsatzplan und Dienstplan zu erstellen. Der **Personaleinsatzplan** ergibt sich aus der Stellen- und Arbeitsplatzbeschreibung und legt fest, wer wann für welche Praxisaufgaben verantwortlich ist. Die Personaleinsatzplanung zielt auf eine Optimierung der Praxisabläufe ab. So können z. B. ein schwankender Personalbedarf (etwa bei Stoßzeiten an bestimmten Wochentagen oder zu bestimmten Jahreszeiten) und Personalengpässe (z. B. bei Teilzeitarbeitskräften) bereits bei der Planung vorab berücksichtigt werden. Die Zuordnung der Mitarbeiterinnen und Mitarbeiter erfolgt nach ihren Fähigkeiten und den Anforderungen des Arbeitsplatzes, die individuellen Interessen und Neigungen sollten dabei jedoch berücksichtigt werden.

Um die Akzeptanz des Personaleinsatzplans zu erhöhen, sollten die Beschäftigen bei der Erstellung eingebunden werden. Dabei sind folgende Punkte zu berücksichtigen:

- Spezielle Fähigkeiten und Fertigkeiten der Angestellten (z. B. Röntgenschein)
- Wünsche der Beschäftigten bei der Aufteilung der anfallenden Arbeiten, wobei Arbeiten, die von allen Beteiligten nicht gerne übernommen werden, möglichst gleichmäßig verteilt werden
- Notwendige Mehrarbeit, z. B. wegen Erkrankung oder Urlaub, gleichmäßig auf die Beschäftigten verteilen, um eine übermäßige Belastung Einzelner zu verhindern. Bei längerfristigen Erkrankungen ist die Reaktivierung von Personalreserven ratsam, z. B. Einsatz ehemaliger Angestellter, die nur noch stundenweise arbeiten wollen.

Alle Beschäftigten können nach dem Prinzip „Bei uns kann jede/jeder alles" wechselweise in allen Arbeitsbereichen eingesetzt werden. Daraus ergeben sich folgende **Vorteile**:

- Eine kurzfristige Vertretung erkrankter Kolleginnen oder Kollegen ist ohne lange Einarbeitung möglich.
- Bei unterschiedlichem Arbeitsanfall ist ein bereichsübergreifender Einsatz möglich.
- Die praxisinterne Kommunikation wird durch die Kenntnis der einzelnen Arbeitsabläufe verbessert.

Der **Dienstplan** der Praxis legt fest, wann genau welche Fachkraft in der Praxis anwesend sein muss. Dies kann in Tages-, Wochen- oder Monatsdienstplänen geschehen. Grundlage der Einteilung ist die vertragliche oder tariflich vereinbarte Wochen- oder Monatsarbeitszeit. Voraussehbare und vereinbarte Überstunden, Zeiten eines Notfall-, Wochenend- oder Bereitschaftsdienstes sollten rechtzeitig in den Dienstplan eingebaut werden. Weiter berücksichtigt werden müssen z. B. Mutterschutz- und Jugendarbeitsschutzvorschriften (z. B. Berufsschulbesuch) sowie die Bestimmungen des Arbeitszeitgesetzes (vgl. Seite 395). Der Dienstplan muss schließlich noch mit dem Personaleinsatzplan abgestimmt werden, damit stets fachlich qualifizierte Angestellte anwesend sind. Entsprechende Computerprogramme berücksichtigen dies und unterstützen damit die Erstellung der Dienstpläne. Das Programm liefert z. B. einen schnellen Überblick über sämtliche Einsatzzeiten. Es kann darauf hinweisen, wenn Überstunden eingeplant wurden und individuelle Mitarbeiterpläne lassen sich schnell ausdrucken.

Für Notfälle, z. B. bei plötzlicher Erkrankung einer Fachkraft, sollte ein **Vertretungsplan** vorhanden sein. Darin kann geregelt werden, wer welche Aufgaben übernehmen soll, ob z. B. bestimmte Arbeiten auf später verschoben werden können und wie gewährleistet wird, dass Informationen für die fehlende Fachkraft dokumentiert werden.

Die Planung des Personaleinsatzes ermöglicht meist einen reibungslosen Praxisablauf. Daneben ist es jedoch notwendig, für die Urlaubszeit oder bei Ausfall von Mitarbeiterinnen oder Mitarbeitern (z. B. wegen Krankheit) gesonderte Maßnahmen ergreifen zu können, ohne dass der gesamte Praxisablauf mehr als notwendig gestört wird. Eine Möglichkeit bietet dabei die Erstellung eines **Urlaubsplans** (kostenlose Vorlage z. B. über: www.aok.de/fk/tools/weitere-inhalte/aok-urlaubsplaner). Darin werden folgende Festlegungen getroffen:

- Wann ist die Praxis wegen Urlaub (z. B. des Arztes/der Ärztin) geschlossen?
- Welche Angestellten haben wann und wie lange Urlaub?

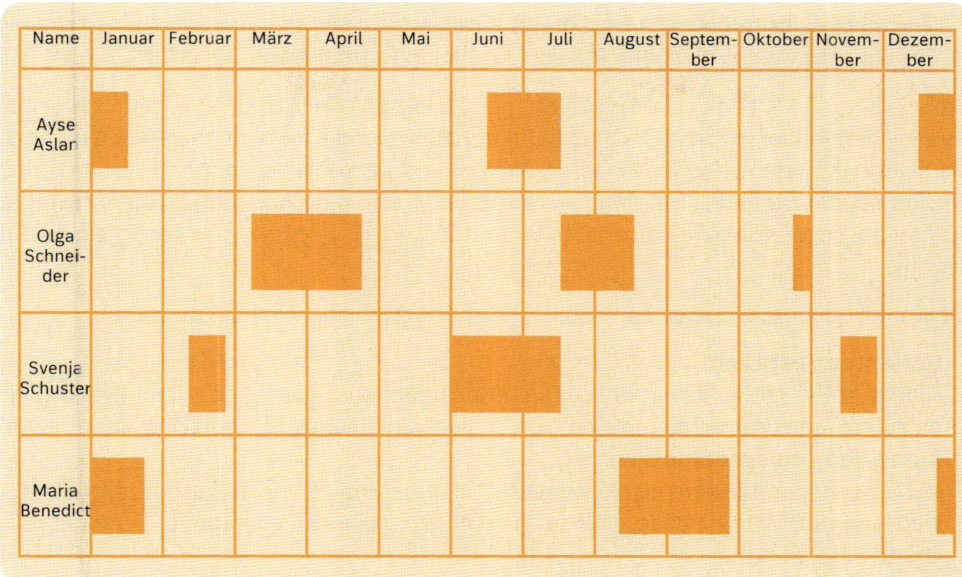

8. Urlaubsplan/Jahresübersicht (Ausschnitt)

Bei der Planung und Eintragung des Urlaubs sind zunächst folgende Fragen zu prüfen:

- Ist ein Praxisurlaub geplant, an dem alle für diese Zeit Urlaub nehmen müssen?
- Muss der Urlaub in den Schulferien liegen, weil Fachangestellte schulpflichtige Kinder haben?
- Gibt es Auszubildende, die ihren Jahresurlaub während der Schulferien nehmen sollen?
- Sind Familienangehörige an bestimmte Urlaubszeiten gebunden?
- Überschneiden sich die verschiedenen Urlaubswünsche? Ist für ausreichend Personal gesorgt oder muss eine Vertretung organisiert werden?
- Wurde eine zeitliche Abstimmung mit Nachbarpraxen vorgenommen, damit durch Vertretung die ärztliche Versorgung gewährleistet ist?

Der Urlaubsplan sollte frühzeitig erstellt werden, möglichst in den letzten Monaten des Vorjahres, spätestens aber zum Jahresbeginn.

1.5 Konfliktmanagement in der Praxis

Gerade im täglichen Praxisablauf können Konflikte verstärkt auftreten. Die **Ursachen** dafür liegen oft im praxisinternen Bereich oder gehen von Patientinnen oder Patienten aus, z. B.:

- Patientinnen bzw. Tierhalterinnen, die sich benachteiligt oder nicht ausreichend betreut fühlen
- unzufriedene oder aggressive Patienten
- Überbelastung der Kolleginnen oder Kollegen
- Unklare oder sich überschneidende Arbeitsabläufe

- Missverständliche Anweisungen durch Kolleginnen oder Arzt/Ärztin
- Stresssituationen durch hohe Patientenzahl und Überstunden

Um diese Konflikte erst gar nicht aufkommen zu lassen oder um sie zu lösen, ist es notwendig, den Anlass und die Ursache dafür deutlich und klar zu benennen. Auch müssen die Eigenheiten der Betroffenen berücksichtigt und persönliche Animositäten im Sinne der Praxis zurückgestellt werden. Nur dann lässt sich eine **Konfliktlösungsstrategie** erarbeiten. Denn Konflikte kosten Zeit und Kraft und sie beeinflussen den Praxisablauf negativ.

Die Konfliktlösungsstrategie kann, je nach Art des Konflikts, wie folgt aussehen:

- **Patientengespräch**
  Hierbei sollte versucht werden, der Patientin oder dem Patienten die jeweilige Situation zu erklären und, wenn möglich, Vorschläge zur Lösung des Konflikts zu erarbeiten.
- **Kurze Teambesprechungen**
  Bei Missverständnissen oder kurzfristiger Überlastung sollten möglichst zeitnah, entweder in der Mittagspause oder im Anschluss an die Sprechstunde, Teambesprechungen stattfinden.
- **Regelmäßige Teambesprechungen** (vgl. Seite 354 f.)
  Im Sinne einer guten Zusammenarbeit in der Praxis sind regelmäßige Teambesprechungen zu festen Terminen sinnvoll, um alle Probleme des Praxisalltags zur Sprache zu bringen und über Verbesserungen nachzudenken.
- **Organisationsbesprechungen**
  Diese dienen einerseits dem Kennenlernen der einzelnen Arbeitsbereiche, andererseits können dabei auch Vorschläge zur möglichst sinnvollen Gestaltung oder Änderung der Arbeitsaufgaben und -gebiete sowie der Arbeitsabläufe erfolgen.

Bei allen Gesprächen sollte beachtet werden: Am Ende der Diskussion muss immer ein von den Beteiligten akzeptiertes Ergebnis stehen, das Ergebnis muss in eine Handlung umgesetzt werden und ein Erfolg sollte später festzustellen sein.

9. Grundsätze der Konfliktlösung

10. *Konfliktlösung im Team: nicht so – sondern so*

Damit diese Konfliktlösungsstrategien erfolgreich sein können, sind folgende Voraussetzungen zu schaffen:

- Die Teamsitzung sollte regelmäßig zu festen Terminen und mit einer zeitlichen Begrenzung stattfinden.
- Die Besprechung muss gut vorbereitet sein, eine kurze Tagesordnung ist hilfreich.
- Eine Moderatorin oder ein Moderator sollte unvoreingenommen die Vermittlerrolle übernehmen. Gemeinsam und konsequent sollte nach Lösungen gesucht werden.
- Probleme sind immer offen und ehrlich anzusprechen. Es sollte klar benannt werden, was stört und welche Veränderung erwartet wird.
- Die Art und der Ton sollten immer freundlich und angemessen sein. Persönliche Beleidigungen oder gar Drohungen sind absolut tabu.
- Persönliche Abneigungen müssen zurückgestellt werden, faires Verhalten und Sachlichkeit sind geboten.
- Berechtigte Kritik muss sachlich ausgesprochen werden können, ohne dass dadurch persönliche oder berufliche Nachteile entstehen.
- Ist ein Praxisurlaub geplant, an dem alle für diese Zeit Urlaub nehmen müssen?
- Eine Dokumentation der Ergebnisse dient der Klarheit und ermöglicht später eine Kontrolle der Vereinbarungen.

Bei Einhaltung dieser Regeln ist eine Konfliktlösung innerhalb der Praxis zum Vorteil des Arbeitsklimas möglich.

ÜBUNGSAUFGABEN

1. Erstellen Sie eine Übersicht, in der die verschiedenen Bestellsysteme nebeneinander dargestellt sind. Beschreiben Sie dann kurz das jeweilige System und geben Sie in einer folgenden Zeile je ein Beispiel an, welche Vor- bzw. Nachteile das entsprechende System aufweist.
2. Zählen Sie vier allgemeine Grundsätze zur Planung der Patientenbehandlung mit kurzer Beschreibung auf.
3. Vor allem in größeren Gemeinschaftspraxen oder auch Tierkliniken wird oft eine Arbeitsplatzbeschreibung erstellt.
   a) Was versteht man darunter?
   b) Welche Inhalte werden darin dargestellt?
4. Im Qualitätshandbuch einer Praxis sind Checklisten niedergelegt.
   a) Welche Inhalte haben diese Checklisten?
   b) Welche Vorteile ergeben sich durch das Vorhandensein von Checklisten?
5. Erstellen Sie für ein Teilgebiet in Ihrer Ausbildungspraxis eine Checkliste.
6. „Ein Dienstplan sorgt für einen geregelten Praxisablauf und die Einhaltung arbeitsrechtlicher Bestimmungen."
   a) Wodurch wird die Einhaltung der obigen Behauptung gewährleistet? Wie sollte also ein Dienstplan gestaltet sein?
   b) Welche arbeitsrechtlichen Bestimmungen lassen sich durch einen Dienstplan berücksichtigen und wie kann dieser deren Einhaltung überwachen?
7. Das Praxispersonal einer Praxis besteht aus zwei Fachangestellten, einer Auszubildenden und einer stundenweise beschäftigen Teilzeitkraft. Eine Fachangestellte hat ein Kind in der zweiten Grundschulklasse, die andere ist ledig, hat aber einen Partner. Alle Mitarbeiterinnen möchten während der Sommerferien einen dreiwöchigen Urlaub nehmen.
   a) Was ist grundsätzlich bei der Erstellung eines Urlaubsplans zu beachten?
   b) Wie könnten die im Beispiel geschilderten Urlaubswünsche im Rahmen eines Urlaubsplans berücksichtigt werden?
8. Eine Überschrift in diesem Lehrbuch lautet „Konfliktmanagement in der Praxis".
   a) Welche Maßnahmen könnten je nach Problemstellung gewählt werden?
   b) Zählen Sie vier Bedingungen auf, die im Rahmen einer konfliktlösenden Praxisbesprechung erfüllt sein sollten.

2 PRAXISMARKETING

Situation:

Die Zahnärztin Dr. Fuchs hat in einer Fachzeitschrift gelesen, dass in den letzten Jahren die Möglichkeiten zur Werbung für die eigene Zahnarztpraxis stark verbessert wurden. Mit den folgenden Maßnahmen will sie die Auslastung der Praxis erhöhen und die angeschafften neuen Geräte besser einsetzen:

- Einrichtung einer Homepage mit Abbildung des Praxispersonals und dem Hinweis: „Wir haben die beste Ausstattung in der Stadt", sollen die Patienten dann lesen und: „Wo andere aufgeben, fangen wir erst recht an."
- Eine Praxisbroschüre soll erstellt und in der Praxis ausgelegt werden.
- Zusätzlich soll eine Auslage auch bei der Apotheke und in der Drogerie erfolgen.
- Auch eine Postwurfaktion in den umliegenden Straßen wird durchgeführt.
- Am Zaun vor der Praxis werden zwei größere Praxisschilder mit Telefon und Mailadresse angebracht.
- Hinter der Fensterscheibe des Wartezimmers wird eine Leuchtreklame installiert.
- Zukünftig erhalten alle Patientinnen und Patienten Geburtstagspost.
- Am ersten Adventswochenende führen wir einen „Tag der offenen Tür" durch mit der Sonderaktion: „Vereinbaren Sie einen Termin für eine professionelle Zahnreinigung zum halben Preis!"

1. Welche der oben dargestellten Maßnahmen sind zulässig, welche müssen unterlassen werden?
2. Wie beurteilen Sie die Einführung eines Recall-Service, bei dem Patienten an bestimmte Termine (z. B. für Vorsorgemaßnahmen) erinnert werden sollen. Was ist bei einem solchen Verfahren zu beachten?
3. Was halten Sie von der Maßnahme, durch einheitliche Praxiskleidung ein einprägsames Erscheinungsbild zu schaffen (Corporate Identity)?

2.1 Gesetzliche Vorschriften

Grundsätzlich gibt es für die ärztlichen Praxen kein umfassendes Werbeverbot. Es gibt aber Einschränkungen, insbesondere für nicht sachliche Werbeauftritte. Hierunter fallen z. B. anpreisende, irreführende, herabsetzende oder vergleichende Werbung. Geregelt ist dies in gesetzlichen Vorschriften (vgl. Abb. 11) und insbesondere in den Berufsordnungen der jeweils zuständigen Kammer. „Werbung" ist deshalb nur dann erlaubt, wenn sachlich und angemessen über berufsbezogene Informationen berichtet wird.

BEISPIEL

Werbemäßige Bezeichnungen wie „international anerkannter Spezialist für [...]", „modernste Praxis der Stadt" oder Vergleiche mit anderen Praxen wie „Wir sind den anderen immer ein ganzes Stück voraus" fallen unter das Werbeverbot. Untersagt ist auch irreführende Werbung (z. B. die Bezeichnung einer kleinen Einzelpraxis als „Gesundheitszentrum") oder marktschreierische bzw. Preis-Leistungs-Werbung („Diese Woche Kastrationen Ihres Katers nur 50,00 EUR!").

11. Gesetzliche Vorschriften für das Praxismarketing

Berufsgerichtliche Strafen wie Abmahnungen, Geldbußen oder als letzte Konsequenz sogar der Ausschluss aus der jeweiligen Kammer können für solche Verstöße verhängt werden. Allerdings wurden die Vorschriften in letzter Zeit gelockert. So ist eine genaue Größenfestlegung des Praxisschildes entfallen, es muss sich nun nur noch den örtlichen Gepflogenheiten anpassen (Zahnarztpraxis) bzw. unterliegt so gut wie keinen Größenvorschriften mehr. Auch in Bezug auf die Schaltung von Praxisanzeigen haben höchstrichterliche Urteile dazu geführt, dass eine Lockerung eingetreten ist. Durfte z. B. in der örtlichen Zeitung früher nur zu bestimmten Anlässen wie Urlaub, Renovierung usw. eine Annonce der Praxis erscheinen, so ist dies heute auch ohne Anlass zulässig, ja theoretisch sogar bundesweit möglich. Und auch Rundfunk- und Fernsehwerbung oder das Internet steht den Praxen offen, wobei selbstverständlich auch hier die Standesregeln einzuhalten sind und auf allgemeine Rechtsvorschriften bezüglich Internetauftritten geachtet werden muss (z. B. Angabe eines Impressums). Trotz des Wegfalls vieler Werbeeinschränkungen sollte aber bei der Werbegestaltung darauf geachtet werden, dass die Erbringung von Gesundheitsleistungen etwas anderes ist als etwa der Verkauf von Handys oder Kaffee. Trikot- und Bandenwerbung, z. B. beim örtlichen Fußballverein, bleibt deshalb noch immer verboten, eine gewisse Zurückhaltung und seriöses Auftreten ist angeraten.

2.2 Möglichkeiten der Praxispräsentation

Das Praxismarketing erlangt eine zunehmende Bedeutung in den Arzt-, Zahnarzt- und Tierarztpraxen; um Patientinnen und Patienten (bzw. Klientinnen) und um Selbstzahlende von individuellen Gesundheitsleistungen ist vor allem in Großstädten ein Konkurrenzkampf entstanden.

Ein gutes **Praxismanagement** zeichnet sich durch die konsequente Umsetzung eines internen Praxismarketings zugunsten der Praxis und der Patientinnen/Patienten aus.

Damit dieses Praxismarketing auch erfolgreich praktiziert werden kann, ist es notwendig, dass alle in der Praxis Beschäftigten ihr Verhalten, ihre Arbeitsweise und ihre Tätigkeit den **Zielen** der Praxis unterordnen. Hierzu zählen insbesondere die Zufriedenheit der Stammpatienten, die Gewinnung neuer Patientengruppen und neuer Privatpatientinnen und -patienten.

Einer der wichtigsten Bausteine zur Umsetzung der Ziele stellt das Image, d. h. das Ansehen der Praxis dar. Neben der **Kompetenz** der Ärztin bzw. des Arztes und der Fachangestellten spielt hierbei besonders das Auftreten gegenüber Patientinnen und Patienten eine große Rolle. „Gutes erfährt das Haus, das Schlechte das ganze Viertel." Dieses Sprichwort besagt, dass schlechte Erfahrungen einen viel größeren Verbreitungskreis haben als gute Erlebnisse; Negatives bleibt länger in Erinnerung. Daraus folgt: Das Praxisziel sind zufriedene Menschen. Vermitteln Sie jeder Patientin und jedem Patienten, dass ihr/ihm das gesamte Interesse der Praxis gilt. Im Mittelpunkt steht hierbei die Patientenbetreuung. Besonders wichtig ist, die Probleme und Erkrankungen der Patientin/des Patienten ernst zu nehmen; niemand darf sich zurückgewiesen fühlen. Im Patientengespräch ist das Zuhören ohne Unterbrechen wichtig. Auch sollte sichergestellt werden, dass die Patientin oder der Patient die Erklärungen und Hinweise bezüglich des weiteren Vorgehens versteht, damit eventuelle Missverständnisse gar nicht erst aufkommen. Eine angemessene Sprache und eine leicht verständliche Erklärungsweise bauen Ängste und Unsicherheiten ab, was wiederum die Zufriedenheit der Patientin bzw. des Patienten mit der Praxis erhöht. Besonders in Zeiten großer Hektik und starken Patientenandrangs tragen diese Eigenschaften zur Imagehebung der Praxis bei, denn keine noch so intelligent geplante und umgesetzte Werbung kann die Empfehlung von zufriedenen Patientinnen und Patienten ersetzen (Mund-zu-Mund-Propaganda).

Praxisinformationen als Marketinginstrumente zu nutzen, ist trotz der Werbeeinschränkung auch im Gesundheitsbereich möglich. Kreative Ideen sind gefragt, um über Leistungen zu informieren und die Praxisbindung zu erhöhen. Marketingmaßnahmen könnten z. B. sein:

- Praxisschild mit Porträt des Arztes/der Ärztin versehen, Angaben wie Telefonnummer oder E-Mail-Adresse hinzufügen; Praxisschild bei Dunkelheit beleuchten
- Hinweis auf ein zertifiziertes Qualitätsmanagement-System in der Praxis
- Broschüre mit Vorstellung des Praxisteams, Übersicht über das Leistungsangebot usw. den Besuchern überreichen oder auslegen
- Erstattung von Parkgebühren beim Arztbesuch, wenn nur wenige Praxisparkplätze vorhanden sind
- Tierhalterinformation über gesunde Tierernährung, Angebot von Diät-Futtermitteln mit Lieferservice, Ausgabe von Proben
- Praxiswegweiser erstellen mit Adresse, Leistungsangebot, Parkplatzmöglichkeiten oder Anfahrtswegen (wegen „Copyright" keinen vorgegebenen Plan verwenden, sondern z. B. einen selbst gezeichneten)
- Kleine Geschenke oder Belobigungen, z. B. für „tapferes Verhalten", ausgeben, etwa Kinderzahnbürste oder Anstecker
- Name, Anschrift, Homepage, Praxislogo usw. auf allen nach außen gehenden Vordrucken anbringen (Visitenkarten, Terminzettel, Kurzinformationen usw.)
- Eintrag in Vergleichs- und Bewertungsportalen
- Gratulation zum Geburtstag, Kartengrüße zu anderen Anlässen, Erinnerung an Gesundheitsmaßnahmen (Vorsorgeuntersuchungen)

- Kunstausstellungen in der Praxis organisieren
- Besondere Sprechstunden (z. B. abends für Berufstätige, am Samstag) anbieten

Veröffentlichungen medizinischen Inhalts in **Zeitungen** und **Zeitschriften** durch Ärztinnen und Ärzte sind dann zulässig, wenn sie sich auf die sachliche und fachliche Informationen beschränken. Gleiches gilt für Reportagen im Fernsehen oder Radio.

12. Modernes Praxismarketing?

§ 27

Erlaubte Information und berufswidrige Werbung

(1) Zweck der nachstehenden Vorschriften der Berufsordnung ist die Gewährleistung des Patientenschutzes durch sachgerechte und angemessene Information und die Vermeidung einer dem Selbstverständnis der Ärztin oder des Arztes zuwiderlaufenden Kommerzialisierung des Arztberufs.

(2) Auf dieser Grundlage sind Ärztinnen und Ärzte sachliche berufsbezogene Informationen gestattet.

(3) Berufswidrige Werbung ist Ärztinnen und Ärzten untersagt. Berufswidrig ist insbesondere eine anpreisende, irreführende oder vergleichende Werbung. Ärztinnen und Ärzte dürfen eine solche Werbung durch andere weder veranlassen noch dulden. Eine Werbung für eigene oder fremde gewerbliche Tätigkeiten oder Produkte im Zusammenhang mit der ärztlichen Tätigkeit ist unzulässig. Werbeverbote aufgrund anderer gesetzlicher Bestimmungen bleiben unberührt.

(4) Ärztinnen und Ärzte können
1. nach der Weiterbildungsordnung erworbene Bezeichnungen,
2. nach sonstigen öffentlich-rechtlichen Vorschriften erworbene Qualifikationen,
3. als solche gekennzeichnete Tätigkeitsschwerpunkte und
4. organisatorische Hinweise ankündigen.

Die nach Nummer 1 erworbenen Bezeichnungen dürfen nur in der nach der Weiterbildungsordnung zulässigen Form geführt werden. Ein Hinweis auf die verleihende Ärztekammer ist zulässig.
Andere Qualifikationen und Tätigkeitsschwerpunkte dürfen nur angekündigt werden, wenn diese Angaben nicht mit solchen nach geregeltem Weiterbildungsrecht erworbenen Qualifikationen verwechselt werden können.

(5) Die Angaben nach Absatz 4 Nummer 1 bis 3 sind nur zulässig, wenn die Ärztin oder der Arzt die umfassten Tätigkeiten nicht nur gelegentlich ausübt.

(6) Ärztinnen und Ärzte haben der Ärztekammer auf deren Verlangen die zur Prüfung der Voraussetzungen der Ankündigung erforderlichen Unterlagen vorzulegen. Die Ärztekammer ist befugt, ergänzende Auskünfte zu verlangen.

Quelle: Bundesärztekammer: § 27 der (Muster-) Berufsordnung für die in Deutschland tätigen Ärztinnen und Ärzte (Stand 2021). In: www.bundesaerztekammer.de/fileadmin/user_upload/downloads/pdf-Ordner/Recht/_Bek_BAEK_MBO-AE_Online_final.pdf [07.12.2021].

13. Muster-Berufsordnung Ärzte/Werbung

BEISPIEL

In der Zeitung erscheint ein Artikel über Akupunktur. Dr. Arthur Müller beschreibt dabei die Vorgehens- und Einsatzmöglichkeiten, mit denen er in seiner Praxis Erfolge erzielt hat.

BEISPIEL

Im Fernsehen wird eine Reportage über die Behandlung eines erkrankten Kois (japanischer Zierkarpfen) in einer Tierarztpraxis gezeigt.

BEISPIEL

Im regionalen Radiosender wird eine Sendung zur Zahnprophylaxe bei Kindern übertragen. Die niedergelassene Zahnärztin Dr. Birte Schneider beantwortet als Expertin alle Fragen der Moderatorin.

Vorträge über **medizinische Themen** bei Volkshochschulen, Veranstaltungsreihen o. Ä. bieten ebenso eine gute Möglichkeit, auf die eigenen Behandlungsmethoden hinzuweisen.

Eine Besonderheit stellt die **Praxishomepage im Internet** dar. Dabei müssen die grundsätzlichen Bestimmungen des Telemediengesetzes beachtet werden. Anschrift und E-Mail-Adresse, die gesetzliche Berufsbezeichnung „Ärztin/Arzt" und ein Link zur zuständigen Kammer müssen neben anderen Angaben vorhanden sein. Beginnen sollte der Internetauftritt mit der Darstellung des **Praxisleitbildes**, in dem die zentralen Werte und Qualitätsgrundsätze der Praxis dargestellt und Ziele definiert werden (z. B. Patienten- und Teamorientierung, ganzheitliche Vorgehensweisen, Umweltschutzmaßnahmen). Danach können das Praxisteam und die Praxis mit den verschiedenen Behandlungsschwerpunkten, speziellen Kenntnissen und der medizinischen Ausstattung vorgestellt werden. Auch Erläuterungen, z. B. über die Behandlung bestimmter Erkrankungen, sind möglich. Eine vergleichende Werbung mit anderen Praxen ist aber auch hier untersagt. Ein virtuelles Gästebuch ist zulässig, wenn die Eintragungen nicht irreführend, abstoßend oder missbräuchlich sind.

Da bei niedergelassenen Ärztinnen/Ärzten und Zahnärzten ein Qualitätsmanagement vorgeschrieben ist, kann die Veröffentlichung eines positiven Qualitätsberichts im Internet ein gutes Marketinginstrument sein. Dies macht für Interessierte auch den Vergleich mit anderen Praxen möglich. Die Teilnahme der Praxis an Internet-Bewertungsportalen ist möglich, sollte aber gut abgewogen werden. Bei unseriösen Portalen besteht die Gefahr, dass zweifelhafte oder sogar gefälschte Beurteilungen eingestellt werden.

Praxisziele	Patientenbetreuung	Werbung	Wartezimmer
Neue Zielgruppen gewinnen	Angstabbau	Verkehrsgünstige Lage	Freundliche Atmosphäre
Verbesserung des Images	Freundlicher Umgang	kostenlose Parkplätze	Kinderecken
Gewinnung von Privatpatient:innen	Patient:innen nicht bevormunden, sondern ernst nehmen	Sprechzeiten für Berufstätige	Unterhaltungsangebote

14. Bereiche des Praxismarketings

Recall-Service (Erinnerungsservice)

BEISPIEL
Die Zahnarztpraxis erinnert ihren Patienten an den nächsten Prophylaxetermin, der Arzt an die Impfauffrischung und die Tierärztin an die anstehende jährliche Entwurmung der Katze.

Durch die Lockerung der Werbebeschränkungen im Gesundheitsbereich haben Praxen die Möglichkeit, ihren Patienten- oder Klientenstamm über Telekommunikationsmittel anzusprechen. Möglichkeiten bieten sich per Telefon, durch Serienbriefe, E-Mails oder per SMS-Nachricht auf das Mobiltelefon. Hat sich eine Praxis hierzu entschieden, sollten die Patientinnen und Patienten zunächst in der Praxis auf diese Recall-Möglichkeit hingewiesen werden. Am besten geschieht dies in Verbindung mit einem Fragebogen, auf dem die Art der Kontaktaufnahme angekreuzt werden kann. Die Praxis ist rechtlich abgesichert, wenn sie sich eine **schriftliche Einverständniserklärung** über die Recall-Teilnahme sowie das Einverständnis zur Verarbeitung der dazu benötigten Daten geben lässt. Außer den bereits im Beispiel genannten Informationen wären Erinnerungen an Vorsorgeuntersuchungen, Laborkontrollen und andere wiederkehrende Leistungen denkbar. Vor der Einführung sollte aber nicht vergessen werden, dass ein solches System Kosten verursacht, Zeit beansprucht und – einmal eingeführt – auch funktionieren muss, weil Patientinnen und Patienten sich dann auf den Recall-Service verlassen.

Corporate Identity

Dieser Begriff stammt aus der Wirtschaft und besagt, dass eine Firma durch ihr Auftreten sich unverwechselbar und einprägsam darstellt und damit einen großen Wiedererkennungswert und hohe Kundenbindung erreicht. Beispiele sind hier z. B. im Fast-Food-Bereich oder Einzelhandel zu finden. Umgesetzt für eine Praxis bedeutet dies, dass ein bestimmtes individuelles **Erscheinungsbild** vorhanden ist, das sich in der Erinnerung der Patientin oder des Patienten abspeichert. Eine abgestimmte farbliche Gestaltung von Fußboden, Wänden und Mobiliar, farblich abgestimmte Praxiskleidung, Namensschilder für das Fachkräfte und ein einheitliches Praxislogo auf Briefpapier, Termininformationen oder Visitenkarten als denkbare Möglichkeiten sollen das Praxispersonal als Team darstellen. Die Praxis soll dadurch in der Erinnerung als etwas Besonderes und Angenehmes haften bleiben und sich von anderen Arztpraxen positiv abheben.

ÜBUNGSAUFGABEN

1. Zählen Sie die drei grundsätzlichen Gesetze auf, die Regelungen über das Praxismarketing enthalten.
2. Beschreiben Sie vier Marketingmaßnahmen, die in Ihrer Ausbildungspraxis durchgeführt werden bzw. eingeführt werden könnten.
3. Was ist beim Praxisauftritt im Internet zu beachten?
4. a) Was versteht man unter einem Recall-Service?
   b) Wie kann die Patientin/der Patient in ein solches System eingebunden werden?
   c) Stellen Sie ein Beispiel für einen Recall-Service dar.
5. Schildern Sie unter Einbeziehung von Beispielen, was „Corporate Identity" in der Praxis bedeutet.

Glossar

Prinzip der kurzen Wege	Bei der Gestaltung der Praxis und der Anordnung der Praxisräume ist darauf zu achten, dass ein optimaler Praxisablauf erreicht wird. Die Anmeldung ist die zentrale Anlaufstelle in der Praxis, Sprechzimmer sollten untereinander verbunden werden und der Wartebereich gut einsehbar sein.
Organigramm	Ein Organigramm ist ein Organisationsplan in Form eines Stammbaumes, der die Zuständigkeiten innerhalb der Praxis überschaubar erkennen lässt. Er gibt Auskunft über die Verantwortungen und Befugnisse der einzelnen Mitarbeitenden und sorgt so dafür, schnell eine kompetente Ansprechperson zu finden.
Stellenbeschreibung	Darin werden die Aufgaben und Kompetenzen beschrieben, die für einen bestimmten Arbeitsplatz bzw. Arbeitsbereich gelten. Die Mitarbeitenden wissen, welche Tätigkeiten von ihnen auszuführen sind und welche Weisungsbefugnisse sie haben. Bei Vertretung oder Stellenneubesetzung kann eine exakte Aufgabenabgrenzung erfolgen.
Bestellsysteme	Bei der Terminplanung der Sprechstunden wird man zwischen verschiedenen Bestellsystemen unterschieden: Sprechstundensystem nach der Reihenfolge des Erscheinens, Patientenbestellsystem mit genau bestimmtem Behandlungstermin oder ein gemischtes System.

Arbeitsplatzbeschreibung	Hierzu werden die konkreten Aufgaben an einem bestimmten Arbeitsplatz detailliert dargestellt und Arbeitsschritte für die Erledigung einer Arbeit festgelegt. Der/die Beschäftigte ist für seinen/ihren eindeutig beschriebenen Arbeitsbereich selbst verantwortlich. Arbeits- und Kompetenzüberschneidungen werden vermieden bzw. lassen sich schnell beseitigen.
Checklisten	In einer Checkliste werden die genauen Arbeitsschritte für die wiederkehrende Erledigung bestimmter Praxisabläufe exakt festgelegt und beschrieben. Dies trägt dazu bei, dass wichtige Arbeitsschritte trotz Routine nicht vergessen werden. Checklisten vermindern die Einarbeitungszeit und sind deshalb auch bei Vertretungen gut zu verwenden.
Dienstplan, Vertretungsplan, Urlaubsplan	Der Dienstplan einer Praxis legt fest, wann genau welche/r Mitarbeitende im Rahmen seiner/ihrer Arbeitszeit in der Praxis anwesend sein muss. In einem Vertretungsplan wird bei Personalausfällen geregelt, wer welche Aufgaben übernimmt. Der Urlaubsplan bestimmt rechtzeitig unter Berücksichtigung von Besonderheiten (z. B. schulpflichtige Kinder, Berufsschulferien) die Ferientermine der Mitarbeitenden und/oder auch den Zeitpunkt einer Praxisschließung.
Praxismarketing	Die Möglichkeiten der Praxispräsentation sind durch gesetzliche Vorgaben eingeschränkt. Das Gesetz gegen den unlauteren Wettbewerb, das Heilmittelwerbegesetz und die entsprechende Berufsordnung enthalten dazu einschlägige Hinweise und Bestimmungen. Grundsätzlich darf die Praxiswerbung weder anpreisend, irreführend noch vergleichend sein.
Praxishomepage	Eine Praxishomepage im Internet ist eine gute Möglichkeit zur Außendarstellung der Praxis. Das von der Ärztin/vom Arzt und dem Praxisteam angebotene Leistungsspektrum kann hier vorgestellt werden. Neben der Darstellung des Praxisleitbildes sollten allgemeine Informationen (z. B. Parkmöglichkeiten) und Hinweise zur Praxisorganisation (z. B. Praxiszeiten) nicht fehlen. Die Vorschriften des Telemediengesetzes sind zu beachten.
Recall-Service	Im Rahmen eines Recall-Service kann die Praxis nach Zustimmung der Patientin/des Patienten regelmäßige Informationen z. B. über wiederkehrende Leistungen wie Impfungen oder wichtige und empfehlenswerte Untersuchungen (etwa Vorsorgeuntersuchungen) per SMS, E-Mail oder auch als schriftliche Nachricht versenden.
Corporate Identity	Der Gesamteindruck und das Erscheinungsbild der Praxis sollen einen positiven und nachhaltigen Eindruck beim Praxisbesuch hinterlassen und eine erhöhte Praxisbindung bewirken. Die räumliche Gestaltung, abgestimmte Praxiskleidung, aber auch gleichbleibende Freundlichkeit und Hilfsbereitschaft tragen zu einem hohen Erinnerungswert bei.

3 QUALITÄTSSICHERUNG IN DER PRAXIS

Den Begriff „Qualität“ wird man nicht unbedingt zuerst mit einer Arztpraxis in Verbindung bringen, sondern eher an materiellen Dingen festmachen. Dabei ist der Arzt durch seine Berufsausübung schon früh (z. B. Eid des Hippokrates, ca. 400 v.Chr.) die Verpflichtung eingegangen, die Erhaltung und Wiederherstellung der Gesundheit seiner Patientinnen und Patienten als oberstes Gebot seines Handelns anzusehen. Durch eine Vielzahl ethischer, rechtlicher und sich aus der Berufsordnung ergebender Regelungen ist er zu einem hohen Qualitätsstandard verpflichtet. Bereits im **„Kodex Hammurabi“**, ca. 1760 v. Chr. vom gleichnamigen babylonischen König erlassen, werden ärztliche Qualitätsmängel hart bestraft: „Wenn ein Arzt [...] den Tod eines Bürgers verursacht, so soll man ihm die Hand abhacken.“ Glücklicherweise sind solche drakonischen und inhumanen Maßnahmen heute nicht mehr denkbar. Der Qualitätsgedanke erhält aber auch im Gesundheitswesen einen immer höheren Stellenwert. Zu freiwilligen **Qualitätssicherungsmaßnahmen** kommen mehr und mehr gesetzgeberische und berufsständische Vorgaben hinzu. Und stärker als bisher wird die Qualität der ärztlichen Leistung darüber mitentscheiden, welcher Vergütungsrahmen angesetzt werden kann und wie sich die wirtschaftliche Lage der Praxis entwickelt. Durch Kostendruck und den zunehmenden Konkurrenzkampf auch im Gesundheitsbereich werden nur Praxen eine Chance haben, die ihre Patientinnen und Patienten durch beste Qualität und effektives Arbeiten zufriedenstellen können.

Dabei genügt es nicht, wenn die Ärztin oder der Arzt eine qualitativ hochwertige medizinische Leistung erbringt. Vielmehr muss das **Qualitätsmanagement** von allen Praxismitgliedern getragen sein und als dauernder Verbesserungsprozess erkannt werden. „Wer aufhört, besser zu werden, hat aufgehört, gut zu sein“, besagt ein Sprichwort, das zur Beschreibung dessen passt, was unter „Qualitätsmanagement“ verstanden werden kann:

PDCA-Zyklus „Wir wollen effektiver arbeiten“

Die Phasen des PDCA-Zyklus:

P = Darstellung eines aktuellen Problems, daraus abgeleitet konkrete Zielsetzungen zur Verbesserung, Maßnahmen/Tätigkeiten zur Problemlösung festlegen

D = Umsetzung und Dokumentation der konkreten Maßnahmen, bei der Ausübung in der Praxis auf neue Verfahrensweisen und Verantwortungsbereiche achten

C = regelmäßige Überprüfung, ob die Maßnahmen zu den gewünschten Verbesserungen geführt haben, Vergleich der Ergebnisse mit der Zielsetzung und Dokumentation des Erreichten

A = Erfolgreiches als neuen Arbeitsablauf festlegen, bei nicht zufriedenstellenden Ergebnissen erneut Maßnahmen zur Verbesserung überlegen und neuen Durchlauf beginnen

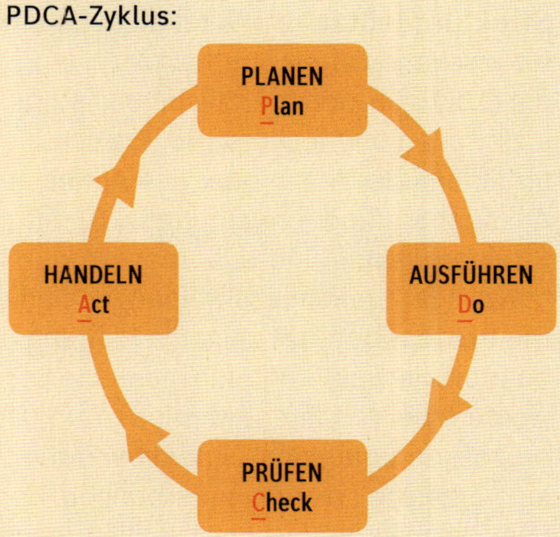

15. PDCA-Zyklus zur Qualitätsverbesserung

Unter Qualitätsmanagement ist die kontinuierliche und systematische Durchführung von Aktivitäten zu verstehen, mit denen eine anhaltende Qualitätsförderung im Rahmen der Patientenversorgung erreicht werden soll. Qualitätsmanagement bedeutet konkret, dass Organisation, Arbeits- und Behandlungsabläufe festgelegt und zusammen mit den Ergebnissen regelmäßig intern überprüft werden.

(Qualitätsmanagement-Richtlinie des gemeinsamen Bundesausschusses, § 1, vom 16.11.2016)

Die ständige Verpflichtung zur Verbesserung der praxisbezogenen Abläufe kommt am besten durch den Regelkreis „Plan – Do – Check – Act" (**PDCA-Zyklus**, vgl. Abb. 15) zum Ausdruck. Dieser **Qualitätskreislauf** beschreibt die einzelnen Phasen im Prozess einer ständigen Verbesserung. Er ist so aufgebaut, dass jede Leistung und Tätigkeit in der Praxis zunächst einer genauen Analyse unterzogen wird, um Fehlerquellen oder Schwachpunkte festzustellen. Daraus abgeleitet werden konkrete Änderungsmaßnahmen vereinbart und diese dann konsequent ausgeführt. Anschließend wird überprüft, ob die neuen Maßnahmen erfolgreich waren oder erneut verbessert werden müssen. In den Rahmenbedingungen des gemeinsamen Bundesausschusses zum Qualitätsmanagement in der stationären, ärztlichen und zahnärztlichen Versorgung wird der Einsatz eines solchen Systems der ständigen Verbesserung ausdrücklich gefordert.

3.1 Die unterschiedlichen Qualitätsbereiche

Wenn Qualität gemessen oder verbessert werden soll, ist zunächst wichtig, in welchem Qualitätsbereich günstige Bedingungen vorhanden sind oder sich Probleme ergeben. Patientinnen und Patienten werden vor allem daran interessiert sein, dass sie qualifiziert behandelt und geheilt werden. Ärztin und Arzt haben hat ein großes Interesse an einem reibungslosen und sie unterstützenden Praxisablauf und die Kostenträger und Leistungszahler wünschen eine möglichst hohe Wirksamkeit der ärztlichen Versorgung. Qualität kann deshalb in **drei Bereiche** unterteilt werden:

- **Strukturqualität** beinhaltet alle Voraussetzungen, die notwendig sind, um eine medizinische Leistung überhaupt zu erbringen. Sie stellt die Rahmenbedingungen für die Erbringung einer ärztlichen Leistung dar. Hierzu zählen z. B. die Qualität der medizinischen und technischen Praxisausstattung, die fachliche Qualifikation und Weiterbildung der Ärztin oder des Arztes und der Fachangestellten sowie die räumliche Ausstattung und Einrichtung, z. B. mit medizinischen Geräten. Verbesserungen der Strukturqualität sind u. a. möglich durch verstärkte Fortbildungsangebote, Arbeitsplatz- oder Stellenbeschreibungen und eine moderne Praxisausstattung.
- Die **Prozessqualität** zeigt die Planung und den Ablauf der Behandlungstätigkeit. Sie beurteilt die sach- und fachgerechte Dürchführung der ärztlichen Maßnahmen. Dazu werden die Verfahren, Methoden und Techniken von Diagnose- und Behandlungsprozessen untersucht. Erfasst werden alle Arbeitsabläufe, die notwendig sind, um eine ärztliche Leistung zu erbringen. Von der Anamneseerhebung bis zur begleitenden Nachversorgung werden alle Prozesse einbezogen, die der Patientenversorgung dienen. Befunderhebung und -dokumentation, Zahnbehandlungen sowie alle Hygienemaßnahmen zählen hierzu. Verbesserungsmaßnahmen könnten z. B. Checklis-

teneinsatz, Recall-Aktionen, Verkürzung der Wartezeiten oder optimierte Hygienepläne sein.

- **Ergebnisqualität** zeigt das Resultat der ärztlichen Bemühungen, also ob am Ende das angestrebte Behandlungsziel erreicht wurde. Dies kann sich sowohl an der Verbesserung des Gesundheitszustandes aufgrund der Behandlung oder Beratung in der Praxis als auch an der Patientenzufriedenheit und der wirtschaftlichen Praxisentwicklung orientieren. Eine Erfolgsbeurteilung ist oft schwierig, wenn die Patientin oder der Patient nach Behandlungsende nicht mehr die Praxis aufsucht. Behandlungsfortschritte und Heilungsdauer, später notwendige Nachbehandlungen oder anonyme Patientenbefragungen können hierzu aber Informationen liefern. Durch die Reduzierung von Komplikationsquellen oder ein verbessertes Beschwerdemanagement sind Qualitätsverbesserungen möglich.

(Vgl. Frank, Matthias, Qualitätsmanagement in der Arztpraxis, 2. Aufl., Stuttgart, Schattauer Verlag 2005, Seite 26)

16. Qualitätsmanagement – Aufgaben und Ziele

Ein umfassendes Qualitätsmanagement mit dem Ziel weitgehender Fehlervermeidung und Ergebnisoptimierung erfasst und verbindet alle drei Bereiche. Begleitende Maßnahmen unterstützen dabei das Ziel einer optimalen Patientenbetreuung und dauerhaften Praxisbindung.

3.2 Qualitätssicherung und Qualitätsmanagement

Wer als Patientin oder Patient die Praxis aufsucht, möchte qualifiziert und mit der nötigen Wertschätzung behandelt werden. Beim Verlassen der Praxis sollten diese individuellen Ansprüche erfüllt worden sein. Die **Patientenorientierung** ist ein Aspekt, der in den letzten Jahren immer mehr in den Vordergrund gerückt wurde, denn nicht zuletzt bestimmt sie über den wirtschaftlichen Erfolg einer Praxis mit. Die Praxis kann ihre „Kunden“, also die Patientinnen und Patienten, nur dann zufriedenstellen und langfristig an sich binden, wenn bekannt ist, welche Erwartungen sie haben und was für sie eine gute ärztliche Behandlung bzw. eine gute Praxis ausmacht. Die wesentlichen Qualitätsfaktoren dieser Patientenzufriedenheit müssen also erkannt und in der täglichen Praxisarbeit umgesetzt werden.

Hauptaufgabe des **Qualitätsmanagements** ist die kontinuierliche Erhaltung und Verbesserung der Qualität der ärztlichen Versorgung. Eine auf dem aktuellen Stand der Wissenschaft basierende medizinische Versorgung einschließlich umfassender Beratung gehört genauso dazu wie eine funktionierende Praxisorganisation mit optimierten Sprechstundenzeiten, freundlichem Umgangston und kurzen Wartezeiten.

BEISPIEL

Patienten können über das Internet (z. B. www.patienten-information.de oder www.kzbv/kriterien-fuer-eine-gute-zahnarztpraxis.704.de) Checklisten und Informationsbroschüren herunterladen, deren Qualitätskriterien dabei helfen sollen, gute Ärztinnen/Ärzte bzw. Zahnärztinnen/-ärzte auszuwählen bzw. die Qualität der bereits behandelnden Ärzte zu ermitteln (vgl. auch Abb. 18).

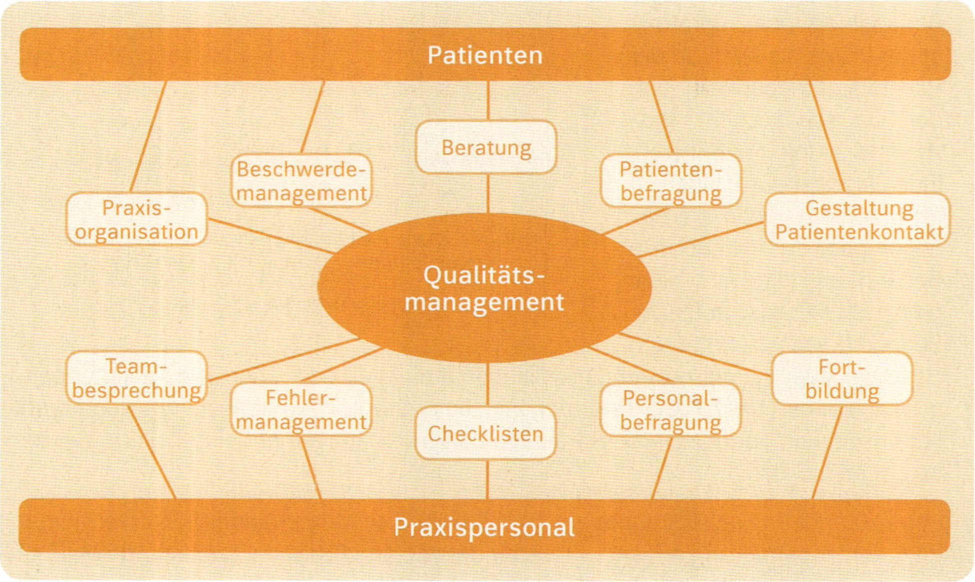

17. Bestandteile des Qualitätsmanagements

Aber nicht nur die Patientenzufriedenheit als Ergebnis der Praxisarbeit soll durch die Maßnahmen im Rahmen eines Qualitätsmanagements gefördert werden, auch die **Qualität der Arbeitsabläufe** in der Praxis selbst soll sich verbessern. Im Vordergrund steht dabei nicht mehr nur die reine Fehlersuche (eine Qualitätssicherung im engeren Sinne). Es sollen darüber hinaus vielmehr Verbesserungsmöglichkeiten erkannt und umgesetzt werden, um das Entstehen zukünftiger Fehler bereits vorab zu verhindern. Das Erkennen von Schwachstellen und deren Beseitigung mithilfe einer Aufgliederung und Überprüfung der einzelnen Arbeitsabläufe führt dazu, diese effizienter zu gestalten und bessere Ergebnisse in der täglichen Arbeit zu erzielen. Die Eigeninitiative und ein verstärktes Verantwortungsbewusstsein der Fachangestellten werden damit unterstützt und ein besserer Beitrag zur Optimierung der Praxisziele wird angeregt. Die Arbeitszufriedenheit der Mitarbeiternden erhöht sich. Gefördert werden müssen diese Prozesse durch begleitende Mitarbeiterschulungen und die Möglichkeit zur beruflichen Fortbildung. Nicht zuletzt sind die Einführung und Weiterentwicklung eines Qualitätsmanagements und die Dokumentation der Ergebnisse aufgrund **gesetzlicher Vorgaben** zukünftig zumindest für vertragsärztlich tätige Ärztinnen und Ärzte vorgeschrieben und werden kontrolliert.

Ein medizinisches Qualitätsmanagementsystem sollte also mindestens **drei Ebenen** umfassen:

- Erfüllung der Patientenerwartungen und damit Verbesserung der Patientenzufriedenheit
- Verbesserung der praxisinternen Verfahren und Arbeitsabläufe, permanente Mitarbeiterschulung und Erhöhung der Arbeitszufriedenheit
- Erfüllung gesetzlicher Vorgaben, Dokumentation, Überprüfung und Fortschreibung der durchgeführten Maßnahmen

„Checkliste Gute Arztpraxis“ im Überblick

☑ Nimmt die Ärztin/der Arzt mich und mein spezielles gesundheitliches Problem ernst?
☑ Erhalte ich eine ausführliche und verständliche Aufklärung?
☑ Erhalte ich von Ärztin oder Arzt Hinweise auf weiterführende Informationsquellen und Beratungsangebote?
☑ Werde ich von Ärztin/Arzt und Praxispersonal freundlich und respektvoll behandelt?
☑ Erhalte ich ohne Probleme Zugang zu meinen Patientenunterlagen?
☑ Akzeptiert mein Arzt oder meine Ärztin, dass ich im Zweifelsfall eine zweite Meinung einholen möchte?
☑ Wird in der Praxis der Schutz meiner Person und Intimsphäre gewahrt?
☑ Wird in der Praxis der Schutz meiner persönlichen Daten gewahrt?
☑ Kann ich erkennen, ob und wie sich Ärztin/Arzt und Praxispersonal um die Qualität meiner Behandlung bemühen?

(Broschüre „Woran erkennt man eine gute Arztpraxis?“; Checkliste für Patientinnen und Patienten. Hrsg. vom Ärztlichen Zentrum für Qualität in der Medizin, 3. Auflage. In: www.patienten-information.de/checklisten/arzt-checkliste# [07.12.2021])

18. Woran erkenne ich eine gute Arztpraxis?

Denken wir daran,

... die Patientin oder ***der Patient*** kommt freiwillig zu uns mit Problemen, sucht Linderung und Heilung.
... die Patientin oder ***der Patient*** will ernst genommen werden und erwartet Verständnis.
... die Patientin oder ***der Patient*** beweist uns ihr/sein Vertrauen; sie hätten ja auch eine andere Praxis aufsuchen können.
... die Patientin oder ***der Patient*** ist also nicht von uns abhängig, sondern wir von ihr/ihm.
... die Patientin oder ***der Patient*** stört uns nicht, ist keine Belästigung, sondern die Grundlage unserer Arbeit.
... die Patientin oder ***der Patient*** ist Mittelpunkt der Praxistätigkeit; um sie muss sich alles drehen, sie sind am wichtigsten.
... die Patientin oder ***der Patient*** sollte also so behandelt werden, wie wir als Patienten auch behandelt werden möchten, denn Patienten könnten woanders auch wir selbst sein!

19. Orientierung an Patient und Patientin

Zusammenfassend kann man die Verbindung zwischen Qualitätssicherung und Qualitätsmanagement folgendermaßen beschreiben:

Qualitätssicherung bedeutet die Einhaltung eines festgelegten Qualitätsniveaus. So muss z. B. die Zahnärztin/der Zahnarzt nach den Vorschriften für gesetzlich Krankenversicherte eine mindestens zweijährige Gewähr für Füllungen und die Versorgung mit Zahnersatz übernehmen. Mit entsprechenden Kontrollen ist festzustellen, ob – einfach gesagt – alles so gemacht wurde, wie es gemacht werden soll, damit es richtig gemacht ist. Fehler müssen aufgespürt, analysiert und möglichst dauerhaft beseitigt werden. Damit ein bestimmtes Niveau eingehalten oder sogar übertroffen werden kann, müssen Organisation, Arbeitsabläufe und Ergebnisse der Praxistätigkeit regelmäßig und systematisch nach bestimmten Vorgaben dokumentiert, überprüft und bei Bedarf verändert werden. Dies ist Aufgabe eines **Qualitätsmanagements.**

3.3 Gesetzliche Rahmenbedingungen der Qualitätssicherung

Die Pflicht zur Qualitätssicherung bzw. zur Einrichtung eines Qualitätsmanagements besteht nach den Vorschriften des **Sozialgesetzbuches (SGB V)** für alle Einrichtungen im Gesundheitswesen, also für Krankenhäuser genauso wie für Arzt- und Zahnarztpraxen. Qualitätssicherung in der tierärztlichen Praxis ist nicht gesetzlich vorgeschrieben, setzt sich aber im Zuge einer stetigen Kundenbindung, einer Erhöhung der Wirtschaftlichkeit und einer Verbesserung der Rechtssicherheit bei Streitigkeiten immer mehr durch.

Für die vertragsärztliche Versorgung sowohl in Arzt- als auch in Zahnarztpraxen regeln insbesondere die Paragrafen 135a SGB V (Verpflichtung der Leistungserbringer zur Qualitätssicherung) sowie 136 SGB V (Richtlinien des Gemeinsamen Bundesausschusses zur Qualitätssicherung) und 136a SGB V (Qualitätssicherung in ausgewählten Bereichen) eine **grundsätzliche Verpflichtung zur Qualitätssicherung** und zum Aufbau eines Qualitätsmanagements (vgl. Abb. 20). Danach gilt:

- Vertragsärztliche Praxen sind zur Sicherung und Weiterentwicklung der Qualität der von ihnen erbrachten Leistungen verpflichtet.
- Leistungen sind nach dem aktuellen Wissenschaftsstand zu erbringen.
- Leistungen müssen in einer fachlich gebotenen Qualität erbracht werden.
- Praxen müssen sich an übergreifenden Maßnahmen der Qualitätssicherung beteiligen.
- Ein Qualitätsmanagement ist einzuführen und weiterzuentwickeln.

Durch Richtlinien eines gemeinsamen **Bundesausschusses** (Richtlinientext unter www.g-ba.de) werden diese Verpflichtungen konkretisiert und die Einführung eines Qualitätsmanagementsystems in Praxen der vertragsärztlichen und -zahnärztlichen Versorgung sowie Krankenhäusern einheitlich vorgeschrieben. Die zuständige Kassenärztliche Vereinigung hat die Aufgabe, stichprobenartig die Einführung und Gestaltung des Qualitätsmanagements zu kontrollieren. Praxen mit mehr als drei Vollzeitfachangestellten müssen eine für das Qualitätsmanagement zuständige Person bestellen. Ziel sämtlicher Maßnahmen soll dabei immer sein:

- Sicherung und Verbesserung der medizinischen Qualität
- Orientierung an den Patienteninteressen

- Erhöhung der Arbeitszufriedenheit der Beschäftigten
- Konkrete Zielvorgaben für die Praxisarbeit
- Aufzeichnung wichtiger Praxisabläufe
- Messung und Darstellung der Praxisergebnisse, z. B. durch Patientenbefragungen

ÜBUNGSAUFGABEN

1. Beschreiben Sie mit eigenen Worten die Hauptaufgabe des Qualitätsmanagements.
2. In letzter Zeit beschweren sich immer mehr Patienten über lange Wartezeiten. In der Praxis wird nach dem Sprechstundensystem (vgl. Seite 323) gearbeitet. Eine Lösung soll mit der Anwendung des PDCA-Zyklus gefunden werden. Beschreiben Sie konkret die einzelnen Schritte für eine Qualitätsverbesserung.
3. Stellen Sie in Form einer Tabelle die Inhalte der drei unterschiedlichen Qualitätsbereiche übersichtlich dar.
4. Nennen Sie jeweils zwei Beispiele bzw. Maßnahmen, wie in einer Praxis
   a) die Patientenorientierung und
   b) die Qualität der Arbeitsabläufe verbessert werden können.
5. Zählen Sie vier Maßnahmen im Rahmen eines Qualitätsmanagements auf.
6. Erläutern Sie, was der Begriff Qualitätssicherung bedeutet und nennen Sie in diesem Zusammenhang zwei Maßnahmen.
7. Durch welche gesetzlichen Regelungen lässt sich eine Verpflichtung der Praxis zur Qualitätssicherung ableiten?

Regelungen im Sozialgesetzbuch (SGB)
Fünftes Buch (V)
– Gesetzliche Krankenversicherung –
zur Qualitätssicherung im Rahmen der ärztlichen Versorgung

§ 135a
Verpflichtung der Leistungserbringer zur Qualitätssicherung. (1) Die Leistungserbringer sind zur Sicherung und Weiterentwicklung der Qualität der von ihnen erbrachten Leistungen verpflichtet. Die Leistungen müssen dem jeweiligen Stand der wissenschaftlichen Erkenntnisse entsprechen und in der fachlich gebotenen Qualität erbracht werden.
(2) Vertragsärzte, medizinische Versorgungszentren, zugelassene Krankenhäuser [...] sind [...] verpflichtet,

1. sich an einrichtungsübergreifenden Maßnahmen der Qualitätssicherung zu beteiligen, die insbesondere zum Ziel haben, die Ergebnisqualität zu verbessern und
2. einrichtungsintern ein Qualitätsmanagement einzuführen und weiterzuentwickeln.

§ 136
Richtlinien des Gemeinsamen Bundesausschusses zur Qualitätssicherung
Der Gemeinsame Bundesausschuss bestimmt für die vertragsärztliche Versor-

gung und für zugelassene Krankenhäuser durch Richtlinien nach § 92

1. die verpflichtenden Maßnahmen der Qualitätssicherung [...] sowie die grundsätzlichen Anforderungen an ein einrichtungsinternes Qualitätsmanagement und
2. Kriterien für die indikationsbezogene Notwendigkeit und Qualität der durchgeführten diagnostischen und therapeutischen Leistungen; dabei sind auch Mindestanforderungen an die Struktur-, Prozess- und Ergebnisqualität festzulegen ...

[...]

§ 136a
Richtlinien des Gemeinsamen Bundesausschusses zur Qualitätssicherung in ausgewählten Bereichen

[...]

(4) Der Gemeinsame Bundesausschuss hat auch Qualitätskriterien für die Versorgung mit Füllungen und Zahnersatz zu beschließen. [...]
Der Zahnarzt übernimmt für Füllungen und die Versorgung mit Zahnersatz eine zweijährige Gewähr. Identische und Teilwiederholungen von Füllungen sowie die Erneuerung und Wiederherstellung von Zahnersatz einschließlich Zahnkronen sind in diesem Zeitraum vom Zahnarzt kostenfrei vorzunehmen. [...]

20. Gesetzliche Regelung der Qualitätssicherung

3.4 Praxisorganisation und Qualitätsmanagement

Qualitätsmanagement ist ein fortlaufender Prozess, bei dem man sich nicht auf dem einmal erreichten Qualitätsstandard ausruht. Er erfordert vielmehr eine dauerhafte Überprüfung und Weiterentwicklung. Die Initiative geht zunächst von der Praxisleitung aus: Sie muss den Anstoß geben, Leitlinien entwickeln, messbare Qualitätsziele vorgeben und den Mitarbeitenden die Konzepte erläutern, deren Vorteile darstellen und sie so zur Teilnahme motivieren. Hilfreich ist dabei die Formulierung eines **Praxisleitbilds**, in dem die Zielvorstellungen der Praxis dargestellt werden (Wer sind wir? Was sind unsere Ziele? Wie wollen wir diese erreichen?)

Exkurs

Praxisleitbild

In unserer Praxis steht der Mensch als Persönlichkeit mit allen seinen Wünschen und Problemen im Mittelpunkt unseres Handelns. Patientenzufriedenheit ist unser erstes Gebot.
Wir haben deshalb das Ziel, unsere Patientinnen und Patienten nach neuesten Erkenntnissen zu behandeln. Für uns gehört dazu auch die Gesundheitsvorsorge und -beratung.
Die technische Ausstattung ist auf dem neuesten Stand und unterstützt unsere Arbeit.
Die erfahrenen Mitarbeitenden im Team sind für den Gesundheitsbereich ausgebildet, Fortbildungen halten uns auf dem aktuellen Stand.
Wir sind uns bewusst, dass keiner fehlerfrei ist. Wenn Sie sich als Patientin oder als Patient nicht angenommen fühlen, dann bitten wir Sie um ein offenes Wort. Gemeinsam werden wir eine Lösung finden!

Eine konkrete Umsetzung der Zielvorgaben in der Praxis könnte wie folgt aussehen:

Zunächst werden die Zuständigkeiten in der Praxis durch ein **Organigramm** festgelegt und anschaulich gemacht. Alle wesentlichen **Arbeitsabläufe** im Rahmen der Praxistätigkeit werden erfasst und dokumentiert. In **Checklisten** werden diese Arbeiten exakt beschrieben. Diese Arbeitshilfen decken nicht nur die medizinischen Einzelleistungen ab, wie z. B. Anlegen eines Verbandes, Zahnsteinentfernung oder die Vorbereitung einer Vorsorgeuntersuchung, sondern enthalten auch genaue Arbeitsanweisungen für die organisatorischen und verwaltungsbedingten Tätigkeiten (z. B. Arbeiten beim Patientenempfang, Hinweise zur Ablage von Praxisunterlagen). Die Beschreibungen werden zusammengefasst und bilden als **QM-Handbuch** die Arbeitsgrundlage der Praxisarbeit. In regelmäßigen Abständen stehen Überprüfungen an, ob und wie diese Arbeitsabläufe verbessert werden können, um Leerläufe, Fehler, hohe Kosten und unnötige Arbeitsschritte zu vermeiden. In regelmäßigen **Teamsitzungen** sollen die Mitarbeitenden ihre Beobachtungen und Vorschläge einbringen. Besondere Bedeutung hat dabei das Fehler- und Konfliktmanagement. Jeder entdeckte Fehler trägt beim richtigen Umgang mit seiner Behebung zur Verbesserung der Dienstleistungsqualität bei. Nicht die Schuldigen an den Pranger stellen, sondern nach Lösungen suchen, wie Fehler zukünftig vermieden werden können, schafft ein positives und angstfreies Arbeitsklima. Praxisinterne und -externe **Fortbildungsmaßnahmen** unterstützen den Entwicklungsprozess und sorgen für einen immer aktuellen Kenntnisstand. Als ein weiteres Mittel zur Qualitätskontrolle wird eine laufende **Patientenbefragung** über die Zufriedenheit mit den Praxisleistungen und der Praxisorganisation durchgeführt. Durch ein **Beschwerdemanagement** werden Fehler behoben und die Patientenbindung erhöht.

<table>
<tr><th colspan="7">Mögliches Grundkonzept für ein zahnärztliches Praxismanagement-System (Z-PMS)</th></tr>
<tr><th></th><th>1. Stufe</th><th>2. Stufe</th><th colspan="4">3. Stufe</th></tr>
<tr><td rowspan="3">Praxis-Handbuch</td><td rowspan="3">Auslegepflichtige Praxisvorschriften
Gefährdungsanalyse
Unterweisungen
Organisation Erste Hilfe und Notfallmaßnahmen
Hygienemaßnahmen
Gefahrstoffe/Gefahrenstoffverzeichnis
Med. techn. Geräte/Medizinprodukte
Elektrische Anlagen und Betriebsmittel
Brandschutz
Betrieb von Röntgeneinrichtungen
Betrieb von Lasereinrichtungen
Entsorgung
Biostoffverordnung
Ausbildungsverordnung ZMF
Einsatzrahmen zahnärztliches Fachpersonal
Relevante Arbeitsrechtsregelungen
Arbeitsmedizinische Vorsorge
Bestimmungen Praxislabor</td><td rowspan="2">Muster-Dokumentation für Organisationsabläufe als Beispiel und Hilfestellung zur Schaffung von Transparenz</td><td rowspan="3">Umfassendes, systematisches Z-PMS</td><td>Mitarbeiterorientierung</td><td>Kommunikation (sprechende Zahnheilkunde)</td><td rowspan="3">Leitbild der Praxis</td></tr>
<tr><td>Betriebswirtschaftliche Kostenrechnung</td><td>Führungsgrundsätze/-verantwortung</td></tr>
<tr><td>Praxisorganisation</td><td>Ressourcen-Management</td><td>Patientenerwartungen/-zufriedenheit</td></tr>
</table>

21. *Qualitätsmanagement-System für Zahnarztpraxen*

Die Arzt-, Zahn- oder Tierarztpraxis kann sich bei der Einführung eines Qualitätsmanagement-Systems professionell unterstützen lassen und dabei aus einer Vielzahl von auf dem Markt angebotenen Systemen auswählen.

BEISPIEL

- **Qualitätsmanagement-Syteme, z. B.**
- **DIN EN ISO 9001** (**D**eutsches **I**nstitut für **N**ormung)
- **KTQ®** (**K**ooperation für **T**ransparenz und **Q**ualität im Gesundheitswesen) für den niedergelassenen Bereich/Praxen
- **EFQM** Dental Excellence (**E**uropean **F**oundation for **Q**uality **M**anagement) für Zahnarztpraxen
- **QEP** (**Q**ualität und **E**ntwicklung in **P**raxen), entwickelt von der Kassenärztlichen Bundesvereinigung
- **Z-QMS** (**Z**ahnärztliches **Q**ualitätsmanagement-**S**ystem), entwickelt von Bundes- und Landes-Zahnärztekammern

Bei einigen Systemen ist anschließend eine **Zertifizierung** möglich. Im Rahmen des Zertifizierungsverfahrens besuchen neutrale, beruflich erfahrene und besonders geschulte Visitorinnen und Visitoren die Praxis. Durch eine ausführliche Praxisbegehung und Dokumentenprüfung wird festgestellt, ob die vorgeschriebenen Qualitätsziele erreicht wurden. In einer Urkunde wird ausgewiesen, dass die Praxis bestimmte Qualitätskriterien erfolgreich eingeführt und umgesetzt hat (vgl. Abb. 22). Die Praxis erhält so ein Gütesiegel, an dem der Patient erkennen kann, dass in der Praxis ein hohes Qualitätsbewusstsein vorhanden ist und bestimmte Qualitätsanforderungen erfüllt werden. Damit wird eine Zertifizierung nicht zuletzt auch zu einem wichtigen Marketinginstrument. Vielen Praxen sind allerdings die zusätzlichen Kosten und der Arbeitsaufwand zu hoch, sodass sie sich bisher nur zaghaft durchgesetzt hat. Hinzu kommt, dass eine Zertifizierung derzeit noch freiwillig ist und damit keine gesetzliche Verpflichtung zu ihrer Durchführung besteht.

TÜV CERT

ZERTIFIKAT

Die TÜV CERT-Zertifizierungsstelle
der TÜV Rheinland Industrie Service GmbH
bescheinigt gemäß
TÜV CERT-Verfahren, dass das Unternehmen

Zahnarztpaxis Harald Haldan
Humboldtring 17
D - 26384 Wilhelmshaven

für den Geltungsbereich

Durchführung von restaurativen und korrektiven Zahnbehandlungen;
Kinder- und Erwachsenenprophylaxe

ein Qualitätsmanagementsystem eingeführt hat und anwendet.
Durch ein Audit, Bericht Nr. 070894
wurde der Nachweis erbracht, dass die Forderungen der
DIN EN ISO 9001:2000
erfüllt sind.
Dieses Zertifikat ist gültig bis 2010-06-11.
Zertifikat-Registrier-Nr. 01 100 070894

TÜVRheinland®

Köln, 2007-06-14

TÜV CERT-Zertifizierungsstelle
der TÜV Rheinland
Industrie Service GmbH

www.tuv.com

22. Zertifizierungsurkunde

3.5 Patientenbefragung

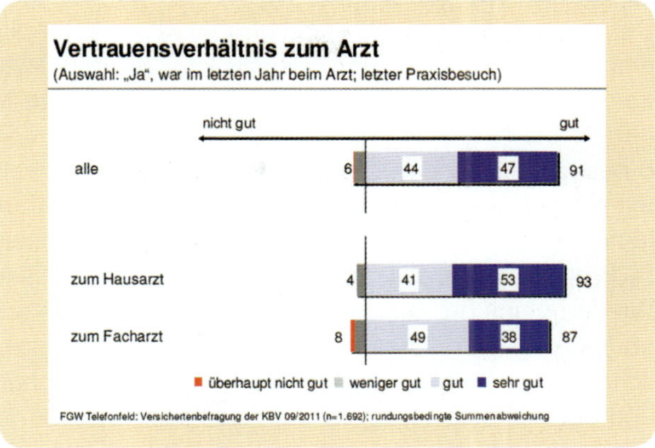

23. Vertrauen zum Arzt

Die Ausrichtung der Praxisziele an den Interessen und Wünschen der Patientinnen und Patienten soll ein hohes Maß an Patientenzufriedenheit gewährleisten. Zufriedene Patienten bleiben der Praxis treu (hohe Patientenbindung) und empfehlen sie weiter an Freunde und Bekannte. Nur über eine hohe Qualität kann die Praxis in einem zunehmenden Wettbewerb bestehen. Werbeveranstaltungen oder gar Sonderpreisaktionen sind im Gesundheitsbereich nicht möglich. Um die eigene Konkurrenzfähigkeit zu erhöhen, muss die Patientenzufriedenheit festgestellt und – als dauernde Aufgabestellung – nach Möglichkeiten ihrer Verbesserung gesucht werden. Nichts ist so gut, dass es nicht noch besser werden könnte (vgl. PDCA-Zyklus, Seite 341 f.). Dazu muss zunächst einmal ermittelt werden, was der Patientin/dem Patienten an der Praxis besonders gefällt, worauf sie oder er besonderen Wert legt, was in der Praxis vermisst wird und was an der Praxis und deren Organisation stört. Eine **Patientenbefragung** bietet die Möglichkeit, diese Analyse der Kundenzufriedenheit in regelmäßigen Abständen durchzuführen und damit die Stärken und Schwächen der Praxis aus Patientensicht zu erkennen. Die Befragung muss selbstverständlich anonym sein. Der Patientin bzw. dem Patienten wird durch einen entsprechenden Einführungstext die hohe Bedeutung ihrer/seiner Antworten vermittelt. Vor Beginn sollte das Praxisteam gemeinsam überlegen, welche Praxisbereiche in die Befragung einbezogen werden sollen. Dabei muss beachtet werden, dass die Befragung nicht dazu dient, lediglich eine allgemeine Patientenzufriedenheit festzustellen. Vielmehr sollen die Ergebnisse einer **konkreten Verbesserung** der medizinischen Versorgung, der Beseitigung von Schwachstellen, der Aufnahme zusätzlicher Angebote (IGeL) und damit insgesamt einer Qualitätsverbesserung dienen.

24. Patientenerwartung nicht erfüllt

Für die Patientenbefragung kann auf bereits vorgedruckte **Fragebögen** zurückgegriffen werden (vgl. Abb. 25), die eventuell entsprechend auf die eigenen Bedürfnisse zugeschnitten werden können. Aussagekräftiger, aber auch zeitaufwendiger ist die Entwicklung eines eigenen Fragebogens mit Berücksichtigung der Praxisbesonderheiten (Inhalte siehe Exkurs). Hierzu ist zunächst zu entscheiden, ob eine **offene Fragestel-**

lung mit freier Antwortmöglichkeit eingesetzt wird oder ob **vorgegebene (gebundene) Auswahlantworten** (z. B. Ja-Nein, Multiple Choice, Noten, Punkte) verwendet werden. Die Fragestellung muss jedoch immer klar verständlich, eindeutig zu beantworten und einfach auszuwerten sein. Eine starke Ausdifferenzierung der Antwortmöglichkeiten ist zu vermeiden, weil weniger entscheidungsfreudige Menschen hiermit Schwierigkeiten haben. Bei der Einschätzung der Zufriedenheit hat sich die Schulnotenskala von 1 bis 6 bewährt, denn diese entspricht der Erfahrungswelt der Befragten. Der Bogen sollte mit Schreibmaterial persönlich überreicht werden, um eine entsprechend hohe Rücklaufquote zu erreichen. Für aussagekräftige Ergebnisse muss diese auf jeden Fall über 50 Prozent liegen. Wichtiger als punktuelle Ergebnisse sind **Trends,** die man durch eine Wiederholung der Befragung in regelmäßigen Abständen ermitteln kann. Die Wünsche und Vorschläge der Patientinnen und Patienten müssen möglichst umgehend in der täglichen Praxisarbeit umgesetzt werden. Eine Information über die Befragungsergebnisse und die sich daraus ergebenden Änderungen, z. B. durch einen Aushang im Wartezimmer, erhöht die Wertschätzung für zukünftige Befragungen.

Der Patientenfragebogen

Liebe Patientin, lieber Patient,

Ihre Meinung ist uns wichtig: Schließlich sind Sie unser wichtigster Partner, wenn es darum geht, Ihre Gesundheit zu schützen und zu erhalten.

Aus diesem Grund möchten wir Sie heute bitten, diesen Fragebogen über unsere Praxis auszufüllen, damit wir uns noch besser auf Ihre Wünsche und Bedürfnisse einstellen können. Für Ihre Mühe danken wir Ihnen.

Ihr Praxis-Team

• Allgemeine Informationen

Wie haben Sie unsere Praxis gefunden?

- ❑ kenne die Praxis schon lange
- ❑ bin überwiesen worden
- ❑ Empfehlung
- ❑ Zeitungsbericht
- ❑ Telefon- oder Branchenbuch
- ❑ Internet, und zwar ____________
- ❑ Arzt-Suchdienst, und zwar ____________
- ❑ über meine Krankenkasse
- ❑ Sonstiges: ____________

Wie oft waren Sie schon in unserer Praxis zur Behandlung?

- ❑ bin zum ersten Mal dort gewesen
- ❑ bin zum zweiten Mal dort gewesen
- ❑ bin schon mehrmals dort gewesen
- ❑ bin regelmäßig dort seit ____________

Weshalb haben Sie uns aufgesucht?

- ❑ akute Beschwerden
- ❑ habe Fragen zu meiner Gesundheit
- ❑ zur Routine unter suchung
- ❑ um eine zweite Meinung einzuholen
- ❑ ____________

Wie beurteilen Sie das allgemeine Erscheinungsbild unserer Praxis?

- ❑ sehr gut ❑ akzeptabel
- ❑ gut ❑ schlecht

Wie beurteilen Sie unsere Internetseite?

- ❑ sehr gut ❑ akzeptabel
- ❑ gut ❑ schlecht

Wie beurteilenSie die Freundlichkeitund Hilfsbereitschaft unseres Praxispersonals?

- ❑ sehr gut ❑ akzeptabel
- ❑ gut ❑ schlecht

Wie zufrieden waren Sie insgesamt?

- ❑ sehr gut ❑ akzeptabel
- ❑ gut ❑ schlecht

Hatten Sie für IhrenBesuch einen Termin?

- ❑ Ja ❑ Nein

Wenn ja, wie beurteilenSie die Wartezeitauf diesen Termin?

- ❑ sehr gut ❑ akzeptabel
- ❑ gut ❑ schlecht

Wie beurteilen Sie die Dauer der Wartezeitin der Praxis?

- ❑ sehr gut ❑ akzeptabel
- ❑ gut ❑ schlecht

25. Patientenfragebogen (Auszug)

Exkurs

Folgende Punkte können Sie in den Fragebogen aufnehmen:

- Praxisorganisation, z. B. Erreichbarkeit, Terminvergabe, Wartezeit
- Atmosphäre, Ausstattung und Zustand der Praxis
- Praxispersonal, vor allem Freundlichkeit und fachliches Können
- Service- und Informationsangebote, z. B. Erinnerung an Impftermine oder Ernährungstipps
- Zusatzleistungen und Gesundheitsangebote

In Bezug auf die **ärztliche Behandlung** kann abgefragt werden:
- Freundlichkeit und das Interesse der Ärztin oder des Arztes
- Zeit bei der Konsultation
- Erlebte Gründlichkeit der Untersuchung
- Verständlichkeit der Erklärung
- Information zur Erkrankung und Medikation
- Beratung zum weiteren Vorgehen und zu Behandlungsalternativen

(Vgl. Hartig, Katharina, Anleitung für Ihren Fragebogen, in: Der Allgemeinarzt, Ausgabe 17/2005, Seite 30 f.)

3.6 Beschwerdemanagement

Ein funktionierendes Qualitätsmanagement soll dazu beitragen, dass Fehlerquellen frühzeitig erkannt und ausgeschaltet werden, bevor sie zur Unzufriedenheit führen oder Schäden verursachen. Technische Fehler können z.B. durch regelmäßige Wartung (Wartungsverträge) vermindert werden. Schwieriger ist es bei personengebundenen Fehlern, die zu Unzufriedenheit der Patientinnen und Patienten mit der Erbringung einer ärztlichen Leistung oder mit den Serviceleistungen des Praxisteams führen. Während die Bearbeitung von **Reklamationen,** die Schadenersatzansprüche oder gerichtliche Auseinandersetzungen nach sich ziehen können, meist auch von der Praxisleitung unterstützt wird, werden andere **Beschwerden** oft nicht ernst genommen oder als Nörgelei abgetan.

Regeln für den Umgang mit Patientenbeschwerden

- Unterbrechen Sie Menschen, die sich beschweren, nicht bei der Problemschilderung, sondern hören Sie zu.
- Zeigen Sie durch Gestik, Nachfragen und Blickkontakt, dass Sie das Anliegen ernst nehmen.
- Nehmen Sie eine offene, zugewandte Körperhaltung ein, bleiben Sie entspannt.
- Bleiben Sie sachlich und reagieren Sie nicht emotional. Versuchen Sie hinter die Aufregung zu schauen, das hilft auch dabei, sich nicht persönlich angegriffen zu fühlen.
- Sichern Sie durch Nachfragen ab, dass Sie den Grund der Beschwerde erfasst haben.
- Zeigen Sie bei der Problemlösung Ihre Wertschätzung und beziehen Sie die Patientin oder den Patienten mit ein; suchen Sie gemeinsam nach Lösungen.
- Vermeiden Sie auf jeden Fall die „Killerphrasen" wie: „Das geht ja gar nicht"; „Das gab es ja noch nie"; „So läuft das bei uns nicht" o. Ä.

Aber: Persönliche Beleidigungen oder Drohungen muss sich niemand gefallen lassen. Vermeiden Sie jedoch, sich zu rechtfertigen oder zurückzuschreien. Machen Sie nicht den gleichen Fehler! Zeigen Sie Ihrem Gegenüber vielmehr in sachlichem Ton Ihre Betroffenheit. Um die Luft rauszunehmen, kann als letzte Lösung auch eine Weitergabe des Gesprächs an Kolleg:innen oder Vorgesetzte helfen.

Als Grundsatz muss aber gelten, dass jede Beschwerde kompetent und mit Beherrschung angenommen und unmittelbar bearbeitet wird. In einer Beschwerde sollte die Chance gesehen werden, die Qualität der Praxisleistung zu verbessern. Beschwerden sind Resultat einer Beurteilung durch den Patienten/die Patientin, also von außen. Sie können dem Praxisteam Hinweise auf Qualitätsdefizite geben, die im Rahmen eines eingefahrenen Tätigkeitsablaufs oft gar nicht mehr gesehen werden.

BEISPIEL

Reklamationen können aufgrund vermeintlicher Behandlungsfehler, wie z. B. mangelhafte Risikoaufklärung, Operationsfehler oder fehlerhafter Abrechnung bei Privatliquidationen, entstehen. Beschwerden werden geäußert über lange Wartelisten, unfreundliche Behandlung, zu lange Wartezeiten oder unbequeme Wartezimmer.

Jede ernst genommene Beschwerde und deren zufriedenstellende Bearbeitung, z. B. verknüpft mit einer Entschuldigung, gibt Patientinnen und Patienten das Gefühl, mit ihren Problemen angenommen zu werden. Dies trägt zur Verstärkung der Patientenbindung bei. Wird mit Beschwerden oberflächlich oder gar abwehrend umgegangen, führt dies neben oft lautstarken Auseinandersetzungen in der Praxis zur Verärgerung von Patienten – die sich ja im Recht fühlen – bis hin zu ihrer Abwanderung. Das **Beschwerdemanagement** hat also zusammenfassend folgende **Aufgabe:** Fehler erfassen, dokumentieren, analysieren, korrigieren und Fehlerwiederholungen vorbeugen.

Zu einem funktionierenden Beschwerdemanagement gehört eine standardisierte **Bearbeitung** der Beschwerde. Hierzu kann ein Beschwerdeformular entwickelt werden, in dem die Beschwerde erfasst und beschrieben wird und das die Abwicklung bis hin zur endgültigen Erledigung begleitet. Grundsätzlich erleichtert eine eindeutige Regelung der Arbeitsverteilung in der Praxis das Beschwerdemanagement. Ein **Organigramm** (vgl. Abb. 2) gibt einen schnellen Überblick über die Zuständigkeitsbereiche in der Praxis, gerade auch für Praxisfremde oder Neupatient:innen. Intern schaffen regelmäßige Teambesprechungen ein Forum, Beschwerden zu diskutieren und einer positiven Lösung zuzuführen.

3.7 Teambesprechung

Regelmäßige Gesprächsrunden der Praxisleitung und der Mitarbeitenden sollten Bestandteil eines jeden Qualitätsmanagement-Systems sein. Voraussetzung für den Erfolg ist eine gründliche Planung und Vorbereitung der Teambesprechung (vgl. Seite 330). Dazu gehört, dass die Besprechung zu störungsfreien Zeiten, aber noch innerhalb der bezahlten Arbeitszeit stattfindet. So ist die Beteiligung aller Mitarbeitenden möglich und die Wichtigkeit wird betont.

26. Teambesprechung, wie sie nicht sein sollte!

In welchen Zeitabständen die Teamsitzungen stattfinden, muss je nach Praxissituation festgelegt werden, **regelmäßige Termine** sind jedoch anzustreben. Eine tägliche oder in geringen Abständen stattfindende **Kurzbesprechung** vor der Praxisöffnung (Briefing) gibt einen Überblick zur Tagesplanung und eventuell anstehenden Besonderheiten. Mindestens 14-tägliche, maximal jedoch monatliche Treffen haben sich je nach Praxisgröße bewährt, längere Zeitabstände können dazu führen, dass trotz Protokoll der Faden verloren geht. Planung, Vorbereitung und Durchführung der Teambesprechung sollten mittels einer **Checkliste** standardisiert werden:

- Zeitpunkt, angemessene Sitzungsdauer einschließlich Zeitlimit festlegen
- Themen sammeln, Tagesordnung erstellen und Leitung festlegen (kann untereinander wechseln), Teilnehmerliste auslegen
- Zu Beginn über Umsetzung von Beschlüssen/Arbeitsaufträgen der letzten Sitzung berichten
- Zu Kritik ermutigen, darauf achten, dass diese auf die Sache und nicht auf die Person bezogen wird
- Wir-Gefühl entwickeln, gerechtfertigtes Lob aussprechen
- To-do-Listen für die Durchführung von Arbeitsaufträgen erstellen (was soll gemacht werden, wer macht es, wie und bis wann soll es gemacht werden)
- Wichtige Ergebnisse und Vereinbarungen schriftlich in einem Protokoll festhalten
- Nächstes Treffen festlegen

ÜBUNGSAUFGABEN

1. Was versteht man unter einem „Praxisleitbild“? Erstellen Sie ein Beispiel für Ihre Ausbildungspraxis.
2. Welche Vorteile hat ein praxisbezogenes Qualitätshandbuch?
3. „Durch Zertifizierung kann man die hohe Qualität der Praxisarbeit deutlich machen.“
   a) Beschreiben Sie, wie eine Zertifizierung durchgeführt wird.
   b) Eine Praxis-Zertifizierung verursacht zusätzlichen Arbeitsaufwand und Kosten. Halten Sie diesen Aufwand für gerechtfertigt? Begründen Sie Ihre Antwort.
4. Wie wird eine Patientenbefragung durchgeführt?
5. Mit einem von Ihnen erstellten Fragebogen soll die allgemeine Patientenzufriedenheit festgestellt werden. Überlegen Sie sich fünf Fragen, mit denen Sie die Zufriedenheit der Patienten feststellen können.
6. Durch das Beschwerdemanagement soll u. a. die Zufriedenheit mit der Praxisleistung wiederhergestellt und zukünftig verbessert werden. Geben Sie an, wie mit Beschwerden in der Praxis umgegangen werden sollte.
7. Im Rahmen einer Teambesprechung wird ein Lösungsweg vorgeschlagen und angenommen. Was versteht man in diesem Zusammenhang unter einer „To-do-Liste“?
8. In welchen zeitlichen Abständen würden Sie eine Teambesprechung vorschlagen? Begründen Sie Ihre Auswahl.
9. Was versteht man unter dem Begriff „Briefing“?

4 SCHRIFTGUTBEARBEITUNG

Situation:

Am Ende des Praxistages liegt in der Tierarztpraxis Franziska Bellermann folgende Tagespost vor, die von Ihnen versandfertig gemacht werden soll. Beschreiben Sie, welche Versandart Sie jeweils wählen und welche Besonderheiten gegebenenfalls für die Sendung bestehen. Berechnen Sie auch die jeweiligen Gebühren der Deutschen Post AG:

1. Versand einer 2-seitigen tierärztlichen Rechnung für die Behandlung der Katze Lisa.
2. Mahnschreiben als 2. Mahnung zur Bezahlung einer Tierarztrechnung. Eine Kopie der Rechnung (3 Seiten) wird beigefügt.
3. Die Klientin Fredrike Stütz hat beim heutigen Praxisbesuch ihren Schal vergessen. Diesen senden wir ihr zu.
4. Für seinen Hund hat Herr Graf Diätfutter bestellt, dieses wird ihm nach Hause übersandt. Gewicht 5 kg.
5. Eine Lieferung Spezialfutter für Kaninchen mit einem Gewicht von 3 kg soll so versandt werden, dass die Empfängerin den Gesamtbetrag von 19,95 EUR bei Lieferung bezahlt.
6. Eine Impfbescheinigung soll möglichst schnell beim Empfänger ankommen, spätestens aber am kommenden Vormittag dort sein.
7. Die Tierärztin sendet das Lehrbuch „Wirtschafts- und Sozialkunde“ an ihre Auszubildende, die krankgeschrieben ist. Sie will sich auf eine kommende Klassenarbeit vorbereiten. Gewicht der Sendung 462 Gramm. Außerdem fügt sie noch eine Tafel Schokolade hinzu mit einem Gewicht von 107 Gramm.

Eine Praxis ist ein sehr kommunikativer Ort: Von der Terminvereinbarung bis zur Verabschiedung der Patientin oder des Patienten werden eine Vielzahl von Informationen ausgetauscht. Dies geschieht überwiegend durch mündliche, direkte Kommunikation per Telefon oder in persönlichen Gesprächen zwischen Patientin/Patient und Ärztin oder Arzt bzw. den Fachangestellten. Genauso wie bei der unmittelbaren Kommunikation bestimmte Regeln zu beachten sind, gibt es auch bei der **schriftlichen Kontaktaufnahme** bestimmte Grundsätze, deren Beachtung den Umgang miteinander erleichtert. Bei der Textverarbeitung, insbesondere beim Briefverkehr, sollte die DIN-Norm 5008 eingehalten werden, welche die Gestaltung des Briefinhalts regelt. So ist optisch ein immer gleicher Briefaufbau gewährleistet. Nicht zu vergessen ist auch, dass die äußere Gestaltung eines Briefs (z. B. Briefkopf) das Erscheinungsbild der Praxis in der Öffentlichkeit mit beeinflusst. Im **Innenverhältnis** dient die schriftliche Kommunikation der Informationsweitergabe und Dokumentation. Bestimmte Arbeitsabläufe werden durch Checklisten festgelegt, Protokolle halten Arbeitsergebnisse fest und mündliche Informationen werden durch Akten- oder Telefonnotizen schriftlich weitergeleitet. Hier ist es notwendig, dass die Information kurz und übersichtlich erfolgt (vgl. Abb. 27).

Schriftliche Kommunikation wird immer dann eingesetzt, wenn z. B.

- Inhalte später konkret nachprüfbar sein sollen,
- ein Beweismittel benötigt wird (z. B. bei einem Kaufvertrag, Arbeitsvertrag),
- allgemeine Regeln vereinbart und festgehalten werden sollen,
- umfangreiche und schwierige Zusammenhänge darzustellen sind,
- Informationsschreiben an Patienten bzw. Mitarbeitende auszugeben sind,
- Mitarbeitende über gesetzliche Änderungen, neue Sachverhalte oder sonstige Vorschriften zu informieren sind.

Darüber hinaus gestattet die schriftliche Kommunikation eine gewissenhafte Vorüberlegung und Ausformulierung der Inhalte. Nicht zuletzt ist die Verfasserin oder der Verfasser für den Inhalt verantwortlich und steht als kompetente Ansprechperson für Auskünfte und Nachfragen zur Verfügung.

Wenn auch die schriftliche Kommunikation über das Internet per E-Mail aufgrund der Schnelligkeit und Kostenersparnis immer mehr zum Einsatz kommt und Faxgeräte in fast allen Praxen vorhanden sind, so ist doch noch in vielen Fällen die Übermittlung schriftlicher Mitteilungen durch die Post oder andere Dienste ein angemessenes Mittel.

Seit der Aufhebung des Postmonopols (= alleiniges Recht, Post zu befördern) wurden neben der Deutschen Post AG (früher Deutsche Bundespost) mehrere private Postbeförderungs-Unternehmen gegründet. Nur wenige von ihnen konnten sich durchsetzen, haben jedoch meist nur eine regionale Bedeutung erlangt. Die Deutsche Post AG ist das größte Unternehmen für die Postbeförderung, gut 90 Prozent aller Sendungen werden über sie abgewickelt.

Telefonnotiz

- wichtig
- eilig
- vertraulich

Datum: ______ Uhrzeit: ______
Angenommen von: ______________________
Wer rief an?
Name, Vorname: ______________________
Telefonnummer: ______________________
Betreff: ______________
Inhalt des Telefonats:

Erwartet wird:
- Erledigung
- Stellungnahme
- Klärung/Information mündlich
- Klärung/Information schriftlich
- Rückruf
  - heute
  - am ______
  - Uhrzeit: ______
- Weiterleitung an
- Das Problem konnte wie folgt gelöst werden:

Handzeichen/Unterschrift

27. Telefonnotiz

Alle Postdienste müssen aber das **Postgeheimnis** beachten:

Das Grundgesetz schreibt bei der Nachrichtenübermittlung eine Schweigepflicht vor. Über den Inhalt der beförderten Mitteilung dürfen andere Personen nicht informiert werden. Ausnahmen hiervon gibt es nur zur Aufdeckung von Straftaten nach richterlichem Beschluss.

4.1 Versendungsformen

Briefsendungen

Unter diesem Oberbegriff sind Sendungen zusammengefasst, die meist schriftliche Mitteilungen als Inhalt haben (vgl. Abb. 29). Die Gebühren sind abhängig vom **Gewicht** und/oder der **Größe** einer Sendung. Die Entfernung spielt nur bei einigen Auslandssendungen eine Rolle.

Briefe und Postkarten. Während die Postkarte in der Praxis nur für kurze und nicht vertrauliche Mitteilungen verwendet werden kann, gibt es für den Brief auch im Zeitalter der elektronischen Nachrichtenübermittlung noch vielfältige **Nutzungsmöglichkeiten** (Informationen und Gebühren über www.deutschepost.de).

Gerade im ärztlichen Bereich muss bei der Übermittlung von Informationen die Schweigepflicht gewahrt werden. Durch den Versand von Patientenmitteilungen, Befunden oder Röntgenbildern bzw. CDs in verschlossenen Umschlägen ist deren Einhaltung gewährleistet. Aufgrund des **Höchstgewichts von 1000 g** (bzw. Maxibrief plus bis 2000g gegen Zusatzgebühr) können auch umfangreichere Schriftstücke oder kleinere Gegenstände als Brief verschickt werden. Die Zustellung der täglich rund 55 Millionen Briefsendungen erfolgt bei Inlandsbriefen meist innerhalb von ein bis zwei Tagen nach der Absendung.

	Gewicht	Größe	Dicke
20 g Standardbrief: 0,85 EUR	bis 20 g	bis 23,5 x 12,5 cm	bis 0,5 cm
50 g Kompaktbrief: 1,00 EUR	bis 50 g	bis 23,5 x 12,5 cm	bis 1 cm
500 g Großbrief: 1,60 EUR	bis 500 g	bis 35,3 x 25,0 cm	bis 2 cm
1000 g Maxibrief: 2,75 EUR	bis 1 000g*	bis 35,3 x 25,0 cm	bis 5 cm

* (Maxibrief plus bis 2 000 g, Gebühr 4,95 EUR)

28. Vier Basisprodukte am Beispiel Brief (Stand: 5/2022)

Als **Warenpost** mit der Bezeichnung **„Bücher- und Warensendung“** (BÜWA) lassen sich Bücher, sonstige Schriftstücke, kleinere Waren, wie z. B. Textilien und Haushaltswaren oder auch Datenträger, je nach Gewicht günstiger als Briefe oder Pakete versenden. Man kann zwischen zwei Sendungsgrößen unterscheiden, bis 500 und bis 1 000 Gramm. Die maximale Höhe darf nur 5 cm betragen. Das sonstige Höchstmaß ist maximal etwas größer als ein DIN-A-4-Blatt. Im Unterschied zum in der Regel teureren Brief dürfen keine schriftlichen persönlichen Mitteilungen beigefügt werden, sondern nur Rechnung/ Lieferschein oder z. B. Bedienungsanleitungen. Die Warenpost kann im geschlossenen Umschlag versandt werden, die Post behält sich aber Stichprobenkontrollen bezüglich des Inhalts vor. Auf dem Umschlag muss über der Empfängeradresse der Vermerk „**BÜWA**" angebracht werden.

Für diese Versandart übernimmt die Deutsche Post AG keine Haftung, eine Empfangsbestätigung als Zusatzleistung ist nicht möglich. Auch kann der Versand länger dauern.

Für Großversender wird die kostengünstige Versandform **Dialogpost** angeboten. Werbebriefe oder -postkarten, Kataloge usw. können ab regional 200 Exemplaren versandt werden, wenn alle Sendungen den gleichen Inhalt haben und eine Werbebotschaft, z. B. Einladung zu einer Werbeveranstaltung, Tag der offenen Praxistür, enthalten ist. Die Anschrift muss maschinenlesbar sein. Höchstgewicht pro Sendung 1 000 Gramm.

Güterbeförderung

Obwohl die Deutsche Post AG nicht das alleinige Recht zur Paketbeförderung besitzt, ist ihr Tochterunternehmen DHL mit täglich mehrere Millionen Frachtpostsendungen der größte Anbieter auf diesem Gebiet. Andere Kurier-, Express- und Paketfirmen liefern jedoch der Post besonders im gewerblichen Bereich einen harten Konkurrenzkampf.

Päckchen eignen sich zum Versand von kleineren Waren usw. bis zu einem Höchstgewicht von 2 kg, je nach Packungsgröße als S oder M Päckchen. Eine Nachverfolgung oder Versicherung ist nicht möglich. Wird diese gewünscht, kann das 2-kg-Paket gewählt werden.

Gegenstände aller Art bis zu einem Gewicht von 31,5 kg können als **Paket** befördert werden. Die Verpackung muss so erfolgen, dass das Versandgut beim Transport nicht beschädigt wird. Zur Sicherheit sollte eine Kopie der Absender- und Empfängeranschrift innen in das Paket gelegt werden.

Für jedes Päckchen oder Paket ist ein **Versandschein** auszufüllen (vgl. Abb. 30). Darauf sind neben Absender:in und Empfänger:in auch eventuelle Zusatzleistungen durch Aufkleben einer entsprechenden Servicemarke (z. B. Rollenversand, Sperrgut, Nachnahme) zu vermerken. Der auf das Paket geklebte Versandschein enthält einen Strichcode, der auch auf dem Einlieferungsschein erkennbar ist. Eine automatische Sortierung und Verteilung wird so möglich und die Zustellung eines Inlandspakets an den Empfänger oder die Empfängerin kann innerhalb von maximal zwei Tagen erreicht werden. Unter der Internetadresse www.dhl.de kann zwischenzeitlich der Lauf des Pakets nach Eingabe des **Ident-Codes** verfolgt werden.

Pakete, die bestimmte Abmessungen überschreiten oder die aufgrund ihrer Verpackung oder Form besonders schwierig zu transportieren sind, können als **Sperrgut** gegen einen Gebührenzuschlag befördert werden.

Beschleunigte Sendungen

Kommt es bei der Versendung von Briefen oder Paketsendungen auf Stunden an, kann durch die – allerdings teurere – Versandform **Express** eine besonders schnelle Zustellung erreicht werden. Die so gekennzeichneten Sendungen werden dem Empfänger oder der Empfängerin gesondert je nach Wunsch vor 09:00 Uhr, 10:00 Uhr oder 12:00 Uhr zugestellt, also nicht erst durch die normale Postzustellung überbracht. Eine Zustellung ist gegen Aufpreis auch an Sonn- und Feiertagen möglich.

Postsendungen mit besonderen Sicherheiten

Manchmal kann es beim Postversand notwendig sein, eine Sendung entweder besonders sicher zu verschicken oder aber eine Bestätigung über die Ankunft bzw. den Zugang an der Empfangsstelle zu erhalten. Gegen die Zahlung zusätzlicher Gebühren bieten sich dazu verschiedene Möglichkeiten:

Wertvolle Inhalte, wie z. B. Antiquitäten, Flugscheine, Zahngold oder Wertpapiere, können als Paketsendung mit einer zusätzlichen Transportversicherung versandt werden. Wertgegenstände können je nach Inhalt bis 500,00 EUR (z. B. Bargeld, Eintrittskarten,Schmuck), 2 500,00 EUR oder 25 000,00 EUR gegen Beschädigung oder Verlust versichert werden. Neben der normalen Beförderungsgebühr wird eine Zusatzgebühr für die Transportversicherung erhoben. Erstattet werden bei Totalverlust die Wiederbeschaffungskosten und bei Beschädigung oder Teilverlust die tatsächliche Wertminderung.

Die Absendung und Zustellung von Briefen und Postkarten kann durch ein **Einschreiben** nachgewiesen werden. Auf die Sendung wird ein Label geklebt, das eine bestimmte Sendungsnummer enthält. Diese findet sich auch auf dem Einlieferungsbeleg wieder, den der Absender oder die Absenderin bei der Posteinlieferung erhält (vgl. Abb. 31). Anhand der Sendungsnummer kann der Verlauf der Sendung per Internet (www.deutschepost.de/briefstatus) nachvollzogen werden. Beim Einschreiben gibt es **zwei Möglichkeiten:**

- Das **Einschreiben Einwurf** werfen Postzustellende entweder in den Briefkasten oder das Postfach des Empfängers/der Empfängerin ein. Der Einwurf wird in einem Verzeichnis notiert.
- Bei normalen **Einschreiben** (Übergabe-Einschreiben) erfolgt die Aushändigung direkt an den Empfänger/die Empfängerin persönlich oder an eine anwesende Ersatzperson (z. B. Angehörige, Ehepartner/in oder Angestellte). Die Aushändigung bestätigt der Empfänger oder die Empfängerin durch eine Unterschrift. Diese Bestätigung bewahrt die Post eine gewisse Zeit als Nachweis auf.

Wegen des geringeren Aufwands verlangt die Post für das Einschreiben Einwurf eine niedrigere Zusatzgebühr.

Auch eine **Nachnahmesendung** (vgl. Seite 266 f.) – möglich bei Briefen, Postkarten und Paketen – wird mit einem Label versehen, womit der Verlauf der Sendung kontrollierbar ist.

Die Sendung wird erst ausgehändigt, wenn der Empfänger oder die Empfängerin den Nachnahmebetrag (Brief bis 1 600,00 EUR, Paket bis 3 500,00 EUR) an dedie jeweiligen Postzustellenden gezahlt hat. Die Gutschrift des Betrags erfolgt dann unter Abzug eines Übermittlungsentgelts auf das für die Nachnahme angegebene Konto.

Beim Einschreiben kann durch den Zusatz **„Eigenhändig“** sichergestellt werden, dass die Sendung nur dem angegebenen Empfänger bzw. der Empfängerin oder einer schriftlich bevollmächtigten Person ausgehändigt wird.

29. Versandschein

Bei Sendungen mit **Rückschein** muss ein entsprechend ausgefüllter Vordruck der Post beigefügt werden. Der Empfänger bzw. die Empfängerin bestätigt durch Unterschrift den Erhalt der Sendung. Die Post sendet dieses Original an den Absender bzw. die Absenderin zurück. Mit dieser Empfangsbestätigung kann selbst noch nach langer Zeit der Zugang des Schreibens belegt werden.

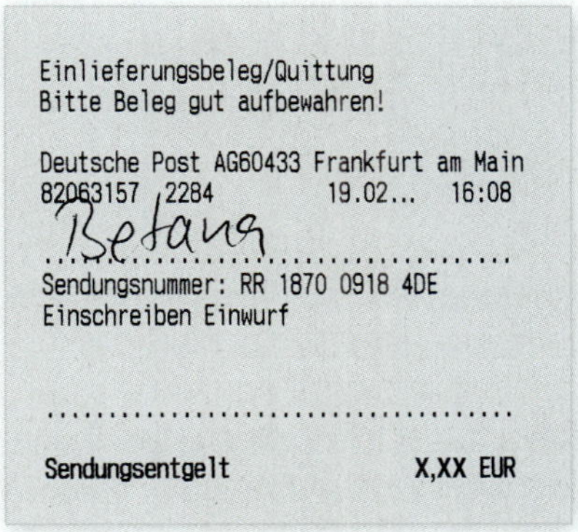

30. Elektronischer Einlieferungsbeleg

Versand von medizinischem Untersuchungsmaterial

Diagnostische Proben und andere medizinische Untersuchungsmaterialien werden täglich innerhalb Deutschlands in großer Zahl über öffentliche Verkehrswege transportiert. Um beim Transport gefährlicher Güter, wozu ansteckungsgefährliches (infektiöses) Material gehört, Gefahren für die unmittelbar Beteiligten und die Bevölkerung zu vermeiden, gibt es entsprechende gesetzliche Schutzvorschriften, die bei der Versendung von medizinischem Untersuchungsmaterial eingehalten werden müssen. Unterschieden wird zwischen

- **Kategorie A:** ansteckungsgefährliche Stoffe, die gefährlich für Menschen und/oder Tiere sind (z. B. Mikroorganismen wie das Ebola und Pocken-Virus), aber auch nur für Tiere gefährliche Mikroorganismen wie das Maul- und Klauenseuche-Virus. Diese Stoffe kommen allerdings nur sehr selten vor und bedürfen eines besonders sicheren Versands durch spezielle Transportdienste.
- **Kategorie B:** diagnostische oder klinische Patientenproben mit ebenfalls ansteckungsgefährlichen Stoffen, die allerdings weniger gefährlich sind. Es handelt sich dabei z. B. um Erreger von Infektionskrankheiten wie Salmonellen oder das Corona Virus.
- **freigestellte medizinische Proben** mit minimalem Gefährdungsrisiko.

Haftung der Deutschen Post AG/DHL im Brief- und Paketdienst
Erreicht eine Sendung den Empfänger nicht, kann **der Absender** einen **Nachforschungsantrag** stellen. Erforderlich ist die Vorlage eines Einlieferungsscheins, der auch bei der Geltendmachung von Ersatzleistungen vorgelegt werden muss.

Die Post leistet **keinen Ersatz**, wenn
- die Sendung nicht ordnungsgemäß versandt wurde, z. B. mangelhafte Verpackung,
- der Empfänger die Sendung ohne Reklamation angenommen hatte bzw. ein Schaden nicht unverzüglich nach der Entdeckung gemeldet wurde.

Haftung für ...	Ersatzleistung
normale Briefsendungen	Die Post übernimmt hierfür keinen Ersatz (Einwurf oder Abgabe nicht nachweisbar).
Einschreiben (Übergabe-Einschreiben)	bei Verlust **pauschal 25,00 EUR**
Einschreiben-Einwurf	bei Verlust **pauschal 20,00 EUR**
DHL-Paket	Bei Verlust oder Beschädigung werden bis zu **500,00 EUR** ersetzt. Eine Höherversicherung bis 2 500,00 EUR bzw. 25 000,00 EUR ist gegen eine Zusatzgebühr möglich.

31. Haftung der Deutschen Post AG

Diese Patientenproben, bei denen keine bis weniger gefährliche Erreger vermutet werden, besitzen nur eine minimale Wahrscheinlichkeit, dass Krankheitserreger enthalten sind. Wer die Probe entnimmt und versendet, entscheidet je nach den Gegebenheiten über diese Einstufung. Es handelt sich bei diesem Untersuchungsmaterial etwa um Blut- und Urinproben zur Feststellung von Blutzucker oder Cholesterin, um Schwangerschaftstests, Proben zur Krebsfeststellung oder auch um Blutproben zur Alkohol- und Drogenfeststellung.

Die Verpackungen müssen grundsätzlich allen beim Transport auftretenden Belastungen standhalten können. Je nach der Art des Untersuchungsgutes werden dabei jedoch Unterschiede gemacht. Grundsätzlich besteht die Verpackung immer aus mindestens drei Bestandteilen. Bei den **freigestellten medizinischen oder veterinärmedizinischen Proben** besteht die **Verpackung** aus

- einem wasserdichten Probengefäß (Primärverpackung, z. B. Probenröhrchen mit Schraubverschluss),
- einem wasserdichten Schutzgefäß (Sekundärverpackung, im Inneren mit Polstermaterial ausgefüllt) und
- einer ausreichend festen Außenverpackung, die Stößen und anderen Belastungen standhalten kann.

32. Verpackung für medizinische Proben – richtig und falsch

Zwischen dem Schutzgefäß und der Außenverpackung muss eine Polsterung bestehen, bei flüssigen Proben (z. B. Blut) muss zusätzlich genügend aufsaugendes Material eingesetzt werden. Bei **infektiösen Patientenproben** der Kategorie B ist gleichfalls eine Dreifachverpackung zu wählen. Allerdings muss dabei die Schutz- oder die Außenverpackung starr sein und zusätzlich bestimmten Druck- und Fallbelastungen widerstehen. **Ansteckungsgefährliche Stoffe** der Kategorie A müssen in Behältern transportiert werden, die nochmals stark erweiterten Schutzvorschriften unterliegen. Außerdem sind Beförderungspapiere beizufügen und ein spezieller Transport ist notwendig. Ein Versand solcher Stoffe ist in der Arztpraxis sehr selten.

Vielmehr werden in der Praxis mehrheitlich freigestellte medizinische Proben versandt, die außer bei der Verpackung keinen besonderen **Transportbestimmungen** unterliegen. Sie können also z. B. mit normalen Kurierfahrzeugen, Dienst- oder Privatwagen oder Taxis befördert werden. Eine besondere Kennzeichnung als **„Freigestellte medizinische Proben"/„Exempt Human Specimen" oder „Freigestellte veterinärmedizinische Proben"/„Exempt Animal Specimen"** muss auf der Verpackung vorhanden sein.

Die **Deutsche Post AG** befördert in Faltschachteln vorschriftsmäßig verpackte und beschriftete Proben als Groß-, Maxibrief oder Päckchen.

Verantwortlich für den ordnungsgemäßen Versand ist grundsätzlich der Absender, in der Praxis also die Ärztin oder der Arzt.

ÜBUNGSAUFGABEN

1. Zum Schriftgut einer Praxis gehört auch die Telefonnotiz. Welche Angaben sollte diese unbedingt enthalten?
2. Erstellen Sie eine Übersicht über die verschiedenen Möglichkeiten der Briefversendung.
3. Wovon ist die Gebührenhöhe bei den Brief-Basisprodukten abhängig?

4. Welche Möglichkeiten werden für den Versand von Gegenständen angeboten, die wegen ihrer Größe oder ihres Gewichts nicht mehr als einfache Briefsendung versandt werden können?
5. Was ist eine Post-Expresssendung?
6. Beschreiben Sie die unterschiedlichen Möglichkeiten bei einem Versand durch „Einschreiben“.
7. Wie kann man sicherstellen, dass eine Postsendung auch tatsächlich dem genannten Empfänger persönlich zugestellt wird?
8. Mit welcher Versandart erhält man als Absender eine Empfangsquittung des Empfängers übersandt?
9. Wie muss die Verpackung beim Versand einer freigestellten medizinischen Probe beschaffen sein?
10. Beschreiben Sie die Haftung der Deutschen Post AG/DHL im Brief- und Paketverkehr.

4.2 Posteingang

Die Tagespost wird meist entweder direkt in der Praxis abgegeben oder in den Praxisbriefkasten eingeworfen. Besitzt die Praxis ein Postfach, dann erfolgt die Zustellung durch Einlegung in dieses. Vorteilhaft ist hier, dass bereits vor Beginn der eigentlichen Postzustellung und mehrmals am Tag Praxispost abgeholt werden kann. Päckchen und Pakete können an eine gemietete **Packstation** gesandt werden, bei der rund um die Uhr Sendungen abgeholt werden können. Über eine „Post & DHL App“ wird ein Abholcode zur Eingabe an der Packstation für die Paketentnahme übermittelt. Umgekehrt ist auch ein Päckchen- oder Paketversand von der Versandstation aus jederzeit möglich.

Post gilt als zugestellt, wenn sie in den persönlichen Bereich des Empfängers bzw. der Empfängerin gekommen ist (z. B. durch Einlegung in den Hausbriefkasten). Verhindert eine Person jedoch die Zustellung (vgl. Abb. 33) oder verweigert sie die Annahme, dann kann sie sich nicht darauf berufen, die Sendung nicht empfangen zu haben.

33. Schwierige Postzustellung

Meistens wird die Post am Praxisempfang entgegengenommen. Grundsätzlich kann die Aushändigung an den Empfänger/die Empfängerin selbst erfolgen, an Ehegatten, Angehörige, Empfangsberechtigte mit schriftlicher Vollmacht oder an Ersatzpersonen. Dies können Hausbewohner sein und – bei Zustellung in die Praxis – Mitarbeitende der Ärztin bzw. des Arztes, die sich in den Praxisräumen aufhalten und bei denen Postzustellende vermuten können, dass sie zur Annahme der Sendung berechtigt sind. Für die Entgegennahme von Sendungen mit dem Vermerk „Eigenhändig" ist eine besondere **Postvollmacht** erforderlich, wenn der Empfänger selbst nicht vor Ort ist. Diese ist schriftlich zu erteilen und muss die persönlichen Angaben der Empfangsbeteiligten enthalten. Sendungen mit dem Vermerk „Einschreiben" oder „Nachnahme" werden nicht an Hausmitbewohner ausgehändigt.

Liegt die tägliche Eingangspost zur Bearbeitung vor, sollten folgende **Arbeitsschritte** eingehalten werden:

- Zunächst ist bei der Eingangspost, insbesondere wenn Päckchen, Warensendungen usw. enthalten sind, der Umschlag bzw. die Verpackung auf äußerliche Schäden optisch zu prüfen und gegebenenfalls unmittelbar den Postzustellenden gegenüber zu reklamieren.
- Anschließend ist die Post zu sortieren: Es wird getrennt nach Praxispost, persönlicher Post (Privatpost der Ärztin/des Arztes) und nach sogenannten Irrläufern (fehlgeleitete Sendungen, z. B. aufgrund von Namensgleichheit, dem Vorhandensein mehrerer Praxen im Haus). Diese Irrläufer werden an die Post ungeöffnet zurückgegeben. Privatpost wird ungeöffnet der Ärztin bzw. dem Arzt persönlich übergeben.
- Die Praxispost wird geöffnet, der Inhalt entnommen (Leerkontrolle des Umschlags) und überprüft, ob die Absenderanschrift auf dem Anschreiben enthalten ist, ansonsten muss sie vom Umschlag übertragen werden. Der Briefumschlag sollte angeheftet oder beigelegt werden, wenn
  - das Briefdatum und der Poststempel wesentlich voneinander abweichen (um den Zugang und damit Fristen nachzuweisen, z. B. beim Skontoabzug),
  - der Umschlag bestimmte Zustellungsvermerke enthält (z. B. bei einer amtlichen Postzustellungsurkunde, gerichtlichem Zustellungsbescheid).
- Die Sendung ist mit einem Eingangsstempel (Datumsstempel) zu versehen. Dokumente, Zeugnisse usw. werden nicht gestempelt.
- Bei Anlagen ist deren Vollständigkeit zu kontrollieren, lose Anlagen evtl. anheften. Fehlende Anlagen auf dem Anschreiben vermerken, bei wichtigen Anlagen beim Absender nachfragen.

Bearbeitung der Praxispost nach Eingangskontrolle:

- Labor- und Fremdbefunde/Arztbriefe der Patientenkartei zuordnen oder bei getrennter Aufbewahrung abheften bzw. je nach Vereinbarung vorher der Ärztin/dem Arzt vorlegen
- Angeforderte Patientenrezepte erstellen und samt Versandumschlag zur Unterschrift bereithalten
- Termine eintragen, wichtige und dringende Termine farblich hervorheben oder besonders kennzeichnen
- Kataloge der Praxislieferanten austauschen
- Angebote sortieren, Angebotsvergleich vorbereiten
- Rechnungen sachlich und rechnerisch prüfen, Abzüge berechnen, Zahlung vorbereiten
- Kontoauszüge kontrollieren, eingegangene Patientenzahlungen verbuchen und austragen, offene Posten in der Computerliste aktualisieren
- Computer-Updates installieren

34. Checkliste zur Bearbeitung der Praxispost

- Durch Sortierung und Verteilung wird der Zugangsvorgang abgeschlossen: Je nach Anweisung werden unwichtige Sendungen (z. B. Werbebroschüren) aussortiert, die restliche Praxispost wird aufbereitet bzw. bearbeitet (vgl. Abb. 35), in eine Postmappe einsortiert und an die Ärztin bzw. den Arzt oder die beauftragte Fachkraft weitergegeben.

4.3 Postausgang

Bei der Erledigung der ausgehenden Tagespost ist zunächst die günstigste Versandart zu ermitteln. Viele Schreiben können per Mail oder auch Fax dem Empfänger zugestellt werden, eine entsprechende Versandbestätigung kann anschließend ausgedruckt werden. Beim Faxen von Patientendaten muss beim Empfänger die Einhaltung der Schweigepflichtvorschriften gewährleistet sein (z. B. Fax empfang weder einsehbar noch allgemein zugänglich).

Beim Postversand ist zu prüfen:

- Stimmt die Anschrift mit den Unterlagen überein und wurde sie normgerecht gestaltet?
- Bei Schreiben an Firmen beachten: Wird zuerst der Firmenname und dann der Name der Ansprechperson genannt, öffnet den Brief in der Regel die Poststelle. Ist es umgekehrt, wird das Schreiben ungeöffnet der Ansprechperson zugestellt.
- Sind die Anlagen aufgelistet und vollständig dem Schreiben beigelegt?
- Ist das Schreiben unterschrieben?
- Ist eine Kopie vorhanden und wo ist sie abzulegen?
- Ist das Schreiben ordnungsgemäß gefalzt (vgl. Abb. 36) und wurde der passende Umschlag gewählt?
- Wurde das Schreiben richtig in den Umschlag eingelegt (kuvertiert), sind Empfänger name und evtl. besondere Versandformen problemlos zu lesen bzw. bei Umschlägen ohne Sichtfenster richtig übertragen (dabei auch auf Absenderangabe/Praxisstempel achten)?
- Ist der Brief richtig frankiert? Entscheidend sind Gewicht (Briefwaage), Größe und besondere Versandform.

Bei einem größeren Postanfall (etwa ab 10 bis 15 Briefe täglich) kann sich der Einsatz einer digitalen Frankiermaschine rechnen, von der die Briefe maschinell mit einem Gebührenaufdruck versehen werden. Man spart so z. B. eine Vorratshaltung von Briefmarken. Über eine Schnittstelle wird von der Deutschen Post AG ein gewünschter Gebührenbetrag geladen, der Gegenwert wird vom Konto abgebucht. Tarifänderungen werden automatisch berücksichtigt, sodass eine zu hohe Frankierung ausgeschlossen ist. Auch eine Frankierung über das Internet ist mit dem kostenfreien Post-Onlineservice **Internetmarke** möglich. Die entsprechende Versandform der Sendung wird ausgewählt und der Portoaufkleber ausgedruckt. Das Briefmarkenmotiv kann dabei aus 200 Vorlagen ausgewählt werden. Die Zahlung erfolgt bargeldlos durch Kontoabbuchung. Abgehende Postsendungen werden je nach Versandart in den Briefkasten eingeworfen oder bei einer Postagentur gegen Einlieferungsbestätigung abgegeben.

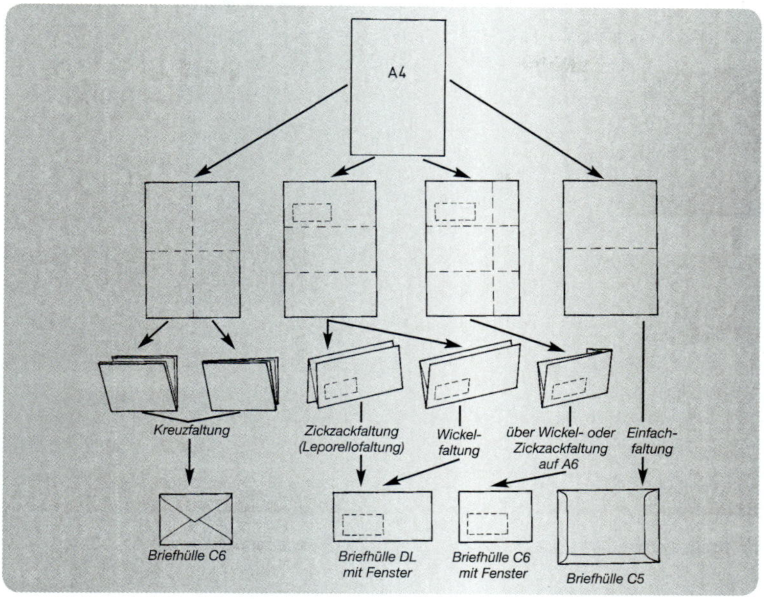

35. Brieffalzungen

4.4 Ablage und Aufbewahrung von Schriftgut

Alle wichtigen Arbeitsvorgänge im Rahmen der Praxistätigkeit müssen dokumentiert und für bestimmte Zeiträume aufbewahrt werden. Für die ärztliche Leistung ergibt sich die **Dokumentationspflicht** aus der jeweiligen Berufsordnung, als Nebenpflicht aus dem Behandlungsvertrag oder auch aus gesetzlichen Vorschriften, z. B. der Röntgenverordnung. Die Aufzeichnungen sind also keine privaten Gedächtnisstützen der Ärztin oder des Arztes, sondern dokumentieren das Ergebnis seiner Tätigkeit. Sie zeigen den Behandlungsverlauf und machen alle Bemühungen im Nachhinein nachvollziehbar. Nicht zuletzt ist eine vollständige Dokumentation im Streitfall von großer Bedeutung, wenn es darum geht, ungerechtfertigte Schadenersatzansprüche abzuwehren. Aber nicht allein die ärztliche Tätigkeit ist zu dokumentieren. Auch im Rahmen des täglichen Praxisablaufs fällt **Schriftgut** an, das aufbewahrt werden muss: Quittungsbelege, Rechnungen, Kaufverträge, Gehaltsabrechnungen, allgemeiner Schriftverkehr und vieles mehr.

Durch die Zunahme des Informationsflusses wird es immer wichtiger zu entscheiden, welches Schriftgut von Bedeutung ist und der Ablage zugeführt wird. Durch entsprechende Vor- und Aussortierung kann ein Überlaufen der Ablage verhindert werden: Zweifelhaftes in die „Großablage“ (Papierkorb) ist hierzu ein erster Schritt.

Durch eine Zuordnung des Schriftguts in vier Wertstufen wird eine **Ablageeinstufung** festgelegt (vgl. Abb. 38).

Als nächste Entscheidung muss ein angemessenes **Ordnungssystem** gefunden werden, das einen schnellen Zugriff und rasches Wiederfinden des wegsortierten Schriftguts ermöglicht. Eine Ablagengliederung kann folgende Grundlagen haben:

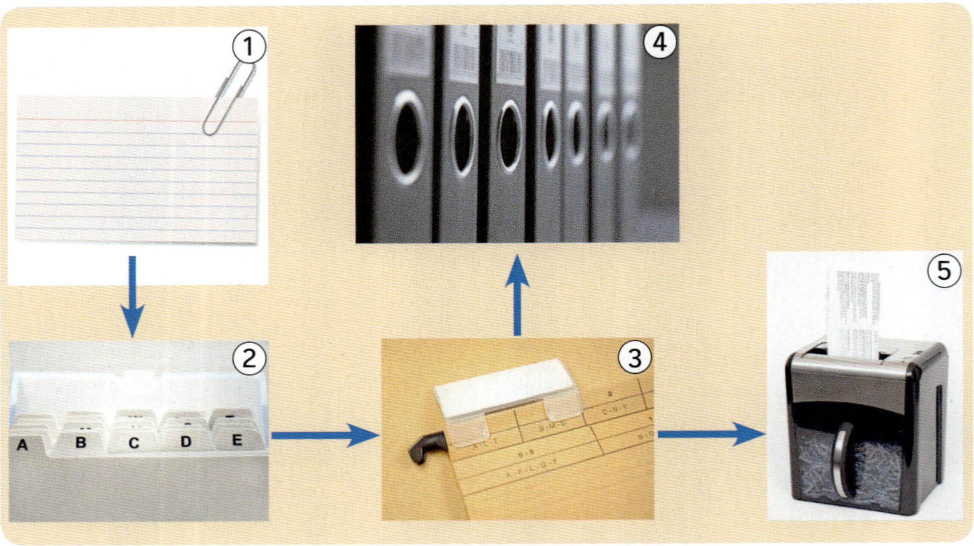

36. Ablauf Schriftgutbearbeitung: ① Schriftstück ② Orgabox ③ Zwischenablage ④ Endablage ⑤ Reißwolf

- **Alphabetische Ordnung:** Die DIN 5007 regelt die Ordnung von Schriftgut nach dem Alphabet. Hauptmerkmal ist zunächst der Nachname (ohne akademische Grade wie Dr., Dipl.-Ing. usw.), bei Gleichheit wird der Vorname hinzugenommen. Bei weiterer Übereinstimmung ist eine Erweiterung über die Anschrift als Zusatz möglich. Eine alphabetische Ordnung ist bei den meisten Patientenkarteien zu finden.
- **Numerische Ordnung:** Die sicherste Ordnung ist die nach laufender Nummerierung, weil jede Ablagenummer nur einmal vorhanden ist und eindeutig in eine Reihenfolge eingeordnet werden kann. Bei Nummernzuordnung, z. B. Nummerierung der Lieferanten oder Buchhaltungskonten, muss ein Suchverzeichnis (z. B. Kontenrahmen) vorhanden sein, aus dem die Zuordnung ersichtlich wird.
- **Alphanumerische Ordnung:** Hier wird die alphabetische mit der numerischen Ablageordnung kombiniert, was die Übersichtlichkeit erhöht, weil z. B. lange Ziffernketten vermeidbar sind. Beispiele sind Kfz-Kennzeichen oder Rechnungsablagen (z. B. Privatliquidation SP-2304).

Ablageeinstufung in vier Wertstufen				
Wertstufe	**Tageswert**	**Prüfwert**	**Gesetzeswert**	**Dauerwert**
Inhalt	Informationen ohne dauerhaften Wert, unverlangte Zusendungen	Schriftgut, das sich in Bearbeitung befindet, Nachfragen, Auswertungen	Schriftgut, für das eine gesetzliche oder vertragliche Aufbewahrungsfrist besteht	Schriftgut mit einem langen Bedeutungszeitraum

Ablageeinstufung in vier Wertstufen				
Wertstufe	**Tageswert**	**Prüfwert**	**Gesetzeswert**	**Dauerwert**
Beispiele	Werbesendungen, Zeitungen, Prospekte	Laufender Schriftverkehr, Angebote, Mahnungen, aktuelle Preislisten, Bewerbungsunterlagen	Karteikarten, Kaufverträge, Rechnungen, Buchungsbelege (vgl. Übersicht Aufbewahrungsfristen, Seite 371 f.)	Approbationsunterlagen, Zeugnisse, Fortbildungszertifikate, Praxismiet- oder -kaufvertrag, Personalunterlagen
Ablage	Keine Ablage, nach Kenntnisnahme Vernichtung	Arbeitsplatznahe Zwischenablage während der Bearbeitungsphase, danach Vernichtung oder Ablage	Mindestens gesetzlich vorgeschriebene Dauer	Dauerhafte, gesicherte Ablage

37. Wertstufeneinteilung

- **Chronologische Ordnung:** Die Ablage erfolgt nach der zeitlichen Reihenfolge, bei der kaufmännischen Abheftung liegt das neueste Schriftstück immer oben auf. Kontoauszüge oder Mahnungen können z. B. so geordnet werden.
- **Sachliche Ordnung:** Die Ablage nach Stichwörtern/Oberbegriffen verwendet man, wenn Schriftgut unter sachlichen Gesichtspunkten zusammengefasst werden soll, z. B. Schriftverkehr mit Krankenkassen oder der Kammer.

Falsch abgelegte Karteikarte verursacht:

- Suchzeit und Stressgefühl bei Mitarbeitenden
- Wartezeit der Ärztin/des Arztes auf Patientenkarte
- Beunruhigende Wirkung auf die Patientin oder den Patienten
- Zeitverschiebung nachfolgender Wartender
- Vertrauensverlust von Patienten in die Praxisorganisation
- Vorwürfe im Mitarbeiterkreis
- Dokumentationslücke bei Nichtauffindung

38. Falsch abgelegte Karteikarte und die Folgen

Von großer Bedeutung ist die Frage, mit welchen **Ablagemitteln** die Aufbewahrung gestaltet wird. Denn in der Praxis gibt es zum einen viel Ablagematerial, das diebstahl- und brandsicher aufzubewahren ist (Patientenakten/Karteikarten). Zum anderen muss die Ablage übersichtlich organisiert sein, damit ein Zugriff in kurzer Zeit erfolgen kann. Auch spielen Platz- und Kostenfragen eine große Rolle, denn eine schlecht organisierte Ablage kann hohe Kosten verursachen. Die wichtigsten **Registraturmöglichkeiten** mit ihren Vor- und Nachteilen zeigt Abb. 40.

Vor- und Nachteile der verschiedenen Ablageformen

	Vorteile	Nachteile
Liegende Ablage z. B. • **Aktendeckel** • **Schnellsammler**	• preiswert • platzsparend	• zeitaufwendig • unübersichtlich • personalintensiv durch ständiges Suchen
Stehende Ablage • **Ordnerregistratur (nebeneinander, in versch. Breiten und Farben)**	• preiswert • einfach und schnell • übersichtlich • gute fortlaufende Belegsammlung	• benötigt viel Platz • Schriftgut kann leicht durch ständiges Blättern beschädigt werden • zeit- und personalintensiv
Hängende Ablage • **Hängemappen** • **Hängesammler (hintereinander hängend)**	• übersichtlich • flexibel • schnelles Einlegen von Schriftgut möglich • schneller Zugriff	• relativ hohe Anschaffungskosten • großer Platzbedarf für Schränke • Einhängung nur bis Sichthöhe • Auszugsraum für die Schubladen notwendig
Elektronische Ablage	• übersichtlich • platz- und zeitsparend • schneller Zugriff möglich • Papiereinsparung • kostensparend	• Verlust von Daten leicht möglich • intensiver Datenschutz sowie ständige Datensicherung notwendig

39. Ablageformen und -mittel

Für die **Aufbewahrungsdauer** des abgelegten Schriftgutes gibt es eine große Zahl von gesetzlichen oder standesrechtlichen Bestimmungen. Die Berufsordnung, Röntgen- und Strahlenschutzverordnung, Steuergesetze und eine Vielzahl anderer Vorschriften schreiben eine Mindestaufbewahrungszeit der entsprechenden Unterlagen vor. Da die meisten zivilrechtlichen Ansprüche einer Patientin oder eines Patienten (z. B. Schadenersatz wegen eines ärztlichen Fehlers) erst nach 30 Jahren verjähren, wird empfohlen, bei unklaren Fällen eine entsprechend längere Aufbewahrungszeit zu wählen.

Bei einer **Vernichtung** der Unterlagen nach Ablauf der Aufbewahrungsfrist ist zu beachten, dass insbesondere patientenbezogenes Ablagematerial nur unter Beachtung der Bestimmungen über die Schweigepflicht vernichtet werden darf, z. B. durch spezielle Aktenvernichter oder eine Verbrennung. Eine Wiederherstellung der Unterlagen muss ausgeschlossen sein.

BEISPIEL

Patientenunterlagen müssen mindestens bis 10 Jahre nach Behandlungsende aufbewahrt werden. Die Verjährungsfrist für eine Geltendmachung von zivilrechtlichen Haftungsansprüchen läuft allerdings 30 Jahre, sodass bei späteren Ansprüchen keine Unterlagen mehr zum Nachweis einer ordnungsgemäßen Behandlung vorhanden wären. Es empfiehlt sich daher in besonderen Fällen eine verlängerte Aufbewahrungszeit von bis zu 30 Jahren.

Unterlagen	Mindestaufbewahrungsfrist in Jahren
Arbeitsunfähigkeitsbescheinigungen (Durchschrift)	1
Überweisungsscheine	1
Rezeptdurchschrift Betäubungsmittelabgabe, Betäubungsmittelbuch	3
Patienten-Karteikarten und andere Aufzeichnungen über **zahnärztliche Behandlungen** einschl. KFO u. PAR (Planungsmodelle 4 Jahre nach Behandlungsende) – Empfehlung der Berufsordnung	10
Tierimpfstoffkontrollbuch, Arzneianwendungs- und -abgabebuch (bei Tieren zur Lebensmittelgewinnung)	5
Medizinproduktebuch	5
Wartungsbuch Amalgamabscheider (gerechnet von letzter Eintragung)	5
Berichtsvordrucke (Teil B) Gesundheitsuntersuchung und Krebsfrüherkennung	5
Laborbefunde, Laborbuch	10
Aufzeichnungen zur Behandlung von Geschlechtskrankheiten	10
Zytologische Befunde und Präparate	10
Tierärztliche Behandlungsaufzeichnungen (Karteikarte) ab Behandlungsende – Empfehlung der Berufsordnung	5
Karteikarten und sonstige **ärztliche Aufzeichnungen** (z. B. Arztbriefe, Krankenhausberichte), EEG und Langzeit-EKG-Streifen, gerechnet ab Behandlungsende	10

Unterlagen	Mindestaufbewahrungsfrist in Jahren
Buchungsunterlagen (Belege, Eingangs- und Ausgangsrechnungen usw.)	10
Röntgenuntersuchungsaufnahmen (bei Aufnahmen von Personen unter 18 Jahren ist eine Aufbewahrung mindestens bis zur Vollendung des 28. Lebensjahres notwendig, weil die Aufbewahrungsfrist erst mit dem 18. Lebensjahr des Patienten bzw. der Patientin beginnt)	10
Untersuchungsbogen Jugendarbeitsschutz-Untersuchung	10
Aufzeichnungen Kinderkrankheits-Früherkennungsuntersuchung	10
Unterlagen über D-Arzt-Behandlung (Durchgangsarzt = gesetzliche Unfallversicherung) einschl. Röntgenbilder	15
Aufzeichnungen und Berechnungen über Röntgen-/Strahlenbehandlung (Röntgentherapie)	30

ÜBUNGSAUFGABEN

1. Welche Vorteile hat die Nutzung einer Packstation?
2. Sie haben die Aufgabe, für das Qualitätshandbuch der Praxis die Arbeitsschritte für die Bearbeitung der täglichen Praxispost in Form einer Checkliste zusammenzustellen. Beschreiben Sie dazu die notwendigen Kontrollen und Arbeiten in der zeitlich richtigen Reihenfolge.
3. Welche Arbeitsschritte sind zur Bearbeitung des Postausgangs zu erledigen?
4. a) Welchen Unterschied gibt es zwischen der Ablage nach Gesetzeswert und nach Dauerwert?
   b) Nennen Sie zu den obigen Wertstufen jeweils zwei Beispiele.
5. Im Text werden fünf Ordnungssysteme zur Ablage genannt. Beschreiben Sie davon die numerische Ordnung und die chronologische Ordnung.
6. Nennen Sie jeweils zwei Vorteile und zwei Nachteile bei der Verwendung der hängenden Ablage.
7. Welche Hauptvorteile ergeben sich Ihrer Meinung nach bei einer elektronischen Ablage?
8. Nennen Sie die Aufbewahrungsdauer von fünf abgelegten Schriftgut-Unterlagen.
9. Was ist bei der Vernichtung von Praxisunterlagen nach dem Ablauf der Aufbewahrungsfrist zu beachten?

4.5 Elektronische Nachrichtenübermittlung

Telekommunikation (zusammengesetzt aus dem griechischen telos = fern und dem lateinischen communicato = Mitteilung) bedeutet die Übermittlung von Nachrichten zwischen räumlich getrennten Personen. Diese direkte Kommunikation wird möglich, wenn Mitteilungen am Absendeort in elektrische Impulse umgesetzt und am Empfangsort in die ursprüngliche Form zurückverwandelt werden. Durch die starke Zunahme und die vielfältigen Nutzungsmöglichkeiten der modernen Digitaltechnik haben sich die Nutzungsmöglichkeiten der Telekommunikation und die Übertragungsgeschwindigkeit enorm erhöht. Der zunehmende Einsatz digitaler Kommunikation in der Praxis spart Zeit und Geld. Dies kann die Zufriedenheit der Patientinnen und Patienten und damit die Praxisbindung verstärken. So ist eine umfassende Nutzung des Telefon- und Mobilfunknetzes denkbar:

- Gleichzeitige Übertragung von Sprache, Texten, Daten und Bildern in bester Qualität (z. B. gleichzeitiges Telefonieren, Faxen und Internetnutzung)
- Mehrere Rufnummern für einen einzigen Anschluss
- Konferenzschaltungen mit mehreren Teilnehmenden gleichzeitig
- Anrufe, die an ein besetztes Telefon kommen, können automatisch an andere Telefon- oder Mobilfunkanschlüsse weitergeleitet werden
- Anklopfen bei besetztem Anschluss: Während man selbst telefoniert, wird angezeigt, dass ein Anrufversuch erfolgt.

Wie umgehen mit sachlich falschen Informationen?

Das Internet informiert Patienten und macht sie damit entscheidungskompetenter. Die meisten Patienten informieren sich zwar im Internet, reden darüber aber nicht in der Praxis, um die Autorität des Arztes nicht infrage zu stellen. Das kann schnell zu einer schwierigen Kommunikationssituation führen, vor allem, wenn die Informationen aus dem Netz und die Sicht des Arztes nicht übereinstimmen. Deshalb ist es hilfreich nachzufragen, ob sich der Patient im Internet informiert hat. Manche Patienten tun das ungefragt kund – und trumpfen gerne mit ihrem Wissen gegenüber Arzt und Praxisteam auf. Solchen „Besserwissern" geht es in der Regel vor allem um Anerkennung, sie betrachten Kritik an der von ihnen vorgetragenen Sachinformation sofort auch als persönliche Kritik. Das macht den Umgang schwierig.

Man sollte daher im Gespräch mit diesen Patienten selbst groben Unfug nicht gleich Unfug nennen, sondern eher versuchen, durch geschicktes Fragen Sachlichkeit in die Diskussion zu bringen. Oft kann sich der Patient nur ungenau an Details erinnern – dann sollte man ihn freundlich auffordern, seine Informationen doch beim nächsten Mal bitte mitzubringen.

Quelle: Dr. Google – Experte oder Scharlatan? In: Info Praxisteam, Ausgabe 3/2021, S. 4, 15.09.2021. Abgerufen unter: www.info-praxisteam.de/2021/03/04_Dr_Google.php [10.12.2021]

Telefon

Das wichtigste Telekommunikationsmittel in der Praxis ist das Telefon. Bei der Auswahl der **Telefonanlage** spielt die Praxisgröße eine entscheidende Rolle. Neben dem Einzelanschluss mit stationärem oder schnurlosem Telefon können Telefonanlagen mit mehreren Nebenstellen installiert werden. Diese erlauben je nach technischer Ausstattung auch eine Nutzung als Ruf- oder Sprechanlage innerhalb der Praxis. Patientinnen und Patienten nutzen das Telefon meist für kurze Anfragen zu Terminvergaben und Rezeptbestellungen. Lange Besetztzeiten sind hier ein Ärgernis. Die Einrichtung einer „Warteschleife" bei nicht allzu langer Wartezeit kann Abhilfe schaffen. Solange Anrufende warten, können sie zusätzlich noch aktuelle Informationen, z. B. zu Impfungen, erhalten.

Durch die Zuschaltung eines **Anrufbeantworters** zur Telefonanlage bleibt die Praxis auch außerhalb der Öffnungszeiten erreichbar. Neben der Information über Sprechstundenzeiten, Urlaub oder Vertretungen können Anrufende gegebenenfalls selbst auch Nachrichten aufsprechen. Diese werden später abgehört und bearbeitet. Bei einem entsprechenden Texthinweis kann der Anrufbeantworter so auch z. B. für Folgerezepte und Patientenanfragen genutzt werden. Anrufbeantworter mit Fernabfrage bieten die Möglichkeit, aufgesprochene Mitteilungen von unterwegs abzuhören.

Parallel zum Festnetz existiert der Mobilfunk. Mit ihm kann man per mobilem Telefon oder Smartphone praktisch von jedem Ort aus telefonieren, Kurznachrichten (SMS), Fotos, Videos oder Sprachnachrichten versenden, fotografieren sowie eine Verbindung ins Internet herstellen. **Handynutzung** in der Praxis ist z. B. denkbar, wenn sich lange Wartezeiten aufgebaut haben. Die Patientin/der Patient kann dann nochmal die Praxis verlassen und wird zur gegebenen Zeit über eine Handyanruf wieder einbestellt. Nutzbar ist eine Handyverbindung auch im Rahmen eines Recall-Systems. So kann z. B. per SMS eine Erinnerung an Vorsorgeuntersuchungen o. Ä. erfolgen. Die schriftliche Zustimmung der Patientin oder des Patienten zu diesem Verfahren sollte jedoch vorliegen.

Exkurs

Buchstabiertafel

- Bei der Übermittlung schwer verständlicher oder ungewöhnlicher Wörter kann man mit Hilfe einer Buchstabiertafel (‚Buchstabieralphabet') die Verständlichkeit verbessern und Missverständnisse reduzieren. Anstatt der Nennung eines Buchstabens wird ein festgelegtes Wort genannt, z. B. G wie Gustav (Buchstabiertafel z. B. im Internet unter www.buchstabieralphabet.org). Ein entsprechender Ausdruck sollte neben der Telefonanlage zum Einsatz bereitliegen.
- Aber Achtung, man muss auch die Anwendung kennen! Ein negatives Beispiel hier:
- Telefonat: „Das Paket bitte senden an Tierarztpraxis Dr. Braun, ich buchstabiere ..."
- Das Paket kam dann später mit folgender Anschrift an:

Tierarztpraxis
Frau Dr. Berta Richard Anton Ulrich Nordpol
Sassenheimer Weg 14
60312 Frankfurt am Main

40. Verwendung der Buchstabiertafel

Die **Kosten der Telekommunikation** setzen sich zusammen aus

- den Anschaffungs- oder Mietkosten (Leasing-Gebühren) der Geräte,
- eventuellen Anschlusskosten sowie
- den laufenden Kosten während des Betriebs.

Diese **direkten Nutzungsgebühren** sind abhängig von

- der Auswahl des Anbieters (Providers),
- der Art der Vertragsgestaltung (Einzelabrechnung oder Flatrate).

Ein **Faxgerät** bietet die Möglichkeit, Schriftstücke, Bilder oder Zeichnungen schnell und kostengünstig über das Telefonnetz zu übermitteln. Insbesondere zum Versand von Patientenunterlagen oder Untersuchungsergebnissen wird oft noch der Faxeinsatz gewählt.

Der Einsatz des Faxgerätes ist allerdings durch die Möglichkeit, über das **Internet per E-Mail** umfangreiche Dokumente zu versenden, stark rückläufig. Die Umstellung auf ein elektronisches Computer-programm mit der elektronischen Übertragung von Textdateien kann eine sinnvolle Alternative sein. Da das „normale“ Faxgerät nur eine unverschlüsselte Datenübertragung ermöglicht, wird diese Kommunikationsform zumindest für die Übermittlung von Gesundheitsdaten zunehmend als nicht mehr datenschutzkonform eingestuft. Die internetgestützte Kommunikation wird daher über kurz oder lang zu einer faxlosen Datenübertragung führen. Sowohl bei Versendung eines Faxes als auch einer Internetnutzung muss in der Praxis unbedingt auf die Einhaltung der Schweigepflicht geachtet werden. Dies bedeutet:

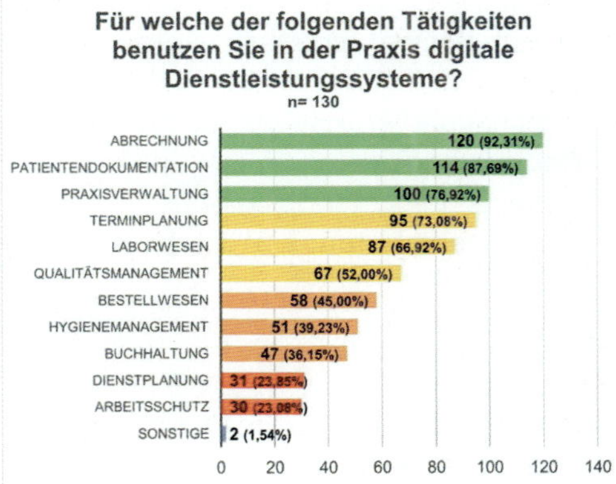

41. Digitale Nutzung in der Praxis

- Der **Gerätestandort** ist so zu wählen, dass eingehende Faxe oder E-Mails am Bildschirm nicht von unbefugten Personen eingesehen, gelesen oder entnommen bzw. ausgedruckt werden können. Das Problem fehlgeleiteter Faxe und unklarer Empfangspersonen kann z. B. gemindert werden, wenn dem Faxempfänger vorab eine telefonische Faxankündigung übermittelt wird.
- **Wichtige Dokumente,** wie z. B. Mietverträge, Kündigungen, sollte man entweder direkt unterschreiben oder per Brief (Einschreiben-Übergabe mit Rückschein) zustellen lassen. Nur so ist die Zustellung auch beweisbar.

Das Internet war ursprünglich eine Erfindung in den USA. Dort richtete das Militär Ende der 1960er-Jahre ein Computernetz ein, dem sich wissenschaftliche Einrichtungen, wie z. B. Forschungszentren und Universitäten, anschlossen. Später wurde das Netz frei zugänglich. 1984 gab es den ersten Computeranschluss an das Internet in Deutschland; mittlerweile sind praktisch alle Länder der Erde an das Internet angeschlossen. Es hat sich zum **World Wide Web** (www) entwickelt. Jedes Land hat einen eigenen Zusatz am Ende, Deutschland z. B. „de“. Das Internet stellt also einen Zusammenschluss von Computern dar, die über Datenleitungen miteinander verbunden sind (vgl. Abb. 45).

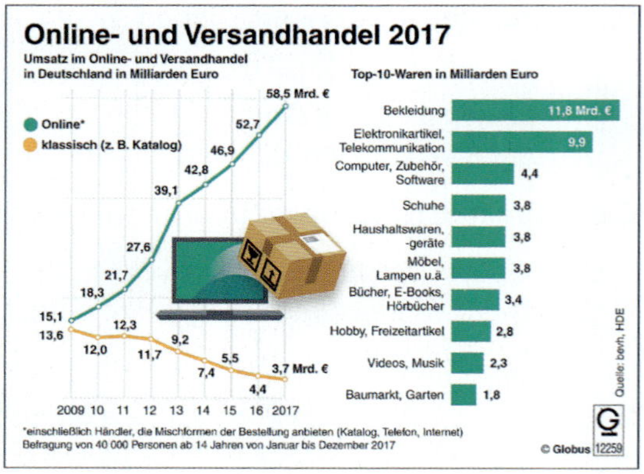

42. Onlinehandel

Das Internet lässt vielfältige Nutzungsmöglichkeiten zu:

- **Informationen abrufen** und ggf. herunterladen, z. B. über
  - Leistungserbringer im Gesundheitswesen (Arztpraxen, Kliniken usw.),
  - wissenschaftliche bzw. medizinische Erkenntnisse,
- **Informationen austauschen**, durch die Nutzung beispielsweise von
  - E-Mails,
  - sozialen Medien,
  - Selbsthilfegruppen
- **Kaufen**, z. B.
  - Büro- und Praxismaterial, Möbel, Schutzkleidung
- **Handeln**, z. B.
  - mit gebrauchten Sachen
- **Kontakte knüpfen**, z. B. durch
  - Jobbörsen,
  - Vermittlung von Menschen mit gleichen Hobbys,
  - Partnervermittlungen

Um das Internet zu nutzen, benötigt man im Prinzip lediglich einen PC mit Monitor, eine Telefon-/Kabelnetzleitung oder Mobilfunkverbindung und ein Modem, das die analogen Daten in digitale Daten umwandelt. Die Zugangsberechtigung erfolgt über Internetdienstanbieter, sogenannte Service-Provider oder Internet-Provider, die den PC oder das Smartphone mit Millionen anderen Geräten im Internet verbinden können.

Exkurs

Für Verbraucherinnen und Verbraucher gilt beim Kauf über das Internet wie bei allen „Fernabsatzkäufen" ein **14-tägiges Widerrufsrecht**.
Dies soll der Käuferin/dem Käufer die Möglichkeit geben, die Ware zu prüfen, die bei der Bestellung nicht „in echt" vorgelegen hat. Die Widerrufsfrist beginnt normalerweise mit dem Eintreffen der Lieferung. Einfach zurücksenden geht aber in der Regel nicht! Käuferin oder Käufer müssen dem Verkäufer ihren Widerruf mitteilen (am besten schriftlich), begründet werden muss dies jedoch nicht. Der Lieferant kann je nach Rechnungsbetrag die Kosten für die Rücksendung vom Käufer verlangen (siehe auch Seite 227).

43. Widerruf beim Onlinekauf

Der E-Mail-Dienst erlaubt das Senden und Empfangen elektronischer Post. Jede E-Mail-Adresse stellt quasi ein elektronisches Postfach dar. Über den PC oder das Mobiltelefon können so Nachrichten empfangen, geschrieben und verschickt werden. Durch die Möglichkeit, Dateien an die E-Mail anzuhängen, kann man auch sehr umfangreiche Texte einschließlich Bild- und Tondokumente versenden. Die eingegangenen Nachrichten können gelesen, bei Bedarf beantwortet und ggf. auch ausgedruckt werden.

Größere medizinische Einheiten (z. B. Kliniken oder Medizinische Versorgungszentren) oder Organisationen (z. B. Kammern) verfügen oft über ein eigenes **Intranet.** Es handelt sich dabei um ein nicht öffentlich zugängliches und nutzbares Netzwerk von Rechnern mit eigenem Server. Nutzung und Informationsaustausch sind nur intern für berechtigte Personen über ein Passwort möglich. Im ärztlichen Bereich sind besondere Anforderungen an den Datenschutz, insbesondere den Schutz der Patientendaten, zu beachten. Bestimmte Teile mit allgemeinen Informationen können aber für alle zugänglich gemacht werden, z. B., um Formulare herunterladen zu können.

Verhaltensregeln für die Web-Kommunikation

Wer heute das Internet nutzt, sucht zumeist nicht nur passiv nach Informationen, sondern nimmt vielmehr aktiv an der Internetkommunikation teil, sei es durch eine eigene Internetadresse bzw. Homepage oder durch die Mitgliedschaft in sogenannten sozialen Netzwerken (z. B. Facebook) oder Foren. Denken Sie dabei daran, dass auch bei der anonymen Kommunikation im Internet bestimmte **Grundregeln** gewahrt werden sollten. Denn durch die Art Ihrer Kommunikation geben Sie Ihre persönliche Visitenkarte ab.

Einige Grundregeln:
- Bleiben Sie höflich und sachlich, dabei aber trotzdem authentisch.
- Aggressives Fluchen und Beschimpfen ist absolut tabu.
- Reagieren Sie stattdessen humorvoll und bleiben Sie cool.
- Bewahren Sie Distanz und Respekt.
- Vermischen Sie nicht Privates mit Beruflichem.
- Achten Sie bei schriftlichen Mitteilungen auf Rechtschreibfehler und versenden Sie keine schludrig geschriebenen Texte. Geschäftliche Schreiben müssen auch im Internet den Normvorschriften entsprechen (z. B. vollständige Anrede und Grußformel haben).
- Gehen Sie mit dauerhafter Groß- oder Kleinschreibung, Sonderzeichen und „Smileys“ sparsam um.
- Allgemein gilt: Geben Sie nicht zu viel Privates preis und nichts, was eventuell später negativ gegen Sie verwendet werden könnte. Das **Netz vergisst nichts!**

Praxis-Homepage

Der Anteil der Internetnutzer liegt in Deutschland mittlerweile bei 90 %, zunehmend wird auch das mobile Smartphone zur Internetrecherche eingesetzt. Viele Praxen sind deshalb mittlerweile mit einer eigenen Homepage im Internet vertreten. Was früher die Mund-zu-Mund-Propaganda war, ist heute die Suche im Internet.

Grundsätzlich sind bei der **Gestaltung der Homepage** die besonderen Wettbewerbsbeschränkungen für Ärztinnen und Ärzte zu beachten (siehe Seite 333). Trotz dieser Einschränkung ist die Praxishomepage ein wichtiges Instrument, die Praxisvorstellungen und -ziele zu beschreiben. Das Praxisleitbild (siehe Seite 348) zeigt die Grundsätze der Praxis und bietet Orientierung. Dies schafft Vertrauen und kann zu einer langfristigen Patientenbindung beitragen. Die Nennung der Praxisschwerpunkte, Angaben zur Kontaktaufnahme. eine direkte Buchung freier Termine oder Hinweise auf besondere Leistungen (z. B. IGeL) reduzieren die direkte Beanspruchung der Praxis und entlasten so die Mitarbeiterinnen. Eine freundliche Vorstellung des Praxisteams darf nicht fehlen, sie unterstützt die Kontaktaufnahme. Den Abschluss bildet das gesetzlich genau geregelte

Impressum, das die vorgeschriebenen Inhalte, wie z. B. Name und Berufsbezeichnung des Arztes, Anschrift, Telefon, Kammernennung usw., zusammenfasst.

ÜBUNGSAUFGABEN

1. Die Praxis ist wegen der Teilnahme an einer Fortbildung für zwei Tage geschlossen. Entwerfen Sie einen Text für den Anrufbeantworter der Praxis, der alle wichtigen Angaben enthält.
2. Stellen Sie weitere Nutzungsmöglichkeiten des Anrufbeantworters dar.
3. Wie kann die Handy- oder Smartphone-Ausstattung der Patienten für Praxiszwecke genutzt werden?
4. a) Was ist beim Einsatz eines Faxgerätes besonders zu beachten?
   b) Warum wird zukünftig die Verwendung eines Faxgerätes durch den Einsatz des Internets abgelöst werden?
5. Stellen Sie an fünf Beispielen dar, wie das Internet in Ihrer Ausbildungspraxis genutzt werden kann.
6. Erklären Sie die Besonderheiten des Intranets.
7. In Ihrer Ausbildungspraxis ist noch keine Homepage eingerichtet.
   a) Schildern Sie die Vorteile einer entsprechenden Homepage für Ihre Ausbildungspraxis.
   b) Welche Inhalte könnte diese Homepage aufweisen?
8. Was gilt für die Warenrücksendung bei einem Internetkauf?

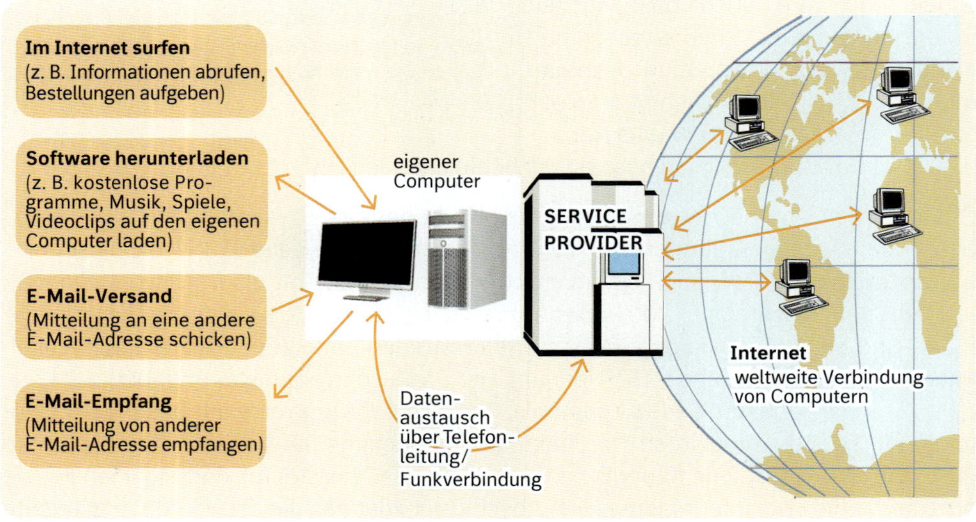

44. So funktioniert das Internet

Glossar

Briefsendungen	Trotz zunehmender elektronischer Nachrichtenübermittlung ist in der Praxis nach wie vor ein umfangreicher Briefverkehr zu bewältigen. Bei der postalischen Versendung gibt es vielfältige Versandarten, die je nach Bedarf zu wählen sind. Die Höhe der Gebühren richtet sich nach Gewicht und Größe einer Sendung.
Versandarten Briefverkehr	Postkarte (nicht für vertrauliche Mitteilungen) Briefe: Standard-, Kompakt-, Groß-, Maxibrief, bis 1 000 g, Maxibrief plus bis 2 000 g Bücher- und Warensendung „BÜWA“: Günstiger Versand von z. B. Broschüren Versand kleiner Gegenstände (Proben usw.) Dialogpost: Großversand bei vielen Exemplaren mit gleichem Inhalt
Versandarten Paketverkehr	Päckchen (bis 2 kg) Paket (bis 31,5 kg), auch als Sonderform für Rollenversand und Sperrgut (Überschreitung der normalen Paketmaße) Eilige Sendungen können als Express versandt werden, für wertvolle Inhalte ist eine Transportversicherung möglich.
Einschreiben	Einschreiben Einwurf: Sendung wird in den Briefkasten des Empfängers geworfen, Postzusteller vermerkt den Einwurf in seinen Unterlagen. Einschreiben (Übergabe-Einschreiben): Die Sendung wird gegen eine schriftliche Empfangsbestätigung direkt ausgehändigt, beim Einschreiben-Eigenhändig nur an den Empfänger oder die Empfängerin persönlich.
Versand von medizinischem Untersuchungsmaterial	Für den Versand von medizinischem Untersuchungsmaterial gibt es entsprechende Schutzvorschriften, die je nach der potenziellen Gefährlichkeit gestaltet sind. Für freigestellte medizinische Proben z. B. gilt: dichtes Probenröhrchen, eingelegt in ein wasserdichtes und gepolstertes Schutzgefäß, stabile Außenverpackung.
Bearbeitung Posteingang	– Umschlag bzw. Verpackung auf Unversehrtheit prüfen – Postsortierung (Privat- bzw. Praxispost) – Praxispost öffnen, Eingangsstempel anbringen, Vollständigkeit bei Briefanlagen prüfen – Vorsortierung nach Wichtigkeit, Verteilung zur weiteren Bearbeitung

Dokumentationspflicht	Nach der jeweiligen Berufsordnung und aufgrund zahlreicher gesetzlicher Vorschriften müssen wichtige Praxisunterlagen geordnet abgelegt und für einen gewissen Zeitraum aufbewahrt werden. Bei Streitfällen, z. B. über Behandlungsfehler, sind so auch nach langer Zeit noch Behandlungsabläufe nachzuweisen.
Ablage-Ordnungssysteme	Die Ablage muss einen schnellen Zugriff und rasches Wiederfinden ermöglichen. Aus verschiedenen Ablagesystemen kann eine angemessene Aufbewahrungsordnung gewählt werden: alphabetische Ordnung, numerische Ordnung, alphanumerische Ordnung, chronologische Ordnung, sachliche Ordnung.
Aufbewahrung von Unterlagen	Für die vorgeschriebene Aufbewahrungsdauer gibt es je nach Unterlagen verschiedene Mindest-Aufbewahrungsfristen, meist zwischen ein und zehn Jahren. In besonderen Fällen gelten längere Fristen bis 30 Jahre.
Anrufbeantworter	Anrufende können über Praxis- und Sprechstundenzeiten, Urlaub, Vertretungen usw. informiert werden. Eine Gesprächsaufzeichnung außerhalb der Praxiszeit erlaubt die schnelle Bearbeitung von Patientenwünschen.
Internetnutzung	Das Internet erlaubt eine vielfältige Darstellung der Praxis nach außen, gesetzliche Vorschriften schränken jedoch die Praxispräsentation ein. Internetnutzung kann aber auch aktiv z. B. für den Versand von Schriftstücken oder bei der Abwicklung von Beschaffungsmaßnahmen eingesetzt werden.

5 EDV IN DER PRAXIS

5.1 Praxissoftware

Eine zuverlässige, übersichtliche und stabile Praxissoftware ist heute von enormer Bedeutung. Sie ist die Basis für eine professionelle Leistungserbringung und die gelingende Kommunikation mit Patientinnen und Patienten sowie weiteren an der Behandlung Beteiligten.

Das Angebot möglicher IT-Lösungen für den täglichen Einsatz in der Arztpraxis ist sehr vielfältig und nimmt stetig zu.

Die wichtigste Aufgabe der Praxissoftware ist **das Führen der elektronischen Patientenakten**. Weitere Features sind beispielsweise

- das Termin- und Ressourcenmanagement (= digitales Terminbuch und digitale Raumplanung),
- die Medikation (= digitaler Medikamentenplan mit Einträgen bekannter Wechselwirkungen von Medikamenten untereinander, potenzieller Allergien und Unverträglichkeiten der Patientin oder des Patienten),
- die Dokumentation und Übertragung von Vitalwerten,
- ein organisationsübergreifender Cloud-Bereich,
- die sogenannte organisationsübergreifende Patientenakte, auf die sämtliche behandelnden Ärztinnen und Ärzte zugreifen können,
- die Verwaltung der Korrespondenz (Fax, Briefe, E-Mail),
- Schnittstellen zur Übernahme von Labordaten von Laborgeräten und externen Laboren sowie
- ein Feature für mobile Einsätze der Software (= Möglichkeit des Zugriffs auf die Patientendaten mittels eines Tablets oder eines Smartphones von unterwegs, wie zum Beispiel bei Hausbesuchen).

Zusätzlich können in die Praxissoftware je nach Fachgebiet der Ärztin oder des Arztes weitere funktionelle Schwerpunkte bzw. Features integriert werden, wie zum Beispiel ein Programm für die Erstellung von Heil- und Kostenplänen in der Zahnmedizin.

Auch die Erstellung der Abrechnungsdaten für die Abrechnung mit den Krankenkassen bzw. Kassenärztlichen Vereinigungen und von Rechnungen für die Privatliquidation ist mittels moderner Praxissoftware möglich. Noch relativ neu sind Softwarelösungen für das Durchführen von Videosprechstunden und die Online-Terminvergabe.

Da die Digitalisierung ein stetig fortschreitender Prozess ist, verfügen heutzutage nahezu alle Softwarelösungen für die Arztpraxis über einen umfangreichen Aktualitätenservice.

Besonders wichtig ist auch, dass die Praxissoftware datenschutzkonform arbeitet, d.h., dass sämtliche Anwendungen durch komplexe Schutzmechanismen vor unbefugtem Zugriff auf sensible patientenbezogene Daten geschützt sind.

Sollte ein technisches Problem bei der Verwendung der Praxissoftware auftreten, kann über einen in die jeweilige Software integrierten Supportbereich Kontakt mit dem Hersteller aufgenommen werden.

5.2 Elektronische Gesundheitskarte

Um Leistungen der gesetzlichen Krankenversicherung in Anspruch nehmen zu können, benötigen alle Patientinnen und Patienten seit dem 1. Januar 2015 die **elektronische Gesundheitskarte.**

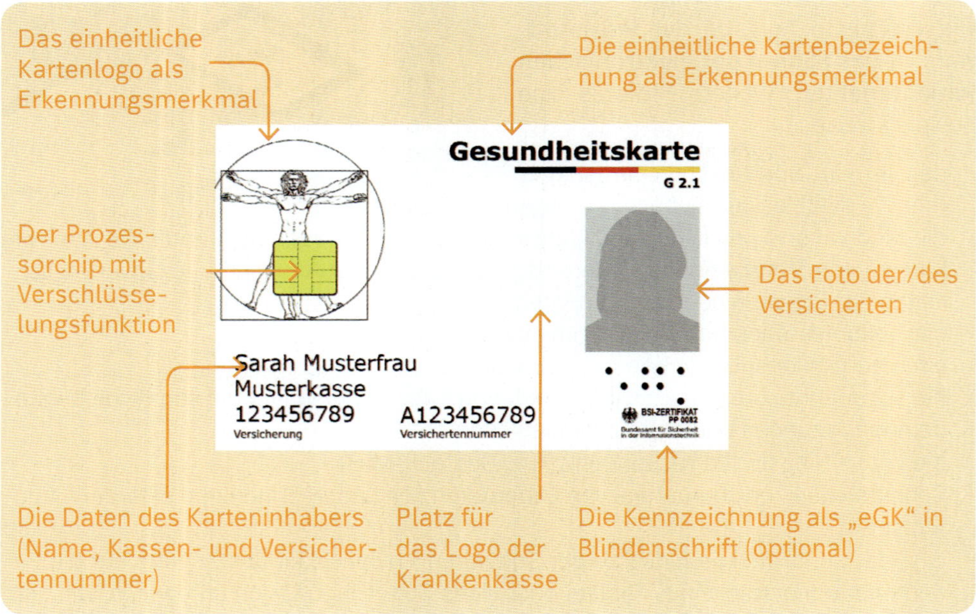

Auf dieser sind die personenbezogenen Daten der Versicherten gespeichert. Dazu gehören unter anderem der Name, das Geburtsdatum, die Anschrift sowie diverse Angaben zur Krankenversicherung, wie zum Beispiel die Krankenversichertennummer oder der Versichertenstatus.

Darüber hinaus können auch verschiedene medizinische Anwendungen, wie zum Beispiel Notfalldaten, Medikationsplan, elektronische Patientenakte (ePA), Arztbriefe, elektronische Arbeitsunfähigkeitsbescheinigungen und Rezepte auf der elektronischen Gesundheitskarte gespeichert werden. Zusätzlich verfügt die Karte über einen Datenspeicher, in welchem Versicherte zum Beispiel ein digitales Tagebuch zur Dokumentation von Blutzuckermessungen ablegen können.

Die Anwendungen der elektronischen Gesundheitskarte werden seit Herbst 2020 schrittweise eingeführt.

Begriffe rund um die elektronische Gesundheitskarte	
Notfalldaten	Damit eine Notärztin oder ein Notarzt bei einer Notfallversorgung (auch wenn der Patient nicht mehr ansprechbar ist) schnell auf die wichtigsten Gesundheitsdaten des Patienten zugreifen kann (z. B. bedeutsame Vorerkrankungen, regelmäßige Medikamenteinnahme, Allergien etc.), können die Versicherten entsprechende Notfalldaten auf der elektronischen Gesundheitskarte speichern lassen.
Medikationsplan	Der Medikationsplan dient der Sicherheit der Patient:innen. In diesem tragen die behandelnden Ärzte/Ärztinnen die verordnete Medikation und Einnahmehinweise ein. Wenn eine Patientin mehrere Medikamente einnehmen muss, können die behandelnden Ärzte bei der Auswahl der Medikamente durch Einsichtnahme im Vorhinein Probleme durch unerwünschte Arzneimittelwirkungen gezielt ausschließen.
Elektronische Patientenakte (ePA)	In der elektronischen Patientenakte können sowohl die Daten der Patient:innen aus bereits vorhandenen Behandlungen (= Behandlungshistorie inklusive Medikationsplan und Arztbriefe) als auch eigene Daten der Versicherten (zum Beispiel digitaler Organspendeausweis oder Tagebuch zur Dokumentation von Blutzuckermessungen) abgelegt werden. Dadurch können nicht nur die behandelnden Ärztinnen/Ärzte schnell auf die wichtigsten Gesundheitsdaten zugreifen, sondern auch die Patientin und der Patient selbst jederzeit Einsicht in diese erhalten, wodurch sie umfassend informiert sind und letztendlich viel besser als bisher über ihre Gesundheit mitentscheiden können.
Arztbrief	Um die bestmögliche Behandlung einer Patientin zu ermöglichen, kann es notwendig sein, dass der behandelnde Arzt sich mit den mit- oder weiterbehandelnden Ärztinnen austauscht. Dazu schreibt er einen Brief, der auf der digitalen Gesundheitskarte hinterlegt wird. Dadurch entfällt die Übermittlung auf dem Postweg.
E-Rezept	Das E-Rezept soll das Papierrezept ersetzen. Die gesetzliche Krankenversicherung plant, dieses ab dem 1. Januar 2022 als Pflichtanwendung auf der elektronischen Gesundheitskarte für die Verordnung von verschreibungspflichtigen Arzneimitteln einzuführen.

Ob und in welchem Umfang die Versicherten die medizinischen Anwendungen der elektronischen Gesundheitskarte nutzen und wer auf die hinterlegten Daten zugreifen darf, entscheiden sie selbst.

Auch können Versicherte ihre Daten mit einer App auf dem Smartphone oder auf dem heimischen PC mittels einer verschlüsselten Internetverbindung selbst einsehen, ausdrucken sowie künftig Daten für bestimmte Ärztinnen/Ärzte ein- und ausblenden. Des Weiteren können die Versicherten sowie ein berechtigter Vertreter Dokumente in der digitalen Patientenakte löschen. Ausgenommen davon sind jedoch die Verwaltungsdaten, also die Versichertenstammdaten. Diese sind nicht editierbar. Die rechtlichen Grundlagen hierfür sind im Fünften Buch des Sozialgesetzbuches (SGB V) zu finden.

Um auf die hinterlegten Daten zugreifen zu können, müssen die Versicherten zuallererst eine persönliche Identifikationsnummer zum Einloggen in die digitale Patientenakte bei ihrer Krankenversicherung beantragen. Das funktioniert zumeist online, kann aber auch vor Ort in den Geschäftsstellen der Krankenversicherungen erfolgen. Die persönliche Identifikationsnummer (PIN) wird danach zumeist auf dem Postweg zugestellt. Einige Versicherungen drucken die PIN ihren Versicherten aber auch gleich im Anschluss an die Antragsstellung in der Geschäftsstelle aus. Zusätzlich zur PIN erhalten alle Versicherten auch einen Personal Unblocking Key (PUK). Mittels der PUK kann der Onlinezugang zu den auf der digitalen Gesundheitskarte hinterlegten Daten wieder entsperrt werden, sollte die versicherte Person beim Log-in-Versuch dreimal eine falsche PIN eingegeben haben und der Zugang aus Sicherheitsgründen dadurch temporär gesperrt sein. Ob die Entsperrung der Karte mit der PUK tatsächlich möglich ist, hängt vom Softwaresystem der Arztpraxis ab, in der die elektronische Patientenakte auf der Karte angelegt wurde. Sollte die Entsperrung mittels der PUK nicht möglich sein, muss eine neue Karte bei der Krankenversicherung beantragt werden.

Die elektronische Gesundheitskarte enthält ein Lichtbild zur eindeutigen Identifikation der oder des Versicherten, um Verwechselungen zu vermeiden. Des Weiteren soll durch das Lichtbild auch die missbräuchliche Inanspruchnahme von Leistungen eingedämmt werden. Ausgenommen davon sind die elektronischen Gesundheitskarten für Kinder und Jugendliche bis zum 15. Lebensjahr und Versicherte, die bei der Erstellung des Lichtbildes nicht mitwirken können (z. B. stark pflegebedürftige Patient:innen). Diese werden in der Regel ohne Lichtbild ausgestellt.

Während die Vorderseite der elektronischen Gesundheitskarte ausschließlich für Arztbesuche in Deutschland Gültigkeit hat, kann die Rückseite von der jeweiligen Krankenversicherung für die „Europäische Krankenversicherungskarte" verwendet werden. Die „Europäische Krankenversicherungskarte" ist mit einem Gültigkeitsdatum versehen. Ist dieses überschritten, kann bei der jeweiligen Krankenversicherung eine Verlängerung der Gültigkeit beantragt werden. In der Regel sendet die Krankenversicherung dann der versicherten Person eine neue Karte zu.

5.3 Elektronisches Versichertenstammdatenmanagement

Den Wunsch, das deutsche Gesundheitswesen zu digitalisieren, gab es bereits zur Jahrtausendwende. Richtig umgesetzt wurde das Vorhaben allerdings erst 2016 mit dem Inkrafttreten des E-Health-Gesetzes.

Das E-Health-Gesetz verpflichtet alle Vertragsärzte, -ärztinnen und -psychotherapeut:innen, bei jedem ersten Arzt-Patienten-Kontakt im Quartal die Stammdaten der Versicherten auf deren Aktualität hin zu überprüfen. Dies ist dadurch überhaupt erst möglich geworden, dass sämtliche Arztpraxen seit 2019 flächendeckend an die Telematikinfrastruktur (digitales praxisübergreifendes Netzwerk) der **gematik** angeschlossen sind.

Ziel des elektronischen Versichertenstammdatenmanagements ist es, die Versichertenstammdaten, die auf der elektronischen Gesundheitskarte gespeichert sind, stets aktuell zu halten, damit im Ernstfall schnelle medizinische Hilfe möglich ist.

Zu den Versichertenstammdaten gehören sowohl die persönlichen Daten der/des Versicherten (Name, Geburtsdatum, Anschrift) als auch diverse Angaben zur Krankenversicherung, wie zum Beispiel die Krankenversichertennummer oder der Versichertenstatus.

Das elektronische Versichertenstammdatenmanagement basiert auf einer Onlineprüfung und der anschließenden Aktualisierung der Versichertenstammdaten und läuft im Einzelnen wie folgt ab:

1
Patient erscheint in der Arztpraxis und legt seine elektronische Gesundheitskarte am Empfangstresen vor.

2
Einstecken der elektronischen Gesundheitskarte in das E-Health-Kartenterminal

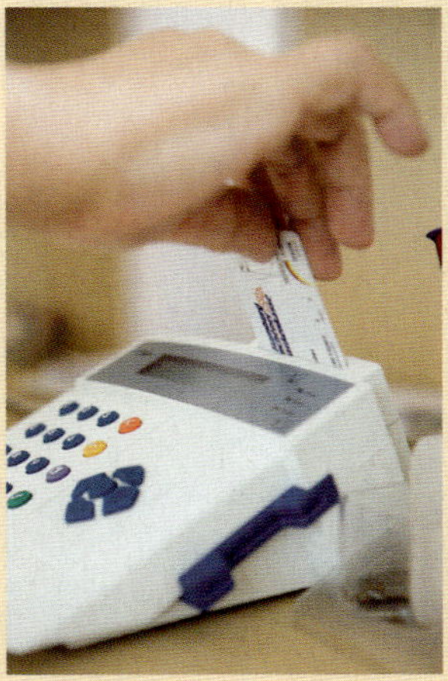

3
Speichern des Prüfungsnachweises auf der elektronischen Gesundheitskarte

4
Datenabgleich der Versichertenstammdaten der Krankenversicherung mit den Versichertenstammdaten auf der Karte

5
Entnahme der Karte aus dem Terminal und Rückgabe an den Patienten

Abschließend: Speicherung eines Prüfnachweises auf der elektronischen Gesundheitskarte

Sollte die elektronische Gesundheitskarte nicht lesbar sein, zeigt das Kartenlesegerät dies an. In diesem Fall kann die Patientin oder der Patient (vorübergehend) kein gültiges Versicherungsverhältnis mit einer Krankenversicherung nachweisen. Wenn zehn Tage nach der Behandlung noch immer kein gültiges Versicherungsverhältnis durch erneute Vorlage einer elektronischen Gesundheitskarte nachgewiesen wird, darf die Praxis der Patientin oder dem Patienten eine Privatvergütung für die Behandlung in Rechnung stellen. Die Privatabrechnung wird in dem Moment ungültig, wenn im laufenden Quartal doch noch eine gültige elektronische Gesundheitskarte in der Praxis vorgelegt werden kann.

5.4 Patientenrechte: Europäische Datenschutzgrundverordnung (DS-GVO) und Bundesdatenschutzgesetz (BDSG)

Der Datenschutz umfasst alle in der Arztpraxis durchgeführten Maßnahmen zum Schutz der personenbezogenen Daten der Patientinnen und Patienten vor Missbrauch durch unberechtigte Übertragung und Weitergabe oder unberechtigten Zugriff Dritter.

Sowohl in der digitalen Patientenakte als auch in der Patientenakte in Papierform werden zahlreiche Patientendaten zusammengestellt bzw. verarbeitet. Nach dem **Bundesdatenschutzgesetz** und der **Europäischen Datenschutz-Grundverordnung** ergeben sich für die Patienten verschiedene Rechte im Umgang mit den Daten, die über sie in der Patientenakte gespeichert sind. Die wichtigsten Regelungen hierzu sind in der nachfolgenden Tabelle zusammengestellt:

Patientenrechte	
1. Recht auf Auskunft (§§ 34, 57 BDSG; Art. 15 DS-GVO)	Der Patient bzw. die Patientin hat das Recht, Auskunft über die gespeicherten Daten zu erhalten.
2. Recht auf Berichtigung (§ 58 BDSG; Art. 16 DS-GVO)	Es besteht ein Recht darauf, dass fehlerhafte und/oder unvollständige Daten korrigiert bzw. ergänzt werden.
3. Recht auf Löschung (§§ 35, 58 BDSG; Art. 17 DS-GVO)	Die Löschung der persönlichen Daten kann verlangt werden, sofern das Anliegen nicht gegen die Einhaltung der gesetzlichen Aufbewahrungspflichten verstößt.
4. Recht auf Einwilligung (Art. 7 (1) DS-GVO)	Der Patient bzw. die Patientin, hat das Recht, dass nur dann Daten über ihn/sie verarbeitet werden, wenn der Datenverarbeitung vorab ausdrücklich zugestimmt wurde.
5. Recht auf Widerruf erteilter Einwilligungen (Art. 7 (3) DS-GVO)	Es besteht das Recht, die zuvor gegenüber der Arztpraxis erteilte Einwilligung jederzeit (in der Regel schriftlich per Brief, E-Mail oder Fax) zu widerrufen.
6. Recht auf Mitnahme der Daten (Datenübertragbarkeit) (Art. 20 DS-GVO)	Der Patient bzw. die Patientin hat das Recht, eigene Daten beim Wechsel der Praxis (z. B. bedingt durch den Umzug in eine andere Stadt) mitzunehmen. Im Regelfall leitet die abgebende Praxis die Patientenakte auf elektronischem Wege oder auf dem Postweg direkt an die aufnehmende Praxis weiter.

Der Datenschutz regelt, wer Zugriff auf die Patientendaten hat, nämlich alle an der Behandlung beteiligten Personen.

Die Daten der Patientinnen und Patienten werden von den Praxisfachkräften verarbeitet, d. h., die Einhaltung der Vorgaben des Bundesdatenschutzgesetzes und der Europäischen Datenschutz-Grundverordnung liegt also in der Verantwortung aller Mitarbeitenden.

Die Beschäftigten unterliegen daher der in der Berufsordnung festgelegten Geheimhaltungs- bzw. Schweigepflicht. Verstöße gegen diese werden durch das Strafgesetzbuch (§ 203 StGB) geahndet.

Nach vorheriger Einwilligung und unter Berücksichtigung sämtlicher datenschutzrechtlicher Regelungen dürfen die für eine erfolgreiche Behandlung benötigten Daten aus der Praxis an Dritte weitergeben. Dazu zählen beispielsweise gesetzliche Krankenversicherungen, private Krankenversicherungen, Fachkliniken oder Labore.

Die datenschutzrechtlich einwandfreie Verarbeitung der patientenbezogenen Daten kontrolliert in der Regel die oder der Landesbeauftragte für Datenschutz und Informationsfreiheit des jeweiligen Bundeslandes. Patientinnen und Patienten haben das Recht, bei dieser Aufsichtsbehörde Beschwerde einzulegen, wenn sie der Meinung sind, dass die Verarbeitung ihrer Daten datenschutzrechtlich nicht zulässig ist. Rechtliche Grundlage ist Art. 77 der Europäischen Datenschutz-Grundverordnung.

ÜBUNGSAUFGABEN

1. Eine zuverlässig funktionierende Praxissoftware ist von zentraler Bedeutung für einen reibungslosen Praxisablauf. Nennen Sie drei Anwendungen, die in diese Software integriert sind.
2. Die Anwendungen der elektronischen Gesundheitskarte werden seit Herbst 2020 schrittweise eingeführt. Notieren und beschreiben Sie zwei mögliche Anwendungen für Versicherte und Ärzte.
3. Ein nicht namentlich bekannter Programmierer der elektronischen Gesundheitskarte soll bei der Ersteinrichtung des Kartenterminals zum Einlesen der Karte in einer Arztpraxis einst gesagt haben: „Wenn mal etwas nicht auf Anhieb funktioniert, bedenken Sie immer: Ein Computer ist von Natur aus eine dumme Maschine. Das Problem sitzt meist davor." Erklären Sie, was mit dieser Aussage gemeint sein könnte.
4. Im Lehrbuch wird das elektronische Versichertenstammdatenmanagement thematisiert. Skizzieren Sie die Schritte des Datenabgleichs zwischen den auf der elektronischen Gesundheitskarte abgespeicherten Daten einer Patientin und den Versichertenstammdaten der Krankenversicherung.
5. Definieren Sie den Begriff „Datenschutz" und erklären Sie vor diesem Hintergrund, welche Rechte Patientinnen und Patienten im Umgang mit den über sie in der Patientenakte gespeicherten Daten haben.

Glossar

Praxissoftware	EDV-System zur Verwaltung der Patientendaten in der Arztpraxis. Integriert sind Funktionen wie zum Beispiel die digitale Patientenakte, ein digitales Terminbuch, der Medikamentenplan oder ein Speicherplatz für verschiedene Arztbriefe und andere Dokumente.
Elektronische Gesundheitskarte	Auf dieser sind die personenbezogenen Daten der Versicherten (Name, Anschrift, Versicherungsdaten) gespeichert. Zusätzlich werden seit Herbst 2020 fortschreitend weitere Anwendungen (z. B. digitale Patientenakte oder privater Speicherplatz des Patienten zum Anlegen eines Tagebuchs für Blutzuckermessungen) auf dieser Karte programmiert. Welche dieser zusätzlichen Anwendungen Patientinnen und Patienten nutzen, entscheiden sie selbst.
Elektronisches Versichertenstammdatenmanagement	Dieses System dient vorrangig dem Datenabgleich zwischen den auf der Karte gespeicherten Patientendaten und den Versichertenstammdaten über eine Onlineverbindung in der Arztpraxis. Ziel ist es, die Versichertenstammdaten, die auf der elektronischen Gesundheitskarte gespeichert sind, stets aktuell zu halten, damit im Ernstfall schnelle medizinische Hilfe möglich ist.
Datenschutz	Der Datenschutz umfasst alle in der Arztpraxis durchgeführten Maßnahmen zum Schutz der personenbezogenen Daten der Patienten vor Missbrauch durch unberechtigte Übertragung und Weitergabe oder unberechtigten Zugriff Dritter.

BERUFLICHE PERSPEKTIVEN ENTWICKELN

BEWERBUNG

- Bewerbungsmöglichkeiten
- Grundsätze für Bewerbungen
- Onlinebewerbung
- Lebenslauf
- Anlagen
- Vorstellungsgespräch

↓

ARBEITSVERTRAG

- Dienstvertrag
- Gesetzlich vorgeschriebene Vertragsinhalte
- Zu beachtende Gesetze
  - Arbeitszeitgesetz
  - Bundesurlaubsgesetz
  - Allgemeines Gleichbehandlungsgesetz
- Pflichten der Vertragspartner
  - Pflichten des Arbeitgebers
  - Pflichten des Arbeitnehmers
- Probezeit

↓

BEENDIGUNG DES ARBEITSVERHÄLTNISSES

- Ordentliche Kündigung
  - Einseitige Willenserklärung
  - Empfangsbedürftige Willenserklärung
  - Schriftform
  - Kündigungsfristen
  - Kündigungsschutzgesetz
  - Arbeitszeugnis
- Außerordentliche Kündigung
  - Voraussetzungen
- Sonstige Gründe für eine Beendigung des Arbeitsverhältnisses
  - Befristeter Arbeitsvertrag
  - Aufhebungsvertrag
  - Tod des Arbeitgebers

1 ARBEITSVERTRAG

Situation:

Sevde Kara hat einen Arbeitsvertrag als ZFA abgeschlossen. Neben dem ausdrücklich vereinbarten Gehalt sollen ansonsten „die gesetzlichen Regelungen“ gelten. Sevde stellt sich folgende Fragen:

1. Wie viele Tage Urlaub stehen mir zu?
2. Wie viele Stunden darf ich am Tag maximal beschäftigt werden?
3. Wie viele Stunden darf ich in der Woche maximal beschäftigt werden?
   Nach 14 Monaten plant Sevde, in eine entfernte Stadt umzuziehen. Vorher muss sie folgende Fragen klären:
4. Welche Kündigungsfrist muss ich einhalten?
5. In welcher Form muss die Kündigung erfolgen?
6. Welche Möglichkeit habe ich, meinen Arbeitsvertrag vor der gesetzlichen Kündigungsfrist zu beenden?
7. Welche Art von Arbeitszeugnis sollte ich beantragen?

1.1 Bewerbung

Schon einige Zeit vor der Abschlussprüfung wird sich jede/r Auszubildende Gedanken über die zukünftige Tätigkeit machen. Nach dem BBiG ist bereits sechs Monate vor Beendigung des Ausbildungsverhältnisses eine Vereinbarung über eine Weiterbeschäftigung nach der bestandenen Abschlussprüfung möglich.

Bei einem Wechsel in eine andere Praxis oder ein anderes Tätigkeitsgebiet ist es wichtig, eine überzeugende Bewerbung abzugeben. Es gibt folgende **Möglichkeiten,** sich auf eine Stelle zu bewerben:

- Sie antworten auf eine Stellenanzeige.
- Sie informieren sich im Internet bzw. Intranet der jeweiligen Kammer.
- Sie erkundigen sich bei einer Personal-Service-Agentur.
- Sie fragen Berufskolleg:innen, ob in der Praxis, in der sie tätig sind, eine Stelle frei ist.
- Sie starten eine Eigeninitiative und bewerben sich sozusagen blind.

Egal, welchen Weg jemand wählt, wer man folgende **Grundsätze** beachtet, steigert die eigenen Chancen:

- Lassen Sie nicht mehr als 14 Tage verstreichen, nachdem Sie den Hinweis auf eine freie Stelle erhalten haben.
- Finden Sie heraus, welche Fachkenntnisse die Inserentin oder der Inserent von ihrer neuen Fachkraft erwarten. Nur wer diese Erwartungen erfüllen kann, sollte sich auch bewerben.
- Lesen Sie zwischen den Zeilen, welche Art von Mitarbeiter bzw. Mitarbeiterin gewünscht wird. Dies lässt sich oft schon an der Formulierung der Stellenanzeige erkennen. Ist z. B. der Ton betont locker und unkompliziert, wird wahrscheinlich eine moderne, unkomplizierte und gegenüber Neuem aufgeschlossene Fachangestellte gesucht. Ist der Ton eher zurückhaltend sachlich oder forsch und fordernd? Je nach-

dem wird entweder eine gründliche, gewissenhafte und sorgfältige Person gesucht oder eine anpassungsfähige, stressresistente Fachkraft vorgezogen.

- Stellen Sie dar, weshalb Sie selbst gerade für diese Stelle besonders geeignet sind. Hier sind z. B. Hinweise sinnvoll, wie Sie dem Betrieb/dem Praxisteam helfen können, weshalb Sie meinen, in eine bestimmte Praxis besonders gut hineinzupassen oder aus welchem Grund Sie sich gerade auf diese Stelle bewerben.
- Es ist üblich, am Ende der Bewerbung die Hoffnung zu äußern, zu einem Bewerbungsgespräch eingeladen zu werden, und anzumerken, dass Sie diesem mit Freude und gespannter Erwartung entgegensehen.

Mittlerweile ist es üblich, dass eine **Bewerbung online** erfolgt. Gegenüber einer Bewerbung per Post hat sie die Vorteile, dass sie deutlich schneller ist und man Papier-, Druck-, Foto- und Portokosten spart. Damit für den Empfänger aber alle Dokumente lesbar sind, ist es erforderlich, alle Dateien als PDF-Datei zu gestalten. Eine eigene Unterschrift ist nicht erforderlich; sie kann aber eingescannt oder mit geeigneten Programmen selbst erstellt werden.

Online-Bewerbungen werden in der Regel per E-Mail versendet. Dabei sollte eine „seriöse" E-Mail-Adresse verwendet werden, die möglichst den eigenen Namen oder die Initialien enthält.

Dr. Nydart PR

Agentur für Public Relations
mit dem Schwerpunkt
Gesundheit/Dental, sucht ab sofort:

ZMF/Zahnmedizinische/n Fachangestellte/n (m/w/d) in Vollzeit

Arbeitsplatz: Bad Homburg
Für Kundenkontakt, Betreuung von Redaktionen der Dentalfachpresse. Erfahrung in Praxis-Management und sicheres Fachwissen sowie gute PC- und Englischkenntnisse sind erforderlich.

Ihre Bewerbung senden Sie bitte an:
info@nypr.de

Der Arbeitsmedizinische Dienst der Berufsgenossenschaft der Bauwirtschaft (gesetzliche Unfallversicherung) übernimmt die arbeitsmedizinische Betreuung der Mitgliedsunternehmen und ihrer Arbeitnehmer.

Medizinische/r Fachangestellte/r (m/w/d)

Für das Zentrum in Frankfurt am Main suchen wir eine/n freundliche/n Medizinische/n Fachangestellte/n in Vollzeit. Die Stelle ist zunächst befristet (Schwangerschaftsvertretung). Wir erwarten eine abgeschlossene Ausbildung und EDV-Kenntnisse. Die Bereitschaft zu Außendiensttätigkeiten und der Führerschein für Pkw sind nötig. Wir bieten eine attraktive Vergütung, geregelte Arbeitszeit und die Sozialleistungen des öffentlichen Dienstes. Bewerbungen geeigneter Bewerber/innen mit Schwerbehinderung sind erwünscht.

1. Stellenanzeigen

Die Bewerbungsunterlagen unterscheiden sich dabei nicht von der einer „klassischen" postalischen Bewerbung.

- Diese beginnt mit einem **Anschreiben**. Es sollte sich auf die ausgeschriebene Stelle beziehen und in kurzen, klaren Sätzen formuliert sein. Begründen Sie, weshalb Sie sich auf genau diese Stelle bewerben. Nennen Sie dabei Ihre erworbenen Fähigkeiten und Kenntnisse, die Sie aus Ihrer Sicht befähigen, das erwartete Anforderungsprofil zu erfüllen. Achten Sie auf jeden Fall auf eine perfekte grammatikalische und optische Gestaltung.

- Das **Deckblatt** sollte als Überschrift einen Titel enthalten und übersichtlich gestaltet werden. Es sollte Interesse, Neugier und Sympathie für Ihre Person wecken. Lassen Sie das Bewerbungsfoto unbedingt von einem Fotografen anfertigen und bearbeiten.
- Für Ihren **Lebenslauf** gilt es, folgende Grundprinzipien zu beachten:
  - Möglichst knapp (maximal zwei Seiten)
  - Klar und übersichtlich strukturiert
  - Möglichst beginnend mit dem aktuellen Stand. Danach „rückwärts" abgeschlossene Berufsausbildung, erlangte Schulabschlüsse vom höchsten bis zur Grundschule und endend mit dem Geburtsdatum und Geburtsort.
  - Bei längerer beruflicher Erfahrung die letzte Arbeitsstelle und ggf. abgeschlossene Weiterbildungen angeben
- In die **Anlagen** gehören alle Zeugnisse, die für den Arbeitgeber bzw. die Arbeitgeberin von Bedeutung sind. Auf jeden Fall gehören dazu folgende Dokumente:
  - Abschlusszeugnis der Berufsschule
  - Prüfungszeugnis der entsprechenden Kammer
  - Arbeitszeugnis des letzten Arbeitgebers/der Arbeitgeberin bzw. Ausbildenden
  - Bescheinigungen von Fort- und Weiterbildungen

Lassen Sie nicht relevante Dokumente weg. Weisen Sie aber darauf hin, dass Sie bei Bedarf noch weitere Zeugnisse und Bescheinigungen, wie z. B. von früheren Schulabschlüssen und Fort- oder Weiterbildungen, nachreichen oder zum Bewerbungsgespräch mitbringen können.

Erfahrungen zeigen, dass sich Personalverantwortliche für die erste Durchsicht einer Bewerbungsmappe ca. eine Minute Zeit lassen (oft gehen mehrere Dutzend Bewerbungen ein). Damit Ihre Bewerbungsmappe nicht sofort aussortiert wird, sollten Sie für die Gestaltung der Bewerbungsmappe die genannten Punkte beachten.

Erhält eine Bewerberin oder ein Bewerber die Einladung zu einem Vorstellungsgespräch, wird es sozusagen ernst. Ein Sprichwort sagt: **„Für den ersten Eindruck gibt es keine zweite Chance",**

2. Bewerbungsfoto

und dem ist nichts hinzuzufügen. Es gilt also, sich auf mehreren Gebieten für das Vorstellungsgespräch zu wappnen. Hierzu ist es hilfreich, folgende **Checkliste** durchzugehen:

- Passt meine **äußere Aufmachung** zu dem gesuchten Anforderungsprofil (eher modern, unkonventionell oder eher gewissenhaft, ordentlich und seriös)?
- Habe ich meine vollständigen **Bewerbungsunterlagen** und das Einladungsschreiben des Unternehmens dabei?
- Habe ich mir über mögliche **Fragen** Gedanken gemacht und bin ich gut darauf vorbereitet?
- Kann ich die potenzielle neue Arbeitgeberin oder den Arbeitgeber von meinen **persönlichen und fachlichen Qualitäten** überzeugen (z. B. durch mein Auftreten, eigene Fragen zu dem Betrieb und erwartete Tätigkeit, Zeugnisse, Fort- und Weiterbildungsnachweise)?
- Kann ich mich als **selbstbewusste, verantwortungsvolle Persönlichkeit** darstellen, die einerseits die speziellen Erfordernisse des Arbeitgebers zur Kenntnis nimmt und respektiert, aber andererseits auch ihre eigenen Rechte als Arbeitnehmerin bzw. Arbeitnehmer kennt und auf klaren Abmachungen besteht?

Wird jemand nach einer Bewerbung zum Vorstellungsgespräch eingeladen wird, gehen beide Parteien damit schon bestimmte Pflichten ein:

Der **Arbeitgeber**/die **Arbeitgeberin** muss

- über persönliche Informationen der Arbeitnehmerin/des Arbeitnehmers Stillschweigen bewahren,
- bei Nichteinstellung die Bewerbungsunterlagen zurückgeben,
- die Fahrt- und ggf. die Übernachtungskosten der Bewerberin bzw. des Bewerbers übernehmen, wenn zum Bewerbungsgespräch eingeladen wurde.

Die **Bewerberin**/der **Bewerber** muss

- alle Fragen wahrheitsgemäß beantworten, die sich unmittelbar auf die berufliche Tätigkeit beziehen; dies können Fragen nach dem bisherigen beruflichen Werdegang oder Fragen nach besonderen Fertigkeiten und Kenntnissen sein,
- alle Fragen wahrheitsgemäß beantworten, die für die Berufsausübung von Bedeutung sind; dies können Fragen nach Erkrankungen, Behinderungen, Allergien bzw. Berufskrankheiten sein, sofern sie für die Ausübung des Berufs von Bedeutung sind.

3. Wahrheitsgemäße Beantwortung?

Gibt eine Person über diese Punkte bewusst falsche Auskünfte, kann der Arbeitsvertrag später **angefochten** und für **ungültig** erklärt werden.

Auf **nicht zulässige Fragen** darf die **Auskunft verweigert** oder **nicht wahrheitsgemäß geantwortet** werden, ohne dass dies negative Auswirkungen hätte (vgl. Exkurs).

Stimmen alle Interessen überein, kann der Abschluss eines Arbeitsvertrags folgen.

Exkurs

Muss ich wahrheitsgemäß antworten?

Im Rahmen eines Vorstellungsgesprächs oder beim Ausfüllen eines Einstellungsfragebogens stellt sich oft das Problem, welche Fragen wahrheitsgemäß beantwortet werden müssen. Personenbezogene Fragestellungen müssen nicht oder aber nicht wahrheitsgemäß beantwortet werden, z. B.:

- „Gehören Sie einer Gewerkschaft an?“
- „Nehmen Sie die Pille?“
- „Wollen Sie demnächst heiraten bzw. haben Sie einen festen Freund?“

Die Frage nach einer **Schwangerschaft** ist aufgrund der Gleichstellung von Mann und Frau grundsätzlich unzulässig. Nur wenn die vorgesehene Beschäftigung überhaupt nicht von einer Schwangeren ausgeführt werden darf, muss die Wahrheit gesagt werden (z. B. Röntgenassistenz).

1.2 Abschluss und Inhalte des Arbeitsvertrags

Der Arbeitsvertrag ist ein **Dienstvertrag,** bei dem sich z. B. eine Zahnmedizinische Fachangestellte verpflichtet, in

ARBEITSVERTRAG

zwischen

Frau Dr. med. dent. Karla Schönbein,
Jägerstraße 34, 12555 Berlin

und

Frau Renate Schulze,
Kirchstraße 15, 12555 Berlin

wird folgender Arbeitsvertrag abgeschlossen:

1. Frau Schulze wird ab 1. Dezember .. in der oben genannten Praxis als Zahnmedizinische Fachangestellte eingestellt. Ihre Arbeitsgebiete richten sich nach dem Inhalt des derzeit geltenden Berufsbildes für den Beruf der Zahnmedizinischen Fachangestellten.
2. Die durchschnittliche wöchentliche Arbeitszeit beträgt 40 Stunden. Beginn, Ende und Einteilung der Arbeitszeit einschließlich der Pausen richten sich nach den Sprechstundenzeiten und den sonstigen Belangen der Praxis.
3. Das Gehalt beträgt 1600,00 EUR brutto, es steigt mit dem jeweiligen durchschnittlichen Prozentsatz, der für zukünftige Gehaltstarifverträge von den Tarifparteien ausgehandelt wird.
4. Für alle sonstigen Arbeitsbedingungen einschließlich Probezeit und Kündigung werden die Bestimmungen des jeweils gültigen Gehalts- und Manteltarifvertrags für Zahnmedizinische Fachangestellte zugrunde gelegt.
5. Änderungen dieses Arbeitsvertrags oder Zusatzvereinbarungen müssen schriftlich niedergelegt werden.

Berlin, 12. November ..

Dr. Schönbein — Renate Schulze

Dr. med. dent. Karla Schönbein — Renate Schulze

4. Beispiel eines Arbeitsvertrags

der Praxis einer Zahnärztin bestimmte Arbeiten gegen Bezahlung zu übernehmen. Ärztin und Angestellte haben dabei bestimmte Rechte und Pflichten. Dabei sind die Pflichten der Ärztin die Rechte der Angestellten und umgekehrt:

Die **Ärztin verpflichtet sich** z. B. zur

- Zahlung der vereinbarten Vergütung einschließlich Sondervergütungen,
- Einhaltung der Arbeits- und Unfallverhütungsvorschriften,
- Urlaubsgewährung,
- Zeugniserteilung.

Die **Fachangestellte verpflichtet sich** z. B. zur

- persönlichen Arbeitsleistung nach Anweisung,
- sorgfältigen Ausführung der Arbeiten,
- Verschwiegenheit (Schweigepflicht).

Folgende **Vertragsinhalte** sind entsprechend dem Nachweisgesetz bei Arbeitsverträgen absolute Pflicht:

- Name und Anschrift von Arbeitgeber:in und Arbeitnehmer:in
- Beginn der Beschäftigung und, bei befristeten Verträgen, auch die voraussichtliche Dauer des Arbeitsverhältnisses
- Arbeitsort
- Bezeichnung der Tätigkeit
- Höhe der vereinbarten Vergütung und vereinbarter Sonderzahlungen
- vereinbarte tägliche oder wöchentliche Arbeitszeit
- Dauer des jährlichen Urlaubs
- Fristen für die Kündigung des Arbeitsverhältnisses
- Hinweis auf Tarifverträge, die auf das Arbeitsverhältnis anzuwenden sind

Beim Abschluss aller Arbeitsverträge in Deutschland müssen in jedem Fall das **Arbeitszeitgesetz** und das **Bundesurlaubsgesetz** beachtet werden. Vereinbarungen, die gegen diese Gesetze verstoßen, sind nichtig und damit ungültig.

Im **Arbeitszeitgesetz** ist insbesondere die im Regelfall maximal zulässige wöchentliche Arbeitszeit geregelt. Danach dürfen Arbeitnehmerinnen und Arbeitnehmer an den sechs Werktagen (Montag bis einschließlich Samstag) maximal acht Stunden pro Tag beschäftigt werden. Dies ergibt eine wöchentliche Arbeitszeit von 48 Stunden, die nicht überschritten werden darf.

Allerdings gibt es eine Öffnungsklausel, die es ermöglicht, die tägliche Arbeitszeit an den sechs Werktagen auf bis zu zehn Stunden pro Tag auszudehnen, wenn in den folgenden sechs Kalendermonaten oder innerhalb von 24 Wochen die durchschnittliche tägliche Arbeitszeit von acht Stunden nicht überschritten wird.

BEISPIEL

Im Straßenbau wird vom 1. bis 29. September (vier Wochen) sechs Werktage pro Woche jeweils zehn Stunden gearbeitet. Im folgenden Jahr werden als Ausgleich vom 2. bis 30. Januar (vier Wochen) lediglich sechs Stunden pro Werktag gearbeitet.
$(4 \cdot 6 \cdot 10 + 4 \cdot 6 \cdot 6 = 240 + 144 =$
384 Stunden : 48 Tage = 8 Stunden/Tag)

Zusätzlich gibt es u.a. Ausnahmeregelungen für Nachtarbeit sowie die Arbeit in mehrschichtigen Betrieben.

Laut **Bundesurlaubsgesetz** haben vollbeschäftigte Arbeitnehmer:innen einen gesetzlichen Mindesturlaubsanspruch von 24 Werktagen (Mo. – einschl. Sa.) oder 20 Arbeitstagen (Mo. – einschl. Fr.). Dieser Urlaubsanspruch entsteht jedoch erst nach mehr als sechs Monaten Tätigkeit im Betrieb (Wartezeit).

BEISPIEL

Bürgül Göközum beginnt am 01.01.2022 in der Praxis Dr. Halime Coskun als MFA. Den vollen Urlaubsanspruch, und damit erstmals das Recht, Urlaub zu nehmen, erhält sie ab dem 02.07.2022.

Sollte Bürgül Göközum allerdings noch im Jahr 2022 aus der Praxis ausscheiden, erhält sie für jeden Monat, den sie in der Praxis gearbeitet hat, ein Zwölftel des Jahresurlaubs. Entweder des arbeitsvertraglich vereinbarten (z. B. 24 Arbeitstage) oder des gesetzlichen Mindesturlaubs von 20 Arbeitstagen bei einer 5-Tage-Woche.

BEISPIEL

Bürgül Göközums Arbeitsverhältnis endet zum 30.09.2022. Sie erhält von insgesamt 24 Arbeitstagen Jahresurlaub 18 Tage anteiligen Urlaub.
(24 : 12 = 2 Tage/Monat × 9 Monate = 18 Tage).

Nur wenn sie das gesamte Jahr 2022 in der Praxis beschäftigt war, erhält sie ihren vollen Urlaubsanspruch.

Eine Ausnahme bildet eine gerechtfertigte fristlose Kündigung von Arbeitgeberseite. Dann hat der Arbeitnehmer bzw. die Arbeitnehmerin lediglich Anspruch auf den gesetzlichen Mindesturlaub.

5. Arbeitszeitgesetz, Bundesurlaubsgesetz

Einseitig benachteiligende Vereinbarungen, wie z. B. die automatische Kündigung im Falle einer Schwangerschaft, sind **ungültig.** Seit 2006 muss bei allen Arbeitsverträgen das Allgemeine Gleichbehandlungsgesetz (AGG) beachtet werden. Weil es die Benachteiligung von Arbeitnehmer:innen aus Gründen der ethnischen Herkunft, des Geschlechts, der Religion, des Alters, der Weltanschauung, einer Behinderung oder der sexuellen Identität verhindern soll, wird es umgangssprachlich als „Antidiskriminierungsgesetz“ bezeichnet.

Arbeitsverträge ohne schriftliche Vereinbarung sind nur noch für Aushilfstätigkeiten oder vorübergehende Beschäftigung zulässig.

FALLBEISPIEL

Ein Fall aus der Praxis:
Ist ein „Ossi“-Vermerk auf der Bewerbung eine Diskriminierung ohne Benachteiligung?

Eine Frau aus Ostdeutschland hat sich mit einer Firma, bei der sie sich erfolglos beworben hatte, außergerichtlich geeinigt. Weil auf ihren Bewerbungsunterlagen der Hinweis „Ossi“ vermerkt war, hatte sie geklagt und in erster Instanz verloren. In zweiter Instanz haben sich die Klägerin und das Unternehmen, bei dem sie sich erfolglos beworben hatte, auf einen Vergleich geeinigt. „Wir haben uns so geeinigt, dass beide Seiten zufrieden sind“, erklärte der Anwalt der Klägerin. Wegen eines Stillhalteabkommens nannte er keine weiteren Details.

Im April hatte das Arbeitsgericht Stuttgart entschieden, dass der Vermerk zwar eine Diskriminierung darstelle, aber keine Benachteiligung wegen einer ethnischen Herkunft im Sinne des Allgemeinen Gleichbehandlungsgesetzes (AGG). Der Arbeitgeber hatte argumentiert, dass der Frau nicht wegen ihrer Herkunft, sondern wegen fehlender Qualifikation abgesagt worden sei. Danach hatten der Anwalt und seine Mandantin beschlossen, in Berufung zu gehen.

Die Frau hatte ursprünglich auf drei Monatsgehälter geklagt. Da bei dem Vergleich Vertraulichkeit vereinbart wurde, ist die Höhe der Entschädigung unbekannt.

ÜBUNGSAUFGABEN

1. Sie lesen eine Stellenanzeige, in der Medizinische Fachangestellte (m/w/d) für Ihre Berufsgruppe gesucht werden.
   a) Welche Sachverhalte sollten Sie prüfen, bevor Sie eine Bewerbung versenden?
   b) Aus welchen Teilen sollte Ihre Bewerbungsmappe bestehen, falls Sie sich entscheiden, eine Bewerbung abzusenden?
2. a) Welche fachlichen Aspekte und Erwartungen sollten Sie in Ihrem Anschreiben erwähnen?
   b) Nach welchen Grundprinzipien sollten Sie Ihren Lebenslauf gestalten?
   c) Welche Dokumente gehören in die Anlage?
3. Erstellen Sie eine Checkliste zur Vorbereitung auf ein Bewerbungsgespräch.
4. a) Welche Pflichten hat der Arbeitgeber bzw. die Arbeitgeberin, wenn er/sie Bewerber:innen zu einem Vorstellungsgespräch einlädt?

b) Welche Pflichten haben Sie, wenn Sie zu einem Vorstellungsgespräch eingeladen werden?

5. a) Zu welchen Punkten sind Fragen des Arbeitgebers grundsätzlich zulässig?
   b) Welche Folgen kann es für eine Bewerberin haben, wenn sie eine zulässige Frage nicht wahrheitsgemäß beantwortet?
   c) Zu welchen Sachverhalten sind Fragen eines Arbeitgebers nicht zulässig?
6. Zu welcher Art von Verträgen gehört ein Arbeitsvertrag?
7. Wozu verpflichten sich
   a) der Arbeitgeber/die Arbeitgeberin und
   b) der Arbeitnehmer/die Arbeitnehmerin
   beim Abschluss eines Arbeitsvertrags?
8. a) In welcher Form muss ein unbefristeter Arbeitsvertrag abgeschlossen werden?
   b) Welche Inhalte müssen unbedingt vereinbart werden?
   c) Was bedeutet es für die inhaltliche Gestaltung, dass das Arbeitszeit- und das Bundesurlaubsgesetz unbedingt eingehalten werden müssen?
9. Eine MFA erhält laut Arbeitsvertrag 28 Arbeitstage Urlaub pro Jahr.
   a) Nach wie viel Monaten kann sie erstmals Urlaub in Anspruch nehmen?
   b) Wie viel Arbeitstage hätte sie Anspruch auf Urlaub, wenn sie nur zehn Monate in der Praxis beschäftigt gewesen wäre?
10. Welchen Zweck soll das „Allgemeine Gleichbehandlungsgesetz (AGG)" erfüllen?

1.3 Beendigung des Arbeitsverhältnisses

Im Laufe eines Berufslebens kann es aus verschiedenen Gründen notwendig sein, den Arbeitsplatz zu wechseln, z. B. weil ein Umzug ansteht oder in einer anderen Praxis bessere Bedingungen geboten werden. Immer muss das bestehende Arbeitsverhältnis zunächst durch eine **Kündigung** aufgelöst werden.

Sowohl Arbeitgeber:innen als auch Arbeitnehmer:innen haben das Recht, unbefristete Arbeitsverhältnisse durch eine entsprechende Willenserklärung zu beenden. Die Kündigung ist eine **einseitige Willenserklärung.** Der Kündigungsempfänger muss also einer Kündigung nicht zustimmen. Allerdings ist die Kündigung **empfangsbedürftig,** d. h., sie muss der betreffenden Person auch tatsächlich zugegangen sein. Erst ab diesem Zeitpunkt ist sie wirksam. Der oder die Kündigende muss im Zweifelsfall den Beweis erbringen, ob und wann die Kündigung den Empfänger erreicht hat. Dies lässt sich z. B. durch anwesende Dritte oder mit einer schriftlichen Empfangsbestätigung beweisen. Auch bei der Übersendung einer Kündigung durch die Post kann der Empfang bei entsprechender Versandform (z. B. Einschreiben-Eigenhändig mit Rückschein) nachgewiesen werden.

Der genaue Kündigungszeitpunkt ist bei Streitigkeiten über eine fristgerechte Kündigung von entscheidender Bedeutung.

BEISPIEL

Bei gesetzlicher Kündigungsfrist muss die Angestellte z. B. spätestens am 2. Juni gekündigt haben, wenn sie ihr Arbeitsverhältnis zum 30. Juni beenden möchte (28 Tage). Sieht der vereinbarte Tarifvertrag z. B. sechs Wochen zum Quartalsende als Kündigungsfrist vor, muss spätestens am 19. Mai gekündigt worden sein (42 Tage).

Eine Kündigung oder die Aufhebung des Arbeitsverhältnisses in beiderseitigem Einvernehmen ist nur rechtswirksam, wenn sie **schriftlich** erfolgt. Auch die Manteltarifverträge schreiben eine schriftliche Kündigung vor.

Eine **ordentliche Kündigung** (fristgerecht) liegt vor, wenn

- die gesetzliche Kündigungsfrist von vier Wochen zum Monatsende oder zum 15. des Monats eingehalten wurde,
- eine andere als die gesetzliche Kündigungsfrist vereinbart und eingehalten wurde, z. B. eine durch Regelung im Manteltarifvertag oder einzelvertragliche Vereinbarung.

Bei Angestellten über 18 Jahren verlängert sich nach mindestens zwei Beschäftigungsjahren in der gleichen Praxis die Kündigungsfrist, wenn **der Arbeitgeber** bzw. die Arbeitgeberin kündigt (vgl. Abb. 7). Für Angestellte bleibt es bei der 4-Wochen-Frist, wenn für den Arbeitsvertrag die gesetzliche Kündigungsregelung gilt. Während einer vereinbarten Probezeit von höchstens sechs Monaten ist eine Kündigung mit einer verkürzten Frist von zwei Wochen möglich.

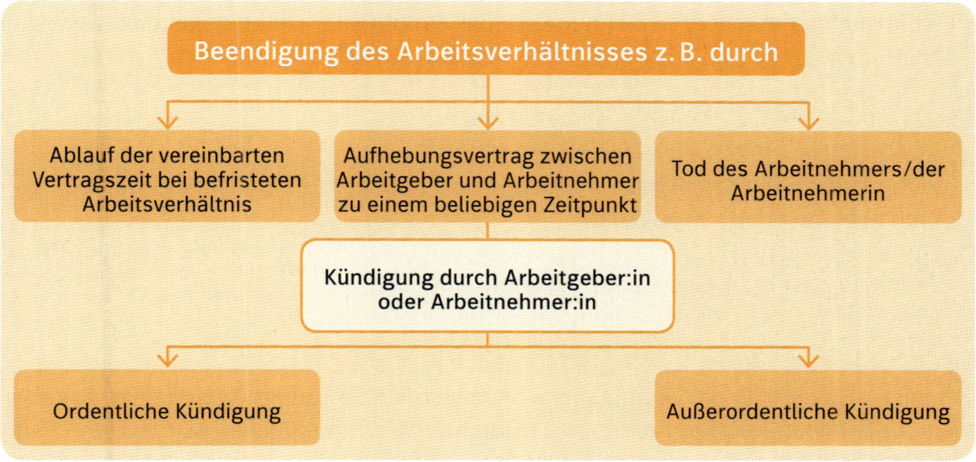

6. Beispiele für die Beendigung des Arbeitsverhältnisses

Praxiszugehörigkeit	Kündigungsfrist zum Monatsende
2 Jahre	1 Monat
5 Jahre	2 Monat
8 Jahre	3 Monat
10 Jahre	4 Monat
12 Jahre	5 Monat
15 Jahre	6 Monat
20 Jahre	7 Monat

7. Verlängerung der Kündigungsfristen nach Praxiszugehörigkeit (in der gleichen Praxis ab dem 18. Lebensjahr)

Unter einer **außerordentlichen (fristlosen) Kündigung** versteht man die sofortige Beendigung des Arbeitsverhältnisses ohne Einhaltung einer Kündigungsfrist. Sie ist jedoch nur dann gerechtfertigt, wenn:

1. ein wichtiger Grund vorliegt,
2. seit Bekanntwerden dieses Grundes nicht mehr als zwei Wochen vergangen sind und
3. die Fortsetzung des Beschäftigungsverhältnisses bis zum nächsten ordentlichen Kündigungstermin wegen der Schwere des Grundes für die kündigende Partei nicht zumutbar ist.

Diese Bedingungen für eine fristlose Kündigung sind z. B. erfüllt bei

- regelmäßiger Arbeitsverweigerung,
- mehrmaligem unentschuldigtem Fernbleiben, häufigem Zuspätkommen, verspäteter Krankmeldung oder „Krankfeiern“,
- grober Beleidigung (z. B. des Arbeitgebers, von Patient:innen oder Kolleg:innen)
- Verletzung der Schweigepflicht, Diebstahl,
- Verweigerung der Gehaltszahlung oder Überstundenbezahlung,
- sexueller Belästigung oder Körperverletzung durch den Arbeitgeber.

In einigen Fällen (z. B. bei Verspätungen) ist eine fristlose Kündigung erst dann zulässig, wenn den Fachangestellten zuvor eine **Abmahnung** ausgesprochen wurde. Darin muss das Fehlverhalten geschildert, zur Besserung aufgefordert und die Kündigung für den Wiederholungsfall angedroht werden.

Treffen die genannten Pflichtverletzungen nach Meinung der/des Fachangestellten nicht zu, ist unbedingt eine Gegendarstellung abzugeben und eine Rücknahme der Abmahnung zu verlangen.

Kündigungsschutz

Unter bestimmten Bedingungen können sich Fachangestellte bei ordentlicher Kündigung darauf berufen, dass die Kündigung **sozial ungerechtfertigt** ist (**Kündigungsschutzgesetz).**

Innerhalb von **drei Wochen** nach Erhalt der Kündigung kann Klage beim örtlichen Arbeitsgericht eingereicht und verlangt werden, dass die Kündigung rückgängig gemacht wird. Das Kündigungsschutzgesetz gilt allerdings nur in Praxen oder Betrieben, in denen **mehr als zehn Arbeitnehmer:innen** beschäftigt werden. Auszubildende werden dabei gar nicht, Teilzeitbeschäftigte nur anteilig eingerechnet. Die Beschäftigungszeit in dieser Praxis muss mindestens **sechs Monate** betragen haben.

Eine Kündigung ist nur dann sozial gerechtfertigt, wenn

- die Gründe in der **Person** der oder des Fachangestellten liegen (z. B. schwere, dauerhafte Erkrankungen),
- das **Verhalten** der Fachangestellten der Kündigungsgrund ist (z. B. schlechte Arbeitsleistungen),
- **praxis-/betriebsbedingte Gründe** vorliegen (z. B. starker Rückgang der Patientenzahlen)
- **und** der Arbeitgeber/die Arbeitgeberin bei der Kündigung die Praxiszugehörigkeit, das Lebensalter und bestehende Unterhaltsverpflichtungen (z. B. Kinder) berücksichtigt hat.

Bestimmte Personengruppen genießen einen besonderen Kündigungsschutz. Aufgrund ihrer persönlichen Situation, Behinderung oder speziellen Funktion im Betrieb dürfen Arbeitgeber:innen eine ordentliche Kündigung entweder gar nicht oder nur unter erschwerten Bedingungen aussprechen.

Personengruppen mit besonderem Kündigungsschutz

- Auszubildende
  Nach der Probezeit Kündigung durch Ausbildende nur mit außerordentlicher (fristloser) Kündigung möglich
- Schwangere
  Kündigungsschutz während der Schwangerschaft und bis vier Monate nach der Entbindung
- Elternzeit (Mutter und/oder Vater)
  Kündigungsschutz während der vereinbarten Elternzeit
- Menschen mit Schwerbehinderung
  Kündigung nur nach Prüfung und Zustimmung der Hauptfürsorgestelle möglich
- Wehr-/Zivildienstleistende
  Kündigungsschutz während der Einberufungszeit und während Wehrübungen
- Betriebsrat/Jugendvertretung
  Kündigungsschutz während der Amtszeit und bis ein Jahr nach Amtszeitende

8. Besonderer Kündigungsschutz

1.4 Arbeitszeugnis

Bei Beendigung des Arbeitsverhältnisses hat der Arbeitnehmer bzw. die Arbeitnehmerin einen Anspruch auf die Ausstellung eines Zeugnisses. Es muss zusammen mit den sonstigen Arbeitsunterlagen unverzüglich nach Beschäftigungsende ausgehändigt werden.

Verweigert ein Arbeitgeber oder eine Arbeitgeberin die Zeugnisausstellung oder die Änderung unzutreffender Angaben, kann dieser Rechtsanspruch beim Arbeitsgericht eingeklagt werden.

Zeugnisse haben eine **doppelte Bedeutung:** Sie sollen einerseits neue Arbeitgeber:innen über Leistung und Führung bei der Arbeit wahrheitsgemäß informieren. Andererseits muss aber auch der oder die bisher Beschäftigte wohlwollend beurteilt werden; das berufliche Weiterkommen soll nicht erschwert werden. Bei einem Widerspruch zwischen Wahrheit und Wohlwollen entsteht oft Streit, der nicht selten vor dem Arbeitsgericht endet.

Arbeitnehmer:innen können zwischen einem einfachen und einem qualifizierten Zeugnis wählen. Ein **einfaches Zeugnis** enthält die Personalien und die Dauer der Beschäftigung sowie eine Beschreibung der ausgeführten Arbeiten. Aufgrund dieser Angaben sollten sich zukünftige Arbeitgeber:innen ein genaues Bild über die bisherige Beschäftigung machen können. Auf **Wunsch** des Arbeitnehmers oder der Arbeitnehmerin muss ein **qualifiziertes Zeugnis** ausgestellt werden. Es enthält zusätzlich eine Beurteilung der Führung und Leistung in der Praxis sowie eine Beschreibung des Verhaltens gegenüber Patient:innen und Kolleg:innen.

Zeugnisse dürfen keine ungünstigen Aussagen über ehemalige Mitarbeiter:innen enthalten. Manchmal werden bei der Beurteilung jedoch Zeugnisformulierungen benutzt, die die Leistungen einer Person in ein schlechtes Licht rücken können. Dabei hat sich eine spezielle Zeugnissprache entwickelt, die aus abgestuften Beurteilungen besteht. Steht zum Beispiel im Zeugnis, „Sie erfüllte ihre Aufgaben stets zu unserer vollsten Zufriedenheit“, ist das eine sehr gute Beurteilung der erbrachten Arbeitsleistung. Auch „... stets zu unserer vollen Zufriedenheit“ ist eine gute Beurteilung. Erfüllte sie ihre Aufgaben nur zur „vollen Zufriedenheit“, sind die Leistungen mit „befriedigend“ beurteilt. Eine katastrophale Bewertung wäre hingegen „*... sie hat sich bemüht, die ihr übertragenen Aufgaben zufriedenstellend zu erledigen*“, was bedeutet, dass nicht einmal anspruchslose Arbeiten bewältigt werden konnten. „*Sie hat unseren Anforderungen entsprochen*“ zeigt an, dass besondere Leistungen nicht erbracht wurden.

Dr. med. Gerda Vogel
Ärztin für Allgemeinmedizin
Kreuzstraße 36 ①
44139 Dortmund

ZEUGNIS

② Frau Irmgard Jörges, geb. am 26. Mai 19.. in Hamburg, war vom 1. Juli.. ③ bis 30. September.. in meiner Praxis als Medizinische Fachangestellte beschäftigt.

④ Ihre Aufgabengebiete umfassten sämtliche Tätigkeiten im Bereich der Praxisanmeldung, der Karteiführung, des Formularwesens und des Schriftverkehrs einschließlich EDV. Die kassenärztliche und private Abrechnung beherrscht sie sicher, ebenso Laborarbeiten im „Kleinen Labor", die Bedienung und Wartung von therapeutischen Apparaten einschließlich EKG, Blutentnahmen, Blutdruckmessung und Hilfestellungen bei ärztlichen Eingriffen.

⑤ Nach erstaunlich kurzer Einarbeitungszeit war Frau Jörges in der Lage, diese Arbeiten selbstständig, sehr umsichtig und stets zu meiner vollsten Zufriedenheit auszuführen. Sie zeichnete sich darüber hinaus durch besondere Einsatzfreude, Sorgfalt und große Gewissenhaftigkeit aus.

⑥ Ihr Verhalten mir und den Praxismitarbeiterinnen gegenüber war jederzeit einwandfrei, ihr Umgang mit Patientinnen und Patienten mustergültig. Ihr stets ausgeglichenes und freundliches Wesen machte sie sehr beliebt.

⑦ Frau Jörges scheidet aus familiären Gründen auf eigenen Wunsch aus meiner Praxis aus. Ich bedauere dies sehr, danke für die gute Zusammenarbeit und wünsche ihr für den zukünftigen Berufs- und Lebensweg alles Gute.

Dortmund, den 30. September..

Dr. Vogel ⑧

Dr. med. Gerda Vogel

9. Inhalt und Gliederung eines sehr guten qualifizierten Zeugnisses

① Name und Anschrift des Arbeitgebers

② Angaben zur Person: Name, Geburtstag, Geburtsort

③ Beschäftigungsdauer, Tätigkeitsbezeichnung

④ Tätigkeitsbeschreibung mit möglichst vollständiger Nennung der Arbeiten

⑤ Beurteilung der Arbeitsleistung

⑥ Führung und Verhalten gegenüber Ärztin/Arzt, Kolleg:innen und Patient:innen

⑦ Grund für die Beendigung des Arbeitsverhältnisses und Schlussformulierung (Dank für geleistete Arbeit, Zukunftswünsche)

⑧ Ort und Datum der Ausstellung, eigenhändige Unterschrift der/des Ausstellenden

ÜBUNGSAUFGABEN

1. Erklären Sie, was es für Sie als Arbeitnehmer:in bedeutet, dass eine Kündigung eine einseitige und empfangsbedürftige Willenserklärung ist.
2. Zu welchem Datum muss eine Kündigung zum 30.09. spätestens rechtsgültig erfolgt sein, wenn
   a) die gesetzliche Kündigungsfrist gilt?
   b) eine tarifvertragliche Kündigungsfrist von „sechs Wochen zum Quartalsende“ gilt?
3. a) Welche zwei grundsätzlichen Sachverhalte müssen vorliegen, damit eine außerordentliche (fristlose) Kündigung zulässig ist?
   b) Innerhalb welcher Frist nach Bekanntwerden des Kündigungsgrundes muss eine außerordentliche Kündigung spätestens erfolgt sein?
4. Nennen Sie jeweils drei konkrete Verhaltensweisen, die
   a) den/die Arbeitgeber:in zu einer fristlosen Kündigung berechtigen?
   b) den/die Arbeitnehmer:in zu einer fristlosen Kündigung berechtigen?
5. a) Welche Personengruppen unterliegen einem besonderen Kündigungsschutz?
   b) Unter welchen Umständen verlängert sich die gesetzliche Kündigungsfrist für den Arbeitgeber bzw. die Arbeitgeberin?
6. a) Welche besonderen Ansprüche werden an eine Kündigung durch den Arbeitgeber oder die Arbeitgeberin gestellt, wenn das Kündigungsschutzgesetz gilt?
   b) In welchen Betrieben gilt dieses Kündigungsschutzgesetz?
7. a) Wann haben Arbeitnehmer:innen Anspruch auf die Ausstellung eines Arbeitszeugnisses?
   b) Welche Angaben muss ein einfaches Arbeitszeugnis enthalten?
   c) Welche zusätzlichen Aussagen muss ein qualifiziertes Arbeitszeugnis enthalten?
8. a) Aus welchem Grund sollten Arbeitnehmer:innen die Aussagen des Arbeitgebers bzw. der Arbeitgeberin in ihrem Arbeitszeugnis sehr genau prüfen?
   b) Welche konkreten Formulierungen stellen eine gute oder sehr gute Beurteilung dar?
   c) Welche konkreten Formulierungen stellen eine schlechte Beurteilung dar?

2 TARIFVERTRÄGE

GRUNDSÄTZE

- Tarifparteien
- Tarifautonomie
- Öffnungsklauseln
- Allgemeinverbindlichkeit

↓

GEHALTSTARIFVERTRAG

- Grundgehalt
- Gehaltsgruppen
- Zuschläge
- Ausbildungsvergütung

↓

MANTELTARIFVERTRAG

- Probezeit
- Tägliche Arbeitszeit
- Wöchentliche Arbeitszeit
- Bereitschaftsdienst und Rufbereitschaft
- Sonderregelungen
- 13. Monatsgehalt/Sonderzuwendungen
- Berufsbekleidung
- Jahresurlaub
- Arbeitsbefreiung aus besonderen Gründen

↓

TARIFVERTRAG ZUR BETRIEBLICHEN ALTERSVERSORGUNG UND ENTGELTUMWANDLUNG

- Ergänzung zur gesetzlichen Rente
- Mindest- und Höchstbeträge
- Zuschuss durch Arbeitgeber:in

Situation:

In einem Arbeitsvertrag wird unter anderem vereinbart, dass „... im Übrigen die jeweiligen Tarifverträge (Gehalts- und Manteltarifvertrag sowie der Tarifvertrag zur betrieblichen Altersversorgung und Entgeltumwandlung) gelten sollen."
Besorgen Sie sich die Tarifverträge für Ihre Berufsgruppe. Verschaffen Sie sich einen Überblick über:

1. die Gehaltsgruppen,
2. Zuschläge zum Grundgehalt,
3. die täglichen und wöchentlichen Arbeitszeiten,
4. Ihren Urlaubsanspruch und
5. die Möglichkeiten zum Aufbau einer eigenen Altersvorsorge

2.1 Abschluss von Tarifverträgen

Für die meisten Arbeitnehmerinnen und Arbeitnehmer ist es heute selbstverständlich, dass grundlegende Arbeitsbedingungen nicht allein mit dem Arbeitgeber oder der Arbeitgeberin ausgehandelt werden müssen, sondern dass es dafür gemeinschaftlich erstellte Vertragsbedingungen gibt. Diese **Tarifverträge** werden zwischen Gewerkschaften als Vertretung der Arbeitnehmer:innen und den Arbeitgeberverbänden ausgehandelt.

Das **Grundgesetz** (Artikel 9) garantiert das Recht zur Gründung von Vereinigungen, die unabhängig von staatlicher Beeinflussung Tarifverträge über die Arbeitsbedingungen aushandeln können (**Tarifautonomie**). Jede/r Fachangestellte hat das Recht, einer Gewerkschaft beizutreten, jede Ärztin und jeder Arzt kann Mitglied in der zuständigen Arbeitgeber-Tarifvereinigung werden.

Die Tarifverträge für die Gesundheitsberufe sind nicht allgemein verbindlich; sie gelten also nicht automatisch für alle Fachangestellten und die gesamte Ärzteschaft. Die Rechte aus den Tarifverträgen können ohne besondere Vereinbarung nur dann in Anspruch genommen werden, wenn die oder der Fachangestellte **und** der Arzt bzw. die Ärztin einer der oben genannten Vereinigungen angehören **(Tarifbindung).**

Da der Organisationsgrad bei den Fachangestellten relativ gering ist, erfolgt eine Tarifbindung in der Regel durch eine Vereinbarung im Arbeitsvertrag. Durch den Zusatz *„Es gelten die Bedingungen der Gehalts- und Manteltarifverträge in der jeweils gültigen Fassung"* ist eine Anwendung des Tarifvertrags auf das Arbeitsverhältnis gewährleistet.

Tarifverträge sollen in erster Linie allen in ihrem Geltungsbereich Beschäftigten hinsichtlich Arbeitsbedingungen und Gehalt gewisse **Mindestbedingungen** garantieren, die nicht unterschritten werden dürfen. Vereinbarungen im jeweiligen Arbeitsvertrag, die **günstiger** als diese Vorschriften sind (z. B. ein höheres Gehalt), können dagegen jederzeit getroffen werden und sind verbindlich.

Allerdings können Arbeitgeber:innen aus wirtschaftlichen Gründen ihrerseits von sogenannten Öffnungsklauseln Gebrauch machen. Öffnungsklauseln sind Vereinbarungen im Ausbildungs- bzw. Arbeitsvertrag, welche die im Tarifvertrag festgelegten Vereinbarungen unterschreiten.

FALLBEISPIEL

Was gilt denn nun? Arbeits- oder Tarifvertrag?

Vanessas letzte Bewerbung hatte Erfolg: Dr. Knoll bittet sie um ein Vorstellungsgespräch. Vanessa gefällt die Praxis und auch Dr. Knoll ist an einer Einstellung interessiert. Eine Woche später treffen sie sich zur Unterschrift des neuen Arbeitsvertrags. „Ich habe den Vertrag schon vorbereiten lassen", beginnt Dr. Knoll das Gespräch. „Er enthält die üblichen Regelungen, wie sie das Gesetz vorsieht." Ohne Einzelheiten durchzulesen, unterschreibt Vanessa. Zu Hause schaut sie sich den Vertrag dann näher an: „Arbeitszeit 40 Stunden, Urlaub vier Wochen und vom 13. Monatsgehalt keine Rede! Das muss morgen gleich geändert werden, denn es gilt ja der günstigere Tarifvertrag!"
Kann Vanessa auf einer Änderung bestehen?

BEISPIEL

Der Zahnarzt Dr. med. dent. Gerhard Gaitz vereinbart in dem Ausbildungsvertrag mit Hatice Bastürk, dass ihre Ausbildungsvergütung in den drei Jahren jeweils um 20 % unter der im Tarifvertrag festgelegten Ausbildungsvergütung liegt. Dr. Gaitz, Hatice und ihre Eltern unterschreiben den Vertrag; die Landeszahnärztekammer genehmigt ihn. Der Ausbildungsvertrag ist gültig.

2.2 Gehaltstarifvertrag

Die wichtigsten Regelungen in den Gehaltsverträgen zu allen drei Berufsgruppen betreffen folgende Bereiche:

- Gehalt
- Gehaltsgruppen
- Zuschläge
- Ausbildungsvergütung

Bezüglich des Gehalts und der Ausbildungsvergütung gibt es geringfügige Unterschiede. Bezüglich der Gehaltsgruppen und Zuschläge sind die Unterschiede gravierender:

Medizinische Fachangestellte/Arzthelferinnen und Arzthelfer

Es gibt sechs Gehaltsgruppen (Tätigkeitsgruppen). Die Einstufung in eine entsprechende Tätigkeitsgruppe hängt von zwei Faktoren ab:

- Berufsjahre
- Tätigkeitsbereiche

Exkurs

Wer schließt die Tarifverträge ab?
Die Tarifvertragsparteien bei den Gesundheitsberufen

- Arbeitnehmerorganisationen
  - Verband medizinischer Fachberufe e. V. (vmf), Bochum, (www.vmf-online.de)
  - Gewerkschaft Ver.di, Berlin (www.verdi.de)

- Arbeitgeberorganisation
  - Für die **Ärzte/Ärztinnen:** Arbeitsgemeinschaft zur Regelung der Arbeitsbedingungen der Arzthelferinnen, Berlin (www.bundesaerztekammer.de)
  - Für die **Tierärzte/Tierärztinnen:** Bundesverband Praktizierender Tierärzte e. V. (BPT), Frankfurt a. M., (www.tieraerzteverband.de)
  - Für die **Zahnmedizinischen Fachangestellten** gibt es je nach Bundesland unterschiedliche Vereinbarungen.

Alle Medizinischen Fachangestellten/Arzthelfer:innen können bei entsprechender Berufserfahrung bei entsprechend qualifiziertem Arbeitseinsatz die höchste Tätigkeitsgruppe VI erreichen (45 % höheres Gehalt als Tätigkeitsgruppe I). Ganz entscheidend sind hier absolvierte Fortbildungsmaßnahmen.

Die Zuschläge für Mehrarbeit (Überstunden, Samstags-, Sonntagsarbeit, Arbeit an Feiertagen, Nachtarbeit) bewegen sich zwischen 25 % und 100 %.

Zahnmedizinische Fachangestellte/Zahnarzthelferin und -helfer

Bei ihnen gibt es fünf Tätigkeitsgruppen. Die Einstufung hängt von folgenden Voraussetzungen ab:

- Fortbildung
- Weiterbildung

Tätigkeitsgruppe I:
Zahnmedizinische Fachangestellte/Zahnarzthelfer:innen

Tätigkeitsgruppe II:
Zahnmedizinische Fachangestellte/Zahnarzthelfer:innen nach 65 Unterrichtsstunden Fortbildung

Tätigkeitsgruppe III:
Zahnmedizinische Fachangestellte/Zahnarzthelfer:innen nach 200 Unterrichtsstunden Fortbildung

Zahnmedizinische Fachassistentin/-helferin/Zahnmedizinischer Fachassistent/-helfer (ZMF), Zahnmedizinische Prophylaxeassistentin/-helferin/Zahmedizinischer Prophylaxeassistent/-helfer (ZMP), Zahnmedizinische Verwaltungsassistentin/-helferin/Zahnmedizinischer Verwaltungsassistent/-helfer (ZMV) und Assistentin/Assistent für Zahnärztliches Praxismanagement (AZP)

Tätigkeitsgruppe V:
Dentalhygienikerin/Dentalhygieniker (DH), Betriebswirtin/Betriebswirt im Gesundheitswesen bzw. für Management im Gesundheitswesen.

Die Einstufung ist also von entsprechenden Qualifizierungsmaßnahmen abhängig. In der Tätigkeitsgruppe V ist das Tarifgehalt um 30 % höher als in Tätigkeitsgruppe I.

Die Zuschläge für Arbeit außerhalb der regelmäßigen Arbeitszeit (Samstags-, Sonntagsarbeit, Arbeit an Feiertagen, Nachtarbeit) bewegen sich zwischen 30 % und 120 %.

Tiermedizinische Fachangestellte/Tierarzthelferinnen und -helfer

Bei ihnen gibt es drei Gehaltsgruppen:

Die Einstufung hängt von den absolvierten Fortbildungen ab (24 Std. für Gruppe II plus 8 Stunden jährliche Fortbildung und 96 Std. für Gruppe III plus 16 Stunden jährliche Fortbildung). In allen Gruppen steigt das Gehalt mit den Berufsjahren. In Tätigkeitsgruppe III ist das Tarifgehalt um 22 % höher als in Tätigkeitsgruppe I.

Die Zuschläge für Arbeit außerhalb der regelmäßigen Arbeitszeit (Samstags-, Sonntagsarbeit, Arbeit an Feiertagen, Nachtarbeit) bewegen sich zwischen 25 % und 100 %.

2.3 Manteltarifvertrag

Der **Manteltarifvertrag** läuft mehrere Jahre und regelt Arbeitsbedingungen, die längere Zeit unverändert bleiben, wie z. B.:

- **Probezeit**
- **Arbeitszeit**
- **13. Monatsgehalt/Sonderzuwendungen**
- **Schutz- und Berufskleidung**
- **Urlaub** und sonstige **Arbeitsbefreiungen**

Zusätzlich zu den Regelungen im Gehaltstarifvertrag, die unmittelbar die Gehaltshöhe betreffen, gibt es noch weitere Bereiche aus dem Arbeitsverhältnis, die mehr oder weniger alle Beschäftigten der jeweiligen Berufsgruppe betreffen. So ist es unter anderem sinnvoll, die Arbeitszeit, Schutz- und Berufskleidung, Kündigungsfristen, den Urlaub, Arbeitsbefreiung in besonderen Fällen oder Regelungen zum 13. Monatsgehalt sowie zu den vermögenswirksamen Leistungen für alle Beschäftigten einer Berufsgruppe bundesweit einheitlich zu regeln. Dies geschieht in den Manteltarifverträgen.

Manteltarifverträge werden üblicherweise über einen längeren Zeitraum von mindestens drei bis fünf Jahren abgeschlossen.

Alle Tarifverträge können unter den Internetadressen der jeweiligen Tarifvertragsparteien (vgl.: Exkurs, Seite 407) oder unter www.praxisfit.de nachgelesen und heruntergeladen werden.

2.4 Tarifvertrag zur betrieblichen Altersversorgung und Entgeltumwandlung

Seit 1974 bietet das „Gesetz zur Verbesserung der betrieblichen Altersversorgung (Betriebsrentengesetz – BetrAVG)“ Arbeitnehmerinnen und Arbeitnehmern die Möglichkeit, zusätzlich zur gesetzlichen Rente eine betriebliche Altersversorgung aufzubauen. Für Medizinische, Zahnmedizinische und Tiermedizinische Fachangestellte bieten o.g. Tarifverträge zur betrieblichen Altersversorgung und Entgeltumwandlung die Möglichkeit, zusätzlich zur gesetzlichen Rente einen eigenen Baustein zur Altersversorgung aufzubauen. Die Arbeitgeber:innen gewähren hierfür eine monatliche Zulage zum Gehalt, die aber nicht ausgezahlt, sondern für die Altersversorgung verwendet wird. Er beträgt bei

- MFA 76,00 EUR/Monat. Seit 2015 werden allerdings keine Zuschüsse mehr für Vermögenswirksame Leistungen gewährt.
- ZFA 45,00 EUR/Monat
- TFA 55,00 EUR/Monat

Zukünftige Gehaltserhöhungen können bei allen drei Berufen auf Wunsch der Fachangestellten dazu verwendet werden, als eigener Beitrag in die betriebliche Altersversorgung einzugehen. Der Höchstbetrag liegt jedoch bei 4 % der Beitragsbemessungsgrenze zur gesetzlichen Rentenversicherung der Arbeiter:innen und Angestellten. Ebenso existieren Mindestbeträge, die in den einzelnen Tarifverträgen nachgelesen werden können.

Wenn sich die Fachangestellten für diese Möglichkeit der Entgeltumwandlung entscheiden, zahlen die Arbeitgeber:innen einen Zuschuss in Höhe von 20 % der umgewandelten Beiträge.

Exkurs

Bereitschaftsdienst und Rufbereitschaft
Anrechnung auf die Arbeitszeit

Im Manteltarifvertrag für Medizinische und Tiermedizinische Fachangestellte sind Bereitschaftsdienst und Rufbereitschaft erfasst. Ansonsten hat das Bundesarbeitsgericht hierzu allgemeingültige Regelungen getroffen. Wird die normale Arbeitszeit überschritten, sind die Zusatzstunden als Überstunden zu bezahlen.

Bereitschaftsdienst	Rufbereitschaft
Bereitschaftsdienst liegt dann vor, wenn sich Beschäftigte außerhalb der regelmäßigen Arbeitszeit **an einem vom Arbeitgeber festgelegten Ort** aufzuhalten haben, um ihre Arbeitstätigkeit auf Anweisung des Arbeitgebers oder der Arbeitgeberin oder der Arbeitgeberin im Bedarfsfall aufnehmen zu können. Bereitschaftsdienst darf nur angeordnet werden, wenn zu erwarten ist, dass zwar Arbeit anfällt, erfahrungsgemäß die Zeit ohne Beschäftigung aber größer ist. Bei den MFA wird der Bereitschaftsdienst zu 60 % als Arbeitszeit angerechnet, bei den TFA zu 50 %.	Bei Rufbereitschaft müssen Beschäftigte ebenfalls auf Anordnung des Arbeitgebers oder der Arbeitgeberin außerhalb der regelmäßigen Arbeitszeit auf Abruf ihre Arbeitstätigkeit aufnehmen. Gegenüber dem Bereitschaftsdienst **können die Mitarbeitenden hier jedoch ihren Aufenthaltsort selbst festlegen** und dem Arbeitgeber mitteilen. Alternativ kann auch die Erreichbarkeit durch Mobiltelefon vereinbart werden (Handybereitschaft). Angeordnet werden darf Rufbereitschaft nur, wenn erfahrungsgemäß lediglich ausnahmsweise Arbeit anfällt. Rufbereitschaft wird bei der MFA zu 30 % als Arbeitszeit gerechnet, bei der TFA wird die tatsächlich geleistete Arbeitszeit vergütet.

ÜBUNGSAUFGABEN

1. a) Erklären Sie den Begriff „Tarifautonomie“.
   b) Was bedeutet es für die Arbeitnehmer:innen, wenn Tarifverträge nicht für allgemein verbindlich erklärt wurden, wie bei den MFA, ZFA und TFA?
2. a) Wie können Sie trotzdem erreichen, dass in Ihrem Arbeitsvertrag die jeweiligen Tarifverträge ganz oder teilweise gelten?
   b) Was bewirken „Öffnungsklauseln“ in Tarifverträgen?
3. a) Welche Tarifverträge existieren für Ihre Berufsgruppe?
   b) Notieren Sie sich die jeweils wichtigsten Regelungen.

3 GEHALTSABRECHNUNG

STEUERPFLICHTIGES BRUTTOGEHALT

- Lohnsteuer
- Vermögenswirksame Leistungen
- Überstundenzuschläge
- Lohnsteuerklassen
- Kirchensteuer
- Elektronische Lohnsteuerbescheinigung
- Sozialversicherungsbeiträge

↓

EINKOMMENSTEUERTARIFE

- Nullzone/Grundfreibetrag
- Progressionszonen
- Proportionalzonen
- Geringfügig Beschäftigte (520-Euro-Job)

↓

VOM BRUTTO- ZUM NETTOGEHALT

- Jahresbruttogehalt
- Werbungskosten
- Sonderausgaben
- Außergewöhnliche Belastungen
- Freibeträge
- Einkommensteuererklärung

Situation:

Julia M., verheiratet, und Marica P., ledig, arbeiten beide seit sieben Jahren als MFA. Sie bekommen das gleiche Bruttogehalt, aber ein unterschiedliches Nettogehalt. Julia M. sagt, dass sie und ihr Ehemann jedes Jahr „vom Finanzamt noch einen fetten Betrag“ erstattet bekommen. Ihre Kollegin Lisa D., die seit 13 Jahren als MFA arbeitet, stellt entsetzt fest, dass ihr Bruttogehalt niedriger ist als das ihrer beiden Kolleginnen. Welche Ursachen könnten dafür verantwortlich sein, dass ...

1. Julia und Sandra bei gleichem Bruttogehalt ein unterschiedliches Nettogehalt haben?
2. Julia und ihr Ehemann jährlich noch Geld vom Finanzamt zurückerstattet bekommen?
3. Lisa ein niedrigeres Bruttogehalt hat, obwohl sie länger als MFA arbeitet?

Bearbeiten Sie diese Situation ggf. analog zu den Berufsgruppen ZFA oder TFA.

3.1 Steuerliche Abzüge

Bei jeder Gehaltszahlung muss der Arbeitgeber bzw. die Arbeitgeberin vom Bruttogehalt (steuerpflichtiges Bruttoentgelt) der Beschäftigten zunächst unter Berücksichtigung der persönlichen Verhältnisse der Mitarbeitenden folgende Steuern berechnen, einbehalten und an das zuständige Finanzamt abführen:

- die **Lohnsteuer**,
- den **Solidaritätszuschlag** (seit 2021 entfällt er für Alleinstehende, die unter 73000,00 EUR/Jahr und Verheiratete, die unter 151 000 EUR/Jahr verdienen. Das sind ca. 90 % der Steuerzahler) und
- die **Kirchensteuer** von Mitgliedern öffentlich-rechtlicher Religionsgemeinschaften.

Die Höhe dieser Abzüge richtet sich nach dem **steuerpflichtigen Bruttoverdienst** (in der Regel Monatslohn/-gehalt) und dem gesetzlich festgelegten **Lohn-/Einkommensteuertarif**. Die errechnete Lohnsteuer ist keine eigene Steuerart, sondern nur eine besondere Berechnungsform der Einkommensteuer. Wie viel Prozent Einkommensteuer der Staat für seine Aufgaben beansprucht, ist abhängig von der jeweiligen **Tarifzone**. Es werden drei Hauptzonen mit steigenden Steuersätzen unterschieden: Nullzone, Progressionszone und Proportionalzone (vgl. Abb. 10). Grundüberlegung für die Einkommensbesteuerung ist, dass Personen mit geringem Einkommen keine oder nur wenig Steuern zahlen sollen; Besserverdienende werden dagegen mit ansteigenden Steuersätzen belastet.

Grundsätzlich steuerfrei ist das sogenannte **Existenzminimum** (Nullzone/Grundfreibetrag). Für diesen auf das Kalenderjahr berechneten Grundfreibetrag muss keine Einkommensteuer abgeführt werden. Für ein Jahreseinkommen bis 10 347,00 EUR bei Ledigen (20 694,00 EUR bei Verheirateten, Stand 2022) muss keine Einkommensteuer gezahlt werden. Aus diesem Grund ist in der Regel auch die Ausbildungsvergütung bei den medizinischen Berufen steuerfrei. Übersteigt das Einkommen diese Grenze, wird für den mehr verdienten Betrag Einkommensteuer fällig. Die Einkommensteuer beginnt mit einem Eingangssteuersatz von 14 % und endet mit einem Spitzensteuersatz von 45 % bei einem Einkommen von mehr als 270500,00 EUR jährlich (Verheiratete doppelter Betrag). Danach steigt die Steuerbelastung nicht mehr weiter an. Da sich mit jedem mehr verdienten Euro der anzuwendende Steuersatz erhöht, spricht man von einem **progressiven Steuertarif**. Dadurch wird erreicht, dass sich Beziehende hoher Einkommen mehr an der Steuerlast beteiligen als Geringverdienende.

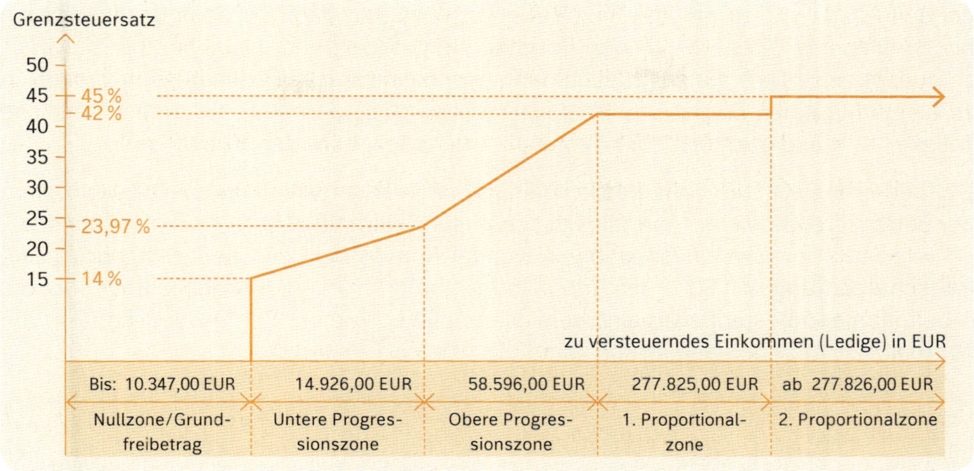

10. Einkommensteuertarif für Ledige (Stand 2022 einschl. Steuerentlastungsgesetz)

Grundlage der **steuerlichen Gehaltsabzüge** ist der steuerpflichtige monatliche Bruttoarbeitslohn. Dieser ergibt sich aus den arbeitsvertraglichen Vereinbarungen mit dem Betrieb oder der Praxis. Festgelegt ist normalerweise ein bestimmtes Grundgehalt, das sich oft nach den Regelungen im jeweiligen Gehaltstarifvertrag richtet. Es kann aber auch frei vereinbart werden, kann also höher oder niedriger sein. Gleiches gilt für die Ausbildungsvergütung. Da die Gehaltshöhe zur Berechnung herangezogen wird, spielt es keine Rolle, ob das Gehalt für eine Vollzeit- oder Teilzeitbeschäftigung gezahlt wird. Dem Grundgehalt als laufender Arbeitslohn hinzugerechnet werden noch die Zahlungen für Überstunden, Bereitschaftsdienst oder Rufbereitschaft (s. Exkurs Seite 407), vermögenswirksame Leistungen u.a. Außerdem müssen **sonstige Bezüge** versteuert werden, die nicht zum laufenden Arbeitslohn gehören. Dabei handelt es sich z. B. um das 13. Monatsgehalt (Weihnachtsgeld), Urlaubsgeld, Jubiläumszuwendungen oder einmalige Zahlungen, z. B. bei Heirat oder der Geburt eines Kindes. Und auch Leistungen des Arbeitsgebers oder der Arbeitgeberin, die nicht in Geld bestehen, müssen als sogenannte **Sachbezüge** der Steuerberechnung unterzogen werden. Hierzu wird ein **geldwerter Vorteil** angesetzt.

BEISPIEL

Wird z. B. eine Wohnung oder das Mittagessen kostenlos oder verbilligt zur Verfügung gestellt, oder besteht die Möglichkeit, einen Dienstwagen auch privat zu nutzen, oder gibt es als Belohnung eine Reise, dann müssen diese Vergünstigungen mit einem gewissen Betrag versteuert werden.

Doch es gibt auch steuerfreien oder steuerbegünstigten Arbeitslohn. Hierzu zählen etwa Zuschläge für Sonntags-, Feiertags- und Nachtarbeit oder Abfindungen. Zuschüsse zum Kindergartenbeitrag oder für eine betreuung. Übernahme der Kosten für den Nahverkehr bis monatlich 44,00 EUR sind gleichfalls steuerfrei.

Geringfügige Beschäftigung (520-Euro-Job, ab 01.10.2022)

Eine geringfügige Beschäftigung liegt vor, wenn ein monatlicher Arbeitslohn von 520,00 EUR nicht überschritten wird. Die Dauer der Arbeitszeit ist dabei nicht entscheidend. Attraktiv wird ein solches Beschäftigungsverhältnis dadurch, dass ein Einkommen bis zu diesen 520,00 EUR für den Beschäftigten steuer- und weitgehend sozialversicherungsfrei ist. Dies gilt sogar auch dann, wenn eine solche Beschäftigung zusätzlich zu einem normalen Dienstverhältnis ausgeübt wird. Es darf aber nur **eine** zusätzliche Tätigkeit sein und auch nicht beim eigenen Arbeitgeber bzw. der Arbeitgeberin.

Bei mehreren 520-Euro-Jobs werden diese zusammengerechnet und bei Überschreiten der Betragsgrenze wie ein normales Beschäftigungsverhältnis gerechnet. Für Lohnsteuer- und Sozialversicherungsabgaben muss der Arbeitgeber bzw. die Arbeitgeberin eine **Pauschalzahlung** von 30 % des Arbeitslohns abführen. Für den Arbeitnehmer oder die Arbeitnehmerin besteht zwar eine Versicherungspflicht in der Rentenversicherung, von der man sich aber befreien lassen kann.

BEISPIEL

Anne Klein ist als Tiermedizinische Fachangestellte in Teilzeit in einer Tierklinik beschäftigt und erhält hierfür ein monatliches Bruttogehalt, das normal versteuert wird. Zusätzlich vereinbart sie mit ihrem Arbeitgeber eine geringfügige Beschäftigung über einen Zeitraum von wöchentlich 10 Stunden für die Betreuung stationär aufgenommener Tiere. Hierfür soll sie steuer- und sozialversicherungsfrei 400,00 EUR erhalten. Eine solche Vereinbarung wäre unzulässig.

Lohnsteuerverfahren

Seit dem 01.01.2011 ruft der Arbeitgeber die erforderlichen Angaben direkt beim Bundeszentralamt für Steuern ab. Dazu müssen der Arbeitnehmer bzw. die Arbeitnehmerin dem Arbeitgeber ihre persönliche Steuer-Identifikationsnummer (IdNr) und ihr Geburtsdatum mitteilen.

Jeder Bürgerin und jedem Bürger in Deutschland, egal ob Kleinkind oder Greis, wird eine **Steuer-Identifikationsnummer** zugeordnet, die eine Person ihr ganzes Leben lang begleitet. Sie besteht aus 11 Ziffern, hinter denen sich die notwendigen Angaben zur konkreten Zuordnung auf die Person verstecken. Neben den persönlichen Merkmalen (Name, Geburtsangaben, Geschlecht) sind auch die letzte Anschrift und die zuständige Finanzbehörde verschlüsselt.

Die Jahresbescheinigung wird dann elektronisch von Arbeitgeberseite dem Finanzamt übermittelt. Der Ablauf des Lohnsteuerverfahrens ist in Abb. 13 dargestellt.

1. Der Arbeitnehmer bzw. die Arbeitnehmerin übermittelt elektronisch seine/ihre Einkommensteuererklärung an das Finanzamt.
2. Dieses stellt einen Steuerbescheid aus und übersendet ihn zusammen mit den notwendigen Lohnsteuerdaten an den Arbeitnehmer (AN).
3. Der Arbeitgeber (AG) erhält vom AN die Daten der elektronischen Lohnsteuerkarte.
4. Der AG teilt die einbehaltene Lohnsteuer und die Jahresbescheinigung (6) dem Finanzamt mit und übermittelt gleichzeitig ...
5. ... dem AN die erstellten Daten.

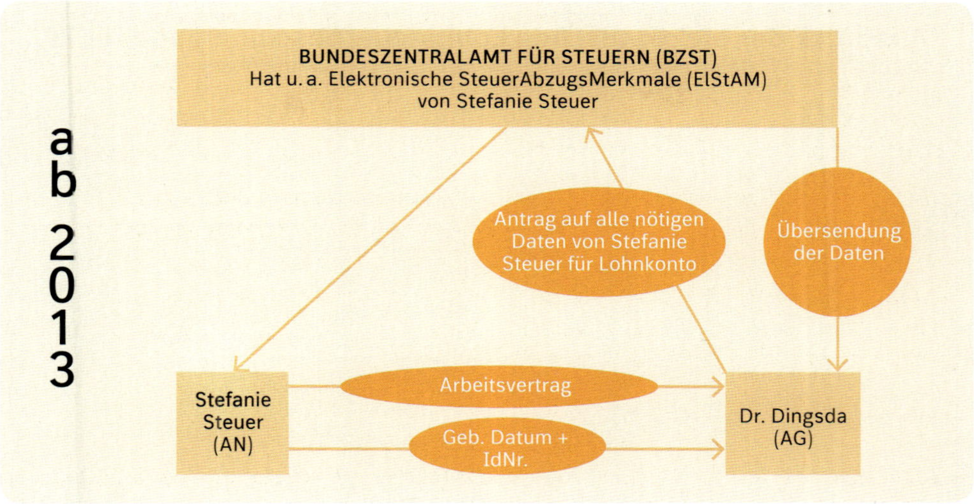

11. Ablauf des Lohnsteuerverfahrens

Exkurs

Faktorverfahren bei Lohnsteuerklassen IV/IV

Wenn ein Ehegatte mehr als 60 % des gemeinsamen Einkommens erzielt, hätten die Eheleute in der Summe monatlich mehr Lohnsteuern abgezogen bekommen als bei der Kombination III/V. Wären sie in den Steuerklassen IV/IV geblieben, hätten sie zu viel Steuern gezahlt und diese nur zurückerhalten, wenn sie im Folgejahr eine Einkommensteuererklärung abgegeben hätten. Bei Anwendung des Faktorverfahrens werden diese zu viel gezahlten Steuern errechnet. Sie werden dann von der monatlichen Lohnsteuer abgezogen, sodass pro Monat weniger Steuern gezahlt werden als bei der Lohnsteuerklassenkombination IV/IV ohne Faktorverfahren.

Bsp.: Ein Ehepaar, bei dem der eine Partner 30 000,00 EUR, der andere 12 000,00 EUR pro Jahr verdient, zahlt insgesamt 4 727,00 EUR Steuern pro Jahr. Sie hätten aber nur 4 342,00 EUR zahlen müssen. Das ergibt den Faktor 0,918 (4 342 : 4 727). Die monatliche Lohnsteuer wird nun mit diesem Faktor (im Beispiel 0,918) multipliziert, wodurch sie sich um knapp 10 % verringert.

Eine Einkommensteuererklärung ist nicht verpflichtend. Bei einem Wechsel in die Steuerklassen III/V ist eine Einkommensteuererklärung verpflichtend, da hier unter Umständen pro Monat in der Summe zu wenig Steuern abgezogen werden und deshalb eine Nachzahlung droht.

Ausdruck der elektronischen Lohnsteuerbescheinigung für 20..

Nachstehende Daten wurden maschinell an die Finanzverwaltung übertragen.

Datum: 14.02.20..

eTIN: MLLRGBIA61C19S

Personalnummer: 4712

Geburtsdatum: 19.03.1961

Transferticket: 0000283632174914076

Dem Lohnsteuerabzug wurden zugrunde gelegt:

Steuerklasse	vom - bis
1	01.01.–31.12.

Zahl der Kinderfreibeträge	vom - bis
0	01.01.–31.12.

Steuerfreier Jahresbetrag	vom - bis
0,00	01.01.–31.12.

Hinzurechnungsbetrag	vom - bis
0,00	01.01.–31.12.

Kirchensteuermerkmale	vom - bis
rk	01.01.–31.12.

AGS: 06431020

Anschrift des Arbeitgebers:

Dr. med. Klaus Müller
Schulstraße 5
60594 Frankfurt/Main

1. Dauer des Dienstverhältnisses	vom - bis 01.01.–31.12.	
2. Zeiträume ohne Anspruch auf Arbeitslohn	Anzahl „U"	
Großbuchstaben (S, B, V, F)		
	EUR	Ct
3. Bruttoarbeitslohn einschl. Sachbezüge ohne 9. und 10.	23 400	00
4. Einbehaltene Lohnsteuer von 3.	2 636	79
5. Einbehaltener Solidaritätszuschlag von 3.	144	95
6. Einbehaltene Kirchensteuer des Arbeitnehmers von 3.	237	25
7. Einbehaltene Kirchensteuer des Ehegatten von 3. (nur bei konfessionsverschiedener Ehe)		
8. In 3. enthaltene steuerbegünstigte Ver sorgungsbezüge		
9. Steuerbegünstigte Versorgungsbezüge für mehrere Kalenderjahre		
10. Ermäßigt besteuerter Arbeitslohn für mehrere Kalenderjahre (ohne 9.) und ermäßigt besteuerte Entschädigungen		
11. Einbehaltene Lohnsteuer von 9. und 10.		
12. Einbehaltener Solidaritätszuschlag von 9. und 10.		
13. Einbehaltene Kirchensteuer des Arbeitnehmers von 9. und 10.		
14. Einbehaltene Kirchensteuer des Ehegatten von 9. und 10. (nur bei konfessionsverschiedener Ehe)		
15. Kurzarbeitergeld, Zuschuss zum Mutterschaftsgeld, Verdienstausfallentschädigung (Infektionsschutzgesetz), Aufstockungsbetrag und Altersteilzeitzuschlag		
16. Steuerfreier Arbeitslohn nach Doppelbesteuerungsabkommen		
16. Steuerfreier Arbeitslohn nach Auslandstätigkeitserlass		
17. Steuerfreie Arbeitgeberleistungen für Fahrten zwischen Wohnung und Arbeitsstätte		
18. Pauschalbesteuerte Arbeitgeberleistungen für Fahrten zwischen Wohnung und Arbeitsstätte	480	30
19. Steuerpflichtige Entschädigungen und Arbeitslohn für mehrere Kalenderjahre, die nicht ermäßigt besteuert wurden - in 3. enthalten		
20. Steuerfreie Verpflegungszuschüsse bei Auswärtstätigkeit		
21. Steuerfreie Arbeitgeberleistungen bei doppelter Haushaltsführung		
22. Arbeitgeberanteil zur gesetzlichen Rentenversicherung und an berufsständische Versorgungseinrichtungen	2 328	30
23. Arbeitnehmeranteil zur gesetzlichen Rentenversicherung und an berufsständische Versorgungseinrichtungen	2 328	30
24. Steuerfreie Arbeitgeberzuschüsse zur Krankenversicherung und Pflegeversicherung		
25. Arbeitnehmeranteil am Gesamtsozialversicherungsbeitrag (ohne 23. und 24.)	2 696	85
26. Ausgezahltes Kindergeld		-
27. Bemessungsgrundlage für den Versorgungsfreibetrag zu 8.		
28. Maßgebendes Kalenderjahr des Versorgungsbeginns zu 8. und/oder 9.		
29. Zu 8. bei unterjähriger Zahlung: Erster und letzter Monat, für den Versorgungsbezüge gezahlt wurden		
30. Sterbegeld; Kapitalauszahlungen/Abfindungen und Nachzahlungen von Versorgungsbezügen - in 3. und 8. enthalten		

Finanzamt, an das die Lohnsteuer abgeführt wurde (**Name und vierstellige Nr.**)

Finanzamt Bensheim | 2 | 6 | 0 | 5

12. Beispiel einer elektronischen Lohnsteuerbescheinigung

Allgemeine Lohnsteuertabelle 2022

Bruttolohn	Tab Stufe von – bis	StKl.	Lohnsteuer	SolZ	KiSt 8%	KiSt 9%
1 700,00	1 698,00 – 1 700,99	1	94,91	0,00	7,59	8,54
		2	23,83	0,00	1,90	2,14
		3	0,00	0,00	0,00	0,00
		4	94,91	0,00	7,59	8,54
		5	283,66	0,00	22,69	25,52
		6	319,91	0,00	25,59	28,79
1 725,00	1 725,00 – 1 727,99	1	100,33	0,00	8,02	9,02
		2	28,25	0,00	2,26	2,54
		3	0,00	0,00	0,00	0,00
		4	100,33	0,00	8,02	9,02
		5	293,00	0,00	23,44	26,37
		6	329,25	0,00	26,34	29,63
1 750,00	1 749,00 – 1 751,99	1	105,16	0,00	8,41	9,46
		2	31,91	0,00	2,55	2,87
		3	0,00	0,00	0,00	0,00
		4	105,16	0,00	8,41	9,46
		5	301,25	0,00	24,10	27,11
		6	337,50	0,00	27,00	30,37
1 775,00	1 773,00 – 1 775,99	1	110,00	0,00	8,80	9,90
		2	35,66	0,00	2,85	3,20
		3	0,00	0,00	0,00	0,00
		4	110,00	0,00	8,80	9,90
		5	309,58	0,00	24,76	27,86
		6	345,83	0,00	27,66	31,12
1 800,00	1 800,00 – 1 802,99	1	115,50	0,00	9,24	10,39
		2	40,08	0,00	3,20	3,60
		3	0,00	0,00	0,00	0,00
		4	115,50	0,00	9,24	10,39
		5	318,91	0,00	25,51	28,70
		6	355,16	0,00	28,41	31,96
1 825,00	1 824,00 – 1 826,99	1	120,41	0,00	9,63	10,83
		2	44,00	0,00	3,52	3,96
		3	0,00	0,00	0,00	0,00
		4	120,41	0,00	9,63	10,83
		5	327,25	0,00	26,18	29,45
		6	363,50	0,00	29,08	32,71

Bruttolohn	Tab Stufe von – bis	StKl.	Lohnsteuer	SolZ	KiSt 8%	KiSt 9%
1 850,00	1 848,00 – 1 850,99	1	125,33	0,00	10,02	11,27
		2	48,08	0,00	3,84	4,32
		3	0,00	0,00	0,00	0,00
		4	125,33	0,00	10,02	11,27
		5	335,50	0,00	26,84	30,19
		6	371,75	0,00	29,74	33,45
1 875,00	1 875,00 – 1 877,99	1	130,83	0,00	10,46	11,77
		2	52,75	0,00	4,22	4,74
		3	0,00	0,00	0,00	0,00
		4	130,83	0,00	10,46	11,77

13. Auszug aus der Lohnsteuertabelle 2022 (StKl: Steuerklasse, LSt: Lohnsteuer, SolZu: Solidaritätszuschlag, ... Kist: Kirchensteuer 9 %, in Bayern und Baden-Württemberg 8 %)

Dem Auszug aus der Lohnsteuertabelle 2022 (vgl. Schaubild 14.) ist zu entnehmen, dass die zu zahlende Lohnsteuer entscheidend von der Lohnsteuerklasse abhängt. Im folgenden **Beispiel** bei einem angenommenen Bruttolohn von 1 850,00 EUR sind die Unterschiede der steuerlichen Abzüge in den Lohnsteuerklassen III und V sehr groß.

BEISPIEL

Anja Ambrosch und Naoual Nasrin erhalten beide ein Bruttogehalt von 1.850,00 EUR. Anja Ambrosch ist verheiratet und hat Lohnsteuerklasse III. Von ihrem Bruttogehalt werden ihr (zusätzlich zu den Sozialversicherungsbeiträgen) 0,00 EUR Lohnsteuer abgezogen (vgl. Schaubild 13). Naoual Nasrin ist ledig und hat Lohnsteuerklasse I. Ihr werden (zusätzlich zu den Sozialversicherungsbeiträgen) 125,33 EUR Lohnsteuer abgezogen. Der Unterschied beträgt demnach 125,33 EUR. Der Unterschied würde sich noch vergrößern, wenn beide Mitglied in der evangelischen oder katholischen Kirche wären.

Lohnsteuerklassen

Die Berechnung des monatlichen Lohnsteuerabzugs durch den Arbeitgeber oder die Arbeitgeberin erfolgt aufgrund der **persönlichen Steuerklasse**. Jedem Arbeitnehmer und jeder Arbeitnehmerin wird eine von sechs verschiedenen Steuerklassen zugeordnet. Dabei werden jeweils die persönlichen Verhältnisse berücksichtigt.

Wer als Arbeitnehmer bzw. als Arbeitnehmerin ledig ist und alleinstehend, erhält automatisch die **Steuerklasse I**. Der Steuerabzug ist hier hoch, denn es besteht keine Unterhaltspflicht für andere Personen. Bei der **Steuerklasse II** muss das alleinige Sorgerecht für mindestens ein Kind vorliegen, für das Kindergeld gezahlt wird und das im Haushalt der oder des Steuerpflichtigen angemeldet sein muss.

Halbe Kinderfreibeträge (0,5; 1,5 usw.) kommen dadurch zustande, dass sich berufstätige Eltern einen Kinderfreibetrag aufteilen können, sodass jeder für das Kind den halben Kinderfreibetrag erhält.

Verheiratete, die beide Arbeitslohn beziehen, haben die Wahlmöglichkeit zwischen den Steuerkombinationen **IV/IV** und **III/V.**

Die steuerlich günstigere Wahl lässt sich nach folgender Faustformel berechnen:

- Haben beide Ehepartner annähernd das **gleiche** zu versteuernde Einkommen, so ist die Kombination **IV/IV** zu wählen.
- Verdient ein Ehepartner **mehr als 60%** des gemeinsamen zu versteuernden Einkommens, so ist die Kombination **III/V** günstiger.
- Alternativ kann jedoch auch die Kombination IV/IV beibehalten werden und hierfür beim Finanzamt das **Faktorverfahren** beantragt werden. Die in der Kombination IV/IV ohne Faktorverfahren monatlich zu viel gezahlte Lohnsteuer wird hierbei berücksichtigt. Die zu zahlende monatliche Lohnsteuer wird um diesen Betrag verringert (vgl. Abb. 11. Exkurs: Faktorverfahren bei Lohnsteuerkombination IV/IV, Seite 412).

Steuerklasse	Personenkreis
I 	Unverheiratete (Ledige, Verwitwete, Geschiedene) und dauernd Getrenntlebende **ohne** Kinder, eingetragene Lebenspartnerschaften
II 	Unverheiratete und dauernd Getrennt-lebende **mit** Kindern. Das Kind muss im Haushalt gemeldet sein und Kindergeld erhalten.
III 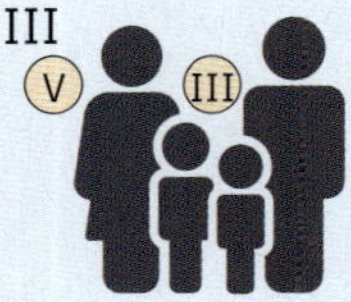	Verheiratete, wenn der Ehegatte • keinen Arbeitslohn bezieht oder • in Steuerklasse V eingereiht ist. Verwitwete für das Kalenderjahr, das auf das Todesjahr des Ehegatten folgt
IV 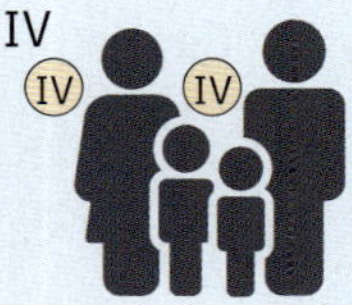	Verheiratete, wenn der Ehegatte ebenfalls Arbeitslohn bezieht. (2 x IV)
V 	Verheiratete, wenn der Ehegatte ebenfalls Arbeitslohn bezieht und in Steuerklasse III eingestuft ist. (III und V)
IV 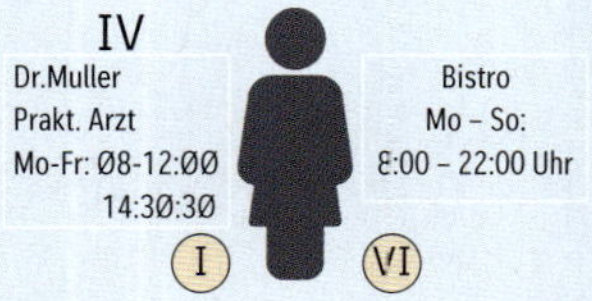	Steuerpflichtige, die aus mehr als einem Arbeitsverhältnis Einkünfte beziehen, Rentner und Pensionäre

14. Die sechs Steuerklassen

BEISPIEL

Die Fachangestellte Arita verdient 2400,00 EUR, ihr Mann Klaus 2600,00 EUR. Zusammen beträgt ihr zu versteuerndes Einkommen 5000,00 EUR.
Die Fachangestellte Susan verdient 2700,00 EUR, ihr Mann Egon 1300,00 EUR. Ihr gemeinsam zu versteuerndes Einkommen beträgt 4000,00 EUR.

Einkommen:

Arita	2.400,00 EUR	Susan	2.700,00 EUR
Klaus	2.600,00 EUR	Egon	1.300,00 EUR
Gem.	5.000,00 EUR	Gem.	4.000,00 EUR
davon 60%	3.000,00 EUR	davon 60%	2.400,00 EUR

Bei Arita und Klaus verdient keiner mehr als 60 % des gemeinsamen Einkommens, also mehr als 3 000,00 EUR. Bei Susan und Klaus verdient Susan mehr als 60 % des gemeinsamen Einkommens.

Steuerklassenwahl:

Arita	IV	Susan	III
Klaus	IV	Egon	V

Wird von den Eheleuten keine Wahl getroffen, erfolgt immer die Einstufung nach IV/IV durch die Gemeinde oder Stadt.

Exkurs

Bausparen ist ein zweckgerichtetes Sparen über einen längeren Zeitraum mit dem Ziel, Wohnungseigentum zu erwerben. Der Bausparer bzw. die Bausparerin zahlt regelmäßig einen Sparbetrag an eine Bausparkasse. Nach Ablauf einer bestimmten Frist können Einzahlende außer dem eigenen Sparguthaben noch ein **zinsgünstiges Darlehen** zum Bauen und Renovieren erhalten.

Aktien sind Anteile an einer Aktiengesellschaft. Mit dem Erwerb einer Aktie wird man Aktionär:in und ist Miteigentümer:in am Kapital des jeweiligen Unternehmens in Höhe des Aktienwerts (= Nennwert). Der **tatsächliche Wert** der Aktie (= Kurswert), der beim Aktienkauf bezahlt werden muss oder beim Verkauf erhalten wird, wird an der **Börse** festgelegt. Dieser Börsenkurs liegt über dem Nennwert, steigt oder sinkt aber mit dem Geschäftserfolg des Unternehmens und der Wirtschaftslage.

Investmentfonds werden von Kapitalanlagegesellschaften aufgelegt, die hierfür ein Sondervermögen bilden, an denen Investmentsparende Miteigentum erwerben. Im Hinblick auf die Risikostreuung wird das Vermögen meist in Form von verschiedenen Wertpapieren angelegt. Zinsen, Dividenden und realisierte Kursgewinne werden in der Regel in einem Jahresbetrag ausgeschüttet. Bei einigen Fonds werden die erzielten Erträge sofort wieder angelegt. Beim Verkauf der Anteile kann dann der Vermögenszuwachs realisiert werden.

3.2 Sozialversicherungsbeiträge

Sämtliche Sozialversicherungsbeiträge muss der Arbeitgeber bzw. die Arbeitgeberin entsprechend dem sozialversicherungspflichtigen Einkommen nach den aktuell gültigen Prozentsätzen berechnen. Der Gesamtbetrag wird an die Krankenversicherung abgeführt, welche die weitere Verteilung vornimmt (vgl. Schaubild, Seite 85).

Seit dem 01.01.2019 werden die Beiträge in den gesetzlichen Krankenkassen wieder von Arbeitnehmer:innen und Arbeitgeber:innen je zur Hälfte gezahlt, egal wie hoch der von der jeweiligen Krankenkasse erhobene Beitrag ist. Der bis dahin geltende Arbeitnehmerzuschlag für alle Beitragssätze über 14,6 % ist entfallen.

Die Höhe des Arbeitnehmerbeitrags an die Sozialversicherungen ist durch die Beitragsbemessungsgrenze (vgl. auch Seite 84) begrenzt, d. h., der Verdienst, der über der Beitragsbemessungsgrenze liegt, bleibt sozialabgabenfrei.

Versicherung	Gesamtbeitrag	Arbeitnehmeranteil
Krankenversicherung	14,6 % + x % (von Krankenkasse abhängig, im Jahr 2021 betrug er durchschnittlich 1,3 %.)	Die Hälfte des gesamten Krankenkassenbeitragssatzes
Pflegeversicherung	3,05 %	3,05 % : 2 = 1,525 %. (Zuschlag 0, 25 % =. 1,775 % für kinderlose Versicherte ab 23 Jahren)
Rentenversicherung	18,6 %	18,6 % : 2 = 9,3 %
Arbeitslosenversicherung	2,4 %	2,4 % : 2 = 1,2 %

15. Beitragssätze in der Sozialversicherung und Arbeitnehmeranteil, Stand: 4/2022

ÜBUNGSAUFGABEN

1. a) Was veranlasst der Arbeitgeber bzw. die Arbeitgeberin mit der Lohnsteuer, die von den Beschäftigten einbehalten wurde?
   b) Wovon hängt die Höhe der Lohnsteuer grundsätzlich ab?
2. a) Wie entwickelt sich der Steuersatz mit steigendem Einkommen?
   b) Zwischen welchen Steuerzonen wird unterschieden?
3. Welche Besonderheiten gibt es bei geringfügig Beschäftigten (520–Euro-Jobs?) hinsichtlich
   a) der Lohnsteuer?
   b) der Sozialversicherungsbeiträge?
4. Erklären Sie den Ablauf des elektronischen Lohnsteuerverfahrens.
5. Erstellen Sie eine Übersicht über die sechs Lohnsteuerklassen und die jeweiligen Personengruppen.

6. Worin liegt der Unterschied, wenn sich verheiratete Paare bei der Lohnsteuerklassen-Wahl für das Faktorverfahren IV+/IV+ statt für III/V entscheiden?
7. a) An wen überweisen die Arbeitgeber:innen sämtliche Sozialversicherungsbeiträge?
   b) Was geschieht dann weiter mit diesen?
8. a) Erstellen Sie eine Übersicht über die Höhe der jeweiligen Beitragssätze in der Kranken-, Pflege-, Renten- und Arbeitslosenversicherung.
   b) Welche Besonderheit besteht bei der Pflegeversicherung?

3.3 Einkommensteuererklärung

Nicht jeder Arbeitnehmer und jede Arbeitnehmerin ist zur Abgabe einer Einkommensteuererklärung verpflichtet. Bis zu einem Jahreseinkommen von 10.347 EUR (Stand: 2022) muss keine Einkommensteuererklärung abgegeben werden. Wer jedoch zusätzliche Einkünfte zu seinem Lohn oder Gehalt hat, z. B. durch Vermietung einer Wohnung, Einkünfte aus selbstständiger Tätigkeit o. Ä., ist grundsätzlich zu einer Einkommensteuererklärung verpflichtet. Diese Verpflichtung gilt auch für Ehepaare, wenn sie die Lohnsteuerkombination III/V gewählt haben.

Wer zu einer Einkommensteuererklärung verpflichtet ist, muss sie im Regelfall bis zum 31.07. des Folgejahres abgeben, d. h. für das Jahr 2022 muss sie bis spätestens 31.07.2023 abgegeben werden.

Aber auch für Arbeitnehmerinnen und Arbeitnehmer, die nicht zur Abgabe einer Einkommensteuererklärung verpflichtet sind, kann es sinnvoll sein, diese abzugeben. Denn wer neben seinem Arbeitseinkommen aus unselbstständiger Tätigkeit keine weiteren Einkommen hat, muss grundsätzlich keine Einkommensteuer nachzahlen (Ausnahme Steuerklasse III/V bei Ehepaaren). Fast immer haben Arbeitnehmer:innen aber Anspruch auf eine Rückerstattung von zu viel gezahlter Steuer. Dies ist z. B. regelmäßig der Fall, wenn man weite Fahrtwege zur Arbeitsstätte zurücklegen muss, Versicherungsbeiträge zur privaten Vorsorge oder Aufwendungen wegen einer Behinderung hat.

Denn die monatliche Lohnsteuer ist lediglich ein Abschlag auf die letztendlich zu entrichtende jährliche Einkommensteuer. Die mit den monatlichen Abschlägen zu viel gezahlte Lohnsteuer bekommen Arbeitnehmer:innen aber nur dann zurückerstattet, wenn sie eine Einkommensteuererklärung abgeben. Wer also neben seinem Einkommen aus unselbstständiger Arbeit keine weiteren Einkünfte hat, kann durch die Abgabe einer Einkommensteuererklärung nur „gewinnen". Denn Steuern nachzahlen muss er im Regelfall nicht, bekommt aber oft die mit den monatlichen Lohnsteuerabzügen zu viel gezahlte Lohnsteuer zurückerstattet. Folgendes Beispiel soll das veranschaulichen:

Beispiel: Vom Bruttoeinkommen zum zu versteuernden Jahreseinkommen am Beispiel von 2.250,00 EUR brutto/Monat, Steuerklasse I			
	Beträge/Jahr In Euro	**Steuer/Jahr In Euro**	**Steuer/Monat In Euro**
Bruttojahreseinkommen (2250 · 12)	**27 000,00**	**2 637,96**	**219,83**
Abzüglich angenommener Werbungskosten	2 000,00		
Abzüglich angenommener Sonderausgaben	1 500,00		
Abzüglich angenommener außergewöhnlicher Belastungen	600,00		
Gleich zu versteuerndes Einkommen (= 1 908,33 EUR/Monat)	**22 900,00**	**1 758,00**	**146,50**

Die eigentliche zu zahlende Lohnsteuer/Jahr beträgt nach dieser Rechnung 1 758,00 EUR statt der tatsächlich gezahlten Lohnsteuer von 2.637,96 EUR. Bei Abgabe eine Einkommensteuererklärung würde folgende Berechnung angestellt:

Im laufenden Jahr tatsächlich gezahlte Lohnsteuer	2 637,96 EUR
Abzüglich eigentlich zu zahlender Lohnsteuer	1 758,00 EUR
Ist gleich Zurückerstattung vom Finanzamt	**879,96 EUR**

3.4 Vermögenswirksame Leistung

In den Tarifverträgen aller Fachangestellten ist die monatliche Zahlung einer vermögenswirksamen Leistung als Gehaltszuschuss auf Antrag vorgesehen.

Die vermögenswirksame Leistung erhöht das Bruttogehalt der Arbeitnehmerin oder des Arbeitnehmers. Es muss somit versteuert werden und unterliegt der Beitragspflicht zur Sozialversicherung. Der Arbeitgeber bzw. die Arbeitgeberin weist den entsprechenden Betrag zunächst beim Bruttogehalt aus und berechnet danach die Abzüge. Vom Nettogehalt wird dann später der Sparbetrag abgezogen und direkt auf das vom Arbeitnehmer angegebene Anlagekonto überwiesen.

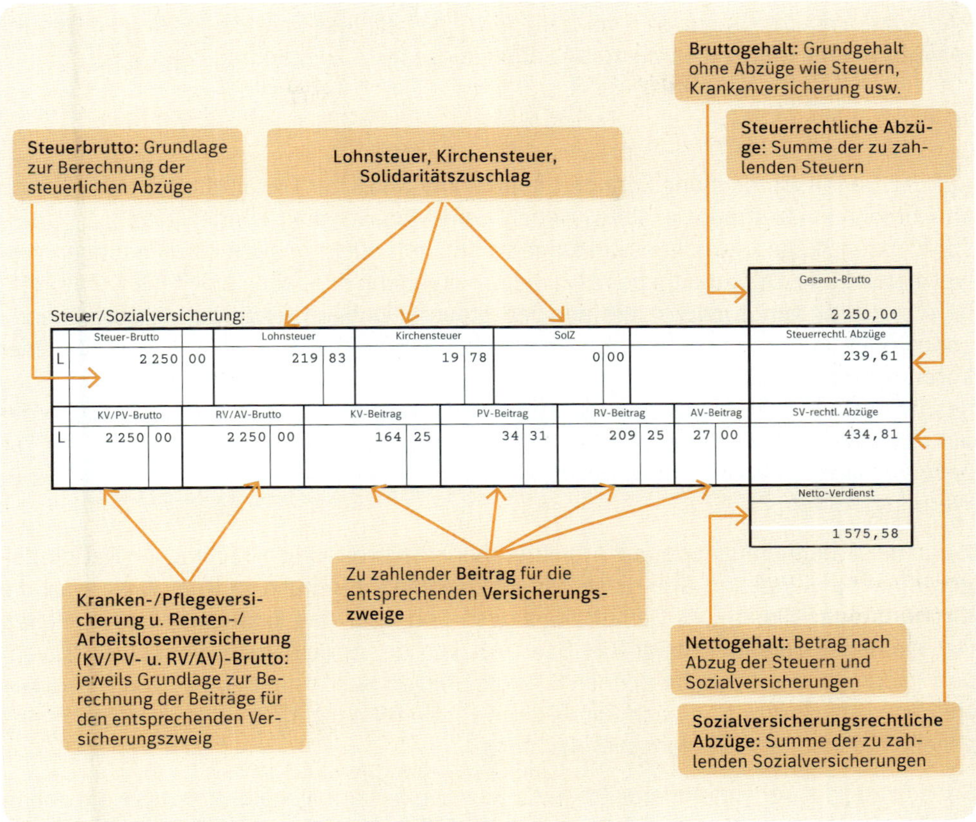

16. Vom Bruttogehalt zum Nettogehalt 2021, Lohnsteuerklasse I

Der Staat fördert die Vermögensbildung bei Arbeitnehmerinnen und Arbeitnehmern durch die Gewährung einer **Arbeitnehmer-Sparzulage**. Allerdings muss dafür eine der folgenden Anlageformen gewählt werden (vgl. auch Exkurs):

- **Bausparvertrag**
- **Beteiligungssparen/Aktienfonds**
- **Tilgung eines Bausparvertrags**

Weitere Bedingungen: Das zu versteuernde Einkommen darf eine bestimmte Grenze (35.000,00 EUR bei Singles, 70 000,00 EUR bei Ehepaaren, Stand 2021) nicht übersteigen und die Sparzulage muss jährlich mit der Steuererklärung beim Finanzamt oder bei der Bausparkasse beantragt werden. Der abgeschlossene Sparvertrag muss mindestens eine Laufzeit von sechs Jahren haben und anschließend maximal ein Jahr zusätzlich ruhen, bis er ausbezahlt werden kann.

Die **staatliche Prämie** ist je nach Anlageform unterschiedlich. Bei Aktien-/Investmentfondssparplänen beträgt der Förderbeitrag 20 % von maximal 400,00 EUR, höchstens also 80,00 EUR im Jahr. Bei Bausparverträgen sind es 10 % von maximal 700,00 EUR, also 70,00 EUR im Jahr. Zusätzlich kann hier aber noch eine Wohnungsbauprämie von 8,8 % aus max. 512,00 EUR (= 45,06 EUR) jährlich beantragt werden.

Wer sparen möchte, sollte sich vor dem Vertragsabschluss über die verlangten Gebühren informieren, damit die Sparzulage durch diese nicht zu stark reduziert wird.

3.5 Vom Brutto- zum Nettogehalt

Auf der Gehaltsabrechnung können Sie erkennen, welcher Gesamtbruttobetrag Ihnen im Abrechnungszeitraum zusteht. Neben dem Monatsgehalt können dies z. B. Überstundenzuschläge, vermögenswirksame Leistungen oder sonstige Geldleistungen sein (vgl. Kapitel 3.1). Der Arbeitgeber bzw. die Arbeitgeberin oder auch ein Steuerberatungsbüro ermittelt nun zunächst die auf den steuerpflichtigen Bruttobetrag zu zahlende Lohnsteuer, in der Regel mit einer entsprechenden Software. Aber auch mithilfe einer **Lohnsteuertabelle** (vgl. S. 417, 418) kann der Betrag ermittelt werden (z. B. beim Bundesministerium der Finanzen unter https://www.bmf-steuerrechner.de). Die Höhe der auf das jeweilige Monatsgehalt zu zahlenden Lohn- und Kirchensteuer ist aus der Tabelle abzulesen. Bereits eingearbeitet sind bestimmte Pauschal- oder Freibeträge (z. B. Werbungskosten).

Wenn der Arbeitnehmer oder die Arbeitnehmerin einer öffentlich-rechtlichen **Religionsgemeinschaft** angehört und diese das Einzugsverfahren nutzt (z. B. ev./r.k.), wird die **Kirchensteuer** direkt vom Gehalt abgezogen und über das Finanzamt weitergeleitet. Der Kirchensteuersatz beträgt 8 % bzw. 9 % von der errechneten Lohnsteuer. Bayern und Baden-Württemberg berechnen 8 %, die übrigen Bundesländer 9%. Durch eine Kirchenaustrittserklärung, je nach Bundesland vor dem Amtsgericht oder Standesamt abgegeben, endet diese Zahlungsverpflichtung.

Nach Abzug des Arbeitnehmerbeitrags zur Sozialversicherung ergibt sich das Nettogehalt des Arbeitsnehmers. Von diesem können noch frühere Gehaltsvorschüsse, Gehaltspfändungen oder die vermögenswirksamen Leistungen abgezogen werden, bis dann der endgültige Auszahlungsbetrag feststeht. Über die Lohnabrechnung erhält der Arbeitnehmer oder die Arbeitnehmerin eine entsprechende **Bescheinigung** (vgl. Abb. 17).

Durch die Beantragung eines **Freibetrags** kann der monatliche Steuerabzug reduziert werden. Seit dem 01.01.2013 kann ein Freibetrag nur noch mit der Veranlagung zur Einkommensteuer beantragt werden.

Diese Freibeträge können entstehen durch erhöhte

- **Werbungskosten,**
- **Sonderausgaben,**
- **außergewöhnliche Belastungen.**

BEISPIEL

	tatsächliche Werbungskosten	2 860,00 EUR
–	Arbeitnehmerfreibetrag (schon in die Lohnsteuertabelle eingearbeitet)	1 000,00 EUR
=	steuerlich wirksame Werbungskosten	1 860,00 EUR
	monatlicher Freibetrag (1 860,00 EUR : 12)	155,00 EUR
	monatliches Bruttoeinkommen	1 500,00 EUR
–	monatlicher Freibetrag	155,00 EUR
=	monatliches zu versteuerndes Bruttoeinkommen	1 345,00 EUR

Ist am Jahresanfang schon bekannt, dass z. B. die Werbungskosten 1 700,00 EUR überschreiten werden, z. B. durch einen weiten Fahrtweg zur Arbeit, kann bereits ein Steuerfreibetrag eingetragen werden.

Exkurs

Werbungskosten sind Aufwendungen, die der Erzielung des Einkommens sowie der Sicherung oder Erhaltung des Arbeitsplatzes dienen. Dazu zählen u. a. Beiträge zu Berufsverbänden, Fahrtkosten zwischen Wohnung und Arbeitsplatz, Aufwendungen für Arbeitsmittel, Bewerbungen, Fortbildung, Fachbücher und -zeitschriften.
Sonderausgaben sind Aufwendungen, die der privaten Vorsorge dienen oder aus sonstigen Gründen abzugsfähig sind, wie z. B. der Arbeitnehmeranteil an den Sozialversicherungen, Versicherungsbeiträge (Unfall-, Lebens-, Haftpflichtversicherungen), Kirchensteuer, Spenden und Beiträge an Vereine und politische Parteien.
Außergewöhnliche Belastungen sind Aufwendungen, die durch besondere Umstände entstehen, z. B. Krankheits-, Kur-, Heimunterbringungskosten, Ausbildungsfreibetrag, Kinderbetreuungskosten, Wiederbeschaffungskosten von Hausrat und Kleidung bei Brand, Hochwasser usw.

ÜBUNGSAUFGABEN

1. a) In welchen Anlageformen können vermögenswirksame Leistungen erfolgen?
   b) Wie und unter welchen Voraussetzungen werden sie staatlich gefördert?
2. a) Welche Auswirkungen haben die steuerlichen und sozialversicherungspflichtigen Abzüge auf das Bruttogehalt?
   b) Erstellen Sie eine Liste der steuerlichen und sozialversicherungspflichtigen Abzüge.

3. a) In welchen Fällen können Arbeitnehmer einen Steuerfreibetrag bei dem monatlichen Lohnsteuerabzug beantragen?
   b) Wie wirkt sich dieser Freibetrag auf die Höhe der monatlichen Lohnsteuer aus?
4. a) Wodurch unterscheiden sich Werbungskosten von Sonderausgaben?
   b) Erstellen Sie eine Übersicht mit jeweils drei Werbungskosten, Sonderausgaben und außergewöhnlichen Belastungen.
   c) Wie wirken sich diese auf das zu versteuernde Einkommen aus?

4 ARBEITSRECHTLICHE AUSEINANDERSETZUNGEN

BETRIEBSINTERNE KONFLIKTLÖSUNG

- Konflikt ansprechen bzw. benennen
- Gespräch zwischen den Mitarbeitenden und Vorgesetzten
- Betriebsrat bzw. Jugendvertretung

↓

KONFLIKTLÖSUNG MITHILFE VON AUSSEN

- Gewerkschaft bzw. Berufsverband
- Zuständige Kammern
- Bei Auszubildenden Einschaltung der Ausbildungsberatung
- Mediation
- Gewerbeaufsicht

↓

ARBEITSGERICHT

- Örtliches Arbeitsgericht
  - Güteverhandlung
  - Urteil
- Überörtliches Arbeitsgericht
  - Landesarbeitsgericht (Berufung)
  - Bundesarbeitsgericht (Revision)

Situation:

Zwei ZFA beschuldigen sich gegenseitig, eine Nachbestellung vergessen zu haben. Bei der Auseinandersetzung fallen auch persönliche Beleidigungen. Welche Möglichkeiten der betriebsinternen Konfliktlösung haben sie? Wie sollte die Chefin sinnvollerweise reagieren?

Ein Auszubildender zum TFA beklagt sich bei seinem Ausbildenden, dass er regelmäßig Überstunden machen müsse, ohne dafür einen Ausgleich zu bekommen. Der Ausbildende ist der Meinung, Überstunden seien in einer Tierarztpraxis unvermeidlich. Was kann der Auszubildende unternehmen?
Eine MFA ist mit der Beurteilung ihrer Leistung in ihrem Arbeitszeugnis sehr unzufrieden. Außerdem ist es lediglich ein einfaches Arbeitszeugnis. Sie hatte aber ein qualifiziertes Arbeitszeugnis gewünscht. Ihr Chef weigert sich, sowohl eine bessere Leistungsbeurteilung vorzunehmen als auch ihr ein qualifiziertes Arbeitszeugnis auszustellen. Welche Möglichkeiten hat sie, die gewünschten Änderungen durchzusetzen?

4.1 Betriebsinterne Konfliktlösung

Situation:

In der Praxis der Ärztin Katja Wolf kracht es nicht nur zwischen den Medizinischen Fachangestellten Melanie P., Seyla R. und der jugendlichen Auszubildenden Raphaela H. Auch zwischen allen dreien und ihrer Arbeitgeberin Frau Wolf bestehen folgende Konflikte:

1. Regelmäßig fallen für alle Beschäftigten in der Woche fünf bis sechs Überstunden an. Insbesondere montags, wenn die Praxis eigentlich um 18:00 Uhr schließen sollte, und freitags, wenn um 13:00 Uhr Feierabend sein sollte, ist dies der Fall.
2. Melanie P. und Seyla R., die beide in allen Arbeitsbereichen der Praxis rotierend tätig sind, beschuldigen sich gegenseitig, für dort aufgetretene Fehler verantwortlich zu sein.
3. Die Auszubildende Raphaela H. ist der Meinung, dass sie nicht richtig ausgebildet werde. Die Ärztin Katja Wolf hat zwar Melanie P. mit der täglichen Ausbildung in der Praxis beauftragt, diese aber reibt sich in ihrer Dauerfehde mit Seyla R. auf.
4. Seyla R., die demnächst schwanger werden möchte, ist sich unsicher, ob sie weiterhin röntgen soll, ohne einen Dosimeter zu tragen.
5. Die Ärztin selbst findet zu wenig Zeit, um mit Raphaela, wie vorgesehen, zwei Stunden pro Woche die Inhalte des medizinbezogenen Lehrstoffes durchzugehen.
6. Die privat versicherten Patientinnen und Patienten beschweren sich, dass sie nicht schneller behandelt werden als die gesetzlich Versicherten.

1. Stufe: Den Konflikt direkt ansprechen

Oft kann die weitere Eskalation eines Konflikts vermieden werden, wenn unmittelbar darüber gesprochen wird, um so erst gar nicht etwas anbrennen zu lassen. Missverständnisse können unmittelbar geklärt werden, für Überreaktionen oder falsche Beschuldigungen kann sich eine Person direkt entschuldigen bzw. versuchen zu klären, warum es dazu kam.

Wenn dies zu keiner befriedigenden Lösung führt, sollte zur nächsten Stufe übergegangen werden.

2. Stufe: Gespräch mit den Mitarbeiterinnen, der Auszubildenden und der Ärztin
Solche Gespräche sollten in größeren Praxen üblich sein, denn wo mehrere Menschen zusammenarbeiten, noch dazu in so eng verwobenen und oft auch stressbeladenen Situationen wie in ärztlichen Praxen, treten Konflikte zwangsläufig auf.

Eine Möglichkeit zur Lösung des ersten Konflikts in dem obigen Fall bestünde darin, die tägliche Arbeitszeit montags um eine Stunde zu verlängern und freitags weniger Termine zu vergeben.

In dem zweiten Konfliktfall könnte vereinbart werden, dass beide Kolleginnen die von ihnen erledigten Arbeiten mit ihrem Namenskürzel versehen.

Der dritte Konfliktfall könnte gelöst werden, wenn Melanie P. während genau definierter Arbeitszeiten ausschließlich für die Ausbildung von Raphaela H. freigestellt würde.

Wenn auch das nicht die erhoffte Änderung bewirkt, ist es geboten, den zuständigen Ausbildungsberater oder die Ausbildungsberaterin bei der Kammer einzuschalten.

Im vierten Konfliktfall bietet es sich an, das Problem zunächst praxisintern anzusprechen, dann aber, wenn dies scheitern sollte, das Gewerbeaufsichtsamt (Amt für Arbeitsschutz und Sicherheitstechnik) einzuschalten.

Auch im fünften Konfliktfall sollte Raphaela H. zunächst ihre Ausbilderin ansprechen; erst wenn hier keine Lösung gefunden werden könnte, wäre es angezeigt, die Ausbildungsberatung einzuschalten.

Der sechste Konfliktfall sollte von den Mitarbeiterinnen zwar an die Ärztin weitergegeben werden, muss aber von Praxis zu Praxis entschieden werden.

3. Stufe: Einschaltung des Betriebsrats/der Jugendvertretung
Gibt es einen Betriebsrat in der Praxis, kann dieser bei Problemen zwischen Fachangestellten und Ärztin/Arzt vermitteln. Gerade in Fragen, ob bestimmte Gesetze eingehalten werden oder Vorgehensweisen der Arbeitgeberin oder des Arbeitgebers rechtens sind, gibt er kompetent Auskunft. Auch für besonders schutzbedürftige Fachangestellte (z. B. schwangere oder ältere Mitarbeiter:innen, Mitarbeiter:innen mit Behinderung) sollte er eine der ersten Anlaufstellen sein.

In größeren Betrieben gibt es eine Jugendvertretung. Sie ist für alle Auszubildenden sowie für alle jugendlichen Beschäftigten zuständig. Probleme, z. B. über die zulässige wöchentliche Arbeitszeit, die zulässigen Tätigkeiten, mit denen Auszubildende beauftragt werden dürfen, oder die Urlaubsregelungen, fallen in ihren Zuständigkeitsbereich.

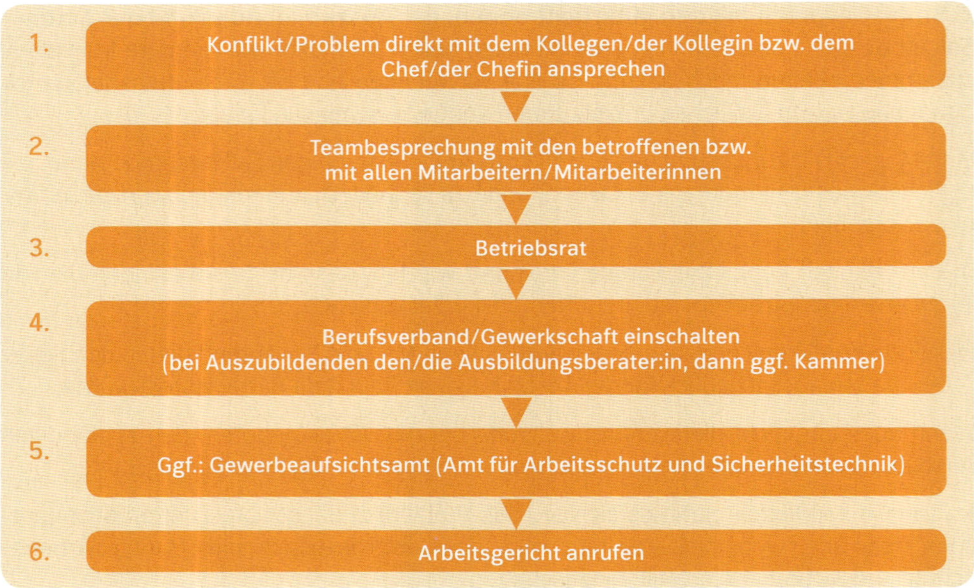

17. Stufenplan bei Konflikten in der Praxis

4. Stufe: Gewerkschaft/Berufsverband

Sollte das Gespräch in der Praxis keinen Erfolg gebracht haben, können sich Fachangestellte an die Gewerkschaften wenden. Voraussetzung dafür ist allerdings die Mitgliedschaft. Die Gewerkschaften stehen für kostenlose Beratung zur Verfügung und vertreten die Arbeitnehmerin oder den Arbeitnehmer gegenüber dem Arbeitgeber bzw. der Arbeitgeberin. Sie bieten auch einen kostenlosen Rechtsschutz beim Arbeitsgericht.

5. Stufe: Kammern

Die Kammern sind u. a. verpflichtet, die Durchführung der Ausbildung zu überwachen und Streitigkeiten zu schlichten. Bevor in Ausbildungsfragen die Schlichtungsstelle der Kammer angerufen wird, sollte jedoch zuerst die Ausbildungsberatung eingeschaltet werden.

6. Stufe: Ausbildungsberater:in

Ausbildungsberater:innen ist meist ein praktizierender Mediziner:innen. Sie sollen sowohl die Ausbildenden als auch die Auszubildenden fachgerecht beraten und bei Konflikten zur Lösung beitragen.

7. Stufe: Gewerbeaufsicht (je nach Bundesland in unterschiedlicher Verantwortung)

Handelt es sich bei den Streitigkeiten um Fragen des Jugendarbeitsschutzes oder um Arbeitsschutzvorschriften (z. B. Röntgenverordnung, Mutterschutzvorschriften), ist das Gewerbeaufsichtsamt Auskunfts-, Beratungs- und Beschwerdestelle. Das Amt kann direkt in der Praxis Überprüfungen vornehmen und den Arbeitgeber oder die Arbeitgeberin über ihre Verpflichtungen belehren. In schweren Fällen ist auch ein Bußgeld möglich.

8. Stufe: Arbeitsgericht

Sollte eine außergerichtliche Beilegung des Streits nicht möglich sein, kann das Arbeitsgericht eingeschaltet werden.

4.2 Arbeitsgericht

Nicht immer erfüllen Arbeitgeber:in bzw. Arbeitnehmer:in oder Auszubildende ihre Verpflichtungen aus dem Ausbildungs- oder Arbeitsvertrag korrekt. Bei Verstößen gegen das Ausbildungs- und Arbeitsrecht sollte zunächst eine **gütliche Beilegung** des Streits versucht werden. Betriebsrat, Gewerkschaft und Berufsverband sowie die zuständige Kammer und der Ausbildungsberater können hierzu als Vermittlung eingeschaltet werden.

Manchmal bleibt aber nur der Gang zum **Arbeitsgericht** als letzte Möglichkeit zur Durchsetzung der Ansprüche. Arbeitsgerichte sind zuständig für alle Streitigkeiten, die sich aus dem Arbeitsverhältnis bzw. zwischen den Tarifvertragsparteien ergeben. Auch die mit einem Arbeitskampf oder dem Bereich der Mitbestimmung zusammenhängenden Meinungsverschiedenheiten können dort geklärt werden. **Örtlich zuständig** ist das Arbeitsgericht, in dessen Bezirk sich die Arbeitsstätte/Praxis befindet. Dort können sich Betroffene bei der Rechtsantragsstelle gebührenfrei beraten lassen. Auch Gewerkschaften und Berufsverbände beraten und vertreten ihre Mitglieder kostenlos. Gerichtskosten entstehen außerdem erst für das Verfahren im Anschluss an eine erfolglose Güteverhandlung.

Das Verfahren vor dem Arbeitsgericht beginnt mit einer kostenlosen **Güteverhandlung**. Der Arbeitsrichter oder die Arbeitsrichterin versucht zunächst durch ein persönliches

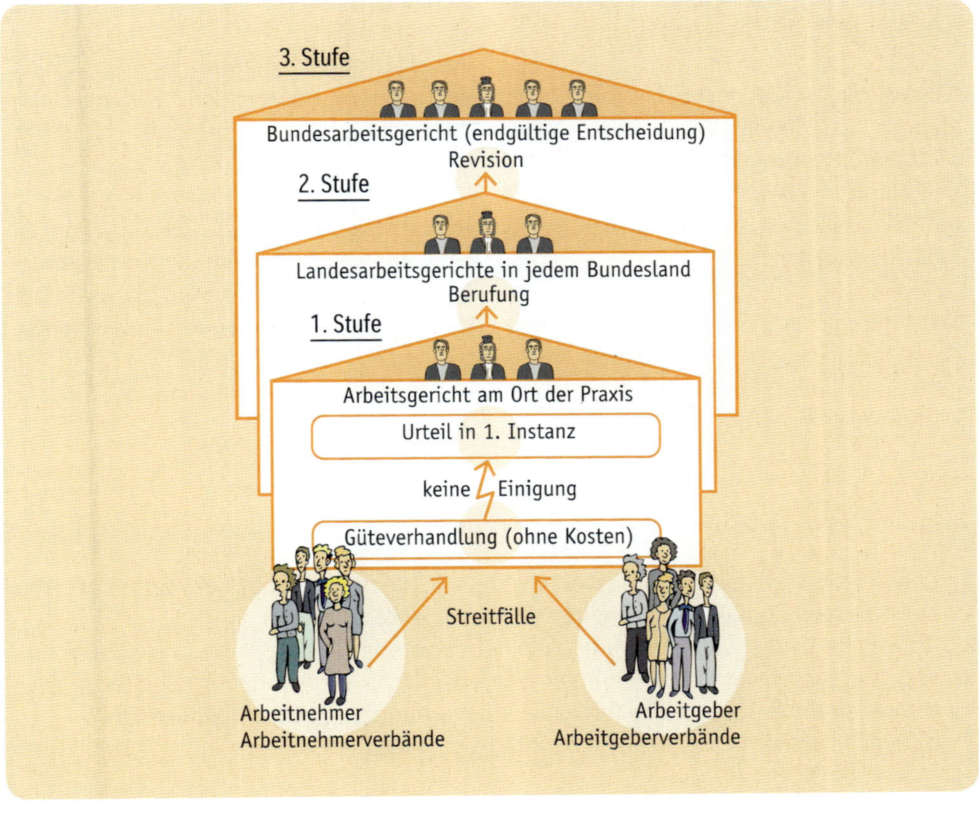

18. Dreistufiges Arbeitsgerichtsverfahren

Gespräch mit den Beteiligten, eine Einigung herbeizuführen. Scheitert dieser und ein eventueller zweiter Gütetermin, kommt es zu einer **Kammerverhandlung.** Arbeitsrichter/Arbeitsrichterin als Vorsitzende und zwei ehrenamtliche Richter:innen als Beisitzende (je eine Vertretung aus dem Arbeitnehmer- und Arbeitgeberlager) führen die Verhandlung durch, die mit einem Vergleich oder einem abschließenden Urteil endet. Unter bestimmten Umständen kann gegen dieses Urteil **Berufung beim Landesarbeitsgericht** eingelegt werden, das dann erneut über die Sache verhandelt und entscheidet. Eine nochmalige Urteilsprüfung ist im Rahmen einer **Revision beim Bundesarbeitsgericht** möglich, allerdings nur für Fälle, denen eine grundsätzliche Bedeutung zukommt (z. B. Anrechnung von Bereitschaftsdienst auf die Arbeitszeit).

Arbeitgeber sind verpflichtet, die Urlaubswünsche ihrer Mitarbeiter zu erfüllen – es sei denn, betriebliche Gründe stünden dem entgegen. Andererseits dürfen Arbeitnehmer nicht eigenmächtig in Urlaub fahren.

Der Arbeitgeber kann aufgrund seines Weisungsrechts das Tragen einheitlicher Berufskleidung und ein Rauchverbot in den Arbeitsräumen aussprechen.

Kinder mit einem Geburtsgewicht von weniger als 2500 Gramm gelten arbeitsrechtlich als Frühgeburt. Die Mütter haben damit vier Wochen länger Anspruch auf den Zuschuss zum Mutterschaftsgeld vom Arbeitgeber.

Wird infolge einer Nebenbeschäftigung des Arbeitnehmers die gesetzlich zulässige Höchstarbeitszeit erheblich überschritten, muss die Nebentätigkeit reduziert bzw. eingestellt werden.

Zahlt der Arbeitgeber eine freiwillige Sonderzahlung (z.B. Urlaubsgeld) mindestens dreimal hintereinander ohne einen Vorbehalt, hat der Arbeitnehmer zukünftig einen Rechtsanspruch auf diese Zahlungen.

Arbeitnehmern, die während ihres ganzen Erholungsurlaubs eine umfangreiche Nebentätigkeit ausüben, kann gekündigt werden.

Lohnfortzahlung muss der Arbeitgeber auch dann zahlen, wenn die Krankschreibung aufgrund eines Unfalls erfolgte, der bei Ausübung eines Freizeitsports passierte.

19. Beispiele für Arbeitsgerichtsurteile

ÜBUNGSAUFGABEN

1. Entwickeln Sie eigene Lösungsvorschläge, wie die in der Praxis der Ärztin Katja Wolf auftretenden Konflikte angegangen werden könnten.
2. An welche Stelle können sich Auszubildende wenden?
3. Welche Möglichkeit bleibt, wenn die betriebsinterne Konfliktlösung scheitert?
4. a) Was sind die Besonderheiten einer Güteverhandlung beim Arbeitsgericht?
   b) Welche weiteren Möglichkeiten bieten sich, falls die Güteverhandlung kein Ergebnis bringt?

Glossar

Lohnsteuer	Steuer, die auf Gehalt bzw. Lohn an den Staat zu zahlen ist
Solidaritätszuschlag	Dieser war ursprünglich als befristete Zusatzsteuer gedacht, die die Arbeitnehmer zur Angleichung der Lebensqualitäten in den alten und neuen Bundesländern nach der Wiedervereinigung 1990. Er ist mittlerweile für fast alle Arbeitnehmer entfallen.
Kirchensteuer	Diese ist ein „Mitgliedsbeitrag“, den der Staat für die Kirchen evangelischer und katholischer Arbeitnehmer einzieht.
Tarifzonen	Dies sind unterschiedliche hohe Steuersätze, die abhängig vom Einkommen und Familienstand der Steuerpflichtigen erhoben werden.
Nullzone/ Grundfreibetrag	Dies ist der Teil des Einkommens, auf den keine Steuern gezahlt werden müssen.
Progressionszone	Mit steigendem Einkommen steigt der Steuersatz.
Proportionalzone	Der Steuersatz bleibt ab hier auch bei steigendem Einkommen gleich hoch.
520-Euro-Job	Geringfügige Beschäftigung bis max. 520,00 EUR pro Monat. Sie ist steuerfrei, der Arbeitgeber zahlt pauschal 30 % Sozialversicherungsbeiträge.
Steuer-Identifikationsnummer	Dies ist eine lebenslange Steuernummer für jede Bürgerin und jeden Bürger in Deutschland.
Faktorverfahren IV+/IV+	Alternative für verheiratete Berufstätige zum Wechsel in die Lohnsteuerklassen III/V (von den Lohnsteuerklassen IV/IV)
Lohnsteuerklassen	Es gibt sechs Lohnsteuerklassen, die vom Familienstand abhängig sind.
Sozialversicherungsbeiträge	Dies sind Beiträge, die Arbeitnehmer in die gesetzliche Renten-, Kranken-, Pflege- und Arbeitslosenversicherung zahlen müssen.
Arbeitnehmer-Sparzulage	Staatlicher Zuschuss für Arbeitnehmerinnen und Arbeitnehmer, die einen Vertrag über „Vermögenswirksame Leistungen“ abgeschlossen haben.
Zu versteuerndes Einkommen	Dies ist der Teil des Bruttogehaltes, der letztendlich versteuert werden muss.
Bruttogehalt	Hierunter versteht man das mit der Arbeitgeberin oder dem Arbeitgeber ausgehandelte Gehalt.
Nettogehalt	Dies ist der Teil des Bruttogehaltes, der nach Abzug der Steuern und Sozialversicherungsbeiträge auf das Konto des Arbeitnehmers überwiesen wird.

Werbungskosten	berufsbedingte Kosten des Arbeitnehmers
Sonderausgaben	Aufwendungen der Arbeitnehmerin oder des Arbeitnehmers, die der privaten Vorsorge dienen
Außergewöhnliche Belastungen	Aufwendungen der Arbeitnehmerin oder des Arbeitnehmers, die aufgrund einer besonderen Lebenssituation entstehen
Einkommensteuererklärung	Für Arbeitnehmerinnen und Arbeitnehmer freiwillig. Pflicht ist sie, wenn Arbeitnehmer noch Zusatzeinkommen haben und für Ehepaare, die die Lohnsteuerkombination III/V gewählt haben.
Ausbildungsberater	Dies ist eine Beauftragte oder ein Beauftragter jeder Kammer, die oder der bei Konflikten in der Berufsausbildung vermitteln soll.
Arbeitsgericht	zuständiges Gericht, für Konflikte aus Arbeitsverträgen
Berufung	Klage von Arbeitnehmer- oder Arbeitgeberseite gegen das Urteil des örtlichen Arbeitsgerichts vor dem Landesarbeitsgericht
Güteverhandlung	kostenloser Vergleichsversuch vor dem Arbeitsgericht
Revision	Klage gegen ein Berufungsurteil des Landesarbeitsgerichts vor dem Bundesarbeitsgericht (nur in Fällen von grundsätzlicher Bedeutung möglich)

SACHWORTVERZEICHNIS

BILDQUELLENVERZEICHNIS

Alamy Stock Photo, Abingdon/Oxfordshire: Picture Partners 16.1.

Alf, Renate, Weimar: 59.1.

BC GmbH Verlags- und Medien-, Forschungs- und Beratungsgesellschaft, Ingelheim: 71.1, 71.2, 71.3, 71.4, 71.5, 71.6.

Bergmoser + Höller Verlag AG, Aachen: Zahlenbilder 163.1.

Bundesministerium für Gesundheit (BMG), Berlin: 87.2.

Deutsche Post AG, Bonn: 361.1.

Foto Stephan – Behrla Nöhrbaß GbR, Köln: Stephan Behrla 148.1, 148.2, 148.3, 148.4.

fotolia.com, New York: Adam Borkowski 69.2; Alexander Raths 12.3; Bernd_Leitner 147.4; Blue-Orange Studio 69.3, 117.1; Brad Wynnyk 368.3; contrastwerkstatt 145.1, 145.2, 145.3; Denis Pepin 12.1; Galina Barskaya 69.1; GaToR-GFX 368.2; Gernot Krautberger 147.3; Juergen Flchle 147.1; Kzenon 174.1; Leo Blanchette 368.1; line-of-sight 167.1; mbt_studio 69.4; Patrizia Tilly 396.4; pressmaster 396.3; santi 167.2; Sylvia Zimmermann 147.2; Valua Vitaly 392.1; VRD 392.2; Yuri Arcurs 12.2, 147.5.

gematik GmbH, Berlin: 382.1, 384.1.

InnovaPrax GmbH, Köln: 375.1.

ISG Intermed Service GmbH & Co. KG, Geesthacht: 302.1.

iStockphoto.com, Calgary: andresr 170.1; Bushuev, Iaroslav 358.1; elenab 381.1; Group4 Studio 222.1; industryview 103.1; sorbetto 393.1; Tera Vector 129.1.

Jouve Germany GmbH & Co. KG, München: 73.1, 86.1, 99.1, 198.1, 202.1, 204.2, 207.1, 207.2, 207.3, 207.4, 207.5, 207.6, 208.1, 208.2, 208.3, 208.4, 208.5, 208.6, 208.7, 208.8, 208.9, 208.10, 209.1, 210.1, 210.2, 210.3, 210.4, 210.5, 212.1, 218.1, 219.1, 219.2, 243.1, 243.2, 243.3, 243.4, 243.5, 243.6, 245.1, 246.1, 260.1, 260.2, 260.3, 260.4, 260.5, 260.6, 260.7, 260.8, 260.9, 260.10, 260.11, 260.12, 260.13, 261.1, 261.2, 265.1, 269.1, 269.2, 269.3, 269.4, 269.5, 269.6, 269.7, 270.1, 272.2, 272.3, 272.4, 272.5, 277.1, 277.2, 277.3, 277.4, 277.5, 277.6, 282.1, 291.1, 292.1, 304.1, 310.1, 319.1, 324.1, 324.2, 331.1, 336.1, 350.1, 351.1, 351.2, 354.1, 361.2, 364.1, 367.1, 396.1, 396.2, 403.1, 403.2, 403.3, 403.4, 403.5, 403.6, 403.7, 403.8, 403.9, 403.10, 403.11, 403.12, 403.13, 403.14, 403.15, 403.16, 403.17, 416.1; Anatoliy Samara 288.1; CandyBox Images 289.2; dpa-infografik 267.1, 277.7; eyetronic 258.1; fabianaponzi 308.1; flashpics 368.5; Heinz-Ulrich Spengler 363.1, 363.2; Oliver Hoffmann 267.2, 272.1; stockWERK 368.4; Tyler Olson 288.2; Yuri Arcurs 289.1.

Picture-Alliance GmbH, Frankfurt a.M.: AP Images 95.2; dpa-infografik 25.1, 53.1, 67.1, 79.1, 87.1, 94.1, 95.1, 106.1, 109.1, 110.1, 111.1, 115.1, 125.1, 127.1, 130.1, 274.1, 298.2, 376.1.

Postbank – eine Niederlassung der Deutsche Bank AG, Bonn: 270.2.

Raimo Bergt Illustration, Wanfried: 151.1.

Shutterstock.com, New York: nelelena 420.1, 420.2, 420.3, 420.4, 420.5, 420.6, 420.7, 420.8; Zein-ousGDS 157.2.

sozialpolitik-aktuell.de – Uni Duisburg-Essen, Duisburg: 24.1.

Stiftung Warentest, Berlin: Test 12/2021 203.2; Test 6/2019 203.1; Test 6/2020 204.1.

stock.adobe.com, Dublin: Atamanenko, Evgeny 132.1; cineberg 126.1; Coloures-Pic 346.1; Dietl, Jeanette 392.3; DigiClack 156.1, 157.1; freeslab 122.1; Horst 326.1; ISO K° 385.1; KinokoTagawa 109.2; magele-picture 13.1; michaeljung 159.1; Nowack, Petra 273.1; ok-foto Titel; Parvin 156.2; Reneshia 75.1; Vector Tradition 17.1, 17.2, 17.3, 17.4, 17.5, 17.6, 17.7, 17.8, 17.9, 17.10, 17.11, 17.12, 17.13, 17.14, 17.15, 17.16; VectorShots 158.1; W. Heiber Fotostudio 191.1; Yael Weiss 155.1.

YPS – York Publishing Solutions Pvt. Ltd.: 20.1, 74.1, 114.1, 137.1, 241.1, 268.1, 298.1, 352.1, 358.2, 378.1, 425.1, 433.1.